抗日战争专题研究

张宪文　朱庆葆　主编

第八辑
战时人物
研究

抗战时期的外国友人

杨　菁　著

江苏人民出版社

图书在版编目(CIP)数据

抗战时期的外国友人/杨菁著. —南京:江苏人
民出版社,2021.7(2023.12重印)

(抗日战争专题研究 / 张宪文,朱庆葆主编)

ISBN 978 - 7 - 214 - 26063 - 5

Ⅰ.①抗… Ⅱ.①杨… Ⅲ.①友好往来-外国人-生
平事迹-中国-1937-1945 Ⅳ.①K812.52

中国版本图书馆 CIP 数据核字(2021)第 066958 号

书　　　名　抗战时期的外国友人
著　　　者　杨　菁
责 任 编 辑　张延安
装 帧 设 计　刘葶葶
责 任 监 制　王　娟
出 版 发 行　江苏人民出版社
地　　　址　南京市湖南路 1 号 A 楼,邮编:210009
照　　　排　江苏凤凰制版有限公司
印　　　刷　苏州市越洋印刷有限公司
开　　　本　652 毫米×960 毫米　1/16
印　　　张　38　插页 4
字　　　数　440 千字
版　　　次　2021 年 7 月第 1 版
印　　　次　2023 年 12 月第 2 次印刷
标 准 书 号　ISBN 978 - 7 - 214 - 26063 - 5
定　　　价　138.00 元

(江苏人民出版社图书凡印装错误可向承印厂调换)

教育部哲学社会科学研究重大委托项目
2021年度国家出版基金资助项目
南京大学"双一流"建设卓越计划项目

合作单位

南京大学　北京大学　南开大学　武汉大学
复旦大学　浙江大学　山东大学
台湾中国近代史学会

学术顾问

金冲及　章开沅　魏宏运　张玉法　张海鹏
姜义华　杨冬权　胡德坤　吕芳上　王建朗

编纂委员会

总　序

张宪文　朱庆葆

　　日本侵华与中国抗日战争是近代中国最重大的历史事件。中国人民经过 14 年艰苦卓绝的英勇奋战，付出惨重的生命和财产的代价，终于取得伟大的胜利。

　　自 1945 年抗日战争结束至 2015 年，度过了漫长的 70 年。对这一影响中国和世界历史进程的重大事件，国内外历史学界已经做过大量的学术研究，出版了许多论著。2015 年 7 月 30 日，在抗日战争胜利 70 周年前夕，中共中央政治局就中国人民抗日战争的回顾和思考进行集体学习，习近平总书记发表重要讲话，指示学术界应该广为搜集整理历史资料，大力加强对抗日战争历史的研究。半个月后，中共中央宣传部迅速制定抗日战争研究的专项规划。8月下旬，时任中共中央宣传部部长刘奇葆召开中央各有关部委、国家科研机构和部分高校代表出席的专题会议，动员全面贯彻习总书记的讲话精神，武汉大学和南京大学的代表出席该会。

　　在这一形势下，教育部决定推动全国高校积极投入抗战历史研究，积极支持南京大学联合有关高校建立抗战研究协同创新中心，并于南京中央饭店召开了由数十所高校的百余位教授、学者参加的抗战历史研讨会。台湾中国近代史学会也派出十多位学者，在吕芳上、陈立文教授率领下出席会议，共同协商在新时代深入开展抗战历史研究的具体方案。台湾著名资深教授蒋永敬在会议上发表了热情洋溢的讲话。经过几个月的酝酿和准备，南京大学决定牵头联合我国在抗战历史研究方面有深厚学术基础的北京大学、南开大学、武汉大学、复旦大学、浙江大学、山东大学及台湾中国近代史学会，组织两岸历史学者共同组建编纂委员会，深入开展抗日战争专题研究。国家档案馆和中国第二历史档案馆也积极支持。在南京中央饭店学术会议基础上，编纂委员会初步筛选出130个备选课题。

南京大学多次举行党政联席会议和校学术委员会会议，专门研究支持这一重大学术工程。学校两届领导班子均提出具体措施支持本项工作，还派出时任校党委副书记朱庆葆教授直接领导，校社科处也做了大量工作。南京大学将本项目纳入学校"双一流"建设卓越计划，并陆续提供大量经费支持。

江苏省委、省政府以及江苏省委宣传部，均曾批示支持抗战历史研究项目。国家教育部社科司将本项研究列为哲学社会科学研究重大委托项目，并要求项目完成和出版后，努力成为高等学校代表性、标志性的优秀成果。

本项目编纂委员会考察了抗战历史研究的学术史和已有的成果状况，坚持把学术创新放在第一位，坚持填补以往学术研究的空白，不做重复性、整体性的发展史研究，以此推动抗战历史研究在已有基础上不断向前发展。

本项目坚持学术创新，扩大研究方向和范围。从以往十分关注的九一八事变向前延伸至日本国内，研究日本为什么发动侵华战争，日本在早期做了哪些战争准备，其中包括思想、政治、物质、军事、人力等方面的准备。而在战争进入中国南方之后，日本开始实施一号作战,将战争引出中国国境,即引向亚太地区,对东南亚各国及东南亚地区的西方盟国势力发动残酷战争。特别是日军偷袭美军重要海军基地珍珠港,不仅给美军造成严重的军事损失,也引发了日本法西斯逐步走向灭亡的太平洋战争。由此,美国转变为支援中国抗战的主要盟国。拓展研究范围,研究日本战争准备和研究亚太地区的抗日战争,有利于进一步揭露日本妄图占领中国、侵占亚洲、独霸世界的阴谋。

本项目以民族战争、全民抗战、敌后和正面战场相互支持相互依靠的抗战整体,来分析和认识中国抗日战争全局。课题以国共两党合作为基础,运用大量史实,明确两党在抗日战争中的地位和作用,正确认识各民族、各阶级对抗日战争的贡献。本项目内容涉及中日双方战争准备、战时军事斗争、战时政治外交、战时经济文化、战时社会变迁、中共抗战、敌后根据地建设以及日本在华统治和暴行等方面,从不同视角和不同层面,深入阐明抗日战争的曲折艰难历程,以深刻说明中国抗日战争的重大意义,进一步促进中华民族的伟大复兴。

对于学界已经研究得甚为完善的课题,本项目进一步开拓新的研究角度和深化研究内容。如对山西抗战的研究更加侧重于国共合作抗战;对武汉会战的研究将进一步厘清抗战中期中国政治、经济、社会的变迁及国共之间新的友好关系。抗战前期国民党军队丢失大片国土,而中国共产党在十分艰难的状况下,在敌后逐步收复失地,建立抗日根据地。本项目要求各根据地相关研究课题,应在以往学界成果基础上,着力考察根据地在社会改造、经济、政治、人才培养等方面,如何探索和积累经验,为1949年后的新中国建设提供有益的借鉴。抗战时期文学艺术界以其特有的文化功能,在揭露日军罪行、动员广大民众投入抗战方面,发挥了重要作用。我们尝试与艺术界合作，动员南京艺术学院的教授撰写了与抗日战争相关的电影、美术、音乐等方面的著作。

本项目编纂委员会坚持鼓励各位作者努力挖掘、搜集第一手历史资料，为建立创新性的学术观点打下坚实基础。编纂委员会要求全体作者坚决贯彻严谨的治学作风，坚持严肃的学术道德，恪守学术规范，不得出现任何抄袭行为。对此，编纂委员会对全部书稿进行了两次"查重"，以争取各个研究课题达到较高的学术水平，减少学术差错。同时，还聘请了数十位资深专家，对每部书稿从不同角度进行了五轮审稿。

本项目自2015年酝酿、启动，至2021年开始编辑出版，是一项巨大的学术工程。百余位学者、教授，六年时间里付出了艰辛的劳动，对抗战历史研究做出了重要贡献！编纂委员会向全体作者，向教育部、江苏省委省政府以及各学术合作院校，向江苏凤凰出版传媒集团暨江苏人民出版社，向全体编辑人员，表示最崇高的敬意和诚挚的感谢！

目　录

导论 001

第一章　宣传中国的抗战 006

第一节　抗战时期的新闻宣传 006

一、日本的宣传与西方大国的态度 006

二、"借口说话" 013

第二节　斯诺 028

一、中国革命的"报春燕" 028

二、斯诺的报道客观而独立吗？ 048

第三节　史沫特莱 066

一、多产作家兼社会活动家 066

二、耿直而不尽"客观"的报道 088

第四节　贝特兰 099

一、获得罗德斯奖学金的英国学者 099

二、"与英国记者贝特兰的谈话" 109

三、参加"保卫中国同盟"工作 126

第五节　爱泼斯坦 132

一、在中国长大的犹太人 132

二、战地记者 ········ 139

三、一位没有国籍的新闻人员 ········ 150

第六节 谢伟思 ········ 159

一、出生在成都的美国外交官 ········ 159

二、以"美国军事观察小组"身份进驻延安 ········ 165

三、给华府的政策建议 ········ 173

第二章 军事援助 ········ 188

第一节 中国的抗战准备与外援 ········ 188

一、抗战准备 ········ 188

二、军事合作与援助 ········ 200

第二节 苏联援华志愿航空队 ········ 218

一、驾机飞援中国 ········ 218

二、战斗在中国上空 ········ 223

第三节 史迪威 ········ 232

一、奉命出任中国战区参谋长的"中国通" ········ 232

二、打通中印公路 ········ 256

第四节 陈纳德 ········ 267

一、投身中国空军建设 ········ 267

二、组建"飞虎队" ········ 282

三、与史迪威的"陆空战略之争" ········ 296

第三章 医疗救护 ········ 306

第一节 抗战时期的国际医疗救护 ········ 306

一、战时中国的医疗救护 ········ 306

二、抗战中的国际援华医疗队 ········ 317

三、外籍医生与战区的医疗卫生工作 ········ 322

第二节　马海德 ……… 335

一、为医学研究来到中国 ……… 335

二、受宋庆龄之荐赴陕北 ……… 339

三、扎根中国的洋顾问 ……… 344

第三节　白求恩 ……… 354

一、参加反法西斯战争 ……… 354

二、致力改善抗日根据地的医疗卫生事业 ……… 363

三、战斗在晋察冀 ……… 370

第四节　柯棣华与印度援华医疗队 ……… 386

一、参加印度援华医疗队 ……… 386

二、奔赴华北战场 ……… 393

三、又一名中共党员 ……… 401

第五节　犹太裔医生 ……… 417

一、背井离乡来到中国 ……… 417

二、战斗在抗日前线 ……… 428

第四章　人道救助与经济技术支持 ……… 445

第一节　外国侨民与沦陷后的南京 ……… 445

一、留在南京的外国侨民 ……… 445

二、救助难民 ……… 450

三、揭露日军暴行 ……… 474

第二节　艾黎与"工合" ……… 489

一、"工合"运动的灵魂人物 ……… 489

二、从办合作社到办学 ……… 503

第三节　燕京大学的外籍教师 ……… 516

一、司徒雷登与"孤岛时期"的燕京大学 ……… 517

二、晋察冀抗日根据地的洋教授 ……… 530

第五章　反战的日俘 *543*

　　第一节　日记、书信中的战争 *544*

　　第二节　延安日本工农学校 *548*

　　第三节　与中国同志并肩作战 *560*

结语 *570*

主要参考文献 *580*

索引 *589*

导　论

在艰苦卓绝的全面抗战中，中国军民誓死抗击侵略者的精神与行动得到了国际社会的广泛同情与支持，来自五大洲的国际友人以不同的方式声援并帮助抗战中的中国与中国军民，更有不少国际友人将援助中国视为自身参与世界反法西斯战争的职责与使命。从抗战史研究的角度说，对这些积极支持、参与中国抗战的国际友人展开系统的研究非常必要，具有重要的学术价值和意义。

"友人"的范围比较宽泛，可以是彼此有交情的人或有亲近和睦关系的人，亦可以是提供帮助的人或经常在一起玩的人。就国内目前出版的有关书籍看，学者对抗战时期的外国友人基本认同为"为着同一个目标——抗击日本法西斯，与中国人民并肩战斗"，[1]他们有不同的国籍，有各自的政治立场，但毫不例外地支持中国人民的抗日战争。随着中国抗日战争史研究的不断深入，许多外国友人在中国抗日战争中所作出的贡献逐渐为世人所知，学

---

① 《历史不能忘记》丛书编委会编：《国际友人与抗日战争》，北京：中国民主法制出版社1999年版，前言。

术界对抗战时期外国友人的研究已取得较为丰富的成果。

　　20世纪八九十年代出版的两套丛书为研究奠定了史料基础。一是新华出版社出版的《外国人看中国抗战》丛书,共10册约200万字。这套丛书,大部分是过去出版过的中译本,它们是抗战时期来华的外国记者、作家及其他方面人士所写的报道或讲述中国人民抗日战争事迹的著作,分别是:[英]贝特兰:《中国的新生》;[英]贝特兰:《华北前线》;爱泼斯坦:《中国未完成的革命》;[美]卡尔逊:《中国的双星》;[英]斯坦因:《红色中国的挑战》;[美]福尔曼:《北行漫记》;[英]克兰尔、班威廉:《新西行漫记》;[美]贾安娜、白修德:《中国的惊雷》;[英]阿特丽:《扬子前线》;[美]费正清:《中国之行》。这些著作记载了他们在中国的经历,同时也记录了中国的政治、经济、文化和社会状况,以及中国人民在寻求民族解放和人类进步事业中所经过的历程。二是中国国际友人研究会联合各有关方编辑出版的《国际友人丛书》,共4辑合41种。这套丛书以国际友人的传记为主,作者包括中外作家、学者及这些国际友人的亲朋好友,多为颂扬外国友人对中国抗战之贡献的纪念性作品。该丛书也收录了国际友人的一些代表性著作。

　　以上两套丛书既提供了了解这些外国友人的生平及其参与中国抗战的基本素材,也提供了了解抗战时期中国各派势力尤其是国共关系以及社会各个方面情况,虽然是片段的、零碎的但却是比较翔实可靠的资料。近年,张宪文主编的《南京大屠杀史料集》为传教士救助难民研究提供了客观翔实的史料。外国友人的个人档案藏于国外不同机构。

　　对抗战时期外国友人的群体研究,书籍主要有:王晓华、孙宅巍主编的《抗战中的国际友人》汇集了国内一批著名的历史专家、学者的著述,以纪实笔法,生动讲述了一群为中国人民抗战事业作出过突出贡献的国际友人的事迹。① 黎军、王辛主编的《抗日战争中的国际友人》分新闻采访与宣传人员、军事人员、医护人员及其他方面人员等几个板块,选择了 33 个人物做了逐一介绍。② 张注洪主编的《国际友人与抗日战争》分从事新闻采访、开展医疗活动、从事各项建设、置身实际战斗等几个板块,逐一介绍了对中国抗战作出杰出贡献的国际友人。③ 解超著《中国共产党的国际友人研究》梳理了中国共产党 90 年中各个历史时期对中国革命、建设、改革、发展作出杰出贡献的国际友人,论述了他们的主要生平和杰出贡献。④ 沈庆林主编的《中国抗日战争时期的国际援助》着重论述了各有关国家对中国抗战的援助,分为国际组织和国际友人,从军事、经济、舆论等方面记述了他们对中国抗战的援助。⑤ 任文主编的《国际友人在延安》从亲历者、学者口述的角度,记录了 20 世纪三四十年代到延安及陕甘宁边区访问的 10 多个国家的国际友人的活动与贡献。⑥ 虽是群体研究,但基本为单个人物传记的汇集,缺乏比较分析与宏观论述。

外国友人对中国抗战的援助涉及军事、新闻、医疗、经济、文化教育、人道主义救助等各个领域,对抗战时期外国友人的某一群体或在某个领域的活动或外国友人个人的研究,成果丰硕,不胜枚举。比较而言,新闻宣传、军事援助、医疗救护、"工合"运动等领域的外国友人的个人作品较多,学者或友人、家人对他们一生的记录

---

① 王晓华、孙宅巍主编:《抗战中的国际友人》,郑州:河南文艺出版社 2015 年版。
② 黎军、王辛编:《抗日战争中的国际友人》,北京:中央文献出版社 2005 年版。
③ 张注洪主编:《国际友人与抗日战争》,北京:北京燕山出版社 1997 年版。
④ 解超:《中国共产党的国际友人研究》,上海:上海人民出版社 2011 年版。
⑤ 沈庆林主编:《中国抗战时期的国际援助》,上海:上海人民出版社 2000 年版。
⑥ 任文主编:《国际友人在延安》,西安:陕西师范大学出版社 2014 年版。

与研究也较多。中文资料(含翻译资料)中个人作品相对丰富的主要为新闻宣传领域中的人物如斯诺、史沫特莱、爱泼斯坦等,以及军事领域的史迪威、陈纳德等,他们也是在中国知晓度比较高的人物,医疗界的白求恩更是家喻户晓的外国友人。外国友人个体研究的成果以描述性的传记类居多,也不乏分析性研究,有些人物的研究在国内外尚存在分歧,如斯诺、史迪威等。

《抗战时期的外国友人》在现有研究成果的基础上,主要利用已刊与未刊档案和资料,报刊资料,个人日记、口述史料与回忆录及中文论著(含译著),在抗日战争的时代背景下,分析战时中国面临的形势与困难,梳理国共两党及各社会团体为争取国际援助所采取的措施,以外国友人着力较多,对中国抗战作用较为显著的宣传、军事、医疗、救助难民等领域,选择若干外国友人作为研究对象,既着眼于外国友人对中国抗战的援助,亦着眼于中国抗战对外国友人的影响,考察中国的抗战为何能得到国际社会广泛的支持与援助;不仅论述外国友人如何帮助中国,探究他们的共性与差异性,也探讨中国人民的抗战、国共两党的内外政策如何深化了外国友人对中国与中国人民的感情,强化了他们援助中国的行动。

研究主要采用文献分析法。人物的选择在基于史料的前提下大致有如下考量:来自不同国家、通过不同渠道抵华,代表不同身份、不同职业,秉持不同意识形态,力求通过有代表性的人物或事件,对抗战中的外国友人进行较为全面而系统的论述。既以对中国抗战的贡献为重心,在选择外国友人时,自应考虑到对整体中国的影响。若以党派分,应平衡对国民党与共产党的立场;若以地域分,应平衡对正面战场、敌后战场及沦陷区的影响,然就目前国内出版的文献看,一则中国共产党在抗战宣传方面更为用心、用力,增强了对外国友人的吸引力;二则报道敌后战场、赴抗日根据地帮助中国人民的外国友人的第一手资料更为翔实、传记更多,其事迹也有相当的代表性。因此,书中的宣传、医疗部分偏重于外国友人对共产党领导的敌后抗日根据地的贡献。与中国合作的外国情报人员也是与中国人民并肩抗日并作出贡献的友人,囿于第一手资料的匮乏而未列入书稿中。

同时,将个体研究与群体研究相结合。一方面,探讨具体人物的思想、性格及其在中国的活动、贡献与影响,既对各人的性格、活动及个人作品进行微观分析,剖析他们在华活动及文字作品中透出的职业素养与精神,探究他们的思想,分析他们援助中国的动机、动力,同时将他们的活动置于中国近代史、中国的抗日战争、国际反法西斯运动的总体框架下,进行宏观分析;另一方面,把目光聚焦到人物群体,如援华医疗队、志愿航空队、从事新闻工作的记者群体等。通过个体与群体相结合的研究,注重同一领域内各人之比较,从他们的个人作品分析其来到中国或北上陕甘宁边区或驻留在沦陷区的原因,通过他们的言行或作品分析其活动的影响力,由此探析外国友人为什么要不远万里来到中国参与中国的抗战,作为支持和参与中国抗战的外国友人群体,有何共性与差异性,由点到面,由特殊到一般,通过分析外国友人的在华活动轨迹,将外国友人与中国抗战的研究引入更深广的领域。

第一章　宣传中国的抗战

第一节　抗战时期的新闻宣传

一、日本的宣传与西方大国的态度

　　日本在近代以来的历次侵华战争中都极为重视舆论宣传。1894—1895 年的甲午战争，是中日两国首次国运相搏，也是日本运用舆论宣传工具掩饰甚至"美化"其军事行动并获成功的初体验。1894 年 7 月 25 日发生的"高升号事件"是中日甲午战争的导火线，不宣而战，偷袭对手，攻击悬挂英国国旗的中立商船，日本显然是无理的一方，然而日本运用舆论宣传倒打一耙，竟然很快扭转了不利局面，"日本报纸大力渲染清政府士兵射杀落水欧洲船员的'野蛮与残忍'……造成了片面性，误导了普通民众及国际社会"，日本又将"关于'高升号事件'的调查报告在英国草拟意见之时送到了几个国际法权威的手里"，结果，英国国际法专家为日本挑起战争的行为进行了申辩，认为"日本击沉高升号是合理合法的行为"，这一观点的重要前提是"日本已经是'文明国',而中国依然是'野蛮国'"。[1] 1904—1905 年,日俄在中国东北交战,清政府被迫宣布中立,日本再次扯起宣传大旗,在军事上获胜的同时也在舆论上打败了俄罗斯,还在中国民间制造了"联日抗俄"的呼声。掩饰自己的野心与暴行,武装侵略他国的同时在舆论宣传上倒打一耙,成为近代以来日本侵略中国的惯用伎俩。以 1932 年"一·二八"事变后的淞沪抗战为例,中国军队的抵抗出乎日军意料,日军于是采取缓兵之计,一面向东京求援,一面提出停战要求。上海是国际大都市,日军侵犯上海,对于各国的商业利益和侨民的生命财产都有严重影响,引起了各国的紧张,英、美、德、法、意驻沪总领事决定组织预审委员会,调查上海事变原因,法、德、意、比各大使均向日质询真相。2 月 1 日,英美领事出任调停,提议中日双方先行停战再以外交方法解决。这时,日本一方面不断增兵上海,以图胁迫中国与西方各国屈服;另一方面,为得到列强的支持,积极展开外交攻势,污蔑中国。蒋介石在拒绝了英使代日人所提之无理要求后,曾感叹曰:"闻倭寇因沪战失利,欲罢不能,一面屡易其帅增兵来华,一面在国际诬称我国不统一为无组织之国家,一面利用外人畏惧我国战胜后收回租界之心理,乘机宣传日军此次纯为保护租界而战,极力离间、蒙蔽外人,一面又挽英使与英国司令出而调停,欲于三月三日国联开会以前了结沪案。倭人之所为,真可为心劳日拙者矣。"[2]在日本的武力压迫与舆论的欺骗宣传之下,英美等国使节不断施压中国商谈停战事宜,在美英等列强的积极介入下,中日签订《淞沪停战协定》,上海从此成为一座不设防城市。

---

[1] 王群岭:《近代日本侵华战争中的舆论宣传》,《文史天地》2015 年第 4 期,第 4—5 页。
[2] 周美华编著:《事略稿本》13,台北:"国史馆",2004 年,第 306—307 页。

卢沟桥事变后，中日战争全面爆发，日本故伎重施，企图抢占舆论的制高点。随着战场的扩大，其随军记者人数也在激增。据1941年的《日本新闻年鉴》记载："在卢沟桥事变发生四周内，日本在华记者就有40名；10月中旬，增至600名；到第二年10月武汉陷落时，达1 000名；1940年3月，猛升至2 384名。"①在宣传内容上，首先是美化侵略，宣传所谓的"东亚解放""中日合作"，宣称"东亚乃东亚之东亚"，发动世界大战的三个轴心国更有一个共同点即反共产主义宣传，以此阻止民主国家对被侵略国的支持。爱泼斯坦在其闻名遐迩的战争四部曲之一的《中国未完成的革命》一书中写道，东方和西方的法西斯主义有一个共同点，"日本和德国都佯称，它们并不是在觊觎下一个可欺的牺牲品，它们只是'巩固后方'，以便与'共同的敌人共产主义及其老家苏联'作战。一位观察家在谈到国际联盟的听证会时写道，'在日内瓦的日本代表很快地意识到，只要他能够使他的听众看到'赤色恐怖'，这些听众几乎就很愿意相信黑的是白的'。东方和西方的一些傻瓜心甘情愿地吞食了这些诱饵"。② 其次，采取虚假宣传和封锁新闻的手段，以混淆视听、掩盖丑行。通过对当时日本大众媒体的考察分析可以发现，"卢沟桥事变发生后，当时的日本社会流传着'中国军队阴谋论'的说法，尽管该说法早已被证实为子虚乌有，但在当时却影响着日本的对华认识"。③ 对于"南京大屠杀"，日军在严厉封锁新闻的同时，

---

① 李瞻：《比较新闻学》，台北：三民书局1972年版，第73页。转引自李晓华：《抗战期间西方记者在华活动研究》，江西师范大学硕士学位论文，2010年，第6页。

② 爱泼斯坦著，陈瑶华、谢念非、于尔辰、陈亮译：《中国未完成的革命》，北京：新华出版社1987年版，第85页。

③ 邹灿：《抗战初期日本媒体的战争宣传——以〈东京日日新闻〉为个案》，《民国档案》2016年第3期，第119页。

编造"日本军亲切关怀难民,南京充满和睦气氛"的谎言。对于台儿庄的失败,日军一开始是予以否认,"直到 4 月 14 日,他们仍顽固地坚持台儿庄仍在他们手里。同一天,当外国记者拿出了确凿的证据时,在上海的日本发言人才哑口无言,不得不承认'也许中国人进了台儿庄'"。① 封锁、否认失利新闻的同时,是夸大战绩,西方媒体援引日本的战情报道说,"日本人控制了以北平为中心的周围 700 英里以内的所有领土",而亲临华北前线的美国军事人员卡尔逊发现"我走到了距离北平 150 里以内的地方,仍然属于中国人的领土"②。不能否认,日本的这种封锁与虚假宣传,一定程度上影响了西方国家对中日战争战局的判断,进而影响了美英等国的对华政策。

美英是抗战时期中国的主要盟国,在 1941 年太平洋战争爆发前,对日本的侵华却采取了"不干涉"甚至纵容的态度,"坐山观虎斗",其中自然有受日本舆论宣传影响的因素,战时"日本只花在美国一国的宣传费用每年就达四百万到六百万美金之间"③,但更主要的还是出于各自国家利益和战略的考虑。期间,因为中日战局的演变、法西斯轴心国的形成,日本对美英的试探,美英国内政局的变化及苏联的因素等,美英对于日本侵华的态度也有所改变。

先说美国,中日战争全面爆发初期,美国奉行一贯的不承认主义和孤立主义,在远东推行"无所作为"的政策,具体说:(1) 不采取任何步骤劝说中国牺牲主权以购买和平,也不给中国任何援助,拒绝承担《九国公约》保证中国主权和领土完整的责任;(2) 不对日本

---

① 爱泼斯坦著,贾宗谊译:《人民之战》,北京:新华出版社 1991 年版,第 185 页。

② 爱泼斯坦著,贾宗谊译:《人民之战》,北京:新华出版社 1991 年版,第 194 页。

③ 董显光著,曾虚白译:《董显光自传——一个中国农夫的自述》,台北:台湾新生报出版部 1973 年版,第 196 页。

侵略表示指责,不采取制裁行动;(3)不参与任何调解活动,也不在中日之间传递任何和平信息。① 甚至在日机轰炸了航行在长江上的美国"帕奈"号小炮艇,造成了许多伤亡之后,纵使东京和华盛顿的关系骤然紧张,却"并没能制止美国为了获得丰厚的利润而向日本出售进行战争所需的废铁和石油"。② 虽然费正清说"美元和美分甚至在商人的心目中也不是我们对华政策的决定性因素",但不能否认经济因素是外交政策的主要来源,在20世纪30年代,对日贸易占美国外贸总额的8%到9%,对华贸易不到此数的一半;日本的外贸有1/3是同美国做成的,美国全部远东贸易的2/5是同日本进行的,只有大约1/5是同中国进行的。③ 随着日本扩大侵华战争,特别是近卫声明提出了"大东亚新秩序"计划后,美国对日政策趋于强硬。1939年2月,美国国会以多数票通过了《太平洋设防案》,反对日本提出的"大东亚新秩序",这是美国第一次以立法的形式反对日本对中国等亚洲邻国的侵略行径。④ 7月26日,美国宣布废除《美日商约》。10月20日,美国驻日大使格鲁奉其政府之命在东京发表演说,力斥日军在华野蛮残暴之行动,及其标榜之所谓"大东亚新秩序",并表示日本现行政策如不改变,不仅美日新约无从谈判,美国对日本现行政策推行之结果,将有不能容忍之一

---

① 石源华:《中华民国外交史》,上海:上海人民出版社1994年版,第500页。
② 爱泼斯坦著,沈苏儒、贾宗谊、钱雨润译:《见证中国:爱泼斯坦回忆录》,北京:新星出版社2015年版,第98页。
③ [美]费正清著,张理京译:《美国与中国》,北京:世界知识出版社1999年版,第307页。
④ 刘江永:《抗战时期的中美日苏四国关系》,《哈尔滨工业大学学报》(社会科学版),2005年第5期,第3页。

日①。此后，美国给予中国财力援助，却未放弃"中立"原则，直至1941 年 3 月才有所改变。美国政府内存在着援华派和反对援华派两股势力，他们之间的争执"使美国对华援助历尽波折，不到国民政府'最吃紧之危机，或暴日最横行之时'，任凭中方如何恳请乞求，美国决不向中国伸出援助之手"。②

再说英国，在卢沟桥事变前，中英关系较中美关系密切。1935 年 11 月，英国率先公开支持南京国民政府实施币制改革。英国在华拥有巨大利益，国民政府对争取英国援助一度抱有较大希望。然全面抗战爆发后，英国一面担心日本侵华会损害它的在华利益，一面不愿与日本发生直接冲突，即便在其投资占据在华全部投资达 72％的上海，③在八一三淞沪会战前后，英国也是不分是非曲直，一味要求中日双方"克制"。对于英国提出的实现上海中立化的建议，中方表示可以有条件地接受，日本则断然拒绝。在中国先后向国联、九国公约签字国会议申述制裁日本时，英国表示追随美国不担任领导角色，而美国在远东包括在中国的经贸利益比英国小得多，在英国对日采取绥靖政策时，当然不愿替英国火中取栗。爱泼斯坦认为："日本是故意发出信号，试探它们的反应，意思是不要挡我的路。这些低调的反应可能使日本得出这样的结论：可以把英美两国推一边去，它们最多不过抱怨几声罢了。"④直至太平洋战争爆发，英国在日本的压力下，多次对日妥协，严重损害中国的

① 秦孝仪主编：《中华民国重要史料初编——对日抗战时期》第三编：战时外交（一），中国国民党中央委员会党史委员会，1981 年，第 31 页。

② 石源华：《中华民国外交史》，上海：上海人民出版社 1994 年版，第 547 页。

③ 石源华：《中华民国外交史》，上海：上海人民出版社 1994 年版，第 501 页。

④ 爱泼斯坦著，沈苏儒、贾宗谊、钱雨润译：《见证中国：爱泼斯坦回忆录》，北京：新星出版社 2015 年版，第 98 页。

利益。1938 年 5 月 2 日,英日签署《关于中国海关之协定》,主要内容是:所有沦陷各口海关税收及现存于各该地汇丰银行之税款,全数交各该地日本正金银行存储;应付未付之日本部分庚子赔款,全数偿清等。① 英国的这种做法严重损害中国权益,伤害中国人民,"使中国一面拿血肉去膏敌人的弹火,一面更悲剧地以自己的海关收入供敌人置办弹火之需"②。1939 年 7 月,在日本的压力下,日英签署《有田—克莱琪协定》,承认日本在中国的地位,中国舆论斥之为"另一个慕尼黑协定"。1940 年 6 月,英国不顾国民政府的反对与抗议,再度与日妥协,与其在天津签署有关白银的协定。同年 7 月,在欧战失利的情况下,在日本不惜开战的威胁下,英国宣布封闭滇缅公路三个月,禁止武器、弹药及铁道材料等通过缅甸运送至中国,此前法国已迫于日本压力停止了越南方面的货运,中国最重要的国际通道被切断,国际社会对于中国抗战的物资供应被中断。10 月 18 日,英国宣布重新开放滇缅路。

英国在对日奉行绥靖政策的同时,对中国抗战也提供了一些援助,毕竟它的妥协未能安抚住日本,反而鼓舞了日本的扩张野心。国民政府在想方设法阻止英国对日妥协的同时,也积极争取英国对中国抗战的援助。太平洋战争爆发前,因为美英等国声称中立,忌讳宣传,中国方面极力避免直接宣传的态势。而在日本封锁新闻、肆意歪曲报道、美化侵略、掩盖丑行的情势下,在美英采取所谓的"不干涉"或"保持中立"的态度下,必须开展国际宣传,向全世界讲清事实真相,揭露日本帝国主义侵略本质,努力争取国际社

---

① 石源华:《中华民国外交史》,上海:上海人民出版社 1994 年版,第 531 页。
② 中国近代史资料丛刊编辑委员会主编:《1938 年英日关于中国海关的非法协定》,北京:中华书局 1983 年版,第 208 页。

会的同情、支持与援助。战时国共两党都高度重视国内、国际宣传，与日本侵略者在舆论宣传上展开了一场人心争夺战。

"追求真相"、坚持"公平与正义"是新闻报道永恒不变的真理，要想了解中日战争的真实战况，最好的办法就是亲临战场。当时在华的西方记者秉承职业准则，带着对新闻的好奇和敏感，踊跃奔赴前线，充当世界的眼睛。

二、"借口说话"

全面抗战爆发初期，各国在华的主要媒体随战场的移动、国民政府驻地的迁移而动，南京沦陷前在南京的外国媒体有：来自美国的美联社、合众国际社和《纽约时报》，来自英国的路透社，来自苏联的塔斯社，还有来自德国的通讯社。[①] 虽然美英政府对日本侵华采取"不干涉"态度，但"在华的媒体人员，包括德国人（他们还没有被彻头彻尾的纳粹分子所取代），都支持中国抗战"[②]，他们应各自媒体机构的委派，或独自或结队前往前线，对正面战场的抗战作了激情洋溢的报道。20 世纪 30 年代的上海已成为接收与传播信息的最主要城市，卢沟桥事变爆发后，具有强烈新闻敏感性的埃德加·斯诺（美国新闻记者，时以《纽约日报》驻华记者身份兼任燕京大学新闻系讲师）从北京赶往上海，目睹了淞沪抗战的他向世界报道他的所观所感："在战争的初期，中国表现了出乎大多数人意外的锐气和军事技巧。面对着黄浦江日本海军战舰的直射炮火，他们几乎把日本人从公共租界中驱逐到江里去"，"远在西欧、北欧各

---

① 爱泼斯坦著，沈苏儒、贾宗谊、钱雨润译：《见证中国：爱泼斯坦回忆录》，北京：新星出版社 2015 年版，第 99 页。

② 爱泼斯坦著，沈苏儒、贾宗谊、钱雨润译：《见证中国：爱泼斯坦回忆录》，北京：新星出版社 2015 年版，第 99 页。

国迅速溃败沦亡之后,这个被欧洲人蔑视地指出,在日本机械化部队进攻下,至多只能支持六个月的中国,毕竟仍然站着身子迎击他的敌人。"①跟随八路军开赴华北前线的美国记者史沫特莱详细记录、报道了山西战场的战况包括太原保卫战,"在太原城里,傅作义将军和他的六千名部下坚守着阵地。十一月六日、七日、八日的白天和六日、七日的晚上,他们跟日军短兵相接,片刻未停。城墙上鲜血淋漓,一批批守城士兵的尸体就堆在机关枪的旁边,为那些坚持在岗位上战斗的战友们充当了掩护体"②。这样的报道多少令九一八事变以来西方社会对中国军队面对外来侵略的消极表现有所改观。

国共两党皆认识到外国记者是中国对外宣传的重要渠道,皆欢迎外国记者的到访,重视他们的报道。然因国民党一贯视共产党为"心腹之患",在合作抗日的同时,又试图封锁、打压共产党,在对待西方记者的采访要求与新闻报道上,国共两党有着不同的态度与政策。外国记者对国共两党的态度及其倾向在抗战的前期与后期出现较大的变化,对中国战场的报道也随之有不同的侧重。

先说国民党。为了应对严峻的战局,揭露日军的渲染与欺骗,争取世界舆论的同情,作为执政党的国民党决定加强国际宣传,1937年9月8日,在军事委员会下设第五部,主管宣传,毕业于美国密苏里大学新闻学院、中国首位获得美国新闻专业学位的留学生董显光受命任军委会第五部副部长,"任务是组织一个新机构,

① [美]埃德加·斯诺:《为亚洲而战》,北京:新华出版社1984年版,第36、41页。
② [美]史沫特莱著,江枫译:《中国在反击》,长沙:湖南人民出版社1987年版,第187页。

把中国介绍给世界"①。不久军委会撤销第五部，另设国际宣传处（以下简称"国宣处"）。1938 年 2 月，国宣处改隶国民党中央宣传部，董显光以中宣部副部长名义负责该处工作②，曾虚白任处长，主持具体工作。抗战时期国民党中宣部部长更换了多人，唯董显光的副部长自始至终，外宣工作也始终由其负责。上任伊始，董显光即决定将目标锁定上海的外国人，他希望"这些外国人眼睛里看出来的中日战争可以扩大到大洋隔岸他们的本国人而成世界舆论，尤其重要的是影响几个英语国家的人"，同时，他痛心地看到"日本人早用各种正当和不正当的方法控制了大部分上海的外国报"，"上海的外国新闻界一般说来变得对中国很不利了。英国办的《字林西报》，变成使人失望地谨慎，对日本侵略不加可否。因为这份报是公共租界工部局的机关报，而公共租界的工部局已为日本代表所控制，故它不得不保持不染色彩的中间路线。另外一份英文报是上海《泰晤士报》，虽然由英人出面做编辑，实际老板是日本人，完全为日本人说话"。令其稍感欣慰的是有"两份英文报还采取无保留地支持中国的立场。这两份报纸，一份是高尔德主编的英文《大美晚报》，一份是鲍威尔主编的《密勒氏评论报》。这两份报仍对日本侵略作公正的批评"，然"中国不能合作的报纸，对上海外国人的影响力却比说公道话的其他英文报纸大"。③ 为了扭转这种局面，董显光带领国宣处同仁开展了一系列斗争活动，诸如"刊印小册子，散发信函与在私人电台上作广播讲演"，与在前线指挥

---

① 董显光著，曾虚白译：《董显光自传——一个中国农夫的自述》，台北：台湾新生报社出版部 1973 年版，第 124 页。

② 武燕军：《抗战时期的国际宣传处》，《民国档案》，1990 年第 2 期，第 118 页。

③ 董显光著，曾虚白译：《董显光自传——一个中国农夫的自述》，台北：台湾新生报社出版部 1973 年版，第 127—128 页。

的将领建立密切联系,"编发每日战报",又要求时任上海市市长的俞鸿钧"每天招待外国记者,根据前线战报,做政府的发言人"。恰巧,俞鸿钧原本是记者出身,"外国记者不胜过去中国官吏闪烁其词发言态度的烦扰,面对俞市长直接爽快明智的应对,咸得意外的快感。从此这个记者招待会变成了沟开国际民意的一条重要通道了"。① 在董显光的督导、曾虚白的具体主持下,国宣处雇用有经验的外国名记者,建立海外新闻网,除总部外开辟了上海、香港、伦敦、纽约、日内瓦、柏林、莫斯科七个海外分支机构;英国《曼彻斯特卫报》记者哈罗德·田伯烈(Harold Temperley)被国宣处聘为驻美主持人,以泛太平洋新闻社为发稿基地,黎甫(Earl Leaf)主持纽约事务,艾文思(Henry Evans)主持芝加哥事务,罗学特(Malcolm Rosholt)主持旧金山事务。② 此外,夏晋麟主持北美,设办事处于纽约;温源宁主持欧洲,设办事处于伦敦。至此,织就了一张遍布世界的宣传网。

董显光依赖西方记者宣传的策略率先并成功地运用于向国际社会披露南京大屠杀这一重大事件。"董显光依赖外国记者报道南京大屠杀,不仅因为他们是当时唯一可用的消息来源,还因为董显光相信,来自'中立'第三方目击者的描述,远比来自中国的报道更可令人信服。"③《外人目睹中之日军暴行》(*What War Means: The Japanese Atrocities in China*)既是在华西方记者不惧威胁勇

---

① 董显光著,曾虚白译:《董显光自传——一个中国农夫的自述》,台北:台湾新生报社出版部 1973 年版,第 128—129 页。

② 张威:《抗战时期的国民党对外宣传及美国记者群》,《杭州师范大学学报》(社会科学版)2008 年第 5 期,第 34 页。

③ 转引自[澳]魏舒歌著,魏舒歌、李松蕾、龙伟译:《战场之外:租界英文报刊与中国的国际宣传(1928—1941)》,北京:社会科学文献出版社 2020 年版,第 331 页。

于揭露日军暴行的成果，也是中英两国合作揭露日本侵华的见证。田伯烈为澳大利亚人，时为英国《曼彻斯特卫报》驻华记者，南京大屠杀期间，曾将听闻的日军暴行拟成电讯稿拍发《曼彻斯特卫报》，遭日本检查员扣押。其后，他在南京安全区国际委员会及目睹南京大屠杀的西方侨民贝德士(Miner Searle Bates，新华社译名 M. S. 贝茨)、约翰·马吉(John G. Magee)、费吴生(George A. Fitch，新华社译名乔治·菲奇)等人的帮助下，搜集了大量由西方侨民记录的涉及日军南京大屠杀的书信、日记、报告等第一手资料，结合上海租界报刊的有关报道，决定编写一本翔实报道与揭露日本在华暴行特别是南京大屠杀的书籍，1938 年 3 月完成书稿，题名《战争意味什么：日军在中国的暴行》，准备赴英国出版。在武汉的国宣处得悉此事后，派人在上海拜会了田伯烈，在表示声援和支持的同时，提出购买该书中文版权与英文原稿的请求，得到田伯烈的应允。6 月，国宣处完成翻译，中文译本定名为《外人目睹中之日军暴行》。该书的中英文版几乎同时分别在中国、英国与美国出版，产生了广泛、强烈的影响力。田伯烈以身为记者，职责有关而不惧危险，提供材料的学者、传教士贝德士等人也抛弃"中立"，成为"格于诚而感于真的热心人士"，知道田伯烈是要将揭露日军暴行的文字、图片编著出版，贝德士明白，"日本官员心里都很清楚，这些文件是出自我的手笔"，故而他们更清楚的是，这本书一旦出版，"当然可以使西方世界关注这起事件以及事件期间所有残忍的军事行动。然而，对费吴生、我甚至史迈士还有其他人来说，却意味着我们为之奋斗终生的事业走向终结。这将引起各地区和社会各阶层对基督教会工作的严重排斥或限制"。但是为了让在南京以及中国其他地方的日军暴行暴露出来并被关注，进而让西方各国支援中国，贝德士等人并未过多插手田伯烈出版此书，"我们对整个工作进程全无所知"，即便后者"需要第一手材料的直接性和权威性",而更有可能暴露是由贝德士等人提供的材料。① 后来,田伯烈正式为国民政府工作,被国宣处聘为驻美主持人,成为连接在华西方人士与国际宣传处的重要枢纽。对于南京大屠杀,不仅美英等国侨民以照片、文字作了记录、报道,"当时在中国有一个著名的商人,名叫约翰·拉贝(John H. D. Rabe),他也大为震惊并采取了抗议行动。他当时担任由外国人组成的安全区委员会主席,给柏林写了一份暴露真相的报告。由于这份报告,他受到了德国当局的斥责,因为当时正在酝酿德日联盟"。②

　　借助西方记者与外国侨民之口,揭露南京大屠杀真相,粉碎日本军方对大屠杀真相的掩盖,是战时宣传工作的一个成功案例。组织记者前往前线采访,定期召开新闻发布会,协助西方记者搜集报道素材,是战时国民政府拓展传播途径,以达宣传中国、争取国际舆论支持并打开西方国家漠视中国之门的主要手段。这些举措的确有积极的效果,如台儿庄大捷后,日本想方设法令外国新闻界相信他们还守着台儿庄,国民政府军事委员会专门调拨一架飞机运送外国记者到台儿庄前线,日方诡计不攻自破。外国记者随国民政府迁到重庆后,不能像在上海、南京时驱车走一趟司令部就能得到新闻,因为新闻发生在遥远的前线。董显光认为,重庆时期他的任务是"给重围中的中国跟外边世界建立一座友好的桥梁",在他看来,"这座桥梁的主要支柱只靠在重庆的一小撮外国记者,他

① 康康:《南京大屠杀罪证之一:〈外人目睹中之日军暴行〉》,抗战文献数据平台,2017年12月13日。
② 爱泼斯坦著,沈苏儒、贾宗谊、钱雨润译:《见证中国:爱泼斯坦回忆录》,北京:新星出版社2015年版,第99页。

们负担了把战斗中国介绍给全世界的责任"。[1] 为解决新闻饥荒，满足记者们渴求新闻的愿望，1939 年 5 月，国宣处邀请了 20 余名西方记者前往鄂豫战区采访被俘日军，他们看到了中国给予日俘的人道主义待遇，就此发了大量图文并茂的报道。同年 10 月，湘北大捷，董显光亲率一批外国记者前往采访，在长沙听了作战总指挥薛岳的战况简报后，记者们坚持到前线去亲自体会战争的实况，沿途发送报道，"外国记者这一系列的胜利报道使西方对我无信心之观察者，重新考虑其对我抗战成败的估计"[2]。

新闻发布会有利于及时报道战情，然抗战后期正面战场有限的利好消息令新闻发言人再度陷入用笨拙之言辞加以掩饰之尴尬。董显光回忆说，还在汉口期间，"军令部派到国际宣传处来做发言人的徐培根将军对他的军情报告采取负责的态度"[3]，增强了外国报纸的编辑对中国发言人的信心。而到抗战后期，在重庆的外国记者已不愿参加军方的记者招待会，爱泼斯坦在回忆中对此有一段生动的描述："军方发言人徐培根将军，他腰板儿挺得笔直。然而，他的日子是不好过的。前线没有什么好消息可谈，但又不能报道坏消息或僵持局面。记者们开玩笑说，这位发言人什么真相都不知道，所以才会板着面孔去念那些编造出来的新闻稿，有时还在地图上指指点点。对于那些令人鼓舞的战报——共产党领导的人民武装力量在敌后根据地打击日寇的进展情况，徐将军只字不

---

① 董显光著，曾虚白译：《董显光自传——一个中国农夫的自述》，台北：台湾新生报社出版部 1973 年版，第 213 页。

② 董显光著，曾虚白译：《董显光自传——一个中国农夫的自述》，台北：台湾新生报社出版部 1973 年版，第 154 页。

③ 董显光著，曾虚白译：《董显光自传——一个中国农夫的自述》，台北：台湾新生报社出版部 1973 年版，第 140 页。

提。他的任务是对这些战绩不闻不问或者隐瞒、否认。"于是,"外国记者往往不参加军方的记者招待会,但他们要求参加政府的记者招待会,而且常常成群结队地去,问一些有关战争的政治问题"。①

西方记者所以能不惧日本的压力与威胁,站在中国一边揭露日军的暴行,颂扬中华民族坚持抗战的决心和勇气,是因为他们具有严格的职业操守,坚持报道真相。在抗战相持阶段尤其是太平洋战争爆发后,国民党在前线与后方的表现令他们渐感失望,他们将目光转向令人鼓舞的共产党领导的敌后战场。此外,国民政府西迁重庆后,国际局势晦暗不明,西方列强"对重庆国民政府的抗战意志心存疑窦","国共统一战线的裂缝也逐步暴露,两党猜疑日深","在这危机四伏之时,信息控制对蒋介石政府来说攸关生死",②于是国民党中央一改武汉时期相对宽松的新闻审查,恢复曾经严格的新闻检查制,外国记者抱怨甚深,至"战争结束时,外国记者对国民政府审查制度已全然失去信心,哪怕是真实的报道都会被外国记者视为宣传"③。与此同时,国民政府一些官员贪污、腐败的作风,国民党内的政治倾轧和派系斗争在大后方愈演愈烈,令外国记者十分鄙夷,进一步疏远了外国记者与国民政府的关系。有学者指出:"越来越多在重庆的外国记者被中共吸引,而造成这种现象的原因与其说是两党意识形态上的分歧,不如说是记者对国

① 爱泼斯坦著,沈苏儒、贾宗谊、钱雨润译:《见证中国:爱泼斯坦回忆录》,北京:新星出版社 2015 年版,第 196 页。
② [澳]魏舒歌著,魏舒歌、李松蕾、龙伟译:《战场之外:租界英文报刊与中国的国际宣传(1928—1941)》,北京:社会科学文献出版社 2020 年版,第 347 页。
③ [澳]魏舒歌著,魏舒歌、李松蕾、龙伟译:《战场之外:租界英文报刊与中国的国际宣传(1928—1941)》,北京:社会科学文献出版社 2020 年版,第 357 页。

民政府越发不信任。"①当然,外国记者被中国共产党吸引,也在于中共对对外宣传的重视及在英文媒体上扩大影响力的努力。

自 1927 年第一次国共合作的破裂至 1937 年全面抗战的爆发,在国民党的"围剿"与封锁下,外界鲜少知道中国共产党的真实面貌。中国共产党一贯重视对外宣传工作,重视利用各种有效途径和灵活形式,加强党的对外信息传播,唯受制于国民党的全面封锁。史沫特莱的《中国红军在前进》(China's Red Army Marches)与斯诺的《西行漫记》(Red Star Over China)揭开了中国共产党的神秘面纱,也引起了更多西方记者的好奇与探究。以国共合作为基础的抗日民族统一战线建立后,共产党有了公开活动的合法地位,得以与海外人士,包括华侨、外国记者、学者、外国驻华使馆官员等来华人员作公开、正常的交流,国民党对于延安的封锁也一度有所放松,却非放任,1939 年以后再度加强封锁。囿于日本与中国国民党的双重封锁,国外并不了解中国共产党领导抗日的真实情况。

抗战时期,西方社会于中国共产党和中国的政治立场、态度可分为支持、敌对和中立三大群体。一般来说,外国记者、作家、学者,盟国军人、政党等可归为中立群体,向他们传递信息,争取他们的同情与支持,进而由他们向各自国家及世界传播他们眼中的中日战争与中国共产党,更有说服力,更能获得国际舆论的支持。外国记者、作家是战时中国共产党对外宣传的首要对象,主要通过两个途径进行,一是通过中共驻抗战大后方的代表与他们直接接触,二是欢迎和邀请他们到延安和解放区等地采访。不仅被视为带有

---

① [澳]魏舒歌著,魏舒歌、李松蕾、龙伟译:《战场之外:租界英文报刊与中国的国际宣传(1928—1941)》,北京:社会科学文献出版社 2020 年版,第 388 页。

红色色彩的史沫特莱、斯诺等人在著述中以肯定、赞美的语气讲述在汉口、重庆等地与八路军办事处的交往，费正清在回忆录中也表示了对重庆八路军办事处人员的欣赏，尤其欣赏其外联人员龚澎、杨刚等，对国民党跟踪、监视中共代表很是不屑。董显光在自传中对当年周恩来在汉口的表现有一段十分不满的评论，周恩来"在汉口时期代表共产党参加政府工作，做了军事委员会政治部的副部长"，他"有一套迷人的本领，随时随用，成了他政治活动锐利的武器……他在这时期尽量拉拢所谓'自由主义'的外国作家与外国记者，诱惑他们支持他的立场"，"在我们整个抗战过程中，英美的报纸杂志泛滥着赞扬中国共产党和标榜他们八路军战绩的宣传文字，我们在汉口时期就遇到他们第一批浪潮的冲击"①。这恰从反面说明了中共外宣工作的成功。

抗战时期外国记者对延安和解放区的采访出现过两个高潮。第一个高潮是从全面抗战爆发、抗日民族统一战线建立到1939年秋国民党重新加强对延安的封锁。斯诺就访问延安而写的新闻报道引起了人们对延安、对中共强烈的好奇，"人们都试图到那边去：不仅有好奇的外国人，还有数以百计的中国知识分子、大学教授和学生"②。20世纪30年代初任北平哈佛燕京学社研究员的美国汉学家欧文·拉铁摩尔（Owen Lattimore）的回忆表现了美国人的好奇：1937年春，两个美国人菲利普·贾菲和毕恩来（Authur Bisson）来到北京，"他们来找我，问我是否愿意同他们一道去延安"，贾菲以前从未到过中国，他是《美亚》杂志的骨干，毕恩来以前

---

① 董显光著，曾虚白译：《董显光自传——一个中国农夫的自述》，台北：台湾新生报社出版部1973年版，第141页。

② ［日］矶野富士子整理，吴心伯译：《蒋介石的美国顾问——欧文·拉铁摩尔回忆录》，上海：复旦大学出版社1996年版，第50页。

曾在长江流域的一个美国教会大学执教,在那里他对中国学术运动产生兴趣,逐渐认识了形形色色的"左"派中国学生。他是那样一种人,"部分地受到传教士和基督教的影响,反对日本侵略,支持统一战线"。"他俩对在中国内地旅行一无所知,因此希望我与他们同行,做他们的向导和翻译。"拉铁摩尔自认"在中国,我对政治抱相当玩世不恭的态度,中国的政治生活中没有什么能引起我的兴趣"。震惊中外的西安事变及其出人意料的和平解决多少引起了拉铁摩尔对中国政治的兴趣,"由于曾经不得不对《泰晤士报》和《工人日报》说我无法向他们解释西安事变,因此现在我希望弄清正在发生什么事;并且不是了解人们在说什么,而是他们在做什么",①于是拉铁摩尔答应与他们同行。拉铁摩尔的回忆从一个侧面反映了在中华民族的危急关头,具有公平与正义之心或有猎奇心的西方人士对中国政局的关心,对于中国政治中不可忽视的政治力量——中国共产党的好奇与探究。这期间,美国记者艾格尼丝·史沫特莱、斯诺第一任妻子海伦·福斯特·斯诺(Helen Foster Snow)、英国记者詹姆斯·贝特兰(James Bertram)、美国学者欧文·拉铁摩尔等到延安进行采访,他们中的许多人受邀与毛泽东作了面对面的访谈。中国共产党的坦诚相待,以毛泽东为代表的中共领导人与八路军将领的豁达、勇气与见识赢得了西方人士的一致好评,一批介绍中共抗日斗争的外文作品相继问世,继斯诺的《红星照耀中国》之后,史沫特莱的《中国的战歌》、贝特兰的《华北前线》(North China Front)、毕恩来的《日本在中国》(Japan In China)、《1937年6月的延安——同中共领导人交谈》等著作相

---

① [日]矶野富士子整理,吴心伯译:《蒋介石的美国顾问——欧文·拉铁摩尔回忆录》,上海:复旦大学出版社1996年版,第47、50、51页。

继出版,这些传播形成了中共在西方国家最初的国际影响。海伦·斯诺说:"在新闻报道里吹奏出来的雄壮激昂的号音震撼下,积累起来的有关中国共产党人的全部谣言和猜疑,如同耶利哥的城墙一样土崩瓦解了。"①在史沫特莱眼里属于"资产阶级知识分子典型"的拉铁摩尔对延安之行中共的评价是:"使我吃惊的是,毛竟然愿意接连花上数小时与几个素不相识的美国人交谈……毛愿意实事求是地、以最简单的术语同他们交谈……由于曾做过记者,我的印象是,这些中共代言人肯定懂得怎样谈话才能使美国报纸有利地引述他们的言论。他们非常聪明,知道自己的经历将吸引全世界的反帝人士,他们让自己的故事显得朴实无华,防止会见者弄错或夸大其词,尽最大努力使其具有吸引力。他们知道即便有某些差错,任何关于中共的故事注定对他们利大于弊。换句话说,在那种情况下,任何宣称都是有益的,因此他们表现出无限的耐心。"②简言之,中国共产党非常懂得宣传的策略与技巧。坦承源于自信,朴实无华体现在所有外国记者的报道作品中,它是中共领导的抗日根据地的现实,无须刻意表现,却是打动人心的好元素。

与中共热情接待外国记者、学者,中共领导人欣然接受采访形成鲜明对比的是国民党内保守势力对外国记者的抵触,以斯诺为例,他"曾几次试图采访蒋介石,但都遭到拒绝。几次受阻后,斯诺才开始了他的延安之行。他从延安回来后,又一次试图与蒋介石会面,以寻求获得一个平衡的视角,但他的要求又一次被回绝。董

① [美]海伦·斯诺著,华谊译:《旅华岁月——海伦·斯诺回忆录》,北京:世界知识出版社 1985 年版,第 193 页。

② [日]矶野富士子整理,吴心伯译:《蒋介石的美国顾问——欧文·拉铁摩尔回忆录》,上海:复旦大学出版社 1996 年版,第 53 页。

显光后来才知道,蒋介石本人从来没有接到过斯诺的采访请求"①。
且不论斯诺采访了蒋介石后对国民党、对蒋介石会有怎样的评说,
国民党的拒绝无疑是自动关上了对外宣传之门。

　　1944年,"中外记者西北参观团"掀起外国人访问抗日根据地
的第二个高潮。中外记者西北参观团的访问延安是在国民党豫湘
桂战役大溃败,国内外舆论对国民政府颇有微词,美国舆论"对国
民党颇多批评"而"对共产党颇多同情"的背景下,经外国各大媒体
记者的力争而成行的。获准前往延安的六位外国记者中,哈里
森·福尔曼(Harrison Forman)、根室·斯坦因(Gunther Stein)、
伊斯雷尔·爱泼斯坦三人的报道最为全面详细。"三人由重庆转
发海外的通讯稿件都遭到国民党政府的检扣,但斯坦因和福尔曼
还是通过美国军机,将其通讯报道直接送回美国,其中部分稿件公
开在各大新闻媒体发表,如《纽约时报》《基督教科学箴言报》《纽约
先驱论坛报》等","爱泼斯坦的许多报道也绕过国民党通过其他渠
道在海外发表。1945年6月23日,国宣处伦敦办事处向总部报
告:近期伦敦报刊'普遍登载'有关中共边区文章,尤其爱泼斯坦的
文章颇具影响力,使中共'在英国影响越来越大',英国人也'越来
越同情共产党'"②。其后,他们又将报道结集出版,福尔曼的《红色
中国的报告》(*Report From Red China*)先后于1945、1946、1948年
在纽约、巴黎和瑞典出版,斯坦因的《红色中国的挑战》(*The
Challenge Of Red China*)于1945年在纽约和伦敦同时出版,爱泼
斯坦的《中国未完成的革命》(*The Unfinished Revolution In*

---

① [澳]魏舒歌著,魏舒歌、李松蕾、龙伟译:《战场之外:租界英文报刊与中国的国际宣传
　　(1928—1941)》,北京:社会科学文献出版社2020年版,第389页。
② 吴志娟:《明访·暗战:中外记者西北参观团与国共舆论宣传战》,华中师范大学博士
　　论文,2014年,第101—102页。

China）于 1947 年在美国出版。这些公开发表的文字对中国共产党作了肯定的描述，虽然无法评估对国际社会公众舆论的影响程度，但它们塑造了中国共产党的良好形象，有利于谋求国际社会的理解与支持。

继中外记者西北参观团之后，美军观察组于同年 7 月 22 日、8 月 7 日分两批抵达延安，全称"美军中缅印战区驻延安观察组"，又称"迪克西使团"。美军观察组的到达延安，标志着美国政府与中共之间正式接触的开始。1944 年 8 月 15 日，《解放日报》发表欢迎美军观察组的社论，谈到外籍记者的到来与报道、美军观察组的到来，对改变边区被封锁状态、正确认识中国共产党领导的敌后战场的积极意义。社论说，由于"国民党统治人士的欺骗政策与封锁政策"，外界对共产党、八路军、新四军的真实情况知之甚少，中外记者团与美军观察组的来到延安，将为改变外国对于中国共产党的舆论开一新阶段，"这是关系四万万五千万中国人反抗日寇解放中国的问题，这是关系同盟各国战胜共同敌人建立永久和平的问题"。社论指出，"由于来延外籍记者的报道，中国共产党、八路军新四军和各抗日根据地的真相及其对于协助盟国抗战事业的重要地位，将逐渐为外国人所明了"，相信美军观察组成员一定会对敌后根据地的情况作周密的和深刻的观察，并对与共产党的合作以战胜日寇多所策划。① 虽然美国政府最终没有给予中共以任何有效援助，然军事观察组的派遣反映了美国政府对于中国共产党、八路军、新四军在抗击日伪军中的作用与战绩的关注，表明共产党已冲破长期来国民党反动宣传与封锁的重重困境。

抗战时期，来自多个国家的数十位记者、作家及驻华使馆人

---

① 《解放日报》，1944 年 8 月 15 日，第 1 版。

员,通过他们的文字及拍摄的图片向世界报道了中日战争的真实情况,传递了中国声音,塑造了中国形象,帮助中国争取了国际社会的广泛同情和支持。美国民众同情中国比例的升高,体现了国际社会对"借口说话"策略的积极回应。"1937 年 9 月,当盖洛普民意测验调查美国人是同情中国还是同情日本时,43%的人支持中国,55%的人不支持任何一方。1938 年 2 月,同情中国的民众比例增加到 59%,36%的受访者支持美国向中国运送武器或弹药。1939 年年中,74%的美国民众对中国抗战表示同情,66%的美国民众明确支持抵制日货,72%的美国民众支持对日本实施武器禁运。"①

下文所选择的人物在报道中国抗战及宣传中国共产党的过程中发挥了不可忽视的重要作用,他们来自不同国家,有着不同的成长与学术背景,对中国、中国共产党有着不同的情感、不同的政治立场与态度,还是性格各异的一群人物。国民党方面对于抗战后期国际舆论尤其是美英等国对国民党态度的转变,不是反思、检讨自身存在什么问题,而是污蔑为共产党的阴谋,贬斥坚持报道真相的外国记者、作家。负责国际宣传的董显光对这一现象的评论颇有代表性,他指责共产党是"借'自由''民主'伪装来掩饰其狰狞本相","他们动员一大批作家,有的是真正共产党徒,有的是给他们牵着走的傀儡,自从 1942 年起,不断在自由世界中制造塑型……照常识判断,不符事实的歪曲报道不可能把白的说成黑的,可是在中国竟发生了奇效。这些作家有的给报纸写通讯,有的投稿给杂志,有的刊印专书,共同的目标是把共匪渲染成农业改良主义者,

---

① 转引自[澳]魏舒歌著,魏舒歌、李松蕾、龙伟译:《战场之外:租界英文报刊与中国的国际宣传(1928—1941)》,北京:社会科学文献出版社 2020 年版,第 394 页。

是中国民主政治的先驱,此中最显著的几个人是:史沫特莱女士、斯特朗女士、斯诺、威尔士、拉铁摩尔、福尔曼、苏伊士女士、斯坦因、盖因、罗新吉、佩弗、艾浦斯登、白修德、费正清"[1]。董显光既说"不符事实的歪曲报道不可能把白的说成黑的",那发自敌后根据地的报道究竟是真实的还是虚假的? 在不同时期、不同区域,对不同人物的采访而写就的报道,对敌后根据地、对共产党领导的游击战有着高度一致的叙述与评价,这究竟是共产党正确领导的共性还是董显光所谓的"欺世阴谋"? 他所罗列的被"牵着走的傀儡"究竟是怎样的人? 下列各个人物的经历,可令我们发现真相,作出自己的判断。

第二节　斯诺

一、中国革命的"报春燕"

埃德加・斯诺(Edgar Snow)以《红星照耀中国》(*Red Star Over China*,又名《西行漫记》)而闻名海内外。《红星照耀中国》于1937年10月由伦敦戈兰茨公司首先出版,1938年1月在美国出版,2月中译本改名《西行漫记》在上海"孤岛"用复社名义出版,同年,莫斯科出版了该书的俄文版。这一部新闻报道性的作品拨开红色中国谜一样的传说,将红色中国的面貌第一次真实地展现给世界,斯诺成了中国革命的"报春燕",也成了中国人民永远的朋友。与此同时,斯诺的报道开启了西方世界认识中国、认识中国共

---

[1] 董显光著,曾虚白译:《董显光自传——一个中国农夫的自述》,台北:台湾新生报社出版部1973年版,第218页。

产党的新纪元,拉开了西方记者赴身"红色中国"的序幕。20世纪30年代,埃德加·斯诺成为进入中国西北一角的第一位西方记者。全面抗战爆发后,中国共产党领导的抗日根据地越来越吸引世人的目光,不少西方人士包括记者、军人、医生及政府官员突破重重障碍,陆续进入红色中国。据美国人玛格丽特·史丹利编写的《1949年之前共产党管辖区内的外国人》统计,1935年至1949年间,在保安、延安及其他中国共产党控制区域进行活动的外国人有145人①。

第一个踏入西北的红色中国,第一个将在红色中国看到、听到的,及与上至中共领导人、红军将领,下至红军战士、农民的谈话真实地记录下来,向全世界报道,使曾经低估中国共产党人的"苏联领导人认识了毛泽东","欧洲和中国人也认识了毛泽东"②,斯诺有此里程碑意义的行动,还得从他来到中国说起。

1928年,基于对"东方的魅力"的好奇和旅行的兴趣,自认是冒险家的埃德加·斯诺于密苏里大学新闻学院毕业并在华尔街的投机中赚了一些钱后,取道巴拿马运河,坐船驶往太平洋,花三个月时间领略了"夏威夷的美丽以及日本的妩媚和井然的秩序",然后抵达上海,原计划在中国逗留六周。到上海后,斯诺向其学长约翰·本杰明·鲍威尔(John B. Powell,时任《密勒氏评论报》主编、《芝加哥论坛报》记者)自荐,递交了密苏里大学新闻学院院长沃尔特·威廉斯写的一封介绍信。应鲍威尔的恳请,斯诺答应帮助出版《新中国》特刊,斯诺和他的中国助手花了三个月的时间,编辑完成这份《密勒氏评论报》的特刊,期间鲍威尔提出要斯诺担任《密勒

---

① 转引自曹培鑫、薛毅帆:《书写"红色圣地":世界新闻史上的"中国时刻"》,《现代传播》2018年第11期,第46页。

② [美]海伦·斯诺著,华谊译:《旅华岁月——海伦·斯诺回忆录》,北京:世界知识出版社1985年版,第196页。

氏评论报》助理主编的职务,斯诺欣然接受。完成第一项任务后,斯诺乘坐火车在中国转了一大圈,历时四个月,"凡是那八千英里长的铁路线可到之处都到了","足迹遍及铁路沿线重要的城镇,领略了各地的风貌,从宁波到汉口,从南京到哈尔滨,从北京到长城内外,还到了东北和朝鲜"①,沿途写下了多篇游记,发表于《密勒氏评论报》副刊。此行满足了斯诺的好奇与探险,也得到了鲍威尔及中国当时的交通部部长孙科的赞同与支持。在军阀混战的动荡时代,支持蒋介石、以为中国"国家已经统一"的鲍威尔"想要说服美国人,使他们相信又可以安全地在中国观光游览了",斯诺的游记被当作"招徕游客的'宣传品'"②。然斯诺由此行而看到中国远未统一,更看到了中国底层民众的苦难,苛捐杂税和沉重租债逼使穷苦的农民背井离乡,饥荒、灾荒不仅造成饿殍遍野,还使众多女子沦为娼妓,贩卖女子在中国成为一大行业。在绥远,斯诺第一次看到人被活活饿死的惨象,他吃惊而悲叹:"你有没有见到过一个人——一个辛勤劳动、'奉公守法'、于人无犯的诚实的好人——有一个多月没有吃饭了? 这种景象真是惨不忍睹。"③他在纽约《先驱论坛报》上发表了一篇关于西北饥荒的报道。出身于富裕、开放、文明社会的斯诺对半殖民地的中国到处可见的肆无忌惮的人间剥削悲剧,满怀同情与愤怒。斯诺的前妻海伦·斯诺对斯诺的定位

① [美]埃德加·斯诺著,宋久等译:《复始之旅》,北京:新华出版社1984年版,第3—4页。

② [美]埃德加·斯诺著,宋久等译:《复始之旅》,北京:新华出版社1984年版,第3、4页。

③ [美]埃德加·斯诺著,董乐山译:《西行漫记》,北京:生活·读书·新知三联书店1979年版,第188页。

是"基本上是一个人道主义者"①,他的同情心与正义感令他对中国萌生了更大的探究之心,并关心起中国的革命问题。

返回上海后,斯诺受鲍威尔委托,在其不在上海期间担任《密勒氏评论报》代理主编职务和《芝加哥论坛报》驻华南记者,从此他成了一名正式的美国驻国外的记者。主编工作使斯诺在上海静心待了一段时间。20世纪30年代的上海,不仅是外国人最为集中亦最为得意忘形之地,也是南京国民政府控制的中心区域。自19世纪末以来,上海还成了"社会中心点"。享有特权的外国人在上海"租界"的生活是舒适的,但斯诺不以为然,那颗"人道主义"的心和朦胧的反殖民情感令他十分不屑外国人在"租界"的行为,他这样描述上海租界及租界里的洋人:"我于1928年到上海时,那里的西方商人的言谈举止给人一个印象,似乎'租界'是他们的不动产,可以永远传下去。他们得意忘形,仿佛觉得自己是大陆,而四万万中国人只是上帝为了方便他们做生意而安排的郊区。然而,只要这种情况持续下去,这里也是富有吸引力的罪恶的渊薮。"上海"这个城市的核心是公共租界和法租界,其面积虽然只有一万英亩,却居住着三百万中国人,这里的熟练产业工人占全国半数以上。但是实际的权力都完全掌握在几千名英国人、法国人、美国人和日本人及其领事的手中。""中国人缴纳大部分税款,却不许进入城里的公园和外滩公园。"②斯诺形容当时的上海是一块"杂乱无章、富有刺激、原始又复杂的地方",他了解"使上海保持稳定,使它对中外资本产生吸引力的,正是英国的法律、秩序和对财产的保护",他更看

---

① [美]海伦·斯诺著,华谊译:《旅华岁月——海伦·斯诺回忆录》,北京:世界知识出版社1985年版,第26页。

② [美]埃德加·斯诺著,宋久等译:《复始之旅》,北京:新华出版社1984年版,第17、24—25、19页。

到"作为后盾的则是外交、外国军队和停泊在黄浦江上的军舰",斯诺断言"只要有一个中国政府能够成功地统一全中国,外国干预者和洋人大班的时代便将结束",而曾和鲍威尔一样相信蒋介石拯救了中国的斯诺此时已意识到,"国民党政府不可能实现这一任务,因为国民党的领袖们所不满意的并不是上海的人吃人的现象,而是吃人的竟是那些洋鬼子"①。

斯诺对中国的认识、对国民党的认识随着其后到各地的游历而更加深刻与进步。为了多出去旅行、多学习、多感受,以便更深入地了解中国的情况,斯诺在上海为《密勒氏评论报》伏案工作两年后,在鲍威尔即将回上海而卸去代理职务时,婉谢了汤姆·米勒的邀约——做他的继任人,任《先驱论坛报》驻亚洲首席记者,虽然他已给该刊写稿多年,对其评价也较高,"这家周刊登载态度严肃、篇幅较长的介绍外国情况的文章","《先驱论坛报》对亚洲表现出极广泛的兴趣"。海伦·斯诺在1931年第一次见斯诺时即带着包括从纽约《先驱论坛报》上剪下来的斯诺的多篇文章,然而,斯诺除了觉得自己资力尚浅不足以胜任,更主要的是不想继续在上海待三年,这一职务的唯一条件就是至少得在上海干三年。虽然日后斯诺任职于《先驱论坛报》,但当时他主动申请了另一项职务,获准担任新成立的国外新闻社——报联社的远东代表,"报联社为十二家大城市的报纸供稿。它的赞助者是纽约《太阳报》和芝加哥《每日新闻》。他们要一个可以无牵无挂地到亚洲各地走动的单身汉。他不必拘泥于日常的新闻报道,只需要在游历中把当地的重大事

---

① [美]埃德加·斯诺著,宋久等译:《复始之旅》,北京:新华出版社1984年版,第20、25页。

件写成报道发回去就行了。换句话说,他们要一名游历记者"①。
斯诺认为这一职务可以提供他旅行的自由、学习的时间,还可以写
自己感兴趣的人与事。他先在中国华中各地转了几个月,原打算
去俄国土尔克斯坦,因苏联不批准他的入境而作罢,转而计划南
行,游历了台湾、福建、广东、云南,又游历了作为殖民地的越南、缅
甸和印度。这次游历花了一年多的时间,斯诺干得得心应手,收获
也颇丰,他总结说:"这一切经历都将对我的生活和工作产生我一
时还不能估量的影响。我开始摆脱愚昧的状态,开始对什么叫'无
知'有了一丁点儿的了解。"②那么,究竟是什么刺激了他的神经与
情感呢? 在国民革命的发祥地广州,斯诺听到看到的不是所谓的
"模范政府",而是"这里每一个官员都借税收敲诈勒索","这里的
收税员的职务都被私人集团接过去了。这些集团的成员包括官
员、商人、银行家和歹徒。地皮税、交通税、盐税、烟草税、酒税、娼
税和其他娱乐税的征收特许权,全被他们包揽了去"③。继而他发
现全中国征税的方式大同小异,"地税和其他税的缴纳,传统上是
农民与收税人之间的交易","收税人把税收相当可观的一部分留
归自己,再与县长和其他官员平分一份,余额才被列为正式税
收"④,国民党统治未能改变这一状况。在此,斯诺隐约看到了中国
革命的动力与条件。在云南,他看到了更令其憎恶的现象,真正统
治云南的竟是鸦片,"云南府(昆明)和大理之间的平原地区,将近

---

① ［美］埃德加·斯诺著,宋久等译:《复始之旅》,北京:新华出版社 1984 年版,第 38 页。
② ［美］埃德加·斯诺著,宋久等译:《复始之旅》,北京:新华出版社 1984 年版,第 96 页。
③ ［美］埃德加·斯诺著,宋久等译:《复始之旅》,北京:新华出版社 1984 年版,第 43—
　 44 页。
④ ［美］埃德加·斯诺著,宋久等译:《复始之旅》,北京:新华出版社 1984 年版,第 44—
　 45 页。

一半的土地都种上了用来提制鸦片的罂粟。此后数年，各种鸦片税成了财政收入的主要来源"，"由于被迫种植鸦片和普遍吸食鸦片，农民的贫困化加速了"，"昆明到处是鸦片烟味；所有的市场上都卖烟枪和烟灯；鸦片就像大米一样容易买到。在大街上，你可以看到，母亲哄孩子不用自己的奶头，而是给他一根涂了鸦片的甘蔗"①。无怪乎与斯诺同行的博物学家和探险家约瑟夫·F.罗克博士感叹说："这个国家肯定会发生革命，而且，它将是历史上最残酷的革命。"②

　　越南、缅甸、印度之行使斯诺见识了殖民者所谓的"仁慈的"殖民政策，也亲眼看见了民众的反抗，由此而对殖民主义的不断衰落乃至消亡有了切身的认识。斯诺到缅甸时，正赶上缅甸首次土地革命(1930年)，为深入了解并客观、翔实地报道发生在缅甸的起义，斯诺在缅甸多待了一个月，他的报道发表于美国，英国报界对此事没有报道。斯诺在印度待了四个月，以图近距离了解印度人的感情、精神和社会政治生活，期间他拜访了甘地，与尼赫鲁作了交谈。为加强对印度的了解与研究，斯诺在访印初期读了多部书籍，包括"《毗湿摩篇》《奥义书》的英译本、杜波依斯关于印度民俗的经典著作、一本贝拿勒斯的历史、甘地的《我之真理探索》、安德鲁的《圣雄甘地》，还有罗曼·罗兰写的另一本'传记'，外国人撰写的包括介绍玛约·凯瑟琳和芬纳·布罗克纳等人观点的社会政治书籍、尼赫鲁讲话的小集子以及一本萨洛吉尼·奈都的诗集"③。

———————————————

① [美]埃德加·斯诺著，宋久等译：《复始之旅》，北京：新华出版社1984年版，第68、
　　61页。
② [美]埃德加·斯诺著，宋久等译：《复始之旅》，北京：新华出版社1984年版，第70页。
③ [美]埃德加·斯诺著，宋久等译：《复始之旅》，北京：新华出版社1984年版，第83—
　　84页。

离开印度前后,他又读了"《马克思的基本观点》、列宁的《无产阶级革命》、恩格斯的论家庭以及其他人的著作"①。通过萨洛吉妮·奈都——差不多是甘地的女助手、自称为"印度最伟大的女社会活动家"的介绍,斯诺结识了一些已出狱的印度民族主义者,还结交了一位印度共产党人苏哈西妮,苏哈西妮带斯诺去工厂参观了工人们简陋、糟糕的生产环境与生活环境。斯诺在印度的所见所闻使其相信印度革命是正义的,英国人应该离开印度。他自认"对印度的访问有助于我对中国的了解,使我看到了在反抗中的亚洲的全貌",他对印度和中国革命的认识是:"使这两个国家具有共同之处的,也就是历史上使它们共同对西方连续不断的统治构成最强有力的挑战的倒不是共产主义或任何别的意识形态或宗教,而是占这两个国家人口绝大多数的饥饿和没有文化的农民。落后贪婪的地主阶级和自尊心受了伤害的知识分子,他们为探索弥补这一惊人差距的捷径所作的共同努力,以及全民族的巨大决心:把欧洲帝国主义永远地从他们的家园中驱逐出去。"②此番在东南亚各地的游历,使斯诺坚定了一个认识,即任何一个强国想要永久奴役一个不甘愿被奴役的邻国,都是十分荒唐的。

　　各地的游历,令斯诺这个出身于富裕、开放、文明社会,只从文学作品《悲惨世界》中了解底层民众之艰辛生活的美国青年对剥削、对殖民主义有了切实的感受,对底层民众的痛苦有了真切之体认。据斯诺自己说,是"开始摆脱愚昧的状态,开始对什么叫'无知'有了一丁点儿的了解"。结束游历返回上海后,斯诺对汤姆·米勒之前说的中国将发生我们时代的"大新闻"有了深切的感悟。

① [美]埃德加·斯诺著,宋久等译:《复始之旅》,北京:新华出版社 1984 年版,第 84 页。
② [美]埃德加·斯诺著,宋久等译:《复始之旅》,北京:新华出版社 1984 年版,第 83 页。

然而,上海的沉闷及因为他写了一篇针砭"在上海的美国人"的文章而遭受在华美国人的攻击、排斥,斯诺一度有了打道回府的念头。海伦·斯诺回忆说,她刚到上海时即有人告诫她说,"你可千万不要同斯诺或鲍威尔这样的人来往,他们都是亲华分子"。据斯诺对海伦的解释:"亲华就意味着你支持中国的独立,反对外国干涉。这还意味着你主张废除不平等条约,放弃根据条约规定开放的通商口岸。"①斯诺因被视为亲华分子而遭到在上海的外国人的排斥,海伦·斯诺回忆说她见到斯诺的时候,他正处在一生的十字路口,"长期以来,他一直受到云南——印度支那——缅甸——印度之行的影响,不仅因为身上染的疾病一再复发,而且也为到处见到的绝望、狂热和贫穷而感到沮丧","另外,英国警察收买了一个白俄告密者,指使他伪造一份材料,说斯诺是激进分子。1931 年斯诺被列入了日本人的黑名单。二十年代的那个走好运的孩子——当时可以逍遥自在,不承担责任,对传统观念进行攻击,不怀虔诚的敬意——此时在他一生中第一次不得不面对成年人的问题——面对一个危险的世界,诸如发表几篇文章这样的小事也不再被看作是无辜的"。② 海伦·斯诺认为,她的出现阻止了斯诺的回国之行,因为她向斯诺"提供了他所需要的美国读者的新鲜看法",而斯诺也曾亲口对她说,"要不是你,1932 年我会离开中国的,你给了我在中国的一段富于希望的新生活——九年或更长的时间"③。

----

① [美]海伦·斯诺著,华谊译:《旅华岁月——海伦·斯诺回忆录》,北京:世界知识出版社 1985 年版,第 52 页。

② [美]海伦·斯诺著,华谊译:《旅华岁月——海伦·斯诺回忆录》,北京:世界知识出版社 1985 年版,第 13—14 页。

③ [美]海伦·斯诺著,华谊译:《旅华岁月——海伦·斯诺回忆录》,北京:世界知识出版社 1985 年版,第 16 页。

　　留在上海的斯诺与宋庆龄、鲁迅等左翼人士有了接触与交往，对穷人的关怀、对正义的追求，使斯诺与宋庆龄、鲁迅等结下了深厚的友谊，更与宋美龄彼此信赖至深。宋庆龄接受斯诺的采访，对他推心置腹，斯诺感叹："宋庆龄通过言传身带消除了我的一些愚昧无知。通过她，我体验到了中国的最美好的思想和情感"，"多亏早结识了宋庆龄，使我领悟到：中国人民有能力从根本上改革他们的国家，并且迅速地把地位很低的中国提高到凭其历史和众多人口在世界上应占有的地位。"①通过宋庆龄和鲁迅，斯诺又结识了许多杰出的中国青年作家和编辑，从他们的作品中斯诺多方面了解了与其年龄相仿的中国人的思想，看到了蕴藏在青年知识分子中的反抗精神和同情心。就在斯诺将他们的小说翻译成英文题名《活的中国》（Living China）编辑成册之时，他们中的一些人遭到逮捕并惨遭杀害，鲁迅在悲愤之下写了《黑暗中国的文艺界现状》，经由史沫特莱翻译发表在当时美国的进步刊物《新群众》杂志上。正是从宋庆龄的叙述、与左翼人士的交往以及国民党的"围剿"共产党，暗杀、逮捕和处决左翼人士的现实中，斯诺逐渐加深了对中国国民党的认识，看到了无民权可言的中国现状，因而更加同情中国革命。此间亲历的一场战役——"一·二八"淞沪抗战，在亲眼看见战争的丑恶与恐怖后，斯诺对日本帝国主义的侵华有了初步的认识，眼见十九路军英勇顽强的抵抗，全国各地民众对十九路军的声势空前的支持，斯诺相信"只要有正直、无私的人来领导，经过良好的训练和有充足的装备，中国军队也同样能够很好地为自由而

---

①　［美］埃德加·斯诺著，宋久等译：《复始之旅》，北京：新华出版社1984年版，第98—99页。

战"①。这些经历及油然而生的感慨与认识,奠定了几年后斯诺冒险赴红色中国的基础。

斯诺能够成为第一个赴红色中国考察、采访的西方记者,与海伦·斯诺也有着相当的关系。海伦·斯诺原名海伦·福斯特,是美国犹他州一位律师的女儿,1931年她与斯诺相见于上海,一年后结为夫妻。斯诺这样评价海伦说:"在我此后在亚洲生活的八年间,她是我忠诚的合作者,伴侣和评论者。她常常给我带来苦恼,却又常常激励我。她始终精力旺盛而且富于创新性。"②海伦来中国前已阅读过有关中国的一些论著包括斯诺的文章,她欣赏斯诺的文章,并和斯诺一样喜欢旅行,喜欢写作,斯诺为其取笔名尼姆·威尔斯。婚后的斯诺夫妇一起去南洋旅行、采访,挖掘新闻,斯诺回忆说他们一路上的见闻坚定了海伦的反殖民思想与情感。1933年春,斯诺夫妇返回中国安家北京,"一二·九"学生运动发生时,斯诺正在燕京大学教书,海伦在燕京大学学习哲学,而这次抗日爱国的学生示威运动正是在他们的起居室里酝酿和筹划的,斯诺和海伦在回忆中均详细叙述了这一运动发生的过程及他们参与其间的细节。据海伦回忆,自1935年1月起,她开始写反法西斯的文章,斯诺不写宣传类东西,但不反对海伦做宣传活动,海伦说自己"天然是个活动分子",从小学到大学她一直是学生领袖。日后,有西方媒体从业者认为,斯诺直接参与中国的革命运动如"一二·九"学生运动,有悖新闻伦理,但海伦·斯诺在与斯诺离异后仍充分肯定斯诺"天然是一位真正的新闻工作者,他始终在他的学科上处于

① [美]埃德加·斯诺著,宋久等译:《复始之旅》,北京:新华出版社1984年版,第121页。
② [美]埃德加·斯诺著,宋久等译:《复始之旅》,北京:新华出版社1984年版,第122页。

领先地位",他"憎恨宣传,一生中没有写过任何这类东西"①。

斯诺参与中国学生的抗日救国运动,显然是将他的反法西斯主义思想付诸于实际行动。在燕京大学任教期间,为帮助师生认识法西斯主义的实质,斯诺第一次对法西斯主义进行了系统的研究,与此同时读了一些马克思列宁主义的基本教材和欧亚的共产主义史,以加深对法西斯主义和共产主义的理论认识。九一八事变以来,南京国民政府的妥协,国联的不作为,西方列强的绥靖甚至纵容,刺激了日本侵略者的扩张野心。自侵占东三省后,日本又将侵略魔爪伸向华北,《塘沽协定》的签订使华北门户洞开,日本又企图怂恿蒋介石在反共的基础上与其结盟,未成,继而企图逼使冀察政务委员会委员长宋哲元脱离南京国民政府,从而将华北割裂出去。在日本帝国主义步步进逼,肆意掠夺中国领土之际,南京国民政府在"攘外必先安内"政策下,坚持"围剿"共产党,镇压抗日团体,效法意大利和德国法西斯,加强专制统治,斯诺感叹"难道共产党真比国民党独裁或日本人侵占还要坏吗"? 经过中国及东南亚各地的游历、走访,斯诺知道要改变中国的现状,必须要有革命的领导,而"不论蒋介石在其他方面怎么样,他反正不是革命者"②。

眼见中日将发生大规模战争,谁能领导中国人民抗击日本的侵略呢? 斯诺把目光投向了经过长征到西部的中国共产党。当时没有任何记者去过共产党领导的农村革命根据地,唯有史沫特莱根据在她家养伤的一名红军将领的叙述,记录下 1927 年至 1932 年间中国共产党领导工农红军斗争的五年建军史诗,题名《中国红军

① [美]海伦·斯诺著,华谊译:《旅华岁月——海伦·斯诺回忆录》,北京:世界知识出版社 1985 年版,第 143 页。
② [美]埃德加·斯诺著,宋久等译:《复始之旅》,北京:新华出版社 1984 年版,第163 页。

在前进》于 1934 在莫斯科首次出版。外界不知道红军究竟是什么样子，更因国民党的污蔑、抹黑而令人心生疑惧。拥蒋反共但赞成抗日的著名学者傅斯年曾这样评论中国共产党："中国的共产党，何尝恰是俄国或德国有主义有经验的革命党？中国的共产党在大体上是祖传的流寇，不过以前的流寇但由凶年失政造成，今之共产党仍由凶年失政以外，更加以国民经济之整个的崩溃而已。"①斯诺回忆说，在他进入红区见到中国共产党人之前，他不敢肯定他们是否是"真正的"共产党人。然共产党的存在与活动已然是当时中国最重要的问题之一，虽然报刊上鲜少讨论，国民党将共产党称为"匪"而不承认是政敌，但诚如地质学家兼社会活动家丁文江所说，"国民政府所谓剿匪，就是武装的共产党。自从国民党反共以来，对于反共的名词，经过了几次的变迁。最初的时候是'清共'，以后是'讨共'，到了最近是'剿匪'。但是共产党并没有因为国民党对于他们改变了称呼，就丧失了他们政党的资格；更没有因为由'清'而'讨'而'剿'，减少了武装的实力"，在红军长征之前，"事实上是长江流域产生了第二个政府：政府之下，一样的有委员，有主席，有军长，有师长；政府之上，一样的有党部，有党员。江西，湖北，安徽，河南，福建合起来，至少有三分之一的土地在这个政府统治之下"。② 共产党领导的红军抗击蒋介石的战绩也给包括军事人员、记者等西方人士留下了深刻印象。记者的职业习惯驱使斯诺想要突破封锁进入红色中国以掌握第一手资料。斯诺向纽约《太阳报》和《每日先驱报》提出申请，两家报纸皆支持斯诺的行动，《每日先驱报》还允诺承担此行的全部费用。得到了支持的斯诺从北

① 孟真：《中国现在要有政府》，《独立评论》第五号(1932 年 6 月 19 日出版)，第 6 页。
② 丁文江：《所谓剿匪问题》，《独立评论》第六号(1932 年 6 月 26 日出版)，第 2 页。

京来到上海,拜托宋庆龄从中联络,"以便红军起码把我作为一个中立者来接待,而不把我当作间谍"①。

1936年,面对日趋加深的民族危机和日益高涨的抗日浪潮,刚结束万里长征落脚于陕北的中共中央决定号召全国军民,建立抗日民族统一战线,于是,冲破国民党的封锁,揭开外界对中国共产党的混乱传说,将自己真实的面貌展现给世人成为当务之急。共产党委托在上海的宋庆龄推荐合适人选赴西北,斯诺的记者身份、他的思想、他的主动意愿使其成为最合适之人选。其实,当时不乏持反法西斯主义立场,支持中国抗日并极愿去红色中国采访的西方记者,比如史沫特莱、贝特兰、海伦·斯诺等,为何斯诺就成了他们中的第一人呢? 这应该与斯诺及其文章在西方媒体的影响力、斯诺在世人尤其是西方人眼中的角色与立场有相当的关系。当时的斯诺虽然自谦还是个无名小辈,但在新闻界已是小有名气,他给《先驱论坛报》《芝加哥论坛报》《星期六晚邮报》《太阳报》等写过报道,给历史悠久的《亚洲》杂志撰稿,曾任美国在远东最有影响的《密勒氏评论报》的编辑,还担任了为十二家大城市的报纸供稿的报联社的远东代表,并出版了几本小说。虽然斯诺曾被视为亲华者而遭同胞的排斥,但不影响他作为新闻记者的身份。费正清在回忆录中对斯诺与史沫特莱有这样一段比较分析:"史沫特莱的第二本书《中国红军在前进》(1934年)试图给西方公众描绘中国共产党在农村中国的革命事业,正如斯诺的《西行漫记》后来对广大读者所起的作用一样。但是显而易见,史沫特莱与其说是一位新

---

① [美]埃德加·斯诺著,宋久等译:《复始之旅》,北京:新华出版社1984年版,第182页。

闻记者,倒不如说是一位宣传家,而斯诺在我看来,恰好跟她相反。"①海伦·斯诺在回忆中更是充分肯定了斯诺一贯的不持偏见的报道:"如果埃德是一名共产党人,他的报道将不会有什么价值。但事实上他是个记者,把事实如实地告诉人们","埃德实际上是一个典型的美国人,他讲自己时代的语言,能为自己的读者所理解。他是在适当的地点,而又恰逢其时的适当的人。他可以自由地作出自己的判断,而且是在年复一年地观察事实的基础上这样做的,他完全没有个人偏见,在任何问题上都没有自私和主观的目的","一般说,埃德既不疑虑重重,也不热情奔放——他轻松自如地处理他所掌握的事实。从不下结论和不易冲动这个意义上讲,他决不简单幼稚"。② 在费正清眼中,斯诺夫妇是两个性格完全不同的人,斯诺"随和、开朗、热爱人民、毫不矫揉造作",海伦则"紧张、凭理智行事,一向抱负不凡","夫妇两人展开有目共睹的同行竞争"③。据斯诺自己说,他喜欢随意地阅读和研究,喜欢从感兴趣的事情中发掘新闻,他认为新闻记者的职责和特权就是要尽量了解一切,当发现有严重脱离实际的报道时,他会禁不住撰文批驳,哪怕知道文章不会被刊登,只为让报刊的主编真正了解远东的现实。出乎他意料的是,《星期六晚邮报》刊发了他的文章。斯诺曾在文章中指出:"邮报关于远东的观点完全是错的,作者们脱离实际。日本正在不断取得胜利,不是节节败退,正在日益富强起来,而不

---

① [美]费正清著,陆惠勒等译:《费正清对华回忆录》,上海:知识出版社(沪版)1991年版,第84—85页。

② [美]海伦·斯诺著,华谊译:《旅华岁月——海伦·斯诺回忆录》,北京:世界知识出版社1985年版,第193、194页。

③ [美]费正清著,陆惠勒等译:《费正清对华回忆录》,上海:知识出版社(沪版)1991年版,第140页。

是衰落下去。"①对于共产主义,斯诺的态度是,"在纳粹法西斯主义和共产主义之间,我同情共产主义"②。费正清说,斯诺"和孙中山夫人以及别的许多人的友谊,使他同中国结合在一起了"③。的确,和宋庆龄的友谊也是斯诺能够成就此行的一个因素,斯诺非常敬仰宋庆龄,宋庆龄则十分信赖斯诺,愿意接受斯诺的采访,同意他为其作传。

海伦·斯诺回忆说,早在1936年3月,斯诺就考虑进入陕北采访红军,然时机尚不成熟。斯诺成行时,在西北任"剿匪"副总司令的张学良已与中共代表有过秘密会谈,甚至邀请周恩来前往肤施(今延安)会谈。1936年4月上旬,周恩来到肤施与张学良举行了第一次秘密会谈,在中共与东北军上层达成了"停止内战一致抗日"的共识,张学良表示"同意组织国防政府与抗日联军,愿参与酝酿此事",同时也表示"在公开抗日之前,不能不接受蒋介石的命令,进驻苏区"④。在东北军与红军秘密休战后,斯诺才得以在西安经由东北军掩护进入根据地,当然也是非常秘密地千般曲折地通过封锁线。其后,当斯诺托人去北京带他妻子前往根据地时,海伦滞留在西安未能通过封锁线,在蒋介石调派大量部队抵达西安并加紧对根据地封锁的情况下,海伦只得返回北京。斯诺于1936年6月上旬离开北京,10月下旬返回北京家中。据斯诺说,他原打算

---

① [美]埃德加·斯诺著,宋久等译:《复始之旅》,北京:新华出版社1984年版,第150页。

② [美]埃德加·斯诺著,宋久等译:《复始之旅》,北京:新华出版社1984年版,第165页。

③ [美]费正清著,陆惠勒等译:《费正清对华回忆录》,上海:知识出版社(沪版)1991年版,第140页。

④ 中共中央文献研究室编:《周恩来年谱(1898—1949)》(上卷),北京:中共文献出版社2007年版,第311页。

将红区之行的大部分写出来以供连载,然后再在北京公开露面,海伦之前对外界说斯诺去内蒙古旅行了。但斯诺回到北京两天后接到同行美联社记者吉米·怀特的电话,他向海伦打听斯诺的消息,说他们接到来自西安的消息,说斯诺被共产党处死了,美联社已在美国发了电讯,斯诺的讣告在其家乡堪萨斯城已排版待印,斯诺于是亲自与吉米作了交谈。不久,英国和美国的报纸编辑纷纷电话斯诺,斯诺遂决定在美国使馆召开记者招待会,公开谈了红区之行的主要事实。随即,斯诺把他和毛泽东的长篇谈话的全文,连同苏区情况的综述交由《密勒氏评论报》发表,这是报界第一次刊载毛泽东的谈话,引起了轰动。受制于国民党严格的新闻检查,斯诺本人及其同行的报道先在国外发表,然后以电讯方式传回中国。英国《每日先驱报》开辟专栏,连载斯诺对苏区的报道,美国《星期六晚邮报》等多种报刊,陆续发表斯诺的苏区访问记。南京方面说斯诺所言乃招摇撞骗,直到斯诺发表了一些照片。1937 年 2 月,美国《生活》画报登载了斯诺拍摄的几十张苏区照片。国民党乃至日本人都很好奇斯诺是如何越过封锁线的。日本人甚至怀疑是南京方面给斯诺提供的帮助,国民党则怀疑是俄国人用飞机将斯诺送入红区的。斯诺告诉他们说,他是从蒙古徒步进去的。至此,被封锁了九年的中国共产党以这样的方式亮相世界,使此前积累起来的有关中国共产党的全部谣言和猜疑,不说土崩瓦解,也是摇摇欲坠了。而且,共产党关于实现国内和平和团结抗日的建议在全中国和日本传开了,赢得了广泛的好评与支持,"这些文章为共产党人和'自由主义者'之间结成统一战线铺平了道路"[1],引起了日本的

---

① 〔美〕海伦·斯诺著,华谊译:《旅华岁月——海伦·斯诺回忆录》,北京:世界知识出版社 1985 年版,第 197 页。

恐慌和猜忌。

　　海伦·斯诺在回忆录中对他们夫妇二人加紧整理并发表斯诺的西北访问记有一段生动的记述："埃德归来以后的六个星期里，我们两人生活在神魂颠倒与世隔绝的小天地里。我们谈论埃德的材料，并把这些材料整理成文章，随后发送出去。我照料他的来往信件，这样，他可以在盔甲厂十三号门房附近的私人房间里开始写《红星照耀中国》。……我免费发送的材料不仅有埃德的西北访问记，还有他拍摄的一些照片。我免费送给美国人办的上海《大美晚报》的编辑一些材料，例如，一篇关于周恩来的文章……其他材料送给了鲍威尔，供他在《密勒氏评论报》上发表，只有在中国发表的材料才能产生最大的影响，不仅影响了中国人而且影响了外国人。"[1]《红星照耀中国》于 1937 年 10 月在英国发表时，日本已发动全面侵华，中国的抗日、全世界的反法西斯斗争正步入高潮，该书立即赢得了世人的瞩目与好评，仅一个月即到 11 月已发行五版。

　　虽然斯诺奋力写作从个人讲有出人头地之愿望，但《红星照耀中国》成了一本畅销书还是令其十分惊讶。该书的社会影响力及意义已众所周知，无须详加论证，在此作一简要归纳还是必要的：首先，向世人揭示了共产党人的真实面貌，戳破了国民党编织的所谓共产党乃"堕落、愚昧、无知识的土匪"，只知"烧、杀、掠夺"并"共妻"等谎言，并让世人看到，"原来还有一个共产主义运动是吸引无数非共产党人参加的，它并不拘泥于那些脱离群众的教条"。[2]　其次，推动舆论倾向抗日民族统一战线。此前中国各界已发出停止

---

①［美］海伦·斯诺著，华谊译：《旅华岁月——海伦·斯诺回忆录》，北京：世界知识出版社 1985 年版，第 197 页。

②［美］杰克·贝尔登著，邱应觉等译：《中国震撼世界》，北京：北京出版社 1980 年版，第 9 页。

内战一致对外之呼声,斯诺的报道让海内外知道了中国共产党力主实现抗日民族统一战线的政策。再次,斯诺的新闻报道也影响了报道的对象即共产党人自己。海伦·斯诺认为,斯诺的报道"使他们在自己眼中形象更加高大,最重要的是,使他们第一次认识到,'帝国主义者'并非全体一致,尤其是在同美国人打交道时,他们或许有可能利用一派去反对另一派"①。海伦的话并非全对,因为中共领导人对于帝国主义者并非铁板一块早有认识,而一般党员与红军战士则通过与斯诺及接踵而来的西方人士的交往认识到帝国主义者并非都是反动派,陪同斯诺上前线的年轻共产党员傅锦魁即是一例。"像在后方的所有共产党一样,傅因有机会到前线的部队里去而很高兴,把我看成是天赐给他的良机,同时,他直率地把我看成是个帝国主义分子,对我整个旅行公开抱怀疑态度。但是,在一切方面,他总是乐意帮忙的,因此后来没有等到旅行结束,我们就成了很要好的朋友。"②最后,斯诺的报道也令苏联重新认识了毛泽东。斯诺认为"在此之前,俄国人完全低估了中国共产党人,而对蒋介石估计高了"③。拉铁摩尔对《红星照耀中国》所产生的重大影响及其原因有一段中肯的评价:"埃德加·斯诺的《西行漫记》一书是在日本开始全面侵略中国时问世的。该书一直被尊为经典著作,这一方面是因为作者的记述忠实、严谨,同时也因为在三十多年前,最早使我们了解中国共产党情况的就是他",

---

① [美]海伦·斯诺著,华谊译:《旅华岁月——海伦·斯诺回忆录》,北京:世界知识出版社1985年版,第193页。

② [美]埃德加·斯诺著,董乐山译:《西行漫记》,北京:生活·读书·新知三联书店1979年版,第215页。

③ [美]海伦·斯诺著,华谊译:《旅华岁月——海伦·斯诺回忆录》,北京:世界知识出版社1985年版,第196页。

"《西行漫记》发表以前的十年正是世界多事之秋——日本侵占满洲、意大利侵占埃塞俄比亚、西班牙内战、日本大举侵华以及慕尼黑事件等等接连发生。由于这一连串局部侵略战争所造成的后果,世界大战的危险正在明显增长,这场大战将给人民带来空前巨大的破坏、恐怖和苦难。究竟到哪里才能找到可以团结的反法西斯和反军国主义的力量呢?德、意、日三国大肆宣扬共产主义对世界的威胁,这把保守派和无数'温和派'或'自由主义分子'都吓昏了。他们将信将疑,莫非法西斯分子和军国主义分子果真在遏制'布尔什维克的赤化浪潮'?突然,斯诺使人们看到,原来还有一个共产主义运动是吸引无数非共产党人参加的,它并不拘泥于那些脱离群众的教条,它的领导人走在延安街头时不带警卫员。他们以民族团结为重,营救了自己那个不共戴天的仇人蒋介石的性命。现在回顾起来,很显然,斯诺起了具有重要世界历史意义的作用,因为他推动美国以至世界舆论接受共产党作为盟友参加反对国际侵略的斗争。"①

斯诺根据西北之行而写的新闻报道及《西行漫记》一书震动了世界,西北之行本身则令斯诺兴奋与震动。海伦·斯诺在回忆录中对斯诺从西北返回北京后的心情与行为有段生动的记录:"埃德回家后的两三天内,他一边抽他的骆驼牌香烟,喝他真正的麦克斯韦尔豪斯咖啡,一边与我滔滔不绝地谈个没完没了。在通常情况下,他是不愿谈论自己正在着手写的任何主题的,这样会破坏自发的新的思路。"②究竟是什么令斯诺久久无法平静并抑制不住地要

① [美]杰克·贝尔登著,邱应觉等译:《中国震撼世界》,北京:北京出版社1980年版,第3、8—9页。
② [美]海伦·斯诺著,华谊译:《旅华岁月——海伦·斯诺回忆录》,北京:世界知识出版社1985年版,第194页。

与志同道合的妻子分享？斯诺在回忆录中的一段话可谓恰当的阐释："应该说，我和红军相处的四个月，是一段极为令人振奋的经历。我在那里遇到的人们似乎是我所知道的最自由最幸福的中国人。在那些献身于他们认为完全正义的事业的人们身上，我强烈地感受到了充满活力的希望、热情和人类不可战胜的力量，自那以后，我再也没有过那样的感受了。如果我刚从美国来，我也许不会有如此强烈的感受。兴许，我会认为共产党人是美国信条的对头"，"这儿不是密苏里，到处是贫困、无知、污秽、残暴、冷漠、混乱和普遍的绝望，七年来，我在东亚看到和感受到的就是这些。至今这一情景仍在我脑海里萦回。我所知道的'当政'的寡头和少数贪婪的占有集团，不论是白种人还是黄种人，都是腐败堕落的，共产党人却与他们形成了对照，他们都是些正直、无私的人。相比之下，他们的同胞，虽然也鄙视日本人和国民党，却忍气吞声过着受压迫的生活，而共产党人则随时准备为他们的理想而献身，他们把这一理想看得比个人的生命还重要。"①若非有在中国及东南亚落后地区的广泛游历，若非怀有一颗止直、正义之心，西北之行或许不会令斯诺如此振奋又感动。他若不是满怀深情又充满激情，或许就无法产生如此影响之《红星照耀中国》。

二、斯诺的报道客观而独立吗？

斯诺一生发表有十余部作品，唯《红星照耀中国》长期成为许多国家的畅销书，被译成十多种文字，拥有最广泛最大量的读者，也是国外研究中国问题的首要通俗读物。然而当时，不仅南京国

---

① ［美］埃德加·斯诺著，宋久等译：《复始之旅》，北京：新华出版社1984年版，第212—213页。

民政府向美国驻华大使投诉斯诺对红色根据地、对毛泽东的采访报道，指责斯诺写"假新闻"，要取消斯诺的记者权，"美国共产党人也攻击这本书，禁止他们的书店销售此书。在共产国际看来，此书中有两三句话含有错误"①。在后来的冷战时期，尤其是美国的麦卡锡时代，斯诺被视为"共产党的走狗"。反之，在共产党领导的中国，斯诺被视为"独立、聪明的记者"，对中国"不持任何偏见"。北京大学未名湖畔的斯诺墓碑上刻的是"中国人民的美国朋友埃德加·斯诺之墓"。对斯诺的评价因不同时代、不同国家、不同党派而呈现多元性。受政治影响的评论自然不足为据，然在西方媒体从业者中，有一种不同的声音，他们认为斯诺与中国革命领袖有着过于亲密的关系，令其报道失去了客观性，甚至是"宣传工具"。斯诺与中国革命领袖关系亲密不假，海伦·斯诺回忆说，自西北回来的斯诺"不仅为他自己，而且为中国人发现了毛泽东，这是真正前人未发现的新大陆"，"他与毛泽东相处得极好并喜欢他。但是直到第二年我才发现，埃德在与包括毛泽东在内的共产党人相处时取得了巨大的成功。实际上他是毛泽东所交的即使不是唯一的也是主要的外国朋友"。即便如此，海伦·斯诺始终认为斯诺"一生所珍视的是做一个无拘无束的自由自在的人"②。斯诺去世后，毛泽东发唁电说："斯诺先生是中国人民的朋友。他一生为增进中美两国人民之间的相互了解和友谊进行了不懈的努力，作出了重要贡献。他将永远活在中国人民心中。"斯诺热爱中国、称赞中国共产党人，他对中国、对中国共产党的报道就必定沦为"宣传工具"

---

① ［美］海伦·斯诺著，华谊译：《旅华岁月——海伦·斯诺回忆录》，北京：世界知识出版社1985年版，第297—298页。

② ［美］海伦·斯诺著，华谊译：《旅华岁月——海伦·斯诺回忆录》，北京：世界知识出版社1985年版，第194、312页。

吗？我们以战时出版的两部作品《红星照耀中国》《为亚洲而战》（The Battle for Asia）为蓝本，看看斯诺究竟向世人说了什么，他的报道是否真实，他在报道时是否能"置身事外"？

　　关于红色中国，在斯诺报道前，可谓谜一样的存在。中国红军，一支被"围剿"了多年却愈益壮大的队伍；中国共产党、中国的苏维埃，在蒋介石封锁了九年甚至宣布已消灭了共产党的威胁之后，出现在了中国西北，引起海内外更多的瞩目甚至成为日本军国主义者忌惮的力量。坊间传说很多，也有不少争议。1936年6月，斯诺带着一系列的问题与疑惑进入红区，他是第一个成功进入红区的西方记者，也是采访毛泽东及其他中共领导人与红军将领的第一个西方记者。在《红星照耀中国》一书的开头，斯诺罗列了他想要知道而未获解答的一系列问题，诸如："中国的红军是不是一批自觉的马克思主义革命者，服从并遵守一个统一的纲领，受中国共产党的统一指挥？""国民党和共产党的基本争论究竟是什么？""中国共产党人同其他地方的共产党人或社会党人有哪些地方相像，哪些地方不同？""这些战士战斗得那么长久、那么顽强、那么勇敢……是什么支持着他们？他们的运动的革命基础是什么？是什么样的希望、什么样的目标、什么样的理想使他们成为顽强到令人难以置信的战士的呢？""他们的领导人是谁？他们是不是对于一种理想、一种意识形态、一种学说抱着热烈信仰的受过教育的人？他们是社会先知，还只不过是为了活命而盲目战斗的无知农民？""红军抗击极大优势的军事联合力量达九年之久，这个非凡的记录应该拿什么来解释呢？他们是怎样生存下来并扩大了自己的队伍的呢？""中国的苏维埃是怎样的？农民支持它吗？如果不支持，那么是什么力量在维系住它？红军没有攻占大城市，这是不是证明红军不是真正由无产阶级领导的运动，而基本上仍然是农民的造

反？""共产党怎样穿衣？怎样吃饭？怎样娱乐？怎样恋爱？怎样
工作？他们的婚姻法是怎样的？""共产党倡议在中国建立'民族统
一战线',停止内战,这到底是什么意思？"除了好奇中国共产党及
其建立的政权,它的队伍如何生存、发展？共产党人和红军究竟长
什么样？斯诺对于中国共产主义运动的前景及其对世界的影响也
非常关心,"它能成功吗？一旦成功,对我们意味着什么？对日本
意味着什么？这种巨大的变化对世界五分之一的人口会产生什么
影响？它在世界政治上会引起什么变化？在世界历史上会引起什
么变化？它对英美等外国在中国的巨额投资会产生什么后果？"①
斯诺带着这些疑问,一路走一路看,采访中共领导人、红军将领,与
红军战士、农民谈话,参观工厂、学校,观看红军剧社的演出,跟着
红军上前线,历时四个月。

　　斯诺在 1938 年出版的中译本序言中说:"从字面上讲起来,这
一本书是我写的,这是真的。可是从最实际主义的意义来讲,这些
故事却是中国革命青年们所创造,所写下的","在这里我所要做
的,只是把我和共产党员同在一起这些日子所看到、所听到而且所
学习的一切,作一番公平的、客观的无党派之见的报告。"书中,从
共产党领袖、红军将领到红军士兵及根据地的农民,斯诺根据他所
看到的及与他们所作的交谈,逐一作了描述。根据毛泽东的自述,
专辟一篇讲述毛泽东的生平经历。因为毛泽东在叙述中逐渐脱离
"个人历史"的范畴,于是毛泽东的个人经历与中国革命运动的过
程交融在一起。关于中国共产党,斯诺详细阐述了共产党的基本
政策,共产党为何得到人民的欢迎又如何得到农民的支持。关于

---

① [美]埃德加·斯诺著,董乐山译:《西行漫记》,北京:生活·读书·新知三联书店
　1979 年版,第 2—6 页。

红军,斯诺根据红军将领所阐述的及其本人深入部队与战士们共同生活的经历,描述了长征,介绍了红军战士的生活、红军中的政治课、红军的游击战术,以与彭德怀、徐海东等红军将领谈话的方式阐释了中国的阶级战争及他们为何当红军。关于苏维埃,斯诺详细介绍了苏区的土地分配、财政收支、文化教育,军队和民众的婚姻情况,苏区的社会风貌及经济建设等。斯诺不仅就中国共产党、西北的革命根据地向全世界作了真实的报道,更主要的是写出了中国共产党对抗日形势的预测及其抗日的组织动员及军事工作。

　　斯诺根据采访笔记所作的书写客观吗? 以"中国的阶级战争"一目为例,看看斯诺是如何认识并阐述这个问题的。斯诺首先说明了他是如何收集信息及信息的可信度:"有三天时间,每天下午和晚上好几个钟头,我一直在向徐海东和他的部下提出关于他们的个人历史、他们的军队、前鄂豫皖苏区的斗争、他们目前在西北的情况等问题。我是访问他们的第一个外国新闻记者。他们并没有什么'内幕消息''独得之秘'可以兜售(这种行话他们也不懂),也没有漂亮的、成套的讲话,我得反复盘问才能从他们嘴里套出一些东西来。不过现在回想起来,能从这些不懂向外国人进行宣传艺术的人得出直率的毫不掩饰的答复,确是使人感到耳目一新。你感到他们的话是完全可信的。"①根据徐海东及其他同志的谈话笔记,斯诺记述了国民党在红区的暴行,以事实揭露国民党的谣言:"十年来国民党一直对红区保持全面的新闻封锁,在全国到处散布'恐怖'宣传,把它自己的飞机和重炮所造成的生命与财产的

---

① [美]埃德加·斯诺著,董乐山译:《西行漫记》,北京:生活·读书·新知三联书店1979年版,第273—274页。

破坏大都归咎于'共匪',但事实上红军是根本没有这种武器的。"①
根据谈话笔记,斯诺记录了国民党在"围剿"红军时对当地老百姓
的暴行:"在第五次反共'围剿'中,国民党将领在许多地方下令要
杀光全部老百姓,这被认为是军事上的必需,因为蒋总司令在一次
演讲中谈到,凡是苏维埃政权久已确立的地方,'是分不清赤匪和
老百姓的'。这种杀光的办法在鄂豫皖共和国执行得特别凶残,主
要是因为有些负责剿共的国民党将领是本地人,是被共产党没收
了土地的地主的儿子,因此报仇心切。在第五次'围剿'结束时,苏
区人口减少了六十万人。"同时也说明了国民党之前"围剿"苏区的
不同做法及第五次"围剿"采用新战术的原因:"在过去,国民党军
队遇到他们占领下的苏区里和平营生的农民和市民,他们是不杀
的。在第五次'围剿'中,像在江西一样,采取了新的战术。南京军
队不再在战场与红军交战,而是集中兵力挺进,构筑碉堡,逐步深
入红区,把红区边界内外的整块整块地方的全部人口,不是消灭殆
尽,就是迁移一空。他们要把这样的地方变为无人区,如果后来红
军再度占领也再无法取得补给。南京终于充分懂得,农民才是红
军的基地,这种基地必须毁灭。"②

　　共产党是否有国民党所指斥的暴行或"阶级报复"呢? 斯诺既
表示不能仅听国民党的一面之词,对于共产党所说的及他在苏区
四个月随意走访所看到的,也没有采用绝对的说辞,在如实陈述的
同时作了时间与地点的限定,书中是这样写的:"我们不免又要问,
这是不是说共产党自己是清白的,没有干下什么暴行或阶级报复

---

① [美]埃德加·斯诺著,董乐山译:《西行漫记》,北京:生活·读书·新知三联书店
　　1979 年版,第 275 页。
② [美]埃德加·斯诺著,董乐山译:《西行漫记》,北京:生活·读书·新知三联书店
　　1979 年版,第 275—276 页。

的事？我想不是。不错，在我同他们在一起的四个月中，我进行了不受限制的调查，就我所了解的情况而言，他们只杀了两个老百姓。我也没有看到过有一个村庄或市镇被他们焚毁，或者从我问到的许多农民那里听说红军喜欢纵火。但是我个人的经验从开始到结束只限于在西北同他们在一起的几个月，在其他地方可能干过什么'烧杀'的事，我无法证实也无法否认。"基于他的所见所闻，斯诺指出："这些年来在国民党和外国报纸上发表的反共宣传，百分之九十纯属胡说八道，如果对此不加怀疑，那就不免过于天真了，因为至少其中大部分是未经可靠证实的。"①

　　在《红星照耀中国》一书中，斯诺对其罗列的疑问一一作了解答，胡愈之在《西行漫记》中文重译本序中说："斯诺惊人的洞察力和敏锐的分析能力，使他认识了问题的本质，而这是西方的所谓'中国通'所不能办到的。"②斯诺与所谓"中国通"的不同，恰恰在于他能够不持偏见，正视事实，进而作出自己的分析。如对中国苏维埃的理解，斯诺指出："从理论上来说，苏维埃固然是一种'工农'政府，但在实际执行中，全部选民中不论从成分上还是从职业上，农民占压倒多数，因此政权得与此适应。为了制约农民的势力，抵消这种势力，把农村人口划分这几个阶层：大地主、中小地主、富农、中农、贫农、佃农、雇农、手工业者、流氓无产阶级和自由职业者，即专业工作者，包括教员、医生、技术人员、农村知识分子。这种划分不仅是经济上的划分，也是政治上的划分，在苏区选举中，佃农、雇农、手工业者等比其他阶层的代表的名额比例大得多，其目的显然

① [美]埃德加·斯诺著，董乐山译：《西行漫记》，北京：生活·读书·新知三联书店1979年版，第279页。
② 胡愈之：《中文重译本序》，[美]埃德加·斯诺著，董乐山译：《西行漫记》，北京：生活·读书·新知三联书店1979年版，第5页。

是要造成'农村无产阶级'的某种民主专政。"①斯诺根据中共在农村的阶级划分,对中国的苏维埃政府作出了具有中国特点的解释。

又如对于中国革命,尤其自九一八事变以来国共两党的举措及彼此的指责,斯诺作了这样的简评:"共产党认为,国民党进攻苏区妨碍中国人民实现他们要驱逐日本人的'民族解放'的使命,国民党自己不愿保卫祖国证明资产阶级的破产。共产党的革命论点由此可见是言之有理的。但国民党恼羞成怒,反唇相讥说,共产党企图推翻政府,才使他们不能抗日,而在严重的民族危机的面前继续在内地采取'赤匪'行径,妨碍了国内改革的实现。有趣的是,而且也是辩证的是,这两种说法都是对的,也都是错的。中国革命现阶段这个奇特的僵局,这个根本的软弱性,基本上就在这里。"②对于国共双方的说辞,斯诺作了一个"置身事外"的结论。书中,斯诺还披露了国共间正在进行的合作谈判,并作了有趣的评介:"六月间,蒋介石派私人座机到西安接共方首席代表周恩来到中国夏都牯岭……极有可能,这些代表不会称为'共产党人'的。南京还没有公开承认这次所谓'复婚'。它宁可把这关系看成是'纳妾',她行为是否端正还有待证明,而且为了外交的缘故,这种关系在家庭圈子外面还是少谈为妙。但是即使这种偷偷摸摸的'结合',也是令人震惊地公开反抗日本,这在几个月以前是不可想象的。同时,日本自己的(通过'媒人'广田)与南京体面地结成反共'婚姻'的要求,终于被拒。这也许是南京外交政策终于有了根本变化的最后

---

① [美]埃德加·斯诺著,董乐山译:《西行漫记》,北京:生活·读书·新知三联书店
　　1979年版,第195页。

② [美]埃德加·斯诺著,董乐山译:《西行漫记》,北京:生活·读书·新知三联书店
　　1979年版,第399页。

的明确迹象。"①斯诺以为不了解中国的西方人难以理解这种合作，而国共合作对当时的中国意义非凡："对于不熟悉中国政治的天真的西方观察家来说，这个结局似乎是完全不可理解的，因此在分析它的意义时可能犯严重的判断错误。当然除了中国以外世上别的地方是不可能发生这种事情的。在经过了十年的最激烈内战以后，红军和白军忽然携手合唱《友谊地久天长》。这是什么意思？是不是红军变白了，白军变红了？谁都没有变。但是总得有人得了利，有人失了利。是的，中国得了利，日本失了利。因为看来似乎是，由于第三方面因素——日本帝国主义——的插手，极其复杂的两方之争，再一次推迟了决战。"②

　　基于坚定的反殖民、反法西斯立场，斯诺十分肯定中国共产党反抗日本帝国主义的主张与政策，他将毛泽东的谈话原文录在书中："今天中国人民的根本问题是抵抗日本帝国主义。我们苏维埃的政策决定于这一斗争。日本军阀希望征服全中国，使中国人民成为他们殖民地的奴隶。反抗日本侵略的斗争，反抗日本经济和军事征服的斗争——这就是分析苏维埃政策时必须记住的主要任务"，"日本帝国主义不仅是中国的敌人，而且也是全世界所有爱好和平的人民的敌人。它特别是那些在太平洋有利害关系的各国，即美、英、法和苏俄各国人民的敌人。日本的大陆政策和海上政策一样，不仅针对着中国，而且也是针对着那些国家的"，"我们对于外国希望的是什么？我们希望友好各国至少不要帮助日本帝国主义，而采取中立的立场。我们希望他们能够积极帮助中国抵抗侵

---

① [美]埃德加·斯诺著，董乐山译：《西行漫记》，北京：生活·读书·新知三联书店 1979 年版，第 391—392 页。

② [美]埃德加·斯诺著，董乐山译：《西行漫记》，北京：生活·读书·新知三联书店 1979 年版，第 392 页。

略和征服。"①正是基于反抗日本侵略的斗争及抗日背景下的对外政策,斯诺得以有机会深入红区作无限制的参观与访谈。斯诺发现在用"帝国主义"一词时,"共产党把今天积极侵略中国的日本和目前友好的、不侵略的、民主的资本主义国家作了显明的区分"。当斯诺问毛泽东苏维埃是否主张取消不平等条约时,毛泽东这样回答:"那些援助中国或者并不反对中国独立和解放战争的国家,应该请他们同中国保持密切的友好关系。那些积极援助日本的国家,自然不能给予同样的待遇","对于友邦,中国愿意和平谈判互利的条约。对于其他的国家,中国准备在更广泛的范围上同他们保持合作⋯⋯至于日本,中国必须以解放战争的行动,来废除一切不平等条约,没收日本帝国主义所有的财产,取消日本在我国的特权、租界和势力。关于我们对于其他国家的关系,我们共产党人不主张采取可能使中国在抗日斗争中在国际上处于不利地位的措施","当中国真正获得了独立时,那么,外国正当贸易利益可享有比从前更多的机会。"②在此,斯诺以问答的形式,将中国共产党的对外政策告知世界,如何解读自在各国。

对于中国共产党领导的队伍——红军,斯诺从红军战士的作战、生活、学习、娱乐等方面作了非常具体的介绍。据斯诺说,"在国外,中国士兵的名声很差。许多人认为他们的枪主要是装饰品,他们唯一打的仗是用鸦片烟枪打的;如果有步枪交火,都是事先商

---

① [美]埃德加·斯诺著,董乐山译:《西行漫记》,北京:生活·读书·新知三联书店1979年版,第75—76页。

② [美]埃德加·斯诺著,董乐山译:《西行漫记》,北京:生活·读书·新知三联书店1979年版,第77页。

定,朝天开枪;战局用银洋决定胜负,士兵用鸦片发饷"。① 九一八
事变以来中国军队的不抵抗及抵抗日军的失败,或许更加强了外
界对中国士兵的这种认识,然目睹了"一·二八"淞沪抗战及与红
军战士几个月的相处后,斯诺肯定地说:"中国未能击退日本的进
攻并不是判断的标准",他肯定国民党军队中也有一流士兵,他更
惊喜的是中国已经出现了一种新型的战士,"红军的优越性就在这
里——它往往是在战斗中相信自己是为一定目的而作战的唯一一
方","中国农民占红军的大部分,他们坚忍卓绝,任劳任怨","红军
在建军的教育工作方面的成功,使他们能够抵抗得住敌人的在技
术上和数量上的巨大优势"。② 书中,斯诺对红军将士的吃、住、行
作了具体生动的描述,以战士们的活动为例,"红色士兵不作战时,
一天到晚都很忙","红军士兵不作战或不执勤时,每星期休息一
天。他们五点钟起床,晚上九点钟吹熄灯号睡觉。每天的时间表
包括:起床后即进行一小时的早操;早餐;两小时的军事训练;两小
时的政治课和讨论;午餐;一小时的休息;两小时的识字课;两小时
的运动;晚餐;唱歌和开小组会","跳远、跳高、赛跑、爬墙、盘绳、掷
手榴弹和射击方面的激烈竞赛,受到鼓励"。斯诺因此幽默地总结
说:"看了红军跳墙、跳杆和盘绳,就不难明白为什么中国报纸因他
们行动敏捷和爬山迅速而给他们起了'人猿'绰号。"③斯诺所报道
的红军战士的情况,是他和他们在一起生活时所看到、了解到的,

① [美]埃德加·斯诺著,董乐山译:《西行漫记》,北京:生活·读书·新知三联书店
  1979 年版,第 252 页。
② [美]埃德加·斯诺著,董乐山译:《西行漫记》,北京:生活·读书·新知三联书店
  1979 年版,第 253 页。
③ [美]埃德加·斯诺著,董乐山译:《西行漫记》,北京:生活·读书·新知三联书店
  1979 年版,第 254—255 页。

其后访问抗日根据地的外国人多观察并记录了红军的日常活动、作息时间、活动内容或有所调整，但少不了军事训练、政治课、识字课、运动娱乐几项活动。红军的能征善战是对斯诺报道的最好证明。

如果说《红星照耀中国》有失客观性甚至成为"宣传工具"，用斯诺自己的话说，就是他"惊异地发现，一个人的文章和言论，在一定情况下可以唤起人们，甚至陌生的外国人，使他们行动起来，视死如归。我个人感到，有许多中国人是受了我有意或无意的影响而把个人的安危置之度外的。当我听到我的一些朋友或学生在战场上牺牲时，我开始意识到我的写作是有政治行动的性质"①。

1937年卢沟桥事变后，斯诺陪同邓颖超逃出北京，接着"沿着日军在中国奸淫烧杀的路线，横越中国国土，去了汉口、重庆、西安，并且再一次去延安，然后又折回上海"②。作为战地记者，斯诺写了不少有关战争的报道，《为亚洲而战》一书于1941年由美国兰登出版公司出版，以其在中日战争中的"历险记"为线索，描述了1937年卢沟桥事变后日本帝国主义的大举侵华，讴歌了中国军民的抗战，报道了中国共产党坚持抗战、维护团结的政策与行动，揭露了国民党破坏统一战线的行径，并以中日战争为背景，论述了国际间的关系，谴责了帝国主义的绥靖政策。基于对日本的历史、国情及法西斯主义的分析，斯诺对中国人民的抗战前途充满信心。

关于日军的大举侵略及其暴行，中国与西方媒体在当时即有大量报道，不再赘引斯诺所述。对比西方各国的溃败，被西方列强

---

① ［美］埃德加·斯诺著，宋久等译：《复始之旅》，北京：新华出版社1984年版，第231页。
② ［美］埃德加·斯诺著，宋久等译：《复始之旅》，北京：新华出版社1984年版，第232页。

所歧视的中国抗战，颇令西方国家汗颜，斯诺在书中不无嘲讽地指出："不管中国在计划、行动和指挥上的弱点，我们在判断中国陆军时，必须记住一个最重要的和最惊人的事实。这事实很简单：这个被愚弄的、落后的、贫穷的中国，这个被东京称为'不是一个国家，只是一个地理名词'的中国，这个被欧洲人蔑视地认为，在日本机械化部队进攻下，至多只能坚持六个月的中国，毕竟仍然站着身子迎击它的敌人。远在奥地利人、捷克人、波兰人、丹麦人、挪威人、荷兰人、比利时人、法国人和罗马尼亚人迅速溃败沦亡之后。"①在肯定中国军队的同时，斯诺更多地谈到了八路军、新四军，报道了游击战的战略战术。其实不止斯诺，时在中国能持客观立场看待中日战争的西方人士皆能看到游击战于中国战略上的重要性，更有一些服务于八路军、新四军的外籍医护人员，访问过苏区的西方记者、军事人员了解到民众与实施游击战的密切关系。

斯诺在《为亚洲而战》中肯定了蒋介石对游击战的重视，同时指出了国民党依样画葫芦的游击队所存在的问题。的确，在 1938 年 11 月召开的第一次南岳军事会议上，蒋介石明确指示："游击战重于正规战，政治战重于军事战。"他在宣布第二期抗战要旨时强调："政治重于军事，民众重于士兵。"1939 年，国民政府军事委员会改订战斗序列，设立冀察、苏鲁两游击战区，"将正规军开至敌后游击，且规定各战区应以三分之一兵力，于本战区内担任游击任务，化敌后方为前方。是时，沦陷区民众闻风而起，纷纷加入游击队，发展至为迅速"。② 1939 年冬，时任军事委员会军训部部长的白崇

---

① ［美］埃德加·斯诺著，宋久等：《斯诺文集（3）·为亚洲而战》，北京：新华出版社 1984 年版，第 141 页。

② 苏志荣、范银飞、胡必林等编辑：《白崇禧回忆录》，北京：解放军出版社 1987 年版，第 304 页。

禧组织人员编成《游击战纲要》一书，分发各战区以指导实施游击战。据斯诺的记述，当时的白崇禧坚主抗战反对内战，他对斯诺说："共产党应用的有效的方法，革命的国民党都可以实行。国民党对共产党用以获取胜利的方法，不应烦虑，应大大烦虑的，乃是应如何在其统治区域内去获得它。共产党是抗日，而且打仗打得非常好。"①然晚年的白崇禧在回忆录中却将国民党的不能争取民众归罪于共产党，说："冀察、苏鲁二游击区以及各战区指定之敌后游击部队，因国人憎恨敌人，鄙视伪组织，故举凡敌后地方团队，地方民兵，一时风起云涌，莫不自觉自动加入游击队……倘照此计划进行，本可获得良好之战果，唯共军宣传共产主义，挑起阶级斗争，以'穷人翻身'为口号，利用十分之八的农民而清算少数之地主，组织苏维埃政府。自此，原为国军所控制的广大农村，逐渐变为共军所控制。"②白崇禧所说的国民党游击队一度比较壮大是事实，然其为何很快衰落呢？那是因为他们非但没有获得民众的拥护，反而变成"以强力压迫民众加以支持的匪帮"，有民众向报刊写信反映了这种情况："鄙人的家乡处于京沪、沪杭、苏嘉三铁路的三角地区中心点。去年淞沪抗战时期，我正在那里担任后方防御供应等工作；国军退守后，亦曾做过'变敌人后方为前方'的活动，卒以遍地充满着土匪和不抗日的游击队，更无优秀的助手和勇敢的同志，接着人心动摇，敌人威逼利诱，终于击破了我们的阵线，杀害了多数同伴，不得已而流亡到上海。在上海每天看到报纸上杂志上，写着各地游击队生龙活虎的报道，情绪确实紧张得很。但以我所知的

---

① ［美］埃德加·斯诺著，宋久等译：《斯诺文集（3）·为亚洲而战》，北京：新华出版社1984年版，第149页。

② 苏志荣、范银飞、胡必林等编辑：《白崇禧回忆录》，北京：解放军出版社1987年版，第278页。

我们三角地区的情形,则太使人失望……我眼看着'游击队'到处
抢劫,使一般无知的乡民,毒恨自己人,削弱抗战的力量……现在
当局虽已在那里委派了好几个党和行政的人员,想从军事政治方
面调整起来。可是据我所知道的,中有不少买空卖空人员。而且
当地现在各部队,虽亦经当局收编,里面成分复杂,都是些地痞流
氓游兵散勇,既无训练又无组织,乌合之众,不可为用。当有敌人
以十数人击破二三百人,丧失军火,被杀被俘的事,不一而足。甚
至有敌来降敌,我来从我,渔中取利。有人以为只要他们抗战目的
相同,不问他行为如何,都是同志。我以为他们既未认识抗战,且
根本上以个人的利欲为出发点,不啻汉奸行动。"[1]民众反映的情况
印证了斯诺所指出的国民党游击队的弱点与问题:一是在其主力
部队撤退之前,"并没有准备好支持流动部队的独立的军事、经济
与政治根据地";二是他们"不懂得政治领导,和军民合作建立此类
根据地的技术";三是"军队中的政治工作人员,最关心的是从共产
党同胞手里'收复失地',而不向日本收复失地";[2]四是"缺乏严格
的教育和革命的领导"。斯诺认为"没有革命教育,游击队在防御
中成为负债性质多于资产性质"[3]。"负债"之游击队如何能在游击
区生存呢? 斯诺这样总结国民党游击队之失败,说:"从理论上说,
在组织和领导敌后抗战方面,国民党没有理由超过共产党。蒋介
石为此曾经作过多次尝试,但是他从来没有能够保持一支有战斗

---

① 《游击队的缺点应该纠正》,《译报周刊》(合订本)第一卷第八期(1938 年 11 月 30 日),
　　第 219 页。
② [美]埃德加·斯诺著,宋久等译:《斯诺文集(3)·为亚洲而战》,北京:新华出版社
　　1984 年版,第 148 页。
③ [美]埃德加·斯诺著,宋久等译:《斯诺文集(3)·为亚洲而战》,北京:新华出版社
　　1984 年版,第 278 页。

力的游击队伍。根本的原因是,蒋不愿意也不可能替老百姓做点事或者做些动员工作,调动老百姓甘洒热血为国效忠的积极性,而这正是组织游击战争十分必要的。"①1941 年返回美国后的斯诺曾受总统罗斯福接见,他们谈了很多问题,交流很融洽,罗斯福问了共产党领导的游击队和他们作战的情况。听了斯诺的介绍,结合之前听埃文斯·卡尔逊的描述,罗斯福对斯诺说,他觉得"这样的人会赢得战争"②。

正是基于对民主、正义的向往,对殖民主义、法西斯主义的反感与憎恶,斯诺对中国人民的抗日斗争寄予极大的热情与信心。他认为正是中国内部的团结,"抵挡了许多次的打击与危机"③,对中国共产党提出并践行的抗日民族统一战线,斯诺非常赞赏并作了详细报道,对于破坏团结、破坏抗战的行为则十分痛心。于是,当听说国民党制造了反共的皖南事变后,他立即愤怒地予以揭露,"当我知道这个消息属实之后,我决定把它报道出去,不管这样做会在多大程度上'伤害中国'"④。斯诺因此被再次取消记者特权。而其后美英等国因此事而对国民党的批评,国民党中央对新四军事件的承认,证明了斯诺报道的真实客观。

《为亚洲而战》,顾名思义为亚洲人民的民族解放而战,斯诺视中国抗战的胜败直接影响到亚洲所有为独立而战之国家的成败,

① [美]埃德加·斯诺著,宋久等译:《复始之旅》,北京:新华出版社 1984 年版,第 282 页。

② [美]埃德加·斯诺著,宋久等译:《复始之旅》,北京:新华出版社 1984 年版,第 314 页。

③ [美]埃德加·斯诺著,宋久等译:《斯诺文集(3)·为亚洲而战》,北京:新华出版社 1984 年版,第 141 页。

④ [美]埃德加·斯诺著,宋久等译:《复始之旅》,北京:新华出版社 1984 年版,第 288 页。

"中国千百万被压迫的民族不外是亚洲被压迫民族之一部分,他们解放的希望就寄托在这军队的胜利上面。假如中国最后终于失败的话,那么,现在认为他们的奴役只是暂时的台湾人、朝鲜人、满洲人和蒙古人,也将被迫自认是永远的了。不但如此,如果中国明天屈服的话,还有什么能救出别的东方人,那些目下快从西欧帝国主义压榨下解放出来的安南人、菲律宾人、马来人、爪哇人、暹罗人、缅甸人和印度人,免受东方新帝国主义的野蛮的奴役呢?"①早在太平洋战争爆发前,在欧美诸国皆轻视中国战场的情势下,斯诺已在呼吁对中国的援助,斯诺夫妇与路易·艾黎等人发起的"工合"运动,即是对中国抗战的一项切实有力的帮助。除了身体力行地援助中国,斯诺更试图唤起西方国家对日本侵略行径的重视,"低估日本所仍保留着的攻击力量,或断定日本在任何情形下不能在中国取得补偿,或认为它的战时经济不足以支持战争的再进展,那是错误的"②。针对当时普遍低估日本的倾向,斯诺抽丝剥茧般地分析了近代以来日本的发展、日本的国情,解剖了日本的军国主义特质,谴责了西方资本主义国家的绥靖政策。对于日本的侵华行径,斯诺揭露说:"主观上,日军对华作战,推说是'使中国人民脱离共产主义的压迫'建立'东亚新秩序',后来又说是'排除外国帝国主义的剥削'。为实行'神圣的使命',又假托大和魂中的神秘,以恢复旧时封建国家的教义。"③自九一八事变以来,中国政府的妥协、

---

① [美]埃德加·斯诺著,宋久等译:《斯诺文集(3)·为亚洲而战》,北京:新华出版社1984年版,第150页。

② [美]埃德加·斯诺著,宋久等译:《斯诺文集(3)·为亚洲而战》,北京:新华出版社1984年版,第300页。

③ [美]埃德加·斯诺著,宋久等译:《斯诺文集(3)·为亚洲而战》,北京:新华出版社1984年版,第304—305页。

国联的不作为,促使日本在中国东北建立了大陆根基,面对西方列强对日本侵略扩张行为的纵容又轻视的态度,斯诺明确指出:日本"在欧洲列强的绥靖外交之下,更有成功的机会。在今天,日本扩展根据地到中国内地来,以求达到征服亚洲的目的"①,"没有人确实知道日本已储积了多少战争原料……多年来,美国一国售给日本的战争原料比较日本在华所耗者为巨,并且给予日本以技术的援助和外汇,使它迅速地发展战争工业。日本购买英美的战争原料,到最近为止,超过了全英战争工业所用的原料"②。目睹了中国军民团结抗日的斯诺对中国的抗战充满信心,他认为如果日本在中国"失败了,那并非由经济方面的障碍,而是中国抗战的动力足以匹敌之故"③。

如果说斯诺和中共领导人关系密切而沦为"宣传工具",那是因为他在中国的所见所闻使他相信,"当时除了实行社会革命之外,别无其他途径能使中国复兴"④,他相信"中国的事业基本上是在真理、公道和正义的一边"⑤,他更"把这份感情同反对世界上的法西斯主义、纳粹主义和帝国主义的责任联系起来了"⑥。对于领

---

① [美]埃德加·斯诺著,宋久等译:《斯诺文集(3)·为亚洲而战》,北京:新华出版社
1984年版,第300页。

② [美]埃德加·斯诺著,宋久等译:《斯诺文集(3)·为亚洲而战》,北京:新华出版社
1984年版,第306页。

③ [美]埃德加·斯诺著,宋久等译:《斯诺文集(3)·为亚洲而战》,北京:新华出版社
1984年版,第300页。

④ [美]埃德加·斯诺著,宋久等译:《复始之旅》,北京:新华出版社1984年版,第
282页。

⑤ [美]埃德加·斯诺著,宋久等译:《复始之旅》,北京:新华出版社1984年版,第
292页。

⑥ [美]埃德加·斯诺著,宋久等译:《复始之旅》,北京:新华出版社1984年版,第
231页。

导这场正义事业的中国共产党,斯诺认为它是"马克思主义带有中国特色的产物,牢牢扎根于中国'半殖民地'革命的民族问题之中"①。长期以来,既有反共产主义的党派、团体,也有他国的共产党认为中国共产党已放弃了马克思主义,然斯诺始终相信毛泽东对其所说:"我们始终是社会革命家,我们从来不是改良主义者。中国革命有两大目标。第一个目标是实现民族民主革命的任务。另一个目标是社会主义革命。后者必须实现,而且要彻底实现。目前革命的目标是民族民主性质的,但是一个阶段以后,它将变为社会主义革命。"②罗斯福曾告诉斯诺说,他是通过《红星照耀中国》认识了斯诺,他问斯诺中国共产党是否是"真正的"共产党人。斯诺如是回答:"他们目前的纲领是土地改革,或平均地权,但他们是以共产主义作为最后目标的马克思主义者。"③

第三节　史沫特莱

一、多产作家兼社会活动家

艾格尼丝·史沫特莱(Agnes Smedley),出生于美国密苏里州北部一个村子里,在她幼年时举家搬到了科罗拉多州一个洛克菲勒公司的矿区,父亲当矿工、干粗活,母亲做零活,当洗衣工和宿舍

---

① 〔美〕埃德加·斯诺著,宋久等译:《斯诺文集(3)·为亚洲而战》,北京:新华出版社1984年版,第406页。

② 〔美〕埃德加·斯诺著,宋久等译:《复始之旅》,北京:新华出版社1984年版,第280—281页。

③ 〔美〕埃德加·斯诺著,宋久等译:《复始之旅》,北京:新华出版社1984年版,第394页。

看门人。贫困的家境使史沫特莱没能念完小学,更没有上中学,但她自小即独立、有志向,"我从学校、家庭和社会生活里接受我感兴趣的东西,人云亦云,对我是无缘的"。没人指点该读哪些书,她便自己摸索,"什么东西一到手里就读,总要把它从头到尾、逐字逐句啃完",即便囫囵吞枣不得其解。早年的生活经历给了史沫特莱关于资本主义制度的初步印象,"对于矿山工人说来,资本主义制度的成果不外贫困、疾病和愚昧无知"①。母亲和姐姐去世后,作为大姐的史沫特莱一度担负起照顾弟弟、妹妹和小外甥的家庭重担,然而独立又有思想的史沫特莱不甘于像母亲那样生活,年少的她已有了朦胧的女权意识,"我不能虚度此生,如同一般女孩子那样平平的生活下去"②,她希望经历风雨、见长识。在对家人作了初步安排后,毅然独自外出流浪,一边打工一边学习,当过侍女、烟厂工人、书刊推销员、速记员,为进学校求学,她曾在一家师范学校当了一年的清洁工兼旁听生。20 岁那年,史沫特莱到了纽约,在纽约州立大学听课近四年。在此她结识了不少朋友,因同情印度人民的反殖民运动,为印度流亡者做了一些联系工作而被控坐牢,在六个月的监狱生活中,她完成了最初的短篇小说《牢友》。出狱后,史沫特莱决定出洋"冒险",她原打算先在欧洲住一段时间,然后去苏联观光,最后去印度,自然也是一路打工而去,结果在德国一住就住了八年。她以教授英文维持生计,一边学习德文、阅读有关印度历史和中国革命的书籍,一边参加在德国的印度和中国革命者的政治活动。她还协助组织了德国第一个国家经营的节育诊疗所,完成了她的第一部书也是她的自传《大

---

① ［美］史沫特莱著,袁文、买树榛、袁岳云译:《史沫特莱文集(1)·中国的战歌》,北京:新华出版社 1985 年版,第 2、3 页。

② ［美］史沫特莱著,袁文、买树榛、袁岳云译:《史沫特莱文集(1)·中国的战歌》,北京:新华出版社 1985 年版,第 10 页。

地的女儿》。1928 年,史沫特莱与《法兰克福报》——希特勒上台前夕欧洲一家最著名的自由派报纸签订合同,成为该报驻中国的特派记者。詹姆斯·贝特兰,与史沫特莱观点不尽一致但皆为反法西斯主义者的英国记者,这样评说史沫特莱及其与中国的关系:"由于出身和阶级意识的关系,她是一个革命家,她为争取独立和教育的多年的斗争坚强了她的性格。她必然要来到中国,因为全世界(除了俄国)最伟大的革命运动正在中国遭受着严酷的压迫。"[①]

　　1928 年,史沫特莱以《法兰克福报》记者身份前往中国,途经苏联,于 1928 年 12 月抵达中国东北。时值张学良决定"东北易帜",身为记者的史沫特莱敏锐地关注到日本的动作,为此她在东北住了将近三个月,"从外国领事人员、中国铁路官员、中外官方人士、大中学生和出版物以及各种渠道了解日本人对铁路系统、政府机关、人民团体、工厂矿山、土地投资等方面的经济控制和政治渗透的程度",发现日本人的"触角如水银泻地、无孔不入地伸到各方面,哪怕中国方面有一点点改良,他们都认为是对日本莫大的威胁。他们通过东北文武官员、白俄保皇党人以及包括美国侨民在内的各国外侨进行渗透活动"[②]。史沫特莱将她的观察与发现写成一篇报道《日本在满洲的铁拳》,却不被《法兰克福日报》采信,直至1931 年九一八事变后才发表出来。与此同时,她到工厂、煤矿、学校、机关单位等广为参观、采访,并深入中国人和日本人的家中访问。其后,她旅行南下,经大连、北平、天津、南京直至上海。沿途继续参观访问工厂、农村、学校、机关,与官员、学者交谈,并采访工人、农民与

---

① [英]詹姆斯·贝特兰著,林淡秋译:《中国的新生》,北京:新华出版社 1986 年版,第
　　145 页。
② [美]史沫特莱著,袁文、买树榛、袁岳云译:《史沫特莱文集(1)·中国的战歌》,北京:
　　新华出版社 1985 年版,第 36 页。

地主。在 1936 年北上西安之前,史沫特莱一直将上海作为她的活动基地。自来到中国,史沫特莱亲眼看到了中国底层民众的艰辛生活,既看到了民众的苦难和麻木,也看到了部分觉醒中的为争取自身权利而斗争的中国妇女,结识了以鲁迅为代表的进步作家,并耳闻目睹了中国共产党为了解放贫苦人民而作的战斗和牺牲,她很快参与了中国的社会政治运动,其热情比当年参与印度的政治运动更为炽烈。史沫特莱不仅是位热情的革命运动的参与者,还是一位勤奋的撰稿人,她将一路所见及其深入工厂、农村的见闻与采访写成了一系列有力的报道文章,提供给《法兰克福日报》和美国的几家杂志,其中有许多文章后来被收录在她的第一本中国文集《中国人的命运》(*Chinese Destinies*,1933 年美国先锋出版社出版)中。这部文集共收录了史沫特莱 30 篇文章,她写了中国的农民和地主,中国的强盗、土匪和军阀,在中国的外国人,记录了湖南的一次矿工起义、五卅示威游行、一支红军队伍,通过对国民党军官与士兵、富人与穷人的对比描写,驳斥了"中国没有阶级,我们大家都是穷人"的说法。30 篇中有 6 篇谈中国的妇女,包括旧式的和现代的妇女,作为"花瓶"的女性和革命女性。她在字里行间流露了深深的对底层民众的同情与关怀,对殖民主义、封建主义的痛恨,对中国社会革命的支持,诚如《史沫特莱文集》出版前言中所说:"《中国人的命运》主要反映了 20 年代末 30 年代初期中国的动荡社会生活、阶级矛盾和风起云涌的革命斗争。作者通过对当时社会现状的调查,对各阶层人的接触了解,以一个记者的锐利眼光揭穿了旧中国的社会弊端,并对中国人民的革命斗争寄予无限的同情和支持。"①

①〔美〕史沫特莱著,孟胜德译:《史沫特莱文集(3)·中国人的命运》,北京:新华出版社 1985 年版,第 10 页。

　　居留上海期间,史沫特莱的活动范围很广,结交的朋友来自各国、各界持不同政见者,尤其喜欢同进步的民主人士和革命的共产党人来往。在她看来,"前者后来以民族救国会领袖人物知名于世,后者如同法、美、俄等国大革命中的人物一样具有坚定不移的信念和无与伦比的勇气"①。她曾帮助持不同政见、思想进步的青年躲避国民党特务和地痞流氓的搜捕,也曾保护、帮助共产党人,虽然她也曾被特务跟踪、盯梢,但外国人的治外法权的不可侵犯性保障了她不被逮捕,也不会被搜查。对于进步人士与中国共产党地下组织来说,史沫特莱是一位理想的联络人。当然,她也会非常谨慎,既不给自己带来麻烦也不牵累朋友。费正清在回忆录中摘录的史沫特莱于1933年2月1日写给他的一封信大致可见一斑:"亲爱的正清,今天我给你写一封比较长的信,信内附有给一个朋友的东西。我曾要你把我的地址告诉别人,但是现在我必须请求你不要这样做。请通知他们说这样做看来不怎么妥当,因为信件到我手中并非一帆风顺⋯⋯如果你要给我写信,就直接写到我家里来,但在你寄信之前,划掉你的地址。不要忘记这样做。只要签上你姓名的第一个大写字母,我会知道的。而且最妥当的办法还得要打字,不要手写。忠诚而热爱你的阿格尼丝。"②

　　史沫特莱在中国的交友及活动充分体现了她的政治倾向、她的活动能力及其个性特征。在此举三例以窥一斑。

　　一件是她曾积极参与筹建中国民权保障同盟,并动员她信任的在华美国人参加该组织,费正清在回忆录中谈到此事,"史沫特

---

① [美]史沫特莱著,袁文、买树榛、袁岳云译:《史沫特莱文集(1)·中国的战歌》,北京:新华出版社1985年版,第70页。

② [美]费正清著,陆惠勒、陈祖怀译:《费正清对华回忆录》,上海:知识出版社1991年版,第76页。

莱在北京的使命(各种各样的人前来访问她)似乎是筹建中国民权
保障同盟北京分会……在她回到上海之后,我们接连得到有关密
谋策划活动的消息"。她在信中说:"我不知道你对参加民权保障
同盟有何想法。如果你想参加,请你填写一份申请书给胡适博士
或李济博士,请求参加。但是如果你这样做的话,我希望你通过我
的朝鲜朋友同时与我的教授朋友们接触,和他们一起执行中国民
权保障同盟的共同纲领。没有这一点,同盟将会完全失去作用。
我希望你会参加。"①中国民权保障同盟是宋庆龄、蔡元培、杨杏佛
等为反对国民党的独裁统治、争取人民民主自由权利而建立的一
个进步政治团体,成立于 1932 年 12 月 29 日,该同盟成员复杂,费
正清对萧伯纳访华时同盟成员一张合影的分析颇能反映该机构的
复杂、艰难与危险,"一桢据认为是由伊斯特胶卷拍摄的 1933 年在
上海合影的照片有五个人:史沫特莱、萧伯纳、宋庆龄、蔡元培和鲁
迅。换言之,一个德国报纸的美国左翼记者,一个费边社会主义
者、曾在佐治亚州梅肯市受过教育的孙中山遗孀,曾经专攻中国古
代经典和德国哲学并曾在五四时代主持北大校政的中央研究院院
长,以及原先在日本学医的伟大的讽刺作家……两个外国人由于
治外法权而享有公民自由权,三个中国人由于他们的声望而得到
保护"②。1933 年 6 月 18 日,同盟总干事杨杏佛被国民党特务刺杀
后,同盟停止活动。

　　又一件是她与鲁迅、茅盾的友谊。身为作家兼社会活动家的
史沫特莱对专业化的知识分子"抱有一种对立态度",在她看来,四

---

① [美]费正清著,陆惠勒、陈祖怀译:《费正清对华回忆录》,上海:知识出版社 1991 年
　版,第 75 页。
② [美]费正清著,陆惠勒、陈祖怀译:《费正清对华回忆录》,上海:知识出版社 1991 年
　版,第 80—81 页。

体不勤、五谷不分,从来不从事体力劳动的知识分子的作品"多半是无病呻吟、没有经验的虚构"①。她赞同鲁迅的主张,有教养的知识青年应去"体验工农的生活,从生活中搜集题材,学习研究西方的文艺形式","创作的活力来自实践,并不出于理论"②,她本人的经历正与鲁迅所主张的一致。对于当时中国的一些知识青年及其作品,史沫特莱批评道:"对于工人和农民,他们保持一种悲天悯人、寄予同情,但自我超然、鄙视群众的态度。这一时期他们创作出的许多号称'无产阶级文艺'的作品多半是一些东施效颦、粗制滥造的俄国式作品。"③她将自己的生活"同鲁迅和他的密友、中国知名的小说家之一的茅盾的生活紧接在一起",他们一同从事了多项活动,诸如"共同收集了一本德国民间艺人凯绥·珂勒惠支夫人版画集;一起为欧美新闻界写稿,对中国知识分子遭受的政治迫害发出抨击的呼声",她说"我们三人谁也不是共产党员,然而我们三人无不认为帮助和支持为解放穷苦大众而战斗、而牺牲的人们是无上光荣的事"。④ 虽不是共产党员,但在文艺为大众服务、创作来源于实践这一点上,史沫特莱与中国共产党人高度契合。费正清说"史沫特莱嘲笑美国共产党,但对中国共产党却倾注着不可遏止

① [美]史沫特莱著,袁文、买树榛、袁岳云译:《史沫特莱文集(1)·中国的战歌》,北京:新华出版社1985年版,第76—77页。
② [美]史沫特莱著,袁文、买树榛、袁岳云译:《史沫特莱文集(1)·中国的战歌》,北京:新华出版社1985年版,第77页。
③ [美]史沫特莱著,袁文、买树榛、袁岳云译:《史沫特莱文集(1)·中国的战歌》,北京:新华出版社1985年版,第77页。
④ [美]史沫特莱著,袁文、买树榛、袁岳云译:《史沫特莱文集(1)·中国的战歌》,北京:新华出版社1985年版,第77页。

的热情"①。对于工农大众的同情与关注不仅令史沫特莱与鲁迅结
为亲密战友,也使史沫特莱对中国共产党充满热情。史沫特莱敬
仰鲁迅的战斗精神,欣赏他以笔作武器,讽刺国民党对人权的粗暴
破坏、对无辜者的屠杀。她明确表示鲁迅是她在中国若干岁月中
对她影响最深的人物之一,对鲁迅的造诣和他与众不同的文风有
着高度的评价:"中国的作家都和本国的历史、文化、艺术有很深的
关系,和历史结成不解之缘,看来他是这方面造诣最深、关系最密
的一个。要把他的政治杂文译成英文是很难的。由于不能公开抨
击反动派,他的作品只能是对中国历代黑暗时期的人物思想、历史
事件的精心雕镂,把当代法西斯统治与历史上的专制相提并论,明
眼人、受过教育的人都很清楚他那文笔辛辣、寓意深刻的政治小
品、杂文里表达出中西文化博大精深、兼容并蓄的传统和画龙点睛
之笔。"②史沫特莱认为鲁迅病情的加重,是因为他的"追随者朋辈
学生的陆续失踪和被迫害致死,如同腐蚀剂侵蚀他的身体和心
灵"。她曾和其他友人一起劝说鲁迅卧床休养,但鲁迅回答说:"轻
伤不下火线! 总得有人坚持战斗!"1931 年 2 月,一些进步青年作
家遭国民党逮捕遇难,包括柔石、冯铿在内的几个甚至惨被活埋,
鲁迅痛心疾首、奋笔疾书,冒着遭杀害的危险,要求史沫特莱将其
用血泪写成的揭露此事的手稿《写于深夜里》译成英文发表出去。
在茅盾的协助下,史沫特莱将手稿译成英文,"这篇文章引起了西
方世界第一个反应,有五十多名美国一流作家联名抗议国民党反

---

① [美]费正清著,陆惠勒、陈祖怀译:《费正清对华回忆录》,上海:知识出版社 1991 年
　版,第 73 页。
② [美]史沫特莱著,袁文、买树榛、袁岳云译:《史沫特莱文集(1)·中国的战歌》,北京:
　新华出版社 1985 年版,第 78 页。

动派杀害中国作家的罪行"①。国民党很是震惊、气恼,史沫特莱虽有治外法权的保护,但已然列在国民党的黑名单中,去广州考察访问时她曾因莫须有的罪名被逮捕,最后在朋友的营救下被带回上海。

再一件是她与中国共产党人和红军的接触。史沫特莱在美国时即读过共产党人写的文章和著作,同情共产党人的观点,她也认识很多美共领袖人物。来到中国时,第一次国共合作已经破裂,她常在报纸上看到国民党"歼灭"红军的报道,史沫特莱让她的私人秘书兼翻译剪报时将有关中国工农红军的消息集中建档,发现了国民党官方报道的自我矛盾:"头半年总结官方统计数字,发现国民党官方发布歼灭红军的数字达五十万,但是官方报道始终说'共匪残部'在追歼中。红军总司令朱德、共产党总书记毛泽东多次报道已被击毙,一个月后又悬赏通缉他们。"②事实上,红军长征之前集各个根据地的总数才达 30 万人。1930 年,在鲁迅五十寿辰联谊会上,史沫特莱第一次亲耳聆听有关红军的兴起和农民加入红军的具体、生动的报告。经曾在史沫特莱住处疗伤的一位红军将领的叙述,史沫特莱对中国工农红军有了进一步深入的了解。这位红军将领的名字叫周建屏,曾是方志敏领导的红十军建军初期的军长。根据他的叙述,史沫特莱着手撰写第一部报道中国工农红军及江西苏维埃的作品《中国红军在前进》(*China's Red Army Marches*),1933 年,史沫特莱因病去苏联疗养,她在那里完成了《中国红军在前进》的书稿,称其为"报道中国人民近半个世纪的战斗

① [美]史沫特莱著,袁文、买树榛、袁岳云译:《史沫特莱文集(1)·中国的战歌》,北京:新华出版社 1985 年版,第 80 页。

② [美]史沫特莱著,袁文、买树榛、袁岳云译:《史沫特莱文集(1)·中国的战歌》,北京:新华出版社 1985 年版,第 68 页。

生活的史诗",在莫斯科首次出版。

《中国红军在前进》写的是1927年至1932年间,中国共产党领导工农红军反抗国民党统治,成立中华苏维埃共和国的建军史诗,这是第一部由外国记者撰写出版的报道中国共产党的书籍。众所周知,农民被逼上梁山是因为地主的那套收租逼债、盘剥敲索的制度将终年受着残酷压迫剥削的农民逼得无以为生,史沫特莱细述了这套剥削制度:"早春二三月,青黄不接缺粮少吃,谷价腾越,地主发放青苗债,贷给农民一担谷,秋后要加倍收租,'谷价一石,大洋十块'。农民没有选择余地,借谷就画押,不借就挨饿。秋收季节,地主管家就到地里来要十块钱的新谷,而秋后新谷上市谷价一石跌到三四块钱。借据载明农民应还十元谷价钱。这时至少要还三担谷;新谷还不清旧欠,就以土地作抵押"。"他们有的为了保全一点土地,救活一家性命,大年初一领着女儿到官僚地主家里出卖,身价最多不过五十块钱,微乎其微不够清偿旧债。他们的儿子到军阀队伍里去当兵吃粮,一个月薪饷五六块钱,可是军饷常被尽饱私囊的军阀长官克扣,当兵的很难得到一个铜板寄回家去。农民看世界,有钱有势的人家,刻薄寡恩,比出没深山老林的虎狼更狠毒凶残。"[1]第一次国共合作时,国民党许诺农民只要帮助北伐军统一全中国,就实现二五减租,然地主资本家出身的国民党军官反对城乡工农群众组织起来。蒋介石实施反共的"四一二"清党后,数以百计的工会工人惨遭屠杀,于是,工人们挺身而出同农民一起暴动革命了。在土地革命初期,虽然农民协会中因不同阶层的利益诉求而使土地分配问题没有得到好的解决,但共产党提出的"没

---

[1] [美]史沫特莱著,袁文、买树榛、袁岳云译:《史沫特莱文集(2)·中国红军在前进》,北京:新华出版社1985年版,第4、3页。

收一切地主寺庙、宗族的所有土地,分配给劳苦农民"①的口号唤起了农民火热的希望,他们踊跃参加这支穷人自己的队伍。

　　虽然当时在中国的多数外国人不关心中国政治,他们在治外法权的庇护下,"比赛马球,参加鸡尾酒会,去北京西山野餐,或者利用中国货币的外汇行市进行投机"②,但不免耳闻国共间的斗争,耳目所及是国民党对共产党的歪曲与污蔑,"国民党对海外不明真相盲目相信国民党的人们进行欺骗宣传,捶胸顿足说中国革命的工人和农民都是乌合之众的土匪"③。史沫特莱是第一个揭露真相的外国记者,她在书中明确指出中国共产党领导的工农红军是革命的军队,以士兵委员会为例具体说明了工农红军的特点:"红军每个连有士兵委员会,委员会的最高机构是选举产生的士兵执行委员会。战士们通过士兵执行委员会直接出席司令部政治部的会议。士兵委员会不但享有充分的权利,而且负有沉重的责任。他们的职责是讨论、通过拥护红军的一切纪律规章制度。他们研究、控制经济委员会,特别是财政后勤部门提出的报告,监督检查饭菜干净,营房整洁,驻军各地的卫生工作。他们参加军内的一切政治工作——报告、讨论扫盲班,国内外革命节日的庆祝活动。红军在一个地方停留三天以上就必须坚持每天两小时的政治学习,这已成定律。井冈山会师后就成立了政治学习班","共产党员和共青团员分散在红军队伍的各机关连队里,各自召开党团会议,参加并

---

① [美]史沫特莱著,袁文、买树榛、袁岳云译:《史沫特莱文集(2)·中国红军在前进》,北京:新华出版社1985年版,第45页。

② [美]杰克·贝尔登著,邱应觉等译:《中国震撼世界》,北京:北京出版社1980年版,第4页。

③ [美]史沫特莱著,袁文、买树榛、袁岳云译:《史沫特莱文集(2)·中国红军在前进》,北京:新华出版社1985年版,第62页。

领导士兵委员会的工作和一切活动。那些共产党员和共青团员是贯穿红军的红线，给红军带来革命的形式、知识和方向。"①这样的军队怎么可能是乌合之众的土匪呢？著名的军旅歌曲《三大纪律八项注意》的缘起也在书中作了详细描述，可以说，正是这铁的纪律和要求教育了这支以农民为主体的队伍，也赢得了人民群众的热爱与支持，并教育了俘虏。书中记录了自1930年至1931年底国民党对苏区发动的三次"围剿"与红军的反"围剿"斗争，以具体的战例向世人展示了红军的胜利并分析了胜利的原因。以第二次"围剿"与反"围剿"为例，当国民党军队对苏区展开"围剿"之际，红军再度实施诱敌深入之策略，苏维埃政府自兴国迁到东固，兴国老百姓坚壁清野逃到大山里，红军封锁了通往兴国两道山梁南面的石营山口及西面、北面山口，"填塞了隔断东固与其他苏区北山麓老百姓挖的壕沟"，"东南面的九层岭没有设防，仅留少数红军佯攻"。留下的老百姓在向国民党士兵出售水果、鸡蛋等杂货时，也与他们谈天说地，"喋喋不休地讲共产党的人，苏维埃故事，不怕死的红军"，并告诉他们九层岭上红军为数不多。当国民党军队"爬了一层岭又一层岭，红军一触即退，似乎不敢接仗"，结果当国民党几师人马汇集于此时，"猛然山谷一声震响，石破天惊，山崩地裂，四面山头，崖石峭壁，丛林土丘到处打响了，森林里边尽是红军战士。朱德亲自指挥红四军作为红军主攻的先头部队。彭德怀指挥第三军团，从左右进攻。两个新编等待用敌人的武器进行装备的农民赤卫师从南面进攻"，"战斗打了一整宵，持续到次日上午十时。九层岭上数以千计的白军士兵，还有敌人五个师的师部挤塞

① [美]史沫特莱著，袁文、买树榛、袁岳云译：《史沫特莱文集(2)·中国红军在前进》，北京：新华出版社1985年版，第62页。

道途,夺路逃命。他们一路上遭到树林里面的伏击包围,从东固到整个东山坡,遗弃成千上万具尸体,五师敌人全军覆没,活下来的几乎都投降了"。此次反"围剿"胜利的结果也生动阐释了何为"没有枪没有炮敌人给我们造"。"两师没有装备的红军农民师用缴获到的枪支武装起来了,还多余一万五千支步枪,待分配给其他没有装备好的战士。大炮、马匹和骆驼也接收过来了,机关枪多到不可以数计,药品足够红军伤员每人用一段时候,还有面粉、大米、火腿、猪肉等等吃的东西"。① 史沫特莱的生动记述充分展现了红军灵活机动的战略战术及根据地密切、融洽的军民关系,若非戴着有色眼镜,世人不难看出红军是怎样的一支队伍。

一向关心女权的史沫特莱在书写红军史诗的过程中,没有遗漏中国妇女的身影,在书中有多处以赞美的语气书写中国妇女投身革命的活动,一扫小脚女人给世界的刻板印象。以对宁冈地区妇女的介绍为例,"宁冈地区有好几千大脚的妇女长工,她们为地主种田干活……成立农民协会的时候那些女长工参加了,成立农民赤卫队的时候,那些女长工也参加了。有的昂首挺胸,站出来说道:'瞧! 我们的大脚板,从来没有缠过,我们跟男人一样走路干活,我们同男人一样身强力壮,给我们发枪吧!'宁冈赤卫队就是这样成为男女混编的武装团体"。"宁冈县还有二百多用老板的简易手摇机打袜子和缝衣服的女纺织工……还有许多妇女在家一面绩麻、纺纱、织席子、打草鞋,一面上地里参加劳动","那些妇女们看到雇农工人委员会组织起来的时候,她们也要参加……直到县妇联成立才答应了她们的第一步要求,采取改变旧风俗,同旧传统决

① [美]史沫特莱著,袁文、买树榛、袁岳云译:《史沫特莱文集(2)·中国红军在前进》,北京:新华出版社1985年版,第193—196页。

裂，妇女自身解放的步骤”①。

这是第一部由西方记者书写的报道中国共产党领导的革命运动的作品，虽然其影响不如其后斯诺以亲自访问的第一手资料而书写的《红星照耀中国》，但《中国红军在前进》最早揭破国民党对红军、苏区的污蔑与谣言，以具体生动的事例告诉不明真相的西方世界，在中国有一支与众不同的人民的军队，中国共产党已在其领导的苏区建立了一个苏维埃政府。白求恩跟友人说，他正是看了史沫特莱的《中国红军在前进》和斯诺的《红星照耀中国》而了解中国、来到中国，并奔赴共产党领导的抗日根据地。英国记者詹姆斯·贝特兰于1936年底在西安与史沫特莱初次见面，但他早闻史沫特莱大名，他说：“史沫特莱是中国最著名的外国人之一。她在我所知道的北平学生群众中简直成了一种传奇；因为这位《中国的命运》和《中国红军在前进》的作者在中国青年群众中所获得的热情读者恐怕比任何别的外国作家都要多，除了高尔基。1927年以后公然与中国革命发生关系的少数外国人中，史沫特莱的确是最活跃最耿直的一个，她已成为革命运动中的海燕。”②

1934年春，史沫特莱离开苏联，经欧洲中部，在法国乘船返回美国。她此行是想找一家美国报刊，可以成为他们的记者，以为她在中国的活动提供稳定的薪水，因为《法兰克福报》已因德国纳粹的冲击而解聘了她。她在《中国的战歌》中对此事有一段简明的叙述：“《法兰克福报》是欧洲大陆一家历史最久、声誉最高、立场开明的日报，经历过德国多次反动政治的险风恶狼冲击，但是纳粹逆流

① [美]史沫特莱著，袁文、买树榛、袁岳云译：《史沫特莱文集(2)·中国红军在前进》，北京：新华出版社1985年版，第44—45页。

② [英]贝特兰著，林淡秋译：《中国的新生》，北京：新华出版社1986年版，第144—145页。

威胁所及已不仅是这家报纸的新闻出版自由,而且影响到了报纸主人的生命安危。因为出版者除了由于学识渊博、思想开明、拥护民主而有'罪'之外,还是些犹太人。在互相表达遗憾之后,他们对我发出了提前六个月的解聘通知,并付清了这段时间的薪金,就解除了我们之间的合同关系。"①1934 年秋,史沫特莱回到中国,她说"美国对于我已成为陌生的星球"②。

1936 年,史沫特莱因身体原因,接受朋友的劝告,北上西安疗养。西安事变发生后,正在西安的史沫特莱见到了前往西安谈判的中共代表团成员周恩来、叶剑英等,与他们作了交谈。在南京散布蒋介石已经遇害身亡,红军占领了西安,西安发生了抢劫、强奸等不实消息的情况下,史沫特莱应一家报刊编辑之请作英语广播,内容包括"访问政府官员、军队将领、红军代表和救国会领导人的报道和有关西北近况的消息"③。1937 年 1 月 12 日,在中共地下党的安排下,史沫特莱与一群学生乘坐一辆卡车离开西安,去往红军所在地,成为继埃德加·斯诺之后第二个访问红色中国的西方记者,她是继埃德加·斯诺、美国医生马海德、德国人李德之后来到这禁区的又一外国人。1937 年初史沫特莱抵达延安,她是访问延安的第一个西方记者,此前斯诺访问西北时,共产党人尚在保安。和斯诺一样,史沫特莱一路走一路采访,上自红军领袖、中共领导人,下至红军战士和农民。在亲眼见到朱德,那个被国民党冠以"赤匪头子"、"共匪"、杀人犯、强盗、放火犯等各种骂名,围绕着他

① 〔美〕史沫特莱著,江枫译:《中国的战歌》,北京:作家出版社 1986 年版,第 118 页。
② 〔美〕史沫特莱著,袁文、买树榛、袁岳云译:《史沫特莱文集(1)·中国的战歌》,北京:新华出版社 1985 年版,第 122 页。
③ 〔美〕史沫特莱著,袁文、买树榛、袁岳云译:《史沫特莱文集(1)·中国的战歌》,北京:新华出版社 1985 年版,第 157 页。

有多种传说而被农民神话的红军领袖，并与朱德多次交谈后，史沫特莱决定写一部朱德传记，其用意诚如史沫特莱对朱德所说："因为你是一个农民。中国人十个有八个是农民。迄今为止，还没有一个人向全世界谈到自己的经历。如果你把身世都告诉了我，也就是中国农民第一次开口了。"①史沫特莱试图通过朱德的生平，展现中国新民主主义革命的画卷，告诉世人"为什么有几百万、几千万正直而勤劳的农民和工人，以及满怀理想的学生和知识分子，乐于为他所推行的事业而斗争或牺牲"②。采访、撰写报道、搜集朱德的传记材料尚不是史沫特莱在延安的全部工作，在延安的半年中，她还从事了其他多项工作，诸如教工作劳累的共产党人学习跳舞；从事卫生工作；用斯诺夫妇寄给她的海外进口的种子栽花种菜；建立鲁迅图书馆外文部；把新到的各种期刊分发给各部队、教育机构以及党政领导人员；写信给沿海各大城市的外国记者，请他们访问延安、访问红军；消灭老鼠，等等。③

　　消灭老鼠与请外国记者访问延安两件事，虽不太成功，但对传播防疫知识、扩大延安影响力起了不可忽视的作用。在《中国的战歌》中，史沫特莱对这两件事皆稍费笔墨作了展开说明。关于灭鼠，"没有激起人们的强烈兴趣"，"然而，鼠疫在西北是一种地方流行病，周期性的流行病从蒙古草原蔓延过来，由老鼠跳蚤作为媒介，人们同意我的看法，但忙于军事政治问题没有时间消除鼠害。

① [美]史沫特莱著，梅念译：《史沫特莱文集(3)·伟大的道路——朱德的生平和时代》，北京：新华出版社1985年版，第1页。
② [美]史沫特莱著，梅念译：《史沫特莱文集(3)·伟大的道路——朱德的生平和时代》，北京：新华出版社1985年版，第1页。
③ [美]史沫特莱著，袁文、买树榛、袁岳云译：《史沫特莱文集(1)·中国的战歌》，北京：新华出版社1985年版，第160页。

日本鬼子毕竟要比鼠疫危险性大"①。关于请外国记者来访之事，史沫特莱相信有一些英美驻华记者若能直接采访红军，会作如实报道而不再采信国民党污蔑攻击红军的官方报道。她在《中国的战歌》一书中对国民党污蔑共产党的行为作了揭露，"国民党政府多年来，用控制一切舆论机器，进行新闻检查，收买外国通讯社、情报机构的记者等专政手段，让西方世界的人民无法了解中国的真实情况。中国工农红军之所以被污蔑为'共匪、赤匪、强盗、暴徒'等一类恶名，原因就在于此"②，书中还列举了若干被日本收买的西方报刊。征得红军的同意，史沫特莱向"上海最有权威的十多位外国编辑和记者发出了授权邀请信"，并在信中"提出了穿过国民党军警特宪的封锁线时谨防被捕的警告"，她给他们的忠告是，到西安后"必须三个一行住在西京招待所里，于约定时间内等待一个外国妇女拿出我为你们安排赴陕北的交通工具的明信片"③。关于收到邀请的外国编辑和记者的反应及其行动，以及南京国民政府的态度与行动，史沫特莱亦作了较为详细的描写："凡是得到邀请信的编辑和记者无不跃跃欲试，上海新闻界人士非常激动。英国最重要的一家报纸《华北日日新闻》的主编是一个自由主义者，也是外国报界同业公会的会长。我请他率领第一批记者团先来访问延安……上海方面接受邀请的同仁无不希望捷足先登，争取能够第

①〔美〕史沫特莱著，袁文、买树榛、袁岳云译：《史沫特莱文集（1）·中国的战歌》，北京：新华出版社 1985 年版，第 160 页。

②〔美〕史沫特莱著，袁文、买树榛、袁岳云译：《史沫特莱文集（1）·中国的战歌》，北京：新华出版社 1985 年版，第 164 页。

③〔美〕史沫特莱著，袁文、买树榛、袁岳云译：《史沫特莱文集（1）·中国的战歌》，北京：新华出版社 1985 年版，第 166—167 页。

一批来访延安。"①虽然抢新闻是新闻界的特点,新闻记者争先恐后地想要赴延安采访,多少反映了他们在看了斯诺、史沫特莱等人的报道后,对延安产生的兴趣,对国民政府的所谓官方报道亦有所怀疑。南京国民政府对此非常恼怒,对新闻记者悍然发出警告,"宣称如果访问延安共产党人,政府将认为是一种不友好的行为",结果,"英国《华北日日新闻》经理部因此下令该报编辑停止此行。但《联合新闻报》办公室主任仍指示该报驻华北代表伊尔·黎夫离开天津前往西安",《密勒氏评论周刊》编辑约翰·B. 鲍威尔和纽约《呼声论坛报》记者维克托·盖因决定深入虎穴。当他们抵达上海机场坐进机舱后,特警出现了,鲍威尔考虑违抗命令不智,颓然回去了。盖因则据理力争,拒不下机,到西安后摆脱跟踪,神秘失踪,不久出现在延安。接踵而至的是《联合新闻报》记者代表黎夫,亦是在西安神秘失踪后出现在延安。不久,哈佛燕京社研究员欧文·拉铁摩尔博士和一批美国学者也来到延安,"延安教育机关、研究团体、全体党员都接到听国际问题报告的通知",史沫特莱欣感"西方有识之士终于同亚洲革命的进步先锋靠拢了"。② 关于外国记者在延安的活动,史沫特莱记录说,"外国记者们在延安访问了各界人士,参观了教育团体,晚上到'抗日剧院'看节目演出。他们同共产党领导人促膝谈心,有时通宵达旦,我的住处总是响彻他们的笑声","到延安的外国记者感到非常安心,共产党员中间没有国民党那一套官场生活的形式主义和客套。提起延安的共产党人,有一个记者说得好:'他们不是一般的中国人,他们是新中国的

---

① [美]史沫特莱著,袁文、买树榛、袁岳云译:《史沫特莱文集(1)·中国的战歌》,北京:新华出版社 1985 年版,第 167 页。

② [美]史沫特莱著,袁文、买树榛、袁岳云译:《史沫特莱文集(1)·中国的战歌》,北京:新华出版社 1985 年版,第 167—168 页。

人。'这种说法在其他记者的口里我一再听到"。①

　　无疑,史沫特莱的努力及其活动,拉近了中国共产党与外国媒体、记者的距离,帮助中国共产党冲破国民党的封锁、戳穿国民党的污蔑攻击,展示了共产党人真正的面貌,为战时赢得国际社会的援助奠定了基础。

　　卢沟桥事变爆发后,史沫特莱离开延安随八路军转战华北前线,历时半年。期间写了大量文章,报道中国的抗战。她不仅热情讴歌浴血奋战的抗日将士,还与红军将领联名致信海外,呼吁国际援助,国际主义战士白求恩、柯棣华等医生的来到中国、来到抗日根据地,皆始于史沫特莱的协同动员与组织。1938年,史沫特莱将其自西安到延安,再赴华北抗日前线的生活和经历,以日记体、书信体的形式,以《中国在反击》(China Fights Back)为题结集成书,由美国先锋出版社出版,该书主要反映了当时华北地区抗日的政治和军事形势。

　　1938年1月,应朱德、彭德怀之要求,史沫特莱自华北抗日前线前往武汉,在汉口结识了中国红十字救护总队领导人林可胜博士,从此史沫特莱将大部分精力投入到为伤员服务的工作中。她在汉口的公开工作是和林可胜博士一起为中国红十字会进行宣传,积极争取国际社会对中国的医疗援助。同年,她被英国的《曼彻斯特卫报》聘为特派记者,"每周邮寄两篇稿子给他们(这项工作我一直担任到1941年离开中国),他们付给我的酬金使我有条件为医疗队工作而不领取津贴,甚至还能捐款给他们"②。史沫特莱

---

① [美]史沫特莱著,袁文、买树榛、袁岳云译:《史沫特莱文集(1)·中国的战歌》,北京:新华出版社1985年版,第168页。

② [美]史沫特莱著,江枫译:《中国的战歌》,北京:作家出版社1986年版,第230页。

在中国从事筹募医护人员与药械的工作，大约始于 1936 年春，那年她在上海鲁迅家中见到了由中共中央自西北派回上海任办事处副主任的冯雪峰，听他讲了长征的故事，得知红军非常迫切需要药物供应，便找了两位医生分头募捐，"当上了可以说是为红军供应药品的走私人"①。在再度病倒的情况下，经朋友们建议，赴西北张学良控制区养病。经中共地下党的安排，寄居在临潼的一座庙宇里，一边养病一边阅读、写作。西安事变发生时，她正住在西安的一家旅馆。事变发生后，学过急救的她主动申请前往一家浸礼会的医院去帮助做外科治疗。在西安的政治犯获得释放后，她又协助照料生病或创口感染的红军战士。1937 年初在西北三原第一次见到大批红军，既看到了一支完全不同的队伍，也发现红军缺医少药的严重性和抵御传染病的不力，"伤寒在西北是流行病，但是灭虱站并不为人所知，这里既缺乏高温的热源，也缺乏可供更换的衣物"，"梅毒在西北也是一种猖獗的祸害，但是红军缺乏能够诊断早期梅毒的医生，也缺乏能够治疗梅毒的药物"，所以史沫特莱曾向贺龙建议，在志愿兵源源不断加入红军的情况下，实行体格检查，"以便把梅毒患者排除在外"②。全面抗战爆发后，史沫特莱带着伤病前往前线，沿途看见无数横躺竖卧的伤患，他们的身边没有医生、护士或其他护理人员，当她从这些无人照料的痛苦甚或垂死的伤员中间走过时，她对同行的伙伴说："我们的第一篇报道应该是有关伤员处境的。我要想办法争取外国的援助和志愿工作的救护人员。"③抵达华北前线山西省会城市太原后，史沫特莱不仅访问

① [美]史沫特莱著，江枫译：《中国的战歌》，北京：作家出版社 1986 年版，第 143 页。
② [美]史沫特莱著，江枫译：《中国的战歌》，北京：作家出版社 1986 年版，第 169 页。
③ [美]史沫特莱著，江枫译：《中国的战歌》，北京：作家出版社 1986 年版，第 195 页。

了政府高级军事官员,也访问了医务官员,参观了太原市五所后方医院中的两所,发现医院"一般都只能使伤病员躺在铺稻草的土地上的场所","例外的一所是太原的重伤员医院……院长是一个合格的外科医师,他来自北京协和医学院。他的日工作量从不少于十八小时,他有一个由十九名不合格的医助、十八名不合格的男护士和二十名合格的女护士组成的工作班子"。但在医疗器械和药物方面,"这所医院也只有一些最基本的医疗设备,没有 X 射线、止痛剂、抗破伤风药剂,至于输血,更是连听都没有听说过","全省仅有的一台 X 射线机,安置在教会医院",能进这所教会医院治疗的都是付得起费用的军官,以致该医院的一位外国女医师对史沫特莱说,"来自前线的伤兵不多,因为中国军队并不打仗,总是日本人尚未来到就逃跑了"。① 离开太原前往八路军总部之前,史沫特莱写了一篇有关西北地区伤员状况的报道,寄给在上海的约翰·B. 鲍威尔,并附上了一封呼吁书,"吁请外国给中国以医疗援助,并为取得这种援助而成立各国委员会"②。离开太原后,史沫特莱与同伴前往五台山八路军司令部,跟随八路军沿正太线活动。一路上她既作为随军战地记者利用一切机会采访战士和沿途村民,报道八路军的抗战和民众动员工作,又凭借她的急救能力和医疗常识,积极主动地从事医疗工作,她会设法"到各地去搜罗医疗器材和药品,有时购买,有时乞讨,有时是借"③。在汉口期间,她的公开工作是同罗伯特·K. S. 利姆医生一起为中国红十字会进行宣传,为中国伤兵争取医疗援助。她在应邀出席英

---

① [美]史沫特莱著,江枫译:《中国的战歌》,北京:作家出版社 1986 年版,第 197 页。
② [美]史沫特莱著,江枫译:《中国的战歌》,北京:作家出版社 1986 年版,第 198 页。
③ [美]史沫特莱著,江枫译:《中国的战歌》,北京:作家出版社 1986 年版,第 208 页。

美海军和驻华使馆人员的茶会时也进行宣传,希望能得到医疗用品的捐赠。

1938年10月武汉沦陷后,史沫特莱以战地记者兼中国红十字会救护总队成员的身份,带着医疗物资穿越敌占区,赴华中游击区考察,随军作战地采访,兼做救护工作,她既走访了新四军及共产党领导下的游击区,也走访了国民党治下的游击区。她报道了新四军医院药物器械的匮乏状况,并以新四军战士的课本与笔记本为视角,详细描述了新四军的教育工作。对国民党治下的游击区,既从正面报道了他们的抗日工作,也写出了其内部的矛盾与分裂,包括对待新四军的不同态度。在共产党与国民党统辖区域的不同观感,令史沫特莱十分感慨两个不同区域带给人的完全不同的感受。沿途走访的教会医院,也令史沫特莱看到了不同区域、不同传教士对待中国抗战的不同态度,以及教会医院对中国抗日战士的不同举措。

1940年,史沫特莱再度因病离开前线,赴大后方重庆,接着去红十字会救护总队部贵阳,再经桂林赴香港治病。在后方期间,史沫特莱到各处演讲,并到电台发表广播讲话,宣传中国的抗战,历陈中国的困难,努力而广泛地募捐,为中国购买急需的药物。1941年珍珠港事件发生后,她被迫返回美国。

史沫特莱在华12年,足迹踏遍中国东北、华东、华南、华中、西北、西南,与中国人民一同经历由土地革命战争向全民族抗战的转变。作为新闻记者,她深入工厂、农村、战区,采访了各派、各界、各业、各阶级、各阶层人士;作为社会活动家,她从事了保护、营救进步人士,呼吁国际社会给予中国医疗援助等活动。与此同时,她勤奋书写、笔耕不辍,以亲身经历与见闻,实时报道中国的政治、军事与社会,在如实报道之余,她更注重令作品承担更大的使命。除了向各种报纸和新闻刊物投稿,史沫特莱还先后撰写并出版了《中国人的命运》《中国红军在前进》《中国在反击》《中国的战歌》《伟大的道路》等五部反映中国社会和抗战的作品,其中,"《中国的战歌》一书被公认为第二次世界大战期间报道战地情况的最佳作品之一"①。美国历史学家、史沫特莱研究专家麦金农对史沫特莱的一生作了一概括性的定位,她"是一位作家,是革命运动的参与者,是一位不知疲倦的妇女运动者"②。

二、耿直而不尽"客观"的报道

由史沫特莱的经历可知,她是一位耿直而热情的革命运动的参与者,她的作品亦体现了这一特点。《中国的战歌》中有一段第一次面见朱德时的生动描写,颇能体现她的行事与写作风格:"美国医师马海德带我去见红军创建之初就担任总司令的朱德。一个身材短小而健壮、穿着蓝布棉制服的军人从点着一支蜡烛的桌旁站起来。于是我见到了多年来我在写文章时一再提到的那个朱德。果然,他看上去就像是红军的父亲。他早已年过半百,皱纹很深的面孔和蔼可亲。他丰厚的嘴这时咧出一个宽阔的表示欢迎的笑,并向我伸出了双手。我搂住他的脖颈,吻了他的双颊。马医师也搂住朱德,啧啧有声地吻了吻他,然后就退回身来观察他这举动的效果。我们都放声大笑。我对朱德说:'让我好好看看你。多年来我不断听到有人称你为匪,你的头颅价值两万五千元,而且又是个十几次被宣布为已经死去的人。'我围着朱将军敦实的身躯走了

---

① [美]史沫特莱著,麦金农编,王恩光、许邦兴、刘湖译:《革命时期的中国人》,北京:中国展望出版社1984年版,第20页。
② [美]史沫特莱著,麦金农编,王恩光、许邦兴、刘湖译:《革命时期的中国人》,北京:中国展望出版社1984年版,第1页。

一圈又一圈,马医师则伸出手去抚摸他剃光了的头,同时发出拉长了声调的鼻音:'唔—唔—唔!'忍受着这种折磨的主人警觉地注视着我们。"①《伟大的道路》原出版者在序言中指出:"人们从她的著作中很容易发现,她的信念和行动并不是复杂的推理过程的产物。她愿意从心所愿,她个人的政治分析和判断有时固然也是天真质朴的,但她的阶级本能,在大多数情况下,都能使她站到正确的立场上。"②她的阶级背景和成长经历令其具有深深的大众情结。来到中国以后,她既看到了在帝国主义、封建主义压迫下的中国工农大众的穷困与挣扎,也目睹了中国人民的觉醒与奋起反抗,不由得被深深吸引,并参与其间。自1928年来到中国至1940年离开,12年间,她不止一次因病或其他原因暂离中国,而每一次如她所说,都感到一种"不可抗拒的力,引我重返中国",她在《中国的战歌》中写道"我不能设想在中国以外度过我的一生"。

史沫特莱被誉为"熟知中国事实真相的、为数不多的外国作家之一"。整个20世纪30年代即她在中国的岁月,她不断为德国、英国和美国的报刊撰写文章,并著书出版,报道中国革命和中国的抗日战争。费正清在晚年回忆中对史沫特莱与斯诺的著述作了这样的对比评价:"她的第二本书《中国红军在前进》试图给西方公众描绘中国共产党在农村中国的革命事业,正如斯诺的《西行漫记》后来对广大读者所起的作用一样。但是显而易见,史沫特莱与其说是一位新闻记者,倒不如说是一位宣传家,而斯诺在我看来,恰好跟她相反。"作为汉学研究专家,费正清十分肯定史沫特莱有关中

---

① [美]史沫特莱著,袁文、买树榛、袁岳云译:《史沫特莱文集(1)·中国的战歌》,北京:新华出版社1985年版,第154页。

② [美]史沫特莱著,梅念译:《史沫特莱文集(3)·伟大的道路——朱德的生平和时代》,北京:新华出版社1985年版,第6页。

国的著述,"她的几本论述中国革命的书仍然颇有价值"①。史沫特莱笔下的中国革命、中国的抗日战争及革命时期的中国人,究竟是怎样的呢?

　　以史沫特莱与斯诺对毛泽东第一印象的描述看,斯诺如是说:"他是个面容瘦削、看上去很像林肯的人物,个子高出一般的中国人,背有些驼,一头浓密的黑发留得很长,双眼炯炯有神,鼻梁很高,颧骨突出。我在一刹那间所得的印象,是一个非常精明的知识分子的面孔,可是在好几天里,我总没有证实这一点的机会。"②史沫特莱如是说:"深夜,我掀开悬挂在一座窑洞门口的棉门帘,跨进一个黑暗的洞穴……一个男人的形体,一手扶着桌子,站在那里;他转向门口的面孔遮掩在阴影里,一身黑衣服上披着一件棉大衣……那高大的令人望而生畏的形体向我们缓缓移近,一种高腔调的语声对我表达欢迎之意,随后,一双手握住了我的手;那双手纤细、柔嫩,有如女人的手。他那副阴暗而难以测度的面孔呈长型,额头宽而高,嘴是富于女性美的嘴。他也许还有别的什么品质,但无疑是个审美家。我确实对他身上的女性气质和那阴暗的环境产生过反感。一种本能的敌意在我的心头油然而生,而我一心急于控制这种情绪……我现在记得的,是后来建立在珍贵友谊的几个月里的毛泽东,那几个月的接触既肯定了也否定了他的高深莫测。我最初在他身上强烈地感觉到的那种阴森气质,后来证

①［美］费正清著,陆惠勒、陈怀祖、陈维益、宋瑜译:《费正清对华回忆录》,上海:知识出版社 1991 年版,第 84—85 页。
②［美］埃德加·斯诺著,董乐山译:《西行漫记》,北京:生活·读书·新知三联书店 1979 年版,第 61 页。

明,是一种精神上的卓尔不群。朱德为人所爱,毛泽东为人所
敬。"①由上述两段叙述可见,斯诺对自己的定位主要是一个旁观
者,一个讲故事的人,而史沫特莱在讲故事的同时将自己带进了故
事里。虽然史沫特莱在叙述某些事件和人物时,说自己只是作了
"一位旁观者的记录",她自谦自己是"脱离群众的","中国真正的
历史只能由中国的工人、农民自己去写"②,但她实实在在地参与了
中国革命,投身了中国的抗日斗争,她说自己"总忘记了我自己并
不是一个中国人"③。这样的史沫特莱在书写中国革命、中国的抗
战时,即便是一个讲故事的人,其态度亦不可能超然,因为她不仅
在进行观察,她也在帮忙甚至在参与,而且乐在其中。诚如她在华
北随八路军转战期间给友人的一封信中所说:"我将陆续给你们寄
稿子。不过,我想让你们知道,我写东西会遇到多么大的困难。我
的背痛得很厉害……况且,我们从来也不在一个地方驻扎两天以
上,部队总是在流动之中……我所在的部队以及其他中国部队的
困难处境是你无法想象的;日本人有卡车、飞机和别的高效能的运
输工具,而我们只有毛驴、马匹,几头骡子和人员……我有一匹马
和一头骡子帮我们驮东西……我身上带着不到一百元的中国钱,
这还是从一位朋友那里借来的,而大部分都是用来天天给马、骡买
饲料的……我必须用这钱去喂我那两只宝贝牲口,以便帮我们驮
行李、打字机、胶卷、打字带……我向你们谈到的所有这一切,毫无

---

① [美]史沫特莱著,江枫译:《中国的战歌》,北京:作家出版社 1986 年版,第 178—
　179 页。

② [美]史沫特莱著,孟胜德译:《史沫特莱文集(4)・中国在反击》,北京:新华出版社
　1985 年版,第 134 页。

③ [美]史沫特莱著,袁文、买树榛、袁岳云译:《史沫特莱文集(1)・中国的战歌》,北京:
　新华出版社 1985 年版,第 444 页。

抱怨诉苦之意,相反,这些日子都是我一生中最幸福、最有意义的日子。我宁愿过这种每天淡饭一碗的艰苦生活,而不稀罕那个'文明'所能给予我的一切。我喜欢工作,喜欢拖着这受伤的脊背骑着马辗转在各条战线上。"①这不仅表达了她自己乐在其中的心情,也以亲身经历告知世人中国军队的困难及中日军力的差距。

在跟随八路军转战华北战场的过程中,她目睹了民众的麻木、害怕,更感受到了民众的觉醒和抗日的热情与勇气;耳闻目睹了日军的残暴,更目睹并感受到了中国抗日将士的无畏与乐观;八路军机动灵活的游击战术,八路军对民众的教育、动员与武装,八路军的优待俘虏,等等。在跟随八路军总部或战斗部队深入敌后的过程中,史沫特莱对中国的抗战有了进一步深切的认识与体验。在走过一个又一个村庄的时候,史沫特莱看到曾在山西作战的汤恩伯部队在墙上贴出的标语,"用粮食、牲口支援军队,给军队送信,当保卫"②。在以日记体、书信体出版的《中国在反击》一书中,史沫特莱记述了她多次亲历的八路军总司令朱德莅临群众大会并发表讲话,"他的声音不很洪亮,但他的话却充满赤诚、伤感和爱","朱德介绍了八路军和其他部队在山西北部各地的战斗形势和建立各地游击队以及武装它们的有关情况",他感慨在艰难的形势下,八路军能够得到广大群众的帮助,他说:"八路军需要人民的帮助,人民也需要八路军的帮助。他们彼此相依为命。如果他们能一起工作,一起战斗,那他们就能够打败日本人的飞机、大炮和坦克。"他教导民众"必须懂得怎样来帮助我们的军队",具体说就是懂得"怎

①［美］史沫特莱著,孟胜德译:《史沫特莱文集(4)·中国在反击》,"自序",北京:新华出版社 1985 年版,第 1—3 页。
②［美］史沫特莱著,孟胜德译:《史沫特莱文集(4)·中国在反击》,北京:新华出版社 1985 年版,第 147 页。

样破坏公路、铁路、装甲车、卡车和坦克"，"怎样彻底毁掉日本摩托化部队能够通行的一切道路"。朱德还给大家讲了世界形势。① 民众被动员组织起来了吗？史沫特莱以实际的观察、切身的经历感叹道："中国老百姓那种忠诚老实的秉性真令人惊叹。成千上万的八路军在各处活动着，他们召开群众大会，张贴宣言布告，在山坡村头张贴标语口号。他们一路行军，也会丢下纸片什物，给后面的人指路。所以，大家以为日本人随时都可以知道八路军在哪里。其实不然。日军从来不知道我们的行踪，甚至那么多架次的日军飞机也不知道该往哪儿去找八路军，即使飞机来了也不会发现八路军。"她以"旁观者"的身份记录了某一天的见闻："今天，我们在路上遇到一队队身体壮实的农民，里面偶尔也有几个年岁稍大的。人人手里拿着棍棒和绳子。我们向他们打听是哪个村的，上哪儿去。他们说他们是去把受伤的八路军抬回来，还说八路军已经在他们村子开过群众大会，号召大家自告奋勇把伤员运到陕北去。群众大会一结束，大家就回家拿起棍棒、绳子，向很远的地方走去。没有八路军人员跟着他们一起走。他们只是照着别人指点的方向出发，翻山找伤员去了。"②1937 年 12 月到达八路军总部访问的美国驻华使馆武官埃文斯·卡尔逊（Evans Fordyce Carlson），与史沫特莱相遇并作过长谈，"我们谈八路军，谈同目前战争有关的各种情况"。听了史沫特莱给他讲述的八路军的情况后，卡尔逊提醒说她"跟八路军的关系太深了，难免有点当局者迷，而对它有所偏袒"。史沫特莱回答说："当然，我并不是那样公正无私，也不假装

---

① [美]史沫特莱著，孟胜德译：《史沫特莱文集（4）·中国在反击》，北京：新华出版社1985 年版，第 139—141 页。

② [美]史沫特莱著，孟胜德译：《史沫特莱文集（4）·中国在反击》，北京：新华出版社1985 年版，第 150—151 页。

公正无私的人。但是，我不撒谎，不歪曲事实，也不颠倒黑白。我只是把亲眼看到的事物和每天的感受告诉人们而已。这是事实。至于我怎样会到八路军里来，而不到别的军队里去呢？因为我清醒地、坚定地相信八路军有着崇高的奋斗目标。它是一支出色的军队。我知道，从上海到南京一直跟日军作战的其他中国军队也是非常英勇的。不过，我还是愿意在八路军里生活和工作。"①

　　史沫特莱正是如此耿直地充满热爱之情地报道事实，在谈到八路军的游击战术时，她引用了与林彪的一段对话："八路军正准备大打一仗。但是，日本方面来了增援部队；这时候他们远远不止九千兵力，也许超过了两三倍。林彪和他的部下对此却处之泰然。'我们不要跟他们公开打'，他对我们说，'敌人太多了，我要打游击战。我们愿意在哪儿打，就在哪儿打'。因此，八路军就先要后撤，观察动向，等待时间。"在林彪的战地指挥部听着偶尔传来的大炮声，史沫特莱问日军在干什么，林彪说："日本人在乱放炮。由于我们没有'阵地'，他们就没有什么可干的。所以，他们就干脆放放炮，鼓鼓他们的士气。"②自信溢于言表。

　　史沫特莱也肯定其他中国军队的英勇与战绩，同时实事求是地报道战役的结果，"日军击破阎锡山的部队，就像他们击破打阵地战的中央政府军队一样。日军炮击忻口附近中央军阵地使用的炮弹是他们从阎将军部队那里缴获来的"。③ 中央军和阎锡山的部

① [美]史沫特莱著，孟胜德译：《史沫特莱文集（4）·中国在反击》，北京：新华出版社 1985 年版，第 224 页。
② [美]史沫特莱著，孟胜德译：《史沫特莱文集（4）·中国在反击》，北京：新华出版社 1985 年版，第 113 页。
③ [美]史沫特莱著，孟胜德译：《史沫特莱文集（4）·中国在反击》，北京：新华出版社 1985 年版，第 131 页。

队败退后,是八路军坚定地挺进敌后,致使日军处境困难,无法达成控制山西的目标。史沫特莱客观地记录了事实,她在书中摘录了八路军副总指挥彭德怀就八路军今后战略战术的谈话说:"八路军要把山西、河北以及整个华北的群众都组织起来,武装起来。不管发生什么情况,八路军都将坚持战斗到底,不离开华北人民,不西渡黄河。即使日本军队占据大城市和铁路交通,八路军和武装起来的民众一起也要破坏铁路、公路,牵制敌人,坚持不懈地对敌展开游击战争。"[1]八路军非但没有像日军吹嘘的那样被赶出华北、赶出西北,相反从日军手中夺回诸多城镇。史沫特莱不断地即时记录与报道八路军的战绩,"八路军从日军手中夺回了晋北、冀西以及察哈尔南部的许多重要城镇……其中最重要的有:晋北的灵丘、广灵、浑源、五台、孟县;河北的涞源;沿平汉铁路往南的整个冀西地区以及北平以南铁路沿线一线城市。察哈尔南部平绥线以南的阳原和蔚县八路军多次破坏平汉铁路和正太铁路,切断日军供给线,干扰、拖垮入侵之敌","在山西西北部、绥远北部和大同的西沿,八路军从日军手里收复了一批规模比较大的城市和乡镇,其中包括平鲁、宁武、清平镇和绥远、山西两省交界处的右玉。这样,八路军就把大同和忻口之间的主要交通线彻底割断了……在山西北部,八路军还彻底摧毁了由北平至忻口、太原的其他主要交通线"。"八路军不但成百地击毁日军运输车辆;他们在十月十八日夜间还袭击了日军的阳明堡空军基地……十一月底,八路军从敌人手中缴获一千多匹驮骡和军马,几百支步枪、大量弹药,近五十挺机关

---

[1] [美]史沫特莱著,孟胜德译:《史沫特莱文集(4)·中国在反击》,北京:新华出版社1985年版,第149页。

枪、几门重炮、许多药品和其他军用品"。① 史沫特莱亲眼看见"在
这只有八路军敢于钻进来的地方,群众组织工作者成群结队地活
动,到处成立了农民、学生、商人、妇女和儿童的抗日救国会"②。八
路军的作战及其战绩,不仅令史沫特莱对中国抗战的前途充满信
心,也使其享受到胜利的惠泽,她骄傲地表示了分享战利品的满
足,那是在平型关大捷之后,"林彪送我一匹马———一匹从日本人
那里缴来的军马。他还送给我三件军大衣,让我的警卫员穿。他
又送来两匹马给我们一块儿来的同伴。这样一来,我们一行要行
动起来就有排场了"。③

　　感动于中国军民艰难抗战的同时,史沫特莱深深同情中国伤
兵的痛苦,公开批评英美等国的自利行为,"中国军人可以由于美
国和英国向日本供应的作战物资而受伤,却没有资格得到这两个
国家的药物供应,除非是中国政府在纯商业性的基础上加以购
买"④。她和在远东的一些真正的美英民主主义者一样,批评美英
奉行的绥靖政策,认为"听任日本人在中国身上消耗到精疲力尽而
让我们置身于战火之外"实乃帝国主义的罪恶政策。她的呼吁招
致了一些谩骂,她"有时被看成是下贱女人,有时是空想家,有时又
是赤党"⑤。史沫特莱认为美国公众已被荒唐错误、掩盖真相的报
道所蒙蔽,"抗战三年多来,国民党军队被许多友邦人士看不起,说

---

① 〔美〕史沫特莱著,孟胜德译:《史沫特莱文集(4)·中国在反击》,北京:新华出版社
　 1985 年版,第 206—207 页。
② 〔美〕史沫特莱著,江枫译:《中国的战歌》,北京:作家出版社 1986 年版,第 200 页。
③ 〔美〕史沫特莱著,孟胜德译:《史沫特莱文集(4)·中国在反击》,北京:新华出版社
　 1985 年版,第 114—115 页。
④ 〔美〕史沫特莱著,江枫译:《中国的战歌》,北京:作家出版社 1986 年版,第 228 页。
⑤ 〔美〕史沫特莱著,江枫译:《中国的战歌》,北京:作家出版社 1986 年版,第 215 页。

得一文不值。他们常说:中国不能打,国民党军队一触即溃;将军腐败不堪,士兵不是文盲苦力,就是黄口小儿;伤兵可恨无人过问。有些指责属实,有的指责不对。不管正确与否,几乎一切指责均由于对中国欠缺明确的认识"。她大声地用力地为中国呐喊:"中国是在为世界民主、国家独立、民族生存、社会进步和人民解放而战。据我所知,有许多外国朋友所见和我的这种看法略同,有的完全一致。在严峻的事实面前,世界上所有彩色路线或种族偏见,对于中国人民不能熟视无睹,但中国现在如何? 形势险恶,状况严重。"①

同许多持反法西斯立场、真正了解中国的西方记者、官员一样,史沫特莱十分肯定中国的抗日民族统一战线,坚决反对国民党破坏团结、破坏抗战的行为,并予以毫不留情的揭露与谴责。针对国民政府对皖南事变的歪曲报道,史沫特莱以事实为依据揭示其报道的荒谬:"官方报纸发布的第一批消息荒诞而又愚蠢……指控叶挺将军和全体新四军'阴谋'占领京沪杭之间的大块三角地带,然后再占领句容和丹阳,以此进攻中国正规军的根据地。写这种消息的记者也许是因为知道,没有人会费心去分析或查阅地图……京沪杭三角地带正被日本人所占领,而且成了他们向华中发动进攻的主要根据地。而句容和丹阳两城都在南京以南,都是日本人屯驻重兵的据点。如果新四军确实'阴谋'夺取这些地方,那么也就是阴谋歼灭那些已经打败过中国所有正规军的日本军队。"②在摘录了朱德于 1942 年 7 月 7 日向全国的报告,报告1941—1942 年间八路军、新四军的对敌斗争、伤亡数目等后,史沫

---

① [美]史沫特莱著,袁文、买树榛、袁岳云译:《史沫特莱文集(1)·中国的战歌》,北京:新华出版社 1985 年版,第 442、443 页。

② [美]史沫特莱著,江枫译:《中国的战歌》,北京:作家出版社 1986 年版,第 373 页。

特莱总结说:"共产党部队是名副其实地在依靠敌人的供应生活。"①在走访华中游击区的过程中,史沫特莱也看到国民党内的矛盾与分化,揭露了国民党黑暗的一面,讴歌了一些坚持抗战不畏牺牲的国民党将领,报道了国民政府中对待共产党人的不同行为,如安徽省主席"按月给新四军在安徽中部的几个支队拨付两万元津贴,湖南帮和 CC 分子都竭力劝阻而无效,省主席的理由是,新四军的游击战士不管有什么样的政治信仰也都是他抵抗日本的同胞兄弟"②。而同样作为游击区,国共两党的不同领导竟有完全不同的面貌,史沫特莱记述了他们一行走访国民党敌后战场的人路遇一队来自共产党敌后战场的八路军的不同观感,"他们(八路军)赞叹:形势大好,仗打得漂亮,人民已经觉醒……听到我们的所见所闻之后,他们迷惑不解,张大了嘴巴……现在,我似乎脱离了那个世界,闯入了黑暗、贫困、苦恼的海洋。这一路上,我没有发现过表达中国人希望的标语,充满信心的歌曲,也没见到过人民的活跃状态"③。

1940 年,史沫特莱因病被送到香港治疗,美国总领事把她的名字列入日寇进攻香港时用紧急飞机送往中国的名单里。考虑到自己的病情、中国反动势力的猖獗,史沫特莱决定返回美国,"把中国人民的生活方式和中国人民争取自由民主而战的情况告诉美国的同胞",她自认自己"已成为中国广大斗争的一部分"④。史沫特莱曾和另一位记者杰克·贝尔登谈论谁能写出一部中国的战争与和

① 〔美〕史沫特莱著,江枫译:《中国的战歌》,北京:作家出版社 1986 年版,第 378 页。
② 〔美〕史沫特莱著,江枫译:《中国的战歌》,北京:作家出版社 1986 年版,第 364 页。
③ 〔美〕史沫特莱著,江枫译:《中国的战歌》,北京:作家出版社 1986 年版,第 385 页。
④ 〔美〕史沫特莱著,袁文、买树榛、袁岳云译:《史沫特莱文集(1)·中国的战歌》,北京:新华出版社 1985 年版,第 461 页。

平,她将自己与杰克·贝尔登作了比较,说:"他访问过国民党许多部队,也访问过八路军、新四军,千方百计想尽一切办法避开官僚行政人员深入部队体验生活。比起我来他客观冷静得多,他不抱成见,不代表谁,隔岸观火,走马观花,而我总忘记了我自己并不是一个中国人。在我看来,中国的强弱盛衰问题似是全世界的问题所在。"①她自认因"深陷"中国而不如杰克·贝尔登客观冷静,史沫特莱的耿直一如既往。在《中国的战歌》最后一节,她把在中国度过的岁月称作"我一生最重要的一章"。她希望再返中国,不幸的是她于1950年病逝。她的遗愿再次体现了她对中国的深厚感情,她在遗嘱中提出要将骨灰埋葬在中国,给友人的最后一封信中叮嘱说请将她的骨灰送往中国,并嘱咐友人"我的著作所得,无论来自哪国,都请送交中国人民解放军总司令朱德将军,按照他的意愿使用,以有助于建设一个自由、强大的中国"②。

第四节　贝特兰③

一、获得罗德斯奖学金的英国学者

詹姆斯·贝特兰(James M. Bertram),1910年出生于新西兰奥克兰,早年在新西兰大学附属奥克兰学院获文学硕士学位。1932年,获罗德斯奖学金赴牛津大学攻读英语和现代语言,他希望

---

① [美]史沫特莱著,袁文、买树榛、袁岳云译:《史沫特莱文集(1)·中国的战歌》,北京:新华出版社1985年版,第444页。
② [日]石垣绫子著,陈志江等译:《一代女杰——史沫特莱传》,北京:光明日报出版社1992年版,第293页。
③ 其国籍有两种不同的说法,一为新西兰,二为英国。

日后从事国际新闻事业,曾服务于伦敦《泰晤士报》,自觉不能因此
实现理想,转而去圣保罗学院执教。1935年"罗德斯奖学金理事会
提出,给我提供一年的补助,供我在北京学习中文和研究时局"①,
贝特兰对此欣喜不已,他对中国的好奇与向往源于其当牧师的父
亲想到中国传教。1936年1月,贝特兰以罗德斯奖学金访问学者
的身份来到中国,入燕京大学学习。当时的华北,日本侵略的威胁
已有山雨欲来风满楼之势。对于日本、意大利、德国的法西斯侵略
行径,贝特兰早已有所关注,在日内瓦"英联邦中新西兰孤独地抗
议默认意大利侵占阿比西尼亚,新西兰代表还和中国发言人一起,
作为少数,谴责了日本侵略"②。据其回忆,"牛津大学里政治气氛
很浓,而且倾向明显。在希特勒上台那年,社会主义是牛津知识分
子的时尚。当时我们大部分人都是认真的社会主义者"③,到德国、
意大利、苏联旅行之后,贝特兰成了一名坚定的反法西斯主义者。
在中国,贝特兰结识了不少和他一样具有反法西斯主义思想的欧
美朋友,和同在燕京工作与学习的斯诺夫妇关系尤为密切。受斯
诺夫妇和爱国学生运动的影响,贝特兰关注并潜心研究了中国的
社会与政治形势,一些英国报刊纷纷委托他报道中国情况。

　　1936年12月12日,震惊中外的西安事变发生后,来自西安的
消息被封锁了,充斥报刊的是对举事者的谴责,对事件的各种猜测
与谣言,人们需要真实的内情报道。贝特兰觉得如果自己真的要

① [新西兰]詹姆斯·贝特兰著,何大基、宋庶民、龙治芳译:《在中国的岁月——贝特兰回忆录》,北京:中国对外翻译出版公司1993年版,第1页。
② [新西兰]詹姆斯·贝特兰著,周苓仲译:《在战争的阴影下——贝特兰在抗日战争中的经历》,北京:中国和平出版社2001年版,第3页。
③ [新西兰]詹姆斯·贝特兰著,周苓仲译:《在战争的阴影下——贝特兰在抗日战争中的经历》,北京:中国和平出版社2001年版,第4页。

从事国际新闻报道工作的话,现在正是时候。① 作为一个自由撰稿人,他与英国报刊有着联系。斯诺也对他说,如果他能实现西安之行,"可以作为他(斯诺)的特约通讯员,通过他向《每日先驱报》发稿"②。经过贝特兰自己的努力和斯诺夫妇的帮助,他找到了一个打算去西北的中国人,相约于 12 月 16 日晚启程前往太原,经太原赴西安,临行前斯诺拜托他交给中国共产党一个鼓鼓的封了口的信封。因为国民党对西安的封锁,进入西安的正常交通已被封堵,经过 11 天千辛万苦的辗转,在 12 月 27 日,西安事变已和平解决,蒋介石已然回到南京以后,贝特兰才终于抵达西安。期间,在太原面临警察检查前,"在那个我现在看来纯属惊慌失措的时刻,我把埃德加·斯诺写给毛泽东的信烧掉了;如果这封信被查出来,埃德加·斯诺和我都会很不好办"③,贝特兰还担心会因为这封信而致那位正被通缉的中国同伴死刑。西安事变的和平解决深受民众欢迎,对于渴望进入事件中心作现场报道的贝特兰来说,则有些失望,他疑惑"西安事变是莫名其妙地、虎头蛇尾地收场了"吗? 进入西安并参与了活动的贝特兰发现,危机尚未解除,他还能及时看到它的终场。

陪同贝特兰前往西安的化名"周先生"的中国人其实是张学良的亲信、私人秘书苗剑秋,一个活跃的东北激进派小组成员。到达西安后,他立即带贝特兰见了他的两位密友,即抓住蒋介石的孙铭

---

① [新西兰]詹姆斯·贝特兰著,何大基、宋庶民、龙治芳译:《在中国的岁月——贝特兰回忆录》,北京:中国对外翻译出版公司 1993 年版,第 4—5 页。

② [新西兰]詹姆斯·贝特兰著,何大基、宋庶民、龙治芳译:《在中国的岁月——贝特兰回忆录》,北京:中国对外翻译出版公司 1993 年版,第 5 页。

③ [新西兰]詹姆斯·贝特兰著,何大基、宋庶民、龙治芳译:《在中国的岁月——贝特兰回忆录》,北京:中国对外翻译出版公司 1993 年版,第 7 页。

九和张学良的秘书应德田。在西安,因为与史沫特莱的结识,贝特
兰参与了非常有意义的宣传报道工作,并接触了红军。当时,他们
同住在西安市唯一的一家现代化旅社西京招待所,虽然彼此不相
识,但贝特兰知道史沫特莱,"她在我所知道的北平学生群众中简
直成了一种传奇",他也看过史沫特莱书写中国的著作和"那部出
自女作家笔下的最足惊人的自传《大地的女儿》"①。当贝特兰以埃
德加·斯诺朋友的身份向史沫特莱作自我介绍时,史沫特莱直接
向他发问:"你怎么到这里来的? 你是英国间谍吗?"②即便贝特兰
说了他在给英国几家报纸撰稿,史沫特莱也未表示出友好,在她看
来"伦敦《泰晤士报》不是中国的友人"。在贝特兰又提了几个朋友
的名字并说介绍她认识孙铭九后,史沫特莱的态度才有所改变。
其后,他们和孙铭九一起去临潼看了蒋介石被俘的场地。返回西
安后,贝特兰试图将西安的一些情况诸如游行示威、群众大会的现
场报道和官方声明发给斯诺,然而在西北当局和南京政府的双重
检查下,发自西安的电报被扣压了。没有航空邮递,或许有几封信
能够偷偷穿过封锁,但需要几个星期,已失去新闻价值,南京国民
政府唯一不能有效检查的是电台广播。还在贝特兰到达西安之
前,史沫特莱已应西安一家日报编辑之请,在其主持的电讯广播中
担任英语广播,发表她"访问西北政界人物、红军代表、救亡领袖的
报道以及有关西北动态的文章"③。当然,史沫特莱的访问报道令

---

① [新西兰]詹姆斯·贝特兰著,林淡秋译:《中国的新生》,北京:新华出版社 1986 年版,
　　第 144、145 页。
② [新西兰]詹姆斯·贝特兰著,何大基、宋庶民、龙治芳译:《在中国的岁月——贝特兰
　　回忆录》,北京:中国对外翻译出版公司 1993 年版,第 16 页。
③ [美]史沫特莱著,袁文、买树榛、袁岳云译:《史沫特莱文集(1)·中国的战歌》,北京:
　　新华出版社 1985 年版,第 138 页。

南京国民政府很是头疼生气,后来她从美国记者那里听说当时美国驻南京、上海的领事官员们甚至宣称他们已经作出驱逐史沫特莱出境的决定。

眼见西安城内的平静与秩序,一切组织都沿着救国路线活动,而外地报纸充斥对所谓"叛军"的虚妄报道,贝特兰希望能在新闻方面做些补救工作,将西安的真实情况报道出去,为此他应邀参加了广播工作。外语广播小组的成员有三个,即史沫特莱、贝特兰及王炳南的德国夫人安娜,他们分别用英语、法语、德语和俄语播报新闻。贝特兰在1937年撰写并出版的《中国危机:西安兵变真相》(CRISIS IN CHINA:The Story of the Sian Mutiny)及其后的回忆录中对当时的广播宣传活动作了详细、生动的记述,道出了这场外语广播的国内外影响力,揭露了南京国民政府对来自西安的真实消息的阻挠与破坏。"我们把当天的消息每人广播一部分,有时还把西安城内和周围乡村的各种活动加以简单的描述。我们力图保持客观的态度,而我们所报道的事实都没有错",①"在真正广播的时候,艾格尼斯竭力掩盖她那沙哑的嗓子,因为在上海和香港,人们太熟悉她的声音了。王安娜的声音轻柔,有欧洲味道,而且在行。我则尽力模仿英国广播公司那种不带感情色彩的客观的声调。产生的效果很奇怪。我事后了解到,这些从西安发出的广播被所有外国驻华大使馆密切监听着。我们提供的情况被认为大部分符合事实,调子比较温和,但是英国档案有这样一段在提到我的工作时说:'这位男性播音员显然是一个俄国人,因为他采取莫斯科英语新闻节目的风格。他们模仿英国广播公司海外节目的口

----

① [新西兰]詹姆斯·贝特兰著,林淡秋译:《中国的新生》,北京:新华出版社1986年版,第165页。

音,但模仿得不到家'"。① 虽然各国驻华使馆人员多少相信他们播
报的消息,苏俄在西安事变发生后也声明与此无关,甚至严厉谴责
了张学良,但他们仍认为西安事变的发生有苏俄的因素,此时的西
安仍受苏俄的控制,国民党中央宣传部更宣称"西安电台现在的播
音员是一个俄国布尔什维克"②。国民党虽然阻挡不了西安的电台
广播,却使出各种手段加以阻止或破坏播报效果,"南京电台,汉口
电台和其他更有力的电台故意搅乱电波,使有名的西安广播都听
不清楚","东北大学的无线电学生不断地讨论这个问题,不久以
后,发觉了电台的经理一直在秘密捣乱","既有人破坏于内,而南
京方面又捣乱于外,大部分西安的消息不能传到外地,这是不足惊
异的"。③ 当时的西安虽由西北军、东北军驻守,周边也有红军驻
守,但终究隶属于南京国民政府,几个外国人虽有特权保护并持有
军事机关的通行证,仍须冒一定的风险。贝特兰回忆说:"做这个
广播工作也很像惊险影片中的场面。我们在漆黑一片的广播电台
摸索着走到播音室。在那里,东北军或西北军的哨兵,戴着毛茸茸
的皮帽子,皮带上挂着木柄手榴弹,枪上上好了刺刀,看守着贵重
的广播设备,防止发生破坏和反革命行为。"④他们结束广播从电台
回去后,常常在史沫特莱房里喝咖啡,与来访的新闻记者、学生、官
员、士兵交谈,来访者中也有红军。通过史沫特莱,贝特兰结识了

① [新西兰]詹姆斯·贝特兰著,何大基、宋庶民、龙治芳译:《在中国的岁月——贝特兰
回忆录》,北京:中国对外翻译出版公司1993年版,第18—19页。
② [美]史沫特莱著,袁文、买树榛、袁岳云译:《史沫特莱文集(1)·中国的战歌》,北京:
新华出版社1985年版,第140页。
③ [新西兰]詹姆斯·贝特兰著,林淡秋译:《中国的新生》,北京:新华出版社1986年版,
第165—166页。
④ [新西兰]詹姆斯·贝特兰著,何大基、宋庶民、龙治芳译:《在中国的岁月——贝特兰
回忆录》,北京:中国对外翻译出版公司1993年版,第18页。

来自中国各个阶层的人员,采访了杨虎城。史沫特莱还带他访问
了被释放的政治犯,多为此前被抓捕的红军将士。他们一起为被
释放的红军战士清洗伤口,与被释放的"红小鬼"攀谈,"他们的年
龄都在十岁到十六岁之间",他们是为了参加民族解放斗争而加入
红军,"红小鬼"说他们是在红军中学会了读书写字,在红军中学会
了做侦查与宣传等工作。访问结束后,贝特兰疑惑着:"世界上什
么别的国家里,什么别的革命运动里,孩子们也会做这样的工作,
也会以'危害社会'的罪名而被枪毙,或被判处无期徒刑?"①贝特兰
开始了解史沫特莱为什么对于红军有那样的热情,不知不觉中他
自己对中国共产党、对红军、对中国的革命运动产生了热情。

　　1937年1月,史沫特莱离开西安赴延安,贝特兰继续留在西
安,目睹了张学良离开后东北军的分裂,看到了西安方面承认谈判
决议后东北军、西北军的撤离,民众团体的解散,直至2月初大批
中央军开进西安。在亲历了西安事变的整个善后过程,南京解除
了对西安的封锁后,贝特兰乘坐火车离开西安返回北京。经过一
年的东奔西跑,尤其亲历了西安事变的善后,贝特兰自感"对现代
中国切身问题的初次涉足也十分美满地完成了",身处事变中心又
从事了多项活动的贝特兰欣慰"在尖锐的政治危机时刻接近了大
批的各阶层中国人民,从最高层到最低层都有",他自认已"看到了
一种全民抗战的新精神的诞生,对于日本人将会采取什么对策,我
心中已很有数了"②。返回北京不久,贝特兰即着手记录在西安的
亲身经历、他的采访及耳闻目睹的有关西安事变的前前后后,结合

①［新西兰］詹姆斯·贝特兰著,林淡秋译:《中国的新生》,北京:新华出版社1986年版,
　第163页。
②［新西兰］詹姆斯·贝特兰著,何大基、宋庶民、龙治芳译:《在中国的岁月——贝特兰
　回忆录》,北京:中国对外翻译出版公司1993年版,第24页。

他对中国情势的理解,带着对中国民族解放运动的同情,在短短几个月内撰写出了一部记述西安事变发生的背景、过程和影响的书籍,1937 年以《中国危机:西安兵变真相》为名在英国出版,1939 年上海译报图书部以《中国的新生》出版中译本。期间他还与斯诺合作创办了一份取名《民主》的刊物,报道他们在西北所看到的实际状况尤其是有关中国共产党的情况。贝特兰后来访问延安时发现,那儿的书店收藏有《民主》杂志,并听书店经理说该杂志很受学生的欢迎。

西安事变的发生及在贝特兰看来戏剧化的结束,中国的统一有了新的希望,一切源于日本侵华的危机。贝特兰发现,时至 1937 年 3 月,东京和南京之间的相互激烈指责奇怪地停了下来,在华多年的中国边疆问题研究专家、美国人欧文·拉铁摩尔观察说:"形势平静得令人不安,恐怕要发生另一次九一八事变。"[1]为进一步了解与研究中日两国的关系,贝特兰决定去日本游历一番。因为此前撰写的有关中国的报道得到了罗德斯基金会的肯定,贝特兰得到了基金会续拨的第二年津贴,于是有了继续考察和旅行的经费,他于 1937 年 5 月从北京出发,经中国东北、朝鲜到日本。通过敏锐的观察,贝特兰发现,"在日本的那个夏天,一直存在着爆发战争的潜在趋势"[2],一个重要的发现是当时发生的"黑龙江事件"及日本对此次事件的渲染。自日本侵占了中国东北建立伪满洲国之后,日苏间的冲突频频发生,贝特兰观察到"日本新闻界就这件不足挂齿的小事,几乎竭尽了夸张之能事","一连两三天,日本的气氛极

---

[1] [新西兰]詹姆斯·贝特兰著,李述一等译:《不可征服的人们》,北京:求实出版社 1988 年版,第 3 页。

[2] [新西兰]詹姆斯·贝特兰著,李述一等译:《不可征服的人们》,北京:求实出版社 1988 年版,第 14 页。

为紧张,报纸出了号外,家家商店都用高音喇叭广播事态的发展",
不久,事态又突然平静下来。贝特兰认为,"整个事件都是东京为
了当时两个主要目的而蓄意策划的。其首要目的,无疑是要试探
苏维埃政府的反应。其结果,在日本看来,当然是相当令人满意
的。苏联方面在对待日本大使深夜来访和戏剧性的古怪行为时,
有意表现出来的镇定态度,显然被日本人看作是一颗定心丸,表明
苏联非常希望和平","黑龙江恐怖事件的策划者们的第二个,也是
最重要的目的,就是要借此在日本国内造成战争气氛。在这方面,
他们也获得了极大的成功"。① 当时东京报纸上的一则报道,令贝
特兰注意到日本陆军所以此时开始行动的原因:"据内务省社会局
调查,1937 年头五个月期间,日本的罢工和工业纠纷次数竟高达
1332 起,几乎为去年同期之两倍。仅 5 月份,就有 280 起罢工。"②
战争,往往是统治者尤其是军国主义法西斯政府转移国内矛盾所
惯用的政治手腕,频繁的罢工令贝特兰嗅到了日本政府意欲发动
战争的气息。日本陆海军的军官们及希望大发战争横财的财主们
意欲发动战争,本已承受生活之不幸的底层民众对于原本与其无
关也无益却要其作出贡献的对外战争又持何态度呢? 贝特兰想深
入工厂考察的行动未被允许,通过与学者的交谈,他了解了日本所
谓的"爱国主义"。一位日本的经济学家告诉贝特兰:"外国人所永
远无法理解的恰恰是日本人的性格。诚然,女孩子在工厂一天工
作 12 小时而工资却非常低。但这些姑娘们工作得很愉快。她们
乐意过艰难困苦的日子,因为她们知道,只有这样才能报效祖

---

① [新西兰]詹姆斯·贝特兰著,李述一等译:《不可征服的人们》,北京:求实出版社
　　1988 年版,第 12—13 页。
② [新西兰]詹姆斯·贝特兰著,李述一等译:《不可征服的人们》,北京:求实出版社
　　1988 年版,第 13 页。

国……爱国主义对于一个日本人来说,不仅仅是士兵勇于血染沙场的献身精神,在需要的时候,为了民族的利益作出牺牲也是每个公民的义务。"①贝特兰又援引了他与一位出身名门、留学回国的日本青年知识分子的谈话,以示日本民众对于战争的态度。这位青年知识分子告诉贝特兰:"其实,有许多人是愿意反对军界头目的。只是没有一个人有勇气站出来说话。说话就意味着给自己签发了死刑判决书",并无奈表示如若日本对中国开战,他虽一点也不愿意去,但还是理所当然地会去,因为"日本人对自己的命运没什么选择权"。②

　　显然,在中日战争全面爆发前,贝特兰对这场即将发生的战争已有了一个基本的判断,战争将由日本的军国主义者发起,民众受日本文化及军国主义者蛊惑宣传的影响,以所谓的"爱国主义"支持政府行动,一些理性的人士迫于法西斯政府的压力不敢出声。他发现日本的战前动员非常广泛而彻底,他们通过报纸、广播和天皇谕令大造舆论,"甚至官方电台的儿童节目,也通常播送一些诸如'勇敢的日本士兵'和'狡猾的中国人'的故事",虽然"不敢公然谎称受到中国进攻的威胁,但日本主战派所能做到的,就是利用他们国内所存在的对苏联的恐惧心理"③。具有反法西斯思想的贝特兰不仅同情中国,也同情被拖入战争的日本底层民众,他感叹"看着一个勇敢的但却又上当受骗的民族正在被卷入战争的悲剧,使

_____

① [新西兰]詹姆斯·贝特兰著,李述一等译:《不可征服的人们》,北京:求实出版社1988年版,第6页。

② [新西兰]詹姆斯·贝特兰著,李述一等译:《不可征服的人们》,北京:求实出版社1988年版,第21页。

③ [新西兰]詹姆斯·贝特兰著,李述一等译:《不可征服的人们》,北京:求实出版社1988年版,第19、17页。

我感到痛心"①。

7 月 14 日,在听到"日本向华北派兵,四个师团立即出发"的新闻报道后,贝特兰决定立即赶回中国。在东京火车站,他看见一群群妇女儿童欢送出征的将士,沿途的乡间车站也皆有人群摇动彩旗欢送,见证了日本军国主义分子战争动员的效果。贝特兰从神户坐船返回中国。

二、"与英国记者贝特兰的谈话"

轮船驶抵中国后,贝特兰听说了蒋介石在牯岭发表的抗日讲话,看到了铁路岔道上遍布日本人的装甲火车、装甲车,也耳闻目睹了中国军民的奋起抵抗,他感叹:"日本的华北驻军过去经常在采取粗暴行为后显得若无其事,全然不用担心遭到报复。但这次在卢沟桥碰到的却不是圆滑的官方言辞,而是中国普通士兵的强有力的反击。这不是由于采取了某种政策而做出的回答,而是中国的老百姓对日本帝国主义的回答"。② 同时,从北平轻易地落入敌手,华北民众自发组织抵抗却得不到官方支持的现状中,贝特兰模糊地认识到共产党人所指出的片面抗战问题,南京政府只用正规军防守城市,却不组织和武装民众。当战线向南、向西北转移后,身为记者的贝特兰觉得待在沦陷的北平将一无所获,经与斯诺商量,决定一同前往西安。基于对日、苏、中三国关系的认识,及对日本国内两股政治势力陆军与海军的了解,贝特兰认为华北是日本侵华的直接目标。鉴于西北部是中苏的陆路桥梁,如今中国共

---

① [新西兰]詹姆斯·贝特兰著,李述一等译:《不可征服的人们》,北京:求实出版社1988 年版,第 16 页。

② [新西兰]詹姆斯·贝特兰著,李述一等译:《不可征服的人们》,北京:求实出版社1988 年版,第 36 页。

产党在此建立了革命根据地,贝特兰认为对坚决反共产主义的日本军国主义者来说,共产党是他们的头号敌人,因此,西北不仅是日本政治上的还是战略上的进攻目标。当时,由北京至西安的直线交通已经因日军对铁道的控制而中断,他们乘坐每天仅开一趟的客运列车自北京到天津,然后自天津坐船到山东青岛,再由山东乘坐火车至西安。沿途,贝特兰直观地了解了中日间悬殊的军力,真切地感受到中国抗战之艰辛,"日本人除了从中国人手里接管的全部车辆外,还有多方援助,因此,在铁路运输方面占了绝对优势。运兵专列、后勤供给专列,以及救护专列在光天化日之下源源不断地自北边开来,因为当时没有一架中国飞机光顾过北方前线。日本的大炮、马匹以及崭新的美式卡车囤聚在北平周围,准备发动在华北的攻势"①。同时,他既看到了战争带给中国民众的灾难与创伤,也欣喜地看到中国青年学生的勇敢与努力,"这些年来,中国学生一直是这个国家最积极要求抗日的鼓动分子……学生们应付战争形势的能力很强。他们的责任感比中国任何别的阶层都强烈……动员中国人民最终投入抗日战争的伟大使命摆在他们面前,这使命向这些热情的青年宣传员们提供了一个深入到同胞们中间去开展工作的新的好机会"②。贝特兰发现,青年学生的身影不久即广泛地出现在八路军的队伍中。在山东,他看到了决心抗日的国民党将领,却发现本应成为华北抗战基地的山东并无积极的防御与应战准备,"到处可以感到当局的怯懦心理与投降变节的

①〔新西兰〕詹姆斯·贝特兰著,李述一等译:《不可征服的人们》,北京:求实出版社1988年版,第64页。
②〔新西兰〕詹姆斯·贝特兰著,李述一等译:《不可征服的人们》,北京:求实出版社1988年版,第67—68页。

做法"①。基于此前在西安的感受及斯诺、史沫特莱对他的影响,结合一路所见所闻,贝特兰将中国的希望寄托在共产党领导的"红色中国",相信"中国的另一处,事情一定在朝不同方向发展"②。

抵达西安后,经史沫特莱的牵线,贝特兰与八路军办事处取得了联系。当时的西安是国民党控制下的国共合作之地。西安事变和平解决后,国共为建立抗日民族统一战线举行了谈判,8 月,国共两党达成将红军主力改编为国民革命军第八路军等协议,八路军在西安设有办事处,但西安地方当局并不掩饰对共产党的敌视,直至 9 月 22 日,国民党中央通讯社发表《中共中央为公布国共合作宣言》,23 日,蒋介石发表实际承认共产党合法地位的谈话,以国共合作为基础的抗日民族统一战线正式形成。8 月,抵达西安的贝特兰为摆脱便衣的跟踪,从西京招待所搬到了八路军办事处,他打算北上延安,斯诺夫妇与史沫特莱的经历强烈吸引着他,身为记者,他希望躬身亲历,更有继斯诺之后写一部《抗日的红星》之想法。斯诺鼓励贝特兰北上延安,"听听毛泽东的主张是有意义的",并建议他尽快到山西的抗战前线去做采访与报道。

贝特兰在西安等待北上延安的过程中,欣喜接到了毛泽东的邀请电报,作为第一个英国客人受邀访问延安。毛泽东亲自邀请一名西方记者访问延安自有深意。就国际形势看,德、意、日三个法西斯政权一边疯狂发动军事侵略,一边大肆宣扬共产主义对世界的威胁,欧美诸国的保守派、"温和派"或"自由主义分子"既想寻找反法西斯和反军国主义的力量,又被德、意、日的宣传"吓昏了",

---

① [新西兰]詹姆斯·贝特兰著,李述一等译:《不可征服的人们》,北京:求实出版社 1988 年版,第 72—73 页。

② [新西兰]詹姆斯·贝特兰著,李述一等译:《不可征服的人们》,北京:求实出版社 1988 年版,第 73 页。

"他们将信将疑,莫非法西斯分子和军国主义分子果真在遏制'布尔什维克的赤化浪潮'?"①就中国国内情势看,日本正对中国展开全面侵略,在国家面临生死存亡的时刻,大力宣传共产党人的抗日主张,以唤起民众、扩大国际团结、争取援助,成为中国共产党组织抗日斗争的一项紧要工作。自史沫特莱出版《中国红军在前进》,斯诺全文报道与毛泽东的访谈记录,中国共产党在世人眼中的形象有了初步改观。西方大国虽对日本的侵华采取绥靖政策,却也担心着自己的在华利益,在日军接连攻城略地的低气压下,共产党领导人的谈话让世人"知道还有另外一个中国","这些谈话不是背诵教条的留声机唱片,而是适合中国国情、可以据以组织抗日的精辟主张"②。贝特兰在《中国危机:西安兵变真相》中写出了他与红军战士接触后的第一印象,一群来自河南、四川、湖南的农民,有一二个曾做过学徒,他们说抗日是"一种神圣的义务"。贝特兰惊讶出身农民的红军战士的视野竟包括全世界反法西斯主义反帝国主义的斗争,贝特兰说他不想把中国红军理想化,但不得不承认:"在那个小小的黄土村里,跟一群凭西洋标准看来简直等于没有受过什么教育的农民士兵讨论世界政治,比我在中国好些所谓文化城里跟文化人的讨论更为高明。"③贝特兰报道了红军在日本大举侵华前夕,以民族团结为重,"不惜任何代价争取和平"的态度及作为,对于西安事变的和平解决,他认为是国共为了携手抗日而合作

---

① [美]杰克·贝尔登著,邱应觉等译:《中国震撼世界》,北京:北京出版社 1980 年版,第9 页。

② [美]杰克·贝尔登著,邱应觉等译:《中国震撼世界》,北京:北京出版社 1980 年版,第5 页。

③ [新西兰]詹姆斯·贝特兰著,林淡秋译:《中国的新生》,北京:新华出版社 1986 年版,第 231 页。

的结果:"在西北各种派别中,只有共产党才有明确的行动和谈判的路线。他们一听到蒋介石被扣的消息,就看出国共两党重新合作的可能性。周恩来立刻被派到西安而且坚决主张释放委员长。而后来当西北被战争威胁着的时候,当杨虎城的调停和东北军少壮派军官的热情有可能引起严重冲突的时候,共产党代表始终为争取和平而努力,甚至因此失去暂时的利益,亦不顾惜。他们知道以委员长为中心,可以团结全国自由主义的进步分子,他们认为这一点比任何军事行动的收获都更有价值。这是一种对于未来的赌博——特别是对于蒋介石的双重人格的赌博。只要蒋介石不离开'反日派',抗日统一战线不是不可能的。"①

　　国共合作以后共产党的军队及苏维埃政府将何去何从,这是外界疑惑之点,也是贝特兰想要进一步了解的内容。身处西北一隅的中国共产党希望进一步打开通向世界之门,让世人更多地听到自己的声音,贝特兰是相当合适的人选,他有坚定的反法西斯主义思想,对中国共产党及红军有一定的了解且怀有好感,且能结合实际以肯定的态度阐释共产党提出的抗日民族统一战线政策,贝特兰的身份与传播渠道有助于中共在英文媒体上扩大影响力,于是在其有心前往延安之际接到了毛泽东的邀请。其时,日军已占领了华北地区的河北、察哈尔、绥远三省,并已向山西发动进攻。贝特兰还在西安时,平型关大捷已传遍大江南北,这是全面抗战以来第一次振奋人心的胜利,八路军的骁勇善战鼓舞了抗日军民的士气,也进一步吸引了世人的目光。与贝特兰一同前往延安的四人中,有两人是共产党,另外的两人是"作为南方身份的政治代表

---

① [新西兰]詹姆斯·贝特兰著,林淡秋译:《中国的新生》,北京:新华出版社1986年版,第236—237页。

去参观延安的",其中一人是研究日本问题的大学教授,一人是某个省的将领还是个百万富翁,贝特兰不禁感叹"去延安访问的似乎是无奇不有"①。延安令世人的好奇与探究也可窥见一斑。

贝特兰抵达延安后,与毛泽东面对面谈了数个夜晚,毛泽东一一回答了贝特兰提出的问题。作为一名外国人,贝特兰很好奇曾十年为敌的两个党派可能合作到何种程度? 坚主抗日的中国共产党对于战争作何考虑? 共产党的抗战纲领是什么,与国民党的有何不同? 共产党军队的战略战术又是什么?② 贝特兰在书中说,他从毛泽东的谈话中获得了答案。在贝特兰前后,到访延安的新闻记者多与毛泽东作过深谈,《毛泽东选集》唯收录了与贝特兰的谈话,题名"与英国记者贝特兰的谈话",记录时间是 1937 年 10 月 25 日。就一问一答的内容看,在全面抗战爆发初期,在日本帝国主义疯狂地攻城略地、掳掠屠杀之下,在中国人感受到亡国威胁而奋起抵抗之时,通过新闻记者贝特兰,中国共产党向世人传达了对于日本帝国主义侵华的清醒认识,着重表达了中国共产党对于抗战胜利的信心,阐述了中国共产党将以何种政治上与军事上的战略战术,经过持久作战而取得最后胜利,具体如下:③

首先,中共认为中日战争是不可避免的,"必须加强统一战线,实行革命的政策,才能进行胜利的民族解放战争"。

其次,面对当前危险的战局,中共乐观地指出已取得的成绩,

---

① [新西兰]詹姆斯·贝特兰著,李述一等译:《不可征服的人们》,北京:求实出版社 1988 年版,第 88 页。

② [新西兰]詹姆斯·贝特兰著,李述一等译:《不可征服的人们》,北京:求实出版社 1988 年版,第 110 页。

③ 《与英国记者贝特兰的谈话》,《毛泽东选集》第二卷,北京:人民出版社 1991 年版,第 373—383 页。

并借此指出中国的抗战对于世界反法西斯斗争的贡献：（1）现在的抗日战争，是自有帝国主义侵略中国以来所没有的。它在地域上是真正全国的战争。这个战争的性质是革命的。（2）战争使全国分崩离析的局面变成了比较团结的局面。国共合作是这个团结的基础。（3）唤起了国际舆论的同情。国际间过去鄙视中国不抵抗的，现在转变为尊敬中国的抵抗了。（4）给了日寇以很大的消耗……日寇原欲在中国求偿其大欲，但中国的长期抵抗，将使日本帝国主义本身走上崩溃的道路。从这一方面说，中国的抗战不但为了自救，而且在全世界反法西斯阵线中尽了它的伟大责任，抗日战争的革命性也表现在这一方面。（5）从战争中取得了教训。文中所说的教训主要是就国民党正面战场存在的问题而言，分政治与军事两个方面，"在政治方面，这次参战的地域虽然是全国性的，参战的成分却不是全国性的"，中共认为从参战成分来说目前的抗战是片面的而不是全面的，"几个月来许多土地的丧失，许多军队的失利"，主要的原因就在于"抗战还只是政府和军队的抗战，不是人民的抗战"，进而鲜明而坚定地指出，"反对日本帝国主义侵略的战争而不带群众性，是决然不能胜利的"，"军事上的错误，也是丧军失地的一个大原因。打的大半都是被动的仗，军事术语叫做'单纯防御'。这样的打法是没有可能胜利的"。那么，什么是政治上军事上应采取的政策呢？毛泽东向贝特兰重申了中共此前公布的抗日救国十大纲领，并说明了如何实行这个纲领的具体工作。

第三，简要介绍已开赴前线的八路军的情况，使人们了解八路军能首开抗战胜利之纪录并非偶然，而是因为实行了正确的战略战术，并将一如既往地贯彻执行军队政治工作的基本原则。共产党军队在国内战争中的表现已引起一些西方军事观察家的注意，但是否能对付装备精良、训练有素的日本军队，西方军事观察家深表怀疑,即便八路军刚一参战即打了胜仗。毛泽东答疑解惑说,"我们采取了其他中国军队所没有采取的行动,主要的是在敌军翼侧和后方作战。这种战法,比较单纯的正面防御大有区别。我们不反对使用一部分兵力于正面,这是必要的,但主力必须使用于侧面,采取包围迂回战法,独立自主地攻击敌人,才能保存自己的力量,消灭敌人的力量。再则使用若干兵力于敌人后方,其威力特别强大,因为捣乱了敌人的运输线和根据地……我们名之为独立自主的游击战和运动战,这和我们过去在国内战争时采用的战法,基本原则是相同的,但亦有某些区别。拿现时这一阶段的情况来说,集中使用兵力之时较少,分散使用兵力之时较多,这是为着便于在广大地域袭击敌人翼侧和后方",并指出这种战法适用于全国军队,"全国军队因其数量广大,应以一部守正面及以另一部分散进行游击战,主力也应经常集中地使用于敌之翼侧。军事上的第一要义是保存自己消灭敌人,而要达到此目的,必须采用独立自主的游击战和运动战,避免一切被动的呆板的战法"。毛泽东向贝特兰强调了八路军不同于其他军队的政治工作特点,即官兵一致、军民一致及瓦解敌军、宽待俘虏的政治工作原则,并说明了第二、三项原则在现实与将来的效果,"从第二个原则出发,八路军的补充不采取强迫人民的方式,而采取鼓动人民上前线的方式,这个方法较之强迫的方法收效大得多","瓦解敌军和宽待俘虏的办法虽然目前收效尚未显著,但在将来必定会有成效的",即便日军将释放回去的俘虏杀了,八路军宽待俘虏的政策仍然会被知晓,八路军也会坚持这种政策,"例如日军现已公开声言要对八路军释放毒气,即使他们这样做,我们宽待俘虏的政策仍然不变,我们仍然把俘虏的日本士兵和某些被迫作战的下级干部以宽大待遇,不加侮辱,不施责骂,向他们说明两国人民利益的一致,释放他们回去。有些不愿回去的,可在八路军服务,将来抗日战场上如果出现'国际纵队',他们即可加入这个军队,手执武器反对日本帝国主义"。

第四,面对日本帝国主义释放的和平烟幕及中国国内存在的失败主义情绪、汉奸卖国贼的投降行为,毛泽东表示抗战的前途不外两种,"一是中国人民把投降主义克服下去;一是投降主义得势,中国陷于纷乱,抗日阵线趋于分裂",而中国共产党相信"中国人民是全体要求抗战到底的","投降主义者是得不到群众的","群众将克服投降主义,使战争坚持下去,争取战争的胜利"。至于中国共产党如何组织民众克服投降主义,关键在于揭示投降主义的本质,"投降主义根源于民族失败主义,即民族悲观主义,这种悲观主义认为中国在打了败仗之后再也无力抗日。不知失败正是成功之母,从失败中取得了教训,即是将来胜利的基础。悲观主义只看见抗战中的失败,看不见抗战中的成绩,尤其看不见失败中已经包含了胜利的因素,而敌人则在胜利中包含了失败的因素"。日军的攻城略地、奸淫屠杀固然令民众无望而恐怖,共产党一面向人民群众指出投降主义的危险,一面指出战争的胜利前途,"使他们明白失败和困难的暂时性,只要百折不回地奋斗下去,最后的胜利必属于我们",同时在行动上组织和武装人民群众奋起抗击,以深入敌后出其不意地打击和消灭敌人,帮助民众克服"恐日症",制止投降运动。

第五,主张以新的政治制度组建政府,以彻底实现抗日民族统一战线。围绕政府机构问题,阐述了共产党对"民主"与"集中"的理解:"一方面,我们所要求的政府,必须是能够真正代表民意的政府;这个政府一定要有全中国广大人民群众的支持和拥护,人民也一定要能够自由地去支持政府,和有一切机会去影响政府的政策。这就是民主制的意义。另一方面,行政权力的集中化是必要的;当人民要求的政策一经民意机关而交付于自己选举的政府的时候,即由政府去执行,只要执行时不违背曾经民意通过的方针,其执行必能顺利无阻。这就是集中制的意义。只有采取民主集中制,政府的力量才特别强大,抗日战争中国防性质的政府必定要采取这种民主集中制。"强调这种新的政治制度的实现关键在于国共合作,为此向国民党提议以民主集中制改造政府机构和军队制度。

贝特兰在报道他与毛泽东的谈话内容的同时,详细记述了中国共产党对战时对外政策的看法和主张。毛泽东说:"有一个原则决定着我们所有的对外政策,这就是促使国际和平战线反对日本侵略。从道义上看,国际形势并非不利于中国。但和平战线的这种纲领不仅要体现在口头上,而且还要在活动上有所表现。"众所周知,抗战初期只有苏联一个大国给予中国财力物力与人力的援助,美英等大国只有口头上的同情,却与日本继续贸易上的往来,供给日本侵略中国的资源。具有反法西斯主义思想的贝特兰厌恶美英的这种做法,借与毛泽东的谈话批评美英的袖手旁观:"对中国来说,最重要的是英美两国的政策。这两个国家尤其受到东西方法西斯侵略者的危害。但迄今为止,英美尽管发表了一些友好的言论,但它们的政策事实上援助了法西斯侵略者。这是因为它们只说不做。只说不做,这实际上就是让法兰西的国家为所欲为。因而在客观上帮助了法西斯。"①

此前在西安时,史沫特莱即告诉贝特兰共产党的战斗部队已经撤离延安开赴前线,首开抗战胜利纪录的八路军和华北前线也已吸引世人更多的目光,贝特兰原打算采访了毛泽东之后即前往山西,而实现了抗日民族统一战线后的延安所呈现的新气象引起

---

① [新西兰]詹姆斯·贝特兰著,李述一等译:《不可征服的人们》,北京:求实出版社1988年版,第111页。

了他极大的兴趣,不由得驻足考察了近三个星期,满怀激情地将其在延安城内外的生活印象一一记录下来。对比斯诺描写过的苏区生活,作为"特区"的延安政治上的民主化是最为突出的,政治上的变化"体现为各个阶层现在都有权选举并参加政府","整个特区在9月份刚刚举行过大选:这次选举是在村民进行普遍投票的基础上,经过乡、县、区的筛选,再进入特区政府。不再歧视地主,也不没收他们的财产",贝特兰认为"这时的特区完全能够称得上是中国最接近彻底民主的一种体制"①。与一路所看到的国统区的情况相比,贝特兰认为延安最值得国民党效仿的是"教育、群众组织和政治工作",在延安,人们普遍的热情和积极性极大地感染了贝特兰,他不由感叹"这种精神在中国太罕见了。我也许夸大了这里的乐观气氛,尽管要想夸大它是很难的"②,换言之,非身临其境恐不会相信,而亲历了延安生活的贝特兰更坚定了反法西斯的斗志,也更加热爱中国、倾心中国共产党。

1937年11月初,贝特兰开始了旅程的第二阶段——上前线,作为一名战地记者去实地考察与体验八路军的战斗与生活。他先去了晋南八路军总部,采访了朱德、彭德怀等八路军主要军政领导人,之后随一支小分队北上至一二〇师活动区域,遍访华北战线前沿地区,采访了贺龙、萧克、左权、关向应等军政领导及游击队将士。一路的观察与走访使贝特兰对中国共产党和八路军有了直接且深入的了解,对于毛泽东所谈的中国共产党的抗战路线、纲领及战略战术有了切身的理解与认识。贝特兰以实地的走访与观察对

① [新西兰]詹姆斯·贝特兰著,李述一等译:《不可征服的人们》,北京:求实出版社1988年版,第125页。
② [新西兰]詹姆斯·贝特兰著,李述一等译:《不可征服的人们》,北京:求实出版社1988年版,第126、130页。

中国共产党和华北前线的八路军作了客观报道,又将全面抗战爆发时自日本返回中国,并深入延安及华北抗日前线的经历及采访整理出版,1939 年初这一纪实性报道著作以《华北前线》(*Journal of a Year's Adventures among the Fighting Peasants of North China*)为书名在英国伦敦正式出版,西方人对遥远偏僻的中国华北抗日战场因此有了生动而具体的了解,它改变了西方人对于中国农民、中国抗战的既有认识,为中国人民的英勇斗争在国际上赢得了同情和支持。1987 年,时值全面抗战爆发 50 周年,该书以《不可征服的人们》为名出版中译本。观书中对华北前线之描述,令贝特兰感触深刻并希望告之世人的主要有如下几点:

其一,前往前线的途中,他首先体验到的是八路军"不拿群众一针一线"的铁的纪律与军民一致的关系。夜宿村庄时,他目睹八路军在征得主人同意后租用了窑洞,"虽然经过了一天极为艰难的行军,大家从早晨起就未吃什么东西,但是宿营地一定下来,战士们就自己动手干开了,打扫房间、做晚饭、切马草","我们到达的消息一传开,村里的人来了一半,围在战士们周围,和他们一起谈打仗的事,一直谈到天黑。总有人带些礼物来:老人拿来烟叶,拿出烟袋大家轮着抽几口;小男孩则羞怯地捧来些水果。第二天早晨,士兵们又把窑洞、庭院认真地打扫干净,账(当然也是经过讨价还价的)也结算得清清楚楚"。① 在前线,贝特兰目睹并感受到了农民被组织起来的成效,"在去旅部的途中,我们每到一处,人们都给予我们热情的合作。这情景和陕北一个样。我们每经过一个村庄,当地的自愿组织都邀请我们喝茶,有这么多自愿的向导,我们一点

---

① [新西兰]詹姆斯·贝特兰著,李述一等译:《不可征服的人们》,北京:求实出版社1988 年版,第 137 页。

也不担心迷路",①"在这个游击区,这种自发组织起来的游击队有
一百多个。我们过夜的房子好像就是一个营房,墙上挂着五花八
门的武器,有自制的老式大口径短程霰弹枪,也有太原兵工厂造的
现代化自动步枪"。② 外界盛传中国农民的麻木不仁,贝特兰在前
线也听说了起初面对日寇的烧杀抢掠,村民们不敢反抗的情况,而
"现在他们已有了胆量,有了经验,敢打来抢东西的敌人了"。游击
队长向贝特兰介绍了组织农民的方法:"我们的部队从雁门关一到
这一地区,便开始和游击队配合行动,并着手帮他们改进作战方
法。开始,我们派工作人员召开群众大会,宣讲战争形势,让群众
知道我们的部队是怎样以少胜多,克敌制胜的。一旦人们弄清这
些都是事实,大多数人都愿意组织起来与日寇独立作战。"③贝特兰
发现,在山西北部地区,农民已被广泛组织起来,"一年来的战争经
历表明,华北人民一旦有了坚定果断的领导,能够作出多么迅速的
反应;日本人残忍野蛮的行径,恰恰帮了八路军和八路军的政工人
员的忙"④,不仅沿途处处可见游击队,他还观赏了游击队的操练及
演习游击战术。

其二,无论在前线还是后方,贝特兰看到了中国人前所未有的
团结与联合。"现在,一种新的团结观、一种新的共同利益的观念
第一次在中国的各党派和各阶层中间萌发了。在前线,它正在战

---

① [新西兰]詹姆斯·贝特兰著,李述一等译:《不可征服的人们》,北京:求实出版社
　1988 年版,第 247 页。
② [新西兰]詹姆斯·贝特兰著,李述一等译:《不可征服的人们》,北京:求实出版社
　1988 年版,第 243 页。
③ [新西兰]詹姆斯·贝特兰著,李述一等译:《不可征服的人们》,北京:求实出版社
　1988 年版,第 242—243 页。
④ [新西兰]詹姆斯·贝特兰著,李述一等译:《不可征服的人们》,北京:求实出版社
　1988 年版,第 284 页。

火中得到证实,在那里联合的要求是最迫切的",他理解这种联合对于中国抗战的重大意义,"对于任何一位了解'旧中国'的人来说,每一桩体现这种新的联合精神的事例都会比军事上的胜利更加受到人们的珍视"。① 书中,他引用了一位刚从晋察冀边区访问归来的美国记者的报道,以示后方统一战线的实施于抗战的积极作用,"一个深受河北人民欢迎的中国的'人民阵线'政府,它被人们看作是最好的政府。它利用原来八路军部队的干部扩建了一支战斗力很强的机动部队,广泛地发展了'自卫军',开办了自己的工厂和兵工厂,以及通讯、报纸、医院和农村互助合作组织……在日军最初发起进攻、中国正规防御崩溃之后,华北人民重新鼓起勇气,振奋起传统的精神。现在,他们正在组织一种新的抵抗,这种防御的基础是广泛发动群众,它具有那些旧式省军所不曾有的力量和机动性。如果要日本人重新得到这个难以征服的华北,恐怕比他们1937年夏季以来所碰到的任何事情都更为棘手"②。贝特兰相信,一个有着四亿人民新的团结和民族精神的中国是不可能被征服的。

其三,进入山西后,眼见从前线败退下来的无序的山西部队、士兵们低落的士气,贝特兰对毛泽东所说的需要彻底改组中国的军队体制有了一个直观的感受,深切领会使军人们懂得打仗意义的含义。

其四,击破日本帝国主义粉饰侵略行径的种种欺骗。当时,德、意、日三个法西斯国家打着反苏反共的旗号进行大肆侵略,在

---

① 〔新西兰〕詹姆斯·贝特兰著,李述一等译:《不可征服的人们》,北京:求实出版社1988年版,第295页。

② 〔新西兰〕詹姆斯·贝特兰著,李述一等译:《不可征服的人们》,北京:求实出版社1988年版,第319—320页。

八路军司令部,贝特兰特别请朱德以前中国红军总司令的身份向国际社会谈谈中日战争,朱德严正指出,"日本目前在华军事行动的借口是同'共产主义'作战。很简单,他们是用这个宣传来粉饰自己对我国的侵略行径",并坦然声明:"八路军不是为了中国的共产主义而战斗,而是与中国其他所有的武装力量一道,共同为中国的民族独立而战。"他请贝特兰转告一切友好的外国人民这一真相,以彻底击破日本宣传机构炮制的所谓"抗红"宣传①。卢沟桥事变以来,中国政府一改此前的妥协退让,奋起抗击日本的侵略。为挫败中国人民的抗日意志,日本大肆宣扬攻城略地之战绩,贝特兰在到达华北之前曾听到日本方面的一个报道,说"共产党一支七千多人的队伍在榆次附近遭到日军伏击,吃了败仗"。他向八路军求证这回事,年轻的军官大笑着回答说:"整个前线从来没有在一个地方集中过一千人的部队。"②贝特兰被告知,八路军一般的作战单位连连都不是而是以排为单位。在山西北部的游击前线,贝特兰在目睹当地的地势地形、聆听前线将士的战斗经历之后,对此前听到的日本对战况的虚妄宣传有了新的认识:"绵延的大山脉之间是数不尽的小山丘,无数山谷和冰封的小河于其间纵横交错。"对于机械化装备的日军来说,这样的地形无疑令人头痛不已,而且,除了山村农舍的少量贮藏,几乎没有任何食物供应,在共产党的组织下,"日军所到之处,村民们早已带着他们的粮食逃跑了"。③ 于是,

---

① [新西兰]詹姆斯·贝特兰著,李述一等译:《不可征服的人们》,北京:求实出版社1988年版,第164—165页。

② [新西兰]詹姆斯·贝特兰著,李述一等译:《不可征服的人们》,北京:求实出版社1988年版,第246页。

③ [新西兰]詹姆斯·贝特兰著,李述一等译:《不可征服的人们》,北京:求实出版社1988年版,第247—248页。

在多数情况下,日军在山西不敢冒险出击,而宁愿在主要的山谷据守。贝特兰目睹日军在山西的进攻大都被有效地阻止了。

其五,在华北前线,比较日军的被动据守,八路军则是积极主动地出击扰袭敌人。贝特兰先在八路军司令部听朱德介绍了开战以来八路军与日军的交战情况,听他分析八路军与日军的强弱点,及八路军如何避敌锋芒、扰袭敌人。之后他北上一二〇师活动区域,经实地观察与采访,尤其经与三五九旅一周的相处与访谈,贝特兰对于八路军作战的机动性有了实际的了解:"他们的机动性,可以从他们已经走过的路程得到证实。九月初一到山西,他们先是奉命开赴河北,在平汉铁路沿线展开游击战。可是当他们赶到河北的时候,日本人已占领了保定,已经开始经雁门关直插山西。于是,这个旅在河北边界留下小股部队,便以每天一百余里的速度再次向山西挺进。一个团往北向雁门关开来,这个关隘已两度被八路军占领;另一团在忻口以北的日军主力侧翼开始行动,八路军当时正在晋北的忻口进行大规模阻击。那以后,他们不停地运动,目的有两个,一个是频繁袭扰敌人的交通线,二是在所到之处组织当地人民参加志愿组织、组建新的队伍"。[1] 八路军所创造的对付拥有优良装备的日军的有效战术,更是引起了贝特兰的兴趣,他在书中记述了旅参谋长给他讲述的一个生动事例:"我们在一座山的半山腰修起看上去像是非常坚固的防御工事。日本人的侦察机盯上了它,一连几天对这座山进行了猛烈轰炸。我们在附近安排了一些部队,命令他们假装逃散。毫无疑问,日军飞行员报告说中国军队的防御已经瓦解了,中国人的队伍已被打垮! 于是,敌人派出

① [新西兰]詹姆斯·贝特兰著,李述一等译:《不可征服的人们》,北京:求实出版社1988年版,第263—264页。

一支人数众多的骑兵队来打扫战场。与此同时,我们的主力部队一直埋伏在山脚下等候敌人——日本人连做梦也没想到我们会离得这么近。我们袭击了行进中的日本骑兵,近距离用机枪和手榴弹狠揍敌人。敌人伤亡惨重,不得不仓皇地撤回去了。"①

"如果你知道怎样对付日寇的话,那么,日寇就没有什么可怕的。"②这是一位八路军指导员对贝特兰说的话,也是他在山西农民群众的集会上经常说的,贝特兰在前线耳闻目睹了游击队的行动后,深深理解了这句话的含义。的确,八路军的作战方法已向华北人民证明,他们能够以劣势的装备、很少的人,成功地抗击装备优良的日本侵略者,而且自身伤亡不大,八路军的行动也向华北人民证明,"只要他们动脑筋、想办法,就能从敌人那里获得武器弹药。这样,在需要的时候,他们完全可以主动采取行动,而且不会由于缺少武器而限制住他们的行动范围"③。

对毛泽东的采访,在华北前线几个月的走访,给了这个"随身带着厚厚一部莎士比亚著作集,头上有一圈牛津教养的光环"④的西方记者太多惊喜、太大震动。在抗战初期日军疯狂进攻的不利战局下,八路军机动灵活的游击战术、积极乐观的精神风貌感染了贝特兰,中国军队的缺医少药则令其唏嘘、揪心,八路军对每一个战士生命的珍视触动他对医疗援华的重视。从此,贝特兰更坚定

---

① [新西兰]詹姆斯·贝特兰著,李述一等译:《不可征服的人们》,北京:求实出版社1988年版,第266页。

② [新西兰]詹姆斯·贝特兰著,李述一等译:《不可征服的人们》,北京:求实出版社1988年版,第249页。

③ [新西兰]詹姆斯·贝特兰著,李述一等译:《不可征服的人们》,北京:求实出版社1988年版,第268页。

④ [美]史沫特莱著,江枫译:《中国的战歌》,北京:作家出版社1986年版,第208页。

地投入到反法西斯斗争之中,在积极报道八路军抗战的同时,又投身医疗救助活动。

三、参加"保卫中国同盟"工作

1938年初,与八路军一二〇师一同跋山涉水近五个月之后,贝特兰离开前线来到了暂且充当战时首都的汉口,随即去了香港,参与宋庆龄发起的"保卫中国同盟"的筹建工作。"保盟"成立后,在争取海外医疗援助和报道中国抗战两方面从事了积极有效的工作,直至香港沦陷。

以"保盟"的工作情况看,其援助的对象以八路军、新四军领导的敌后抗日根据地为主。贝特兰说"保盟"努力实施的是他、史沫特莱与周恩来在汉口商定的一项计划,该项计划以在华北前线采访了八路军——五师的史沫特莱和采访了八路军一二〇师的贝特兰所做的关于伤员的第一手报告为依据,计划建立一个国际和平医院,下设五个分院,"保盟"协助提供医务人员和物资。[1] 在1938年至1941年香港沦陷的四年中,"许许多多的援华委员会、红十字委员会、福利和爱国委员会如雨后春笋一般在香港空前发展",[2] "保盟"即是其中一个接受和分配外界资金和物资,以向中国共产党领导的游击区提供医疗和社会救援为宗旨的基金会,它的任务是"在中国人民的需要与有联系的外国组织为这种需要捐赠的资

---

① [新西兰]詹姆斯·贝特兰著,何大基、宋庶民、龙治芳译:《在中国的岁月——贝特兰回忆录》,北京:中国对外翻译出版公司1993年版,第60页。

② [新西兰]詹姆斯·贝特兰著,何大基、宋庶民、龙治芳译:《在中国的岁月——贝特兰回忆录》,北京:中国对外翻译出版公司1993年版,第58页。

金、物资之间充任媒介"①。"保盟"成立伊始,贝特兰即应主席宋庆龄之请前往美国和加拿大作巡回演讲,以争取得到更多支持。鉴于贝特兰的身份与经历,他被视为到海外宣传的最佳人选。据其在《在中国的岁月》一书中的回忆,一到美国,他就组建了一个三人宣传小组,他的新西兰老校友伊恩·米纳尔讲国际政治和日益增长的战争危险,一个名叫沃特·钱的经济系中国学生讲金融和美国的贸易,贝特兰负责讲中国的战争和人的因素。他们三人驾着伊恩的车不时地在一些与中国和日本有某种特殊利害关系的大城市和小城镇作停留宣传。他们既对大亨们宣讲,也对包括学生、工人在内的对中日关系感兴趣的普通老百姓宣讲。在贝特兰看来,一般美国人对中国和日本的态度是一种慈善但却是居高临下的施恩态度,他自认他们的宣传对于动摇这种自负情绪起了一点作用。在加拿大的宣传,贝特兰感觉颇有成效,因为在有不少华人的温哥华,孙夫人宋庆龄的名字有相当的号召力,保卫中国同盟因此招进了不少新成员。在美国、加拿大作了巡回宣传后,贝特兰乘坐海轮前往伦敦,他的另一项任务是"与苏联驻伦敦大使举行秘密晤谈,看看是否有可能把我们的医药供应品经铁路穿过俄国,然后用汽车运往兰州、西安和华北八路军地区"②。就战时中苏关系及后方交通运输情况看,伦敦之行显然没能达成目标,不过他在伦敦完成了《华北前线》一书的撰写工作,随后踏上了返回中国继续"保盟"工作的旅程。

　　1939 年 9 月,贝特兰在亲自运送物资前往延安途中,在陕西汉

---

① 〔新西兰〕詹姆斯·贝特兰著,周苓仲译:《在战争的阴影下——贝特兰在抗日战争中的经历》,北京:中国和平出版社 2001 年版,第 17 页。

② 〔新西兰〕詹姆斯·贝特兰著,何大基、宋庶民、龙治芳译:《在中国的岁月——贝特兰回忆录》,北京:中国对外翻译出版公司 1993 年版,第 62 页。

中通过广播电台得知英、法对德宣战的消息，他决定立即返回新西兰，希望担任英军的随军记者，然申请未被通过。1940 年 6 月，希特勒在欧洲发动闪电战，新西兰政府出台新规定，年满 15 岁至 45 岁的未婚男子必须应征入伍，新规定将于 7 月 22 日生效。贝特兰的本意是做一名志愿人员，从事战地记者工作，他并不想被征集入伍。6 月，贝特兰接到宋庆龄的电报，问他是否愿意回去继续为保卫中国同盟工作。效力欧洲战场抑或中国战场？贝特兰选择了中国。出发之际，收到了宋庆龄的又一份电报，请他在菲律宾马尼拉停留一些时日，设法在那里建立一个保卫中国同盟的分支机构。突然接手这项工作，任务是棘手的。中国国民党和中国共产党在马尼拉都有追随者，"保盟"是一个非党派团体，募集到的资金和医疗物资则主要供给共产党游击区。如何能最大程度地动员当地民众？贝特兰在回忆中未自诩功劳，他将工作的顺利推进归纳为两方面的原因，一是侨居马尼拉的富有的中国人多来自未受蒋介石完全控制的福建，受国父孙中山和领导过"一·二八"淞沪抗战后驻福建的蔡廷锴将军的影响更多，他们倾向抛开党派分歧，支持中国团结抗战；二是宋庆龄本身的影响力及其作为孙夫人的分量，在当地很有号召力。于是作为宋庆龄的代表，贝特兰"依照威望和地位的高低，拜会了主要的华人领袖"，收获是很快得到了数额可观的捐款，还有不少人给他们许下了支持的诺言。他们在马尼拉和另一个城市碧瑶组成了"由美国人、菲律宾人、英国人和中国人参加的代表委员会"①，马尼拉和碧瑶成为支援中国的活跃中心。《保卫中国同盟新闻通讯》第 20 期刊登了一则通告"菲律宾的新委

① ［新西兰］詹姆斯·贝特兰著，周苓仲译：《在战争的阴影下——贝特兰在抗日战争中的经历》，北京：中国和平出版社 2001 年版，第 57 页。

员会"：

"香港方面首次得知，菲律宾新成立一个委员会，希望在帮助满足中国救济工作的迫切需要方面同保卫中国同盟合作。该委员会同时在马尼拉和碧瑶成立，发起者中有知名的菲律宾、美国、英国和中国居民代表。委员会将密切注意中国战争局势的需要，并和在菲律宾的中国委员会保持联系，尤其在中国的医疗和其他救济事业上进行合作。

这个新委员会的执行主席是马尼拉的杰姆斯·C. 威克斯法官，他是美国著名的律师、美国前最高法院法官。委员会的其他负责人有：副主席，D. G. 麦凯伏依夫人、J. B. 斯泰泼勒夫人、梅基德斯·凯姆伯博士；记录秘书，A. 罗多尔福夫人；司库，W. R. 白柯克先生；通信秘书为：A. S. 海沃德夫人和柯迪拉·乔帕小姐。

目前特别需要对中国进行国际援助，以及对三年来战争受难者实行救济。保卫中国同盟欢迎成立菲律宾的新委员会，并祝愿它在今后各项工作中获得成功。"[1]

可见"保盟"在此设立分支机构的意义，贝特兰的人脉、他的影响力及其筹建委员会的经验于委员会的成功组建不言而喻。当时在菲律宾的还有斯诺夫妇（居住在碧瑶）、"工合"负责人路易·艾黎和访问过延安的美国职业军人埃文斯·卡尔逊等一群老"中国帮"，他们纷纷发表演讲，揭露日本的侵略行径，宣传中国的抗战。"保盟"工作有了很大推进后，贝特兰和艾黎、卡尔逊一起离开菲律宾返回香港，以不同方式为中国的抗战从事下一步工作，贝特兰继续效力于"保盟"。

---

[1] 宋庆龄基金会研究室编，吴景平译：《保卫中国同盟新闻通讯》，北京：中国和平出版社1989年版，第199页。

欧战爆发后,本受西方诸国轻视的中国战场更受冷落,中国国内的抗日民族统一战线因国民党的破坏不复从前,"保盟"运往游击区的物资常常被阻拦甚至被侵夺。"保盟"在宣传方面的工作因此更为重要而紧迫,诚如宋庆龄所说,"我们必须告诉海外的朋友,中国正在发生什么事",他们也需要向海外的捐赠者报告资金与物资的落实情况以及他们遭遇的困难和需要。创刊于 1939 年的《保卫中国同盟新闻通讯》发挥了宣传方面的重要作用,贝特兰返回香港时,正值《通讯》主编伊斯雷尔·爱泼斯坦离开香港,他接手了此项工作,《通讯》第 17—24 期由他负责编辑。1940 年底,贝特兰应英国驻重庆大使亚其巴德爵士之请,北上重庆代理新闻参赞之职。1941 年,贝特兰返回香港继续"保盟"工作。此时,中日之间在军事方面基本呈对峙状态,以国共合作为基础的抗日民族统一战线因皖南事变的发生而陷危机态势,国民党不仅公然袭击新四军,还加强了对西北边区的封锁,内地的政治恐怖活动较过去增多,"保盟"对游击区的支援工作困难重重。

国民党破坏团结的行动引起了国际援华人士的不满与担忧,盟国迫切希望中国能保持团结坚持抗日。贝特兰一面协助"保盟"的新闻发布工作,一面积极争取国际、国内对"保盟"的捐赠。他不仅协助编辑《通讯》,并以个人的经历和观察发表战地报告和文章,报道游击区的医疗状况、"保盟"的援助和运输工作,揭露日本的侵略野心和行径:"中国人民早已明白,日本帝国主义的进犯决不只是对他们的威胁。侵略者的政策和观念实际上首先是导致他们自己的毁灭,中国人民清楚地认识到,他们的战斗绝不是仅仅为了自己的合法生存。他们知道,他们的战斗构成了阻止日本统治东亚、印度尼西亚和南太平洋地区的第一道防线。他们从亲身经历中,知道这种统治将会是什么"，①批评美英等国对日本的绥靖政策，"美国、大英帝国与荷属东印度一起向日本提供了它所需的 90％ 的重要战争物资。在上述各国，每个援华团体和委员会都反复地指责过这种令人作呕的行径：当旧金山、温哥华和巴塔维亚正直的人们力图向中国的伤员和战争难民提供某些援助之时，美国的石油、加拿大的镍和荷兰的橡胶，都在加剧这场屠杀中起到了重大作用"。"我们必须指出——这是我们真心希望、不带挖苦之意的——美国对日本禁运战争物资，在三年之前会意味着什么。日本军队不可能维持对中国的侵略达三年之久，毁灭相应的生命与财产；日本海军也不会凭借大量的燃料和军火储备，从而在目前成为威胁太平洋地区安全的可怕的进攻力量"，②呼吁国际社会对中国抗战的支持。在国民党一面封锁根据地、袭击新四军，破坏团结抗战，一面却指责八路军"消极"抗日的时候，贝特兰严正指出："凡是访问过今日中国的人，都必然会对以下方面留下深刻印象：全中国人民不可摧毁的战斗意志；在反抗日本侵略的共同斗争中，中国军队的普通士兵同全体国民紧密团结的愿望"，"那些急于找替罪羊的人，实际上是真正的失败主义者"，"中国最可靠的抵抗，有赖于深入敌后作战的游击力量之间的协作。"③

太平洋战争爆发后，贝特兰以志愿者的身份拿起武器战斗在保卫香港的第一线。香港沦陷后被俘，先后被囚于香港和日本的战俘营，直至抗战胜利。基于反法西斯、反殖民侵略的正义和勇

---

① 宋庆龄基金会研究室编，吴景平译：《保卫中国同盟新闻通讯》，北京：中国和平出版社 1989 年版，第 209 页。

② 宋庆龄基金会研究室编，吴景平译：《保卫中国同盟新闻通讯》，北京：中国和平出版社 1989 年版，第 209 页。

③ 宋庆龄基金会研究室编，吴景平译：《保卫中国同盟新闻通讯》，北京：中国和平出版社 1989 年版，第 352、351 页。

敢,被俘后的贝特兰拒绝了日本当局要其为日本做"和平谈判"宣
传的要求,宁愿在战俘营做苦役直至日本投降。

第五节　爱泼斯坦

一、在中国长大的犹太人

犹太民族的大迁移、大流散历时 2000 年之久。犹太人从巴勒
斯坦地区出发,向西流亡欧洲各国,向东流亡亚洲的东部与南部及
北非各国。"至 19 世纪,全世界的犹太人约有 475 万,其中东欧占
72%,西欧占 14.5%,东方各国占 12%,美洲占 1.5%。"①在近代中
国,来到中国的犹太人有一部分经商或从事其他事业,更多的是流
散迁徙而来,在原来居住国受到迫害流亡而来,最早来中国的犹太
难民是俄罗斯犹太人。在俄国,他们"不仅没有公民权,而且俄国
的特别法还对他们的居住、婚姻以至经济发展等问题严加限制"。②
同时,沙皇为了向中国东北扩张,采取鼓励向中国移民的政策。在
这种双重政策下,俄罗斯犹太人不断向中国东北迁徙,最初主要居
住在哈尔滨等城市,之后有一部分往南迁移到天津和上海等港口
城市。伊斯雷尔·爱泼斯坦一家即是这移民潮中的一支。

伊斯雷尔·爱泼斯坦(Israel Epstein),1915 年出生于波兰首
都华沙,当时的波兰政府是一"半法西斯、半排犹的政府",③其父拉
沙尔在一家公司做会计,其母松亚是位助产士。据爱泼斯坦回忆,

---

① 唐培吉等著:《上海犹太人》,上海:上海三联书店 1992 年版,第 113 页。
② 唐培吉等著:《上海犹太人》,上海:上海三联书店 1992 年版,第 114 页。
③ 爱泼斯坦著,沈苏儒、贾宗谊、钱雨润译:《见证中国:爱泼斯坦回忆录》,北京:新星出
　版社 2015 年版,第 3 页。

他的父母出生在今天立陶宛的首都维尔纽斯,当年属俄国统治区,后被波兰占领。他们是犹太社会主义者,早年因参加"犹太劳动联盟"反抗沙皇的残酷统治,一个坐过沙皇的监狱,一个被流放到西伯利亚。后来,他们成了居无定所的漂泊者。第一次世界大战爆发后,拉沙尔奉公司指派前往日本开展业务,其后松亚抱着襁褓之中的儿子万里寻夫追到日本。1917 年俄国发生社会主义革命,约有数万被称之为"白俄"的迁居中国,其中亦有俄国犹太人,他们多数居住在中国东北,仅哈尔滨一地就集居了上万名俄罗斯犹太人。爱泼斯坦的父母虽然不是布尔什维克,但站在红军一边,俄国十月革命胜利后,原打算经哈尔滨去革命的俄国,后因种种原因滞留中国。随着白俄军人的到来,排犹的恐怖活动波及哈尔滨,包括爱泼斯坦一家在内的部分犹太人离开哈尔滨南下天津、上海等城市。1920 年,他们迁居到天津海河北岸的租界区,在此生活了18 年。

爱泼斯坦从五岁开始接受用英语进行的学校教育,据他回忆,在哈尔滨,他们的世界是俄国式的,在天津是以英美为主的西方式的,学校里没有中文课程。八岁时一次意外的车祸使爱泼斯坦爱上了阅读,在疗养腿伤期间他成了一名如饥似渴的读者,奠定了其后成为一名记者与作家的基础。自记事起,爱泼斯坦就想当一名记者。十一二岁的时候,他的文字第一次出现在纽约出版的犹太日报《前进》的读者来信栏目中。十四五岁时,他在"天津公学"的校刊上发表了一首打油诗,并帮助做些编辑和版面设计工作。同时,帮其父亲主办的一本商业性月刊《东方皮货贸易》做文字润色工作。在报社从事新闻工作是从《晨报》开始,将路透社及其他通讯社的英文新闻稿译成俄文。1930 年底 1931 年初,英国人办的《京津泰晤士报》主编威尔弗雷德·V. 彭内尔聘刚满 15 岁的爱泼斯坦做编辑，"看校样、做标题、排板式、写本地新闻，还要担当体育报道和音乐戏剧评论的任务。有时彭内尔身体不适或外出，我甚至还要代他写社论"①。爱泼斯坦认为彭内尔会雇用年少的他，是因为他写东西快，作为"当地雇员"又廉价。在中国长大的爱泼斯坦，通过书本、电影、音乐，对远隔万里的美、英、俄等国家的历史、地理、文化、经济等有了较多的了解，对于身在其中的中国，则是从耳闻目睹的现实中获得感知。在《京津泰晤士报》工作的三年中，他没有专门写过关于中国的报道或社论，多是对欧美国家的报道与评论。他在报道中所持的立场常常与西方主流思想不尽一致。自小在父母的教导和影响下，他习惯与人平等相待，更明白应该同世界各地的进步人士和革命派站在一起，反对非正义的行为，于是，他在所写的社论中表露了一些颇为激进的观点，如1933年，他在社论中攻击了德国新上台的希特勒，"天津的纳粹分子因为他们的'领袖'被攻击而勃然大怒"。在《京津泰晤士报》工作期间，他"开始同几位年轻朋友（犹太人、俄国人、德国人、英国人都有）聚会，大约每周一次，讨论马克思主义与时事"②。最终，报社以其随身携带美国共产党出版物之不当行为而将其开除了。雇用他的彭内尔充分肯定了他的工作成绩，在为其准备的推荐信中如是说："爱泼斯坦的观点适宜于持自由主义或激进观点的报纸。"爱泼斯坦感叹"在半殖民地中国，这样的'推荐信'无异于一张'不宜雇用'的证明书"③。

---

① 爱泼斯坦著，沈苏儒、贾宗谊、钱雨润译：《见证中国：爱泼斯坦回忆录》，北京：新星出版社2015年版，第68—69页。

② 爱泼斯坦著，沈苏儒、贾宗谊、钱雨润译：《见证中国：爱泼斯坦回忆录》，北京：新星出版社2015年版，第70页。

③ 爱泼斯坦著，沈苏儒、贾宗谊、钱雨润译：《见证中国：爱泼斯坦回忆录》，北京：新星出版社2015年版，第69页。

离开《京津泰晤士报》以后，爱泼斯坦渐渐将兴趣转移到中国事务及其发展趋势上。此前他给两位对中国有相当了解的作家即欧文·拉铁摩尔和埃德加·斯诺的书《到土耳其斯坦的沙漠之路》《远东前线》写过书评，通过他们的书，爱泼斯坦对中国有了进一步的了解与兴趣，并与拉铁摩尔、斯诺结下了深厚的友谊。在接下来的一年里，他在从事商业性的翻译服务过程中，翻译（将俄文译成英文）出版了一些关于中国的学术性的东西，如一篇有关中世纪蒙古法律的论文、一本政治经济小册子《中国和白银》。作为一名自由撰稿人，爱泼斯坦用笔名开始向国外报刊投送有关中国问题的文章，初步显现了他在中国问题上的关注点与政治倾向。根据国民党报纸披露的信息，爱泼斯坦撰写了一篇关于中国红军长征的文章，发表于纽约出版的刊物《民族》，大意是由报纸上不时刊登的红军在某地被"击败"或"消灭"的消息中，他发现红军不仅存在着，并继续战斗前进，"历史已使我相信，中国的革命不论遭受何种挫折，总是不可摧毁的"。[①] 他的这篇报道遭到对中国友好但将希望寄托于蒋介石的《密勒氏评论报》主编鲍威尔发起的攻击，爱泼斯坦后来从斯诺传记作者罗伯特·法恩斯沃斯那儿得知，当年即 1935 年 4 月 1 日斯诺给美国的《民族》等刊物写信，为爱泼斯坦辩护，信中写道："……传教士们因为你们的态度而大为沮丧……正在策划使你们正确地认识到'有关中国赤党的实情'。目前，在华北正在进行一场嗜血的搜捕行动，要找到这个冒名为 Crispian Corcoran 的人，因为他被怀疑为那个正在误导你们的最坏的坏蛋……我偶然碰到过这个年轻人……发现他是一个十分杰出的、精明的新闻记者，他的责任心是毋庸置

---

① 爱泼斯坦著，沈苏儒、贾宗谊、钱雨润译：《见证中国：爱泼斯坦回忆录》，北京：新星出版社 2015 年版，第 72 页。

疑的……我的印象是,他的报道是在中国当今的混乱局面中所可
能得到的最可靠的消息。"①

　　在日本帝国主义加剧侵华,中国的抗日活动日趋高涨之际,爱
泼斯坦将目光更多地集中于中日关系问题上,最早的一组简短的
连续报道,写的即是个人旅行中所见的日本占领下的中国东北,时
称"满洲"。其后给《北平时事日报》(一份英文日报)做兼职记者
时,又专门写了一篇调查报道,"讲述日本在天津的中国居民中有
计划地、包藏政治祸心地扩大毒品贸易(主要是海洛因)"②。《北平
时事日报》是国民党办的一份报纸,其职员大部分是外国人,编辑
部对有反日倾向的稿子非常欢迎,并邀请爱泼斯坦在新闻主编塞
西尔·泰勒回国休假期间代行其职务,爱泼斯坦因此在北京居住
了一段时期。在此,他接触了一些当时已有声名其后更是声名显
赫的同情中国的外国友人,如斯诺夫妇、费正清、拉铁摩尔、史沫
特莱、杰克·贝尔登等,也发现了国民党报纸的一个特点,"有关
技术性的问题以及外国通讯社电讯的处理,编辑部有一定的自主
权,但在国内报道上就没有了"。诚如斯诺等一些西方记者发现
的,国民党的报纸一再宣称毛泽东、朱德等红军将领已被击毙或
病亡,爱泼斯坦有一次为一条新闻做了一个标题"朱德再次被
杀"。不久他被报社辞退了,爱泼斯坦感慨"在《北平时事日报》
上,反日倾向是可以接受的,甚至受到鼓励;批评国民党的反共内

---

① 爱泼斯坦著,沈苏儒、贾宗谊、钱雨润译:《见证中国:爱泼斯坦回忆录》,北京:新星出
　版社 2015 年版,第 73 页。堪萨斯城的"斯诺纪念档案馆"存有这封信的复写本。
　Crispian Corcoran 为伊斯雷尔·爱泼斯坦的化名。
② 爱泼斯坦著,沈苏儒、贾宗谊、钱雨润译:《见证中国:爱泼斯坦回忆录》,北京:新星出
　版社 2015 年版,第 73 页。

战却绝对不行"①。

　　爱泼斯坦再度回到天津,北京之行虽然短暂,却开启了他一生中一次关键性的转变,从此他写作以中国为主题的东西,读者群由海外读者扩大至中国读者,在北京接触的同情中国革命的外国友人成了他此后事业的合作者与同道中人。不久,他应人之邀为三个英文刊物写稿。首先是应斯诺夫妇的邀请,为他们创刊的英文刊物《民主》写稿并在天津帮助推广,在《民主》的最后一期被列为编委会成员,《民主》的读者群是中国学生及其他懂英语的爱国人士。令爱泼斯坦兴奋的是通过《民主》这本刊物,他得到了前所未有的接触中国左派甚至中共地下党的机会,虽然当时他并不知道他们是中共地下党,他也开始在政治上脱离隐蔽的状态。当时斯诺夫妇、史沫特莱等与中共已有了直接的接触,在国统区秘密帮助中共做联络工作与人员转移。1937 年 7 月平津沦陷后,爱泼斯坦应斯诺夫妇之请,在天津帮忙安置爱国学生,更利用其父亲商业业务关系,帮助邓颖超在内的三位中共党员离开已然沦陷的天津,坐船安全抵达日军尚未进占的山东烟台。为《民主》供稿不久,爱泼斯坦又应天津的中介人邀请,为 1937 年上半年创刊于上海、由宋庆龄支持的英文刊物《中国呼声》写稿,该刊的立场与《民主》一致,积极拥护中共倡导的抗日民族统一战线。宋庆龄因此与爱泼斯坦结识,未曾想竟成了数十年的工作伙伴和亲密朋友。期间,经斯诺推荐,史沫特莱到天津亲自邀请爱泼斯坦为纽约对华友好人士办的《今日中国》杂志写稿。

　　对已婚的爱泼斯坦来说,他还需要一份正式的工作来养家糊

---

① 爱泼斯坦著,沈苏儒、贾宗谊、钱雨润译:《见证中国:爱泼斯坦回忆录》,北京:新星出版社 2015 年版,第 77 页。

口。回天津不久,他在美国合众通讯社天津分社应聘了一份工作。卢沟桥事变发生后,爱泼斯坦以合作社雇员的身份做了几年的战地记者工作,先后奔赴南京、徐州、武汉等前线采访,将其亲临前线的采访记录撰写成一部出色的战时新闻作品《人民之战》。

　　由爱泼斯坦的成长经历可知,他对于中国的了解,对中国革命的同情心是逐步发展的。诚如他自己所说,虽然成长于中国、就读于中国,但在半殖民地的中国,租界是相对独立而封闭的,儿童时期的他对于西方的了解胜于生活于其中的中国。他的回忆告诉我们,他的三观自小受父母的影响,父母的社会主义思想对他的影响尤甚,"这种思想同我所受的殖民主义类型的学校教育是正相矛盾的,它使我对于外国主宰中国的种种现实感到不合理和不公平"①。成长于一个无神论的但过着世俗犹太人生活的家庭,爱泼斯坦感怀于犹太人的历史,在父母的言传身教下,既不自卑也不自傲,习惯与人平等相待,更明白应该同世界各地的进步人士和革命派站在一起,反对非正义的行为。于是,对于发生在他身边、为其耳闻目睹的日军对中国的蚕食鲸吞及其种种恐怖行径深感憎恶,对中国人民掀起的全民族的革命浪潮深表同情,反对殖民主义的同情心促使他在越来越多的事情上站在中国和中国人民一边,他的文章充分体现了他的思想与立场。这样的爱泼斯坦与斯诺、史沫特莱等同情中国革命的外国友人越走越近,与他们的交往则令其越来越为中国共产党所吸引,"我越来越强烈地为这场革命及其领导核心中国共产党所吸引。我工作的报馆和通讯社,除偶有例外,都属于右翼;而我的联系对象——不论是中国人还是外国人——却

---

① 爱泼斯坦著,沈苏儒、贾宗谊、钱雨润译:《见证中国:爱泼斯坦回忆录》,北京:新星出版社 2015 年版,第 4 页。

越来越多是左翼"①。

二、战地记者

抗战时期,有不少西方记者或受服务机构派遣或自行冒险前往前线采访,向国际社会揭露日军的暴行,报道中国军民的抗日行动,爱泼斯坦是其中的一员。卢沟桥事变爆发直至平津沦陷,爱泼斯坦一直居住在天津。坐船南下途中,八一三淞沪抗战爆发,船长宣布船不再停靠上海,在烟台和青岛停靠后将直驶英国统治下的香港。合众社将爱泼斯坦派到了中国首都南京,从此他开始从前线和后方两个方面报道中国的战事动态。南京失守前,被转派到武汉。在武汉期间,爱泼斯坦和几个意气相投、配合默契的记者、摄影师冒着炮火去台儿庄前线采访,他们中有刚从西班牙来华的荷兰纪录片先驱者佐里士·伊文思,他正在创作一部纪录片《四万万人》,解说者是美国电影明星弗雷德里克·马奇,同行者中还有刚从共产党游击区访问归来的美国海军陆战队军官卡尔逊、政治部第三厅郭沫若手下的曹亮(中共地下党员)、国民党宣传部的人等。之后,他又顺便去了一趟长沙。1938 年 7 月,武汉会战期间,爱泼斯坦被合众社派到广州,直至广州陷落,他前往香港,第一阶段的战地记者生涯因此画上了句号,因为他一到香港,合众社就把他解雇了。据爱泼斯坦回忆,做战地记者期间,各国、各家的媒体记者无法跑遍所有的地方,所以他们常常交流各人所看到的大部分情况,遇有独家新闻自然秘而不宣,等到抢发后才会谈论。

在香港,爱泼斯坦应宋庆龄邀请加入"保卫中国同盟"的中央

---

① 爱泼斯坦著,沈苏儒、贾宗谊、钱雨润译:《见证中国:爱泼斯坦回忆录》,北京:新星出版社 2015 年版,第 5 页。

委员会,负责宣传工作,主要任务是编辑"保盟"的英文出版物即
《保卫中国同盟新闻通讯》,爱泼斯坦自认离开合众社不是其新闻
工作的终结而是工作的开始,从此致力于宣传中国的抗战、争取全
世界支持中国的抗战事业。"保盟"的工作是无报酬的义务工作,
却是爱泼斯坦留在香港的主要原因。为糊口,经宋庆龄介绍,他在
当地的一家日报谋得一份差事。编辑工作之余,爱泼斯坦完成了
其"战争四部曲"的第一部《人民之战》(*The People's War*),记录了
他对中国抗战头两年(1937—1939)的观察与思考,由伦敦的维克
多·高兰茨出版社出版。它是最早引起世界关注中国抗战的著作
之一,上海的公共租界很快出现了它的盗版,继而有了该书的中文
版,它是由几位翻译同时各译一部分而成的,沦陷区人民因此了解
外部的战况,知道中国政府、中国军队及各战区与敌后的人民在坚
持着抗战,它成了激励民众士气的动力来源。相较于其他西方记
者记录中国抗战的作品,《人民之战》有其自身的特色:

其一,它是最早、最全面的中国抗战主题著作,无论正面战场
还是敌后战场,他均亲身深入采访,可谓"1937—1939 年全景抗战
实录"。爱泼斯坦在前言中说:"我写这本书的时候是 24 岁,但是
已经有些经验。战争爆发,我适在北平,听见过卢沟桥开战的炮
声。很快,我在天津目击了该市的争夺战。随后,我在南京和武汉
报道政治和军事方面的事态发展,还在前线报道了著名的山东台
儿庄会战。这一段时间的末尾,我在广州,直到广州沦陷。"《人民
之战》是二战期间西方人了解中国战场的窗口之一,也是最有影响
的中国抗日主题著作之一。通过他的报道与分析,还传递出不少
令人鼓舞的信息。

其二,诚如宋庆龄对该书的赞誉,《人民之战》"不同于其他外
国人写的中国抗战的著作,因为它是第一手的分析性报道,并把目

前的斗争同过去的历史和对未来的展望联系了起来"。① 该书的第一章题名"这块土地是我们的",回顾了19世纪40年代以来中国被列强用炮火轰开大门,被迫签订不平等条约以来的历史,以及中国人民开始觉醒、奋起反抗的历史,分析了九一八事变以来日本的野心、对中国的挑衅与蚕食行径,细数了中国国内局势的演变,肯定了中国民众的抗日行动,肯定了中国共产党提出的坚持民主与团结抗日的政策,对于西安事变后的蒋介石作了带有肯定性的评价:蒋介石的"被扣留以及随后发生的事件使他认清了国内的形势,而过去,由于周围人的蒙蔽,他对国内的情况并不怎么了解。他是一个精明的政治家,在以往的岁月中,他靠封官许愿,把一个个可能具有危险性的集团,化敌为友,拉拢在他的旗帜下,从而建立了他的政权大厦,可是,他看到,在这个精心塑造的结构中唯独没有那个最强大的政治力量——代表着民主和民族愿望的中国人民本身。日本把他逼得走投无路了。他清楚地看到,为了中国的生存,也为了他自己的生存,必须顺着潮流前进,而不能逆潮流而行。他作出了自己的选择,并且毫不动摇地坚持下去"。② 不论爱泼斯坦对蒋介石的认识与评价确切与否,却是他内心所希望的,蒋介石成为"领导着团结一致的人们为其生存而斗争的最高统帅",既是其个人政治生涯的高峰,也是中国之幸。该书的第一章奠定了此书的基调,可谓总论,它把抗战头两年的斗争同中国近代以来的历史和对中日战争未来的展望联系了起来,"这块土地是我们的",预示着抗战胜利的前景。

---

① 爱泼斯坦著,沈苏儒、贾宗谊、钱雨润译:《见证中国:爱泼斯坦回忆录》,北京:新星出版社2015年版,第141页。

② 爱泼斯坦著,贾宗谊译:《人民之战》,北京:新华出版社1991年版,第13页。

该书的每一章节,在记录了日军的进攻或失败,记录了中国军民的反抗及其胜利或失败后,都会就战局或中日双方作些分析或总结。如1937年7月28日驻守天津的保安队出乎日军意料地发动反击,贝特兰在《华北前线》一书中也记录了此事:"日本人原先预料在天津周围不会遇到什么抵抗。然而,他们再次大大地失算了","这里的保安队自愿同张自忠的个别部队并肩作战,并打到离日本军用机场两百码的地方。在过去两天中,所有执行轰炸任务的飞机都是从这个机场起飞的。日本对天津这个军事基地的控制到了危急关头。星期四晚上,天津的一名日本官方发言人承认,日本华北驻军的局势严重,他们已经失去了与零散部队的联系。中国人从背后搞的这一手使他们措手不及。铁路也被中国人截断了。如果中国人继续发挥他们的优势,此时也许有可能将日本人赶回塘沽。"①书中没对保安队为何突然实施反击进行分析。时在天津目击了天津争夺战的爱泼斯坦在《人民之战》中描写了细节,"在天津,600名保安队员同3 000名日军打了36个小时。他们只拥有步枪和机枪,但却隔断了一个兵营的日军同另一个兵营的日军之间的联系","日本的大炮和飞机进行轰炸,也未能赶走他们,甚至未能击退他们的进攻","针对敌人的轰炸,他们派了一支人马去进攻日本的飞机场,摧毁那里的飞机","这600人英勇无畏,沉着冷静,打得日本人心惊胆战。日军的新闻发言人,来自东京的年轻军官脸色苍白地对外国记者说:'今晚我们可能全被他们杀死'"。② 他还结合不平等条约下天津的历史与现状,对保安队的反击行为进行了分析:根据庚子

---

① [英]詹姆斯·贝特兰著,李述一等译:《不可征服的人们》,北京:求实出版社1988年版,第51—52页。

② 爱泼斯坦著,贾宗谊译:《人民之战》,北京:新华出版社1991年版,第39—40页。

条约,中国军队不准进入天津,天津市内的中国武装力量是几百名一般的交通警察和保安队,由他们维持治安,英、法、日、意等国的租界散布在中国当局管辖的区域内。20 世纪 30 年代日军由关外打到关内,企图将华北割裂出去,"在天津俨然以主子自居,大摇大摆。从上到下,天津人民都感受了日本人越来越强化的铁蹄统治",卢沟桥事变前,"没有任何人来保护他们,只有地方当局为了阻止日本人而玩弄一些政治抵制的把戏",多年来,天津的"中国警察和民团置身于被日本人部分控制的领域内,任何人都没有像他们这样处境悲惨。任何一个强硬的日本人都可以随意粗暴地对待他们,但他们却不能反抗。日本的和朝鲜的'浪人'可以用海洛因毒害人民,殴打他们,抢走妇女。警察不能干涉。他们的任务是确保中国人不要作出过分的反应,以免引起事端。有时警察被派到天津城外的海关,去监视走私者。上级明确指示他们:如果走私的是日本人,他们愿意让检查,就去看看;如果人家态度强硬,就别惹他们。如果日本人要打海关人员,警察要保护他们,站在中间,挡一下。但绝不能伤害日本人"。卢沟桥事变后,蒋介石的庐山讲话宣布了国民政府的抗战意志,"现在,他们终于可以使用手中的枪了。这就是为什么他们打得那么勇猛"①。简言之,天津人民受够了不平等条约下的屈辱生活。由爱泼斯坦的分析,还可以看到中国民众的力量一旦爆发出来,是何等强大,中央政府的抵抗或妥协对民众的行动有着可以说是决定性的影响。

　　其三,爱泼斯坦不仅以自己的观察和对前线将领的采访记录中国的抗战,并结合报刊所登载的消息、评论,以及其他深入前线或敌后的西方军事与媒体人员的报道,综合分析中国的抗战实力与潜力,斯诺说它"是一本极好的战争新闻,对中国所希望达到的

---

① 爱泼斯坦著,贾宗谊译:《人民之战》,北京:新华出版社 1991 年版,第 40—41 页。

目标充满同情和理解"①。爱泼斯坦不仅表达了他对中国抗战的同情、对抗战胜利的信心,更将这种同情与信心传达给世界。以该书第九章"人民之战"为例,爱泼斯坦先抛出了问题:在战争的第二阶段,"敌后广大地区的情况怎样呢?侵略者是否把华北变得对他们有利?当地的人民是否在抵抗他们的控制?他们是如何进行抵抗的?关于游击队的活动……当日本认真地巩固其对所占领土的控制时,这些游击队顶得住日本的军事、经济和政治上的压力吗?"他说:"1938 年初,我们这些在汉口的外国记者还不知道如何回答这些问题","曾在美国留学的中国政府发言人也不知道该如何回答……他们对游击战和人民觉醒的力量实际上是没有信心的。"②那么,谁能回答呢?爱泼斯坦引述了刚从华北八路军领导的游击区回来的美国海军情报处的海军陆战队官员卡尔逊,及亲临河北中部的游击区采访的美联社记者汉森的讲述与报道,并结合《新华日报》登载的消息和数字,对游击运动作了详细的介绍与分析。卡尔逊以亲身经历揭示了外媒报道的错误:"《时代》杂志说,日本人控制了以北平为中心的周围 700 英里以内的所有领土","但是,我走到了距离北平 150 英里以内的地方,仍然属于中国人的领土。我穿过了日本人控制的同蒲、正太两条铁路线。我亲眼看到,同蒲、正太、平汉、平绥四条铁路线以内的所有地盘也都在中国人的手里。除此以外,游击队还控制了平汉路以东河北省中部的 17 个县。"在与游击队一同行军、生活的过程中,卡尔逊发现"华北的游击战不仅仅是偶尔对日本驻军进行袭击,而且还从根据地对日本

---

① 爱泼斯坦著,沈苏儒、贾宗谊、钱雨润译:《见证中国:爱泼斯坦回忆录》,北京:新星出版社 2015 年版,第 141 页。

② 爱泼斯坦著,贾宗谊译:《人民之战》,北京:新华出版社 1991 年版,第 191、192 页。

人发动有计划的进攻。根据地已拥有 42 个县、500 万人口"，"在五台山，我看到了学校、医院、工厂和无线电台，有关政治的政策性问题都通过电台向汉口请示"。卡尔逊应邀参加了晋察冀边区政府成立大会，看到了按照统一战线原则建立起来的边区政府，"成员包括国民党、共产党人士、八路军和其他军队的将领"，其任务是"以军事力量打击敌人，并在经济上、政治上同他们进行竞争"。通过三个月的考察与相处，卡尔逊对八路军铁的纪律，军队中一以贯之的官兵一致、军民一致等原则由起初的惊异到无比佩服、赞不绝口，给他留下深刻印象的是这种体制取得了辉煌的成果，他向汉口的西方记者讲述了他目睹的事实："这些战士经过最严格的体力训练，认识到每个人作出最大努力的重要性，因而变得非常坚强，他们往往完成似乎是不可能的事情。有一天，他参加的那个部队行军 43 英里，爬过了 8 个山头，每人携带着 35 磅的装备。最令人惊讶的是他们打仗的办法，他们伤亡的人数只占敌人伤亡人数的 1/10。"1938 年 1 月 6 日，他目睹了"中国战士摧毁 30 辆日本卡车和缴获大批武器装备的情景。中国人用步枪和手榴弹对敌人发动突然袭击，打死打伤 40 个日本人，而游击队仅死伤 4 人"。他在五台山看到了缴获的日军的大量武器、装备和食品，"我们在那里的时候，每天吃的全是日本的口粮"。在实地考察了游击队的活动情况后，卡尔逊肯定地说："由于日本侵略而被割裂的地区，对中国来说并未失去"，"晋察冀边区的新根据地证明自己有能力抵抗大规模的进攻。去年 12 月份日本人曾派了 8 路纵队大举进攻，结果全部被迫撤退。这样的人民，日本人征服不了的。"爱泼斯坦认为，卡尔逊所讲述的"不是宣传，而是一个有训练的军事观察家的冷静的报道"①。

---

① 爱泼斯坦著，贾宗谊译：《人民之战》，北京：新华出版社 1991 年版，第 193—196 页。

接着，爱泼斯坦引述了继卡尔逊之后到河北中部游击区采访的美联社记者汉森的报道，同样谈到了根据统一战线原则建立起来的游击队的军事与政治领导机构，谈到了游击区的军民关系、游击区的政治与经济生活。汉森在吕正操司令部也看到了成堆缴获的日本武器，耳闻目睹了游击队与日军交手时以极小代价取胜的事例。卡尔逊和汉森的讲述有惊人的相似之处，不难发现这是游击运动的共性，爱泼斯坦在注释中特别指出："卡尔逊和汉森没有机会阅读对方的文章或交换意见，因为卡尔逊是从汉口去游击区的，而汉森则是从北平通过日本的防线去的。他们访问的游击区彼此相隔几百英里。"①

援引了卡尔逊和汉森的报道后，爱泼斯坦总结说："在抗日的烽火中，边区人民不仅想方设法抗击日本人，而且建立了一个强大的军事根据地……他们不仅建立了一个强大的军事根据地，而且得到了民主自治的权利……这种民主自治不仅是增强军事力量的泉源，而且减轻了农民的经济负担。"他进而满怀信心地告诉世人："晋察冀边区今天已成为保卫华北几省的中华民族主权的战斗堡垒。明天，中国军队很可能以此为根据地，进而收复北平和天津，收复华北的失地，收复东北富饶的田野和森林。"②人们一定好奇，"这一切是如何产生的？这种令人惊异的新民主是如何建立的？它的力量源泉在哪里？怎样保证它不致在下一次扫荡中被消灭呢？"爱泼斯坦根据《新华日报》刊载的报道，对晋察冀边区的历史和组织情况作了简要的叙述，并在注释中强调说明："该报驻五台山记者写了一篇长篇报道《晋察冀边区：抗日的模范根据地》，在该

---

① 爱泼斯坦著，贾宗谊译：《人民之战》，北京：新华出版社1991年版，第198页。
② 爱泼斯坦著，贾宗谊译：《人民之战》，北京：新华出版社1991年版，第199页。

报连载一个月。这篇报道在全中国被广泛转载翻印,据我所知,还正在被译成英文,我是完全相信这篇报道的,因为它被许多外国观察家的报道所证实,他们访问了边区的不同地段。其中既有记者和传教士,偶尔还有商人,华北的英文报纸经常报道这些商人的经历。"①

其四,在充分肯定共产党的积极抗日、宣传共产党领导的敌后战场的同时,对于正面战场、蒋介石及国民党抗日将领亦作了实事求是的报道,肯定了以蒋介石为代表的国民党抵抗派的抗日行动:"今天,政府进行长期抗战的决心使人民满怀新的信心来支持它,自觉地为民族解放而战的大军日益壮大,要求政府领导他们抗战,这使政府汲取了新的力量,坚定了必胜的信心。"②台儿庄大捷是正面战场上国民党军队取得的第一次重大胜利,亲临台儿庄前线的爱泼斯坦以欣慰乃至兴奋的心情用一章的篇幅详细报道了这场战役,分析了台儿庄大捷的意义和原因。

台儿庄大捷对中国及其军队无疑具有重要意义,蒋介石在肯定台儿庄之捷"聊慰八月来全国之期望,稍弭我民族所受之忧患与痛苦","军心益振,为我最后胜利之开始",并表示"此次台儿庄之捷,幸赖我前方将士之不惜牺牲,后方同胞之共同奋斗,乃获此次初步之胜利"的同时,电示各战区司令长官、各省市党部、各省市政府、各报馆及全体将士、全国同胞,台儿庄之捷"不过初步之胜利,不足以言庆祝","我民众应力戒矜夸,时加警惕"。③ 爱泼斯坦在详细描述台儿庄战役的同时,分析了它的成败得失及其原因,从中再

① 爱泼斯坦著,贾宗谊译:《人民之战》,北京:新华出版社1991年版,第200页。
② 爱泼斯坦著,贾宗谊译:《人民之战》,北京:新华出版社1991年版,第128页。
③ 叶健青编辑:《事略稿本》41(民国二十七年一月至六月),台北:"国史馆"2010年版,第350—351页。

次传递出这样的信息：只要中央政府坚定抗战决心，指挥、协调得当，中国的军民将能发挥出令人意想不到的勇猛与智慧。爱泼斯坦认为，台儿庄大捷证明"中国的军队虽然武器劣、训练差、缺乏统一性，但在一次'典型的战役中'毕竟能够以优越的战略策划击败日本人"，"这次大捷还得力于其他战线的军队和游击队的积极配合和协助，他们阻挠敌人的运输线，在作战最关键的时刻拖住敌人的兵力"，"中国将领在复杂的战役中不善于协调不同训练、不同指挥的省级军队的行动，而台儿庄战役计划所要求的正是这一点"。①蒋介石对此次战役中各部队的协同作战亦深感欣慰，以其嘉勉第一战区司令长官程潜的电文为例："我第一战区能不分地区，尽量增援第五战区，以致此空前之胜利，洵足表现我革命军同生死共患难之协同精神，亦充分发挥我全面抗战之力量。"②由庞炳勋、张自忠两支队伍的英勇作战、重创敌人，爱泼斯坦指出了此次战役的另一重大意义："对这次胜利贡献重大的师团之一竟是迄今为止一直软弱无能、老吃败仗的第 29 军，而那个首当其冲、给予决定性打击的师，并非由职业兵组成，而全是些从城乡招募来的战时新兵"，③"台儿庄和临沂的胜利证明，不仅中国的正规军可以战胜日本军队，而且入伍不久的新兵、即使按照中国标准来衡量也是装备很差的省级军队也可以打败日本兵，这是因为中国士兵知道为什么而战。这对中国、对日本、对全世界上了一课。"④民众对前线将士的支持，是战役取得胜利的又一不可忽视的因素。事实上，自抗战以

---

① 爱泼斯坦著，贾宗谊译：《人民之战》，北京：新华出版社 1991 年版，第 156、155 页
② 叶健青编辑：《事略稿本》41（民国二十七年一月至六月），台北："国史馆"2010 年版，第 353—354 页。
③ 爱泼斯坦著，贾宗谊译：《人民之战》，北京：新华出版社 1991 年版，第 156 页。
④ 爱泼斯坦著，贾宗谊译：《人民之战》，北京：新华出版社 1991 年版，第 185 页。

来，在前线将士不惜牺牲、坚决抗击敌人的时候，民众对将士们的热情与支持随处显现。无论在天津、南京、武汉等城市，爱泼斯坦皆看到了站起来的团结的中国人民，面对日军的轰炸、烧杀抢掠，无所畏惧，自发地顽强地抵抗着侵略者，《人民之战》中列举了无数感人事例，国民党表示"在这次战役中，我们认识到军民合作的重要性"，①蒋介石亦明确指出台儿庄之捷幸赖"后方同胞之共同奋斗"。

　　和其他同情、支持中国抗战的外国友人一样，爱泼斯坦非常看重中国人的团结抗战，肯定国民党由"剿共"向与共产党合作抗日的转变，"国民政府的抗日使全中国团结起来。现在，它重申，要调动全国人民的力量，不屈不挠地继续战斗下去，直到取得最后的胜利。这样，就使全国的团结进一步加强"，②也肯定在抗战转入第二阶段后蒋介石对战术的调整，即将以阵地战为主转为把游击战、运动战和阵地战结合起来。不过，毕竟未深入敌后战场，也未深入了解中国军制，爱泼斯坦对于统一战线下的游击队的组成作了自己的发挥。撰写《人民之战》一书时，爱泼斯坦并未像史沫特莱、贝特兰、卡尔逊等亲临中国共产党领导的敌后战场，但他通过在抗战前线实地的考察，通过阅读共产党的文章、文件，采访抗日前线的八路军、新四军将领，以及同斯诺、史沫特莱、贝特兰、卡尔逊等人的接触交流，对共产党实施的游击战有了相当的了解。在抗日民族统一战线的背景下，他甚至将蒋介石所说的游击战理解为组建以共产党军队为主的游击队伍："为了进行运动战和游击战，下命令组建了三支新军。一支是以江浙皖三省边区日本占领的地区为基

① 爱泼斯坦著，贾宗谊译：《人民之战》，北京：新华出版社1991年版，第179页。
② 爱泼斯坦著，贾宗谊译：《人民之战》，北京：新华出版社1991年版，第123页。

地,以红军向西北长征时留在长江以南的共产党游击队为核心组成的。这支军队后来成立著名的新四军。第二支以苏鲁豫三省边区为根据地。第三支由八路军、国军和地方军组成,负责阻止日军在冀、豫、晋三省山地的进攻。"①他说游击队是"人民战争的产儿","其任务是采用以群众的团结一致和战斗主动性为基础的新战术去发动反攻",自然是对的,但说其是"统一战线的军队",却不确切。虽然爱泼斯坦看到、听到了国民党的反共言行,他在报道中也揭露了国民党的一些反共活动,但抗日民族统一战线在抗战头两年的表现的确是不错的。他和其他支持、同情中国抗战的外国友人一样,对中国人民的团结抗战充满希望,"全中国人民的团结一致,作为其政治基石的,是国共两党在抗日斗争中的合作;其力量之强大表现在下列事实中:尽管有动摇和延误,但在紧要关头和需要作出决定的时刻,这种合作始终是极其有效的"。②

三、一位没有国籍的新闻人员

在广州期间,爱泼斯坦已应宋庆龄之邀参加保卫中国同盟的工作,撤离广州后,来到保卫中国同盟的总部香港,负责"保盟"的宣传工作。因为没有国籍,他在香港的合法居留需要每两个月申请续签一次特许居留证。在香港的一份有薪工作是给《每日新闻》当编辑,这是香港历史最为悠久的报纸,时国民党拥有该报的部分股权。报纸的负责人是国民党财经专家、曾在上海任英文《大陆报》记者的俞鸿钧,在俞鸿钧的支持下,爱泼斯坦不久成为该报编辑部的负责人。虽然在英国的绥靖政策下,香港当局不允许报纸

---

① 爱泼斯坦著,贾宗谊译:《人民之战》,北京:新华出版社1991年版,第142页。
② 爱泼斯坦著,贾宗谊译:《人民之战》,北京:新华出版社1991年版,第320页。

上公然提及日本的侵略和战争暴行,伊文思拍摄的第一手抗战纪录片《四万万人》即未能获准在香港放映,但爱泼斯坦在《每日新闻》上仍然发表社论谴责日本对中国的侵略,批评西方(尤其是英国)对日本采取的绥靖政策,批判汪精卫的卖国行为,并驳斥路透社上海分社对中国抗战局势的歪曲报道。在国民党控股的报纸上,报道中国的抗战、呼吁外国支持中国的抗日斗争是被允许甚至支持的,报道共产党的抗战虽不会被禁止却不受欢迎,爱泼斯坦于是偶尔在社论中提及共产党领导的敌后抗日根据地,当后来国民党的反共行为愈演愈烈直至发生惨烈的皖南事变,爱泼斯坦愤而在报纸揭露国民党之后,他被辞退了。

太平洋战争爆发,香港沦陷后,爱泼斯坦一度被日军拘押。鉴于他无国籍的身份又站在抗日的立场,"我既不是美国人,也不是英国人,所以不属于'敌国国民'之列。但实际上我的处境更糟糕,因为就我个人而言,我是众所周知的'日本之敌',我无国籍,得不到任何政府或国际公约的保护。我多年来写了很多反对日本军国主义的东西,并且同中国爱国人士一起从事抗日工作",[1]他想方设法逃出香港的日本拘留营,经桂林抵达重庆。董显光"不计前嫌"邀请他加入国民党宣传部门工作,爱泼斯坦却为难了,"断然拒绝吧,将使我无路可走;接受吧,又可能使我无法再按照自己的观点写作"。[2] 经其当时的妻子伊迪丝的帮忙,美国在华新成立的一家通讯社联合劳动新闻社聘其担任驻华记者,这是一家向工会和左派报纸提供世界新闻的通讯社,爱泼斯坦据此婉谢了董显光的邀

---

① 爱泼斯坦著,沈苏儒、贾宗谊、钱雨润译:《见证中国:爱泼斯坦回忆录》,北京:新星出版社2015年版,第160页。

② 爱泼斯坦著,沈苏儒、贾宗谊、钱雨润译:《见证中国:爱泼斯坦回忆录》,北京:新星出版社2015年版,第189页。

请。不久,他又找了份差事,在美国战时新闻局的重庆办事处供职,每天把华盛顿用无线电发来的消息编成新闻稿供中国报纸采用。养家糊口之余,爱泼斯坦又义务为保卫中国同盟做些工作。

不愿接受国民党的邀请,是因为他始终赞同中国的团结抗日、反对内战,虽然尚未踏足共产党领导的敌后抗日根据地,但从武汉开始,爱泼斯坦与共产党领导人、八路军将领等有过直接的接触、交谈,阅读过毛泽东的论著,重视共产党在国统区创办的报纸《新华日报》,在香港时更在廖承志的主持下,从事中共文件英文译本的编辑改稿工作。由前述《人民之战》等作品可知,他对共产党领导的游击战、共产党领导下的抗日根据地、共产党倡导并坚决维护的抗日民族统一战线赞誉有加。在香港开始给《纽约时报》投稿后,他曾写了关于中共解放区的系列报道,这在《纽约时报》还是第一次。战时在中国的西方新闻人员,来自盟国的外交官、军事人员,甚至曾敌视中国共产党的传教士在目睹了中国的抗战后,有不少正义人士皆肯定共产党领导的抗日队伍,肯定共产党领导的敌后战场在抗战中发挥着重要的作用。他们发现“日本的发言人和媒体,越来越把共产党当作他们在中国的最难对付的主要敌人”①,他们看到并气愤于国民党对共产党的封锁,包括对共产党领导的人民武装力量在敌后根据地打击日寇的进展情况不闻不问或者隐瞒、否认,盟国的援助物资不分给共产党甚至指定捐给抗日根据地的物资亦被扣押,新闻人员亦不被允许进入抗日根据地,斯诺曾说他是抗战时期访问延安的最后一个西方记者,因为自1939年后再无人能够进入。时任美国合众社、伦敦《泰晤士报》记者的哈里

---

① 爱泼斯坦著,沈苏儒、贾宗谊、钱雨润译:《见证中国:爱泼斯坦回忆录》,北京:新星出版社2015年版,第188页。

森·福尔曼在 1945 年出版的《红色中国报道》(*Report from Red China*,后被译为《北行漫记》)中指出:国民党"诅咒共产党'强占国土''袭击国军'或'破坏抗战'","这种攻讦当然只有刺激了我们对于共产党的兴趣。我们新闻记者多半是既非共产党,也不是共产党的同情者。共产党声言拥有着华北和华中的约莫九千万的人们——差不多等于美国人口的四分之三。仅仅这一点就成为新闻了"。① 外国记者非常想了解在日军和国民党中央双重封锁后面的情况,在抗日战争中,共产党及其领导的队伍究竟能够作出怎样的贡献。

1944 年 2 月 22 日,国民党中宣部部长梁寒超主持记者招待会,通报战情,邱茉莉(原名埃尔西·费尔法克斯·乔姆利,英国《每日电讯报》编辑)用速记记录的国民党官员与西方记者的"唇枪舌剑"颇能反映西方记者的心声,及国民党对共产党实际封锁却试图加以掩饰的矛盾。

西奥多·怀特(《时代》杂志):部长先生,能否告诉我们,对共产党地区的封锁是否仍在进行?

部长:你所说的"封锁"是什么意思? 你的消息是从哪里来的?

怀特:自 1939 年以来,我去过西安四五次。人们对我说,从西安去延安是不可能的,也无法把医疗用品送到那里,无法运送军事物品。这就是我所说的封锁。

部长:……周恩来和他的人去延安没有任何限制。第十八集团军的运输畅行无阻。所以"封锁"一词不符合事实。

斯图尔特·格尔德(《伦敦新闻纪事报》):自 1940 年以

---

① [美]哈里森·福尔曼著,陶岱译:《北行漫记》,北京:新华出版社 1988 年版,第 1 页。

来，有多少批医疗用品被允许运输过去？

部长：我无法提供这样的材料，因为中国问题必须去问军事委员会。

冈瑟·斯坦因（《基督教科学箴言报》）：有些来自国外的医疗用品是指定运给共产党地区的，却被扣留没收。部长先生是否知道这个情况？

部长：你要了解这方面的详细情况，我建议你去采访陆军部部长何应钦。

布鲁克斯·阿特金森（《纽约时报》）：如果部长先生反对使用"封锁"一词，是否有别的什么词汇可以使用？人们不能自由地去延安，这是尽人皆知的事。

部长：中国对待国共两党的分歧，可以比作家庭内部之争，没有必要公之于众。

怀特：这是家庭内部之争吗？但是，我听到一位部长说，共产党是一群匪徒、军阀等。这不像是家庭内部之争。一年多来，没有一个外国记者被允许充分报道一下局势。

阿特金森：（共产党领导的）第十八集团军的地位如何？它像其他军队一样，也是国家军队的一个组成部分吗？

部长：它原先是的。但是，后来由于它不服从政令，发生了新情况，对他们的供应中断了。

怀特：日本电台不断广播说，他们在打（共产党领导的）新四军。可是在重庆，人们对我说，新四军已经不存在了。哪一种说法对？

吴国桢（重庆市市长）：如果你对日本的新闻感兴趣，你就听它的好了。

伊斯雷尔·爱泼斯坦：你谈到，第十八集团军曾经被认为

是国民政府的军队,后来因形势变化而停止供应,那么,停止
供应有多长时间了?

部长:关于什么时候停止对共产党军队的供应,容我以后
回答这个问题。……共产党自行决定征税,政府一获悉这个
情况,就停止对它的拨款。在最近两周内,没有特别的理由强
调共产党问题,一个集团军已从那个地区撤走。

怀特:但是,几个月来,我们一直遭到封锁,不允许我们谈
论时局。

部长:没有任何人会对此感兴趣。为什么要小题大做呢?

怀特:是你在大题小做。

格尔德:……如果中国政府用大批军队对别的中国军队
进行封锁,它怎么能够全力以赴地抗日?

部长:在任何战争中,都必须既在前线打仗,又在后方维
持治安。

格尔德:请问,是否能允许我们去共产党地区?

斯坦因:能否允许我给延安发个电报,要求它发表一项声
明。如果我得到答复,能否允许我发表?

吴国桢:我们的制度不允许地方政府发表单独的声明。

部长:我不想说共产党企图颠覆政府。

斯坦因:是否值得花钱给延安发这样的电报?

部长:你必须到军队的电台发。

斯坦因:这就是说还是有封锁了。

吴国桢:不。但是,请不要引用我的话。我只是随便
说说。

一位外国记者:记者是否被允许去延安和陕北?

部长:就我的意见而言,我希望你们都可以去。但是,则

必须得到军方的批准。

　　阿特金森：这里有一封由一些记者签发的给蒋委员长的信，要求允许他们去延安。①

　　由对话可见不仅仅是国民党眼中的中共争取到的左派记者不满于国民党的封锁，西方记者抓住国民党否认封锁的矛盾，直接向军事委员会委员长蒋介石提出了联合请求书，"这是由驻居当地的几乎是全世界的通讯记者签名的"。在新闻界人士及盟国政府尤其是美国政府的压力下，国民党最后被迫同意外国记者的延安之行，同时提出了许多限制性条件："外国记者只能作为官方组织和监督的采访团的成员（成员中重庆当局主办的或者许可的中国媒体的记者人数比外国记者多几倍），所有来自共产党方面的言论的报道必须接受新闻检查，除非连同国民党的评论或驳斥一起发表。"②为了约束西方记者的行动、及时监控他们的报道，国民党不仅派遣《中央日报》记者、中央社记者随行，并安排特务冒名记者，更安排国民党中宣部人员携带电台随行，他们是"负责检查外国稿件的国民党宣传处处长魏景蒙及他的助手陶启湘，管业务工作的张湖生，搞党务工作的杨西昆"。代表团途经西安时，国民党又"安排了一个特务科科长化装成一般工作人员混在记者团内搞电台"③。除了西方记者，众多国内各大媒体的记者也非常向往亲赴延安，考察陕甘宁边区及敌后根据地的各项政策实施情况，却不得自由前行。

　　1944 年 6 月 9 日，中外记者参观团抵达延安。正、副总领队分

---

① 爱泼斯坦著，沈苏儒、贾宗谊、钱雨润译：《见证中国：爱泼斯坦回忆录》，北京：新星出版社 2015 年版，第 196—199 页。

② 爱泼斯坦著，沈苏儒、贾宗谊、钱雨润译：《见证中国：爱泼斯坦回忆录》，北京：新星出版社 2015 年版，第 202 页。

③ 金城：《延安交际处回忆录》，北京：中国青年出版社 1986 年版，第 203 页。

别是国民党外事局副局长谢宝樵、新闻检查局副局长邓友德,其中外国记者有:美联社、美国基督教科学箴言报的史坦因,美国时代杂志、纽约时报、同盟劳工新闻的爱泼斯坦,合众社、伦敦泰晤士报的福尔曼,路透社、多兰多明星周刊的武道,美国天主教信号杂志、中国通讯社的夏南汉神甫,及塔斯社的普金科;中国记者有:中央日报社的 CC 分子张文伯,中央社记者徐兆镛、杨家勇(国民党中统特务,临时以中央社记者名义参加进来),扫荡报采访主任谢爽秋,大公报记者孔昭恺,时事新报记者赵炳烺,国民公报编辑周本渊,新民报主撰赵超构,商务日报总编金东平。① 在延安的所见所闻毫无疑问地推翻了国民党散布的关于共产党的一切不实报道,外国记者发出了大量有利于中共的报道。据国宣处统计,福尔曼、爱泼斯坦、斯坦因在延安拍发电讯达 100 多篇,大量报道了他们在边区的所见所闻,其中有关于游击战的、统一战线的、日本工农学校的以及国民党军队的所谓“曲线救国”等内容。② 他们的报道虽大多被国民党中宣部删扣,但毕竟冲破了国民党的舆论封锁,被国际媒体广泛转载传播,为争取盟国以比较公正的态度认识中共及其领导的抗日武装起到了积极的作用。领队的国民党官员十分恼火,在他们的压迫下,中国记者被提前拉回了重庆,外国记者除夏南汉神甫外皆不顾国民党的催促,于 8 月 20 日又赴晋绥抗日根据地采访,直至 10 月才陆续返回重庆。1945 年 3 月,中共常驻重庆代表董必武在一次报告中说:“一个新闻记者对我说,他在来延安前,觉得我们的宣传有些夸大,来延安后,他觉得我们的宣传太不够了。”③返回重庆及本国

① 金城:《延安交际处回忆录》,北京:中国青年出版社 1986 年版,第 202—203 页。
② 王晓岚:《抗战时期国共双方围绕中外记者团的斗争》,《北京党史研究》1997 年第 4 期,第 30 页。
③ 金城:《延安交际处回忆录》,北京:中国青年出版社 1986 年版,第 217 页。

后的西方记者更以翔实的报道宣传延安和解放区的欣欣向荣,宣传八路军、新四军及游击队的战绩。

结束延安采访,返回重庆不久,爱泼斯坦离开中国赴美。他在回忆录中说明了离开的原因:"我刚从延安和敌后抗日根据地采访回来。在这几个月的采访中,我不但看到了另一种全民抗战的情景,也看到了一个未来中国的雏形。我想就这两方面写成一本书,但在重庆——国民党政府的陪都——很难做这件事。在采访过程中,我所有的电讯报道都要通过重庆发出。尽管这些电讯都是发给很有名气的《纽约时报》的,仍然免不了国民党新闻检察官的乱删乱砍,即使无关紧要的细节也难以幸免。"①《我访问延安:1944 年的通讯和家书》《中国未完成的革命》,是继《人民之战》后又两部记录中国抗战的影响广泛且深远的书籍,它们以客观的态度、翔实的报道有力地告诉世人,中国共产党领导的抗日根据地是中国的希望所在。斯诺在收到《中国未完成的革命》一书后致信爱泼斯坦说:这"确实是一部好作品,流畅的文笔,精彩的报道,充满正确的判断和精辟的见解","你出色地把旅行和历史、人物和事件融为一体"。②《中国未完成的革命》主要是爱泼斯坦延安之行和晋绥解放区现场采访的收获,却非仅限于此次访问中的所见所闻,诚如他的第一本战争作品《人民之战》,他的视野宽阔,囊括风云激变的整个亚洲,内容广阔、深刻,上溯鸦片战争的年代,下至抗战全过程和战后中国面临的问题,"爱泼斯坦是把中国的伟大革命斗争,作为日益觉醒的整个东方被压迫民族挣脱殖民主义奴役枷锁的典范介绍给世界人民

---

① 爱泼斯坦著,沈苏儒、贾宗谊、钱雨润译:《见证中国:爱泼斯坦回忆录》,北京:新星出版社 2015 年版,第 7 页。

② 爱泼斯坦著,陈瑶华等译:《中国未完成的革命》,北京:新华出版社 1987 年版,第473 页。

的。他以一个富有国际主义精神的革命家的眼光,观察着'另一个中国'正在发生的巨大变革,高度评价中国解放区人民斗争的经验"。① 《中国未完成的革命》曾被译成德、波、匈等几国文字,成为国际社会了解中国抗战一部绕不开的经典之作。1944 年的延安之行对于爱泼斯坦的思想发展起了"决定性的影响"。中华人民共和国成立后,爱泼斯坦应宋庆龄的邀请返回中国,后来加入中国国籍,投身中国的社会主义建设事业。

第六节　谢伟思

一、出生在成都的美国外交官

约翰·S.谢伟思(John S. Service),美国驻华外交官,非新闻记者,将其列为本章中的一员主要基于以下几点考虑:其一,战时宣传中国抗战的非仅新闻记者,在华之西方学者、军人、医生、外交官等在从事本职工作的同时也有撰文宣传中国的抗战,谢伟思为其中一员。其二,争取援助是国际宣传的目的之一,欧战爆发尤其是太平洋战争爆发后,争取美援成为国民政府国际宣传的主要目标,谢伟思提交给美国政府的报告对美国的对华政策及中美关系有一定的影响。其三,美国军方是战时"租借法案"的执行者,太平洋战争爆发后,美国军方又成为主导美国对华政策的主要部门,国务院在战时外交决策过程中却是"最被冷落的部委",而"在美国联邦政府中,对中国人心理最关怀的官员多半集中在国务院",美国

---

① 爱泼斯坦著,陈瑶华等译:《中国未完成的革命》,北京:新华出版社 1987 年版,第484 页。

驻华领事馆的外交官较美国军方更了解中国,谢伟思是其中一员。他们"认为军部和派驻中国的军官都无法体会美国的整体和长远国家利益",因此"纵然已经丧失对华外交发言权,但是内心仍然主张增加美国对华援助"①。基于中国国内的政治形势与军情,谢伟思多次向华府提交报告,呼吁美国政府正视中国共产党的兴起及其对抗日的贡献,主张奉行"有条件地支持蒋介石"的灵活政策。其四,20世纪50年代初,在美国麦卡锡主义泛滥时,谢伟思等一些了解中国国情的美国前驻华官员与被视为左派的记者、学者一起被指责负有"丢失中国"之罪。

　　谢伟思,能说一口流利的四川话和中国话,1909年出生于四川成都,他的父母是清礼会传教士,1905年来到中国成都,创办了基督教青年会。谢伟思在成都和重庆度过了童年,由母亲启蒙,11岁时只身赴上海就读于美国教会学校"美童公学"——一所面向美国侨民儿童开设的国际学校,16岁时随回国休假的父母返回美国,就读于加利福尼亚伯克利中学。中学毕业后,"他在上海基督教青年会充任建筑绘图员。一年后,又经东南亚、印度和欧洲作了一年旅行返回美国,于1927年秋进入俄亥俄州奥柏林学院学习"。②1931年,谢伟思从奥柏林学院毕业,立志从事外事工作,1933年通过美国驻外事务处考试。因当时的经济大萧条一时无法得到职业任命,谢伟思决定返回中国,申请充任美国驻外领事馆职员,获准派赴美国驻中国云南昆明的领事馆当办事

① [美]齐锡生:《剑拔弩张的盟友:太平洋战争期间的中美军事合作关系(1941—1945)》(修订版),台北:联经出版事业股份有限公司2012年版,第550页。
② [美]约瑟夫·W.埃谢里克编著,罗清、赵仲强译:《在中国失去的机会——美国前驻华外交官约翰·S.谢伟思第二次世界大战时期的报告》,北京:国际文化出版公司1989年版,序言,第3页。

员,从此开始了他在中国的职业外交官生涯。20 世纪 30 年代的
云南是个名义上隶属于南京国民政府实质比较独立的省份,在云
南的两年,谢伟思对中国的军阀、地方保护主义有了直观的初步
了解。

　　1935 年,谢伟思被派往美国驻外事务处中国组工作,到北京
(时称北平)的美国领事馆报到,任语言随员。在北京,他不仅接受
了语言强化训练,还研究了中国历史、法律和经济。1935—1938 年
的华北处于日本侵华的前线,也是抗日运动的中心,谢伟思目睹了
1935 年一二·九学生运动,感受到了中国青年学生要求抗日的强
烈爱国热情,并亲历了 1937 年发生的卢沟桥事变,由此对中日战
争、对中国的抗日运动有了直观的认识。在中国的民族危机日益
加深直至中日间爆发全面战争期间,谢伟思结识了一批在其后的
中美关系中有重要影响力的新闻界人物、学者和军官,他们中有埃
德加·斯诺、欧文·拉铁摩尔、约瑟夫·W. 史迪威和戴维·D. 包
瑞德等,这群职业不同的驻华美籍人员,有着最大的共性即对中国
社会有一定的了解。

　　1938 年 1 月,谢伟思被派往上海的美国领事馆工作,直至 1941
年。此时的上海已沦为日本占领区,被称为"孤岛"的租界虽处于
日军包围之中,备受压力,终究有一定的独立性,一些抗日期刊借
此刊行,它们及时、客观地向上海民众报道抗战实况,对国内外形
势、对抗战的前景、对日本法西斯的侵略野心进行客观、科学的分
析与评论,以稳定沦陷区的民心,增强民众反侵略的斗志。当时的
上海领事馆是美国最大、最忙的外事机构之一,谢伟思在从事发放
签证等繁忙的外事工作之余,凭其流利的中文尽可能地阅读中国
书刊,访谈中国民众。

　　1941 年,远东局势之险恶日趋明显,越来越多的人认识到中

国的抗战不仅关系到中国自身的生死存亡，也是对世界反法西斯战争的有力支持与贡献。在中国独立奋战了四年之后，中日之间在前线呈胶着状态。对于国民党军队的抵抗不力及其在战斗中存在的种种问题，蒋介石在军事会议上，在演讲中、日记中皆有所批评，国民党实行新闻检查与封锁亦是掩盖失败掩盖问题的一种手段。鉴于自身在远东的利益，美英开始重视中国的抗战及其前景，希望对中国的政治、军事等有更多的了解。谢伟思被派往重庆的美国大使馆任三等秘书，其日常工作是起草报告供大使签发，为此，他需要通过各种途径获取信息。他的上级、美国驻华大使高思对其任务作了如下说明："在重庆，谢伟思先生是大使馆的一位政治官员，他的任务是搜索重庆的情况，获得他能够得到的每一条情息。他每天过江到市区，会见他能够见到的每一个人。在那些日子里，要得到消息是困难的，我们受到新闻检查。他们能够提供的尽是些从未得到证实的关于中国取得胜利的好消息。"①据统计，"1941—1942 年，实际由大使签发的备忘录或报告为数很少。1941 年唯一的也是有案可查的第一份报告是与美国记者杰克·贝尔登谈话的记录"，②即谢伟思与贝尔登的谈话记录。为帮助美国政府了解真实的局势，谢伟思向所有他能接触到的上过前线、没上过前线的新闻记者了解战情，向非国民党人士包括共产党、无党派了解情况，获取信息。约瑟夫·W. 埃谢里克在《在中

———————————

① ［美］约瑟夫·W. 埃谢里克编著，罗清、赵仲强译：《在中国失去的机会——美国前驻华外交官约翰·S. 谢伟思第二次世界大战时期的报告》，北京：国际文化出版公司1989 年版，序言，第 4—5 页。

② ［美］约瑟夫·W. 埃谢里克编著，罗清、赵仲强译：《在中国失去的机会——美国前驻华外交官约翰·S. 谢伟思第二次世界大战时期的报告》，北京：国际文化出版公司1989 年版，第 2 页。

国失去的机会——美国前驻华外交官约翰·S.谢伟思第二次世界
大战时期的报告》一书中对谢伟思的外事活动及其所见的人有一
段较为详细的说明："谢伟思的工作是过江去拜会他能够见到的每
个人。他会见外国记者、中国记者以及被认为可能了解一些情况
的驻重庆的各国使馆或使团的任何人。他拜会外交部或其他部的
官员。他前往国民党总部同他能够见到的人交谈,他访问无党派
的《大公报》……拜会共产党驻重庆办事处。他同能够向他提供消
息的在重庆的所有人保持联系,他就中国正在发生的事情拼凑了
一副摆在我们面前的这个七巧板,他对此做了出色的工作。"①就谢
伟思在上海与重庆所接触的各类人员看,他了解、掌握的信息应是
广泛的,而获得的信息越广泛,对国民党的好感度越低。美国驻华
大使高思并非倾向共产党,却支持谢伟思接触共产党人,虽然此举
引起蒋介石的不满,遭到国民党的阻挠,而谢伟思也并非共产党的
同情者,他只是一名美国外交界的"中国通",高思称谢伟思是美国
政府"关于中国共产主义的权威"②。

　　来到大后方后,谢伟思的足迹并不限于重庆。1942年下半年,
他实地考察了中国中原与西北地区,包括洛阳、西安和兰州等地。
年底返回美国,在国务院接受咨询,发表了关于中国内部形势与美
国应采取的对华政策建议。1943年4月回到重庆,被分派到兰州
工作,不久又被召回重庆。7月,受命担任史迪威将军参谋部的政

---

① ［美］约瑟夫·W.埃谢里克编著,罗清、赵仲强译:《在中国失去的机会——美国前驻
　　华外交官约翰·S.谢伟思第二次世界大战时期的报告》,北京:国际文化出版公司
　　1989年版,第5页。
② ［美］约瑟夫·W.埃谢里克编著,罗清、赵仲强译:《在中国失去的机会——美国前驻
　　华外交官约翰·S.谢伟思第二次世界大战时期的报告》,北京:国际文化出版公司
　　1989年版,第5页。

治顾问,这"对文官和驻外使领馆官员来说是少有的地位"①,接下来的一系列职务皆与此有关,他担任了美军驻华司令部与美国驻华大使馆之间的联络员,还充当了美国驻华陆军司令部与中国共产党驻重庆办事处之间的联络员,便利其从华北获得情报。供职于史迪威参谋部期间,谢伟思不仅有机会在中国内地游历,还去了缅甸,到过印度支那边境,用他自己的话说就是"这些工作的自由性和一些被分派的任务给我提供了比过去更多的旅行机会"②。当然,更多的时间是待在重庆,作为一名顾问,他"从侧面卷入许多在美国和中国官员间进行的谈判,并设法在陆军和战略情报局,陆军情报局等其他机构之间促成更好的协作",他的经常任务是"向参谋长和助理参谋长(负责情报工作)提供政治背景情况和参考意见",并被鼓励"提交任何看来是及时的、有意义的或对驻华陆军总部有用的问题的备忘录"③。谢伟思的报告不仅提交给美国驻华陆军总部,也提供给美国驻华大使馆。

在耳闻目睹了抗日前线、游击区、沦陷区等各地的军情、社会经济情况及政治局势,对国民党的统治与共产党地区有了不同的认识之后,在美国政府内部就对华政策出现分歧乃至激烈争论之际,谢伟思强烈建议并推动美国军事观察组赴延安考察。此行获准后,作为美国驻华陆军司令部的政治顾问,谢伟思随同美国军事观察组抵达延安,历时三个月的考察与访谈,令其对共产党有了更

---

① [美]谢伟思著,王益等译:《美国对华政策:1944—1945:〈美亚文件〉和美中关系史上的若干问题》,北京:中国社会科学出版社 1989 年版,第 177 页。

② [美]谢伟思著,王益等译:《美国对华政策:1944—1945:〈美亚文件〉和美中关系史上的若干问题》,北京:中国社会科学出版社 1989 年版,第 177 页。

③ [美]谢伟思著,王益等译:《美国对华政策:1944—1945:〈美亚文件〉和美中关系史上的若干问题》,北京:中国社会科学出版社 1989 年版,第 178 页。

加深入和理性的认知，从而无愧于美国外事工作方面的中国共产党问题专家之称。在访问延安的过程中，谢伟思及时而勤奋撰写报告，为美国外交决策层提供了重要的对华政策建议。

根据多年的旅华经历及20世纪40年代对西安、西北的考察，尤其对延安的访问，谢伟思对国民党与共产党、对战时的中美关系皆有自己独立的见解，对战后中美关系的发展也有理性、客观的预测。然而，他的见解与建议令其成为二战后美国麦卡锡主义的受害者。20世纪70年代，当美国反中亲台势力为阻止中美关系正常化而抛出《美亚文件》一书时，谢伟思撰写了《美国对华政策：1944—1945：〈美亚文件〉和美中关系史上的若干问题》一书，以批驳《美亚文件》的错误观点。这是谢伟思回顾他所经历的中美关系史的第一部论著，其中引用了许多第一手资料包括当年呈交的备忘录。黄华在根据谢伟思发回国务院的报告编辑而成的《在中国失去的机会——美国前驻华外交官约翰·S.谢伟思第二次世界大战时期的报告》的中文版序言中指出，谢伟思"忠于他的祖国和人民的利益，具有反法西斯战争的正义感"。可以说，谢伟思一生忠于他的祖国和人民的利益，同时有着浓浓的中国情。

二、以"美国军事观察小组"身份进驻延安

1944年7月21日，中印缅战区美军司令部向延安派出美军观察组（又称迪克西使团），7月22日，包瑞德上校率第一批人员抵达延安。该项行动起于1944年2月罗斯福向蒋介石提出派美国军事考察团去延安的要求，被婉拒，6月，美国副总统华莱士访华，再次提出此项要求，蒋介石勉强同意。美国政府所以起意派军事观察组赴延安，实有深刻的军政背景。自1941年底太平洋战争爆发后，美国开始重视中国战场，希望利用中国的人力资源，依托中国

战场牵制日军,以减轻其在太平洋战场所受的压力。而在谢伟思等驻华外交人员看来,中国的军事、政治、经济形势正日益恶化,蒋介石忙于内部纷争,一意消灭共产党,消极抗日,他向国务院呈交的报告中阐述了他的看法,"蒋介石期待美国替他打败日本。同时,他还期待在这一过程中,美国给他外交支持,增强他的国际地位,并依靠美国向他提供财政援助和帮助他改善并装备军队来增强他的国内地位。蒋介石和国民党现在主要考虑的不是抗日战争,而是继续争夺内部权力、消灭共产党,以及打好几乎肯定是不可避免的内战"①。谢伟思批评了蒋介石和国民党,认为他们现在已无心抗日,同时又强调中国在战时及战后对于美国之战略意义:"中国的内部形势对美国在那里的利益将是至关重要的……国民党和中共之间的斗争既不利于把预计要在中国大陆进行的抗击日本的长期战争进行到底,也不利于实现我们希望中国在战后能实现的和平统一和稳定。既然共产党——他们显然在华北日军后方变得强大起来——是一个极大的未知数,美国就应该明智地去了解关于他们的第一手情况。"②因此,谢伟思提出了向延安派赴美国军事考察团的建议。此时蒋介石与美国之间的矛盾与冲突已频频发生,中美政府间的信任在逐渐流失,美国在企图褫夺蒋介石军事指挥权的同时又希望中国战场能够牵制大量的日军,派遣美军观察组进驻延安,既是为了深入了解这支有力的抗日力量,也是为美国确定当时及战后对华政策的重要准备。

---

① 〔美〕谢伟思著,王益等译:《美国对华政策:1944—1945:〈美亚文件〉和美中关系史上的若干问题》,北京:中国社会科学出版社1989年版,第179页。

② 〔美〕谢伟思著,王益等译:《美国对华政策:1944—1945:〈美亚文件〉和美中关系史上的若干问题》,北京:中国社会科学出版社1989年版,第177页。

那么,谢伟思为何如此批评蒋介石批评国民党？如前所述,谢伟思来到重庆后,努力访问各类人员,又实地考察了中原与西北地区,耳闻目睹了抗日前线、游击区、沦陷区等各地的军情、社会经济情况及政治局势,而获得的信息越广泛,对国民党的好感度越低,仅从 1942 年河南饥荒,他看到了中国农民所承受的繁重的兵役、劳役与赋税,及政府与军队的腐败等问题,他认为严重的饥荒“可能引起人们态度和心理状态的变化”,“河南农民本来就已经对抗战不感兴趣;现在存在这种可能性,他们的苦难可能孕育着不满,而这种不满可能演变为对他们的处境的公开抗争”[1]。谢伟思的判断不幸在 1944 年日本发动的攻势作战中得到证实,河南农民对撤退中的国民党军队实施了抢劫。通过对河南饥荒的考察,谢伟思“在中国农村地区看到了国民党的失败和丧失了治理的能力”[2]。不仅是国民党统治下农村的境况令谢伟思看到国民党的失败,他所看到与听闻的国民党军队的状况及国民党在宣传方面的工作也令其对国民党深感失望。在从四川前往甘肃的途中,他看到不同区域部队的物质条件相差甚远,陕西和甘肃的士兵被称为叫花子也不为过,被克扣了口粮的新兵因饥饿或沿途流行病的传染而大量死亡。谢伟思还看到士兵对民众的抢劫,“在广元,我看到一群新兵围攻一个跛腿的卖糖果的小贩,他被推到一边,糖果几秒钟后

---

① 〔美〕约瑟夫·W.埃谢里克编著,罗清、赵仲强译:《在中国失去的机会——美国前驻华外交官约翰·S.谢伟思第二次世界大战时期的报告》,北京:国际文化出版公司 1989 年版,第 18 页。

② 〔美〕约瑟夫·W.埃谢里克编著,罗清、赵仲强译:《在中国失去的机会——美国前驻华外交官约翰·S.谢伟思第二次世界大战时期的报告》,北京:国际文化出版公司 1989 年版,第 9 页。

就被一抢而光,押送的人不管不问"①。"谢伟思的旅途报告非常清楚地说明了国民党军队的悲惨状况:装备不足,给养不足,疾病流行,训练很差,领导无方。"②

　　在美国政府日趋关注中国战场的时候,国民党正面战场呈现的却是抗战不力,甚至诸多军官率部投敌的现象。1943 年 11 月 3 日,谢伟思就国民党和军阀军队变成伪军的事写了一篇报告,题名《中国军队领导人愿意当"伪军"》,文中不齿国民党的辩解,援引了共产党的声明"没有证据驳斥他们(国民党)的说法,在大致相同的地区作战的他们(共产党)的部队,没有一个成为伪军的"③,谢伟思认为"共产党人对于叛变行为的观点,更接近于西方人"。他同意共产党对这一现象的分析,即"大批部队整个投向日军,是中央政府的计划的一部分,其目的是要在抗战结束后重启取得由共产党人控制的华北游击区的控制权","这种'大批的伪军化'是国民党和日本人之间为反共而进行的特殊的合作"④。结合"富有经验的政治观察家"的分析,谢伟思深入细致地剖析了造成这种情况的原因。即便不是完全接受共产党对国民党"伪军化"的解释,包括谢

---

① [美]约瑟夫・W. 埃谢里克编著,罗清、赵仲强译:《在中国失去的机会——美国前驻华外交官约翰・S. 谢伟思第二次世界大战时期的报告》,北京:国际文化出版公司 1989 年版,第 36 页。

② [美]约瑟夫・W. 埃谢里克编著,罗清、赵仲强译:《在中国失去的机会——美国前驻华外交官约翰・S. 谢伟思第二次世界大战时期的报告》,北京:国际文化出版公司 1989 年版,第 37 页。

③ [美]约瑟夫・W. 埃谢里克编著,罗清、赵仲强译:《在中国失去的机会—— 美国前驻华外交官约翰・S. 谢伟思第二次世界大战时期的报告》,北京:国际文化出版公司 1989 年版,第 50 页。

④ [美]约瑟夫・W. 埃谢里克编著,罗清、赵仲强译:《在中国失去的机会——美国前驻华外交官约翰・S. 谢伟思第二次世界大战时期的报告》,北京:国际文化出版公司 1989 年版,第 51、52 页。

伟思在内的以军职或文职人员身份到中国执行战时任务的美国人多承认这一事实——"国民党更着眼于将来同中国共产党进行内战,而不是注意当前的对日战争"①,自全面抗战以来国民党宣传工作的变化,强化了他们对国民党消极抗日却积极反共的认知。谢伟思在写于1942年7月10日的一篇备忘录中,阐述国民党宣传工作的变化:"抗日战争产生了一个强大的凝聚力,进行了认真的努力来唤醒人民和团结人民,做了大量宣传和组织工作,在日军占领区和靠近占领区的地区展开游击战。在这种自发爆发的热情抗战的工作中,中国的著名作家和艺术家以及共产党人起了重大作用。许多人,甚至包括政府内部的人,在回顾这一阶段时,都认为那时政府是很起作用和有效率的","大约从1938年秋政府从汉口迁出前后,出现了一个反动,国民党对共产党日益增长的影响显然疑虑重重,对他们和左翼分子实行了越来越严厉的镇压……其结果是扼杀了好多过去曾经进行过的积极而富有创造性的宣传工作,并使国民党的宣传带有了强烈的反共偏见。对国民党的某些派别来说,反对共产党已经成了宣传工作的重要组成部分,如果说不是最重要的组成部分的话。从这时起,反日宣传和对日心理战的生气与活力,已经下降"。②

中国的团结抗战,为所有反法西斯国家和人民所乐见,亦受到已参加和准备参加太平洋战争的几大盟国的重视。国民党的执意

---

① [美]约瑟夫·W. 埃谢里克编著,罗清、赵仲强译:《在中国失去的机会——美国前驻华外交官约翰·S. 谢伟思第二次世界大战时期的报告》,北京:国际文化出版公司1989年版,第48页。

② [美]约瑟夫·W. 埃谢里克编著,罗清、赵仲强译:《在中国失去的机会——美国前驻华外交官约翰·S. 谢伟思第二次世界大战时期的报告》,北京:国际文化出版公司1989年版,第63页。

反共在盟国看来无疑是破坏团结、不利于抗日的行动,谢伟思在写给国务院的备忘录中指出,时至 1943 年,"已经不再是探求内战能否避免,而是它能否拖延到对日作战胜利之后了"①。于是,未得到美国援助却奋战在抗日前线的共产党引起了更多在华美国文职、军职人员的兴趣与关注。谢伟思指出,"共产党军队在我们的共同作战努力中可能有积极的军事价值,这是不容忽视的"②,他们迫切且强烈地希望去共产党的大本营作实地考察,验证他们一路走来所听闻的故事,以便为美国政府制订对华政策提供真实依据。谢伟思在1943 年 1 月上呈给国务院的备忘录中建议派遣美国代表访问"共产党地区",并提议由外事处中文科的官员充当代表。众所周知,此前已有不少新闻记者访问过延安或游击区并作了报道,有的还将访问记录著述出版,谢伟思看过他们的报道,也与一些记者关系良好,但他在备忘录中指出了他们的缺陷:"大多数能够访问共区的新闻记者,看来都有一种倾向共产党人的偏见。他们也囿于语言限制,不能长期待在共区",进而建议由懂中文的不带政治偏见的外事处官员到共产党地区作实地考察,"他们既要在延安或其附近有比较长期的居留,也要在游击区有相当广泛的旅行。"他认为共产党会欢迎他们的前往,并指出这种访问对美国来说有很大的好处,一来可以使国民党知道美国对形势的关心,二来可以

---

① 〔美〕约瑟夫·W. 埃谢里克编著,罗清、赵仲强译:《在中国失去的机会——美国前驻华外交官约翰·S. 谢伟思第二次世界大战时期的报告》,北京:国际文化出版公司1989 年版,第 172 页。

② 〔美〕约瑟夫·W. 埃谢里克编著,罗清、赵仲强译:《在中国失去的机会——美国前驻华外交官约翰·S. 谢伟思第二次世界大战时期的报告》,北京:国际文化出版公司1989 年版,第 173 页。

"使我们得到有关共产党方面情况的全面、可靠的消息"①。谢伟思认为只有对共产党作全面的了解，才能对国共两党互相矛盾的报道作出正确的判断。谢伟思在备忘录中罗列了他所希望了解的事实："共产党人是怎样信守不渝地实践了他们的统一战线诺言的？共产党地方政府的结构如何？政府'共产主义化'的程度？它是否显示了任何民主主义特征或可能？它是否赢得人民的一般支持？它和国民党中国政府的情况对比如何？共产党怎样处理人民的这类事项的，在诸如加税、征粮、服兵役和强制劳动等方面，和国民党地区比较如何？共产党人的军事和经济实力如何，他们对盟国事业可能有什么价值？为了继续抗战，他们怎样处理通货膨胀、物价管制和经济资源开发等问题，怎样进行对敌贸易？游击区人民的动员和觉醒是否已经达到支持一场真正的游击战所需要的程度？"②美国政府既不满蒋介石及国民党军队在战场上的表现，美国军部领袖又并不看重中国战场、不愿或无力给予中国大量援助，为实现打败日本的共同目标，亦为了美国的利益，深入了解共产党，发挥共产党军队在共同作战中积极的军事价值无疑是件值当的事。

谢伟思在建议派遣美国官员访问延安的同时，也提醒说不要要求访问人员"根据一次短促的访问就写出一份报告"，他怕他们受到"官方导游的影响"，希望给予他们充分时间去熟悉情况，"亲

---

① ［美］约瑟夫·W.埃谢里克编著，罗清、赵仲强译：《在中国失去的机会——美国前驻华外交官约翰·S.谢伟思第二次世界大战时期的报告》，北京：国际文化出版公司1989年版，第176—177页。

② ［美］约瑟夫·W.埃谢里克编著，罗清、赵仲强译：《在中国失去的机会——美国前驻华外交官约翰·S.谢伟思第二次世界大战时期的报告》，北京：国际文化出版公司1989年版，第177页。

自进行逐日的观察"①。作为美军军事观察组一员前往延安之后，他也曾提醒自己"要保持清醒头脑，不要被感情所支配"，然而在延安才待了六天，他就迫不及待地写出了第一篇通讯，"尝试记录下一些对共产党边区的初步概括印象"，他说他们全组成员都有相同的感觉，那就是"他们来到了一个不同的国家，碰到了不同的人。不容否认，精神气质和气氛都有变化"，他认同一个在中国出生和长大的军官所说，"我发现我自己在不断尝试去找出，这些人到底是怎样的中国人"②。类似的话，此前访问过延安、在谢伟思眼中或许有倾向共产党之见的新闻记者说过，而才来延安六天的谢伟思也不禁有此感叹。谢伟思从延安的社会风貌，人们的衣着与生活，妇女、青年学生的精神风貌，民众的士气，领导人平易近人的作风和他们的自信等方面描述了延安与重庆的巨大差异。相较于重庆的灰暗气氛，延安的高昂士气、百倍信心与民众普遍的政治觉悟令谢伟思在内的观察组成员震慑。不同于在重庆与官员的交往模式，"在重庆，官吏们和外国人保持着一种客客气气的距离，只能在十分正式的安排下和他们打交道"；在延安，谢伟思发现"官员和人民与我们的关系，以及中国人相互之间的关系，都是坦诚、直率和友好的"。来延安不久，他"已经有机会和许多中国朋友见面、谈话，会见了在共区已经住了一些时候的三位外国人，而且还要会晤

① ［美］约瑟夫·W. 埃谢里克编著，罗清、赵仲强译：《在中国失去的机会——美国前驻华外交官约翰·S. 谢伟思第二次世界大战时期的报告》，北京：国际文化出版公司1989 年版，第 177—178 页。

② ［美］约瑟夫·W. 埃谢里克编著，罗清、赵仲强译：《在中国失去的机会——美国前驻华外交官约翰·S. 谢伟思第二次世界大战时期的报告》，北京：国际文化出版公司1989 年版，第 181 页。

大多数重要的共产党领导人"①,完全没有在重庆时的繁文缛节,所以,他率先打破他曾经给他人的警示,出乎其本人意料地在短时间内写了一篇描述延安的通讯。接着,他就共产党地区的经济形势、共产党的民主和经济改革、中国共产党的领导、共产党对国民党的政策、共产党对美国的政策等,根据自己的观察及与人的交谈作了实事求是的记录与报告。1945 年 3 月,中共七大召开前夕,谢伟思再度申请赴延安,再次访谈毛泽东、周恩来等中共领导人,并与出席中共七大的领导人进行了广泛接触。经过三个月的实地考察与访谈,及与中共领导人的密切接触,谢伟思对中国共产党的实力有了充分的了解与信任,激发他向美国政府提出一些明确的政策建议。

三、给华府的政策建议

诚如《在中国失掉的机会》一书的作者埃谢里克所说,"虽然外事处的一名下级军官是不能提出自己的政策建议的,但是,谢伟思是一位政治报道员和史迪威的顾问",他的这一特殊地位给了他提出政策建议的机会。为使华府对远东形势有清醒的认识,他在1944 年 6 月 20 日向国务院提出了一个长篇政策建议,受到了国务院的青睐。1944 年 7 月亲赴延安考察之后,基于对中国共产党及其领导的运动的实地考察与访问,他在其后的半年内向国务院发回电讯、报告 30 余篇,"为美国官方了解中国共产党及其领导下的抗日军事力量和政治力量及其发展前景,提供了有权威性的第一

---

① [美]约瑟夫・W.埃谢里克编著,罗清、赵仲强译:《在中国失去的机会——美国前驻华外交官约翰・S.谢伟思第二次世界大战时期的报告》,北京:国际文化出版公司1989 年版,第 180、181 页。

手的报告"①,同时也提出了多篇政策建议。据谢伟思本人说,"我
在延安提出了相当一般和试探性的政策建议,但是最具体,而且可
能是发挥最详尽的建议是1945年2月28日的长电,这封电报是我
同重庆大使馆的全体工作人员一起写的……到起草这份电报时,
我们已经对中共有了七个月的密切接触和广泛考察。卢登在四个
月深入前线游击区的艰苦跋涉后刚刚回到重庆,并带回了证实和
加强我们在延安和山西所做的调查结果的报告"②。最终,代表重
庆大使馆全体工作人员意志的政策建议未被采纳,时任美国驻华
大使赫尔利将其调停国共冲突的失败归罪于谢伟思等人,"赫尔利
对他们同情共产主义的指责一直伴随着这些人后来的生涯"③。谢
伟思在回顾他所经历的那段中美关系的第一部论著《美国对华政
策:1944—1945:〈美亚文件〉和美中关系史上的若干问题》中指出,
1944—1945年的美国对华政策并不像赫尔利所理解的那样"无条
件地支持蒋介石","相反,一系列美国政策文件表明,美国政府当
时奉行的是'有条件地支持蒋介石'的'灵活政策'",他认为他的
"建议与国务院自己在1944年和1945年起草的关于长期政策的满
怀希望的声明在实质上没有多少差别,也许主要差别在于我主张

---

① [美]约瑟夫・W. 埃谢里克编著,罗清、赵仲强译:《在中国失去的机会——美国前驻
　华外交官约翰・S. 谢伟思第二次世界大战时期的报告》,北京:国际文化出版公司
　1989年版,中文版序言。
② [美]谢伟思著,王益等译:《美国对华政策:1944—1945:〈美亚文件〉和美中关系史上
　的若干问题》,北京:中国社会科学出版社1989年版,第243—244页。
③ [美]约瑟夫・W. 埃谢里克编著,罗清、赵仲强译:《在中国失去的机会——美国前驻
　华外交官约翰・S. 谢伟思第二次世界大战时期的报告》,北京:国际文化出版公司
　1989年版,序言第6页。

把长期政策变为短期政策"①。那么,何以他的政策建议最终未被接纳甚至本人因此长期受到迫害呢?

先看看谢伟思提出的政策建议是什么? 1944 年 6 月提出的政策建议报告分三大部分。第一部分说明"中国的局势正在迅速走向危急关头",历数了国民党在政治、军事、经济等方面的缺点与败象,分析了其原因,明确指出"国民党的现行政策看来必定要失败,如果这一失败导致中国崩溃,它将给我们在远东的近期军事计划和长远利益带来重大灾难"②。第二部分,鉴于中国日益加剧的危机,就"美国应对中国采取何种态度"展开讨论,文中分析了国民党对美国的依赖,美国若拒绝可能产生的后果,提出了三种可供选择的办法。基于对国民党施加影响力及美国在亚洲利益的考虑,建议采取第三种选择,即"制定一项协调一致的、积极的对华政策并采取必要的步骤加以贯彻"。谢伟思认为"美国如果有这种愿望,并有一项一贯的政策,就可以在以下事情中扮演一个重要的,也许是决定性的角色。(1)促使中国积极参加远东战争,从而加速击败日本。(2)避免中国的经济崩溃,促成基本的政治、经济改革,从而使它能继续进行战争并增加它战后有秩序地进行恢复的机会。(3)使中国能够在战后崛起,成为东亚稳定的主要因素。(4)赢得一个永恒的、有用的盟友,一个进步的、独立和民主的中国"。③ 第三部分,承认贯彻这项政治政策是有某些困难,但并非不可行,由

---

① [美]谢伟思著,王益等译:《美国对华政策:1944—1945:〈美亚文件〉和美中关系史上的若干问题》,北京:中国社会科学出版社 1989 年版,第 2、184 页。

② [美]谢伟思著,王益等译:《美国对华政策:1944—1945:〈美亚文件〉和美中关系史上的若干问题》,北京:中国社会科学出版社 1989 年版,第 275 页。

③ [美]谢伟思著,王益等译:《美国对华政策:1944—1945:〈美亚文件〉和美中关系史上的若干问题》,北京:中国社会科学出版社 1989 年版,第 281 页。

此提出了解决困难的方法和执行这项政策时应采取的各项措施，包括消极方面的多项措施和积极方面的多项措施。报告的最后，坦率指出："必须承认，这里建议的某些措施将会涉及这样一个问题，即它们对另一主权国家的事务表现了超出正常程度的关心"，简言之即干涉了一个主权国家的内部事务，但谢伟思认为这样的做法"只构成非常缓和的间接干涉"，"并没有达到损害中国主权的地步"①。

　　谢伟思的报告送达华盛顿时，"正值导致史迪威被免职的危机发展到严重关头，他的分析看来是特别贴切中肯的，报告被广为散发……虽然他的建议只有少数被采纳，但国务院表扬谢伟思提出了'及时的、透辟的分析和建设性的建议'"②。此时的谢伟思虽对共产党有所听闻和好感，尚未作过实地考察的他并不确信他所听闻的，他对美国政府的政策建议是基于对国民党的失望。如前文所述，抵达延安才六天，他便发现这是一个全新的"中国"，在实地考察了一个多月后，他作出了比此前更积极的政策建议，直截了当地主张美国给予共产党军队以军事援助，8 月 29 日提出"美国给中国共产党军队以军事援助的可取性"的备忘录，其中列举了采取与共产党合作这一行动的一大串军事、政治理由，而关键的还是政治考虑，其要点如下："（1）把我们的支持和供应限定在只给国民党，不可能为我们赢得一个能起作用的、全心全意的同盟者。（2）否则，就只能鼓励国民党现行的反民主倾向。（3）不偏袒地既支持国民党军队，也支持共产党军队，至少会使一支部队，即真心实意要

①　[美]谢伟思著，王益等译：《美国对华政策：1944—1945：〈美亚文件〉和美中关系史上的若干问题》，北京：中国社会科学出版社 1989 年版，第 290 页。
②　[美]约瑟夫·W. 埃谢里克编著，罗清、赵仲强译：《在中国失去的机会——美国前驻华外交官约翰·S. 谢伟思第二次世界大战时期的报告》，北京：国际文化出版公司 1989 年版，第 137 页。

抗战的共产党部队具有战斗力。（4）这样的不偏不倚的援助实际
上在中国将产生一种积极的影响……尽力促使国民党走向改革。
（5）最后，我们给予共产党军队的援助，几乎肯定会使得国民党发
动一场内战成为不可能。"①9 月 3 日，提出"美国需要一项对应中
国共产党的兴起而产生的问题的政策"的备忘录，敦促美国"承担
多少积极一些的作用，来影响中国内部事务的发展"，因为"即使共
产党没有机会上升到控制地位，我们必须预期，由于它显示的活力
和它赢得的人民支持，它将是中国有影响的党，并且是在必将代之
而产生的民主体制中的一个重要因素"②。虽然都是希望美国政府
通过支持共产党来压迫国民党，谢伟思与史迪威还是有所不同的，
史迪威主张"不论在任何情况下，美国都应该果断而无情地施压，
逼迫中国就范，达成美国自己的愿望"③，史迪威内心对蒋介石很是
不屑与不敬，一心想抓中国兵权，他的"所作所为一再让蒋介石感
到个人或国家尊严遭受践踏"，"史迪威有高高在上的种种优越
感"④，谢伟思与蒋介石、国民党没有个人纷争，会讲成都话的他更
没有高高在上的种种优越感，他反对无条件支持蒋介石，建议美国
政府援助共产党是基于美国国家利益考虑，同时也顾虑这会干涉

---

① ［美］约瑟夫·W. 埃谢里克编著，罗清、赵仲强译：《在中国失去的机会——美国前驻
　华外交官约翰·S. 谢伟思第二次世界大战时期的报告》，北京：国际文化出版公司
　1989 年版，第 277 页。
② ［美］约瑟夫·W. 埃谢里克编著，罗清、赵仲强译：《在中国失去的机会——美国前驻
　华外交官约翰·S. 谢伟思第二次世界大战时期的报告》，北京：国际文化出版公司
　1989 年版，第 273 页。
③ ［美］齐锡生：《剑拔弩张的盟友：太平洋战争期间的中美军事合作关系（1941—1945）》
　（修订版），台北："中央研究院"联经出版事业股份有限公司 2012 年版，第 551 页。
④ ［美］齐锡生：《剑拔弩张的盟友：太平洋战争期间的中美军事合作关系（1941—1945）》
　（修订版），台北："中央研究院"联经出版事业股份有限公司 2012 年版，第 571 页。

一个主权国家的内部事务。

　　史迪威事件之后,作为罗斯福私人代表来华调停国共关系的赫尔利逐渐倾向无条件地支持蒋介石,1944 年 11 月接替返回美国的高思出任驻华大使,压制反对无条件扶蒋之声音。1945 年 2 月 14 日,谢伟思随同迪克西使团的另一位外事官员卢登向即将返回华盛顿备咨询的史迪威的继任者魏德迈汇报了晋察冀之行的观感,魏德迈很感兴趣,要他们写一份备忘录带回华盛顿,于是谢伟思、卢登二人联署"美国远东政策的军事弱点"之报告,开宗明义"美国的远东政策只能有一个直接目标:在尽可能最短的时间里,以最少的美国人生命为代价击败日本。为了达到这个目标,一切其他考虑都必须从属于它"①,敦促对中国共产党奉行类似盟国对南斯拉夫铁托部队所奉行的政策,"目前,中国局势与丘吉尔首相宣布支持铁托元帅之前在南斯拉夫存在的局势相仿。其声明如下:'对我们来说,要奉行的最清醒和最保险的方针,就是根据一切党派在和德国人作战中的决心的考验和从而减轻盟军负担的情况,来不感情用事地判断他们。现在不是意识形态上选择这一方或那一方的岁月'"。② 备忘录的最后,他们直指当前对华政策之错误:"支持委员长只是达到目的的一种手段;支持委员长自身并不是目的,但是现在的政策声明表明我们显示了一种把目标和手段混淆起来的倾向。为了在实现我们的首要目标方面重新采取灵活

---

① [美]约瑟夫·W.埃谢里克编著,罗清、赵仲强译:《在中国失去的机会——美国前驻华外交官约翰·S.谢伟思第二次世界大战时期的报告》,北京:国际文化出版公司 1989 年版,第 309 页。

② [美]约瑟夫·W.埃谢里克编著,罗清、赵仲强译:《在中国失去的机会——美国前驻华外交官约翰·S.谢伟思第二次世界大战时期的报告》,北京:国际文化出版公司 1989 年版,第 310—311 页。

的做法,应该立即调整我们的立场。"①不仅谢伟思反对赫尔利所主
导的对华政策,驻重庆的外事官员皆感"国务院一直没有从赫尔利
那里得到一份有关中国局势的完整而有客观的见解的报告"②,为
给美国政府决定对华政策提供确切的时局分析和政策建议。1945
年2月28日,由谢伟思起草重庆大使馆全体工作人员联署备忘录
"中国的局势"电告华盛顿,谢伟思说这是最具体、发挥最详尽的政
策建议。报告中分析了"中国的局势似乎正沿着某种无益于有效
地进行抗战,也无益于中国将来的和平和统一的方式演变"的种种
情况,建议"由总统以明确的措词通知委员长,军事需要要求我们
向能够有助于对日作战的共军和其他适当的集团进行援助与合
作,并且我们正采取直接步骤以实现这个目的",在向蒋介石保证
不打算削弱对其政府援助的同时,也告诉他美国将能够利用"供应
与合作做制约,限制他们的自行其是和进攻行为,把他们限制在他
们目前的地区之内"。驻重庆大使馆全体人员相信,"这样一种权
宜之计将会解决中国现在的僵局,并且可以作为朝着全面解决最
终完全统一这个问题的初步步骤"③。

　　谢伟思等所以一再声明反对无条件支持蒋介石,不仅是为美
国以最小代价击败日本的目标考虑,也是为战后美国在亚洲的利

① [美]约瑟夫·W.埃谢里克编著,罗清、赵仲强译:《在中国失去的机会——美国前驻
　华外交官约翰·S.谢伟思第二次世界大战时期的报告》,北京:国际文化出版公司
　1989年版,第311—312页。
② [美]约瑟夫·W.埃谢里克编著,罗清、赵仲强译:《在中国失去的机会——美国前驻
　华外交官约翰·S.谢伟思第二次世界大战时期的报告》,北京:国际文化出版公司
　1989年版,第312页。
③ [美]约瑟夫·W.埃谢里克编著,罗清、赵仲强译:《在中国失去的机会——美国前驻
　华外交官约翰·S.谢伟思第二次世界大战时期的报告》,北京:国际文化出版公司
　1989年版,第314—315页。

益考虑。中国若发生内战，"在内战中美国只支持国民党可能使我们陷于一个无望的事业"①。谢伟思的担忧是基于对共产党实力的信服和对国民党的彻底失望。在访问延安后的半年内，他提交了许多关于共产党控制地区范围的报告，"最后的一份，也是在最完整的情报基础上写成的一份"，是1945年3月17日的报告，它对共产党的有效控制范围、军队实力、民众与共产党的关系等作了客观、有力的报道。关于共产党有效控制区域的范围，谢伟思说："甚至在美国观察组到达延安与共产党军队司令部建立了直接联系之后，对于共产党声称他们有效地控制着名义上由日本占领的华北、华中的农村地区的说法，观察组还一直迟迟不敢相信。"观察组成员靠步行跋涉调查了晋西北、晋东北、晋东南和冀西，对他们"核查共产党区域范围帮助最大的，是许多在这个地区安全降落的美国飞行员"，"从他们被救的地点算起，某些飞行员在共产党控制区域旅行达1000英里"，"某些飞行员在共产党的保护下，从山海关附近的沿海地区，绕过北平，到达延安。另外一些在苏北沿海着陆，他们的旅行横越了苏皖两省。另外一组飞行员正好落在与南京隔江相对的地区并被带到山西"，在一些地方，"飞行员在距日本飞机场或碉堡一英里以内的地方安全降落并得救"，"美国人安全地穿越日本人控制的铁路有一百多次"，而且，"除了在穿越铁路或在非常靠近日本人的地区，实际上所有的旅行都可在白天进行，而不用做任何隐蔽"。根据与遇救的飞行员的谈话和观察组官员自己的考察，谢伟思得出以下结论：(1) 我们必须承认，共产党宣传他们控

____

① ［美］约瑟夫·W. 埃谢里克编著，罗清、赵仲强译：《在中国失去的机会——美国前驻华外交官约翰·S. 谢伟思第二次世界大战时期的报告》，北京：国际文化出版公司1989年版，第270页。

制着日本占领区后方的华北、华中农村这一说法基本上是正确的。
(2) 我们过去对"日本占领区"的看法应该修改。日本人仅仅掌握
了一副没有肉的骨架,该地区的其余部分是由我们一边的军队控
制的。①

关于共产党军队情况,谢伟思首先指出共产党控制区域面积
和人口的增长,需要一支有效的军队:"是共产党在没有外部人力、
物力来源的条件下,粉碎了日伪军和零星国民党军队试图占领、控
制、管理这些地区的军事活动而成功地取得的。显然,这首先需要
一支有效的军队。"这支军队的实力如何呢? 根据美军观察组成员
及其他跟随过共产党军队作战和行军的美国记者、武官等人的考
察与征实,谢伟思等美军观察员一致认为:"中共正规军是一支年
轻力壮、营养良好、服装整齐、饱经战斗锻炼的志愿部队,它有良好
的体质、很高的智力水平和非常高昂的士气。尽管这些部队的训
练按美国的标准来衡量,差得可怜,但考虑他们现有的能力,训练
还是相当好的。"共产党军队装备的缺乏当然是有目共睹的,除了
"缺乏足够的小型武器弹药,缺乏大炮",也"缺乏工程师和其他技
术人员",普遍缺乏的则是"通讯设备,特别是在团级以下单位缺乏
无线电通讯联络",然装备的不足,"由于某些组织上的优势而部分
地得到了弥补"。谢伟思等人看到,"共产党军队的机动性,非常适
应游击战争。这些小部队的训练和装备,是着眼于独立作战的",
"军队的组织方式使共产党可以通过一个中心指挥部,在现有的通
讯设备所能达到的范围以内,调动这些独立的小部队协同作战"。
基于考察和各方情报,谢伟思对共产党军队的作战能力作了如下

---

① [美]谢伟思著,王益等译:《美国对华政策:1944—1945:〈美亚文件〉和美中关系史上
的若干问题》,北京:中国社会科学出版社 1989 年版,第 186—188 页。

评估:"第一,共产党能够在慢慢地发展他们的实力和补给的同时,无限制地继续实行现在的骚扰日本人的计划。第二,他们不能独立进行把日本人驱逐出华北或华东的决定性战斗,除非日本人的地位已严重恶化或接近崩溃边缘。"①

在考察共产党军队的实力与作战能力的同时,谢伟思充分肯定了这一现象:"共产党在领土、人口和军队方面已获得显著扩大",共产党的中心指挥部"不仅指挥着该地区的正规军,还指挥着地方部队、其他民兵队伍和全体参加了人民自卫队的居民"。那么,民众为何能心甘情愿地追随并支持共产党的领导,这对于未来又预示着什么? 报告中,谢伟思通过分析中国农民的生活状况,他们历来的社会、政治地位,分析共产党在农村实施的政策,肯定地指出:"农民支持、参加并和共产党军队一起作战,是因为他们确信共产党是为他们的利益而战,是因为共产党通过给农民一些明显的利益而使农民确立了这种信念。"他确信"这些利益势必表现为农民的社会、政治和经济状况获得改善。无论这些改善的确切性质是什么,它都必定是——从为大多数人民的利益服务这个术语的较为广泛的意义上说——趋向民主的"②。

通过对共产党控制区域政治、经济、军事的广泛考察,观察者们一致肯定,"日本人遭到积极的抵抗——尽管这使人民遭到不断的战祸和残酷的报复,这种反抗力量正在加强,日本人能在有限的地区集中绝对优势的兵力,把这种反抗暂时压下去,但不可能在共产党影响下的广大地区都做到这一点","这种抵抗之所以能够进

①〔美〕谢伟思著,王益等译:《美国对华政策:1944—1945:〈美亚文件〉和美中关系史上的若干问题》,北京:中国社会科学出版社 1989 年版,第 190—191 页。

②〔美〕谢伟思著,王益等译:《美国对华政策:1944—1945:〈美亚文件〉和美中关系史上的若干问题》,北京:中国社会科学出版社 1989 年版,第 191、195 页。

行并取得成功,是因为动员了全体人民进行全面的游击战","这种
全民总动员是建筑在经济、政治、社会革命的基础之上的,并由此
而决定了这种动员是可能的"①。谢伟思并预见到群众的动员"能
导致比击败日本这一直接目标更远大的结果"②,他认为"共产党已
经得到了使他们不可能被消灭的广泛牢固的民众支持",由此指出
"从这一基本事实中,我们只能得出这样的结论:在中国的未来,共
产党确定无疑地将发挥重要的作用"③。

　　正是基于对中国现实的上述认识,为美国在中国、在亚洲的利
益考虑,谢伟思坚决主张美国政府奉行"有条件地支持蒋介石"的
灵活政策,他希望美国政府通过实施灵活的对华政策防止中国内
战的爆发。在他看来,中国内战"是不符合美国利益的",而且"所
有的迹象都表明共产党将最终在内战中获胜"。无疑,内战将使中
国"付出可怕的人力、物力消耗","将使中国国家长期陷于分裂,影
响它的战后恢复,使东亚的和平与安定不能早日实现"。对于美国
的不利则是,"将会有极大的压力迫使我们给予正在失败的一方
(国民党)以支持和援助,而战争开始时占领着华北和满洲的共产
党,将被迫转向苏联。而且,可以预料,由于内战的激烈性和可能
的持久性,将导致这两个敌对的政党都(同时在其内部与外部)清
除温和分子,从而使共产党放弃正在推行的统一战线的开明的经
济和政治政策,并最终加强与苏联密切联系而对美国强烈敌视的

---

① [美]谢伟思著,王益等译:《美国对华政策:1944—1945:〈美亚文件〉和美中关系史上
　　的若干问题》,北京:中国社会科学出版社 1989 年版,第 209 页。

② [美]谢伟思著,王益等译:《美国对华政策:1944—1945:〈美亚文件〉和美中关系史上
　　的若干问题》,北京:中国社会科学出版社 1989 年版,第 196 页。

③ [美]谢伟思著,王益等译:《美国对华政策:1944—1945:〈美亚文件〉和美中关系史上
　　的若干问题》,北京:中国社会科学出版社 1989 年版,第 210 页。

更加正统的共产党政权"①。在回顾当年的中美关系时,谢伟思认为"一系列美国政策文件表明,美国政府当时奉行的是'有条件地支持蒋介石'的'灵活政策'",同时他也指出,"国务院曾含糊地说过在短期内要支持蒋,并且似乎把灵活政策作为一种长远的考虑"。而除大使赫尔利之外,大使馆的官员普遍认为,"中国内部的形势正在急剧地走向危机,以至于需要在目前就实行灵活支持"②。大使馆全体成员署名的电报所表达的政策建议最终未被国务院采纳,实际执行的是时任驻华大使赫尔利的政策即无条件地支持蒋介石,结果"加速了中国内战的爆发(它取消了压蒋改革的政策),并驱使中共与苏联建立了十年之久的联盟"③。罗斯福为何最终未能像丘吉尔声明坚决支持铁托那样地支持中国共产党? 这与当时国际形势的变化尤其是美、苏、英三大盟国间的秘密交易以及美国国内政治的冲突有密切关系。

　　1945 年 2 月,美、英、苏三国首脑在克里米亚的雅尔塔举行会议,讨论制定战后世界新秩序和列强利益分配问题。"在雅尔塔考虑有关远东的所有问题时,罗斯福最关心的根本问题就是美国对日作战计划",④斯大林承诺"在德国投降和欧洲战争结束后两个月或三个月内,苏联应同盟国一起对日本进行作战",其条件是大连的国际化、租借旅顺作为海军基地以及给予外蒙古以永久自治,美

① [美]谢伟思著,王益等译:《美国对华政策:1944—1945:〈美亚文件〉和美中关系史上的若干问题》,北京:中国社会科学出版社 1989 年版,第 213 页。

② [美]谢伟思著,王益等译:《美国对华政策:1944—1945:〈美亚文件〉和美中关系史上的若干问题》,北京:中国社会科学出版社 1989 年版,第 141 页。

③ [美]谢伟思著,王益等译:《美国对华政策:1944—1945:〈美亚文件〉和美中关系史上的若干问题》,北京:中国社会科学出版社 1989 年版,序言第 2—3 页。

④ [美]舍伍德著,福建师范大外语系编译室译:《罗斯福与霍普金斯——二次大战时期白宫实录》(下),北京:商务印书馆 1980 年版,第 526 页。

国希望看到苏联强有力地参加对日本的作战,"意味着保全无数美国人的性命"。斯大林坚持包括中国利益在内的"这些协定必须用书面,而且必须包括这个声明:'三大国首脑业已同意,苏联的这些要求将无疑问地在日本被打败后予以履行'"①。斯大林对于中国领土和权益的要求无疑是对中国主权的严重侵犯,萨姆纳·威尔斯在《我们正在向何处去》一书中,对此提出了批评:"把帝俄政府前此通过管理中东铁路和南满铁路而支配满洲的权利交还给俄国,以及租借旅顺作为海军根据地……这些让与权利将使一个新的统一的中国全然不可能行使在满洲的完全主权,而鉴于中国没有出席作出这些决定的雅尔塔会议,它们也就更加显得要不得了。"②舍伍德③认为:"如果雅尔塔会议不是几乎接近结束,罗斯福又累得要命,而且急于要避免更多的争辩,他不至于同意作出那个最后的坚定的许诺……在讨论远东协定期间——并没有作多少讨论——斯大林告诉罗斯福,如果他的条件不能满足,便很难向俄国人民解释为什么他们必须同日本作战。"④于是,如何让中国政府接受美苏背着中国达成的出让中国权益的协定,成为罗斯福在生命的最后两个月考虑的焦点。1945 年 5 月 10 日,赫尔利致美国继任总统杜鲁门的私人电报中说,在他最后一次与罗斯福总统的会谈

---

① [美]舍伍德著,福建师范大外语系编译室译:《罗斯福与霍普金斯——二次大战时期白宫实录》(下),北京:商务印书馆 1980 年版,第 526 页。

② [美]舍伍德著,福建师范大外语系编译室译:《罗斯福与霍普金斯——二次大战时期白宫实录》(下),北京:商务印书馆 1980 年版,第 525 页。

③ 罗伯特·舍伍德,美国剧作家,第二次世界大战期间曾担任美国陆军部部长特别助理、陆军部情报局海外部主任、海军部部长特别助理,并曾在富兰克林·罗斯福身边工作,掌握了白宫大量材料,写出《罗斯福与霍普金斯》并因此获普利策奖。

④ [美]舍伍德著,福建师范大外语系编译室译:《罗斯福与霍普金斯——二次大战时期白宫实录》(下),北京:商务印书馆 1980 年版,第 527 页。

中，罗斯福在其驻华大使任务之外又委托了他两项使命，其中一项即是"与在雅尔塔达成的、影响中国的一项协定有关"，赫尔利并说，蒋介石"已经同我讨论过中国对这些问题所持的立场，并告诉了我他对这些问题的态度"。他向杜鲁门强调，"在我最近返回华盛顿之前，在我们尚不知道雅尔塔协定的内容的情况下，我已经与蒋介石讨论了中苏问题的所有方面。返回重庆后，我们又在不涉及最重要问题的情况下彻底讨论了同样的题目。因此我们能够在被授权向委员长传达雅尔塔协定细节的时候顺利完成这一项任务"①。可以说，时至 1945 年，在欧战结束后，是否可以与苏联合作、如何说服中国政府接受苏联的条件以履行三大国达成的协定，成为美国制定与实施对华政策的重心。

罗斯福最后同意赫尔利的政策，杜鲁门则坚决推行无条件支持蒋介石的政策，扶蒋反共，与美国国内的政治冲突亦不无关系。舍伍德说，在对华问题上，"在负责的美国人彼此之间有着激烈的、极其混乱的意见分歧。马歇尔上将曾告诉过我，史迪威和陈纳德关于我们对华政策的争吵，曾引起他同霍普金斯仅有一次的严重争执。在美国是有一些热心于中国的朋友，不过，在如何以现实的态度来看待中国十分难解的局势方面，他们并没有出什么主意"，一些人"把国民党中国的图景描绘得至少是令人产生误解，结果，那些以战士或文职人员身份到中国执行战时任务的许多美国人，都因幻想破灭而愤愤不已"②。谢伟思认为，第二次世界大战期间，美国的对华政策在美国政府"作出了集中美国国力首先打败德国

_____

① ［美］谢伟思著，王益等译：《美国对华政策：1944—1945：〈美亚文件〉和美中关系史上的若干问题》，北京：中国社会科学出版社 1989 年版，第 163—164 页。

② ［美］舍伍德著，福建师范大外语系编译室译：《罗斯福与霍普金斯——二次大战时期白宫实录》（上），北京：商务印书馆 1980 年版，第 545 页。

的决定时,就在美国成为一个党派间尖锐争论的题目",最终,"正是那些政治攻击造成的高压,明显地使民主党在沉默中寻求避难所"①。

20世纪50年代初,在美国麦卡锡主义泛滥时,谢伟思等一批了解中国国情的美国驻华官员、军官、学者、记者等被指责负有"丢失中国"之罪。拉铁摩尔也是其中之一,他回忆说,当时"对我的主要指控是我应对美国丢失中国负责"。他反问道:"你怎么能失去你从来没有拥有过的东西呢?"这是一言中的的好反问。② 谢伟思在写于20世纪70年代的回顾中美关系史的论著中指出:"如果美国声明将采取一项独立的、不受约束的政策,我们就将能够适应和跟上中国事态的不断发展而不会处于与这一潮流相对立的地位……如果我们的建议被采纳并实行,一般认为,对美国的利益或美中关系来说,事情可能不会比后来发生的情况更坏。"③

① [美]谢伟思著,王益等译:《美国对华政策:1944—1945:〈美亚文件〉和美中关系史上的若干问题》,北京:中国社会科学出版社1989年版,第167,166页。

② [日]矶野富士子整理,吴心伯译:《蒋介石的美国顾问——欧文·拉铁摩尔回忆录》,上海:复旦大学出版社1996年版,主编前言第4页。

③ [美]谢伟思著,王益等译:《美国对华政策:1944—1945:〈美亚文件〉和美中关系史上的若干问题》,北京:中国社会科学出版社1989年版,第251页。

第二章　军事援助

第一节　中国的抗战准备与外援

一、抗战准备

九一八事变揭开了日本大举侵华的序幕,在"攘外必先安内"的方针下,国民党对日本的挑衅、进攻采取了妥协退让,而随着日本侵华行动的加剧与扩大,中国工农红军撤离扎根多年的革命根据地向西转移,蒋介石在"攘外"与"安内"政策上有了些微变化,南京国民政府对日政策的明显转变大致始于 1935 年 11 月召开的国民党第五次全国代表大会,蒋介石在会上作了政治、外交报告,表示"和平有和平之限度,牺牲有牺牲之决心",如到了和平绝望的时期与牺牲的最后关头,则将"抱定最后牺牲之决心,而为和平最大之努力,期达奠定国家复兴民族之目的"[①]。

---

① 蒋介石:《对外关系报告——中华民国二十四年十一月十九日在南京对五全大会讲》,秦孝仪主编:《先总统蒋公思想言论总集》卷十三,台北:中国国民党中央委员会党史委员会,1984 年,第 523 页。

蒋介石的报告体现了其对日态度由退让转趋强硬,宣示了对日新方针,成为国民政府施政的方针依据。由此,国民政府在外交、内政、经济、社会文化、国防军事等多方面采取了积极措施,以加强对日抗战准备。"这些措施包括:改善与苏联关系,谋求与中共接触,政治解决中共问题;政府实施改组,将主张对日节节妥协者逐渐排除出政府;实行币制改革,法币与英镑挂钩,加强与西方国家的政治、经济联系;开展民族文化宣传活动,提高中国民族的自信力和凝聚力;1936、1937 年度国防计划把对日抵抗列为最急迫问题,进行了详细研究和规划;各地江、海防及作战阵地均开始着手整顿、加强,全国军队实行整编,提高、加强军队的素质和战斗力;尽力扩大武器装备生产,积极向国外洽购军火;加紧铁路、公路等基础设施尤其是西南后方根据地的建设等。"①军事准备是国民政府抗日准备的核心,国民政府在国防建设方面作了以下抗日准备:一是整编全国陆军,扩建空军和海军。二是构筑陆地国防工事,整理江防、海防要塞,并组建防空部队,划分防空区。在国防工事的构筑上,采取的总方针是:"以首都为中心,逐次向国境线推进,其构筑之方式,系首先完成各阵地之骨干,以后依经费状况,再行分别缓急,逐渐加强,最后乃将阵地整个编成之。"②三是制定国防规划,划分国防区域。自 1935 年起即筹划全国战场的划分。国民政府军事委员会制定的《1935 年度防卫计划大纲》,划分了国防区域、阵地线和兵力部署。《1936 年度防卫计划大纲》将全国划分为四个大区:(1) 抗战区:察、绥、冀、晋、鲁、豫、苏、浙、闽、粤;(2) 警备区:皖、赣、湘、桂;(3) 绥靖区:甘、陕、川、宁;(4) 预备

---

① 黄道炫:《西安事变:不同抗战观念的冲突》,《历史教学》2004 年第 3 期,第 12 页。

② 何应钦:《对五届三中全会军事报告》(1937 年 2 月),秦孝仪主编:《中华民国重要史料初编——对日抗战时期》续编(三),台北:中国国民党中央委员会党史委员会,1981年,第 354 页。

区:陕、川、鄂、湘、桂、赣、云、新、青、藏、康。并以军事委员会为最高统帅机关,设冀察、晋绥、山东、浙江、福建、粤桂六个国防军总指挥部,一个预备军总指挥部(由陕、甘、川、鄂、湘、赣、云、贵八省组成)。[①]1936 年,国民政府军事委员会规定了预定战场的阵地设置。(1)北正面:山东区,冀察区,河南区,徐海区。(2)晋绥侧面:山西区,绥远区。(3)东正面:江苏区,浙江区。(4)南海区:福建区,广东区。(5)警备区:陕甘宁青区,湘鄂赣皖区,广西区,滇黔区,川康区。[②]

　　1937 年卢沟桥事变前后中日两国国力、军力之对比如何呢?

七七事变前中日两国国力比较(1937 年 6 月)

区分	日本	中国	比率
国土	369 661 平方公里	11 418 174 平方公里	1∶31
人口	909 000 900 人	467 100 000 人	1∶5.1
工业总产值	60 亿(美元)	13.6 亿(美元)	4.4∶1
钢铁	580 万吨	4 万吨	145∶1
煤	5 070 万吨	2 800 万吨 (其中外资占 55%)	1.9∶1
石油	169 万吨	1.31 万吨	129∶1
铜	8.7 万吨	700 吨	124∶1
飞机	1 580 架	0	
大口径火炮	744 门	0	
坦克	330 辆	0	
汽车	9 500 辆 (设备能力 3 万吨)	0	

---

① 中国第二历史档案馆馆藏档案,转引自张宪文等著:《中华民国史》第二卷,南京:南京大学出版社 2005 年版,第 361—362 页。

② 蒋纬国:《抗日御侮》第 1 卷,台北:黎明文化事业公司 1979 年版,第 129—138 页。转引自张宪文等著:《中华民国史》第二卷,南京:南京大学出版社 2005 年版,第 362 页。

区分	日本	中国	比率
造船能力	47.32 万吨	不详	
造舰能力	52 422 吨	0	

资料来源:强重华编著:《抗日战争时期重要资料统计集》,北京:北京出版社 1997 年版,第 22 页

上表数据清楚显示了 20 世纪 30 年代中日两国的国情现状:中国是个大国,却是个弱国;日本是个小国,却是个强国。日本军方执意对中国发动侵略,其凭借的军力如何呢?

七七事变前中日两国陆海空军事力量对比(1937 年 6 月)

区分		日本	中国	比率
陆军师兵力兵器	人数	21 945 人	10 923 人	2∶1
	马匹	5 849 匹	0	2.6∶1
	步骑马枪	9 476 支	3 831 支	2∶1
	掷弹筒	576 具	243 具	2∶1
	轻机枪	541 挺	274 挺	4∶1
	重机枪	104 挺	54 挺	1.5∶1
	野山榴弹炮	64 门	16 门	
	团营炮	44 门	30 门	
	战车(坦克)	24 辆	0	
	汽车	262 辆	0	
	自动货车	266 辆	0	
	一马曳车	555 辆	0	
空军		91 个飞行中队共 2 700 架飞机	各式飞机 600 架,其中作战飞机 305 架	8∶1
海军		舰艇 200 余艘,总吨位 190 万吨,名列世界第三位	新旧舰艇 66 艘,总吨位 59 034 吨	13∶1

资料来源:强重华编著:《抗日战争时期重要资料统计集》,北京:北京出版社 1997 年版,第 23 页

日本不仅在陆海空三军军力上远超中国，它的兵役制度也远较中国完备。

七七事变后中日军队兵役制度及人力动员概况表（1937 年 8 月）

区分	项别	日军	国民党军队	备考
人口		105 000 000 人	450 000 000 人	
兵役	制度	征兵制	征募并行制	
	现役	380 000 人	1 700 000 人	
	预备役	738 000 人	500 000 人	
	后备役	879 000 人	无	
	第一补充兵	1 579 000 人	无	
	第二补充兵	905 000 人	无	
动员概况	人力	27 830 000 人		
	兵员	8 860 000 人	14 049 024 人	实补 12 267 780 人
附记	1. 敌动员人力依第二厅判断　2. 我动员人数依据兵役局征募数统计			

资料来源：强重华编著：《抗日战争时期重要资料统计集》，北京：北京出版社 1997 年版，第 24 页

中日间悬殊的军力对比，源于近代以来中日两国的不同发展。19 世纪 60 年代末 70 年代初的明治维新结束了日本长期以来政治上的封建割据局面，建立起中央集权国家，并开始走上军国主义道路，以举国之力发展经济与军事，据《马关条约》而得的巨额财富更推动了军力的增长。而晚清时期的中国经历一次次战败、赔款，国力凋敝。民国成立后，不幸军阀混战十数年，虽有一些能战之将领与军队，有的还发展了空军，却是各自为政，并不构成国家机器。1924 年国共实现合作后，在苏联的帮助与支持下，发展了一支具有革命意识的骁勇善战之现代化军队。然而，在北伐即将取得胜利

之际,蒋介石发动了"四一二"清党,国共合作破裂,革命力量被分化、削弱。1928 年底张学良宣布"东北易帜",彻底结束北洋军队的统治,蒋介石在形式上统一了全国。从此,蒋介石一面在政治、经济、文化、外交等方面进行整顿与建设,一面着手削弱国民党内其他派系之军事力量,建立并强化一支以黄埔学生为中心的中央军。

　　蒋介石与苏联决裂后,以德国取代苏联,聘用德国军事顾问、购买德国武器。不同于抗战时期苏联、美国对中国的军事援助,始于 20 世纪 20 年代末延续近十年的中德之间的军事合作"最初并不针对特定的第三方","合作双方并没有共同的战略目标,合作只是为了各取所需","从军事上说,德国军事顾问的作用在于向国民政府的军队初步灌输了现代军事观念,帮助建立一支比较现代化的陆军示范部队,改进了中国的兵工后勤系统,使国民党的军队从一支只能打内战的军队开始朝着国防军的方向转变。大批德制武器和军工设备的输入提高了中国军队的战斗力,也为德国带来了巨大的商业利益"①。期间,德国军事顾问既协助过蒋介石对红军的"围剿",也参与了中国军队对日作战的军事部署和指挥工作,"即 1932 年初上海的一二·八淞沪抗战和 1933 年初热河的长城抗战",并应蒋介石的要求,"设计了从上海到南京的江南国防工事,这条被称为'东方兴登堡防线'的工事是中国抗日国防的一条重要工程"②。中德之间的军火贸易在 1936、1937 年达到高潮,"中国从德国订购的海陆空军装备及军火物资种类繁多,大到飞机潜艇,小到手枪子弹,几乎无所不包",截至 1937 年 11 月,"至少有 1.44 亿

① 章百家:《中国为抗日寻求外国军事援助与合作的经历》,《中共党史研究》2007 年第 5
　　期,第 24 页。
② 章百家:《中国为抗日寻求外国军事援助与合作的经历》,《中共党史研究》2007 年第 5
　　期,第 14 页。

马克（按当时汇率约合 5 816 万美元）的德国军火物资运抵中国"①。国民党与德国军事合作的成果在抗战的头半年里差不多消耗殆尽。在德国放弃中立，与日本结成紧密同盟后，国民政府将争取外援的目光投向苏联和美英等国。

在全面抗战爆发前，国民政府确在经济、军事等方面作了一些抗日的准备，然国土的大片沦陷，曾经的政治、经济、文化中心的相继沦入敌手，着实令人"猝不及防"。国府西迁，昔日偏远、落后之地成为战时政治、经济与文化中心，各路人马纷至沓来，物资顿显捉襟见肘。军械弹药更因贫弱的国力、畸形的工业而显匮乏。1938 年 3 月，中国国民党临时全国代表大会通过《抗战建国纲领》，为"集中意志，统一行动"，于外交、军事、政治、经济、民众、教育等方面各制定若干纲领，经济纲领有如下八条：

（十七）经济建设应以军事为中心，同时注意改善人民生活。本此目的，以实行计划经济，奖励海内外人民投资，扩大战时生产。

（十八）以全力发展农村经济，奖励合作，调节粮食，并开垦荒地，疏通水利。

（十九）开发矿产，树立重工业的基础，鼓励轻工业的经营，并发展各地之手工业。

（二十）推行战时税制，彻底改革财务行政。

（二十一）统制银行业务，从而调整工商业之活动。

（二十二）巩固法币，统制外汇，管理进出口，以安定金融。

（二十三）整理交通系统，举办水陆空联运，增筑铁路公

---

① 章百家：《中国为抗日寻求外国军事援助与合作的经历》，《中共党史研究》2007 年第 5 期，第 15 页。

路,加辟航线。

（二十四）严禁奸商垄断居奇,投机操纵,实施物品平价制度。①

这是全面抗战爆发后国民党首次提出的发展战时经济的纲领。与此同时,大会通过了《非常时期经济方案》,将上述纲领具体化。战时经济政策,以"非常时期一切经济设施应以助长抗战力量求取最后胜利"为目标,促进生产、巩固金融、发展交通、改进对外贸易,皆为经济计划中之要端。为使"地尽其利,物尽其用,货畅其流,一切事业充分发挥其效能,以应战时之需要",《方案》拟具了"目前应取方针及办法大纲",再交由各主管机关拟具详细办法,分别实行。其方针和办法如下:

（一）推进农业以增产。具体要求:（1）农民生活应使安定。（2）有用作物之生产应使增加。（3）大宗农产品应设法积储调剂。（4）农村经济应使活动。（5）土地分配应逐步改进。

（二）发展工矿以应供需。具体要求:（1）固有工矿设备应设法保存。（2）国防急需之工厂应积极筹设。（3）燃料及动力应妥筹供给。（4）农村手工业应提倡促进。（5）民营事业应扶植奖励。（6）资本与劳工之利益应兼重并顾。

（三）筹办工垦以安难民。对逃难到后方的战区民众,政府当妥为抚辑,更当使其从事生产,以增加抗战力量。在后方最可用力之处为垦荒,"后方各省可耕之荒地甚多,而以西北之陕、甘、宁、青为最,即西南之川、黔、滇、桂以及湘鄂西部亦

---

① 荣孟源主编:《中国国民党历次代表大会及中央全会资料》（下册）,北京:光明日报出版社 1985 年版,第 486—487 页。

尚多可垦之地",仅陕西黄龙山一处,东西长 200 余里,南北长 300 余里,可垦之地达 400 万至 500 万亩,可容垦民 20 万人。国民政府督促各省政府在最短期内勘定各省荒地,办理难民移垦登记,拟定各项垦殖实施办法,同时在各垦区内举办各种手工运输贸易及教育事业。此外,政府应积极提倡兴办开矿筑路、工厂等,使熟练工人及能耐劳苦者得以自食其力。至于兴办工垦所需经费,应由政府筹款以助实行。

(四)发展交通便利运输。在国内求交通便利,对友邦求各种物资得以充分交换,以减少因海口封锁而发生之困难。具体要求:(1)国内交通线路应加速添设。就铁路、公路、水道分别展开:铁路方面,加快修筑湘桂铁路、川滇铁路、成渝铁路,俾西南之交通网早日完成;在西北则拟修筑自咸阳向西经甘肃的铁路。公路方面,在西北积极兴修自兰州经天水、南郑以达老河口各路段公路,及改善陕甘新宁青与川北各干线之联运;在西南,改善川湘路、兴筑川滇路,及西南各路线之改善与联运。并增多汽车,以提高运输能力。水道方面,改善原有水道,多辟内河航线,推广水陆联运。(2)国际交通线路应开辟扩充。就铁路、公路、电信、航空四方面分别展开:铁路方面,在西南主要有两条线路,即由粤汉路经镇南关至安南,自四川经由昆明至安南;在西北希望打通经由新疆通中亚之线路。公路方面:在西北改善甘新公路,在西南赶筑昆明至缅甸之公路,并扩充国际公路运输之设备。电信方面,要求在重庆、成都、昆明各地设立强大之电台,以便在国际间有密切的通信联络。航空方面,在西北开辟由兰州经迪化,以达边境之航线,俾与苏联之欧亚航线相联络;在西南开辟自昆明至缅甸仰光之航线,俾与英国欧亚航线相衔接。

（五）分别地区调剂金融。要求以政府各种规定办法为经，以分区施行为纬，切实推行相关措施，以安定金融、稳定外汇、发展生产。共分四个区域分别处置：(1)沦陷区；(2)接近敌区；(3)距敌较远区；(4)复兴根据区。

（六）管理贸易以裕外汇。为达国际收支平衡，政府应限制进口、增加出口。用输入申请、举办消费税等办法，以减少或阻止非必需品与奢侈品的输入。增加出口的方法应注意下令各端：责成水陆运输机关对于出口货品，特别给予便利；办理兵险以资保障；责成贸易专管机关，对于重要外销货品，改良品质，扩充数量，并促成国内买价及国外卖价之合理化；充分协助中外出口商行，使其发挥作用；政府备款购买大宗货品，推销国外。至于外销之货品，除在后方各地收购外，还应设法在敌战区，采用种种方法收购。在出口货的重要输出地点如汉口、长沙、重庆、昆明、广州、梧州、海防、香港等地，均应分别派员管理货运。

（七）厉行节约以省物力。具体要求：(1)食衣住行应养成良好习惯。(2)奢侈各品应分别限制禁止。(3)勤俭美德亟应提倡。①

《方案》中所列各项事业，均非财莫举，为此《方案》最后对战时的"加税举债"作了简要说明。

实施战时经济政策，乃应对战争、充实国力以持久抗战的必要之举，终究有些缓不济急，国民政府在努力增加生产、充实军备，积

①《非常时期经济方案》(1938年3月30日)，中国第二历史档案馆编：《中华民国史档案资料汇编》第五辑第二编：财政经济(五)，南京：江苏古籍出版社1997年版，第2—9页。

极动员民众投身抗战的同时，积极谋求外援，尤其是武器、军火的供应。

对比国民党对日本的侵略由妥协退让到渐趋强硬直至声明"中国外交政策，原在求和平共存，但到最后关头，只有全力抗战"，呼吁"如果战端一开，那就是地无分南北，年无分老幼，无论何人，皆有守土抗战之责任，皆应抱定牺牲一切之决心"①。中国共产党在九一八事变后即发表抗日宣言，主张全中国工农劳苦大众一致动员武装起来，"制止帝国主义的暴行，驱逐帝国主义滚出中国"②，提出党在满洲事变中的中心任务是"加紧地组织领导发展群众的反帝国主义运动，大胆地警醒民众的民族自觉，而引导他们到坚决无情的革命斗争上来"③。中华苏维埃共和国临时中央政府成立后，于1932年4月15日发布对日战争宣言，宣布"领导全中国工农红军和广大被压迫民众，以民族革命战争，驱逐日本帝国主义出中国，以求中国民族彻底的解放和独立"④。1934年7月15日，中华苏维埃共和国中央政府、中国工农红军革命军事委员会发表《中国工农红军北上抗日宣言》，声明"苏维埃政府与工农红军，为了要动员全部力量，同日本帝国主义直接作战，不能不首先同进攻我们的

———————————

① 《对于卢沟桥事件之严正表示》(1937年7月17日)，秦孝仪主编：《先总统蒋公思想言论总集》卷十四，台北："中央"文物供应社1984年版，第582、585页。

② 《中国共产党为日本帝国主义强暴占领东三省事件宣言》(1931年9月20日)，中央统战部、中央档案馆编：《中共中央抗日民族统一战线文件选编》(上)，北京：档案出版社1984年版，第2页。

③ 《中央关于日本帝国主义强占满洲事变的决议》(1931年9月22日)，中央统战部、中央档案馆编：《中共中央抗日民族统一战线文件选编》(上)，北京：档案出版社1984年版，第24页。

④ 《中华苏维埃共和国临时中央政府对日战争宣言》(1932年4月15日)，中央统战部、中央档案馆编：《中共中央抗日民族统一战线文件选编》(上)，北京：档案出版社1984年版，第47页。

百万以上的国民党匪军作战"，"在同国民党匪军的优势兵力残酷决战的紧急关头，苏维埃政府与工农红军不辞一切艰难，以最大决心派遣抗日先锋队，北上抗日"①。1935年8月1日，中华苏维埃中央政府、中国共产党中央委员会发表《为抗日救国告全体同胞书》，提出"今当我亡国灭种大祸迫在眉睫之时"，"大家都应当有'兄弟阋于墙外御其侮'的真诚觉悟"，呼吁"停止内战，以便集中一切国力（人力、物力、财力、武力等）去为抗日救国的精神事业而奋斗"②。1935年12月，到达陕北的中共中央在瓦窑堡召开中央政治局扩大会议，明确提出了抗日民族统一战线的政治路线、策略和方针，决议"以坚决的民族战争反抗日本帝国主义进攻中国"，确定党在新形势的军事策略是"把国内战争同民族战争结合起来"，1936年应"准备直接对日作战的力量"、"猛烈扩大红军"③。为贯彻上述军事战略方针，并以实际行动表示红军抗日的行动，红一方面军以中国人民红军抗日先锋军的名义实行东征，彭德怀为司令员，毛泽东为政治委员。1936年3月10日，发布《中国人民红军抗日先锋军布告》，声明："中华苏维埃人民共和国中央政府、人民红军军事委员会派遣本军，东行抗日。一切爱国志士，革命仁人，不分新旧，不分派别，不分出身，凡属同情于反抗日本帝国主义者，本军均愿与之

---

① 《中华苏维埃共和国中央政府中国工农红军革命军事委员会为中国工农红军北上抗日宣言》(1934年7月15日)，中央统战部、中央档案馆编：《中共中央抗日民族统一战线文件选编》（上），北京：档案出版社1984年版，第307页。

② 《为抗日救国告全体同胞书》(1935年8月1日)，中央统战部、中央档案馆编：《中共中央抗日民族统一战线文件选编》（中），北京：档案出版社1985年版，第15页。

③ 《中央关于军事战略问题的决议》(1935年12月23日)，中共中央文献研究室、中国人民解放军军事科学院编：《毛泽东军事文集》第一卷，北京：军事科学出版社、中央文献出版社1993年版，第413、414页。

联合,共同进行民族革命之伟大事业。"①中国共产党的抗日宣传、民众动员及身体力行的抗日行动,赢得了国内外一切爱好和平之正义人士的支持与援助。

二、军事合作与援助

如前所述,蒋介石建立了南京国民政府,完成北伐统一全国后,即开始整军经武,以德国军事顾问取代此前的苏联顾问。九一八事变发生后,国防建设之重要性提上议事日程,国民政府开始筹划"举办军需工业,改良兵工制造,以及储备弹药器械"②,然至1937年中日战争全面爆发,国内兵工生产远不敷供应,各种武器与兵工材料,多仰赖国外输入。国府内迁后,"一面筹建后方工业,致力兵工生产;一面以易货、价购或租借方式,商请各国以军火物资相助,支持战争"③。在继续积极维护与德国的军事合作外,蒋介石陆续约见各国驻华使节,请转告其政府主持正义,令驻苏、美、英、法等国使节与驻在国政府商讨合作事宜,并派使节赴德、美、苏、法等国,说明日本的侵略野心与在华暴行,寻求援助。蒋介石对各大国的诉求不同,各大国给予中国军事援助的项目、规模、方式、时间也各不相同。继德国之后,向中国派出军事顾问、供给武器的先后是苏联、法国、美国与英国。

1927年4月,蒋介石在北伐中途公开实行反苏反共政策,苏联

① 中央统战部、中央档案馆编:《中共中央抗日民族统一战线文件选编》(中),北京:档案出版社1985年版,第108页。
② 秦孝仪主编:《中华民国重要史料初编——对日抗战时期》第三编:战时外交(一),台北:中国国民党中央委员会党史委员会1981年版,第3页。
③ 秦孝仪主编:《中华民国重要史料初编——对日抗战时期》第三编:战时外交(一),台北:中国国民党中央委员会党史委员会1981年版,第4页。

与国民党之间的关系破裂。1929 年 7 月发生中东路事件,中苏两国因此断绝外交关系。1931 年九一八事变之后,面对日本的威胁,中苏两国重新谈判,于 1932 年 12 月恢复了邦交。1937 年七七事变发生后,苏联为保远东之安全,提议中苏订立互不侵犯协定,蒋介石希望两国签订互助条约,为此两国进行了反复磋商,苏方表示"即中国不与之缔结互不侵犯或互助协定,亦愿助中国五千万元之军械及军用品,中国方面可以货物分期偿债"①。1937 年 8 月 21日,中苏签订互不侵犯条约,约定双方"不得单独或联合其他一国或多数国家,对于彼此为任何侵略","倘两条约国之一方,受一个或数个第三国侵略时,彼缔约国约定在冲突全部期间内,对于该第三国不得直接或间接予以任何协助,并不得为任何行动或签订任何协定,致该侵略国得以施行不利于受侵略之缔约国"②。《中苏互不侵犯条约》签署后,南京政府对苏外交的重点,一是争取苏联直接或间接的军事援助,二是劝说苏联直接出兵对日作战。③ 苏联的战略目标则是通过中国的有效抵抗来拖住日本,使其无力侵犯苏联远东地区,与南京政府希望将其拖入对日战争的目标正相反。巩固和加强中国的国防力量,是双方共同的目标。其后,中苏双方就如何维护远东之和平、苏方如何支持中国的抗战及中苏间的军火货物交易事项进行了多次协商和谈判。8 月,以军事委员会参谋

---

① 《外交部部长王宠惠自南京呈蒋委员长对于苏联提议共同预防外患之步骤三项具申意见意见书》(1937 年 7 月 8 日),秦孝仪主编:《中华民国重要史料初编——对日抗战时期》第三编:战时外交(二),台北:中国国民党中央委员会党史委员会 1981 年版,第326 页。

② 秦孝仪主编:《中华民国重要史料初编——对日抗战时期》第三编:战时外交(二),台北:中国国民党中央委员会党史委员会 1981 年版,第 328 页。

③ 石源华:《中华民国外交史》,上海:上海人民出版社 1994 年版,第 523 页。

次长杨杰为团长的中国实业考察团赴苏,谈判军事援助问题。9月
15日,包括飞机、坦克、高射炮等价值一万万元①的军事装备开始
运往中国。1937年10月至1938年2月,苏联提供的第一批航空
器材(包括轻、重轰炸机,单、双翼驱逐机,教练机等)、装甲坦克器
材和炮兵器材陆续抵达中国。"仅此第一批,苏联提供的飞机、火
炮、坦克等重型武器就超过了德国,其中一些是苏联所能提供的最
好准备。"②1938年3月至1939年6月,苏联先后三次对华提供易
货贷款,共计2.5亿美元,均用于中国向苏联购买"工业商品及工
业设备",实际为中国急需的飞机、火炮、坦克、汽车、机枪、弹药、燃
料等军用物资,中国以苏联需要的农矿产品包括茶叶、皮革、羊毛、
锑、锡、锌、镍、钨、丝、棉花、桐油、红铜、药材等来偿还借款及其利
息。"中方前后共分九次动用","苏德战争爆发后不久,苏联对华
第三笔信用借款的使用便告停止。这样,中国实际使用的信用借
款约为1.73亿美元"。③"从1937年10月至1939年9月,苏联总
共向中国提供了985架飞机、82辆坦克、1 300多门大炮、14 000多
挺机枪以及弹药、设备和装备。1940年又提供了250架飞机、近
300门大炮、500辆卡车等。"④

　　向中国提供飞机和军火等物资的同时,苏联也向中国派出了
技术人员,包括军事顾问、专家,及空军志愿人员。1938年6月,

① 秦孝仪主编:《中华民国重要史料初编——对日抗战时期》第三编:战时外交(二),台
　　北:中国国民党中央委员会党史委员会1981年版,第466页。
② 章百家:《中国为抗日寻求外国军事援助与合作的经历》,《中共党史研究》2007年第5
　　期,第17页。
③ 章百家:《中国为抗日寻求外国军事援助与合作的经历》,《中共党史研究》2007年第5
　　期,第17页。
④ 石源华:《中华民国外交史》,上海:上海人民出版社1999年版,第526页。

"在德国军事顾问即将从中国撤出的时候，27 名苏联军事顾问和专家抵达中国"。① 当月，蒋介石致电驻苏大使杨杰，嘱其与斯大林洽商派一得力总顾问来华协助，②如北伐时期曾给予蒋介石帮助的加仑。应蒋介石的要求，派往中国的军事总顾问前后共四任，"最初由 1937 年 11 月来华的苏联使馆武官拉特文兼任，此后担任这一职务的是切列潘诺夫（1938 年 8 月至 1939 年 8 月）、卡恰诺夫（1939年 9 月至 1941 年 2 月）、崔可夫（1941 年 2 月至 1942 年 2 月）"③。苏联空军志愿人员的赴华在抗战初期的中国对日空战中发挥了不可低估的作用。中国的航空事业虽在民国初年已有发展，但连年内战及落后的工业基础，发展甚缓。20 世纪 30 年代初杭州笕桥的"两校一厂"即培养飞行员的中央航空学校、训练防空人员的中央防空学校和中央杭州飞机制造厂，是国民政府国防航空事业的重要组成部分。飞机制造最关键的是发动机，中国尚无能力自行制造，飞机主要购自国外。至抗战前夕，中国的作战飞机仅 305 架，中央航校及其分校培养的飞行员经过淘汰后剩下能作战的飞行员只有 700 人。④ 仅两个月的奋战，中国空军的作战飞机即损失大半，"到 10 月 22 日，可用飞机只剩下 81 架"。⑤ 在向苏联商洽军事

---

① 章百家：《中国为抗日寻求外国军事援助与合作的经历》，《中共党史研究》2007 年第 5 期，第 16 页。

② 秦孝仪主编：《中华民国重要史料初编——对日抗战时期》第三编：战时外交（二），台北：中国国民党中央委员会党史委员会 1981 年版，第 341 页。

③ 章百家：《中国为抗日寻求外国军事援助与合作的经历》，《中共党史研究》2007 年第 5 期，第 18 页。

④ 蒋妙玉主编，赵大川编著：《中国对日作战空战画史》，杭州：杭州出版社 2005 年版，第 173 页。

⑤ 蒋妙玉主编，赵大川编著：《中国对日作战空战画史》，杭州：杭州出版社 2005 年版，第 237 页。

援助时,蒋介石首先提出并再三要求的是飞机援华,"现在中国缺乏必需之武器甚多,尤其需要飞机特别迫切"[1],并要求聘俄飞行员数十人直接架机飞到甘肃。苏联在向中国提供飞机的同时,也派出了教官、技师等陆续随机开赴兰州。1938年1月3日,蒋介石致电赴苏洽谈军援问题的军事委员会参谋次长杨杰,嘱向苏方洽商加派驱逐、轰炸飞行人员各一大队:"各方订购之飞机,均已陆续到华,新机练习必需时日,兹为立即应战计,请向苏方洽商,加派驱逐、轰炸飞行人员各一大队。"[2]1月5日,杨杰呈电蒋介石报告商洽军援情况,包括飞行员来华事宜:"已派定人员组织(苏方已派定空军志愿参战员一大队,约百五十人来华),惟到华机械师,仅三十人,当再增派。"[3]苏联空军志愿人员陆续来到中国后,一面帮助中国培训飞行员,一面直接参加对日空战。

抗战初期,在苏联给予中国有力的军事援助包括供给武器装备和人力援助的同时,英、法、美等国除了表示同情中国抗战,对中日两国的态度各有千秋。

法国,是抗战初期南京政府积极交涉与争取的又 盟国。抗日战争全面爆发后,法国对华外交政策以九国公约及美英对华态度为立场,对中国的抗战表示同情,与美英采取平行行动。中国积极争取法国当局的支持还有一重要原因,即法属越南是外援物资

---

[1]《蒋介石请求苏联援购武器速运来华事致斯大林等密电》(1938年5月5日),中国第二历史档案馆编:《中华民国史档案资料汇编》第五辑第二编:外交,南京:江苏古籍出版社1997年版,第243页。

[2] 秦孝仪主编:《中华民国重要史料初编——对日抗战时期》第三编:战时外交(二),台北:中国国民党中央委员会党史委员会1981年版,第472页。

[3] 秦孝仪主编:《中华民国重要史料初编——对日抗战时期》第三编:战时外交(二),台北:中国国民党中央委员会党史委员会1981年版,第473页。

输入中国的一条通道,苏联援华物资经由新疆、甘肃这一西北通道
输入中国外,也有一部分通过海运抵越南海防。1937 年 9 月 20
日,杨杰致电蒋介石报告苏方军援情况时间及法方态度,"海运物
品由苏备轮运往海防,法方如何答复"? 蒋介石回复说"法国上午
确切答复,待其复到即电告"①。尤其在中国东南沿海被封锁直至
沦陷后,未来得及内运的军品、机械等物资由香港运至越南海防,
滇越、桂越线开始承担主要运输任务。1938 年 3 月,德军占领奥地
利,欧洲战局紧张,法国无力东顾远东方面,中方预测日军势将南
进,中法未来互助之处甚多,乃令驻法大使顾维钧与法方商洽合作
事宜,又派立法院院长孙科赴法考察,与法当局接洽合作互助事
宜,其后又派驻苏大使杨杰赴法,协助谈判。蒋介石明示"对法交
涉必须以供给武器、安南运输与顾问三事同时解决"②。1939 年 1
月,法方才给了具体答复:"(1) 对越南运输允予便利,凡军火各货
抵海防后,即视同法货由军队代运。(2) 中国所需军火,愿协助订
购,但要求分期付现及分批以原料抵偿;(3) 派遣现役军官白尔瑞
等来华担任顾问。"③同年 9 月欧战爆发后,法政府下令召回在中国
的顾问人员。12 月,中法拟定一项以中国钨砂等原料交换法国军
火的计划。

与抗战时期其他大国对中国的军事援助相比较,法国对中国
的军援作用更多体现在提供越南的运输通道。而在中国物资经越

---

① 秦孝仪主编:《中华民国重要史料初编——对日抗战时期》第三编:战时外交(二),台
   北:中国国民党中央委员会党史委员会 1981 年版,第 468 页。
② 秦孝仪主编:《中华民国重要史料初编——对日抗战时期》第三编:战时外交(二),台
   北:中国国民党中央委员会党史委员会 1981 年版,第 719 页。
③ 秦孝仪主编:《中华民国重要史料初编——对日抗战时期》第三编:战时外交(二),台
   北:中国国民党中央委员会党史委员会 1981 年版,第 720 页。

南转运一事上,尤显法当局对日本的妥协,其对中国的态度与政策呈反反复复之变化。

自越南到中国境内有两条线路,滇越以铁路为主,桂越以公路为主。滇越线,铁路由海防至云南省城昆明,19 世纪末 20 世纪初由法国人开始筹划而修筑。1898 年列强在中国掀起瓜分狂潮、强划势力范围之际,据有越南的法国便想经滇越铁路将势力扩张到云南,以图捷足先登阻止英国势力渗入云南。法国掠取修筑滇缅铁路权益后,准备承筑此路的公司于 1899 年派遣一队人员对云南境内的路线进行初步勘测,结果招致云南人民的反对和抗击。义和团事件发生后,勘测人员全部逃逸,路事停顿。滇越铁路全线分南北两大段,南段在越南境内,称越段,越段于 1900 年告成;北段在中国境内,自越南老街跨越红河进入中越边界重镇河口,而后北上至昆明,此段又称昆河铁路。1901 年后,法国重新筹划筑滇越路之滇段。滇段于 1903 年动工,1910 年竣工,为轨距一米的窄轨铁路。抗战爆发后,日军很快封锁中国东南沿海,国民政府为假道越南输入军火和物资及滇越铁路的运力问题,曾迭令驻法大使顾维钧与法方交涉。中方认为"运输军火,原为中越条约所允",法方以"牵涉中立问题",担心"因供给物品与假道运输,而引起对日纠纷","不能不从长考虑"相敷衍;至于滇越铁路的运输,法方提出"滇越铁路系单轨,实际能加运若干,当须研究"。[1]

桂越线,自海防经河内以铁路至同登,同登是越南北方对外连接之第一站,也是越南"米轨铁路"最北端的起点站,然后自同登以

---

[1]《驻法大使顾维钧自巴黎呈蒋委员长报告偕孔祥熙特使访法总理洽询关于假道越南运输等问题之谈话情形电(摘要)》(1937 年 8 月 6 日),秦孝仪主编:《中华民国重要史料初编——对日抗战时期》第三编:战时外交(二),台北:中国国民党中央委员会党史委员会 1981 年版,第 731 页。

汽车经镇南关(今称友谊关)至南宁,南宁至镇南关即南镇公路修通于 1932 年。汽车运输受汽车、汽油之限,运量有限。国民政府原打算修一条从同登经镇南关到南宁的铁路,经与法方协商后,由中法合作筑路,由于法方的拖延,至 1939 年才筑成一段路基,此时日军已从钦州登陆,侵入南宁,中国只好毁弃路基,另辟河岳路,以南宁西面的黔桂公路上的车河为起点,经东兰、祥州、平马到中越边界的岳圩,使物资运入国境后可以直抵贵阳。为将存储海防的物资抢运进国内,国民政府一面下令抢修公路,一面努力与法国交涉以使越南过境运输顺利。河岳路的平马至岳圩段,广西地方政府曾于 1927、1937 年两次整修,虽基本可以通车,但因资金、技术的局限,道路质量比较粗劣,"路基宽度仅有五米,路面全未铺过,雨天无法行车"[①]。还在南宁失守前,随着战区向西、向南的推进,鉴于桂越路逼近沿海,易受威胁,1938 年初,国民政府下令征调十万余民工,对平马至岳圩段路进行加宽并铺上路面,并开通新路至黔桂公路的车河站,以与黔桂公路相接。与此同时,下令整修黔桂公路。黔桂公路自贵阳经龙里、独山到广西的河池,全长 390 公里,战前已有可以通行汽车的道路,唯沿途多山,路多没有路面且上下坡度大,雨天行车非常困难,而此地还多雨,黔桂公路的修整至 1939 年全线完工。为开辟河岳路,国民政府不仅在中国境内加紧修整道路,还派人与越方协商,修建越南至广西边境的道路。因为河岳路出中国国界入越境后,"与越南重庆府还差 21 公里没有公路",经与越方协商后达成协议,"由越南方面自重庆府向北修建 9 公里长的路基,其余路基和所有路面,由广西派出 6 000 多名民

---

① 李占才、张劲:《超载——抗战与交通》,桂林:广西师范大学出版社 1996 年版,第 147 页。

工,出境到越南负责修建,1940 年初开工,2 月即完成了这 21 公里的公路"①。桂越线运输疏通后,越南境内的油料器材得以输入中国,唯道路新筑,基础未固,一时不适于大量运输,计桂越线自 1939 年 7 月至此,"阅时八月,实际运入吨数,约在 44 400 吨左右"②。

　　滇越线的利用、桂越线的开辟,皆为抢运援华之军火与物资,法方却因顾虑日本南进的威胁,担心日本对滇越铁路、桂越边境的轰炸,不愿给予公开的支持与配合。1937 年 9 月 21 日,蒋介石急电赴法特使孔祥熙:"俄军器愿备船运安南起货,约十日内可由俄装出,务请从速与法政府交涉允准。"10 月 17 日,法内阁会议决定禁止军火假道越南转运,并告知中方"已运出在途中之件","最好速电改运香港"③。虽中方派各路人马再三交涉,法方仍不肯改变内阁决定。直至 1938 年初内阁改组,仍没有明确积极的表态。1938 年 2 月,俄国援华之军器抵达越南,日方立即前往抗议,中方以此批货物系上年 10 月 10 日运出,不在禁运时间内,抓紧抢运,后日方调查确定此乃 11 月 28 日起运,又去抗议,法于是照 10 月阁议阻止转运,通知中国将未运完之货运往香港。1938 年 10 月,广州、汉口沦陷,国际运输重心移往滇越铁路,惜法越当局态度怯弱,该路仅转运普通物资而已。虽然法方暗中也有所通融,如"日前捷克运汽车要求假道,虽明知军用,仍予通过"④,但"法政府之正式立

---

① 李占才、张劲:《超载——抗战与交通》,桂林:广西师范大学出版社 1996 年版,第 148 页。
② 龙学遂:《中国战时交通史》,北京:商务印书馆 1947 年版,第 90 页。
③ 秦孝仪主编:《中华民国重要史料初编——对日抗战时期》第三编:战时外交(二),台北:中国国民党中央委员会党史委员会 1981 年版,第 732、733 页。
④ 《驻法大使顾维钧自巴黎呈蒋委员长报告访法外部据称苏货到越后日方即来抗议希望俄能速将余货运港电(摘要)》(1938 年 2 月 21 日),秦孝仪主编:《中华民国重要史料初编——对日抗战时期》第三编:战时外交(二),台北:中国国民党中央委员会党史委员会 1981 年版,第 740 页。

场始终禁止中国军火通过越南","实际如何另定一事"①。虽然法
国愿以极秘密的方式援助中国,而公开的禁止终究阻碍了外援军
火输入中国。延至 1939 年 1 月,中国驻苏大使杨杰再度奉命赴法
交涉,始获法方允诺:用特殊方法在越境代运各货,凡货到海防后,
即视为法货,由军队代运。② 9 月,欧战爆发后,法国无力东顾,对
日态度再度妥协。23 日,法国驻越总督突然约晤中国驻河内总领
事,称"突接巴黎训令,不准军火、汽车、汽油经。嘱在途之货从速
阻止,在越之货限日出清"③。中方以汽车、汽油不尽军用而力争。
27 日,驻法大使顾维钧访法国殖民部部长,谈及过境运输问题,法
方表示:"对华协助政策并无变更,昨尚电令越督将河内至滇省公
路,继续积极建筑,以便中国之运输",唯"海防、昆明堆积中国材料
甚多,不免引起日方注意,而派飞机轰炸。最近日机赴云南轰炸,
波及越境,死伤七十人,现欲向日本抗议,须先将海防所积中国材
料搬清,免为口实。"④由于中国的交通运输能力有限,时至 1940 年
4 月运输统制局成立时,积存边境之军公物资为数甚巨。运输统制
局规定进口物资之运输次序为兵工原料及成品第一,次为汽油,再
次为交通通讯及卫生器材,并分配各国际运路之运量,其中滇越线

---

① 《驻法大使顾维钧自巴黎致外交部报告与法外次晤谈关于海南岛事及越南通过中国
　　军火等问题之谈话情形电》(1938 年 6 月 28 日),秦孝仪主编:《中华民国重要史料初
　　编——对日抗战时期》第三编:战时外交(二),台北:中国国民党中央委员会党史委员
　　会 1981 年版,第 745 页。
② 秦孝仪主编:《中华民国重要史料初编——对日抗战时期》第三编:战时外交(二),台
　　北:中国国民党中央委员会党史委员会 1981 年版,第 751 页。
③ 秦孝仪主编:《中华民国重要史料初编——对日抗战时期》第三编:战时外交(二),台
　　北:中国国民党中央委员会党史委员会 1981 年版,第 758 页。
④ 秦孝仪主编:《中华民国重要史料初编——对日抗战时期》第三编:战时外交(二),台
　　北:中国国民党中央委员会党史委员会 1981 年版,第 760 页。

规定月运 6 700 吨,桂越线规定月运 1 000 吨。① 滇越铁路的实际运量实大于此规定。据统计,抗战初期滇越铁路的运量为每月3 000吨,自广州失陷后,锐力改进,至 1939 年 7 月每月运量已增至9 000 吨。南宁失陷后,自 12 月起加拨吨位至 10 000 吨。1940 年4 月,每月增至 2.4 万吨,较初期已增八倍。②

直至 1940 年 6 月前,法国既表示支持中国抗战又为避免刺激日本而对日妥协,或明或暗地允许中国过境越南转运外援之军火物资,中越国际通道的存在对于中国的抗日战争是一个有力的支持。综计桂越、滇越线在战时输入物资量为:1938 年 4 个月输入物资 3 225 吨,1939 年为 20 529 吨,1940 年 6 个月为 17 697 吨。③1940 年 6 月,法国在欧战中败退,向德国投降,贝当组织的维希政府宣告成立。6 月 20 日,日本压迫法国停止中越运输。中国经由越南的国际通道至此关闭。为防止日军由越南侵入,中国乃自动拆断滇越铁路路轨,破坏滇越、桂越等公路路基。9 月,法国又被迫与日签订协定,允许日本假道越南进攻云南。日军进入越南后,"中国破坏了滇越铁路中国境内的河口大桥,并将河口至芒村线的150 公里铁轨拆下来,铺设在叙昆铁路的昆明到曲靖段,使用滇越铁路机车,在民国三十三年三月二十日通车"④。

英国,1840 年以来在中国涉入既广且深,在华拥有极大势力,面对日本在中国的扩张,既不甘利益受损又不想自己"出头",对中国最大的支持可谓协助国民政府的"币制改革",帮助中国稳定金融。中日战争全面爆发后,尽管英国对日本侵略采取绥靖政策,国

---

① 龙学遂:《中国战时交通史》,北京:商务印书馆 1947 年版,第 106 页。
② 龙学遂:《中国战时交通史》,北京:商务印书馆 1947 年版,第 91 页。
③ 龙学遂:《中国战时交通史》,北京:商务印书馆 1947 年版,第 99 页。
④ 吴相湘编著:《第二次中日战争史》,台北:综合月刊社 1973 年版,第 672 页。

民政府仍对英国寄予一定的希望。英国虽不愿向中国伸出援手而得罪日本，也不希望中国向日本屈服，对于中国的吁请，唯表示履行国际公约，与美国在远东采取平行行动。1940年9月，日本占领越南并有进一步南进之趋势，蒋介石向美英提议三国合作协力，共同对抗日本的侵略。美国先予答复，"谓因其受'向不与他国缔结同盟'之国策限制，不便参与，但对中英同盟，则乐于赞助"，而英国表示美国既不参加，亦不便与中国正式缔盟，不过于1941年2月派了"戴尼斯少将来华，商讨中英军事合作的具体办法"[1]，唯一直没有商讨出具体的合作办法，因为英国坚持"须待英日开战时方能开始合作"。太平洋战争爆发后，中、美、英、苏等26国结成反法西斯同盟，此后，在支持与援助中国抗战方面，英国基本与美国保持同步行动，而在规模与力度上不及美国。

　　美国对于中日战争起初采取的是某种超然的态度，既不劝说中国"牺牲主权以购买和平"，也不支持中国，"中国和美国原本是两个相当疏远的国家，长期以来它们各自处于对方对外关系的边缘"[2]。而当近卫声明提出了"大东亚新秩序"的计划，日本又具体宣布了"大东亚"的范围，企图独霸亚洲太平洋区域时，美国不乐意了，于1939年7月23日宣布废除《美日商约》以示惩戒。9月欧战爆发后，国际形势发生了重大变化，美、英、法、苏等大国对中国抗战的态度与政策有了一些变化，南京政府据此制定了不同的外交策略，其中尤把争取美国对华援助列为工作的重点。然美国的关注点在欧洲，而且国内普遍的孤立主义情绪束缚着总统罗斯福的

---

[1] 秦孝仪主编：《中华民国重要史料初编——对日抗战时期》第三编：战时外交（一），台北：中国国民党中央委员会党史委员会1981年版，第6页。

[2] 章百家：《中国为抗日寻求外国军事援助与合作的经历》，《中共党史研究》2007年第5期，第20页。

手脚，"'与交战国不发生任何关系'的彻底孤立主义派，占将近百分之三十，这个数字相当稳定"。① 在日本日益暴露出南进企图而威胁到美国在远东的利益后，罗斯福一面寄望加强中国的力量以牵制日本，一面避免美日直接冲突。1940 年 3 月，在日本扶植的汪伪政权成立前夕，美国宣布对华提供 2 000 万美元借款。1940 年 6 月，驻美大使胡适电告蒋介石：罗斯福总统表示，将向中国提供多一些援助。蒋介石随即派宋子文作为其私人代表赴美，专门接洽援华事宜。9 月，日军侵入越南，日、德、意订立同盟协定，远东局势更形险恶。11 月，日本正式承认了汪伪政府，重庆政府面临严重的军事与政治压力。12 月 29 日，罗斯福在第三次竞选总统成功就职后发表"炉边谈话"，明确表示将援助中国抗战，"中、美、英三国命运有密切之联系"，"美国愿承担民主国家兵工厂之责任"，表示"此后除以财政援助中国外，且将进而以大批军需援助中国"。② 1941 年 3 月，经罗斯福提议，美国国会通过《租借法案》适用于中国。租借法案适用于一切反侵略、反轴心之同盟国家。租借物资包括的范围甚广，诸如飞机、武器、运输器材、通讯器材、药品衣物，等等，凡可用于战争的物品均包括在内。3 月 31 日，蒋介石致电指示宋子文与美国陆、海军部商洽具体军事援助事项："(1) 由美国提供技术与训练之援助，为中国建立现代化空军。(2) 训练装备中国陆军。(3) 协助中国修整及建设滇缅路等对外交通补给线。"③因为

---

① [美]舍伍德著，福建师范大学外语系编译室译：《罗斯福与霍普金斯——二次大战时期白宫实录》(上册)，北京：商务印书馆 1980 年版，第 188 页。

② 秦孝仪主编：《中华民国重要史料初编——对日抗战时期》第三编：战时外交(一)，台北：中国国民党中央委员会党史委员会 1981 年版，第 7 页。

③ 秦孝仪主编：《中华民国重要史料初编——对日抗战时期》第三编：战时外交(一)，台北：中国国民党中央委员会党史委员会 1981 年版，第 7 页。

在中国建立航空训练基地颇有困难,美国展开了一项利用租借款项在美国训练中国飞行员的计划,以作补充,"1941 年 10 月,第一批 50 名学生到达美国,在阿里左纳之雷鸟机场学习美国空军驾驶员之标准训练课程",①之后又有数批飞行员赴美受训,美国军部还在印度训练航空人员。

1941 年 12 月珍珠港事件发生后,美国卷入太平洋战争,中美结为盟友,美国加大了对中国的援助。为体现中美之合作,也为了协调盟军在中印缅战区的行动,应蒋介石之请求,美国政府派遣史迪威将军前往中国任拟建中的联合参谋部参谋长,统率在中印缅战场上的美国军队及中国军队。1943 年 4 月起,又陆续有"美国军官加入中国陆军部队至战地充任教官、顾问及观察员。美国军械官员,由中国机械师之协助,从事修理破旧之中国装备……尚有派往中国及缅北协助中国军队之美国战地医院工作团以及被派来协助改进交通与机场设备美军工程师及其他专家"②。1942 年 7 月,陈纳德的志愿空军被编入中缅战区的美国空军第十大队,1943 年 3 月又以美国陆军第 14 航空队战斗在中缅战区。1943 年 11 月中国空军之中美混合大队宣告成立,由中美飞行员及地面工作小组联合组成。

美国军政界虽加大了援助中国的力度,却依然不太重视中国战场。1942 年 9 月 7 日,罗斯福在发表劳动节演说谈及军事形势时,简述了全球四个战区即欧洲的东战场即俄国战场、西南太平洋战场、地中海和中东战场、欧洲战场的情势与战略目标,未提及中

---

① 美国国务院编,文海出版社译:《美国与中国之关系——特别着重 1944 至 1949 年之一时期》,台北:文海出版社 1982 年版,第 26 页。

② 美国国务院编,文海出版社译:《美国与中国之关系——特别着重 1944 至 1949 年之一时期》,台北:文海出版社 1982 年版,第 26 页。

国战区,蒋介石在日记中叹曰:"本日见罗斯福炉边播音,惟未提及中国战区,是其不加重视我中国更显然矣。"①美国军方领袖对中国的战略价值更缺乏认识和兴趣,"对于军方而言,中国能够留在对日战场上,就已经达到它的基本要求,不必多花心思,也不必多耗费美国物资"。②"先欧后亚"的战略和中国处于美国军火供应线末端的地位,决定了美国没有能力向中国提供大量的现代化军事装备。蒋介石与罗斯福对于中美两国在太平洋战争中所发挥作用的不同期望,使双方在合作的同时也产生了诸多矛盾,美国政、军界在反法西斯战争、在援华问题上的分歧进一步影响了美国的对华政策及租借法案在中国的实施,"尽管罗斯福认为中国作为世界抵抗侵略阵营的一分子,有权获得租借法案支持,但是军方领袖对中国的战略价值缺乏认识和兴趣……即使在珍珠港事件发生之后,战争部同样不愿为中国战场的需求做出整体考察和筹划"。③ 史迪威、陈纳德是抗战时期美国援华军事人员中最为重要且具代表性的人物,他们对中国在太平洋战争中的作用有着不同的战略构想,而美国军政当局在反法西斯战争中的总体战略、它的对华政策及其国内政治的矛盾,加剧了史迪威与陈纳德间的矛盾与冲突,也影响了他们在华军事抱负的实施。

　　抗战时期,除西方大国向中国提供武器装备与军事人员的援助,中国的邻国如朝鲜、越南则有一些抗日义士志愿与中国人民并肩作战抗击日本法西斯,他们多为早年来华的革命者,如越南的胡

---

① 《蒋介石日记》,1942 年 9 月 9 日,美国斯坦福大学胡佛研究院档案馆藏。

② [美]齐锡生:《剑拔弩张的盟友:太平洋战争期间的中美军事合作关系(1941—1945)》(修订版),台北:"中央"研究院联经出版公司 2012 年版,第 548 页。

③ [美]齐锡生:《从舞台边缘走向中国——美国在中国抗战初期外交视野中的转变(1937—1941)》,北京:社会科学文献出版社 2018 年版,第 442 页。

志明、洪水,朝鲜的武亭、尹世胄、尹奉吉等。1910年朝鲜沦为日本的殖民地后,大量朝鲜人迁入中国东北,许多革命者积极投身中国革命,他们认为朝鲜革命与中国革命紧密相连,九一八事变后双方更有共同的战略目标,针对着特定的第三方——日本军国主义者。活跃在白山黑水的朝鲜革命者,自日本侵占了中国东北后,与中共领导的抗日武装并肩作战。1933年9月18日,根据中共满洲省委的指示,磐石(隶属吉林省吉林市)抗日游击队扩编为东北人民革命军第一军独立师,杨靖宇任师长兼政治委员。11月7日,第一军独立师改编为东北人民革命军第一军,杨靖宇任军长兼政委。1934年3月,延吉等地的游击队扩编为东北人民革命军第二军独立师,"1934年7月,东北人民革命军第二军独立师已经发展到900人,指战员的绝大多数是朝鲜人","1935年2月,在第二军独立师内朝鲜人约占90%","3月,第二军独立师正式扩建为东北人民革命军第二军,全军1 200余名指战员"。① 第二军独立师成立伊始即与日军展开斗争,"1934年4月至10月,第二军独立师袭击日伪据点53次,参战的指战员累计达1 350名,粉碎了日伪军的春季大'讨伐',开辟了安图、敦化、汪清、宁安、东宁等毗连地区的游击区。自1934年秋至1935年5月,第二军独立师各团在东满地区进行40余次战斗,取得了重大胜利"。② 朝中两国的抗日健儿并肩作战,共同抗击日本侵略者,一同推进了东北地区反日武装斗争的开展。

活跃在中国的朝鲜反日独立运动团体众多,卢沟桥事变以后,

---

① 黄润浩:《东北地区朝鲜共产主义者的"双重使命"》,延边大学博士学位论文,2012年,第136页。

② 黄润浩:《东北地区朝鲜共产主义者的"双重使命"》,延边大学博士学位论文,2012年,第138页。

它们逐渐统一为几个团体,分别在正面战场、敌后战场及东北地区参加中国的抗战。1938 年 10 月 10 日成立的朝鲜义勇队"是关内地区最早成立的朝鲜革命武装",下辖 3 个支队,"接受中国国民党军事委员会政治部的指挥,到国民党战区主要从事宣传鼓动工作,也直接参加战斗"。① 1940 年 9 月 17 日,居于重庆的大韩民国临时政府建立韩国光复军,"共 2 个支队、6 个区队、9 个分队。第一支队共 533 人,第二支队共 265 人。其后,韩国光复军扩编为 6 个支队,分别到中国国民党各战区参战……主要从事宣传鼓动、搜集情报及审讯、教育俘虏,有时也直接参加作战"。② 据不完全统计,抗战时期在国民党正规军中任职的朝鲜人有:"陆军少将 2 名,上校 4 名,中校 2 名,少校 6 名,大尉 11 名,中尉 12 名;空军少将 1 名,上校 1 名,中校 4 名,少校 3 名,大尉 1 名,中尉 4 名。"③

在中国共产党领导的敌后战场的朝鲜革命者也整合力量,组建新的革命组织和武装力量。1941 年 1 月 1 日,在八路军司令部所在地——山西桐峪,成立华北朝鲜青年联合会,武亭任会长。其后在各地成立支会。同年 6 月,华北朝鲜青年联合会建立朝鲜义勇队华北支队,受八路军总司令部统辖。1942 年 8 月,华北朝鲜青年联合会扩大改组为朝鲜独立同盟,朝鲜义勇队华北支队扩大改编为朝鲜义勇军。朝鲜独立同盟分别在中国共产党创建的各个边区、关内敌占区及东北敌占区开展组织和宣传工作,号召朝鲜侨民

---

① 杨昭全、孙玉梅:《中国抗日战争期间关内地区朝鲜反日独立运动》,潘石英主编:《深厚的友谊》,北京:世界知识出版社 1992 年版,第 30—31 页。

② 杨昭全、孙玉梅:《中国抗日战争期间关内地区朝鲜反日独立运动》,潘石英主编:《深厚的友谊》,北京:世界知识出版社 1992 年版,第 29 页。

③ 杨昭全、孙玉梅:《中国抗日战争期间关内地区朝鲜反日独立运动》,潘石英主编:《深厚的友谊》,北京:世界知识出版社 1992 年版,第 33 页。

积极参加中国抗战。朝鲜义勇军主要在华北、华中各边区参加抗日战争，主要从事宣传鼓动、瓦解敌军、审问与教育日本战俘等活动，并与八路军、新四军配合，在前线直接与日军作战。在朝鲜的革命者中涌现了不少战功赫赫的抗日英雄，以武亭为例，他曾在日本士官学校学炮兵，回国后从事反日活动，遭缉捕而流亡到中国，参加了中国革命，曾在中央苏区筹建炮兵。卢沟桥事变后，武亭随八路军总部出师挺进华北抗日前线，1937 年 10 月奉命去山西临汾筹建总部炮兵团，为八路军建立一支有充分战斗力的炮兵队伍作出了极大的贡献。百团大战是炮兵团参加的历次战斗中的一次，在"关家垴歼灭战中，武亭为了消灭百米内凭借垴丘顽抗的日军，竟然手搬炮筒协助神炮手赵章成摧毁了敌人机枪阵地，有力地配合了总部特务团打垮了冈崎大队的疯狂反扑，并保护了彭德怀副总司令的前沿指挥所"①。武亭还担任了华北朝鲜义勇军总司令，组织武工队潜入敌占区开展游击战。1945 年日本投降后，武亭统率朝鲜义勇军随八路军挺进东北，继而回到自己的祖国。

综合抗战时期各国给予中国的军事合作与援助，在对日作战中产生较大影响力并发挥了相当积极作用的团队与个人，主要有苏联派出的志愿航空队，应蒋介石之要求而派到中国任蒋介石参谋长的史迪威，战时帮助中国重建空军并成立美国航空志愿队的陈纳德。他们的先后赴华参战贯穿了全面抗战之始终，通过他们还可进一步了解中国抗战之艰辛与顽强，也可从一个侧面了解战时中国与苏联、美国等盟国之间的复杂关系。

---

① 《历史不能忘记》丛书编委会编：《国际友人与抗日战争》，北京：中国民主法制出版社 1999 年版，第 122 页。

第二节　苏联援华志愿航空队

一、驾机飞援中国

卢沟桥事变爆发后,苏联是第一个提出希望中国统一强盛,愿与中国共同预防外患之西方大国,并提议"以中国政府名义邀请太平洋各关系国开一国际会议,商订集合互助协定"①,而美、英、法等国为自身利益计,对日本的侵华采取绥靖政策,甚至在日本以反对共产主义为名来掩饰侵略的宣传策略下,"日本的暴行竟得了欧美几分的同情",曾任驻苏大使的历史学家蒋廷黻说,"欧美人士仇视共产主义之深,有非我们所想象的"。② 苏联在提议由中国邀集各关系国商订集合互助的同时,提出若无第三国赞成,可由中苏订立互不侵犯协定,过相当时间后再订互助协定。中方的意愿是直接订立互助协定,比照中方草拟的互助协定与最后签订的互不侵犯协定,两者主要的区别在于一国遭受第三国侵犯时,另一个是否提供军事援助,如中方草拟的中苏互助协定第二款规定:"中华民国或苏联远东领土受第三者之直接或间接侵犯而违反两国之和平意思时,两国应即彼此予以军事及其他援助";8 月 21 日签订的中苏互不侵犯协定中的相关条款是:"(第一条)两缔约国重行郑重声

---

① 《外交部部长王宠惠自南京呈蒋委员长对于苏联提议共同预防外患之步骤三项具申意见意见书》(1937 年 7 月 8 日),秦孝仪主编:《中华民国重要史料初编——对日抗战时期》第三编:战时外交(二),台北:中国国民党中央委员会党史委员会 1981 年版,第 325 页。

② 《蒋廷黻在中央大学作关于〈日苏的关系〉讲演》(1938 年 8 月 11 日),中国第二历史档案馆编:《中华民国史档案资料汇编》第五辑第二编:外交,第 213 页。

明,两方斥责以战争为解决国际纠纷之方法,并否认在两国相互关系间以战争为施行国家政策之工具,并依照此项诺言,两方约定不得单独或联合其他一国或多数国家,对于彼此为任何侵略";"(第二条)倘两缔约国之一方,受一国或数个第三国侵略时,彼缔约国约定在冲突全部期间内,对于该第三国不得直接或间接予以任何协助,并不得为任何行动或签订任何协定,致该侵略国得用以不利于受侵略之缔约国"。① 由中苏两国最后签订的协定看,文中并未提出给予被侵略方以军事及其他援助,然苏方在提议订立协定时表示"即中国不与之缔结互不侵犯或互助协定,亦愿助中国五千万元之军械及军用品,中国方面可以货物分期偿还(此层曾数次提及)"②。

　　基于苏联有援助中国之意,南京国民政府派遣航空署军务处处长沈德燮秘密访问苏联。1937 年 8 月 20 日,蒋介石致电驻苏大使蒋廷黻,嘱其协助沈处长与俄政府洽商飞机援华事宜,中方提出的要求是"驱逐机二百架与重轰炸双发动机一百架",并"聘俄飞行员二三十人",将运至新疆的飞机分十余次驾驶到甘肃。③ 中苏签订互不侵犯条约后,蒋介石派出以军事委员会参谋次长杨杰为团长的军事代表团一行十余人赴苏,除争取苏联军火物资援华外,主要"为促进苏联参战"。苏方表示"出兵问题非常重大","因时机环

---

① 秦孝仪主编:《中华民国重要史料初编——对日抗战时期》第三编:战时外交(二),台北:中国国民党中央委员会党史委员会 1981 年版,第 327、328 页。

② 秦孝仪主编:《中华民国重要史料初编——对日抗战时期》第三编:战时外交(二),台北:中国国民党中央委员会党史委员会 1981 年版,第 326 页。

③ 秦孝仪主编:《中华民国重要史料初编——对日抗战时期》第三编:战时外交(二),台北:中国国民党中央委员会党史委员会 1981 年版,第 465 页。

境恐惹起全世界对苏联作战"①,斯大林向中国代表具体说明了不能出兵的理由:"(1)日本现在打中国是军阀之主张,财阀如三井、三菱等赞成之,但一般商业阶级、农民皆不愿意,因彼人民等认日军阀压迫中国,愈陷两民族于仇深似海也。(2)若苏联向日本军阀战,日人民必以为苏联亦系分润中国之利益者,刺激日本国民之反抗,激成日全国民之动员,结果反助日本之团结,故苏联对日本之开战等待时机之到来。(3)日本之政权操于广田,盖彼纯粹为法西斯主义与军阀结合,近卫不过傀儡而已。(4)中国现在抗战甚力,且有良好成绩,若中国不利时,苏联可以向日本开战。(5)目前中国打仗,苏联当尽力帮助,若即时与日开战,必使中国失去世界同情之一半。"②1937年12月,斯大林亲自致电蒋介石申述苏联不能即刻对日出兵的理由,同时表示将增加对中国的援助,说:"(1)苏联政府之方针:假使苏联不因日方挑衅,而即刻对日出兵,恐将被认为是侵略行动,是将日本在国际舆论的地位马上改善。现在日本是侵略国,世界舆论因此就反对它,苏联如不因日方挑衅而对日出兵的时候,日本反要谓自己是侵略国之牺牲者,此将予中国与苏联以不利。(2)只有在九国或其中主要一部,允许共同应付日本侵略时,苏联就可以立刻出兵。因为在该时,世界舆论要认苏联行动是保护法律及正义之当然的行动,而日本在该时不能自谓为被侵略之牺牲者,世界同情不归日本。(3)苏联政府之上述态度,只有

---

① 秦孝仪主编:《中华民国重要史料初编——对日抗战时期》第三编:战时外交(二),台北:中国国民党中央委员会党史委员会1981年版,第469页。

② 《军事委员会参谋次长杨杰、中央执行委员张冲自莫斯科呈蒋委员长报告与斯大林委员长晤谈关于助我自制武器、飞机及请苏联参战等问题之谈话内容签呈》(1937年11月12日),秦孝仪主编:《中华民国重要史料初编——对日抗战时期》第三编:战时外交(二),台北:中国国民党中央委员会党史委员会1981年版,第335—336页。

苏联国最高苏维埃才能将它改为立即出兵的态度，而最高苏维埃
会议最迟在月半或二月举行。（4）在此一月半至二月短期中，我们
决定用种种途径及方法，极力增加对中华民族及其国民政府之技
术援助。"①

　　苏方一再表示将尽量以物资援助中国，在给予中国大额且优
惠的贷款以购买苏联飞机、坦克、大炮、弹药等武器装备的同时，应
中国之要求，派遣教官、技师等航空人员来华协助训练与组装、修
理飞机，并主动派遣空军作战人员。鉴于当时复杂的国际局势，苏
联未公开地以政府的名义派遣军事人员，而是秘密地组建了援华
志愿航空队，在有关文件中使用代号称"伊格列克行动"。苏联援
华的第一批飞机包括重轰炸机、驱逐机于 1937 年 9—10 月分批飞
往中国，紧接着从各个空军基地选拔飞行员和机组人员，苏联空军
政治部审查志愿者的政治面貌，军事部门检查他们的飞行技术。
他们在阿拉木图集结，然后飞往中国，首批来华的歼击机大队和轰
炸机大队加上地勤人员共有 254 名，"分别组成以马琴领导的轰炸
机大队和库尔丘莫夫为首的战斗机大队，途径凉州时，库尔丘莫夫
不幸因飞机失事殉职，普罗科耶夫接替指挥战斗机大队。"②"首个
歼击机大队中有著名的飞行员谢列兹涅夫、巴纽施金、杰米多夫、
普恩图斯、列米佐夫、如考茨基、卡扎琴科、考涅夫、巴尼恩、韦施金
等人"。③"1937 年 10 月 24 日，后续派往中国的支援人员共有 447
人抵达阿拉木图。其中有飞行员、航空工程师、航空机械师、无线

---

① 秦孝仪主编：《中华民国重要史料初编——对日抗战时期》第三编：战时外交（二），台
　　北：中国国民党中央委员会党史委员会 1981 年版，第 339 页。
② 高晓星、时平编著：《民国空军的航迹》，北京：海潮出版社 1992 年版，第 278 页。
③ 雷融开：《正义之剑——苏联空军志愿队援华抗日史话　1937—1945》，成都：四川人
　　民出版社 2016 年版，第 19 页。

电专家、气象专家、机场管理人员、密码译电员、司机、工程师，与机组配套的工人和医生。这两批志愿者的到来，在1937年中国共有苏联空军志愿者701人。"①苏联航空志愿队员库德莫夫回忆说："在兰州，我们的'雄鹰'被粉刷一新，画上中国标记，穿好衣服，我们穿上了中国的飞行连裤装，胸口印着红绸边带子的白色标牌。"②所有飞机均除去苏联标识，重新涂上中国空军机徽，飞行员佩带的白色标牌上以中文写明"来华助战洋人，军民一体救护"。

　　自1937年到1941年，苏联先后派遣了1 091名飞行员，配以2 000余名机械师、工程师等各类航空辅助人员，连同各种空、地、勤、政工人员，共计3 665人。③"苏联航空志愿队队员主要来自外贝加尔军区和太平洋舰队所属航空部队，也有少量来自哈萨克、巴库和乌克兰地区，入选人员集中到莫斯科的如可夫斯基空军学院集训，然后以平民身份集体从莫斯科乘火车到阿拉木图……所有人员临行前必须保证杜绝向家人和朋友吐露来华行踪"，"他们来华后，其真实军人身份对外界严格保密，以化名方式外出，而化名多与'鸟'相关，如索洛金、拉斯多奇金和奥尔洛夫"。④苏联航空志愿队自阿拉木图飞抵兰州，然后转场南京、汉口、南昌、成都等机场，与中国空军协同作战。中国空军经1937年8、9、10三个月连续

---

① 雷融开：《正义之剑——苏联空军志愿队援华抗日史话　1937—1945》，成都：四川人民出版社2016年版，第19—20页。

② ［俄］丘多杰耶夫：《在中国上空(1937—1940)：苏联志愿飞行员回忆录》，第134页。转引自张建华：《再造苏联形象：抗战初期苏联空军援华及其影响》，《史学月刊》2017年第1期，第113页。

③ 转引自张建华：《再造苏联形象：抗战初期苏联空军援华及其影响》，《史学月刊》2017年第1期，第112—113页。

④ 转引自张建华：《再造苏联形象：抗战初期苏联空军援华及其影响》，《史学月刊》2017年第1期，第113页。

不断的激战,损耗极大,旧有飞机已损耗殆尽,人员伤亡亦大。苏联飞机与飞行员抵达中国,及时补充了中国空军的战斗力。此外,苏联还在兰州、迪化(今乌鲁木齐)等地开办了空军训练基地和航空学校,培训中国空军人员,帮助中国飞行员掌握操纵苏制驱逐机、轰炸机的技能。据统计,到 1939 年夏,受过苏联志愿队轮训的中国飞行员已达 1 054 人,领航员 81 人,无线电、射手 198 人,航空技术人员 8 354 人。[①]

二、战斗在中国上空

首批到达中国的苏联航空志愿队于 1937 年 12 月 1 日到达南京机场,当天便五次升空作战,由此正式参加了南京保卫战。当日军从海陆空三面加紧包围南京的同时,得到苏联军事援助的中国空军有意袭击上海日军军舰和上海机场,苏联航空志愿队也正有此意。马琴轰炸机大队进驻南京机场后,经严谨的部署,以 9 架轰炸机的机群展开了对上海的袭击,"击沉了 1 艘日军巡洋舰,2 艘运输舰;另有 6 艘军舰被炸起火,还烧毁了许多停在机场的日军飞机"[②],打击了日军的嚣张气焰。

南京失守后,中国空军包括苏联志愿队迁驻于南昌、武汉两地,苏联志愿队以南昌、武汉为基地,或单独或协同中国空军展开了对日作战。至 1938 年初,日本陆、海军航空队占据了中国华北、华东的许多机场,随着战线的拉长、活动半径的扩大,日本空军投入中国的兵力也逐渐增加,并将其作战部队改为飞行战队,废除联

---

① 蒋妙玉主编:《中国对日空战画史》,杭州:杭州出版社 2005 年版,第 251 页。

② 雷融开:《正义之剑——苏联空军志愿队援华抗日史话 1937—1945》,成都:四川人民出版社 2016 年版,第 64 页。

队、大队之编级,每一战队辖 2—3 个中队。12 月,在中国之日陆军
航空兵力,"计有 10 个战队,3 个独立中队,共为 20 个中队,其中重
轰炸机 7 个中队,飞机 63 架,轻轰炸机 6 个中队,飞机 72 架,侦察
机 11 个中队,飞机 105 架,驱逐机 4 个中队,飞机 42 架,合计各型
飞机 282 架";日海军航空兵力,至 1938 年 10 月,"计有陆上部队 4
个航空队(第十二、十三、十四及鹿星航空队),舰上部队 3 艘航空
母舰,6 艘水上机母舰,合计各型飞机 273 架"。① 1938 年 6—12 月
间,中国空军战列部队,"计侦查中队 1 个,轰炸大队 3 个(第一、第
二大队,志愿轰炸第一大队),驱逐大队 5 个(第三、第四、第五及志
愿驱逐第一、第二大队)"。② 武汉会战结束后,抗战由防御阶段进
入相持阶段,日本侵华战略调整为以政治进攻为主、军事进攻为
辅,日空军之作战亦改以政治攻击为主,战略攻击为辅,对中国重
要城镇、文化商业中心实施普遍轰炸,企图破坏中国各城镇中心,
摧毁中国各重要设施,以瓦解中国国民精神意志,动摇中国民众的
抗战决心。

　　中国空军"自武汉会战结束以后,由于损失过重,除以一部驻
防赣南、川东,担任各地区之防空任务外,主力均后调整训"③。苏
联航空志愿队的及时加入战斗,充实了中国空军的力量。经 1939
年整训后,中国空军"作战部队计有 7 个大队,1 个独立战斗机大
队,4 个志愿大队(除一、二、六、八等 4 个大队为轰炸大队,第三、

---

① 《空军作战经过概要》,秦孝仪主编:《中华民国重要史料初编——对日抗战时期》第二
　　编:作战经过(三),台北:中国国民党中央委员会党史委员会 1981 年版,第 103 页。
② 《空军作战经过概要》,秦孝仪主编:《中华民国重要史料初编——对日抗战时期》第二
　　编:作战经过(三),台北:中国国民党中央委员会党史委员会 1981 年版,第 103 页。
③ 《空军作战经过概要》,秦孝仪主编:《中华民国重要史料初编——对日抗战时期》第二
　　编:作战经过(三),台北:中国国民党中央委员会党史委员会 1981 年版,第 109 页。

四、五等 3 个大队为驱逐大队），共有飞机 135 架。嗣经补充，总共有飞机 215 架"①。1938—1939 年是苏联航空志愿队在华主要作战阶段，参加了以汉口、南昌、重庆为基地的对日空战，有效地保卫了武汉、南昌、成都、重庆等地，多次袭击了日本海、陆军的机场、码头和阵地，并奇袭台湾。"1938 年 2 月，来华的苏联志愿航空队已有战斗机、轰炸机各 3 个大队。同年 9 月，因作战消耗，减为各 2 个大队。1939 年上半年，在华苏联志愿航空队仅有 1 个战斗机大队。同年 7 月以后，兵力猛增为战斗机、轰炸机各 4 个大队。1940 年 6 月，又只剩下 1 个战斗机大队，直至 1941 年全部撤离中国。"②参阅《中华民国重要史料初编——对日抗战时期》第二、三编、《中华民国史档案资料汇编》第五辑、《民国空军的航迹》、《正义之剑——苏联空军志愿队援华抗日史话　1937—1945》等文献，结合时间与地点，将苏联航空志愿队的在华作战情况略述如下，分迎战与主动出击两方面行动。就迎战而言，先后参加的战役主要有南京空战、南昌空战、武汉空战。

南京空战　苏联航空志愿队来到中国后参加的首次空战。12 与 1 日，普罗科耶夫领衔 23 架 E-16 式战斗机大队、基达林斯基领衔 20 架 CB 轰炸机大队先后飞抵南京。当日，苏联战斗机五次升空迎战，击落日机 3 架，自己损失 2 架，1 名飞行员牺牲，1 名跳伞生还。12 月 2 日，航空志愿队的 9 架轰炸机从南京飞往上海，轰炸了日军机场和黄浦江上的日军舰船，1 艘日舰、6 艘日船中弹沉没。日军高射炮击中 1 架轰炸机，领航员牺牲，驾驶员负伤驾机返回南

---

① 《空军作战经过概要》，秦孝仪主编：《中华民国重要史料初编——对日抗战时期》第二编：作战经过（三），台北：中国国民党中央委员会党史委员会 1981 年版，第 109 页。

② 高晓星、时平编著：《民国空军的航迹》，北京：海潮出版社 1992 年版，第 278 页。

京。12月3日,日本集陆军航空队12架战斗机、10架轻轰炸机和海军航空队9架战斗机、6架轰炸机联合突袭南京。苏联航空志愿队同中国空军一起升空拦截敌机,这是一场敌我力量对比悬殊的空战。在南京保卫战中,中苏飞行员总计击落日机20架,并对侵犯南京的日军实施了多次袭击。南京失守后,苏联航空志愿队随中国空军一起撤往汉口、南昌等地。

南昌空战　南昌是战时中国空军的重要基地,南京失守后,迁驻此地的有中国空军第三、第四、第九大队各一部及苏联航空志愿队的轰炸机大队、战斗机大队各一个。自1937年12月至1938年8月,日空军对南昌发动了多次空袭,中苏空军联手予以还击。《民国空军的航迹》对发生在1937年12月至1938年8月的历次空战作了简要的介绍:1937年12月9日,敌轰炸机多架在其14架驱逐机的掩护下,大举空袭南昌,中国空军第九大队第二十六中队4架驱逐机升空迎战,击落敌九六式舰上战斗机1架,自损飞机2架。12月14日,日本海军航空队出动战斗机9架、攻击机12架空袭南昌,中苏飞机升空应战。12月22日,日海军航空队出动战斗机12架、攻击机11架袭击南昌新机场,苏联航空志愿队以E-16战斗机起飞迎战,击落敌机1架。1938年1月7日,日海军航空队出动战斗机9架、攻击机15架再袭南昌新机场,中苏飞机起飞拦截,击落敌九六式战斗机1架,日本海军的又一名"天王"——第十二航空队分队长潮田良平大尉毙命。2月25日,日海军航空队18架战斗机在南昌上空与中苏飞机交战,被击落2架,田雄大尉等3人毙命,中苏飞机损失7架,苏联航空志愿队斯米尔诺夫等3人牺牲。6月26日,日海军航空队以28架战斗机、18架攻击机,空袭南昌,中国空军第四大队的5架驱逐机、苏联航空志愿队的28架战斗机升空迎战,击落敌机6架,苏联飞行员斯拉维克阵亡,古班柯在击落2

架敌机、自己的战机被攻击起火而跳伞后,在同伴的救援下得救。
7月4日,日海军航空队出动26架攻击机、23架战斗机进犯南昌,
中国空军第三大队的E-15式驱逐机6架、第四大队的E-15式
驱逐机7架、E-16式驱逐机5架,连同苏联航空志愿队的28架战
斗机升空迎战,击落敌机7架,中苏飞机也有不少损伤。7月18
日,日海军航空队6架战斗机、14架轰炸机、5架攻击机空袭南昌,
中苏空军起飞迎战,击落敌机4架,日海军航空队"四大天王"之一
的战斗机队长南乡茂章大尉丧命,在敌机轰炸南昌机场的过程中,
中国飞行员黄莺为救援苏机领队芭比洛夫不幸牺牲。8月4日,日
海军航空队27架飞机分两批轰炸南昌,城内居民大量迁移,南昌
机场遭到严重破坏,中苏航空队转移到高安、上高等机场隐蔽,南
昌空战暂告段落。[①]

　　武汉空战　南京失守后,武汉既一度承担起战时中国的政治、
经济、文化中心,也是中苏空军驻扎的主要基地之一,日军飞机多
次前来袭击。中苏空军联手作战,打了不少漂亮仗,也承受了不小
的损失与牺牲。据相关资料记载,武汉空战中中苏并肩作战的最
有名的是"四二九"空战、"五三一"空战。4月29日为日本天长节,
日军出动27架战斗机、18架攻击机进袭武汉,企图炸毁中国空军
基地和汉阳兵工厂等重要军事目标,以向天皇献礼。[②]　因事先已获
取情报,中国空军以19架驱逐机联合苏联志愿队45架战斗机做好
准备,待机打击日军。"经30分钟拼杀,敌机被击落21架,其中战
斗机11架、攻击机10架……敌飞行员50人丧生,2名跳伞后被活

---

① 高晓星、时平编著:《民国空军的航迹》,北京:海潮出版社1992年版,第281—283页。
② 高晓星、时平编著:《民国空军的航迹》,北京:海潮出版社1992年版,第284页。

捉。"①此次空战,我方战绩辉煌,也有相当的牺牲,损失飞机12架。5月31日,日海军航空队以11架战斗机进袭武汉,中国空军18架驱逐机、苏联志愿队31架战斗机升空迎战,日军见我方防备严整,掉头撤离,中苏飞行员勇猛追击敌机,数架敌机中弹坠毁,我方也有损失与牺牲。

除了迎击来犯之日军,苏联航空志愿队还多次主动出击,轰炸日军机场、阵地、舰船等,以支援中国地面部队。奇袭台北松山机场是战时中方对日军的第一次远征空袭。台北松山机场是日军的重要航空基地,1938年2月23日,由苏联航空志愿队指挥官帕维尔·瓦西里耶维奇·雷恰戈夫负责轰炸机编队出击台湾,飞机为CB式轻型单翼轰炸机。为达到奇袭效果,轰炸机群逼近台北时,机群拉到4 000米高空,并向台北以北方向飞行,然后急速转弯,降低高度,直逼松山机场。日军根本想不到松山机场会遭空袭,毫无戒备。当苏联志愿队的轰炸机群飞临松山机场时,既无战斗机升空拦截,也无高射炮阻挡。轰炸机群"共投弹280枚,大部分命中目标","据情报获悉:此次出击共炸毁敌机12架、营房10栋、机库3座,焚毁了可使用3年的航空油料及其他装备,使松山机场陷于瘫痪,以至一个月内不能使用"。②

协同中国空军袭击日军航空队占据的南京机场,是苏联航空志愿队撤防汉口后的第一次主动出击。1938年1月2日,苏联航空志愿队轰炸机大队在波雷宁大队长率领下,从汉口飞往南京机场,炸毁敌机20多架。1月26日,苏联航空志愿队出动12架轰炸机再次袭击南京机场,炸毁多架日军攻击机,击落4架追击的日军

---

① 高晓星、时平编著:《民国空军的航迹》,北京:海潮出版社1992年版,第285页。
② 高晓星、时平编著:《民国空军的航迹》,北京:海潮出版社1992年版,第289页。

战斗机。① 两次空袭,战绩不菲,志愿队也付出了相当的牺牲,包括
人员与战机的损失。之后还袭击了日军在杭州的空军基地,"炸毁
了机场上 50 多架飞机,消灭了敌人两个梯队的有生力量"。② 1938
年 6—9 月,武汉会战期间,为阻止日军沿江进攻武汉,中苏空军
频频出击,轰炸溯江而上的日军舰船及其地面部队,并袭击芜湖、
安庆等地的日军机场。据《民国空军的航迹》一书描述,战况如
下:6 月 10 日,志愿队 5 架 CB 式轰炸机从汉口出发,飞抵安徽境
内时发现江面上有 7 艘日军舰船,立即实施轰炸,炸沉 1 艘。6
月 24 日,志愿队 9 架 CB 式轰炸机分三批从南昌出发袭击长江中
的日军舰船,击中 4 艘。合计 6 月间,"中苏空军共炸沉敌军舰船
30 余艘,炸毁敌机 20 余架"。③ 7 月,中苏空军或独立或联合出
击,"共击沉敌舰船 12 艘,炸伤 29 艘,击落、炸毁敌机 40 余架";8
月,"中苏空军共计炸沉敌军舰船 9 艘,炸伤 23 艘,并炸毁敌机多
架"。④ 9 月,为有力支援地面部队作战,中苏空军携手制订陆、空
协同作战计划,中苏空军混合编队连续出击,轰炸进击的日军。日
军为了报复,在 10 月间连续对驻有中苏空军的衡阳机场进行轰
炸,"共出动轰炸机 69 架次,投弹约 50 吨"。⑤ 此后,中苏空军基本
停止主动攻击。

　　广州、武汉失陷后,苏联航空志愿队随同中国空军移防四川的
成都、重庆等地。1938 年 11 月,苏联航空志愿队接到命令,暂停作

---

① 高晓星、时平编著:《民国空军的航迹》,北京:海潮出版社 1992 年版,第 294 页。
② 雷融开:《正义之剑——苏联空军志愿队援华抗日史话　1937—1945》,成都:四川人
　民出版社 2016 年版,第 92 页。
③ 高晓星、时平编著:《民国空军的航迹》,北京:海潮出版社 1992 年版,第 298 页。
④ 高晓星、时平编著:《民国空军的航迹》,北京:海潮出版社 1992 年版,第 299—300 页。
⑤ 高晓星、时平编著:《民国空军的航迹》,北京:海潮出版社 1992 年版,第 300 页。

战,飞机全部飞往兰州基地进行修理与维护。1939年2月间,日空军多次空袭兰州,中苏空军以 E-15、E-16 起飞迎战,"共击落敌机15架,造成极辉煌之战绩,致使敌人而后不敢轻易进袭兰州",①然日军多次的轰炸使兰州机场遭到了一定程度的破坏。

1939年春,从苏联陆续运来一批新飞机,飞机数量从135架增至245架,6月,苏联航空志愿队新到了2个战斗机大队和2个远程轰炸机大队。② 6月间,苏联航空志愿队的1个战斗机联队(分2个战斗机大队,共50架战斗机)进驻重庆,担任重庆的防空任务。③7月6日,日空军出动30架飞机夜袭重庆,中苏空军起飞迎战,苏联飞行员科基纳基旗开得胜,用20毫米航炮击落敌机1架,苏联飞行员柏达依采夫在空战中牺牲。此后,日军多次出动飞机袭击重庆,中苏飞机升空迎战,击落敌机多架。

经过短时间的休整又得到补充的苏联航空志愿队在1939年又有多次主动出击的行动。1939年10月,第一次长沙会战期间,为支援中国地面部队,志愿队出动 DB3 式轰炸机9架袭击已成为日空军基地的汉口机场,"炸毁敌驱逐机24架,并将正在修理的飞机10余架,全部炸毁"。④ 1939年12月至1940年1月,桂南会战期间,志愿队协力中国空军,"在20余天之不断攻击中,前后出动

①《民国空军作战经过概要》,秦孝仪主编:《中华民国重要史料初编——对日抗战时期》第二编:作战经过(三),台北:中国国民党中央委员会党史委员会1981年版,第111页。
② 高晓星、时平编著:《民国空军的航迹》,北京:海潮出版社1992年版,第302、303页。
③ 高晓星、时平编著:《民国空军的航迹》,北京:海潮出版社1992年版,第308—309页。
④《民国空军作战经过概要》,秦孝仪主编:《中华民国重要史料初编——对日抗战时期》第二编:作战经过(三),台北:中国国民党中央委员会党史委员会1981年版,第112页。

轰炸机轰炸敌军阵地、机场、仓库等凡 12 次,其中曾炸毁敌机 15 架"。[1]

由日本空军在华投入的飞机数量与部队规模看,1938—1940 年是其投入兵力最多阶段。1940 年秋,日军集空军精锐于中国境内,各型飞机由上年秋的 600 余架增至 800 余架,[2]对中国抗战大后方尤其是四川,及国内国际之运输线实施疯狂轰炸。及至 1941 年 9 月,日本"一面因企图完全破碎,一面急于作太平洋上之军事冒险,乃将我国境内之飞机抽调赴越南,仅剩 700 余架。至 1942 年,日军掀起太平洋大战后,复将在华空军之精锐抽调一空。直迄抗战胜利前夕为止,敌人在我境内所使用之空军兵力,仅保持 300 余架。其间,除 1943 年曾对我后方施行疲劳轰炸,其余时间仅能在第一线作战术性之防御"。[3]

中国于战前筹备与积蓄的空军战力经全面抗战初期三个月的消耗,损失极大,苏联援华航空志愿队的参战,于中国、中国空军无疑是雪中送炭,助力中国打破了日军飞机垄断中国制空权的局面,苏联航空志愿人员"先后在华参战的有 2 000 多人",有 200 多人牺牲在中国的抗日战场。"根据不完全统计:1938—1940 年 5 月,苏联志愿航空队作战 50 次以上,击落敌机 81 架,炸毁敌机 114 架(含中国飞行员

---

① 《民国空军作战经过概要》,秦孝仪主编:《中华民国重要史料初编——对日抗战时期》第二编:作战经过(三),台北:中国国民党中央委员会党史委员会 1981 年版,第 112 页。

② 《民国空军作战经过概要》,秦孝仪主编:《中华民国重要史料初编——对日抗战时期》第二编:作战经过(三),台北:中国国民党中央委员会党史委员会 1981 年版,第 109 页。

③ 《民国空军作战经过概要》,秦孝仪主编:《中华民国重要史料初编——对日抗战时期》第二编:作战经过(三),台北:中国国民党中央委员会党史委员会 1981 年版,第 109 页。

共同战果),炸毁敌战舰 14 艘"。① 比较他国当时或其后对中国的空中援助,苏联援华航空志愿队对中国抗战的贡献无疑是极大的。因苏联考虑到当时复杂的国际局势,为国家安全并不落他国以口实计,让苏联飞行员以志愿者身份参加代号为"伊格列克行动"的军事行动,"他们的全部战绩一律记录在中国飞行员的名下,甚至有一些人还使用了化名;后来又因各种原因,他们的事迹还没有得到应有的宣传"。② 近年有俄罗斯专家撰文称:"1938 年 4 月,日本政府通过外交途径,请求斯大林召回在华对日作战的苏联飞行员。"③鉴于日德的不断扩张,美、英、法等国家的绥靖政策,苏联逐步缩减对中国的援助。1939 年 8 月苏德签约后,苏联几乎完全停止对中国的供贷,"1939 年下半年至 1940 年夏季苏联志愿飞行员分批回国,只留下十余人改任顾问,1941 年撤退完毕"。④ 苏联援华航空志愿队虽然在华实际作战时间不长,但战绩斐然,有力打击了嚣张而不可一世的日本空军。

第三节　史迪威

一、奉命出任中国战区参谋长的"中国通"

1941 年 12 月 7 日珍珠港事件发生,9 日中国政府正式对日宣

---

① 高晓星、时平编著:《民国空军的航迹》,北京:海潮出版社 1992 年版,第 279 页。

② 雷融开:《正义之剑——苏联空军志愿队援华抗日史话　1937—1945》,成都:四川人民出版社 2016 年版,第 4 页。

③ 转引自曾景忠等编著:《血色长空:空军抗战与抗日胜利纪实》,北京:团结出版社 2005 年版,第 108 页。

④ 雷融开:《正义之剑——苏联空军志愿队援华抗日史话　1937—1945》,成都:四川人民出版社 2016 年版,第 102—103 页。

战,同时宣布对德意两国立于战争地位。23 日,在蒋介石的主持下,东亚联合军事会议在中国重庆召开,中、美、英三国的联合作战迈出第一步。1942 年元旦,在华盛顿发表了由美、英、苏、中领衔的26 国签署的《联合国共同宣言》,约定"加盟诸国应各尽其兵力与资源以打击共同之敌人,且不得与任何敌人单独媾和"。1 月 2 日,经罗斯福提议,蒋介石出任中国战区最高统帅,担负起中国及泰国、越南地区联合军队的总指挥任务。中国战区的成立,源于 1941 年12 月底在华盛顿英美双方三军参谋长就统一指挥问题而展开的讨论,为遏制日军的进攻,决定成立一个"简称为 A. B. D. A. 的新战区,这些首字母分别代表美、英、荷、澳四国。这个战区包括从孟加拉湾到澳大利亚这一块庞大而混杂的区域",此区域未包括中国战区,因为他们认为"不管中华民国的什么地方都不能置于任何一个英美联合司令部的指挥之下",美国陆军参谋长给罗斯福的一项备忘录中建议:"目前在中国战区最好也成立一个类似的合作国家作战行动司令部。我们建议,中国战区应包括缅甸的东北部以及泰国和印度支那的凡是合作国部队可能到达的地方。"罗斯福在"包括"的前面加上"最初"两字,并删掉缅甸东北部。① 缅甸东北部被划入南太平洋战区,后又划入东南亚战区。东南亚战区统帅置于英美联合司令部之下,中国战区统帅的权责是独立的。

1942 年 1 月 2 日,蒋介石致电罗斯福表示接受中国战区最高统帅之职并望美英即派代表以便组织联合作战计划参谋部,电文说:"奉来电,承嘱担任联合国现在与将来在中国战区以及越南、泰国境内联合国军队可能到达区域一切军队最高统帅之责,深知此

---

① [美]舍伍德著,福建师范大学外语系编译室译:《罗斯福与霍普金斯——二次大战时期白宫实录》下册,北京:商务印书馆 1980 年版,第 22、24 页。

项任务,对有关各国及其人民与我中国本身所负责任之重大,就个人能力与资历言,实不敢贸然应命,然念此统帅部成立之后,足使中国战区中联合国间统一其战略,促进其全盘作战之功效,既经阁下征得英荷政府之同意,作此建议,自当义不容辞,敬谨接受。盖诸国军队为共同需要而作有效之合作,实为目前超越一切之急务,幸恃阁下之发动与努力,使此目的与方法的统一,已近成功之境;鄙人不敏,自当为诸联合国之共同利益而奋斗。所可喜者,诸联合国今已着手联合其国内资力、交通,以及在各战线之战斗部队矣。此种正在发展中之统一倾向,为全部中国民众所一致拥护者也,今遵尊嘱,竭诚欢迎美英代表之立即派定,组织联合作战计划参谋部。至苏联代表问题,当俟该参谋部成立开始工作后,再加考量,建议与印度英军司令及南太平洋战区司令交换联系一节,俟中国战区统帅部及其参谋部成立后,当可立即实行。此后发展每一阶段皆盼赐示卓见也。"①

1月4日,蒋介石电示在美国的中国外交部部长宋子文请罗斯福遴选一位亲信的高级将领赴华,担任拟建中的中国战区联军参谋部之参谋长(后来各盟国并未指派人员参加蒋介石建议的联合参谋部,史迪威乃以中国战区统帅部参谋长地位行使职权),条件是:军衔要在中将以上;"不必熟悉东方旧情者,只要其有品学与热心者可也"。② 蒋介石的用意是"给他派一位在美国国内有很高地位和有影响的人,但不是远东问题专家,目的是要其充当中国政府

---

① 秦孝仪主编:《中华民国重要史料初编——对日抗战时期》第三编:战时外交(三),台北:中国国民党中央委员会党史委员会1981年版,第98页。

② 秦孝仪主编:《中华民国重要史料初编——对日抗战时期》第三编:战时外交(三),台北:中国国民党中央委员会党史委员会1981年版,第99页。

与美国政府的联络官,以便与美国建立比较密切的关系"。①

　　美国军方慎重考虑了蒋介石的请求。此时日军已对缅甸发动进攻,美国不希望看到中国因最后一条国际运输线滇缅公路被切断而有可能退出战争。于美国的战略而言,中国保持旺盛的战斗力是至关重要的,美国更不希望日本人攻下缅甸后挥师进攻印度与德军会师,而当时美国在缅甸只有少量部队,"美国对缅甸防备的贡献是 100 架老式的 P‑40 型飞机以及 100 余名美国志愿航空队大队的飞行员,由陈纳德将军指挥",虽然他们在险恶的形势下"打了一场堪称奇迹的战斗",但日本在飞机数量及性能上的绝对优势决定了战局的结果,负责缅甸防务的英国也只"部署两个师和一个坦克旅以阻挡日本人的推进"②,美国政府希望中国出兵与英美军队一起保卫缅甸。为保护滇缅路这条仅剩的国际运输通道,蒋介石准备派 10 万部队驰援缅甸,但英国最初并不想邀请中国军队进入缅甸。1 月 18 日,美军政部次长请宋子文转呈蒋介石,答复其要求派一军官来华之事:鉴于东南亚之战局及中国运输困难之问题,美国军方建议该军官不仅任蒋介石之参谋长,并赋予其"特别在缅甸战区中,于此中、英、美三方均有关系之地域内,与以联系三方关系之行政实权",亦即给予"指挥中国单位以及英美单位之权",并表示"非此不能收同样之效果",而赋予其上述权力,"其贡献必可得更远大之价值"。③ 显然,美方要派遣的不仅仅是一位联络官,而是握有实际兵权的军官,能直接指挥、协调盟军在缅甸的

① 杨菁:《宋子文传》,石家庄:河北人民出版社 1999 年版,第 168 页。
② [美]约瑟夫·W. 史迪威著,黄加林等译:《史迪威日记》,北京:世界知识出版社 1992 年版,第 43 页。
③ 秦孝仪主编:《中华民国重要史料初编——对日抗战时期》第三编:战时外交(三),台北:中国国民党中央委员会党史委员会 1981 年版,第 104 页。

行动。19 日,美陆军部部长史汀生约谈宋子文,再次强调了赋予派遣中国之军官各项实权的必要性及其具体使命。史汀生首先声明此举是为了保卫滇缅路及缅甸之安全,以解决中国物资运输的问题,也是为了因应蒋介石欲加强中国与美英联络之要求,拟向中国派遣的高级军官应负有如下职权:"(甲)办理所有在中国之美军贷援华事宜;(乙)在蒋委员长统辖之下,指挥所有在华之美国军队,及委员会长自愿交于指挥之某部中国军队;(丙)代表美国参加在华之一切国际军事会议;(丁)维持及管理中国境内滇缅公路运输事。"史汀生接着抛出"诱惑"说,如果蒋介石同意给予美国所派军官如上职权,美陆军部将保证如下事项:"(甲)增加华南、缅甸区域之空军力量,先由增加及补充志愿军飞机及人员入手,对于蒋委员长所拨交指挥之中国军队若干师,供给全部军械器材,亦属可能;(乙)在英国同意之下,设立兵站,供应中国在缅甸或英美方面之陆、空军,并供给专门器材及军队,实有必要,以维持仰光港口货运与设备,及协助维持滇缅公路。"史汀生向宋子文推荐了史迪威,"此人公认为美陆军中最优秀之将才,现充军团长,曾任马歇尔(Marshall)参谋长之作战局局长,通华语",并说"为避免中英隔阂,拟将入缅华军归此君指挥,不直接受英方统辖"。① 为了缅甸战区三方军事行动的统一,也为了避免中英隔阂,入缅之中国军队由美方军官直接指挥,似无可非议,史迪威衔指挥中国远征军之命赴华。

1 月 22 日,蒋介石电告宋子文同意美国军方所提议的赋予高级军官各项职权,唯应首先确定中国战区联军参谋长"须受统帅之

① 秦孝仪主编:《中华民国重要史料初编——对日抗战时期》第三编:战时外交(三),台北:中国国民党中央委员会党史委员会 1981 年版,第 110—111 页。

命令而行"①,即须受蒋介石之节制指挥,史汀生回电肯定中国战区联军参谋长当然应接受蒋介石的命令。

显然,美方赋予"委员长的参谋长"之职权与蒋介石对于"参谋长"所能行使职权的期望是相左的。美方所派出的人选与蒋介石对这一人选的要求更是大相径庭,蒋介石要求该人"不必熟悉东方旧情",史迪威却是位"中国通",至少在美国陆军中只有他"拥有丰富的中国经验"②,"自 1911 年起,他曾先后四次来到中国,前后在中国住过十年:1911 年史迪威第一次到中国旅行;1920 至 1923 年他在华担任语言教官;1926 至 1929 年他任美国驻天津的第十五步兵团军官;1935 至 1939 年他任驻华武官。在华期间,史迪威曾游历过中国各地,他体恤中国民情,也了解中国官场的腐败"。③ 齐锡生根据史实指出:"史迪威之能够成为这个任务的最佳人选,主要原因并不是他对中国的了解……最重要的原因还是,他在短暂和史汀生面谈过程中,既未提出政策层次上的明确主张,也未要求对华提供大量军援。"④在与马歇尔的交谈中,史迪威踌躇满志地表示"只要能够掌握中国兵权,就可以做出一番大事业。"⑤史迪威的这一态度与史汀生之前看好的另一位人选庄穆完全不同,"庄穆将军不但针对美国对华政策提出了一连串让人心烦的批判,而且还要

---

① 秦孝仪主编:《中华民国重要史料初编——对日抗战时期》第三编:战时外交(三),台北:中国国民党中央委员会党史委员会 1981 年版,第 114 页。

② [美]齐锡生:《剑拔弩张的盟友:太平洋战争期间的中美军事合作关系(1941—1945)》(修订版),台北:"中央"研究院联经出版事业股份有限公司 2012 年版,第 65 页。

③ 杨菁:《宋子文传》,石家庄:河北人民出版社 1999 年版,第 168 页。

④ [美]齐锡生:《剑拔弩张的盟友:太平洋战争期间的中美军事合作关系(1941—1945)》(修订版),台北:"中央"研究院联经出版事业股份有限公司 2012 年版,第 75 页。

⑤ [美]齐锡生:《剑拔弩张的盟友:太平洋战争期间的中美军事合作关系(1941—1945)》(修订版),台北:"中央"研究院联经出版事业股份有限公司 2012 年版,第 65 页。

求美国政府承诺提供资源去推展他的工作","他不停地主张派美军去西南太平洋战区作战,以及保证维持仰光港的开放。而这些正好是军部领袖们多不愿意面对的选择。在内心深处,他们并不认为中国的重要性值得美国花这么大的力气去做这些事"。[①] 史汀生对华政策的基调"历来是'少付出、多回收'的投资作风"[②],史迪威因此深得美国军方之意。

史迪威在日记中记载,马歇尔与其当面交代的任务是"协调指挥,消除分歧,使滇缅公路畅通,把各派召集在一起,掌握指挥权,给他们下达任务",并告诉他"钱不是问题",史迪威当场表示给他指挥权,"这事是有希望的"[③]。2月,史迪威及其随行人员自迈阿密飞离美国,经过加勒比海到南美洲,越过大西洋到非洲,北上抵开罗,然后向东经巴勒斯坦、伊拉克和波斯湾,到达印度新德里。史迪威到达印度的十天后,仰光陷入日本之手。3月3日,史迪威等人自印度加尔各答途径缅甸腊戍前往重庆,面见蒋介石后即刻奔赴缅甸战场,不及两月即败退印度。于是,收复缅甸、打通中国国际通道成为史迪威履职期间最主要的战略目标,这与中国出兵缅甸以图打通滇缅路恢复国际运输线的目标是一致的。然而,围绕着反攻缅甸计划的制订与实施,史迪威与蒋介石产生了矛盾与冲突,集中体现在三个方面:

一是蒋、史二人的军事战略不同,亦是中国与美英两国对重开

---

① 〔美〕齐锡生:《剑拔弩张的盟友:太平洋战争期间的中美军事合作关系(1941—1945)》（修订版),台北:"中央"研究院联经出版事业股份有限公司 2012 年版,第 65、74 页。

② 〔美〕齐锡生:《剑拔弩张的盟友:太平洋战争期间的中美军事合作关系(1941—1945)》（修订版),台北:"中央"研究院联经出版事业股份有限公司 2012 年版,第 65 页。

③ 〔美〕约瑟夫·W.史迪威著,黄加林等译:《史迪威日记》,北京:世界知识出版社 1992 年版,第 27 页。

缅甸战场之重要性与战略部署之不同的反映。重开缅甸战场，对中国来说是一件关系前途命运的战略问题，既可恢复与盟国的交通与运输，也可提高美英对中国战区的重视。为尽早反攻缅甸，中国方面作出了一系列努力，如增派部队参加史迪威在印度的训练计划，集中劲旅于云南等，但有一前提即美英在雨季前于缅南率先发动克服缅甸之攻势。蒋介石的主张主要基于两点考虑，收复缅甸，不仅可使中国恢复与盟国的交通与运输，也保护了英属印度之安全，并可加速盟国对日本的最后胜利；有鉴于当前敌情、缅北地形以及上年缅战失败所得之经验和教训，上年中国军队可谓孤军应战，虽英勇抵抗却常陷于重大牺牲与极不利地位直至最后败退，其间自有中国军队本身的不足，然蒋介石所说的"缅战制空权全为敌军控制，致使敌人陆空协同，横行无忌……如照当地战区之民心及后勤现状而言，再以空军实力比较，则盟军在缅作战，更无幸胜可期"①亦不无道理。为不再重蹈覆辙，蒋介石强烈要求缅甸的反攻以英国在缅南发动两栖作战，美英提供海、空支援为前提，而不是中国军队单枪匹马贸然出兵。

　　史迪威制订的缅甸战役指导方针是以中国军队为主，重在缅北战役，具体由三路军完成，第一路由"中国部队从云南边境插入缅甸东部"，第二路是"与之配合的英国部队从印度边境或海上插入缅甸的南部"，由中美联军组成的"第三路从印度北部的阿萨姆邦插入缅甸的西北部"②。要开辟一条突破日本封锁的陆路交通，

①《致美国罗斯福总统、英国邱吉尔首相告知赴缅甸前线视察实况请迅派空军赴援电》（1942 年 4 月 12 日），秦孝仪主编：《先总统蒋公思想言论总集》，台北：中国国民党中央委员会党史委员会 1984 年版，第 247 页。

②［美］约瑟夫·W. 史迪威著，黄加林等译：《史迪威日记》，北京：世界知识出版社 1992年版，第 100 页。

乃至将日军赶出缅甸,无疑需要英国方面和中国方面的合作,史迪威的任务是力劝双方组织战斗。就其职权看,既拥有中国远征军一定的指挥权,又掌握着美国援华物资,自然更能影响中国,而且在史迪威看来,缅甸对于中国人的重要性远超其对于英国人的重要性,"英国人所需要的只是在印度前面筑起一道屏障,而我们则需要这个港口以保证我们的供应"。① 这也是美国政府的看法,罗斯福赞成尽早反攻缅甸,一再表示收复缅甸可使物资重新经由滇缅路运入中国。史迪威的主张也是基于对美英战略的了解,当时英美根本无暇顾及太平洋和远东战场。1943 年 1 月,罗斯福与丘吉尔及两国高级军事人员在北非摩洛哥的卡萨布兰卡会议上第一次就反攻缅甸作出计划,分南北两线作战,在缅北发动地面攻势,以便重辟滇缅公路,在缅南发动重新夺取仰光港的两栖战。会后,英美军事特使英国元帅狄尔、美国空军总司令安诺德联袂赴重庆,向蒋介石转达盟军反攻缅甸的作战计划。2 月,中、美、英三方在印度加尔各答集会,讨论反攻缅甸之准备工作及三国军事力量的配合问题。

在蒋介石的坚持下,英美参谋长联席会议作出了分南北两线作战的反攻缅甸计划。然其后英国的一再推脱与敷衍使反攻缅甸的计划出现反复,计划的执行更无限推迟,史迪威则努力将既定的战略付诸行动,他与蒋介石的矛盾因此激化。

还在卡萨布兰卡会议确定攻缅计划的同时,丘吉尔即强调了当前英美军队的首要任务,"第一,攻克地中海的非洲沿岸,在这一带建立起海军和空军设施,它们对于开辟一条横贯的军事交通的有效走廊是必要的;第二,利用在非洲沿岸的基地,在最短时间内

① 〔美〕约瑟夫·W. 史迪威著,黄加林等译:《史迪威日记》,北京:世界知识出版社 1992 年版,第 53 页。

以有生力量去打击轴心国的下腹部",进攻目标"包括撒丁、西西里、克里特、罗得岛、多德卡尼斯群岛和希腊本土"①。显然,英国当时重在打击德意两国,作战区域集中在地中海沿岸。美国的战略是以欧洲为第一,支持英国的作战计划,却也不放弃太平洋战场,用美国陆军参谋长马歇尔的话说,"据估计,掌握了非洲北岸和西西里,将会腾出大约225艘船来支援缅甸、中东和太平洋等地的作战"。② 此后,英国反复变更已定的攻缅计划,推迟行动,在5月21日的太平洋会议上,面对宋子文的诘问,丘吉尔理直气壮地辩解说:在北非会议所定的攻缅计划"英国方面实非肯定之承诺,自可随局势之演进,而有所变更",至于加尔各答的军事会议,"只有计划,并未决议","英军事当局如有所允诺,实属越权",他本人在前几日才看见加尔各答会议的报告。罗斯福打圆场说,"军事上攻缅政策自当固定,但战略或须变更,将来取道仰光或其他地点,均未可知"。宋子文坚持说既已拟定计划,自应执行,相信作为联合国中重要领袖的罗斯福总统、丘吉尔首相当能谅解收复缅甸对于中国国家安危之作用。丘吉尔接着将四大盟国中的另一国苏联扯进来说,"深信苏联如能支持度过本年夏间,将必愿意参加抗日",在表示英国愿意尽力援助中国的同时,仍坚持不履行之前共同拟定的计划,推脱的理由是"纵使缅甸收复,滇缅路亦非于1945年前可得恢复,每月亦仅能运二万吨",而不是中美认为的十万吨运量。③

① [美]舍伍德著,福建师范大学外语系编译室译:《罗斯福与霍普金斯——二次大战时期白宫实录》下册,北京:商务印书馆1980年版,第292页。
② [美]舍伍德著,福建师范大学外语系编译室译:《罗斯福与霍普金斯——二次大战时期白宫实录》下册,北京:商务印书馆1980年版,第293页。
③ 秦孝仪主编:《中华民国重要史料初编——对日抗战时期》第三编:战时外交(三),台北:中国国民党中央委员会党史委员会1981年版,第234页。

英国的态度,诚如史迪威在日记中所抱怨的,英国人"对发生在太平洋上的战争不感兴趣"。

美国虽同情中国的主张,但在英国的一再推脱和敷衍之下,持"先欧后亚"战略的美国既受英国的影响,又考虑到中国及亚洲的危险战局,决定改采一两全之计,即缩小缅甸战区范围,先收复缅北,打通滇缅路,正是史迪威提出的有限度攻势方案。对此,中国方面强烈反对,蒋介石一再电示宋子文向美方交涉,力陈史迪威之有限度攻势的不可行,坚持要求美英海空军先行收复仰光。基于缅甸地势与后方给养及补充之重要,以及积六年与日作战之经验,蒋介石认为北缅之攻势必须以在缅南作战遮断日军后方为前提:"盖六年来我方与日作战秘诀,在迫使机械优越之敌人,运用恶劣交通线,使其机械失其效用,试观缅甸地图,可知北缅形势适得其反,日人可利用伊萨瓦底河及仰光铁路,而我方只有现正在建筑中之里多及英坊尔两公路,纵使我方在北缅立即成功,日人仍得藉马来亚及泰国之交通便利,继续派军队增援。"①由于英国在反攻缅甸计划上的出尔反尔,罗斯福向蒋介石说明美国在缅南出动海军的困难,"英国在印度洋只有旧军舰,又无飞机母舰,故全赖美国海军,且闻仰光附近又廿三处飞机场之多,海军将必受重大轰炸"。②蒋介石再三电嘱宋子文向美当局坚决表示"如英美不用有力海空

---

① 《外交部长宋子文自华盛顿呈蒋委员长报告与罗斯福总统讨论关于攻缅计划之进行等问题之谈话情形电》(1943 年 5 月 21 日),秦孝仪主编:《中华民国重要史料初编——对日抗战时期》第三编:战时外交(三),台北:中国国民党中央委员会党史委员会 1981 年版,第 236 页。

② 《外交部长宋子文自华盛顿呈蒋委员长报告与罗斯福总统讨论关于攻缅计划之进行等问题之谈话情形电》(1943 年 5 月 21 日),秦孝仪主编:《中华民国重要史料初编——对日抗战时期》第三编:战时外交(三),台北:中国国民党中央委员会党史委员会 1981 年版,第 236 页。

军先收复仰光，断绝敌军之后方交通，则攻缅计划决无成功之望。"①

一边是英国不肯出动海军在缅南发动攻势，一边是蒋介石坚持英美率先收复仰光港，为减轻美军在太平洋上的压力，罗斯福希望中国战场、缅甸战场能够更多地牵制日军。为安抚蒋介石，罗斯福告知中方美英决定实施攻缅计划，缅北的地面攻势与缅南的海、空进攻配合进行，但与蒋介石所主张的不同，罗斯福的建议是"英印及中国方面当先由缅北发动，牵制敌人不能调遣，两三星期后，即以部队由缅南登陆，作背海之战"，并明确说明海军派遣"以英为主，美为辅助"②。然丘吉尔始终无意于缅南作战，抑或无意与中国合作收复缅甸，之前说是要集中力量于北非对付意大利，当美英军队在西西里岛登陆，墨索里尼政权垮台，意大利投降在即时，丘吉尔在 8 月的太平洋会议上又表示，"英美既有绝对制海、制空权，不必专以缅南为对象，或选攻其他敌区无备地点，迫其决战"。③ 8 月 25 日，罗斯福与丘吉尔联名电告蒋介石，盟军为收复缅甸另设立东南亚战区指挥部，除负责印度、缅甸，还负责新加坡、马来亚、苏门答腊和锡兰，海军中将路易斯·蒙巴顿勋爵为统帅，史迪威为副统帅指挥缅北作战。英美就反攻缅甸作出的决议主旨是先取缅北，蒋介石对此是不满意的，他以"下缅甸海岸线与交通要点，若不确

① 秦孝仪主编：《中华民国重要史料初编——对日抗战时期》第三编：战时外交（三），台北：中国国民党中央委员会党史委员会 1981 年版，第 238 页。

② 《外交部长宋子文自华盛顿呈蒋委员长报告罗斯福总统对委员长艳戌电所提各点之答复情形电》（1943 年 6 月 4 日），秦孝仪主编：《中华民国重要史料初编——对日抗战时期》第三编：战时外交（三），台北：中国国民党中央委员会党史委员会 1981 年版，第 246 页。

③ 秦孝仪主编：《中华民国重要史料初编——对日抗战时期》第三编：战时外交（三），台北：中国国民党中央委员会党史委员会 1981 年版，第 257 页。

实占领，则敌军接济仰光之路线将难截断，而上缅甸之战争，亦将无法完成"①为由回复罗斯福与丘吉尔，美英皆不以为意。代表蒋介石与英美交涉反攻缅甸之事的宋子文评价说："整个事情实际都在围绕一种意图进行，他们都想自己付出最小的代价来进行这场战役。美国可以进军，但希望英国也全力以赴；英国人可以同意计划，条件是美国须肯于肩负重担，尤其是海军增援。"

所以，蒋介石与史迪威的争论，不在于谁的方案更利于缅甸的收复，而在于是否能得到合作方的支持，显然，史迪威的主张基于对美英战略的了解，十分符合美英的意图。而美国政府赋予他的权力也是对中国军队及美国援华物资的控制权，收复缅甸虽是三国共同的目标，史迪威能影响与调动的唯有中国军队。

二是军队的指挥权问题。赋予史迪威指挥中国远征军权力的是美国军方，蒋介石回复答应。史迪威来华赴任初期，蒋介石与史迪威尚未在中国远征军的指挥权问题上产生激烈的冲突，蒋介石派赴缅甸的远征军——第五、第六两军乃国民党军队中的精锐部队，史迪威曾感慨"一个外国人指挥中国的正规军，这在近代历史上还是第一次"，"公平地说，能够让一个外国人在实际军事行动中指挥中国的正规军，这对他来说肯定是一次极严峻的考验。这种事以前从未有过，而他在试着这样做时同我相识的时间还不长，对我知之甚少。我后来发现，即使如此，他也有许多有效的方法来限制权力，而他当时授权时显然未做任何限制"。② 缅甸失陷后，在中国远征军的撤退及其后反攻缅甸问题上，史迪威理解的指挥权与

---

① 秦孝仪主编：《中华民国重要史料初编——对日抗战时期》第三编：战时外交（三），台
   北：中国国民党中央委员会党史委员会 1981 年版，第 262 页。
② ［美］约瑟夫·W. 史迪威著，黄加林等译：《史迪威日记》，北京：世界知识出版社 1992
   年版，第 62、64 页。

实际指挥权有了越来越大的差距,问题的关键在于蒋、史二人在防守、撤退、反攻等问题上发生了严重的意见分歧。

冲突始发于东吁战斗。史迪威认为因为蒋介石的插手,远征军失去了一个在东吁打退日本人的绝好机会。他在 1942 年 4 月 1 日的日记中抱怨说,如果不是蒋介石的阻止,他早就做好进攻的部署,有足够的力量切断刚刚到达东吁的日本人;如果不是蒋介石在背后指挥,杜聿明、林蔚有可能服从他的命令。① 史迪威批评蒋介石固守曼德勒的军事部署,嘲讽蒋介石"身处距前线 1 600 英里以外的地方,写下一道接一道的指令,要我们去做这做那,其根据是零散不全的情报和一种荒谬的战术概念","他不停地插手干预,不断地写信,其效果就是使我本来就很小的权威消失得无影无踪。我没有军队,没有警卫,没有枪毙任何人的权力,军级和师级指挥官最感兴趣的是去做他们认为他们要他们去做的事"。② 战斗结束后,他似设身处地又似自我安慰地评价了一番:"为他们所有的人说句公道话,让他们在一个极其关键的地区把两个军交给一名该死的外国人,而他们对此人又所知甚少,不可能过多信任,这未免期望过高了。"③若是这些有着多年一线作战经验的中国将领知道史迪威此前"从无实战经历,他所指挥过的部队最大不超过一个美国陆军军团,而且还不是第一线作战部队"④,恐怕更难真心听从这

① [美]约瑟夫·W.史迪威著,黄加林等译:《史迪威日记》,北京:世界知识出版社 1992 年版,第 72 页。

② [美]约瑟夫·W.史迪威著,黄加林等译:《史迪威日记》,北京:世界知识出版社 1992 年版,第 72—73 页。

③ [美]约瑟夫·W.史迪威著,黄加林等译:《史迪威日记》,北京:世界知识出版社 1992 年版,第 74 页。

④ [美]齐锡生:《剑拔弩张的盟友:太平洋战争期间的中美军事合作关系(1941—1945)》(修订版),台北:"中央"研究院联经出版事业股份有限公司 2012 年版,第 67 页。

位空降的美国军人的指挥。

的确,蒋介石与史迪威不同的命令使前线将领无所适从,他俩的分歧其实是主防守还是主进攻的问题,史迪威强调进攻,却未顾及战场的实际情况。他说已同英国人商定"要尽力保住卑谬—东吁防线",然蒋介石已然不信任英方,而且英国在缅甸投入的兵力实在有限,"缅甸在编英军的名单上有 70 000 人,但仅有 12 000 人在前线。其余的人在边境警卫队和缅甸辅助部队中,分散在缅甸各地",史迪威感叹"英国佬在使用军队方面确实吝啬到了极点"①。英国说要防守却不出兵,史迪威于是要求蒋介石再派三个师到缅甸前线,蒋介石自然不答应。中国出兵缅甸的主要目标是保住缅甸尤其是仰光的出海口,在仰光已经失陷,日军掌握制空权,英军又未表现出坚守缅甸决心的情况下,于中国而言全力进攻自是冒险。史迪威认为"曼德勒毫无军事意义,作为一个防御阵地也没有有利条件",但蒋介石告诉他"我军应固守以曼德勒为起点之斜线,俾得保守密支那与腊戍,使中国与印度间公路铁路之交通不致中断"②。在蒋介石看来,曼德勒扼缅北之咽喉,又是中国经缅北西向印度公、铁交通之枢纽,守住曼德勒,既可使缅北地区充当中国大西南地区的缓冲,又可保住中国经缅甸至印度的对外通道,"一旦作战失利,中国军队以曼德勒为中心,后有密支那、腊戍等稳固据点,撤兵也较为容易。另外,从缅甸地形看,以曼德勒为界,以南多为平原地区,以北则为山地,依托山地作防守战对武器配备较落后

---

① [美]约瑟夫·W.史迪威著,黄加林等译:《史迪威日记》,北京:世界知识出版社 1992年版,第 58—59 页。

② 《蒋委员长欢迎中国战区盟军总部参谋长史迪威宴叙后与其谈话纪录》(1942 年 3 月 9 日),秦孝仪主编:《中华民国重要史料初编——对日抗战时期》第二编:作战经过(三),台北:中国国民党中央委员会党史委员会 1981 年,第 225 页。

的中国军队也显然更为有利"。①

　　缅甸对于英、美、中三国有着不同的意义,三国基于不同的立场与利益考虑,对如何防守缅甸自有不同的考量,史迪威所能运用的兵力则是划归其指挥的中国入缅军队,中国远征军的指挥权于是成了蒋、史矛盾的焦点。

　　缅甸失陷后,在为反攻缅甸而备战期间,蒋介石与史迪威在指挥权上的争执逐渐升级直至二人彼此厌恶而决裂。史迪威主张立即收复缅甸,既基于重新开通滇缅路对于中国抗战之重要性的考虑,也为了不辱其赴华使命。作为一名军事将领,才出师即"吃了个大败仗","被赶出了缅甸",无疑是"天大的耻辱",他希望尽快重返前线,大干一场。史迪威既决定以其率领的中国远征军为主力发动缅北攻势,打通滇缅路,基于对中国军队的了解,他准备对军队进行大幅度的改革。史迪威的计划是:精简合并现有的师,重新装备经过精选的师,清除无能的高级将领,授予前线总司令以指挥全权。他设想这一计划还有一长远目标,即"建立一个强大的中国,它有一支现代化的、组织完善的军队,它能够支持一切合理的要求,它与美国建立密切的友谊关系,有着共同的利益。(在这种情况下,东方的和平将得到保证,中国在由中国、印度支那、暹罗、缅甸、印度组成的亚洲同盟组织中将成为领袖。太平洋将由美国和中国共同管理,这与荷属东印度群岛、澳大利亚、菲律宾并不发生利益的冲突)"。②

　　1942年5月下旬,远征军陆续抵达印度后,史迪威即打算着手

_____

① 黄道炫:《缅甸战役蒋介石、史迪威的失败责任》,《抗日战争研究》2001年第2期,第104页。
② 转引自[美]邹谠著,王宁、周先进译:《美国在中国的失败》,上海:上海人民出版社1997年版,第69页。

军队的改革工作,他在两个月中先后呈递 11 份军队改革计划,蒋介石无一作复。这期间中国所能得到的必要的军需物资寥寥无几,美国还把原定拨给中国的物资挪给英国与苏联,史迪威一方面感叹美国政府所有的诺言都没有兑现,在 1942 年夏天,"美国把美军作战供给中能够抽出来的所有物资都送给了在开罗设防的英国人和在斯大林格勒鏖战的苏联人",①致使其"落于阴谋诡计的圈套之中",只能单枪匹马地说服中国军队进行改革和战斗;另一方面不满于蒋介石对他的责骂,他告诉蒋介石他需要的是一名战士,而不是一枚橡皮图章。在史迪威看来,蒋介石只知道向美国伸手要物资,却不愿参加中缅印战区的联合军事行动,简直就是一个贪婪、无知和自负的"暴君"。自 1942 年 7 月 19 日起,史迪威在日记中常常以"花生米"指代蒋介石,对他的不满与嘲讽充斥于日记中。而在蒋介石看来,他的参谋长不帮着中国申请物资,还控制着已交付给中国的租借物资,甚至以此为"要挟"不断向蒋介石要部队、要指挥权,他要这样的参谋长何用? 蒋介石产生了撤换史迪威的念头。

史迪威认为赢得战争胜利的关键不在于飞机、坦克、步枪等武器装备,而在于有战斗力的军队,鉴于国民党军队存在的种种问题,他告诉蒋介石"赢得战争胜利的唯一出路是彻底重新整顿地面部队"②。史迪威的看法不无道理,他能身先士卒下基层关心士兵、亲自指导值得赞扬,他对中国军队的整顿也取得了相当的效果。于蒋介石而言,军队的整顿是牵一发而动全身的事情,必然会影响

---

① [美]约瑟夫·W. 史迪威著,黄加林等译:《史迪威日记》,北京:世界知识出版社 1992 年版,第 108 页。

② [美]约瑟夫·W. 史迪威著,黄加林等译:《史迪威日记》,北京:世界知识出版社 1992 年版,第 105 页。

到他的威信与对军队的控制。武器固然不是战争胜负的决定因素，却也是不可忽视的力量，蒋介石强调武器的重要性，有彰显中国战区的困难与不被重视，为中国争取必要的军需物资的因素。在1942年6月美国"牺牲"中国战区而去援助英国后，蒋介石对史迪威抱怨说："回溯过去，中国为同盟国共同之利益，已贡献其最大之努力，以最忠诚之态度，尽其应尽之义务。五年来之抗战，中国为本身求生存亦为同盟国作奋斗。倘英美以为中国抗战实力尚有保持之必要，绝不应一再无视中国之利益如此"，"英国在三岛有如此大量飞机与陆军部队，运送其他盟国之器材以为己用，此实为予所大惑不解者。予发此言，绝非胸襟狭窄，而为遇此意外必然之反响。在仰光失守之前，英方要求调美国志愿队飞机尽量赴援，及仰光失守，美国志愿队之飞机与人员皆受损失。今保卫埃及，又抽调我器材去矣！"①史迪威批评蒋介石视飞机、坦克、步枪为赢得战争胜利的根本，则有不满于蒋介石不肯接受他的建议整顿中国军队，却只想通过史迪威得到美国的物资的原因，史迪威以为在蒋介石眼里他"是美国援助的可见标志"②，极有个性的史迪威如何甘心呢？

1944年3月，蒋、史在中国远征军入缅作战问题上发生冲突，问题仍在指挥权上。史迪威一直抱怨远征军的兵员严重缺员，不断要求蒋介石调派部队参加缅北战役。7月，国民党军队在豫湘桂战役中大败，史迪威认为这是蒋介石指挥不力造成的，"中国战区内日趋严重的溃败，和缅甸战区内接二连三的捷报，不但形成鲜明

---

① 秦孝仪主编：《中华民国重要史料初编——对日抗战时期》第三编：战时外交（三），台北：中国国民党中央委员会党史委员会1981年版，第168—169、174页。

② ［美］约瑟夫·W.史迪威著，黄加林等译：《史迪威日记》，北京：世界知识出版社1992年版，第106页。

对比,而且被史迪威用来作为证据,认为他对蒋介石所施展的高压手段是完全正确的",①他建议美国政府剥夺蒋介石对于中国军队的指挥权,逼迫蒋把全部中国军队的指挥权交给自己。7月7日,罗斯福将陆军部起草的"口气非常强硬的信件"一字未改地以其本人名义发给蒋介石,告之史迪威已晋升为上将,要求蒋介石让史迪威"统帅全部华军及美军,并予以全部责任与权力",原因是他感觉"中国已濒于危境,倘不立即实施激烈敏捷之补救,则吾人共同目的势将受到危险之挫折",鉴于史迪威在缅北战役中所表现的组织与训练能力,相信"无其他人员有如此能力与力量,以及有此种果敢之决心"来排除险境②。迫于美国的压力,蒋介石未直截了当地加以拒绝,只以各种理由进行推脱。不论何因,向一个主权国家公然强硬索取对全国军队的指挥权,绝非对一个主权国家的平等对待,美方的要求已严重侵犯到中国的主权与尊严,也激化了蒋、史矛盾。

中国军队指挥权,由蒋介石与史迪威在军事战略抑或具体战役上的冲突看,的确是解决矛盾的关键,来华履职的史迪威史坚信"只要能够掌握中国兵权,就可以做出一番大事业",而掌握兵权不仅是史迪威的想法,更是美国军政界想当然的主张,"事实上,美国政府一开始考虑派送一位高级军官赴华时,几乎所有的领袖们(包括总统、霍普金斯、摩根韬、史汀生和马歇尔)都不约而同地认为,

---

① [美]齐锡生:《剑拔弩张的盟友:太平洋战争期间的中美军事合作关系(1941—1945)》(修订版),台北:"中央"研究院联经出版事业股份有限公司2012年版,第364页。

② 秦孝仪主编:《中华民国重要史料初编——对日抗战时期》第三编:战时外交(三),台北:中国国民党中央委员会党史委员会1981年版,第635页。

中国人必定会心甘情愿地把政府军指挥权双手奉交给这位美国军官"。[①] 且不论中国军队若服从史迪威的命令,他是否就能解除缅甸的困境,美国这种自以为是的想法无疑是对一个主权国家的侵犯,齐锡生疑惑"何以这么多聪明才智过人的美国军政领袖们,会如此牢牢地盯住一个信念不放,而没有想过,中国人可能会打心底痛恨这个主意,而且中国的政治军事现实也无助于这个主意的实现",他以为"或许最可能的解释就是,这个集体性的盲目只能来自美国人的种族心态,和他们在菲律宾的殖民统治经验,进而把中国人并入同类,只是现在把他们称为盟邦而已"[②]。指挥权既是史迪威赴华履职前其本人及美国军政界一致觊觎且想当然得到的,无疑为蒋、史矛盾的激化乃至中美关系的恶化埋下了伏笔,史迪威的所作所为又"一再让蒋介石感到个人或国家尊严遭受践踏"[③],加以中国政治军事环境的恶化,激化了蒋、史冲突。王建朗由蒋介石日记了解"在史迪威事件中,蒋不是没有考虑过对美退让,但是,对内政的考虑使蒋又多了一层顾虑",通过对蒋介石所思所想的分析,结合当时蒋介石所处之政治、军事环境,王建朗指出:"军事指挥权问题与政治问题挂上了钩,且在蒋的政治领导正处于广泛质疑的情况下,蒋怎么能放心军权旁落呢? 蒋介石当然明白,军队的影响绝不仅仅限于抗日军事,它必然牵涉到政治权力的稳固。正是这些超出军事范围的各种因素的综合考虑,在相当程度上促使蒋介

---

① 〔美〕齐锡生:《剑拔弩张的盟友:太平洋战争期间的中美军事合作关系(1941—1945)》(修订版),台北:"中央"研究院联经出版事业股份有限公司 2012 年版,第 69 页。

② 〔美〕齐锡生:《剑拔弩张的盟友:太平洋战争期间的中美军事合作关系(1941—1945)》(修订版),台北:"中央"研究院联经出版事业股份有限公司 2012 年版,第 69—70 页。

③ 〔美〕齐锡生:《剑拔弩张的盟友:太平洋战争期间的中美军事合作关系(1941—1945)》(修订版),台北:"中央"研究院联经出版事业股份有限公司 2012 年版,第 577 页。

石采取了对美坚持对抗的方针。"①

　　三是美援物资的供应与分配问题。太平洋战争爆发后,中美结为盟友,美国加大了对中国的援助,然"先欧后亚""重欧轻亚"的战略与中国的实力使中国处于军火供应线末端的地位,中国战区得到的租借法案物质援助,"是同盟国各战区中最少的一个。不但和英国、苏联(欧洲战场和北非战场)无法相比,甚至还落在澳洲、新西兰、加拿大和印度之后,"②而且拨给英苏的租借物资,货一上船,所有权即归英苏,拨给中国的租借物资,其申请权与控制权却操在总统代表史迪威之手。美国批评国民党腐败,不相信国民党对租借物资的有效使用是一回事,这种做法有损于中国的尊严与大国形象亦是不争的事实。美国对华政策的矛盾性,导致了蒋、史矛盾的发生。一方面美国军政领袖要求史迪威尽其所能而为,本着利益交换原则,史迪威需要有足够的筹码去逼迫蒋介石"就范",达成自己及美国的愿望;另一方面,"美国政府并未承诺给他完成任务所必需的资源",美国军部对中国的基本方针是"小幅投资,大幅收成","军部只愿意把少量的援助品分配给中国,但却希望在中国追求雄心万丈的目标"。③　史迪威在日记中也记录了中国所遭遇的不公平待遇。1942 年夏天,美国把美军作战供给中能够抽出来的所有物资都送给了在开罗设防的英国人和在斯大林格勒鏖战的苏联人,"现在我能对大元帅说什么呢? 我们所有的诺言都没有兑

① 王建朗:《信任的流失:从蒋介石日记看抗战后期的中美关系》《民国人物与民国政
　　治》,北京:社会科学文献出版社 2009 年版,第 232、233 页。
② [美]齐锡生:《剑拔弩张的盟友:太平洋战争期间的中美军事合作关系(1941—1945)》
　　(修订版),台北:"中央"研究院联经出版事业股份有限公司 2012 年版,第 599 页。
③ [美]齐锡生:《剑拔弩张的盟友:太平洋战争期间的中美军事合作关系(1941—1945)》
　　(修订版),台北:"中央"研究院联经出版事业股份有限公司 2012 年版,第 69、549 页。

现,却喋喋不休地对他说,坚持干吧,老兄。航空汽油用完了,我们的人正在绞尽脑汁寻找替代方法"。① 史迪威虽然也讨厌英国人一味向美国索取物资却不愿出力的态度,驻印英军将领韦维尔曾说"如果他一个月得不到 18 万吨,他就不会开始秋季缅甸攻势",②在其得到 6 万吨物资却还在抱怨的时候,中国战区只得到了 6 000 吨物资,而史迪威只能在中国人面前努力维护美国的利益,他提醒中国人要看到轰炸机、弹药、汽油的库存是有限的。于中国而言,美国既能提供军火给他国,怎样为中国争取到应得的物资,这是作为蒋介石参谋长的史迪威应办的事。作为总统代表的史迪威于是为美国抱屈了,"中国有一位朋友——美国,一位非常慷慨的朋友。由于我们对意外发生的危机准备不足,中国人就攻击我们不多做些事情,他们带着威胁和指责离去,得到了总统和参谋长的道歉"。③ 史迪威在中国的表现令史汀生、马歇尔觉得既亏欠又欣慰,史汀生在 1943 年 5 月写给总统罗斯福的一封信中力挺史迪威说:"我当时觉得,而且现在更已经证明,史迪威是我们最好的军官之一。就他在中国的职务而言,我不相信有任何人能够做得比他更好。我们本来就已经明明知道交给他的任务是本次战争中最困难的,而事后事实证明比我们原来想象要更困难。但是,他在承受各种打击之后从无怨言……过去几天和他的接触使我相信,他是我

---

① [美]约瑟夫・W. 史迪威著,黄加林等译:《史迪威日记》,北京:世界知识出版社 1992 年版,第 108—109 页。

② [美]约瑟夫・W. 史迪威著,黄加林等译:《史迪威日记》,北京:世界知识出版社 1992 年版,第 181 页。

③ [美]约瑟夫・W. 史迪威著,黄加林等译:《史迪威日记》,北京:世界知识出版社 1992 年版,第 110 页。

认为的唯一可以担当他目前大任的人。"①

　　1943年,当史迪威与陈纳德发生军事战略之争时,蒋、史争执又转移到租借物资在陆军和空军之分配问题上。史迪威的计划是重新整编、装备、训练中国军队,以其担负在亚洲大陆对日作战的任务。陈纳德的空中战略计划则是只要拥有并维持一支105架新式战斗机、30架中型轰炸机和12架轰炸机组成的空中力量,②美国驻华空军就可以在中国境内击败日本,并有助于整个太平洋战争。陈纳德的空军配合计划对中国来说更为有利,既不牵涉到中国军队的指挥权、中国军队的改革问题,又可给予中国军队有力的外部援助,减轻中国军队的压力与负担。为实施空战计划,陈纳德要求史迪威及美国军方优先保证对美国驻华空军部队和中国空军的物资供应,史迪威对陈纳德的空战计划不以为然,陈、史两人为此从重庆吵到华盛顿。随着全球战局的演变,缅甸战场的地位逐渐降低,相较于费时费力更多的史迪威方案,美国军方开始倾向于陈纳德方案,增加了对美驻华空军的供应,据陈纳德回忆,"到1943年1月为止,美驻华空军每月只得到来自驼峰航线的不足300吨的物资,2月份得到了400吨。在3月份,分配给我们的1 000吨物资,只到了650吨"。③ 史迪威在4月18日的日记中记载说:"随后来的命令让陈纳德得到4 000吨中的1 500吨(通过驼峰运来中国的物资每月为4 000吨),他又得以成立了一个单独的空军后勤指

---

① [美]齐锡生:《剑拔弩张的盟友:太平洋战争期间的中美军事合作关系(1941—1945)》(修订版),台北:"中央"研究院联经出版事业股份有限公司2012年版,第75—76页。

② [美]陈纳德著,王湄等译:《飞虎将军陈纳德回忆录》,杭州:浙江文艺出版社1998年版,第302页。

③ [美]陈纳德著,王湄等译:《飞虎将军陈纳德回忆录》,杭州:浙江文艺出版社1998年版,第287页。

挥部"。① 但最终,无论史迪威还是陈纳德,皆未得到他们推行各自计划所需要的基本资源。

史迪威凭借他所控制的中国驻印军,配合美国政府对中国政府的逼迫和高压,实施了缅北战役。在 1944 年 7 月罗斯福致电蒋介石强行要求将全部中国军队的指挥权交于史迪威的同时,还赋予了史迪威全权控制租借法案物资之权,蒋介石虽无法一口回绝,也是据理力争:"租借法案物资支配权,应照租借法案之精神与性质,完全归于中国政府或最高统帅,但余可授史以考核监督之权,如此则我国军民对美国租借之盛意方不致发生误会,而对史个人亦可增进谅解。"②史迪威和美国政府一样,将租借物资当作"要挟"中国的一个砝码,认为中国人应该对美国的慷慨援手"感恩戴德",史迪威甚至有一种"施舍"的感觉,"我们的东西,我们给他的",凭什么由蒋介石控制? 他还为此打了一个比方,"当顾客把手放入我们的现金出纳机时,我们不能看一眼,因为害怕我们会触犯他的'尊严'"。③ 中国人感激美国的援助,感谢所有帮助中国抗战的国家和人民,对于美国将租借法案适用于中国,中国人认为自己已作出了涌泉相报,中国的抗战不仅是为了自己祖国而战,也是为了世界的和平与发展而战,对于美方要全权控制租借法案物资的决定,中国政府认为这完全不是盟国的相处之道。虽然史迪威意图控制租借法案物资而"剥夺"蒋介石的控制权,有其因了解国民党而对

① [美]约瑟夫·W. 史迪威著,黄加林等译:《史迪威日记》,北京:世界知识出版社 1992 年版,第 181 页。

② 秦孝仪主编:《中华民国重要史料初编——对日抗战时期》第三编:战时外交(三),台北:中国国民党中央委员会党史委员会 1981 年版,第 648 页。

③ [美]约瑟夫·W. 史迪威著,黄加林等译:《史迪威日记》,北京:世界知识出版社 1992 年版,第 287 页。

其失望与不信任的因素,蒋介石面对罗斯福的强硬要求,坚持对租借物资的支配权,自有其利益与面子的考虑,但美国毫不约束英国与俄国对租借物资的使用,唯约束作为中国战区最高统帅的蒋介石,实也是对中国的伤害。

综合军队的指挥权之争与租借法案物资的控制权之争看,这两项争论皆源于蒋介石与史迪威二人对于史迪威来华职责、使命的不同认定,蒋介石认定的是"参谋长",主要是帮助中国争取租借法案物资。史迪威认定的是总统的代表、战区司令官,要求对军队的绝对控制权;作为总统代表,他"有权监督和控制已经交付中国的租借物资";作为参谋长,他不负责采购,"不能被命令去找物资"。在美国食言未向中国提供曾允诺的军火,中国方面要求史迪威向美方转达在其看来是"最后通牒"式的需求时,傲骄的史迪威感觉被伤害了,他向中国人强调了自己的五重身份:"一是大元帅的参谋长;二是中缅印战区美军总司令,其职权超出中国之外;三是战争委员会的美方代表,代表和维护美国的政策;四是总统负责租借物资事务的代表;五是一名宣誓要维护美国利益的美国军官。"①

二、打通中印公路

自越南、香港、缅甸相继沦陷,外援物资存放地仅余印度一隅时,中印交通成为国际运输的大动脉。

还在滇缅公路重新开放而成西南国际交通要道,日军飞机经常轰炸该路时,国民政府即开始计划修建一条自云南通往印度的

---

① [美]约瑟夫・W. 史迪威著,黄加林等译:《史迪威日记》,北京:世界知识出版社 1992
　　年版,第110页。

公路,并派出了勘测队,计划由保山经腾冲,过国界经缅甸密支那而抵印度东北部的铁路终点雷多(又称列多),由此与铁路印境终点相衔接。太平洋战争爆发,日军快速向东南亚推进后,国民政府曾打算将修筑滇缅铁路之人力财力移用于赶筑中印公路,然因该路线路长,所经区域多山路,又牵涉中、缅、印及英等国,各国对途经路线及筑路涉及的相关利益等问题有不同考量,以致测量工作未及完成。至1942年3月,中、缅、印三方对于中印公路之线路尚有两种意见:"原议决定修筑雷多经葡萄、密支那至龙陵一线,经中印双方换文在案。各方均以该线较为安全,且与我方中印公路计划关系至距。嗣以多方提议增修雷多经户拱至孟拱线,因距离较短,越山高度较低,可冀早期完成。"经协商决定,"两线同时进行,兼顾目前需要及永久之计"。① 仰光失守,中国正准备大力兴筑中印公路,不料日军很快北上,密支那、腾冲相继沦陷,日军在怒江西岸惠通桥与中国军队隔江对战,中印公路之兴筑暂告停顿。远征缅甸的中国远征军大部由史迪威率领西撤印度,穿越野人山,抵达印度东境的雷多;一部分由杜聿明率领东撤回国。此后,中国远征军分成两部分,一部在印度,为中国驻印军,由史迪威任总指挥,罗卓英为副总指挥(后由郑洞国接任),下辖新一军、新三十军、新三十八师、新五十师、新六军、新二十二师、新十师等;另一部在中国国内,由陈诚任远征军司令长官,后卫立煌继任,黄琪翔为副司令长官,下辖第十一集团军、第二十集团军和直属部队。

缅甸失陷之初,中国希望在雨季之后与英美联手克复缅甸,以

①《杜镇远潘光迥关于与印缅当局会商兴修中印公路经过报告》(1942年3月10日),中国第二历史档案馆编:《中华民国史档案资料汇编》第五辑第二编:财政经济(十),南京:江苏古籍出版社1997年版,第370页。

恢复中外陆路交通,丘吉尔表示英方正在积极准备中,"盖克复缅甸,不但为恢复中外交通,亦为保障印度也"。[①] 此后欧洲战局的演变与美国在太平洋地区的军事进展使英美两国对于缅甸战场有了不同的认识,英国对于缅甸战役越来越失去兴趣,美国为让中国牵制更多的日军,支持中国重开缅甸战场。鉴于缅甸南部仰光港之重要性及第一次缅甸战役失败之教训,蒋介石主张先由英美在缅南发动两栖战役,重新夺取仰光港,中国在北部发动地面攻势,重辟滇缅公路。罗斯福表示愿派军官到印度与中国以协助远征军之训练,并派驻中国部队内。鉴于当时英国的战略重心在非洲,罗斯福提出"鉴于目前船只之缺乏与远距离供应及补充之困难","恢复滇缅陆路交通,比较占领缅甸南部尤为重要",[②]显然美国只愿扮演协助之角色。在1943年1月卡萨布兰卡的参谋长联席会议上,美方以减少对欧战的支持为威胁,压迫英方承诺参加缅甸战争,无怪乎此后英国一再拖延乃至改变既定的攻缅计划。甚至在美英合作建立了东南亚战区统帅部以激活反攻缅甸之军事活动,史迪威率领中国驻印部队已在缅北发动进击后,英国政府对缅甸战役的态度又发生了改变,首先是拒绝进行海战攻占仰光港,继之不愿在缅甸南部作战,[③]到1944年4月连缅甸北部作战也不干了。蒙巴顿的解释是,"要想在缅北达成增加中国陆上补给的任务,既不可能,

---

① 秦孝仪主编:《中华民国重要史料初编——对日抗战时期》第三编:战时外交(三),台北:中国国民党中央委员会党史委员会1981年版,第163页。

② 《美国总统罗斯福自华盛顿致蒋委员长说明当在最近期内与联合国最高当局切实洽商恢复滇缅路交通问题电》(1943年1月2日),秦孝仪主编:《中华民国重要史料初编——对日抗战时期》第三编:战时外交(三),台北:中国国民党中央委员会党史委员会1981年版,第208页。

③ [美]齐锡生:《剑拔弩张的盟友:太平洋战争期间的中美军事合作关系(1941—1945)》(修订版),台北:"中央"研究院联经出版事业股份有限公司2012年版,第362页。

也无必要",①他将东南亚战区指挥部从印度的德里移到锡兰的坎底,靠近马来亚和苏门答腊,离缅甸更远了。

　　英国政府对于重开缅甸战场是一再推脱、敷衍,但对重开雷多公路还算用心,1942 年 11 月首先着手施工,其后由美国工程兵部队接替进行。1943 年初美国工兵开始兴筑密支那至雷多的公路,即中印公路之原线,2 月初中国工兵第十团参加筑路工程。中国驻印军原本着"协同友军歼灭敌人之目的",计划"于 1943 年 12 月中旬先向缅北进攻,夺取孟拱、密支那要点,然后经八莫向曼德勒前进,将敌压迫于曼德勒附近地点,包围而歼灭之"②。旗下新一军新 38 师为掩护雷多基地及中印公路的修筑、军需物品的集积,派遣先遣队于 1943 年 1 月由印度蓝伽营区出发到达雷多,适值防守印度边境卡拉卡、唐卡家一带的英军约千余人被日军袭击而败退,先遣队为救援英军并阻止日军妨碍我筑路计划,于 3 月 9 日自雷多出发,经野人山抵达卡拉卡、唐家卡之线,击退日军,替代英军担任该线之防守。9 月初旬,中印公路修筑至南阳河附近,先遣队于是向南推进。10 月下旬,雨季过后,新三十八师作为反攻缅甸之前锋奉指挥部命令向新平阳、大洛、于邦等地挺进,以掩护中印公路之构筑及盟军后续兵团进出野人山。12 月中,在美国空军及工兵的协助下,雷多至新平阳最困难的一段被打通。1944 年 1 月,中国驻印军之另一部新六军加入战斗。中国军队与美军联合作战,奋勇杀敌,8 月克复密支那,新平阳至密支那段公路亦告通车。与此同时,为策应驻印军缅北之攻势,也为打通中印公路之保山—密支那段,

①〔美〕齐锡生:《剑拔弩张的盟友:太平洋战争期间的中美军事合作关系(1941—1945)》
　（修订版）,台北:"中央"研究院联经出版事业股份有限公司 2012 年版,第 362 页。
②《中国驻印军缅北作战计划》(1943 年),中国第二历史档案馆编:《抗日战争正面战
　场》(下),南京:江苏古籍出版社 1987 年版,第 1441 页。

1944 年 5 月，卫立煌指挥的滇西远征军强渡怒江，向腾冲、龙陵之
线攻击前进。"当腾冲、龙陵两城及松山一带尚未克复时，保密路
工程处即派员组织踏勘队，潜赴敌后，开始勘测。由保山经腾冲越
三十七号界桩至密支那为干线，由龙陵至腾冲为支线，该支线原经
敌人修有军用路，于撤退时业已破坏，为求早日通车，乃先整修龙
腾支线。"①9 月 7 日，滇西远征军攻克松山，开放惠通桥，14 日克腾
冲，11 月 3 日克龙陵。腾密段随之于 10 月初开工兴筑，这一段路
的修筑特别艰辛，全从乱山中开辟而来，1945 年 1 月 19 日打通。
至此，保山至密支那段公路全线开通。1 月 25 日，中印公路开始通
车，蒋介石撰中印公路开通纪念词稿，决定命此路为史迪威公路，
以志其劳绩。中印公路（又名史迪威公路），从印度东北部边境小
镇雷多出发至缅甸密支那，向东越过三十七号国界桩进入中国，经
腾冲、龙陵，与滇缅公路相接，经保山、下关、楚雄抵昆明。这是中
印公路的北线。还有一条南线，是从密支那南下，经缅甸八莫、南
坎至中国畹町，再走滇缅公路到龙陵、保山，抵昆明。

　　第二次缅甸战役由最初的收复缅甸而演变为单纯的打通中印
公路，由缅北、缅南的两栖协同作战变为单一的缅北陆地作战。反
攻缅甸计划的一再改变源于中、美、英三国首脑在太平洋地区对日
作战的不同军事目标，随着战局的演变，缅甸战场的重要性于三国
而言有了不同的意义。蒋介石曾对美英首脑说："缅甸系整个亚洲
战局之钥匙。在敌人被从缅甸清除之后，其下一个抵抗地点将是
华北，最后是东北。缅甸的丧失对日本是至关重大的事情，因此他

―――――――――

① 《抗战期间公路工程概述》（1945 年），中国第二历史档案馆编：《中华民国史档案资料
　　汇编》第五辑第二编：财政经济（十），南京：江苏古籍出版社 1997 年版，第 412 页。

们将进行顽固和拼死的斗争，以保持对该国的控制。"①当然，收复
缅甸于中国而言还有一个重要意义，即恢复国际运输通道。中国
计划的重开滇缅公路，包括从仰光港运进大量军事物资，并不限于
缅北公路而已。于英国而言，缅甸只是英帝国的一个前哨，并不是
一个具有战略重要性的地区，英国人"想把日本人赶出缅甸，与其
说是为了同中国联结一起，毋宁说是借以洗雪英帝国的威信所蒙
受的奇耻大辱"，他们"也不喜欢看到美国人，特别是中国人，分享
解放缅甸的荣誉"②，第一次缅甸战役的失败、中国远征军的严重伤
亡与英国不愿中国介入以致贻误战机不无关系。相比较缅甸，英
国人更看重新加坡和香港，这不仅关系到英帝国的权益扩展，也有
其战略思想包含其中，英国人认为对日作战的胜利主要取决于海
上力量，在太平洋上摧毁日本的交通线，用封锁置其本国四岛于死
命。珍珠港事变爆发后，美国对日作战的军事目标是，"用最直接
的办法，在最短的时间内，摧毁敌人的力量，逼使敌人投降"。③ 时
至 1943 年，相较于中、英、苏各大盟国，罗斯福认为"美国受到太平
洋战争的影响更为直接，美国军队肩负着这一地区的主要重担"，
本着消耗战的战略原则，美国在太平洋的南、北、西三面皆展开了
对日军事行动，在西面的一个主要目标就是"维持中国继续抗战"，
为此，派遣史迪威装备和训练中国远征军，赋予其职权指挥中国远
征军从缅北和云南发起进攻，并计划从缅甸南部向日本的重要基

① ［美］舍伍德著，福建师范大学外语系编译室译：《罗斯福与霍普金斯——二次大战时期白宫实录》(下)，北京：商务印书馆 1980 年版，第 416—417 页。
② ［美］舍伍德著，福建师范大学外语系编译室译：《罗斯福与霍普金斯——二次大战时期白宫实录》(下)，北京：商务印书馆 1980 年版，第 417 页。
③ ［美］舍伍德著，福建师范大学外语系编译室译：《罗斯福与霍普金斯——二次大战时期白宫实录》(下)，北京：商务印书馆 1980 年版，第 418 页。

地以及曼谷附近的交通线发起两栖作战行动,唯比较其他战场,在缅甸战场的投入的人力、物力是最少的,罗斯福在德黑兰对斯大林如是说,"尽管这些战役要在大片的土地上展开,但在船只和人员数量的安排上却压到最低限度",他归纳这些战役的目的如下:"(1)开辟通往中国的道路,向这个国家供应物品,以便使之坚持抗战;(2)通过打通到中国去的道路和增加对运输机的使用,使我们自己能够去轰炸日本的本土。"①

　　史迪威所拟的缅甸战争原始计划是在缅甸全面打击日军,收复缅甸。英美最先制订的反攻缅甸计划与史迪威的计划是一致的,虽然打一开始英国就有被美国胁迫之意,但毕竟签了协议,从1942年7月到1943年底,史迪威的确尽其所能地争取美国、英国的助力,虽然与蒋介石以缅南英美军的两栖作战收复仰光港为前提的战略思想不同。在英美政府一再拖延甚至改变既定之全面攻缅计划后,史迪威放弃原来的主张,坚决推行缩小规模的缅北作战构想,以执行美国打缅甸战争的既定方针,美国的立场是对中国军队继续履行已经进入实施阶段中的计划,史迪威忠实地履行了他作为总统代表的职责,他所倚仗的军力就是经由他本人和美国派员训练的中国远征军。事实上,在1943年11月底德黑兰会议否决开罗会议中、英、美三国达成的有关缅甸战役的协议时,在印度拉姆加尔受训的中国驻印军已从印度出发进攻北缅,于史迪威而言,北缅作战已是箭在弦上不得不发,在美英决策者决定大幅度削减原定给予缅甸登陆使用的物资,继而又改变缅甸攻势的整个战略之后,史迪威还得负责督促蒋介石派兵进攻缅

---

① [美]舍伍德著,福建师范大学外语系编译室译:《罗斯福与霍普金斯——二次大战时期白宫实录》(下),北京:商务印书馆1980年版,第424页。

甸。据统计,1943 年盟军在缅北投入的兵力情况是:"史迪威指挥的中国 X 部队共有 3 个师(第 22、30 及 38 师),每师 12 000 士兵。英军号称有 6 个师,但实际战斗力颇为可疑。此外,同盟国还有 2 支特种部队:一支是在英国军官温格提指挥下的印度步兵第三师,先后在编制上建立了 3 个旅,但是装备、训练和战斗力参差不齐,每次能够投入战斗的最多只有一两千人。另一支则是美国军官梅瑞尔统领的特种部队,有 3 个营的编制,也不过两三千人。"①其后,史迪威不断催哄蒋介石将美国负责提供武器和训练的 30 个师的队伍即在云南的中国远征军投入缅甸战场,甚至以租借法案物资为要挟,又请出罗斯福来逼迫蒋介石交出中国军队指挥权。将史迪威派往中国的美国陆军部部长史汀生曾形容史迪威在中国的任务是"在整个战争期间中赋予任何美国人的最艰辛的使命",结合上述背景,这个"艰辛使命"显然不是指美国在华军事工作的规模之大,"艰辛使命"的真正含义,诚如齐锡生所说:"美国期望以最少量的资源投入中国,但是同时指望得到极大量的回报,而史迪威的重要性,正是向美国政府提供了实现这两个性质相反期望的可能性。"②中国军队成了缅甸战役的唯一主力。

第二次缅甸战役从军事上言是同盟国的大胜仗,打通了中印公路,致日军以重大伤亡。至 1944 年 9 月,缅北战役日军官兵伤亡

---

① [美]齐锡生:《剑拔弩张的盟友:太平洋战争期间的中美军事合作关系(1941—1945)》(修订版),台北:"中央"研究院联经出版事业股份有限公司 2012 年版,第 351 页。

② [美]齐锡生:《剑拔弩张的盟友:太平洋战争期间的中美军事合作关系(1941—1945)》(修订版),台北:"中央"研究院联经出版事业股份有限公司 2012 年版,第 594 页。

合计达 23 845 人。① 根据日军记录,"在 1945 年 2 月 1 日至 5 月底的阵亡、受伤、病死人员为 42 106 人,伤病者达到 22 000 人"。② 中国远征军也付出了重大牺牲,至 1944 年 9 月,缅北战场上的第 14 师、22 师、30 师、38 师、50 师官兵伤亡共计 12 729 人,③同时也大大张扬了中国的军威,得到了盟军的好评。

　　于中国而言,力主收复缅甸的本意是恢复中外交通,获得更多的外援物资,那么,缅甸战争的胜利是否直接导致美国援助物资大量进入中国呢?

　　中印公路打通后,在印度境内的援华物资运输,由中、美、英三方联合办理。1945 年 1 月 12 日,第一批车队从印度雷多出发,由主持雷多至密支那公路的美军皮卡少将领队,"车队由两辆摩托车作前导,接着是货车,车上画着巨大的箭头在指向前方,并写有'中国生命线雷多公路第一车队'的字样。中美两国司机驾驶的 133 辆汽车满载货物,首尾相接,延绵数公里……16 日抵达密支那,2 月 1 日后,这些第一批运输汽车陆续驶抵昆明"。④ 中印公路打通后,中美对该公路的管理进行了一番交涉,美军方面意在其单独主办,中方主张中美合作办理,经洽商后确定:中印公路在中国境内者,由中国管理。至该路中美双方有关事宜,由中美双方合作办

---

① 《缅北战役敌军伤亡调查表》(1944 年 9 月),中国第二历史档案馆编:《抗日战争正面战场》(下),南京:江苏古籍出版社 1987 年版,第 1474 页。

② [美]齐锡生:《剑拔弩张的盟友:太平洋战争期间的中美军事合作关系(1941—1945)》(修订版),台北:"中央"研究院联经出版事业股份有限公司 2012 年版,第 366 页。

③ 《缅北战役我军伤亡统计表》(1944 年 9 月),中国第二历史档案馆编:《抗日战争正面战场》(下),南京:江苏古籍出版社 1987 年版,第 1473 页。

④ 李占才、张劲:《超载——抗战与交通》,桂林:广西师范大学出版社 1996 年版,第 154 页。

理。如影响军运时,拟再要求蒋介石交由美军实行绝对军事管理。[①] 中印公路国内段由战时运输管理局云南分局管理,规定运输业务以中美军运、中国政府自国外内运至军工物资,及政府核准经营之民生必需品、政府核准之出口物资等为限。中印公路通车后,人们对其运输量一度估计过高。运量有限的原因,既在于公路管理之效率,也包含了其他多种因素,"如港埠收发之货物量,雷多、腊戍两地铁路车站收发之货物量,司机素质,装卸站之工作效率,可使用之卡车数量"。[②] 应美方要求,中印公路一切公路运输均由美军统制,中印公路之管理与监督,由美军供应部总司令负责。中印公路通车后的半年中,运送物资 5 万余吨,绝大部分是驻华美军的装备、给养等。[③] 中印公路开入的新车也基本由美军控制,据战时运输管理局局长俞飞鹏 3 月 10 日致蒋介石电中说:"由中印公路开入新车已有 1 000 辆,至本年 6 月底可达 7 000 辆。齐福士将军原拟全数截留,置于美军供应处之下。兹经商定,由齐福士先借拨卡车若干,交滇缅、西南两局编队使用,专供齐福士制定军运。其他各路局认为运力不足时,再由齐福士酌借卡车交本局支配。"[④]6 月以后,缅甸进入雨季,匆匆赶工完成、工程标准和施工质量都不高的道路多有损坏,运输受阻。

---

① 《俞飞鹏关于中印公路管理问题与蒋介石来往报告电》(1945 年 2—3 月),中国第二历史档案馆编:《中华民国史档案资料汇编》第五辑第二编 财政经济(十),南京:江苏古籍出版社 1997 年版,第 407 页。

② 龙学遂:《中国战时交通史》,北京:商务印书馆 1947 年版,第 116 页。

③ 李占才、张劲:《超载——抗战与交通》,桂林:广西师范大学出版社 1996 年版,第 154 页。

④ 中国第二历史档案馆编:《中华民国史档案资料汇编》第五辑第二编 财政经济(十),南京:江苏古籍出版社 1997 年版,第 408 页。

1945 年从缅甸运进中国的物资

月份	货物运量(吨)	汽油(加仑)
2 月	1 111	
3 月	1 509	
4 月	4 198	122 072(约 439 吨)
5 月	8 435	1 514 440(约 5 530 吨)
6 月	6 985	1 417 115(约 5 187 吨)
7 月	5 900	3 179 330(约 11 601 吨)

　　资料来源:[美]齐锡生:《剑拔弩张的盟友:太平洋战争期间的中美军事合作关系(1941—1945)》(修订版),台北:"中央"研究院联经出版事业股份有限公司 2012 年版,第 369 页

驼峰空运数量

时间	运输量(吨)
1944 年 10 月	24 715
1944 年 11 月	34 914
1945 年 1 月	44 099
1945 年 6 月	55 387
1945 年 7 月	71 043

　　资料来源:[美]齐锡生:《剑拔弩张的盟友:太平洋战争期间的中美军事合作关系(1941—1945)》(修订版),台北:"中央"研究院联经出版事业股份有限公司 2012 年版,第 369—370 页

　　对比驼峰空运,中印间的陆路运输运量有限。若以 1945 年作比较,空运数量约为陆地运输量的 4 倍,再以 1945 年 7 月一个月的运量作比较,该月一共有 91 183 吨的租借法案物资运送到中国,其中空运部分为 73 682 吨(80%),输油管为 11 061 吨(12%),中印公路(史迪威公路)仅运输 5 900 吨(6%)。[①] 以运量言,中印公路对

————————————

[①] [美]齐锡生:《剑拔弩张的盟友:太平洋战争期间的中美军事合作关系(1941—1945)》(修订版),台北:"中央"研究院联经出版事业股份有限公司 2012 年版,第 370 页。

抗战贡献不大。有学者指出，"空运数量所以能够增加，是因为史迪威占领缅甸北部，运输机可以飞一条靠南的航线，既能避免日本战斗机的拦截，又能缩短驼峰的航程"，①虽然这项战果并非史迪威原始计划中的目标，却也是北缅战役的胜利成果。

日本投降后，中美租借法案中止实行，中印公路的军运停顿。需要经常修整才能通车的中印公路国内段逐渐荒废，名震一时的中印公路未及发挥重要作用而迅速陷于沉寂。

第四节　陈纳德

一、投身中国空军建设

陈纳德投身中国空军，继而以"飞虎队"而扬名海内外，源于他对飞行的热爱、对空军在作战中作用的重视，也与他空军生涯的曲折不顺有相当的关系。在他的前半生，希望翱翔蓝天的愿望曾一次次化为泡影，而这还得从他的童年说起。

1893 年，陈纳德出生于美国德克萨斯州，在路易斯安那州东北部的密西西比河冲积平原度过了无拘无束的快乐童年，打猎、垂钓是他的喜好，也是他日常的活动，甚至在 12 岁以后，他便甩开成年人，一个人去打猎和垂钓，它们成为陈纳德一生醉心的活动。二战期间当他从中国返回美国哪怕只作短暂停留，总要设法回到故乡，坐在河边垂钓一番。据陈纳德自述，丛林与港汊湖湾的生活养成

---

① ［美］齐锡生：《剑拔弩张的盟友：太平洋战争期间的中美军事合作关系（1941—1945）》（修订版），台北："中央"研究院联经出版事业股份有限公司 2012 年版，第370 页。

了他自信自强的性格,促使他遇事果断,自作主张。① 这样的性格特征既成就了陈纳德日后的航空伟业,也曾使他的军旅生涯屡遭压制。15 岁时,陈纳德第一次涉足军事活动,那是他在路易斯安那州州立大学念一年级时接受的严格军训。他曾报考西点军校及海军学院,据其回忆,当听说海军学院的学生在头两年不准迈出学校大门一步的消息后,他在最后一场考试故意交了白卷。1911 年,在家乡路易斯安那州的博览会上第一次看见飞翔在天空的一架柯蒂斯推进式双翼飞机,陈纳德的心中燃起了投身航空事业的梦想,只是这梦想沉寂了好多年。他的第一份工作是教书,先是在路易斯安那州的一个乡村学校,教一群顽皮的其中还有不少年龄比他大、个子比他高的学生。结婚并有了孩子后,为养家多次更换了工作,当过英文教员,做过健身教练。1916 年来到俄亥俄州的阿克伦,在一家为盟军生产汽车外胎的军工厂工作。② 1917 年 4 月美国对德宣战后,陈纳德申请参加飞行训练,为圆其飞行梦作了第一次郑重其事的努力,然时年 25 岁已是三个孩子父亲的陈纳德被拒绝了,按现代的飞行员标准衡量,他老了,但他毫不气馁。8 月,印第安纳州的一个军官培训学校接受了陈纳德的军训请求,从此开启了他的军事生涯。

　　1917 年 11 月,经过三个月的军训,陈纳德以陆军中尉的身份走出校门,被派往圣安东尼奥特拉维斯要塞的第 90 师服务,毗邻该城的凯利基地有一通讯部队的航空部门正在训练飞行员,陈纳德听说那儿在征募志愿军官,带着飞行梦想前往凯利基地,结果只

① [美]陈纳德著,王湄等译:《飞虎将军陈纳德回忆录》,杭州:浙江文艺出版社 1998 年版,第 3 页。
② [美]陈纳德著,王湄等译:《飞虎将军陈纳德回忆录》,杭州:浙江文艺出版社 1998 年版,第 9 页。

安排他同来自圣安东尼奥的新兵一同接受军训。在连续三次被拒后,执着的陈纳德利用凯利基地管理的混乱,初步实践了自己的飞行梦,他庆幸自己遇到了许多态度和蔼的飞行教官,"他们都非常乐意在杰尼型飞机(柯蒂斯 JN-4 型飞机)后座舱给我讲解飞行的基本原理。查利·伦纳德是一名老飞行教官,在训练初期,他就私下里放我单飞。还有年轻的上尉拉尔夫,每当我想要单飞时,他总是热心地为我拖出一架杰尼型飞机。他将飞机开到跑道上,然后爬出机舱,我便驾机飞行了"。[1] 据陈纳德回忆,作为新领域的飞行业当时尚无严格的规章制度,他逮住机会放飞自我,在一个边远机场任机械检查官时,他负责飞机加油与检查进出机场的训练飞机,并记录飞机的最大飞行小时,有时遇上加好油的飞机没人管,他便驾驶飞机直冲蓝天,然后给它加上一个小时的飞行时间。甚至有一次,他擅自驾驶一架飞机去了达拉斯,走了一个星期都没人发现人与飞机的失踪。

1918 年,陈纳德奉命回到凯利接受飞行训练,"第一次被正式批准飞行,可又险些儿被刷掉"。[2] 陈纳德的倔强、不服压制惹怒了一位教官,令其差点被淘汰,幸亏"淘汰委员会"给了他一次机会。他的新教官欧内斯特·M. 阿利森,一位资历深、技术高明的特技飞行专家,他教给了陈纳德惊险的飞行技术,使他看到了另一种样式的飞行而真正爱上了蓝天。1919 年,陈纳德从飞行学校毕业,对他的鉴定是"战斗机飞行员"。1920 年春,陈纳德从军队中退役,回到家乡,同时向新组建的航空服务机构——二战时美国陆军航空

---

① [美]陈纳德著,王湄等译:《飞虎将军陈纳德回忆录》,杭州:浙江文艺出版社 1998 年版,第 10 页。

② [美]陈纳德著,王湄等译:《飞虎将军陈纳德回忆录》,杭州:浙江文艺出版社 1998 年版,第 12 页。

队的前身提出了申请。当年秋天，陈纳德的申请获准，成为该机构
首批千名成员之一。1921年夏，在一战中立下赫赫战绩的第一战
斗机大队进驻德克萨斯州的埃林顿基地，陈纳德在第一战斗机大
队接受了第一期战斗机飞行员的培训，并被分配到著名的第94战
斗机中队。在为期四个月的战斗演习中，包括陈纳德在内的未参
加过战争的学员们得到了实战训练，如长时间编队飞行巡逻、寻敌
作战、分成小组对敌机进行俯冲进攻等，陈纳德认为作为训练科
目，这些训练是必要的，但作为战斗演习不妥，尤其不认同在作战
中分散攻击力量的方法。未亲历战场但自小独立性强又喜好军事
的陈纳德对于军事战术已有自己的思考，根据早先训练掌握的飞
行技能，他提出了对付敌机咬住机尾的新方法，并在训练中亲自试
验。训练大纲采用的是用旋转机身的逃避方式，陈纳德设计了"一
套使敌机无法穷追不舍的'依曼门式'（战斗机向前上方旋转一周
半后，飞离最高点的战术）旋转技术"①，陈纳德运用新的方法成功
避开了对方的追击，而另一架飞机的飞行员在操作这项新技术的
中途临时改变想法，结果与追击中的飞机发生碰撞，发生飞机损
毁、人员受伤的悲剧，陈纳德的新方法自然不被认同。

　　1923年，陈纳德奉命调派夏威夷，在珍珠港中部福特岛的卢克
基地，他带领第19战斗机中队进行了三年的训练。陈纳德回忆
说，这是他空军生涯中最惬意的时期，因为他第一次做了指挥官，
可以随心所愿地研究并尝试新的飞行攻击战术，他在回忆录中记
述了几起因他不按规定动作飞行而打乱了预设之演习结果的事
件。一起是配合高射炮部队的演习，"当时海军和炮兵司令的级别

---

① ［美］陈纳德著，王湄等译：《飞虎将军陈纳德回忆录》，杭州：浙江文艺出版社1998年
　　版，第15页。

都比航空队高,因此所有试验都按照炮兵的设计要求执行。比如:飞机携带拖靶飞行时的路线要固定,并不得超过事先约定的高度和速度。对这种僵死的目标,只要是名炮手就不会打偏。高炮部队官兵的颐指气使,使所有的飞行员极为反感","一天,当19中队在瓦胡岛上空巡逻时,我们发现一排高射炮整整齐齐地排在沙滩边,正猛烈地朝着可怜的海根伯格拖着的白色筒形拖靶开火,而海根伯格正按着固定的路线飞行着。我决定给这种虚设的、可笑至极的做法注入一点真实感,让这帮高炮手们尝尝真正的战争滋味,我摆动机翼,带领整个纵队向高炮阵地俯冲下去。当我们冲到海滩上方时,高炮手们都四散逃进了掩体"。训练结束,基地乱成了一锅粥,"当时海岸高炮部队正在做他们一年一度的射击演习,已记录在案;可是经这次'扰乱'之后,将需要花费几天时间才能恢复正常演习"。① 陈纳德因此受罚被禁飞一周,他自认值得,日后在中国战场,他采用同样的方法袭击了日军炮兵。另一起是与海军的对抗演习,在飞行技术训练预定结束的前一天,陈纳德得到他们自己动手构建的空袭警报系统的预警,得知有一架海军侦察机正从海上向他们飞来,陈纳德立即起飞予以迎击,他的俯冲速度极快,"几乎挨上了这架海军飞机的尾部,前面的螺旋桨好像要去切掉他的方向舵",那位飞行员"推下机头来了一个垂直俯冲",陈纳德紧随其后,紧紧咬住他的尾巴,结果对方惊得呆若木鸡而直冲大海栽去。"海军侦察机坠海事件激怒了海军军事法庭,其原因之一大概是因为陆军营救人员看到了驾驶员口袋里的一份文件。这是一份注明定于星期天发表的海军官方文件,本打算当飞行技术训练结

① [美]陈纳德著,王湄等译:《飞虎将军陈纳德回忆录》,杭州:浙江文艺出版社1998年版,第17—18页。

束后,便立即宣布航空母舰的舰载机与陆军航空队狙击机的对抗中获得全胜,可惜飞机坠海,事与愿违"。① 这两起事件充分显示了陈纳德对于飞行事业的热爱与重视,他那不羁的性格、敢于自作主张的特性也显露无遗,他所尝试的攻击战术日后在中国战场的对日空战中更是发挥了积极的作用。在夏威夷任指挥官期间,陈纳德还尝试了由三架飞机编队飞行完成战斗任务的方法,并让中队里的每一位飞行员都参与了这项试验,掌握了这一技术。基于三年的工作经验,陈纳德编写了一本新的战斗机飞行技巧手册,得到官方认可与赞誉,其后却被束之高阁。

结束夏威夷的工作后,陈纳德回到了德克萨斯州的布鲁克斯基地,担任飞行教官,继而成为初级训练部主任。之后他又被保送到弗吉尼亚州兰利基地的航空队战术学校去学习,毕业后留校任教,讲授战斗机的战术理论,并随学校迁到了马克斯韦尔基地。由于当时美国军队中空军的相对边缘化,"那是海军及陆军昏庸的高级军官们对空军存在的意义采取盲目的否定态度",②以及空军内部对于轰炸机的无上推崇,身为战斗机飞行员兼战斗机战术理论的高级教官,陈纳德为空军的发展、战斗机的发展不断据理力争,多次卷入不愉快的争论而遭批评直至结束军旅生涯。通过对现代战斗机技术的研究,陈纳德坚信"在未来的任何一场战争中,战斗机都将同轰炸机一样起着至关重要的作用",当然这得有重要的原则:"战斗机应当配置一套设计完善、灵活有效的武器,使之可以去抗击敌方的那些有良好性能的防御武器",还须构建严密的警报系

---

① [美]陈纳德著,王湄等译:《飞虎将军陈纳德回忆录》,杭州:浙江文艺出版社 1998 年版,第 20—21 页。

② [美]陈纳德著,王湄等译:《飞虎将军陈纳德回忆录》,杭州:浙江文艺出版社 1998 年版,第 25 页。

统和无线电情报网,"因为没有一个连续不断的精确的情报来源,
战斗机便无法准确地确定高速飞行的轰炸机所处的位置,并有效
地前去拦截"。① 陈纳德说他在"战术学校的大部分时间,都在研究
由英国人及德国人提出的各种预警系统,并且设计出一些有助于
战斗机拦截的改进措施"。在上级军官设计的一些在陈纳德看来
落后僵化的演习之后,陈纳德写出了题为《防御性追击的作用》一
书,"阐明了所有使用中的防御性航空器的各种原理和主要性能,
包括单座战斗机和现代喷气发动机或火箭发动机推动的飞弹",他
遗憾美国军方未接受他的方案,庆幸在中国战场得到了实施,"它
们后来成为著名的中国空中警报网组织与运作的基础,正是它们
使我们 1941 至 1945 年在中国上空的对日空战中,占了极大的优
势"。② 在空军内部围绕轰炸机与战斗机而展开的争论中,还涉及
战斗机是否需要远距离航程的问题,针对轰炸机不需要战斗机护
航的观点,陈纳德坚持主张战斗机"不仅可用来为轰炸机作长距离
护航,还可派它们远距离飞行,到敌人后方去,对敌军作俯冲轰炸
和扫射"③。在战术学校,陈纳德再次强调了他此前提出并尝试过
的三人编队的战斗机技术,在战术学校校长约翰·柯里少将的支
持下,他组织了一支三人空中表演队,在全国作了多次特技表演,
在陈纳德看来,"这远不只是一种特技表演,三人空中表演队完全
证实了冯波意尔克的理论:战斗机之间可以通过最为激烈的特技

① [美]陈纳德著,王湄等译:《飞虎将军陈纳德回忆录》,杭州:浙江文艺出版社 1998 年
　版,第 30—31 页。
② [美]陈纳德著,王湄等译:《飞虎将军陈纳德回忆录》,杭州:浙江文艺出版社 1998 年
　版,第 33 页。
③ [美]陈纳德著,王湄等译:《飞虎将军陈纳德回忆录》,杭州:浙江文艺出版社 1998 年
　版,第 35 页。

动作联手作战"。① 在 1936 年 1 月迈阿密举行的泛美空中军事演习上，陈纳德和他的同伴作最后一次告别表演，不曾想到由此与中国结缘。在迈阿密的观察员中有在杭州笕桥筹建了航空学校、当时正在国外考察的中国空军上校毛邦初，还有一位与陈纳德一样曾在布鲁克斯基地服役的航空队飞行员罗伊·霍尔布鲁克，他后来前往中国任飞行教官后致信陈纳德，请他为在杭州的航空学校推荐美军飞行员。陈纳德为其推荐了三人表演队中的另两位优秀飞行员卢克·威廉森和比利·麦克唐纳。在威廉森、麦克唐纳前往中国之时，陈纳德的健康出了严重状况，以致被限制只能驾驶双座教练机，飞行时必须有一名负责安全的飞行员陪同以防不测。至 1936 年秋，飞行中队的外科医生完全禁止了他的飞行活动，并把他打发到医院。

中日战争即将全面爆发前夕，躺在阿肯色陆军医院病床上的陈纳德收到了在中国航空学校任教的麦克唐纳、威廉森和霍尔布鲁克等人的信，他们给陈纳德送去了中国的消息尤其是中国为抵抗日本侵略而作的军事准备包括空军建设。1937 年初，通过霍尔布鲁克，时任航空委员会秘书长的宋美龄向陈纳德发出了工作邀请，问他是否愿意考虑"一项三个月的使命，去对中国空军作一次秘密调查。条件是月薪一千美元，外加各种费用，配有一辆轿车、一名司机和一名翻译，并有权驾驶中国空军的任何一架飞机"②，陈纳德欣然接受邀请。这时的陈纳德在本国的军旅生涯其实已走到尽头，此前因为力争空军的独立地位而参与辩论，得罪高级军官，

① ［美］陈纳德著，王湄等译：《飞虎将军陈纳德回忆录》，杭州：浙江文艺出版社 1998 年版，第 37 页。
② ［美］陈纳德著，王湄等译：《飞虎将军陈纳德回忆录》，杭州：浙江文艺出版社 1998 年版，第 45 页。

他的名字从军官表中被勾去,"这张表中的军官是计划保送到堪萨斯州莱文沃斯的指挥参谋学校去进修的……在和平时期,没有莱文沃斯那所学校的认可,军人是不可能指望得到一纸任命或提升的"。① 不受官方欢迎加以健康的恶化都没能浇灭陈纳德的飞行梦,1937 年 3 月,陈纳德安顿好家人,以空军上尉身份从美国陆军退役,4 月 1 日,自旧金山乘坐游轮经日本前往中国。在日本游历期间,陈纳德和前来接他的麦克唐纳有心观察了港口、机场,拍了照片并在笔记本上记下了建筑物、工业区、航运河道以及其他的令人怀疑的军事目标。抵达中国后,他便履行来华使命,参与调查中国空军的发展状况。

中国的航空业肇始于 20 世纪初中华民国成立前后,以筹设航空机关、筹建航空学校及购买飞机为主,中国飞机正式编队成军是到 1928 年才确具规模。1932 年 5 月 1 日,中央航空学校正式成立,中国开始有了一所具备现代化规模的航空学校。② 中央航校的飞行训练与美国有着较深的渊源,应国民政府之聘请,"在裴维德上校领导之下,由一群退伍的美国陆军航校毕业生所组成的顾问团,担任全部教练的工作。这一群人中,包括十个飞行教官、五个机械师和一个美国第一流的航空军医"。"美籍顾问来到中国以后的第一件事情,便是筹划训练程序和树立一个高度的技术标准",其后的洛阳分校,"由意大利顾问团主持,于是杭洛两校在训练方针上,渐有分歧之处,到 1936 年,原在洛校入学学生,规定仍回杭补受美式训练,两校教育才复归于统一"。③ 1934 年航空委员会成

① ［美］陈纳德著,王湄等译:《飞虎将军陈纳德回忆录》,杭州:浙江文艺出版社 1998 年版,第 28 页。
② 行政院新闻局编:《中国空军》,行政院新闻局 1947 年版,第 3 页。
③ 行政院新闻局编:《中国空军》,行政院新闻局 1947 年版,第 4 页。

立,空军渐具规模。1936 年 5 月,航空委员会实施改组,"蒋介石仍兼任委员长,周至柔、黄炳衡、陈庆云、黄光锐、毛邦初任委员,宋美龄出任秘书长"。① 应宋美龄之请来华调查的陈纳德发现,抗战前"中国人是在英国、法国、苏联、美国、意大利等不同国家的专家指导下学会飞行的",而记录在册的飞机当战争爆发时,"只有 91 架能适应战斗的需要"。②

　　中日战争全面爆发后,陈纳德主动向蒋介石请缨效命中国空军,甚至在美国政府答应日本的要求,决定撤离在华美国飞行员,上海总领事克拉伦斯·高斯(后升为大使)暗示陈纳德若不听命回国,"面临的将是军事法庭的审判并最终失去美国公民资格"时,陈纳德仍坚持留在中国。他的想法在其给美国一份报纸写的公开信中袒露无遗:"中国一直把美利坚合众国及美国公民,视为伟大的国家和人民,认为他们对中国人民的友谊和同情是毫无私心的……中国现在是在为整个太平洋地区的国家而战","考虑到日本帝国主义的扩张行径和杀气腾腾地去进攻一个平安祥和的国度,凭着良心我也会毫不迟疑地承担起反抗的义务来。"③直至1942 年回到美国军队之前,陈纳德在中国的官方身份是航空委员会秘书长的航空事务顾问。

　　在组建"飞虎队"之前,陈纳德的工作重心以 1938 年夏为界大致分两个阶段,前一阶段随中国空军主力在上海、南京、武汉等地活动,给中国飞行员讲授飞行技术,教他们如何驾驶战斗机去攻击

---

① 奚纪荣等著:《中国空军百年史》,上海:上海人民出版社 2006 年版,第 84 页。
② [美]陈纳德著,王湄等译:《飞虎将军陈纳德回忆录》,杭州:浙江文艺出版社 1998 年版,第 52、56 页。
③ [美]陈纳德著,王湄等译:《飞虎将军陈纳德回忆录》,杭州:浙江文艺出版社 1998 年版,第 75、77 页。

日军的轰炸机,如何避开敌人的高射炮去袭击敌人。陈纳德在回忆录中详细描述了他所教授的技术:"我教给战斗机联队一种夜间俯冲轰炸的战术,这就是将一艘日本驱逐舰的轮廓在南京机场用许多煤油灯照射下勾画出来,作为假想目标,然后飞机在射击死区——三千五百英尺的高度飞入。这样的高度对轻型高射炮来说太高,而重型高射炮轰击又显太低。我告诉他们要学会等待,直到目标出现在他们飞机机翼的后缘时,便关闭油门,作一个快速的横翻,垂直俯冲。这时心里开始计数,当数到十五的时候,转为水平飞行,投放炸弹。完成任务后,飞机立即开足马力,并尽可能贴近地面逃离。大约做了三次演习之后,这些飞行员相信,他们已掌握了这种方法,然后他们便使用这种战术去攻击在长江上航行的日本战舰。当第一批中国飞行员飞临日本舰队时,这些日本战舰充分显示了它们的战斗力,探照灯和高射炮一起向上射来。但它们的射击似乎太高了,只有一次击中了我们的一架俯冲轰炸机。我们几乎每天晚上都沿着长江对日本人进行轰炸,一直持续到南京沦陷为止,而他们从未搞清我们的战术。"[1]陈纳德还帮助组建了一个空袭预警网,在上海—杭州—南京三处构成一个三角网络,以保卫首都南京。在上海、南京期间,陈纳德还多次指挥过中国空军的战斗行动,但只是建议并未发过命令,他的建议得到贯彻是因为"这些建议时常会附加蒋介石的批示,要求完全照办,并有'不得有误'的字样"[2]。在1937年8月13日至12月13日中国空军抗战的最初阶段,中国空军是"以奇袭敌空军,轰炸敌舰船,并担任重要城市

① [美]陈纳德著,王湄等译:《飞虎将军陈纳德回忆录》,杭州:浙江文艺出版社1998年版,第79—80页。
② [美]陈纳德著,王湄等译:《飞虎将军陈纳德回忆录》,杭州:浙江文艺出版社1998年版,第78页。

之空防为原则"①,同日军进行了搏斗,在中国空军取得的成绩中,无疑有陈纳德的一份贡献,他的空战理论与战术在实践中得到了验证。

与此同时,陈纳德在仔细观察了日本飞机编队飞行的阵势,观察了日本空军与中国空军、苏联空军的作战过程后,对日本人的空中战略战术与技术等诸方面问题作了详细的记载与研究,设计了应对之战术,指导中国飞行员做反击日军袭击与轰炸的尝试,为其后与日本空军的对抗积累了丰富的理论知识与实战经验。作为一名对轰炸机与战斗机有颇多研究的战斗机飞行员,陈纳德还仔细研究了日式飞机与美式飞机的特点,"日本人拥有超轻型单翼战斗机和双浮艇海上战斗机,日本人不惜一切地进行改造,使战斗机获得难以置信的灵敏性,这样当两机尾追混战时,他们便可以极为灵巧地掉头、回旋",美式鹰特飞机"造得十分粗壮,用牺牲灵活性来换取强大的火力、良好的生存能力与快而稳的俯冲速度"②。日本飞机的轻型结构固然有助于它的灵敏性,但不经碰撞,陈纳德在航空队服役时曾做过一种试验,"利用一个固定起落架,可以撞掉对手的机翼或机尾",同理,他在给中国飞行员讲课时建议,如果一旦处于困难的境地,可用自己的机翼死死勾住日机的机翼,开足马力撕下日机的翅膀,坚固的美式飞机则能保持无损。这种战术在战斗中初见成效,有几名中国飞行员以自己飞机轻微的损失,连根拔掉了日本战斗机的机翼。在几年后的缅甸战场,有一名飞虎队员完美使用了冲撞战术,"用他的 P - 40 飞机机翼猛击了一架零式飞

① 孙官生编著:《威震敌胆的昆明航校》,昆明:云南教育出版社 2017 年版,第 46—47 页。

② [美]陈纳德著,王湄等译:《飞虎将军陈纳德回忆录》,杭州:浙江文艺出版社 1998 年版,第 84 页。

机,他失去了三英尺机翼,而那架零式飞机的机翼却从根部被切掉了,驾驶它的飞行员也丧了命"。陈纳德发现苏联人对冲撞技术很感兴趣,"特别是因为他们的飞机上那种粗短的机枪,使飞机必须在距敌机五十英尺之内才能开火击中目标,而使用冲撞术则显得更为方便",之后随着苏式飞机机件的更新,他们更改良了冲撞战术,用他们的钢制"螺旋桨去咬掉敌机的尾翼。在对德战争中,他们就成功地运用了这种战术"。①

后一阶段的工作重心在昆明,奉蒋介石之授权,全权负责培训航校学员及训练美国鹰式飞机飞行员。经过武汉空战,中国空军一方面因战斗伤亡而减员,"汉口的空战,损失了最后一批优秀的中国飞行员",②另一方面因空战的胜利而显示了空军的威力、鼓舞了人民的斗志。1938 年 6 月 1 日,《新华日报》发表题为《给敌机以重大的打击》短评,称:"现在应用一切力量,开展航空救国献机抗战的运动,号召优秀青年到空军中去,充实空军力量,以回答暴敌狂炸,给打击者以致命的打击!"1938 年夏,陈纳德奉宋美龄之命,到昆明航校用美国模式锤炼一支中国新空军。昆明航校创建于 1922 年,位于昆明市区以东四公里处,以紧邻的巫家坝机场为训练基地。全面抗战爆发后,笕桥中央航校屡遭轰炸,中央航校于是从杭州笕桥迁到大后方的昆明,改称中国空军军官学校,"开头几期的飞行教官多数是意大利和美国人并兼顾问,后来自己训练的飞行员逐渐增多,在七、八两期训练期间,全部飞行教

---

① [美]陈纳德著,王湄等译:《飞虎将军陈纳德回忆录》,杭州:浙江文艺出版社 1998 年版,第 96—97 页。

② [美]陈纳德著,王湄等译:《飞虎将军陈纳德回忆录》,杭州:浙江文艺出版社 1998 年版,第 101 页。

官都由国人自己担任,只有无线电通讯教官是美国人"。① 派陈纳德去昆明航校,表明蒋介石决定彻底摒弃意大利模式,他亲自兼任航空学校校长,训练则全权交给陈纳德负责,一部分美国空军的预备役军官被招募到云南航校充当教官。陈纳德对航校训练目标的定位是:"不仅要造就出一支空军队伍,而且要使这些年轻的学员,把他们从他们的前辈那里学来的各种技能,经过战争的锤炼,变得更加成熟。这一切将为他们国家的现代化建设提供后备力量。"②为此,陈纳德对其中一个新兵班学员做了特殊安排,先让他们在昆明航校初级班学习飞行技术,然后送他们到美国继续深造,他们成为第一批赴美进行飞行训练的学员。唯因作战飞机的匮乏,"直到中美混合飞行队于 1943—1944 年冬成立后,他们才得到作战飞机,最终于 1944 年春投入抗击日本人的战斗"。③ 为打造一支技术过硬的空军力量,熟练驾驶购自美国的柯蒂斯—赖特鹰式飞机,蒋介石又命令鹰式飞机的驾驶员到昆明航校在陈纳德的指导下进行训练。陈纳德在对鹰式机飞行员进行测试后发现,"他们中的一些人只有一点模模糊糊的驾驶常识,至多是一个初学者,所有的人都缺乏足够的训练",在蒋介石的全力支持下,陈纳德果断淘汰了一半人,其余的送入航校进行基础训练。

① 孙官生编著:《威震敌胆的昆明航校》,昆明:云南教育出版社 2017 年版,第 36—37 页。

② [美]陈纳德著,王湄等译:《飞虎将军陈纳德回忆录》,杭州:浙江文艺出版社 1998 年版,第 115 页。

③ [美]陈纳德著,王湄等译:《飞虎将军陈纳德回忆录》,杭州:浙江文艺出版社 1998 年版,第 115 页。

　　陈纳德以为军事行动的成功离不开空军基地的建设与覆盖面广的空袭预警系统。还在南京时,陈纳德即组织修建砖地面跑道的机场,未及完工,日本人占领了南京。在汉口再次组织修建机场,修了一条长达4 800英尺的能够承受住当时最重型轰炸机的跑道。之后,中国开始了一项扩大机场建设的计划,衡阳、醴陵、桂林、柳州等地的机场被翻修一新,并配备了汽油库和弹药库。陈纳德被指派担负修建芷江机场的部分工作,该机场成为抗战后期盟军在中国东部的最后一个堡垒。在蒙自——昆明东南约150里处新修的机场,成为日后十四航空队战斗机运作的理想地带。空中预警系统是陈纳德十分重视并早已自己动手设置而屡屡得益的项目,来到中国后他一如既往地提倡并实践。1939年中日战争进入相持阶段后,日本对其无法进入的中国内地城市进行频繁的狂轰滥炸。空袭预警系统的作用遂显突出,在回忆录中,陈纳德总结了中国空袭预警系统的特点与作用,它是"由人、无线电、电话和电报组成的一个庞大网络,覆盖了中国的大片土地,它随时监督敌机的行动。除了不断获取敌人进攻的情报外,这个网络还可引导或帮助我方迷航的飞机和因失事而跳伞的我方飞行员顺利返回,以及帮助我们的技术专家找到失事的敌机","昆明的预警系统,帮助我们避开了敌人的大多数空袭。后来,当日本人占领印度支那和缅甸时,这个网络扩大到了可以覆盖敌人能够进犯的所有地域。当敌人扩大进入昆明的线路,从北部进犯,寻求挫败预警系统的时候,我们建立了一个可以覆盖一百英里纵深的全方位特别网络,最终有一百六十五各无线电装置在云南预警网中使用……后来,当美国在华空军开始向东推进时,云南预警网中的一部分也被转移到沿海省份,去为前沿基地服务。云南预警系统,成为早期美军志愿队取胜的重要因素,也是驼峰航线上的中国机场成功地防卫敌人无数次进攻的重要条件"。① 不过,虽有覆盖面广的预警系统,面对日本绝对的空中优势与频繁的轰炸,在只有教练机与几门高射炮的情况下,昆明航校的飞行训练课程大多数不得不在清晨和傍晚进行,因为这时空袭的可能性最小。

热爱飞行、对飞行理论与战术有颇多想法且有丰富的飞行经验的陈纳德在中国得到了从未有过的官方信赖,他的激情被充分点燃,他将自己的理论与战术充分运用于中国的空军建设。以退役军官身份在中国自由参与飞行工作的经历,为陈纳德后来率领美国空军实现他的空中军事行动打下了基础。

二、组建"飞虎队"

在昆明航校期间,陈纳德经常往来于被日军轰炸之城市,尤其是陪都重庆,拍下日本飞机编队飞行的阵势,研究日本人的战术、技术,走访保卫城市的中国战斗机飞行员,与蒋介石也有不时的会面。欧战爆发后,中国境内日军加强对中国各个城市之空袭,"日本空军自民国 29 年 4 月起,密集轰炸重庆及川省各空军根据地及资源区,并袭击我国内之运输及国际交通线",8 月中旬,"日本最新式的零式驱逐机进驻汉口,加入空战行列"。此时苏联援华志愿航空队已基本撤离中国,"中国空军只剩下 37 架战斗机可资应战,至于飞行员,只有 480 位训练接近完成,可以担任飞行任务",② 蒋介石希望美国能予以中国有力的军事援助尤其是空军的支援。1940年 10 月中旬,蒋介石紧急召见陈纳德,商谈美国空军援华办法,蒋

---

① [美]陈纳德著,王湄等译:《飞虎将军陈纳德回忆录》,杭州:浙江文艺出版社 1998 年版,第 119—120 页。

② 鱼佩舟主编:《美国飞虎队援华抗战纪实》,重庆:西南师范大学出版社 1993 年版,第 4 页。

介石阐述了抗击日本轰炸的设想,"购买美国最新式的战斗机,并雇用美国飞行员前来参战"。① 虽然陈纳德对蒋介石的构想持悲观态度,但还是在毛邦初的陪同下飞往美国,为阻止日本肆无忌惮的空袭而奔走,随后有了声名赫赫的"飞虎队"。陈纳德、毛邦初抵达华盛顿后,奉命向宋子文报到,协助宋子文争取美国军援。1940年6月,宋子文以蒋介石私人代表身份赴美,专门接洽美国援华事宜,中国最期望得到的是飞机与经济援助,然而当时美国的战略重心在欧洲,其有限的飞机生产大部分用于满足英国的需要,而且美英等国尚没有改变歧视中国之态度,美国人亦不信中国飞行员能熟练驾驶美国新型飞机对日军发动攻势,说动美国政府得有具体可行的计划方案,中国空军军官学校教官陈纳德、中国空军前敌总指挥毛邦初的助力促成了"空中援助计划"的部分实施。

前有苏联志愿航空队的助战,蒋介石希望美国也能组建一支航空志愿队来华,不仅能阻止猖獗的日本空军在中国上空的肆意轰炸,还能就近对日本本土进行战略轰炸。1940年10月15日,蒋介石召见陈纳德,谈了这一想法并派其回美协助宋子文争取美援。10月18日,蒋介石接见美国驻华大使詹森,谈话两小时,蒋介石再次表示了这一期望,"敝国更希望贵国之空军志愿人员能来华助战也。敝国在浙江省有完备之空军根据地多处,即可由此轰炸台湾与日本各大军港"。② 詹森表示美国对英国"尚不能派遣志愿军",来华空军飞行员只能以个人名义,蒋介石继而表示美国若不能派遣航空志愿队,亦可协助训练中国飞行员熟练驾驶美国新型飞机。

①［美］陈纳德著,王湄等译:《飞虎将军陈纳德回忆录》,杭州:浙江文艺出版社1998年版,第129页。

②薛月顺编:《事略稿本》(44),台北:"国史馆",2010年版,第465页。

于是,一方面陈纳德协助宋子文拟订航空志愿队的具体方案,在美国四处奔走游说;另一方面根据蒋介石的指示,宋子文向美方提出提供飞机、训练中国飞行员的具体要求。在日、德、意轴心国结成军事同盟、远东局势日趋险恶的背景下,经陈纳德、宋子文的努力游说,美国海军部部长诺克斯、财政部部长摩根索、总统罗斯福等开始正视中国的空中打击计划,因为"该计划顺应了美国的远东战略需要——它既能援助中国遏制日本猖狂的侵略势头,又可避免美国直接出面与日本对抗"①,海军部部长、财政部部长及总统最亲近的顾问之一科科兰及白宫助理、总统的经济顾问柯里等更成为中国空中援助计划的积极推动者。海军部部长诺克斯以其职务之便首先给予中国飞机与飞行员之支持,1940 年 11 月初,诺克斯允诺将泰国十余架被扣飞机交给中国,并允许中国特雇美籍后备队飞机师驾驶参战,以"教授名义来华",宋子文以为"此端一开,实际援助可源源而来"②。接着,诺克斯又派遣海军参赞麦区去重庆拜谒蒋介石并视察抗战形势,宋子文为此特致电蒋介石说明麦区来华的意义:充当海军部部长与美国总统的军事代表,"以期明了我国军事上切实需要,俾美国能积极协助我国。麦君此行,负有特别使命,可越大使馆亲随海长",③建议可将中国的军事问题及情况坦率告之。12 月,连任成功的罗斯福总统对中国提出的空中援助计划表示了极大兴趣,命令国务院、陆军部、海军部、财政部会同协商,拟订具体的军事援华方案。12 月 11 日,蒋介石在重庆接见麦

---

① 杨菁:《宋子文传》,石家庄:河北人民出版社 1999 年版,第 145 页。
② 秦孝仪主编:《中华民国重要史料初编——对日抗战时期》第三编:战时外交(一),台北:中国国民党中央委员会党史委员会 1981 年版,第 415 页。
③ 秦孝仪主编:《中华民国重要史料初编——对日抗战时期》第三编:战时外交(一),台北:中国国民党中央委员会党史委员会 1981 年版,第 415—416 页。

区,就美国提供飞机与飞行员援助及训练中国飞行员等事宜作了详谈。麦区据其对华三年的观察,对空军在中国抗战中的作用表示疑问,"本人在贵国观察中日战争之进展业有三年,所得结论则为空军在战争中并不居重要地位。就他国言,空军之功用甚广,侦查敌阵,以及空中摄影等情报活动皆空军为之,而贵国空军不独未能为此,且其一切敌情向须待陆军之供给。三年来贵国陆军之英勇抗战实未得若干空军之协助。就目前言,日本之撤兵,贵国陆军能设法"。① 麦区对中国空军的认知可谓代表了美国人普遍的看法,也是美国政府中不支持空中援助计划者的主要观点。蒋介石则强调了当前的局势及即将变化之战局的判断,根据陈纳德等空军专业人员的估算,提出最少拥有 500 架新型飞机的要求:"日本于明年四月前不致大规模撤退驻华军队,亦不致发动南进军事行动。故欲阻其南进,敝国必于四月以前发动反攻,欲我反攻之有效,最少应有飞机五百架","日本空军实力,有作战能力者约二千六百架至三千架。唯日本飞机之速度较逊于美国,敝国若有五百架即足牵制日本一千五百架。换言之,其空军实力半数已不能作别用矣,……故敝国如有相当空军即能牵制日本大部分空军之力量,则日本陆、海军如无充分之空军掩护更不敢贸然发动南进攻势,此实为消除太平洋侵略者日本战祸之根本要图也。"②关于飞行

—————————

① 《蒋委员长在重庆接见美国海军参赞麦区商讨关于请美接济大量飞机及在美或菲岛训练中国空军人员等问题谈话纪录》(1940 年 12 月 11 日),秦孝仪主编:《中华民国重要史料初编——对日抗战时期》第三编:战时外交(一),台北:中国国民党中央委员会党史委员会 1981 年版,第 425 页。

② 《蒋委员长在重庆接见美国海军参赞麦区商讨关于请美接济大量飞机及在美或菲岛训练中国空军人员等问题谈话纪录》(1940 年 12 月 11 日),秦孝仪主编:《中华民国重要史料初编——对日抗战时期》第三编:战时外交(一),台北:中国国民党中央委员会党史委员会 1981 年版,第 425 页。

员,麦区转达了诺克斯部长的意见,同意在美国或菲律宾训练中国飞行员,并派美国志愿人员来华助战,"唯招募志愿人员事,美国政府只能默许,一切招募首先应由宋子文先生所部机关办理。至所发护照则当伪称商人以为掩护,俾免引起国际纠纷"。蒋介石表示美国志愿人员可以空军教练人员名义来华。

为将中国筹划的"空中援助计划"付诸实施,也为了成就自己的事业,完成蕴藏心中多年的飞行梦,陈纳德在华盛顿的大部分时间忙碌于宋子文为其安排的办公室,继而供职于宋子文组建的中国自卫供给公司①,协助拟订请求美国空中援助,尤其是组建美国航空志愿队的具体方案,起草对日本实施空中打击的基本战略方针。他的计划是派遣一支小规模但装备精良的空军进入中国,利用中国军队控制的空军基地,阻断日本人的供给线,打击日军的进攻,摧毁日本人在中国台湾、海南岛和广东及越南的机场、港口及其驻军,进而从中国东部沿海的空军基地出发对日本本土进行空袭。为实现这一计划,陈纳德提出在 1941 年组建一支拥有 350 架战斗机和 150 架轰炸机部队的具体方案,他希望到 1942 年再增加700 架战斗机和 300 架轰炸机。② 显然,陈纳德的计划非常契合蒋介石的愿望。

争取飞机供应与招募志愿飞行员皆是棘手的难题。先说飞

---

① 1941 年 3 月美国国会通过军械贷借法案后,各外国政府需要军用品,由美国政府向美厂商代为订购,外国政府不直接和厂商接洽,时在美国负责美援工作的宋子文因此与美国财政部商定组织一美国公司,定名中国自卫供给公司,聘用与美国政府要人有关数人为该公司经理人,代向美政府各部、各机关奔走。凡中国军政部航空委员会等派遣采办之技术人员,皆附属该公司。见秦孝仪主编:《中华民国重要史料初编》第三编:战时外交(一),台北:中国国民党中央委员会党史委员会 1981 年版,第 439 页。

② [美]陈纳德著,王湄等译:《飞虎将军陈纳德回忆录》,杭州:浙江文艺出版社 1998 年版,第 139 页。

机,美国的飞机生产已开足马力,"而各厂之扩充皆得英国资本之协助",①故售机于中国须先商诸英国,而欧洲局势危急,英国对于飞机的需求亦极急迫,陈纳德虽以惊人的速度走访了各飞机制造厂和武器制造厂,却毫无结果。后来,与中国有着长期业务关系的柯蒂斯—赖特厂给出了一项建议,"他们有六条组装线为英国生产P－40型飞机,法国沦陷后英国人还拿到原先的法国订单。如果英国放弃一百架正从生产线下来的P－40B型飞机的优先权,柯蒂斯公司就会增设第七条生产线,为英国制造一百架最新型号的P－40型飞机"。② 虽然陈纳德认为P－40B型飞机不是最理想,但有总比没有强。1940年12月下旬,海军部部长诺克斯告知宋子文等,经海、陆、财、外四部会商,同意先让购战斗机100架。在美总统、财长、海长的共同关心下,与英交涉成功,同意在其现货中让出100架P－40战斗机,三星期内先交36架,其余逐日续交。另经宋子文、陈纳德、毛邦初等再三陈说,美财长摩根索被轰炸东京计划所感染,承诺让购轰炸机12架,每机配备飞行员、轰炸员各一人,其人员可在现役中由中国政府通过非官方渠道高薪聘请。③ 但这一计划遭美国军方尤其是陆军的反对而搁置。

关于美国志愿队,陈纳德回忆说因为有白宫中颇具影响力的总统顾问柯里、科科兰及海长诺克斯、财长摩根索的积极推进,他提出的建立战斗机联队的计划顺利通过,虽然军方强烈反对组建

① 秦孝仪主编:《中华民国重要史料初编——对日抗战时期》第三编:战时外交(一),台北:中国国民党中央委员会党史委员会1981年版,第424页。
② [美]陈纳德著,王湄等译:《飞虎将军陈纳德回忆录》,杭州:浙江文艺出版社1998年版,第142—143页。
③ 秦孝仪主编:《中华民国重要史料初编——对日抗战时期》第三编:战时外交(一),台北:中国国民党中央委员会党史委员会1981年版,第432—433页。

美军志愿队的整个构想,陆军部对于招募志愿人员始终态度冷漠,但在陈纳德的多方面不懈努力下,至 1941 年 8 月成功招募了"101 名志愿飞行员,其先遣队于 6 月 9 日由美国军舰护送,乘荷兰船,穿过日本的托管地区运往中国"①。组建援华航空志愿队,固然是为了援助中国抗战,陈纳德认为这对美国军方也多有益处,"我们会在这个志愿队中得到战术、情报以及装备等大量的反馈信息,而这只须投入少部分人员",他并劝告军方反对者说,"许多国家已经用这样的方法证实了他们的空中力量,让志愿人员到国外去测试一下自己的水平,就像苏联人在中国和西班牙那样",②然反对者依然反对,不为所动。为了从海军和陆军中挖走飞行员和地勤人员,他们说动罗斯福总统插手此事,1941 年 4 月 15 日,罗斯福下令允许预备役军官和现役军人从陆军、海军和海军陆战队航空队中退役,参加援华志愿队。为了尽可能显示是"民间事业",经陈纳德等斡旋,由中美合资的中央飞机制造公司出面,以陈纳德为该公司"监理人",志愿队成员以该公司飞机制造、修理、管理人员身份赴华。罗斯福成为美国援华志愿队的坚定支持者,陈纳德在 7 月离美赴华前夕,得知"总统已同意组建第二批美军志愿队轰炸机联队,它由 100 名驾驶员、181 名高炮手,以及无线电人员组成"③。

　　援华志愿队的招募虽因军方的反对而困难重重,但终于迈出了第一步。如何令美国空军人员适应中国的工作、生活环境,美方

---

① 日本防卫厅战史室编纂,天津市政协编译委员会译校:《日本军国主义侵华资料长编·〈大本营陆军部〉摘译》,成都:四川人民出版社 1987 年版,第 668 页。

② [美]陈纳德著,王湄等译:《飞虎将军陈纳德回忆录》,杭州:浙江文艺出版社 1998 年版,第 144—145 页。

③ [美]陈纳德著,王湄等译:《飞虎将军陈纳德回忆录》,杭州:浙江文艺出版社 1998 年版,第 149 页。

对此十分慎重，即便是枝节问题，亦考虑周全。为此，作为海军部部长和总统代表的海军参赞麦区在重庆面见蒋介石时谈到了这一问题，并慎重表示由他本人先将中国现状加以研究，以便届时将详情告知美方人员，希望蒋介石指定一人，可助其搜集资料，亦可与之讨论各种技术问题，蒋介石爽快推荐了航空委员会主任周至柔与即将回国的副主任毛邦初。在美国的陈纳德在招募志愿人员的同时，也考虑了无数个看上去似乎是细枝末节的小事，他感叹"为组建一支空军队伍而下如此大的功夫是前所未有的"。在回忆录中，陈纳德详细描述了他想到并设法解决的一些细节问题："我与战区服务军团的黄仁霖达成一笔交易，每人每天交给他一美元，作为使用他住房的租金，并为所有美国在华飞行人员供餐。战区服务军团对西方人的生活习惯缺乏了解，所以我还得为快要动工建筑的招待所的设计提供大量的细节要求，诸如飞行员住房的规格、供应所需的热水量、公厕的数量等，以及牛肉、猪肉、鸡与鸡蛋的供应，还有好吃肉的美国人每月大约要消耗多少磅肉。"以上这些都是需要中国人帮助解决的问题，陈纳德又向宋子文申请亲自购置与飞行有关的物资及日用品、药品，例如"弹药、氧气、飞行服、文件夹、六吨卡车、机枪枪管、墨水、水果糖、墨镜、剃须膏、剃须刀片、复写纸、打印机及其他"①。志愿队员的遴选，因为时间紧迫未及展开，陈纳德希望的飞行员是"二十三到二十八岁之间，有至少三年的战斗机飞行经验"，而第一批一百余人的志愿队中，能达到他的要求，"并见过P-40型飞机的仅有十几人，半数以上的人从未驾驶过战斗机"，多为轰炸机飞行员，最年长的四十三岁，最年轻的二

---

① [美]陈纳德著，王湄等译：《飞虎将军陈纳德回忆录》，杭州：浙江文艺出版社1998年版，第140页。

十一岁。① 陈纳德原计划在雨季到来之前在昆明训练这群拼凑起来的志愿者，因为订购飞机的姗姗来迟，云南的草地机场在雨季已不适应训练，经远东英国空军司令波法姆同意，英国皇家空军在东吁、马圭的机场被租借使用，继而移仰光明格拉顿机场。志愿队于1941年9月开始实施训练，其主要使命是"协助中国空军保卫云南领空及掩护滇缅路运输"，"在9月15日之前到达的每一个飞行员，都接受了不少于七十五小时的课程学习和另外六十小时的特殊飞行训练"，陈纳德不仅教授驾驶战斗机的基本课程，负责学员们的实战训练，还给他们讲授亚洲地理课，告诉他们有关中国的战况，中国空袭警报网的工作状况，以及四年来他所仔细观察、分析得来的有关日本的情报包括日本的战略、日军的飞行情况等。② 美志愿队"下辖三个驱逐中队，共有P－40B机一百架，P－40E机二十五架……由志愿来华参战之美员，及航空委员会派赴该队之现役空军地勤军官士兵共同组成"，"珍珠港事变以后，第一、二中队迁驻昆明，保卫滇省，第三中队仍留仰光"，③协助中国军队及美英盟军作战。

总之，从志愿队人员的招募、训练到他们来华后的工作与生活，陈纳德事无巨细亲力亲为，虽然辛苦却是兴奋的。他曾骄傲地回忆说，"我把五花八门的美国志愿飞行员训练成为举世闻名的'飞虎队'队员，他们在区域作战所取得的成就，是任何与之规模相似的飞行队都无法企及的"。他认为正是他的严格训练，志愿队才

---

① ［美］陈纳德著，王湄等译：《飞虎将军陈纳德回忆录》，杭州：浙江文艺出版社1998年版，第159页。

② ［美］陈纳德著，王湄等译：《飞虎将军陈纳德回忆录》，杭州：浙江文艺出版社1998年版，第7、160—161页。

③ 鱼佩舟主编：《美国飞虎队援华抗战纪实》，重庆：西南师范大学出版社1993年版，第7页。

能以最小的伤亡获得骄人的战绩，"日本人在六个月的空战中，只打死了四名美国志愿队飞行员"。① 作为志愿队的指挥官兼大队长，陈纳德充分将其空战理论与战术运用于战斗中，编制外的志愿队给了陈纳德不受干扰、不受约束尽情发挥才智的机会。根据敌我战斗机各自的优缺点实施相应的战术，是陈纳德领导的"飞虎队"以较小代价取得较大战绩的一个方面，具体说即针对日本零式战斗机"爬升速度较快，飞行高度较高并且飞行性能较好"且"能以很小的半径转弯，并能呈垂直爬升"的特点，陈纳德教导美志愿队飞行员要利用 P－40 战斗机"较高的时速、俯冲速度和较强的火力"，做到"接近、开火、然后摆脱"②即准确射击然后低飞摆脱。陈纳德所教导的"开火和低飞摆脱的战术"尤其是低飞摆脱非传统战术，有些国家甚至被禁止，实战的结果则是在仰光上空美国志愿队与英国皇家空军的并肩作战中，两支空军"在数量和装备上以及勇气方面有许多可比之处"，但"英国皇家空军的损失勉强与日本持平，而美国志愿队却创下了十五比一的记录"③。

珍珠港事件爆发后，负有掩护滇缅路运输使命的美志愿队兵分两路分别开往昆明和仰光，时仰光成为外援物资进入中国的唯一入口，昆明则是外援物资分发的重要集散地。1941 年 12 月 18日晚，陈纳德率志愿队战机秘密进驻昆明西郊巫家坝机场，以临战姿态等待敌机的到来，12 月 20 日打响了美志愿队在中国上空的第

① ［美］陈纳德著，王湄等译：《飞虎将军陈纳德回忆录》，杭州：浙江文艺出版社 1998 年版，第 160 页。

② ［美］陈纳德著，王湄等译：《飞虎将军陈纳德回忆录》，杭州：浙江文艺出版社 1998 年版，第 162 页。

③ ［美］陈纳德著，王湄等译：《飞虎将军陈纳德回忆录》，杭州：浙江文艺出版社 1998 年版，第 163 页。

一枪。首战大捷，赢来各方的争相报道，《云南日报》12 月 21 日第四版载文："日前敌机肆虐本市，数百无辜同胞死于非命。昨日，竟又有敌机十架，来捡'便宜'，满以为还可以再度肆其杀人的兽行，想不到却遭到了我神勇铁鹰的迎头痛击。结果，它捡到的不是'便宜'，而是'三死三伤'。这真是四年来本省空战的空前纪录，亦是最光荣的纪录。我们四年来的血海深仇，满腔悲愤，就随着那碧空的一声巨响，一缕浓烟，化为乌有了。四年来，我们吃的亏太大了，恨太深了。但终于有这样一日，我们不仅应该畅快，也更应该对我英勇空军表示真诚的感谢，致其崇高的敬意。"1942 年 1 月 8 日，重庆《新华日报》第一版载："我国空军美国志愿队司令部，现公布开始作战以来之战果如下：（一）十二月二十日，敌机十架袭昆，在滇境击落六架。（二）十二月二十三日敌机五十四架袭仰光，我空军美志愿队协同英皇家空军作战，击落敌机七架，另击伤二架。（三）十二月二十五日，敌机六十架袭仰光，当被我空军美志愿队击落四架，令重伤三架。（四）中国空军美志愿队于元月三日突袭泰境敌机场，当击落敌机三架，击毁地面敌机四架。"美志愿队在中国上空的战绩一扫日本空军垄断中国上空的阴霾，极大地振奋了民心，鼓舞了中国抗日军民的斗志。陈纳德也得到了美英政府的褒奖，《新华日报》在报道美志愿队战绩的同时，也披露了这一信息："美国志愿队在昆明、仰光两地对敌作战，曾先后击落敌机六十余架，予敌军大打击，英王乔治六世甚为赞许，顷特以代表英国最高荣誉之十字勋章，赠予在仰光作战有功之我国空军美志愿队各队员。此间接获华盛顿方面消息，美政府已发布命令，现任中国空军美志愿队司令之空军上校陈纳德，即晋级为空军少将。"①陈纳德回

---

① 重庆《新华日报》1942 年 1 月 8 日，第 1 版。

忆说,"虽说美志愿队在中国上空浴血苦战,而它的'飞虎队'的英名都是为了它在仰光上空的作战而得来的"。① "飞虎队"之名的来历,陈纳德有这样一段记述:"当时我们的飞行员把《印度周刊》画报上描绘的驻扎在利比亚沙漠的英国皇家飞行中队机身上的鲨鱼牙齿的图样,画在了 P-40 型飞机的机头上。这真是一幅可怖的图案! 其实在这之前,德国空军在他们的一些梅赛施来特 210 型飞机上也画过鲨鱼牙齿的图案。画有鲨鱼头的 P-40 型飞机又如何演绎出了'飞虎'的名字,我就不得而知了。无论如何,当我们听说我们是以这个名字出名的时候,都感到很惊讶。其实直到美国志愿队解散前夕,我们才有了一个可以称得上队徽的东西。应华盛顿的中国军需处的请求,好莱坞的沃尔特·迪斯尼协会的罗伊·威廉斯为我们设计了一个队徽:一只插翅的猛虎,正飞越一个象征胜利的字母'V'。"②

1942 年 7 月,在被并入美国陆军航空队前夕,美志愿队指挥部发表声明,总结了"飞虎队"一路走来的情况与战绩:"一九四一年八月一日,本队奉蒋委员长之命成立。十一月来,本队曾在缅甸、泰国、越南各地,以及中国南部、东部各地,确实击落日机二百八十四架,其或已击落且永远损坏者,数亦相当之多。"③

将美志愿队并入美军编制内队伍,其实自珍珠港事件后美国政府就有了此意向,因为利用美志愿队而不必美国政府出面以打

① [美]陈纳德著,陈香梅译:《陈纳德将军与中国》,台北:传记文学出版社 1978 年版,第122—123 页。
② [美]陈纳德著,王湄等译:《飞虎将军陈纳德回忆录》,杭州:浙江文艺出版社 1998 年版,第 191—192 页。
③ 鱼佩舟主编:《美国飞虎队援华抗战纪实》,重庆:西南师范大学出版社 1993 年版,第24 页。

击日军甚至轰炸日本本土的前提已不复存在,美日已成为交战国。为收编志愿队之便宜,更为了褒奖陈纳德率队援华的"远见卓识与显著战绩",1942 年 4 月 16 日,美国政府"特召令陈纳德重入陆军航空兵服现役,罗斯福总统并批准陈纳德晋升准将官级"①。陈纳德一直抵制被陆军部收编,因为"陆军部并非真心实意拟用一支第一流的驱逐大队替换志愿队",陈纳德主张战斗机之重要性的理论一直受其长官与同事的反对,他的主张在中国第一次获得成功的展现,他遗憾"志愿队难逃厄运。我们制订并且努力加以实现的整个计划,同样可能付之东流"。诚如中国的一句俗语"胳膊拧不过大腿",陈纳德无法阻止志愿队的被收编,他为过去 11 个月的战斗而骄傲,庆幸有过由其个人谋划并指挥作战的良机,"我遇上了任何国家的空军军官都未曾遇过的良机,以充分的自由征集并训练这样一支队伍,它给我带来了无限的欢乐。志愿队不仅使我一直想证明我的方法是正确的这一愿望得到了满足,而且还使我能够为共同的(反法西斯)事业作出贡献",为志愿队的被收编而沮丧,"在克服了重重的困难和障碍,终于完成了所有这些工作之后,却落得这般下场,实在令人心灰意冷"。② 收编后的志愿队改称"中国战区美国空军",仍由陈纳德率领,隶属于中国战区统帅部,但已非陈纳德能自由指挥,他再也不能打一场有其鲜明个性特征的战斗了。接下来,他不仅率领空军与日军较量,还得再次与他的老对手——他的上司较量。

"飞虎队"解散后即被编入美国第 23 驱逐机队,应陈纳德之请

---

① 鱼佩舟主编:《美国飞虎队援华抗战纪实》,重庆:西南师范大学出版社 1993 年版,第 247 页。

② 鱼佩舟主编:《美国飞虎队援华抗战纪实》,重庆:西南师范大学出版社 1993 年版,第 27、28 页。

求，罗斯福于 1942 年 4 月 28 日致信"飞虎队"全体成员，肯定他们
11 个月来的战斗，保证给予充分增援，说："美国志愿队把惊人的战
斗力和卓越的胆识与勇气融为一体，美国举国上下为之深感骄傲。
你们在物资匮乏和困难重重的情况下所进行的努力，受到了人们
的高度称誉。我们将发送大批新式飞机，必使 23 战斗机大队获得
充分力量，并拟保证这一力量用于即将来临的关键时刻。增援人
员业已启程，其间有飞行员及地勤人员。此后将分批派出更多的
增援部队。美国正全力以赴，以期各种必需品早日到达海外战士
的手里……一俟替换人员获得你们的作战经验、训练方法和优良
传统，志愿队的老队员将可获得休假，以便休整养息，恢复体力。
按计划，替换人员经过合格训练后，志愿队老队员将被召回美国或
派往其他战区传授战斗经验，并为新建部队训练人员。你们的总
统十分关心如何满足第 23 大队的供应并将竭尽全力使其在日益
临近的决战时刻发挥作用。他为志愿队在全世界赢得的赞誉感到
骄傲，并对其重新装备之后即可投入的战斗抱有巨大希望。"[1]第
23 战斗机大队继而扩编为美国空军驻华特遣队，特遣队由第 23 战
斗机大队和第 11 轰炸机中队组成，继续由陈纳德指挥，在美国"陆
军航空队的历史上，特遣队是最为奇特的部队之一，也是由将级军
官指挥的规模最小的一支军队"[2]。罗斯福总统允诺的增援并未在
短时间内得到落实，陈纳德感叹特遣队是"为了战斗的需要，在
1942 年那个令人沮丧的夏天，为能从中国搜罗到的形形色色的人
物拼凑而成的。这是一支人数很少的队伍，作为在遥远的德里的

---

① 鱼佩舟主编：《美国飞虎队援华抗战纪实》，重庆：西南师范大学出版社 1993 年版，第
　　38—39 页。
② [美]杜安·舒尔茨著，陈方明等译：《美洲飞虎队》，北京：中国工人出版社 1992 年版，
　　第 305 页。

第十陆军航空队的非亲生子,特遣队不得不为弄到每一个人员、每一架飞机、每一个火花塞和每一加仑汽油而争吵不休"①。即便如此,陈纳德顽强地利用仅有的轰炸机和战斗机,在 5 000 英里的战线上和日军周旋着,在其存在的 8 个月中,"击落敌机 149 架,另有 85 架可能也被摧毁,自己只损失 16 架 P﹣40 战斗机;轰炸机投弹 300 余吨,仅损失 1 架 B﹣25 轰炸机"。② 1942 年 12 月 22 日,中印缅美军总司令史迪威中将以"立功勋章"授驻华美空军司令陈纳德少将,以志本年 7 月 4 日出任斯职而负起重责以来之卓著功绩。③ 1943 年 3 月 10 日,特遣队解散,另组建美国陆军第 14 航空队,陈纳德晋升少将司令。

三、与史迪威的"陆空战略之争"

全面抗战时期,陈纳德、史迪威皆以美方军职人员供职于中国,然各司其职,并无交集,据陈纳德回忆,他俩的第一次见面是 1939 年冬在昆明,史迪威作为美国驻华武官访问云南,陈纳德时任昆明航校教官。他们的交集源于"飞虎队"并入美国陆军航空队改称"中国战区美国空军",隶属于中国战区统帅部。1942 年 3 月,史迪威身兼六职抵达重庆:美国驻华军事代表,在缅甸的中、美、英军队司令官,统管对华租借物资,监督滇缅公路,在华美国空军指挥官,中国战区参谋长。史迪威不仅是陈纳德的"领导",还掌握着美援物资的分配,两人在陆空战略上的分歧引发了彼此的争论。

---

① 鱼佩舟主编:《美国飞虎队援华抗战纪实》,重庆:西南师范大学出版社 1993 年版,第 39 页。

② [美]杜安·舒尔茨著,陈方明等译:《美洲飞虎队》,北京:中国工人出版社 1992 年版,第 305 页。

③ 重庆《新华日报》1942 年 12 月 25 日,第 2 版。

随着缅甸的失守,日本切断了中国海上与陆上的供应线,仅剩驼峰空运艰难维持着有限的运输。中国已独立坚持抗战五年,在陈纳德看来,中国经济已奄奄一息,没有及时有效的援助和决定性的军事行动,中国将一天天地衰弱,僵持局面对中国十分不利,他认为有效的空中打击将能缓解这一危机。1942 年 8 月 13 日,陈纳德致电史迪威,说明立即实施空中打击的重要性:"轴心国仍在各战线胜利挥师,同盟军却在所有战场未能发起有效的反攻。然而在中国若有一支精悍的小型美国空军力量,就可以大大缓解危局。它可以摧毁大批从台湾及其周边地区运往南太平洋岛屿以对付麦克阿瑟的军事物资,可以激励中国的地面部队攻击日寇占领区,可以牵制日军在缅甸和印度支那的行动,缓解日军对印度的直接威胁,并可以保护通往中国的空中运输线,实施使整个盟军振奋的攻击行动",并以自己的实战行动证明空中打击的可行性,"我两个多月的实践,已充分证明部署少量飞机的可行性。如果能给我五百架轰炸机和战斗机,一百架运输机,再赋予我战场指挥的全权,我将保证完成上述作战任务。在世界的任何其他地方,都不曾有过平均一架美国飞机击毁八到十架敌机,并同时摧毁如此多的敌人其他设施的先例。为此我要求将上述数目的飞机,在五个月内陆续运达。"①同时,为夺取在华制空权,陈纳德与中国空军当局一道拟订了《中国战区空军配置计划》,除确定中美空军作战区域的划分和配合以及兵力布置外,还提出了飞机配备与补给数量:"中国空军战斗机 150 架,中轰炸机 50 架;中国战区美空军战斗机 200架,中轰炸机 100 架","保持中国战区第一线 500 架飞机,每月应补

---

① [美]陈纳德著,王湄等译:《飞虎将军陈纳德回忆录》,杭州:浙江文艺出版社 1998 年版,第 298 页。

偿新飞机 75 架及 130 架修理飞机之材料与零件。500 架飞机每月作战消耗量,除新飞机及炸弹外,以 3 000 吨为限度。第一次之 500架应自 1942 年 11 月初开始到达中国境内,到 12 月 15 日到齐。"①

　　史迪威不反对空战,但要实施陈纳德的空中打击计划,必须有相应的飞机、弹药等军火供应的保证,史迪威知道这既非美国政府所能提供,其本身生产量有限,又重在欧洲战场,且非驼峰空运所能承担,于是掌握着美援物资的申请与分配权的史迪威或者未向美国政府提出陈纳德所要求的飞机数量,抑或提出申请而没有得到,中国当局与陈纳德的愤怒只有向史迪威发泄。史迪威来华上任后的几个月中,美国所有的诺言都没有兑现,1942 年夏"美国把美军作战供给中能够抽出来的所有物资都送给了在开罗设防的英国人和在斯大林格勒鏖战的苏联人",美国的飞机制造厂尚未设计出适合于在驼峰可怕的高度飞行的运输机,"破旧不堪的 C - 47 运输机每月勉勉强强向中国运送 100 吨的物资",②在有限的空运资源的分配上,史迪威侧重于他所指挥的陆军部队,陈纳德对此十分不满,他在回忆录中抱怨说:"史迪威曾庄严地向蒋介石保证,一支实力雄厚、有四个中队和 100 架飞机组成的战斗机航空队将会来替换美国志愿队。然而他们商定的最后期限——1942 年 7 月 4日,蒋介石拿久经沙场的'飞虎队'换来的第 23 战斗机大队的三个新编中队大多数还是一纸空文。第 23 战斗机大队使用的一切装备,都是中国付款买下的原志愿队的装备,美国陆军部没有提供一架飞机、一辆卡车、一辆吉普车、一台报话机,甚至没有一条军裤或

① 赵大川编著:《中国对日空战画史》,杭州:杭州出版社 2005 年版,第 421、422 页。
② [美]约瑟夫·W.史迪威著,黄加林等译:《史迪威日记》,北京:世界知识出版社 1992年版,第 108 页。

一个有经验的指挥员。"①10 月 8 日,陈纳德写了一份详尽的空战
报告,通过来华考察的罗斯福总统私人代表威尔基转呈罗斯福,声
明他能以一支规模不大的空军力量打垮日本军队及其理由,并提
出装备这样一支空军力量所需要的飞机数量及其本人指挥作战的
自主权:

……

我在中国空军做了 5 年非正式的军事顾问;而在去年,我先是
指挥美国志愿航空队,后又指挥美国驻华空军,在中国我从不曾有
过多达 50 架可作战的战斗机,去迎击日军的整个空军力量;作为
美国志愿航空队和美国驻华空军的指挥官,我从未在对日空战中
输过一次。如此之效的一支空军力量,在我的指挥下,共击毁敌机
约 600 架,其中 300 多架是确信击毁无疑的,还有近 300 架是可能
击毁的。在所有对敌行动中仅损失了美国志愿航空队的 12 名飞
行员和驻华空军的 4 名飞行员。美国驻华空军的轰炸机队,总共
只有 8 架中型轰炸机。就是靠这 8 架轰炸机,我们对日本的设施、
军队和船只进行了 25 次攻击。在这些对敌行动中,未损失一个人
或一架飞机。

……

我现在认为,如果给我以在中国的美军总司令的职权,我不但
能打垮日军,并且能使中国成为美国永久的盟友。

军事任务其实是很简单的,但它被不畅达、不实用的军事组织
形式和不懂在中国空中作战的人搞得复杂化了。

为打垮日寇,我需要的只是一支很小的美国空军力量——105

---

① [美]陈纳德著,王湄等译:《飞虎将军陈纳德回忆录》,杭州:浙江文艺出版社 1998 年
版,第 249 页。

架新式的战斗机、30 架中型轰炸机,并在最后阶段,也即自现在起若干个月之后,需要 12 架重型轰炸机。这支部队必须能保持兵力不下降。我们将会有损失,而这损失必须马上补上。我估计战斗机有百分之三十的补充、轰炸机有百分之二十的补充就足够了。

我直陈我能够完成打垮日军的任务的原因是,我相信这支力量可以在一年之内,或许在 6 个月之内,挫败日军本土以外的空中有生力量。我是一个职业空军战士,这是我的职业见解。这一见解所依据的事实也很简单:日本只有有限的飞机制造能力。我可以通过一些空战手段,迫使日军在我选择的空域与我作战。一旦它进入了我选择的空域,我便能消灭其有生力量。在其空中有生力量被摧毁以后,我海军力量便可以自由行动了。与此同时,我可以保证从中国东部的空军基地起飞的飞机,能够去摧毁日军的主要工业区。

为确保上述这支小规模空军力量得到补充,必须在中印之间建立一条航线。直言不讳地说,和希望达到的目的相比,这条空中供应线也是最小的。如果和建立泛美南美航线或大西洋与太平洋航线所克服的困难相比,整个建立和维护这条小航线的任务,不过就是九牛一毛。它唯一需要的就是良好的指挥和管理。为维持一支空军力量而从这条航线运输的货物量,也是非常小的。

目前为保护这条航线所采用的计划是绝对正规化、军事化的,但却没有任何的军事意义。制订它的人根本不知道如何发挥空军的战略作用……我将用打击日军在西南太平洋的供给线以及日本东京的办法,来保护这条航线。这就使得日本空军不得不在中国东部和东京上空作战,而没有力量再分兵。他们不可能同时在印度、缅甸、云南和东京上空开战。

在进行上述军事行动的同时,我还将坚决保卫在云南的昆明、霑益、云南驿等地的地面设施及供给线……我可以在云南报警网的保护下进退自如,并在日机的机场上空与之较量,就地摧毁与我作战的全部力量。

要达到这一目的,很重要的一点是我必须有作战行动的绝对自主权,还必须能直接与蒋介石和中国军队配合……我之所以能如此自信地提出上述意见,是因为我在指挥美国志愿航空队作战时,从来不曾在因地面部队撤离而使我空军基地遭到敌人进攻之前,后退过半步。即便退却,也是为了以损失一架志愿队的飞机来摧毁20架日本飞机为代价投入战斗的。更何况如果我有一定数量的轰炸机和侦察机,我根本不会后退。①

综观陈纳德的这篇报告,主要表达了这么几层意思:(1) 他有信心以一支较小规模的空军力量,在一年之内或在半年之内挫败日军本土以外的空中有生力量,进而以较小的代价打垮日军,使数以万计的美国军人免遭死亡;(2) 为保证能打垮日军,需要赋予他在中国的美军总司令的职权,以便有作战行动的绝对自主权和获得物资的主动权;(3) 为确保空军力量得到补充,必须在中印之间建立一条航线,通过充分发挥空军的作用来保护这条航线,以便在近期得到必要的飞机等物资,而非史迪威所主张的以地面部队收复缅甸再来恢复陆路运输;(4) 运用空中力量能够保护云南及空军基地,他指挥下的空军不会因地面部队力量的不足而后退。

陈纳德的依赖空中打击计划与史迪威的倚仗地面部队的训练与作战计划,在物资与资金皆严重缺乏的情况下,无疑是无法兼顾甚至对立的,冲突首先在运输物资的分配上爆发出来。

---

① [美]陈纳德著,王湄等译:《飞虎将军陈纳德回忆录》,杭州:浙江文艺出版社1998年版,第301—305页。

　　罗斯福将陈纳德的报告转到了陆军部,加之蒋介石的一再致电请求增加援助和越来越多的抱怨,发生于中国的冲突在华盛顿产生了回音。1943 年 3 月 3 日,陈纳德被晋升为少将,一周后美国第 14 航空队在中国成立,陈纳德得到了相对独立的指挥权。1943年 5 月,陈纳德和史迪威都被召回华盛顿,面陈各自的观点。史迪威不反对空战,但不认为陈纳德所说的"六个月内将日本人赶出中国"的计划可行,他认为当前最主要而迫切的是尽快收复缅甸并保卫云南,以保证中国的外援物资供应线,而这只有经过严格训练的陆军可以完成,如他在华盛顿会议上所陈述的要点:"中国处于经济崩溃的边缘,我们再也等不起另一年了;云南省是必不可丢的,必须建立起一支力量保卫它,如果日本人占领了云南,重新夺回缅甸也就失去了意义;增加激怒日本人的空中攻势只会带来强烈的反应,从而毁掉一切,甚至会使中国退出战争。浙江战役即是一例,日本人相信轰炸东京的飞机就是从那里的基地起飞的"。他建议"第一个基本的步骤是使地面力量足以占领和占据空军基地,以及打开外部世界通往中国的交通线"①。文中所说的浙江战役即发生于 1942 年 5—8 月的浙赣战役。太平洋战争爆发后,为打击日本的嚣张气焰,美国决定对日本本土进行空袭。4 月 18 日,十余架B - 25 型轰炸机从美国航空母舰上起飞,轰炸了日本东京、名古屋、神户等城市。这是日本本土第一次遭到空袭,对敌我双方均产生了巨大影响。为解除美国空军利用浙江丽水、衢州、玉山等机场袭击日本本土之威胁,并报复盟军,日本大本营开始做进犯金、兰、衢之作战准备。至 5 月中旬以前,分路集结了五个兵团又二个混成旅团约联合

---

① [美]约瑟夫・W. 史迪威著,黄加林等译:《史迪威日记》,北京:世界知识出版社 1992年版,第 182—183 页。

兵种14余万人，及具备60余架飞机的飞行战队。[①] 5月15日，日军开始分路进犯，在浙江战场上先后发生了激烈的金华、兰溪战斗和衢州战斗。为策应浙江之作战，日军又集结诸兵种联合部队向赣东进击，与进攻衢州之兵东西呼应，意图打通浙赣铁路线。最终，日军以其周密部署和充分准备，凭其炮兵坦克和航空力量上的绝对优势，达到了破坏浙赣线上的空军基地和占领金华、兰溪等战略要地的目的。由浙赣战役的过程看，日军的得势不足以说明对日本发动空中攻击会毁掉一切，不过史迪威所说的由美国空军实施的空中打击正中英国人的下怀不能说没有道理，他认为英国人"根本不想为了缅甸打仗。如果能哄骗我们在对日作战中首当其冲的话，他们为什么要为了中国而战呢？不管怎样，他们将在缔结和约的谈判桌上把缅甸拿回来"[②]，史迪威的收复缅甸计划需要中、英、美三方的联合作战。

　　华盛顿会议后，虽然陈纳德的空中打击计划没能得到美国军方的支持，但在罗斯福的直接干预下，空运物资数量得到提升，第14航空队更得到了其中的多数，"罗斯福决定每月飞越驼峰的物资要达到7 000吨……先要把4 750吨分配给空军（第14航空队），然后再把2 250吨分配给地面部队"。史迪威很不以为然，他认为空军固然会给日本人造成一些损失，"但如果失败了的话，同时也会削弱地面进攻的努力，倘若如此，敲下几架日本飞机又有什么鬼用处"。[③] 陈纳德认为可以打垮日军的空战，在史迪威眼里只是打下几架日机而已，二人在陆空战略问题上认知的差距实在有些大，他

---

① 军事委员会军令部编：《浙赣战役之检讨》，1943年，第5页。

② ［美］约瑟夫·W.史迪威著，黄加林等译：《史迪威日记》，北京：世界知识出版社1992年版，第182页。

③ ［美］约瑟夫·W.史迪威著，黄加林等译：《史迪威日记》，北京：世界知识出版社1992年版，第183页。

们的陆空战略之争亦并无赢家。1944 年 10 月史迪威被召回美国，魏德迈替代他出任中国战区参谋长。1945 年 1 月，史迪威训练下的中国驻印军与滇西中国远征军联合打通了从印度的雷多，经缅甸密支那，分南北两线连接到滇缅公路的"中印公路"，被冠名为"史迪威公路"，该路被称为中国"抗日生命线"。陈纳德领导的第 14 航空队在中国战场取得了不凡的战绩，但他的依靠加强空军力量打垮日本的计划终究只流于想象。美国知名中国问题专家乔纳森·斯潘塞在《改变中国》一书中指出："陈纳德的悲剧在于，他以飞行员的简单化想象，实在无法窥穿中国局势的复杂性。"①时任美国陆军参谋长并充任美国全球军事行动指挥者的马歇尔承认陈纳德是一名战术天才，但认为"他对后勤问题知之甚少"，现状是不仅飞机、弹药、汽油的库存有限，而且中国战区在罗斯福、丘吉尔、斯大林及其他们幕僚中，始终只是边缘战区，到 1942 年 12 月止，美国拨给各大盟国的租借物资分别为"英国，3 450 万美元；俄国，900 万美元；中国，120 万美元"②。以后，美国对华战略随全球战局之演变而改变，援华物资迅速减少，其在美国全部援外物资中所占的比例进一步缩小：1942 年占 1.5％，1943、1944 年均仅占 0.4％。陈纳德的空中打击计划在军事上是否可行是一回事，能否得到必要的物资保障以实施计划是另一回事，其洋洋洒洒的报告只为其赢得了多一些吨位的物资援助，单靠空军力量打垮日军，在美国军方看来根本不可能。美国参谋长联席会议在罗斯福总统的一份"特别备忘录"中明确说："我们在具有强大的空中优势的战区对付德国

① 鱼佩舟主编：《美国飞虎队援华抗战纪实》，重庆：西南师范大学出版社 1993 年版，第 240 页。
② ［美］约瑟夫·W. 史迪威著，黄加林等译：《史迪威日记》，北京：世界知识出版社 1992 年版，第 171 页。

和日本的经验证明,单靠空军是无法阻止训练有素和决意实战的敌人地面活动的。"①

事实上,陈纳德与史迪威的战略计划均未得到美国政府的全力支持,二战时期美国的战略始终是"重欧轻亚",虽然服务于太平洋战场的一些美国将领认为美国"应集中全力去对付美国的真正敌人——日本",罗伯特·E. 舍伍德(美国剧作家,二战期间在战争情报处工作,与罗斯福、霍普金斯、史汀生、诺克斯等美国军政界领袖皆有较多接触)在《罗斯福与霍普金斯——二次大战时期白宫实录》一书中则指出:"先打德国的原则是严格根据军事观点而制定的。它假设——而从结果来看似乎是正确的——德国在生产能力和科学天才方面都比日本的潜力大得多。如果让它利用欧洲的僵持局面再发展数年,将来即便还有可能战胜它,那也是难上加难了。"②中国得到的物资本就少得可怜,物资分配上倾斜于陈纳德还是史迪威主要看哪一个方案计划更符合美国的国家利益。

---

① 鱼佩舟主编:《美国飞虎队援华抗战纪实》,重庆:西南师范大学出版社 1993 年版,第 242 页。

② [美]舍伍德著,福建师范大学外语系编译室译:《罗斯福与霍普金斯——二次大战时期白宫实录》(下册),北京:商务印书馆 1980 年版,第 12 页。

第三章　医疗救护

第一节　抗战时期的国际医疗救护

一、战时中国的医疗救护

20世纪30年代的中国,应对战争的医疗救护工作严重不足,军医制度落后,"中国军队里根本没有像外国军队中的那种医疗部队,但每个师有像德国军队系统中那样的自己的医疗团体",①医护人才严重短缺,"当战争爆发时,只有约5 000名医生和大约相同数量的合格的护士",时至1939年初,也"只有6 000名大夫,据估计,其中只有半数在内地,其中许多人已从役"②。按医学博士、战时担

---

① 宋庆龄基金会研究室编,吴景平译:《保卫中国同盟新闻通讯》,北京:中国和平出版社1989年版,第11页。
② 宋庆龄基金会研究室编,吴景平译:《保卫中国同盟新闻通讯》,北京:中国和平出版社1989年版,第12页。

任中国红十字会救护总队队长林可胜①的说法,"部队医疗人员应
占部队总人数的10%",②战争初期中国第一线部队约200万人,应
有20万医务人员,实际人数却是1%都不到。而且,医药器材匮
乏,运输的困难体现在既缺乏运输工具亦缺乏必需的燃料,伤员多
靠担架抬到医院。据林可胜博士1939年3月的一次谈话说:"自从
上海战役以来,已经有了很大的进展,医院总共只能接纳10万名
伤员,然而他们却照料着四倍于此数的伤员,可是,机动运输成了
影响他们工作的最大问题。"③

　　1938年2月,白求恩在汉口记录了他所调查的中国国统区的
医疗救护现状。在平津沦陷,上海、南京失守后,武汉已成为中国
的政治、经济、文化中心,集中在武汉的医疗机构及其规模与经营
状况大致可反映国民政府的整体医疗水平。据白求恩调查,在汉
口能够为受伤士兵和平民提供医疗救护的组织有:"(1)国民政府
国防部的军事医疗署;(2)中国红十字会的战时救护委员会;
(3)华中国际红十字会;(4)日内瓦国际联盟;(5)加拿大、美国医
疗队;(6)救护难民与儿童组织;(7)华北妇女游击队组织;(8)西
北妇女联合救助协会;(9)全国妇女战争救助协会;(10)武汉传教

---

① 林可胜(1897—1967),祖籍福建,出生于新加坡,自幼在英国读书,父亲林文庆是厦门
　大学第一任校长。一战时曾应征服兵役,被分配在一所军医院当外科助理。1919年
　毕业于英国爱丁堡大学医学院,留校当讲师,1920、1924年先后获得哲学博士和科学
　博士学位,为英国皇家学会爱丁堡分会会员。1925年回到中国,任北平协和医学院
　生理学系教授和系主任。1933年长城抗战期间,他曾率领学生志愿医疗队做战地服
　务。卢沟桥事变后,参加中国红十字总会的工作。
② 宋庆龄基金会研究室编,吴景平译:《保卫中国同盟新闻通讯》,北京:中国和平出版社
　1989年版,第301页。
③ 宋庆龄基金会研究室编,吴景平译:《保卫中国同盟新闻通讯》,北京:中国和平出版社
　1989年版,第11页。

团组织；(11) 中国基督教青年会；(12) 中国基督教女青年会；
(13) 佛教救护组织；(14) 联合商会救助组织，等等。"①白求恩在报
告中对军事医疗署、中国红十字会的战时救护委员会、华中国际红
十字会、国际派遣到中国的医疗队及加美赴中国医疗队的内部设
置及工作情况作了介绍，在此摘录白求恩对军事医疗署的评介，以
便对国统区官方的战时医疗水平有个了解，拿后文所述的抗日根
据地的医疗状况与其对照，将有助于理解白求恩对于抗日根据地
的杰出贡献。

　　在白求恩看来，军事医疗署"这个部门条件简陋，人员不足，严
重缺乏各种物资，仅有的物资消耗极大。军队里不仅缺乏军医，还
缺乏各种医疗设备和药品"。对于部门内部的机构设置，白求恩指
出："这里没有英国、美国、加拿大军队中那种的医疗队，甚至没有
军医培训中心，没有下级军医、护士和其他人员。临时建立的机构
是以德日为模式，包括三个分支部门"，具体是这样的："师属卫生
医疗部门由三个卫生连组成。第一师属卫生连包括 10 个军医，10
个担架员，10 个护士，共有 132 人。它为营和团的救护站提供人
员。第二师属卫生连为伤兵分流处提供人员并负责它的运作。该
部门能为四个团提供服务，把受伤的士兵按受伤情况分类后，送他
们去医疗接收站(有 300 个床位)，或送到救治重伤士兵的战地医
院(提供 300 个床位)。以上两种卫生连由各个师分别掌管。在许
多师里，这些卫生连并不提供实质性的帮助。第三师属卫生连活
动在交通线上，负责医院医疗站和一系列小型的医疗接收站。这
些站点彼此间距离都比较远，抬担架的人在一天内只能运送一个

---

① [加]拉瑞·汉纳特编著，李巍等译：《一位富有激情的政治活动家——国际主义战士
　白求恩作品集》，济南：齐鲁书社 2005 年版，第 264 页。

士兵,他们回来的路途通常有二三十英里远。在可能的条件下使用卡车、火车和船只来运输伤员,但这种机会很少。因为路况很差,机动救护车根本不能使用,受伤士兵必须自己走或者被担架抬几百英里路。……从交通线到医院常常有200到300英里的路程,要穿过一片不可能用汽车、马车运输的地区,我们能想象得出这是多么困难。到目前为止,最大的缺陷是运输不力和缺乏一个能够将前线和后方联系起来的组织。"[①]

白求恩认为当时的中国不仅运输不力,后方医院的医疗水平也堪忧,"现在,军事医疗署拥有各种等级的医院270所,它们是位于交通主干线的医院,还有后方外科医院和综合医院。在270所医院中,仅10到12家拥有做外科手术的医生",伤员"即使到了医院,很可能没有空的床位,没有绷带和药膏,没有麻醉剂,也可能没有医生。实际上,现在这些后方医院根本没有医疗物资供应,并由于卫生连组织工作的崩溃,只有那些轻伤员才能自己走到医院。这些后方医院的多数职能,实际上由外国教会医院承担了"。[②]

白求恩所看到的中国医疗事业的落后状况,在日后奔赴中国各个战区从事医疗工作的外籍医生的报告中也多有体现。以印度医生柯棣华的描述为例,1938年9月来到汉口的柯棣华看到的是同样令人担忧的状况:"因为没有足够的救护车或其他交通工具,伤兵实际上不得不花上四天到七天的时间步行到这里的后方医院来。受重伤的就死在路上,所以医生从来也见不到重伤员,能见到的只是那些伤口严重溃烂或骨折的病员。仅汉口一地每天就有

① [加]拉瑞·汉纳特编著,李巍等译:《一位富有激情的政治活动家——国际主义战士白求恩作品集》,济南:齐鲁书社2005年版,第264—265页。

② [加]拉瑞·汉纳特编著,李巍等译:《一位富有激情的政治活动家——国际主义战士白求恩作品集》,济南:齐鲁书社2005年版,第265页。

500—800 名伤员来自附近战场——而且全中国到处都是战场啊!
因为缺乏医生、护士和外科助手,医院里每天包扎伤口的护理人员
只是勉强够用,或者根本不够用。结果,伤病员得不到很好的护
理,而只能接受一点对伤口的初步处理,没有人给他们洗伤口,没
有人给他们整理病床,没有人护理他们! 因为没有足够的空间,每
间病房都挤得满满的,伤病员就像沙丁鱼一样躺在地板上,满身污
秽,周围尽是嗡嗡的苍蝇——尽管如此,他们的伤口刚刚治好,便
立刻奔赴战场!"①

　　显然,中国不仅严重缺乏医疗救护的硬件设施,还需要更多的
医护人员。据调查,至 1939 年初,"在西北战区,仅有 60％的伤员
能得到医疗,其中至少又有 70％的伤员存活期不超过六个月"。②

　　反法西斯是一切爱好和平民主人士的共同心愿。全面抗战爆
发后,各国政府尚对战时中国持观望态度,世界各地的民间援华已
是此起彼伏。1936 年 9 月 3 日,国际反侵略大会在比利时首都布
鲁塞尔召开,出席者达 5 000 人,代表 35 个不同国家民众的和平势
力。陶行知、吴玉章等代表中国全国各界救国联合会出席该会。
全国各界救国联合会成立于 1936 年 5 月 31 日,由沈钧儒、章乃器、
陶行知、邹韬奋等在上海发起成立。1938 年 6 月 14 日,宋庆龄在
香港发起成立保卫中国同盟,成立"保盟"的目标有二:"(1) 在现阶
段抗日战争中,鼓励全世界所有爱好和平民主的人士进一步努力
以医药、救济物资供应中国。(2) 集中精力,密切配合,以加强此种

① [印]M. S. 柯棣尼斯著,任鸣皋、皮美艳译:《永恒的桥梁:柯棣华大夫传记》,石家庄:
河北人民出版社 1985 年版,第 37 页。
② 宋庆龄基金会研究室编,吴景平译:《保卫中国同盟新闻通讯》,北京:中国和平出版社
1989 年版,第 11 页。

努力所获得的效果。"①宋庆龄在《保卫中国同盟成立宣言》中明确了保盟中央委员会的任务:"(1)成为各机构与其所支援的中国有关方面之间的桥梁;(2)供给各机构消息及有机的建议。"②保卫中国同盟成了抗战时期医疗器械、医疗资金、医护人员及药品输入中国的一个重要平台。

为使保盟有强大的号召力与影响力,宋庆龄邀请中外著名人士共同筹组机构。保盟建立时,"由宋庆龄、廖承志、廖梦醒、港英政府医务总监司徒永觉的夫人塞尔文·克拉克、香港大学高级讲师诺曼·法朗士、香港华北银行副经理邓文钊等任中央委员会委员。宋庆龄任中央委员会主席,宋子文任会长,克拉克、廖梦醒分别担任名誉秘书和秘书,法朗士和邓文钊分别担任名誉司库和司库。宣传工作先由英国人约翰·利宁负责,11 月,由伊斯雷尔·爱泼斯坦担任"。③ 宋庆龄深知欲争取国际援助,必先使全世界人民了解中国抗战的重要性和战斗情况,了解中国人民的处境,为此,她决定出版一份英文双周刊《保卫中国同盟新闻通讯》,主要面向英语国家和地区。《通讯》初刊时系一油印刊物,后在香港《南华早报》社支持下,从 1939 年 4 月 1 日起改为铅印,至 1941 年 11 月共出版 36 期。为《通讯》撰稿的多是战地工作者或亲赴前线、熟悉情况的人,文章内容真实而具体。《通讯》的编辑之一伊斯雷尔·爱泼斯坦这样评说《通讯》的引人入胜及其历史价值:"它并不是用一般的言词来要求人们给予支持,而是用那些在战地做实际工作的

---

① 《保卫中国同盟成立宣言》(1938 年 6 月),《宋庆龄选集》上卷,北京:人民出版社 1992 年版,第 231 页。

② 《宋庆龄选集》上卷,北京:人民出版社 1992 年版,第 232 页。

③ 尚明轩主编:《宋庆龄年谱长编》(上)(1893—1948),北京:社会科学文献出版社 2008 年版,第 359 页。

人们写的报告，使读者犹如身临其境，感到那些取得的成功、存在的问题，那种有创造性的战胜危险和困难的情景都是他们自己经历的事。就这一意义而言，保卫中国同盟不仅在取得国际上同情我们的人们的帮助方面作出了榜样，而且在如何引导国际舆论同情和崇敬中国人民的伟大事业方面也作出了榜样。"①宋庆龄在必要时也亲自撰写文章，她的文章为分析抗日的形势任务及外援物资的分配方向定下了基调。1941 年初又出版了中文版，主要对象是海外华侨社团。

　　保盟成立后，主要从事以下工作，即"国际范围内筹募款项，进行医药工作、儿童保育工作与成立工业合作社等活动"。它将募集到的钱款、物资根据实际需要分配给最需要援助的地区与部队，而不受国民政府的管控。保卫中国同盟在其成立宣言中即指出，"过去我们所取得的物资援助，在我国分配时，既未能根据最危急的需要，又未能按照捐献人的意见做到合理"，保盟的目标就是要弥补以上缺点。《宣言》确定保盟中央委员会的主要任务"是成为需要者（中国人民）和资金、物资捐献者（国外有关机构与保盟支部）之间的桥梁。保盟中央委员会将告知国外有关机构，中国需要什么，并且注意资金、物资是否按照需要和原捐赠机构的意见进行分配"。②"以勇于坚持援助、坚持真理和管理财务公正清廉、精打细算称著的宋庆龄"③被推选为保盟独一无二的领导者和组织者，宋

---

① 宋庆龄基金会研究室编，吴景平译：《保卫中国同盟新闻通讯》，北京：中国和平出版社1989 年版，第 2 页。

② 尚明轩主编：《宋庆龄年谱长编》（上）（1893—1948），北京：社会科学文献出版社 2008年版，第 357—358 页。

③ 宋庆龄基金会研究室编，吴景平译：《保卫中国同盟新闻通讯》，北京：中国和平出版社1989 年版，第 1—2 页。

庆龄及其领导下的保卫中国同盟架起了中国人民和各国人民之间的桥梁，通过这一桥梁，来自世界各国的捐款、医疗和其他必要物资以及医疗技术人员源源输入中国，特别是送到中国共产党领导的抗日根据地。许多到访过抗日根据地的外国友人和宋庆龄一样，认为那是"战斗最激烈的地方，他们不仅要经常和民族敌人作战，还因国民党的封锁而既得不到抗敌的武器，也得不到给伤病人员和儿童的救济物资"①。

　　红十字会是一个国际性的民间志愿组织，中国红十字会始建于1904年，抗战时期它不仅是战时应对医疗所需的最大民间组织，亦是医疗器械、医疗资金、医护人员及药品输入中国的又一个重要平台。全面抗战爆发后，落后的军队医疗力量根本不敷作战医疗所需，中国红十字会立即整合人员与设备、药材，在平津、上海等前线开展救护工作。《保卫中国同盟新闻通讯》第8期的一篇报道说明了中国红十字会在抗战中的重要作用及其困难："在西方，战争中的伤员们将受到医疗部门全面、有效的治疗。救护车将把他们迅速地送到后方医院，不管哪里需要，都将安排好大量的药品和消毒剂，民间救济团体不须从事这些工作，它们的工作只限于'向部队提供慰劳品'。然而在中国呢？军队的医疗机构刚刚建立。主要靠私人捐助支持的红十字会正在迅速发展其组织，但仍然不能满足主要战区的需要。运送伤员的卡车很少，救护车就更少了。在医院里，床位、毯子和敷料都严重缺乏。"②

　　1937年10月，中国红十字总会在汉口成立临时救护委员会。

---

① 宋庆龄基金会研究室编，吴景平译：《保卫中国同盟新闻通讯》，北京：中国和平出版社1989年版，第1页。

② 宋庆龄基金会研究室编，吴景平译：《保卫中国同盟新闻通讯》，北京：中国和平出版社1989年版，第78页。

12月,国民政府行政院卫生署召集中国红十字会总会有关负责人及中央救护事业总管理处负责人在汉口举行会议,商议由卫生署提出的《红十字会总会救护事业办法》,作出若干重要决策:(1)中国红十字会总会救护事业分布区域甚广,"事务至繁",总干事颜惠庆尚在上海,"应先聘林可胜代理救护委员会总干事职务,秉承总会办理一切救护工作";(2)为应付时局的变迁,中国红十字会总会得暂将香港办事处扩大,或另在其他地点设置办事处,办理接收捐款、征集转运器材等事项;(3)中国红十字会总会为适应需要,调整事业起见,应将各地救护人员加以改组,并将所有医药材料重定保管及分配办法。① 红十字会总会决定改变救护政策,不再另行筹设医院,着重组织富有流动性,与各治疗伤兵机关合作的医疗队,"配制切合实行之器械药料,分路前往战区专任技术工作,以补原有治疗伤兵机关之不足,而材料与运输事宜,亦经另行组织"。②

　　1938年6月,因武汉战事吃紧,中国红十字会总会救护委员会迁到长沙。随着战区的扩大,为组织和协调各战区的战地救护和医疗工作,改组成立了中国红十字会总会救护总队,集中领导与管理有关救护、医疗事业的人员、器材、运输工具等,由红十字会总干事、出身于医学世家的爱国华侨林可胜任总队长,招收志愿医护人员及爱国学生和华侨。救护总队为红十字会战时专负军事救护之

---

① 《调整中国红十字会总会救护事业办法》,《救护总队档案》40—3—26,转引自戴斌武著:《中国红十字会救护总队与抗战救护研究》,合肥:合肥工业大学出版社2012年版,第35页。

② 《总会救护委员会第一次报告》,《救护总队档案》40—3—60,转引自戴斌武著:《中国红十字会救护总队与抗战救护研究》,合肥:合肥工业大学出版社2012年版,第36页。

机构,"负责综理医疗救护事宜"。① 它以流动医疗队为救护的基本单位,以易于运输及调动为组织原则,②配置精干医护人员,制备切合战地实用的医疗器械与药材,开赴各个战区协助军医机构开展战地救护工作。与此同时,"救护总队与国民政府行政院卫生署在长沙合办'卫生署战时卫生人员训练总所'(林可胜兼任主任),组编医护卫生队(每队 20—30 人不等),派赴全国各战区担负救护伤病员及民众的工作"。③ 1939 年 3 月初,救护总队与训练总所转辗迁移到贵阳市东南郊的图云关——人称"黔南首关",为出黔去湘桂的咽喉要隘。

《战地红十字——中国红十字救护总队抗战实录》一书在"概述"部分对中国红十字会救护总队的组织及工作开展情况作了简要明了的介绍:救护总队的内部机构设医务、总务、运输、材料、会计等股。抗战时期,救护总队的"足迹几乎遍及全国各地,除国民党正面战场的各个战区以外,同时也派出医疗队赴延安、太行、太岳、江西、皖南等共产党领导的敌后抗日根据地,协助八路军、新四军为伤病员及群众服务"。抗战初期,救护总队下设三个医疗大队,1939 年 3 月总队部迁至贵阳图云关后,增加到九个医疗大队。据 1942 年 8 月一份资料显示,"抗战中期全国统一划分为九个战区,救护总队也相应地按每一个战区配置一个医疗大队,以战区番

① 胡兰生:《中华民国红十字会历史与工作概述》。《红十字月刊》第 18 期(1947 年 6 月),第 6 页,转引自戴斌武:《中国红十字救护总队与抗战救护研究》,合肥:合肥工业大学出版社 2012 年版,第 38 页。
② 戴斌武:《中国红十字救护总队与抗战救护研究》,合肥:合肥工业大学出版社 2012 年版,第 40 页。
③《抗日战争中的中国红十字会总会救护总队概述》,刘磊主编:《战地红十字——中国红十字救护总队抗战实录》,贵阳:贵州人民出版社 2009 年版。

号为大队番号。每个医疗大队按工作需要下设五个中队,中队以
下设两个区队及手术队","总队部还下设三个诊疗所、一个疗养
院、三个战区医院,并在各地设有民众诊所"。"1940 至 1942 年是
救护总队全盛时期,大小医疗队发展到 150 个,医务人员及各种辅
助工作人员达到 3 420 人(包括训练总所)",在 1942 年救护总队鼎
盛时期,"有医生 500 人左右,他们中有不少人是当时国内外各科
著名专家"。救护总队长林可胜根据战时医疗需求的变化,对医疗
队不时作出调整,如他在 1941 年 2 月 28 日的演讲中说:"我们有
150 个医疗队在战场。以往的大的医疗队有 15 至 18 人,现在我们
分成六个人的小医疗队,由一名医生率领。这些医疗队直接在部
队工作,传授和开展技术性工作"。① 这样的调整对于抢救伤员、减
轻伤员的痛苦是非常及时的,因为交通运输的不济,伤员们往往要
承受长时间的等待煎熬,为阻击敌人而对道路的破坏,从军事角度
讲是必要而有效的,但进一步延长了运送伤员的时间。据长沙基
督教青年会秘书威尼费雷德·加尔布雷斯小姐 1939 年代表中国
红十字会对江西、湖南前线的考察发现,"山坡上的路已被破
坏……有着现代装备的敌人部队要完成任何短途行军,都令人难
以置信,特别是因为地形的情况使这一地方成为设置埋伏和游击
战的理想地区","自从去年秋天敌人发起了预料中的南进行动后,
已在后方长长的一条线上设置了一些医院,以防止发生突然行动
时伤兵被丢下的危险,只要还存在着机动运输,伤员们就能在两三
天内被送到长沙或更远的地方。现在这一时间已被延长:从湖南

---

① 宋庆龄基金会研究室编,吴景平译:《保卫中国同盟新闻通讯》,北京:中国和平出版社
1989 年版,第 305 页。

前线运送伤兵要五至十天,江西前线需要十到半个月"。① 对此,林可胜还提出重组医院的建议,"所有设备和物资的尺寸必须减小,以便于搬运。医院必须重新组织成为各拥有 50 张床位的医疗单位",②并着手组织这样的医疗体系,以便更好地为保卫国家的战士提供医疗服务。

在策划建构新救护体系的同时,中国红十字会利用各种场合呼吁国际援助,得到了国际社会物力与人力的有力支持。国际援华医疗队多经香港转入中国内地,保卫中国同盟与中国红十字会驻港办事处隆重地欢迎他们并对其后的行程作出妥善安排。到达中国内地的国际援华医疗队多经中国红十字会安排到红十字会下属的救护总队,他们与中国医务人员统一混编,分配到各大队、中队、区队工作。向中国红十字会报到服务于救护总队的外籍医生,其薪资由中国红十字会支付,据林可胜在 1939 年 3 月的谈话说,"目前,大夫每月收入 250 元,如果必需,这一较低的薪资将提高"。③ 救护总队的经费部分来自政府拨给,部分来自海内外捐助,其中每月大约 300 万的经费来自政府津贴。④

二、抗战中的国际援华医疗队

1939 年底,图云关迎来了第一批来自欧洲的国际援华医疗队,

① 宋庆龄基金会研究室编,吴景平译:《保卫中国同盟新闻通讯》,北京:中国和平出版社 1989 年版,第 68—69 页。
② 宋庆龄基金会研究室编,吴景平译:《保卫中国同盟新闻通讯》,北京:中国和平出版社 1989 年版,第 303 页。
③ 宋庆龄基金会研究室编,吴景平译:《保卫中国同盟新闻通讯》,北京:中国和平出版社 1989 年版,第 12 页。
④ 参见《抗日战争中的中国红十字会总会救护总队概述》,刘磊主编:《战地红十字——中国红十字救护总队抗战实录》,贵阳:贵州人民出版社 2009 年版。

人称"西班牙医生"。"西班牙医生"中并无一个是西班牙人，论国籍分别有德国、波兰、奥地利、罗马尼亚、捷克斯洛伐克、保加利亚、匈牙利、苏联等，他们的共同点是都曾经战斗在西班牙，是反法西斯的无畏战士。张辛民在《抗日战争时期在中国的"西班牙医生"》一文中对这支国际医疗队的缘起作如下说明："日本帝国主义发动侵华战争后，他们本着反法西斯的决心，响应当时由宋庆龄主持的保卫中国同盟的呼吁，由'国际援华医药委员会'出面组织，经英国及挪威的援华委员会安排，分批来到中国。他们来到香港时，被当时的香港报纸称作'西班牙医生'。这样，'西班牙医生'的称号就成了这批国际医务工作者的头衔。"[1]

　　西班牙和中国，两个相隔千里的反法西斯战场，不仅彼此关注与支持，"在马德里，西班牙共和国政府的保卫者们都知道中国的抗日战争；而在1938年的武汉和延安，人们可以看到许多向战斗中的西班牙人民致以同情的表现"，[2]也吸引了热爱和平、民主、自由，坚决反对法西斯的热血人士的志愿献身。曾参加1936—1939年西班牙内战共和国派国际医务纵队的外籍医生，在斗争失败后，进入毗邻的法国，法国当局以"中立国"的立场将他们收容在一起，"关押在法国南部地中海边的古尔德斯等集中营。1939年，英国的进步人士组织了'国际医药援华会'，招募到中国支援抗日战争的志愿者，但在英国响应的人不多。他们到集中营招募，法国政府以'离开法国'为条件，签约者便可获得释放。有20多个医务工作者

---

① 贵阳市人民政府新闻办公室编：《经霜的红叶：国际援华医疗队的故事》，北京：五洲传播出版社2007年版，第25页。

② 贵阳市人民政府新闻办公室编：《经霜的红叶：国际援华医疗队的故事》，北京：五洲传播出版社2007年版，第7页。

与国际援华会签约,组成了'国际援华医疗队'"。① 根据从英国友人克莱格 1989 年发表的《支援中国》一书中摘译的《从西班牙来华的医生》资料所述,"英国方面派送从西班牙来中国的避难医生的组织是中国医疗援助委员会。这个委员会和挪威相应的组织所派出的医生全都成了中国红十字会的会员,他们最初被安排在中国各地的医疗队里,协助做军医服务工作"。② 1939 年 5 月,《保卫中国同盟新闻通讯》第 3 期作过一则报道《来自挪威的消息:50 名外科志愿人士》,说:"中国红十字会医疗救济委员会负责人林可胜博士,已经接受了挪威救援中国和西班牙委员会的提议,支付 50 名外科医生来中国的旅费和工作一年的薪金。这些外科医生曾服役于西班牙共和军,目前受雇于法国南部。这些外科医生正等待中国政府的签证,前往中国。"③史沫特莱在《中国的战歌》一书中对挪威红十字会与"西班牙医生"的关系有一段介绍:"挪威红十字会设法使他们从法国集中营获得释放,支付他们到中国来的旅费,并且负责在他们作为志愿人员工作期间发放他们的生活费。"④

"西班牙医生"没有建立正式组织,也不是同时到达中国的,而是分成几批,从不同的地点出发,经过不同的路线,到达贵阳图云关后,统一纳入中国红十字会救护总队,与中国医务人员混编,分别编入各大队、中队、区队工作。这些外籍医生中除了英国的高田

① 贵阳市怎么政府新闻办公室编:《经霜的红叶:国际援华医疗队的故事》,北京:五洲传播出版社 2007 年版,第 8 页。

② 贵阳市人民政府新闻办公室编:《经霜的红叶:国际援华医疗队的故事》,北京:五洲传播出版社 2007 年版,第 34 页。

③ 宋庆龄基金会研究室编,吴景平译:《保卫中国同盟新闻通讯》,北京:中国和平出版社 1989 年版,第 32 页。

④ [美]史沫特莱著,江枫译:《中国的战歌》,北京:作家出版社 1986 年版,第 514 页。

宜医生是 1941 年自己来到中国参加救护队外,其余多参加了西班牙的反法西斯斗争。1985 年,在纪念反法西斯战争胜利 40 周年之际,图云关上竖起了一块"国际援华医疗队纪念碑",碑文是:"为支援中国抗战,英国伦敦医药援华会组成医疗队,于 1939 年来贵阳,为中国人民抗击日本侵略者作出贡献。兹刻碑以志不忘。"这支先后来到中国的国际援华医疗队究竟有多少人? 他们是谁? 不同的资料说法不一,汇总各种资料并逐一查对相关资料,"总共有 27 人,其中,波兰 6 人,德国 7 人,奥地利 3 人,罗马尼亚 3 人,捷克 2 人,保加利亚、匈牙利、苏联、英国各 1 人,另有 2 人国籍不明"。①

　　在八年抗战中,除了这支著名的"西班牙医生"医疗队,先后加入救护总队开赴各战区参加医疗救护工作的还有多个国家派遣的医疗队。早于"西班牙医生"的有印度国大党派到中国的一支 5 人医疗队,他们自备救护车 2 辆、医药仪器 55 箱,从孟买启程,经香港于 1938 年 9 月 30 日抵达汉口,被编入红十字会救护总队第 15 救护队。与此同时,印度"国大党向中国红十字会提供了一辆机动救护车,一辆卡车,一台 X 光机,药品和价值超过 5 000 美元的设备"②。1939 年 4 月,瑞士红十字会会派遣两名医生携带药品,经香港前往图云关中国红十字会救护总队,被派赴长沙某士兵医院服务。继"西班牙医生"之后,1941 年,由英、美、加合组的救护队来华,"据《申报》报道,这支救护队有队员 50 人,救护车 10 辆,并有流动手术室、消毒器、发电机及 X 光等设备"。1942 年 4 月,以捐助中国救护器材为主的美国医药助华会宣布,"将派遣一支由内外科医

① 贵阳市人民政府新闻办公室编:《经霜的红叶:国际援华医疗队的故事》,北京:五洲传播出版社 2007 年版,第 15 页。

② 宋庆龄基金会研究室编,吴景平译:《保卫中国同盟新闻通讯》,北京:中国和平出版社 1989 年版,第 162 页。

生、护士、技术人员组成的医疗队赴华，与中国红十字会救护总队合作，除担任医药指导及医师之外，帮助中国克服目前因缺乏有训练之医药人员所引起之困难"。1942年5月，英国派遣一支由24人组成的医疗队赴华服务。①

国际援华医疗队来到中国后，基本加入了中国红十字会救护总队，林可胜总队长根据他们的专业和技术水平安排了工作，分别被聘为本部顾问、外科指导员、医师、护士，有些担任了下属医疗队的中队长、区队长，②他们随中国红十字会医疗队赴前线服务，经常转战各地做战地救护和部队卫生勤务工作。不时有外籍医生为《保卫中国同盟新闻通讯》投稿，反映所处地区的抗战实情及他们的工作情况，以一位随医疗队赴华南前线工作的英国医生的报告为例，他说："我们到达江西时，日本人正好在该省北部发动大规模的进攻……日本人在最初取得了成功之后，却遭到了长期以来最沉重的一次打击。可是我们也付出了代价：数百名伤员经历缓慢、痛苦的过程，从战场运到我们这里"，"我们医疗队原先负责医院里的一百个床位，这些本来会由部队方面负责的，但是部队方面没有医疗设备和人员来处理重伤员，所以都送到我们这儿来了。我们这儿大部分的伤员，已经有一个星期左右的严重骨伤和胸部受伤。我们很少见到腹部和脑部受伤的病人，他们在到达这儿之前便死去了"，"起初，只有我和新助手两个人在工作，但后来我们那位十分忙碌的上司也来帮助我们，于是我们得以立即使用两间手术室，

---

① 池子华：《国际援华医疗对抗战救护纪实》，《钟山风雨》2005年第2期。
② 贵阳市人民政府新闻办公室编：《经霜的红叶：国际援华医疗队的故事》，北京：五洲传播出版社2007年版，第37页。

从事急需进行的工作。我们就这样忙碌了两个月左右。"①因运输困难而使伤员病情恶化、医药设备的缺乏、专业医护人员的阙如、传染病的流行等,是外籍医生所写的报告中普遍反映的问题,为此,他们在努力靠近前线抢救伤员之余,一面替中国呼吁更多的外援,一面出谋划策提出各类改善的建议,如建议"将整个担架夫的组织军事化",建议"红十字会总部向前线派出的各分队,携带关于战地处理和运送伤病员方面所有问题的书面培训教程、示意图片等资料",系统培训战地医生、护士、敷扎员和担架夫。②

国际援华医疗队的到来,对于中国几无应对战争之军医制度而言可谓雪中送炭,在提供训练有素之医生的同时,还带来了各种医疗设备和药品,并帮助中国培训医护人员,提高医疗队的战地救护水平。他们将青春、事业和理想同中国紧紧地联系在一起,与中国军民并肩作战至反法西斯战争胜利,有的甚至献出了宝贵的生命。

三、外籍医生与战区的医疗卫生工作

在反法西斯战争中,援助中国抗战的外籍医生有跟随医疗队来到中国的,也有以个人身份来到中国加入红十字会救护总队的,如 1939 年夏初,有五名外科医生自美国来到中国加入红会工作;1941 年 9 月,柯恩受美国医药助华会派遣,经香港抵达图云关救护总队部服务,据报道她是美国赴中国服务的第一位女医生。③ 又

---

① 宋庆龄基金会研究室编,吴景平译:《一位外科医生在华南前线》,《保卫中国同盟新闻通讯》,北京:中国和平出版社 1989 年版,第 407—408 页。

② 宋庆龄基金会研究室编,吴景平译:《保卫中国同盟新闻通讯》,北京:中国和平出版社 1989 年版,第 161 页。

③ 池子华:《国际援华医疗对抗战救护纪实》,《钟山风雨》2005 年第 2 期,第 18 页。

如，"有一个名叫艾逸士的美国人，年逾花甲，原先在美国开药房"，"将全部药械捐赠给美国医药援华会，独自一人来到中国，在救护总队卫生材料库工作，后来因生活不适应回国了"。"救护总队还有些外国司机，驾着汽车在崎岖的山路上奔跑，运送药品和伤员，如英国公谊会的华力色"。[①] 还有多位受纳粹迫害逃离到中国或自德国被驱逐出境的犹太籍医生，或加入红十字会救护总队，或辗转到达抗日根据地投身根据地的医疗救护工作。

国际援华医疗队中的医生多不愿意留在后方，而希望上前线参加战地救护，诚如一位外籍医生所说："我们绕过大半个地球来到这个陌生的国家，就是为了到前线参加反法西斯的战斗，为什么要到后方呢？"[②]他们想出一个办法，"要求办理一个进出皖、浙、闽、赣、粤、湘、鄂、滇、黔等地工作的护照。这个要求得到批准后，柯理格（捷克斯洛伐克人）、贝尔（德国人）、柯让道（罗马尼亚人）、纪瑞德（捷克人）、马琦迪（波兰人）、富华德（奥地利人）、杨固（罗马尼亚人）、戎格曼（波兰人）、孟乐克（德国人）、何乐经（苏联人）、白乐夫（德国人）、肯德（奥地利人）、沈恩（匈牙利人）、甘理安（波兰人）、甘扬道（保加利亚人）、陶维德（波兰人）及高田宜（英国人）等人都申请办理了这种护照"。[③] 日本侵略者在东南亚发起攻势后，滇西的军事防务凸显重要，外籍医生于是奔赴云南。以"西班牙医生"为例，"保加利亚医师甘道阳与张苏芬女士结婚后，带领 012 医务队

① 贵阳市人民政府新闻办公室编：《经霜的红叶：国际援华医疗队的故事》，北京：五洲传播出版社 2007 年版，第 18 页。
② 贵阳市政府新闻办公室编：《国际援华医疗队在贵阳》，北京：五洲传播出版社 2005 年版，第 70 页。
③ 贵阳市政府新闻办公室编：《国际援华医疗队在贵阳》，北京：五洲传播出版社 2005 年版，第 70 页。

驻安宁。德国医生白乐夫领导的 021 医务队配属远征军,驻扎云南楚雄;奥地利医生肯德,在湖南常德扑灭鼠疫后,又带领 022 医务队转到云南镇康。罗马尼亚医生柯让道和他的妻子柯芝兰,领导 031 医务队驻云南建水。波兰医生戎格曼是 041 医务队队长,配属第 2 军,驻云南顺宁。还有波兰医生甘理安和他的夫人甘曼妮都在 051 医务队,驻云南保山。1943 年,傅拉都、陶维德、柯理格、白尔、顾泰尔、孟乐克、杨固、富华德、纪瑞德、何乐经等十名外籍医生,又开往印度、缅甸"。① 投身中国红十字会救护总队的外籍医生工作的流动性很大,护照上注明的"永久住地"则是图云关。

　　援华医疗队中有些医生尤其是共产党员本想去抗日根据地,但国民党多有阻挠,周恩来考虑到国共合作的大局,劝他们安心在救护总队工作。其中也有自己设法离开国统区奔赴抗日根据地的,如印度援华医疗队,"曾在救护总队工作,后来自动脱离到西北解放区去了"。② 也有个别人在离开欧洲时便脱离大部队,自行来到中国,最终到达了延安,如参加了反法西斯"国际纵队"后被囚禁在法国南部拘留营的赵温毕(又名毕道文),印度尼西亚华裔国际主义战士。1939 年 10 月,他没有随"西班牙医生"一起赴中国,而是和四位中国人一起离开拘留营,并和其中的一位共产党员谢唯进(当时化名林济时)同行,他们途径英国、荷兰、瑞士前往苏联,然后折返英国,再到延安。大约 1940 年 11 月,赵温毕抵达延安,被安排在中央医院任内科主任,1942 年调联防军司令部门诊部工作。抗战结束后,离开延安到国际红十字会工作,多次将救济物资亲自

---

① 贵阳市人民政府新闻办公室编:《经霜的红叶:国际援华医疗队的故事》,北京:五洲传播出版社 2005 年版,第 61 页。

② 贵阳市人民政府新闻办公室编:《经霜的红叶:国际援华医疗队的故事》,北京:五洲传播出版社 2005 年版,第 18 页。

送到延安。

　　有些随红十字会医疗队赴共产党领导的抗日根据地从事医疗工作的外籍医护人员有感于八路军对医护人员的迫切需要,亦感动于当地军民对他们的友好、爱护,更唏嘘那儿药品与营养食品的匮乏,愿意留下来以自己的专业技能为八路军服务,而八路军为他们的安全考虑,往往劝他们返回大后方。一位志愿参加华北前线红十字会医疗队的外国护士在给保盟的信中谈到了这一情况:"他们终于劝我们返回。如果任何一名红十字会工作人员不幸丧生,部队便会感到负有不可推卸的责任。我提出一个人单独随部队前进,因为即使没有设备,一个护士也能给伤病员很大的帮助,但我意识到了他们确实不能承担起这个责任,而且我也许会给他们带来危险。"[1]亦有一些外籍医护人员抗议国民党对八路军、新四军地区药品输入的封锁,诚如《保卫中国同盟新闻通讯》第 29 期的一则报道所说:"属于驻在贵阳的国际红十字会的两名英国人士,随同国外团体援助国际和平医院的八吨医疗物资前往西北。3 月 14日,他们从西安发来的报告说,虽然他们得到许可访问第 93 军和新四军,发放由国际红十字会捐赠的两吨医疗物资,但到目前为止,重庆方面还没有同意他们通过第 5 军驻地而进入边区,并向国际和平医院交付医疗物资。他们向重庆方面提出紧急呼吁:他们不能在未交付毕那些嘱托给他们的医疗物资之前就回去;他们指出,根据日内瓦国际红十字会的规定,即使在封锁的情况下,红十字会的物资也是允许通行的。"[2]曾携带中外友人捐助的医疗物资

---

[1] 宋庆龄基金会研究室编,吴景平译:《保卫中国同盟新闻通讯》,北京:中国和平出版社 1989 年版,第 207 页。

[2] 宋庆龄基金会研究室编,吴景平译:《保卫中国同盟新闻通讯》,北京:中国和平出版社 1989 年版,第 316 页。

前往国际和平医院的在华英国救济队的巴泽尔,在重庆接受采访时指出,他和他的同伴"惊讶地发现,在外国红十字会和救济基金会目前送到中国的大批物资中,没有一点到达他们访问过的那些重要作战地区的前线"①。无疑,外籍医护人员在向中国提供医疗援助的同时,亦看到并指出了国民党封锁八路军而不利于抗战的一面。

　　在医护水平低、医疗设施与卫生设施阙如的条件下,外籍医生们与中国军民同甘共苦,凭借他们的业务能力力所能及地改善医疗与卫生条件。前述那位护士在信中即谈到了他们拒绝特殊待遇的事情,"他们对我们非常好,起初坚持着要向我们提供极好的伙食,最后,我们说服了他们:让我们过同他们一样简朴的生活。我们医疗队过了相当一个时期的简朴生活,直到后来认为不能只靠小米果腹"。② 史沫特莱曾于 1940 年 6 月专程去图云关访问救护总队,她在那本记录 1928 年至 1941 年中国之见闻、被誉为第二次世界大战中优秀的报告文学《中国的战歌》中具体生动地介绍了这些外籍医生:"这时救护总队已有十六个欧洲国家的医生,他们已工作了将近九个月。虽然分属不同的国籍,但是我们都叫他们'西班牙医生',因为他们使用西班牙语作为他们之间的混合通用语言,而且,因为他们都曾在西班牙共和国军队中工作过","这些人和我在中国遇到的任何其他外国人都迥然不同。尽管政治上的分歧肯定是有的,但是他们作为反法西斯战士而团结一致。而且,也不像我所认识的其他几位外国医生,他们的吃、穿、住全都和中国

<hr />

① 宋庆龄基金会研究室编,吴景平译:《保卫中国同盟新闻通讯》,北京:中国和平出版社1989 年版,第 371 页。
② 宋庆龄基金会研究室编,吴景平译:《保卫中国同盟新闻通讯》,北京:中国和平出版社1989 年版,第 205 页。

人一样。他们全都看见了中国在卫生条件和科学知识上的落后，但他们能从正确角度去理解这种状况，并且以尽可能肩负一分重担的行动作出反应。"①史沫特莱记录的只是人称"西班牙医生"中的外籍医生，事实上，在这支国际医疗援华队前后来到中国的外籍医生皆具备这种忘我、敬业的精神，这也是中国向海外请求志愿人员的要求。诚如林可胜所说，我们"并不需要那种只考虑自己得失的人，需要的是那些真诚地想帮助中国伤员的人"②。白求恩更是开创了诸多先例，其后当我们盛赞某位医生时往往会冠之以"白求恩式的大夫"。外籍医生们在以自己的专业和技术各司其职的同时，还在如下方面做了诸多探索。

设法自制医疗器械。没有固定骨折的夹板，他们就用木料制成一种"飞机式"夹板。在南方产竹地区，他们用竹子制作了多种设施，如简易的手术室、手术台，装药械的竹提架，抵挡蚊子的"竹帘帐"等。勤劳聪明的中国人立即有样学样，发明了多种土办法。例如，没有夹药、纱布、棉球用的金属镊子，便用竹片制成镊子；没有胶布，便用牛皮纸涂一层胶来代替。③

学着用中医中药以弥补西药之不足。他们学习了一些中国民间的医疗方法，认识了不少有效的中药，诚如一位外籍医生所说，"古老的中国医学也是古老中国文化遗产的一部分"。④ 更有一些

---

① ［美］史沫特莱著，江枫译：《中国的战歌》，北京：作家出版社1986年版，第514页。

② 宋庆龄基金会研究室编，吴景平译：《保卫中国同盟新闻通讯》，北京：中国和平出版社1989年版，第12页。

③ 黄瑶、张惠新编著：《一个大写的人——罗生特在中国》，北京：解放军出版社1992年版，第69页。

④ 贵阳市人民政府新闻办公室编：《经霜的红叶：国际援华医疗队的故事》，北京：五洲传播出版社2007年版，第62页。

精通中医药的在战时回国效力的华侨就地取材,研制成多种价廉有效的药物。如越南华侨梁金生,他于 1938 年到达延安,他发现陕甘宁边区虽然经济落后,但草药蕴藏较丰,如防风、当归、大黄、麻黄、苍术、苦参、党参、黄柏、柏子仁、五倍子、益母草、车前草、柴胡、黄芩等有数十种,他建议就地取材开办药厂,得到陕甘宁边区政府批准,成立了光华制药厂。该厂的主要任务是"开发边区中草药;精制各种中成药;对历史悠久的中国医药学,进行科学的综合研究与改造",其后制成药品达 30 多种①。

重视防疫问题,因陋就简地创造卫生条件。没有厕所、没有浴室,夜里还要忍受来回穿梭的老鼠,这对住惯西式洋房的外籍医生来说简直不可想象,他们设法自制淋浴设施,不仅仅是为了改善生活条件,更是为了预防疾病。遍地虱子是当时中国农村普遍之现象,疥疮成为中国军民中比较流行的一种传染病。据第一批到达的德籍"西班牙医生"白乐夫回忆,为了除掉伤员身上的疥疮,以免使整个医院受到传染,他们一方面通过水蒸气对伤员的衣服作消毒处理,具体做法是:"在一个比较大的建筑物中,装置一个固定的形状和方箱子一样的木框架,框架中放一个通常是煮饭用的盛满水的大铁锅。把树木或木炭作为燃料,用来把水煮开,然后从上面把一件件的衣服挂到木框架中,再用木盖子把整个框架盖得严严实实。铁锅里升上来的水蒸气可以烫死衣服上的虱子和虱子虫卵。"②另一方面,自制淋浴设备让伤病员先作淋浴消毒再送病房,用空汽油桶或木桶及竹管作为材料,设计一个"淋洗桶",桶里的水

---

① 转引自王胜军:《抗战时期陕甘宁边区的外籍医生研究》,延安大学硕士论文,2016 年。
② 贵阳市人民政府新闻办公室编:《经霜的红叶:国际援华医疗队的故事》,北京:五洲传播出版社 2007 年版,第 87 页。

还可加热,淋浴后全身从上到下涂上一层治疗疥疮的硫黄液。

治疗癣疥,防止回归热、斑疹伤寒等疾病。随着战事的发展,伤员人数有所下降,病员数却大大增加,据林可胜1941年在香港的一场演讲中说:经过三年半的战争,"目前的伤员数只是战争爆发初期的三分之一,但是患病的数字增加了300％—400％,这是在任何战争中都可能出现的情况"。① 因营养不良和不卫生的环境,传染病的流行最为可虑,"救护总队也从事霍乱及其他胃肠病的预防与诊治,并设有医护队专司士兵、难民的防疫医务工作",②指导军师卫生机关及民众从事灭虱、治疗、抗疟、环境卫生及营养等卫生工作。在缺医少药的情况下,外籍医生们只能因陋就简地用土办法,设法改善卫生条件以控制、预防疾病。他们认为卫生设施水平直接影响疾病防御水平,而疾病防御工作做得好,就可减少病兵,进而节约药物与资金。对此,总队长林可胜也早有认识并提出过指导意见。1939年4月,林可胜偕医务股副主任、环境卫生指导员等巡视第三战区救护总队各队工作状况时,曾向兵站统监部卫生军官指出:"本会推进战地工作之宗旨,略谓后运之患者病多于伤,倘在前方有适当防疫工作,则如疟疾、痢疾、疥疮等疾病,即可事先预防与及时治愈归队,即轻伤者亦可留治,毋庸辗转后运,而免轻者转重,重者变为不治,如此物力、人力、财力将节省多多矣"。③ 然内地乡村

① 宋庆龄基金会研究室编,吴景平译:《保卫中国同盟新闻通讯》,北京:中国和平出版社1989年版,第303页。
② 《总会救护委员会第二次报告》,《救护总队档案》,40—3—60。转引自戴斌武:《中国红十字救护总队与抗战救护研究》,合肥:合肥工业大学出版社2012年版,第49页。
③ 蒋旭东:《战区视察报告》(1941年1月5日),《救护总队档案》,M116-43。转引自戴斌武:《中国红十字救护总队与抗战救护研究》,合肥:合肥工业大学出版社2012年版,第49页。

的贫瘠，卫生习惯的落后，卫生设施的匮乏，军民营养的严重不良使疟疾、疥疮等疾病的流行较为普遍。奥地利医生肯德据其在华行医经验，撰写了《军医业务简评及改进之我见》一文，对于卫生设施包括中国军民不良卫生习惯的改进提出了诸多非常具体而有效的建议，可谓说出了诸多外籍医生的想法，归纳了他们在华行医的实践经验，文中还列出淋洗桶所需材料并画出装置图。肯德所属的红十字会救护总队第二中队将该文印刷发行。通过此文可大致了解中国军队的医疗、卫生状况及外籍医生在医疗预防与环境卫生方面的用心竭力，遂全文摘录如下：

"本诸实际需要者，欲达成疾病防御较高标准，不外下列各事，非徒经济便于实行且收效于无穷也。（一）衣服身体必须勤加洗涤，士兵每日洗面一次之外，胸、背、腿、足亦须各一次。练习用冷水洗益佳，浴后以干布摩擦之，不独去垢却污，抵抗疾病力因之亦日益增强。此外尤须提倡者：即士兵恒十数人共面盆一具，沙眼、疥疮、皮肤病缘是乃得蔓延。舍面盆不用而建一淋洗桶，以备四五士兵同时盥洗，如此则一班一具足亦，既便于携带，且免以上各疾病之传染，此集团洗面之一法也。（二）士兵衣服被毡之虱虫虱卵，恒能使士兵患回归热、斑疹、伤寒及各种皮肤疾病，为害之烈难以形容，故必须设灭虱站，将虱虫虱卵彻底消灭之。不外用蒸煮二法即可使之除根。故一营内必须设灭虱站一所，则士兵得以每月灭虱灭疥二次，虱与卵从此即可减尽。若小部队伍，因驻扎营地距灭虱站过远，可利用蒸酒大锅、米箱、水桶、衣箱及其他较大之容器，建一暂时灭虱站，此获效益亦大致相同。（三）医治疥疮近虽极力注意，然巡视各部队仍未能根本铲除者，其原因大抵不外施诊之步骤错误与统制不利二事所致。盖凡一疥疮患者，必须首赴灭虫站洗浴，蒸煮其衣服被毡，然后涂硫黄石灰水，继续至第二日，如未愈时可再如前法处理，军营中凡患疥疮者，须登记其姓名，催使每日赴医务处涂药或预领硫黄石灰水些许预存部队，由班长负责催使士兵涂擦，医官得于每周健康检查时统计其效果。（四）关于生活积习，国人往往喜用浴盆，不知淋浴装备既经济便利又舒适卫生，采用较久必将乐用之无疑，知识分子固宜积极提倡者也。（五）减虫灭疥，对于士兵战斗精神影响甚巨，非在战争状态中军营内之灭站不可一日无之，而医务人员提携建筑此种器材，有如战斗人员之于武器，若能选士兵二名，专司携带保管施用之责，则尤属适宜。每于换防新地点三日内，即宜装齐备用，凡此亦可作部队长官及医官医长考勤之证明。（六）士兵居住地大抵整理均甚清洁，然于卫生设施有须改良者，如痰盂之增备，床铺架高等，盖常见士兵宿于地上铺草而已，未能利用本地木板、竹片、砖块使床铺增高，免潮湿虫鼠之侵害也。（七）厨房、厕所、垃圾坑、水坑等之处理，必须适于卫生，于天气温暖时此数事尤易引起疾病。厕所之建造必须深坑覆盖，如无木板可利用竹条编织，粪坑则以坡形为佳，以便不时冲洗。（八）厨房内之水缸及饮水桶，均宜谨慎覆盖，取水时不宜用饭盆直接取水，宜设置附把手之取水器，以免手触致水变成污秽不洁。滤水带及漂白粉，仅可用诸前方无清洁水源之地，平时用明矾或者煮沸之水即可无虑。（九）蚊虫疟疾甚难早日减除，惟有注重提前之御防，即应用蚊帐是也。近日蚊帐价值昂贵，亦可利用稻草、竹条织成帘幕，而为数人或一室之用。金鸡纳霜价值既高，来源亦将断绝，对于疟疾御防因之愈觉困难……（十）医疗预防与环境卫生，果处理适宜均可减少疾病来源，惟有非防预范围所能补救者，故当每俟疾病发现时，即施行隔离于数庶传染病不致乘机蔓延，此乃预防之良法也。（十一）医务人员应及时发现疾病，庶可用药少而获效大。传染性疾病亦可即时隔离，为此则必须每周实行卫生检查一次,方可克尽全功。"①

　　上文所列事项,重点在于灭虱,在当时中国的内地乡村,由虱子传染的斑疹、伤寒死亡率是很高的,一些伤员在伤情得到治疗后却发展为回归热或疟疾,病情急转直下。在缺医少药、生活艰苦、卫生条件简陋甚至没有的情况下,外籍医生强调从个人卫生做起,设法控制疾病的传染,甚至阻断病源。在战时的中国,外籍医护人员不仅踊跃奔赴前线救死扶伤,还随时随地设法改善中国军民的卫生条件,努力转变中国军民的卫生观念,并定期检查卫生工作,驻地防疫成为他们关注并努力推动的工作。

　　奔赴疫区,打败日本的"细菌战"。"细菌战"是日本侵略者在中国犯下的滔天大罪之一,1940 年 10—11 月,日本飞机在浙江衢县、金华、义务、宁波等地投掷"鼠疫细菌弹",危及民众生命。11 月4 日,日机又在湖南常德洒下鼠疫杆菌,时任 731 医务队队长的肯德随同救护总队第二中队队长钱保康于第一时间到达医院检验投掷物,因检验室设备不全,难以确诊。第一例病例出现后,肯德奔赴病疫现场验尸,确诊为鼠疫,立即与第六战区长官署军医处处长商讨防疫纲要,涉及管理、预防、隔离、检疫、治疗、宣传、药材等事项。"那时在常德的外籍医生,有七中队队长戎格曼,十一中队队长严斐德,一中队的区队长白乐夫,472 医务队队长柯理格,孟乐克为 392 医务队长兼衡阳站医生。"②肯德在扑灭常德鼠疫过程中因工作成绩显著而升为第二中队队长兼 731 医务队队长。他在 1942年 4 月与 8 月先后发表两篇报告即《鼠疫横行在常德》与《中国红十

----

① 贵阳市人民政府新闻办公室编:《经霜的红叶:国际援华医疗队的故事》,北京:五洲传播出版社 2007 年版,第 100—102 页。

② 贵阳市人民政府新闻办公室编:《经霜的红叶:国际援华医疗队的故事》,北京:五洲传播出版社 2007 年版,第 95 页。

字会在常德防止鼠疫之活跃简史》。① 据报告所述,在确诊为日机不顾道义所投掷的鼠疫后,中国红十字会总队部及驻常德第二中队即调派人员和药物从事防治、隔离等工作,中央卫生署及湖南省卫生处亦派来诸多防疫队伍,"及11月份已无鼠疫病例发现"。

1942年二三月间,"中央卫生署派请伯里斯顾问调查常德疫情,忽发现鼠疫",肯德认为"春季传染暴发性加强,尤以鼠疫指数增高甚速,需要加强防止力量",时已任第二中队代队长的肯德一面调派队伍赴常德参加防治工作,并向总队部请示协助药材及工作人员,一面加强宣传工作,诚如他在报告中所说"预防鼠疫,应首重宣传,使民众普遍明了鼠疫之危险与常德疫情之严重"。此前救护总队曾发下"好佛津氏疫苗数千公撮及治疗鼠疫特效药索芳色雨射数千粒",工作队曾挨家挨户宣传注射疫苗之作用,学校师生与各公私机关均能接受注射,而一般民众限于知识水准较低有些抵触,致使疫苗注射工作的推进不无困难。因此,肯德在4月发表的《鼠疫横行在常德》一文中着重强调了如何防止鼠疫之流行,说:"一般居室的设置,难免老鼠往来,跳蚤将鼠疫的病菌,可以间接传染给我们,所以按逻辑的方法,第一步须要捕鼠,彻底地实行灭绝鼠迹,将杀死的老鼠焚烧或用水浸淹,好使鼠体附着的蚤虫同时灭绝。另外要谨慎食物万不可使老鼠染指,因为它们在无机可乘的当儿,便会迁徙别处的,所以居家卫生尤当特别谨慎处理米粮食物余屑破烂布棉等等。空气的流通,日光的充足,都是驱除老鼠的好方法,屋内不时要施用石灰或者其他的消毒药剂,以为摧毁病菌潜伏的窠巢。在一面杀鼠,还要一面注射鼠疫之苗,至于谈到注射本

---

① 刘磊主编:《战地红十字:中国红十字会救护总队抗战实录》,贵阳:贵州人民出版社
2009年版。书中录有两篇报告全文。

来没有什么痛苦可言，两次注射之后，身体便含蓄充分的抗疫素，个人的生命安全很可无虑的了。如果人们不肯自愿注射，那么只有强迫他们注射，因为他们为了愚陋的缘故，不单自己把自己放在死地，还要影响别人的生命，这是不容他们违抗的。"进而呼吁常德市民，"能够确实守住个人毒菌战的岗位，服从行政人员及医生之指导"。① 5 月，肯德又被聘为检疫组组长。驻常德之红会第二中队下属的两个队在从事疫情报告、调查、检验死尸、注射疫苗的同时，还从事宣传、讲演及捕鼠工作。肯德在 8 月发表的报告中说："此种防疫工作何时止息，自非余等所知者，惟余甚希于合理防治之下，鼠疫得于今秋绝迹。"

　　无论因何原因、因何身份来到中国投身反法西斯斗争，这些外籍医生本着人道主义精神，本着救死扶伤的天职，以他们精湛的医术救护了无数的中国军民，并从卫生、医学等角度为预防疾病、减少病员作了探索与实践，为中国的抗战作出了不朽的贡献。来华从事医疗援助工作的多经由中国红十字会、保卫中国同盟联络，来到中国后基本向中国红十字会报到，经由红十字会分派任务。由于国民党的干涉与阻挠，这些医疗团队或个人多服务于国民党正面战场，能够排除重重障碍来到敌后抗日根据地的医务人员不多。他们对于中国抗战的贡献，既源于个人的思想认识及其学识、能力，也与中国共产党的抗战政策、对外政策有着密切的关系。

　　囿于资料，下文选择若干服务于八路军、新四军的外籍医生或医疗队，对抗战时期的国际医疗援助作进一步分析与研究。来到敌后抗日根据地的外籍医生虽然不多，却不乏代表性。他们有

---

① 刘磊主编：《战地红十字：中国红十字会救护总队抗战实录》，贵阳：贵州人民出版社　2009 年版，第 167 页。

来自发达国家且远离战场的加拿大、美国，有来自欧洲发达国家受到法西斯迫害的犹太裔，还有来自与中国同样遭受殖民侵略的亚洲国家印度、朝鲜等；有受党派或民间机构、团队派遣的，也有个人自行来华的。外籍医生来华的时间有先有后，在华时间也长短不一，有坚持到抗战胜利，也有中途因身体等原因回国的，更有为中国的抗战献出生命的；来到中国的外籍医生既从事战场救护，也为医治、预防伤寒、疟疾、回归热等传染病而殚心竭虑，并为培养中国医护人才而从事医学教学工作，在缺乏药品的情况下，他们中的一些人还请教、研习中医中药，并设法创造条件研制抗菌药物。战时中国的医疗设施、生活与卫生条件非常落后，抗日根据地的条件更差，服务于八路军、新四军的外籍医生须忍受更为艰苦的工作与生活条件。此外，外籍医生的来到中国并长时间服务于中国战场，从其自身初衷来说原因不尽相同，而中国对他们的影响非常深刻，抗日根据地较大后方的条件更为艰苦，服务于抗日根据地的医护人员较国民党正面战场或大后方的医护人员面临的困难更多。所以，虽然囿于资料仅选择若干战斗在抗日根据地的外籍医生做分析研究，但基本能反映战时援华之外籍医生的概貌，既能揭示他们之间的异同，也能体现他们对中国的贡献。

第二节　马海德

一、为医学研究来到中国

马海德，是乔治·海德姆（George Hatem）到陕北后为自己取的中国名字，出生在美国，祖籍黎巴嫩，阿拉伯裔。他的父亲纳霍·海德姆少年时曾去美国打工,在美国军队服兵役五年后得到了美国身份,回家乡黎巴嫩娶了一位阿拉伯新娘,再携妻返回美国。1910年9月26日,乔治出生在纽约州的布法罗,后又有了两个妹妹、一个弟弟。其父纳霍·海德姆以钢铁厂的微薄收入供养着一家六口,失业期间干过多种短期工。虽然家境贫寒,朴实、能干的母亲总能想法做出美食,一家人温馨亲热,童年的乔治是快乐的。同其他许许多多移民一样,乔治的父母在艰难维持生计的情况下,坚持让孩子接受学校教育。

1916年,乔治上了小学,是一所天主教教会学校,用英语教学,也教阿拉伯文。学校里的学生多为移民的孩子,有黑人、白人,基督徒和犹太人,孩子们全然不受不同种族与宗教的困扰,嬉戏、打闹在一起。后来因搬家,乔治转去了别的学校。小学毕业后,家里再也供不起他继续求学的学费。1923年,乔治被送到北卡罗来纳州的格林威尔,他父亲的一个做生意的黎巴嫩朋友那儿,以乔治在晚上和周日给他的百货店干活作为交换条件,供乔治上中学。在中学期间,乔治第一次体验到了种族歧视。1927年,他以年级第一名毕业。正是在格林威尔中学期间,乔治第一次听说了中国,那是一堂公民课,有一期做时事教材的杂志描述了中国这片奇异的国土,讲到了中国军阀的混战,老师要求同学们写一篇关于中国的文章。与此同时,格林威尔的教堂也正在为"救助饥饿的中国"而募捐。

中学毕业后,马海德立志学医,此时他的父亲已在经商,家庭经济状况略有好转,虽然培养一名医科大学生相当困难,但父亲支持儿子的志向。马海德以优异成绩考进了北卡罗来纳州医科大学预科,为减轻父母的经济负担,乔治在课余时间到食堂打工,报酬是免费吃饭。马海德后来回忆说,"从勤工俭学以后,我才是真正吃饱饭了,也体会到了撑得慌的滋味"。① 他还找了一份整修皮鞋的工作,周日去制鞋店打一天工,得三美元报酬,于是他有了买书和日用品的钱,家里只须负担他的学费。两年预科读完后,乔治以优异成绩获得了读医科本科的美国政府奖学金。"当时美国医学院对于犹太人、黑人和移民的子弟有一条秘而不宣的人数限制。唯一能接收他的医学院是黎巴嫩贝鲁特的美国大学医学院。"②这所大学是由美国大财团洛克菲勒创办的四所著名的医科大学之一,"贝鲁特美国大学医学院收费比别的大学低,学生都有一份奖学金,课程和美国医科大学是统一的,毕业后分配的医院都是第一流的"。③ 回到自己的祖国读书,又有这样的待遇,乔治是非常乐意的,他的父母因儿子作为一名"有学问的人"回到家乡更是感到无比的快慰和骄傲。

在贝鲁特,乔治与两个从美国来的犹太人罗伯特·列文森和拉泽尔·卡茨成为同行和好友,日后他们三人一起来到中国。在贝鲁特医学院读了两年之后,1931年,乔治和列文森、卡茨转到日内瓦大学攻读临床诊断,这所大学的附属医院实习条件非常好。1933年,乔治用法文写出的毕业论文《关于性病诊断、治疗的实验方法》得到专家和教授的好评,被授予医学博士学位。

乔治毕业之际,欧美各国刚经历了一场世界性的经济危机,深受严重的经济萧条之苦。希特勒当了德国总理,一切经济、文化和宗教生活开始受到政府和纳粹党的控制,对犹太人的迫害有组织地开始了,法西斯主义开始在欧洲蔓延。临近毕业的乔治和

① 苏平、苏菲著:《马海德》,沈阳:辽宁人民出版社1990年版,第12页。
② 沙博理著,郑德芳译:《马海德传》,北京:中国青年出版社1997年版,第8页。
③ 苏平、苏菲著:《马海德》,沈阳:辽宁人民出版社1990年版,第13页。

他的两位好友就毕业后的去向作过讨论,他的父母自然是希望他立即返回美国立业成家。无疑,医生是个不错的职业,既有名誉又能挣钱。而乔治不急于回家创业,他提出可以取道中国返美,先在中国待一段时间,神秘的东方古国对乔治固然有着一定的吸引力,他更希望的是为他的医学研究积累相当的实践经验。20世纪30年代的上海已不为世人所陌生,在上海码头停泊有世界各国的轮船,有大量水手上岸,上海的外国租界是国内开辟最早、面积最大的租界,乔治认为这为研究、治疗各种各样的疾病尤其是性病、疟疾等传染病提供了很多的机会。乔治的提议得到了两位好友的赞同与响应,于是,三人从欧洲直接乘船到上海。他们先在上海广慈医院和雷士德医院工作,后来三人合开诊所,诊所分三个科即内科兼眼、鼻、耳、喉科;外科;皮肤、性病科。乔治负责第三科。上海码头停泊的各国轮船、中国社会的腐败混乱给了乔治赚钱的机会,诚如一位想请他帮忙开业的性病医生所告诉他的赚钱门道:“我们有一百名外国妓女的花名册,她们都必须定期来进行检查,取得准许营业的合格证,另外还有二百名中国妓女也须检查。荷兰轮船公司与我们有合同,要我们医治他们船上船长和大副的性病。上海的警察和我们也有合同关系。如果这些业务赚的钱不够,我们给人做人工流产,三百美元一次,环游世界的船都有我们的名片。”[1]然而,这种能从有组织的罪恶获得报酬的事情并不令乔治感到高兴,相反,他对中国、对中国底层民众充满了同情。

乔治之前跟家里人说他将取道中国回美国,在中国预计待一年,他的两个朋友不久先后回了美国,乔治却延长了滞留上海的时间。中国的苦难、上海的贫富悬殊令他震惊也引起了他探究的强

---

① 沙博理著,郑德芳译:《马海德传》,北京:中国青年出版社1997年版,第14页。

烈兴趣，而他未曾料想在机缘巧合去了西北与中国共产党人相处后，竟扎根在了中国，还成为第一个加入中国共产党的外国人，及中华人民共和国第一个外国血统的中国公民。

二、受宋庆龄之荐赴陕北

众所周知，斯诺是第一个冲破"国共内战"的屏障到达陕北采访中共领导人的外国人，而和斯诺同行一起到达陕北的还有一个外国人，他就是乔治。他和斯诺一起参观采访，并受毛泽东之委托考察评估陕北的医疗设施。当斯诺结束近四个月的采访准备离开陕北时，乔治作出了一个新的决定，他决心留在陕北，他拜托斯诺在其书稿中不要出现任何有关他的信息，只为不想连累在美国的家人及其在上海的朋友。乔治由最初的为医学研究来到中国，由短期变为长期，进而因同情中国革命而北上，并决定留在那块贫瘠落后却充满激情的地方，与中国军民并肩作战。他的每一次转身、每一个决定既源于他的出身与经历，也深受其新结识之友人的影响。

两位一同来中国的好友回国后，独自一人留在上海的乔治在工作之余常常去霞飞路（今淮海路）一个德国书店阅览书报，久而久之与书店经理荷兰籍的艾琳·魏德迈及在书店帮忙的美国人派尔攀谈起来，进而认识了常来书店的美国进步女作家史沫特莱。当时，在上海的同情中国、同情中国革命的外籍人士，每周会举行一次聚会。在一次在史沫特莱寓所的聚会上，乔治结识了新西兰人路易·艾黎，那年乔治24岁，艾黎37岁，在艾黎的引领下，乔治开启了人生的新篇章，更是和艾黎成了至交。

在行医的过程中，乔治越来越多地看到令其心痛又不平的现象，一边是多数穷人的饥饿和痛苦，一边是少数人的花天酒地、荒淫无度,流行病的发生更令穷人大批死亡。穷人的境遇令他想起童年的经历,在一次流行病蔓延的时候,他家幸得到一位好心医生的救助,才得以走出险境,那次经历令他萌生了做一名医生将来给穷人治病的朦胧理想。上海的现实使其感到医生的无力,他希望有更积极的作为,乔治向艾黎倾诉了内心的苦闷与希望。艾黎带他去工厂、农村参观,使其有机会更深入地接触中国的工农阶层,了解他们的疾苦,也了解领导工农从事反帝反封建运动的中国共产党。当时的艾黎任上海公共租界工业科的工业督察长,他正在从事工厂劳保检查工作,在目睹了深受电镀业伤害的工人尤其是童工的痛苦后,他想对这一问题进行科学分析,于是请具有医学专业知识的乔治帮忙研究"铬性皮炎"——一种镀铬工人的职业病。艾黎带乔治参观一个镀铬工厂,眼见营养不良的童工用小手捏着镀件,伸到融化的铬水中去镀铬,手被铬水腐蚀得溃烂甚至露出了骨头,乔治非常痛心,对此作了研究并发表了研究成果,"这是在中国进行的关于工业公害对青年工人的影响的第一项研究"。[①] 虽然揭露了工厂存在的问题,但中国童工的情况依然如故,不仅手直接受化学品侵蚀,车间也根本没有排除毒气的装置,工人们的工作时间很长,工资微不足道。中国工人的悲惨境遇令乔治悲愤、激动。经艾黎的介绍,他参加了在上海的国际马克思主义学习小组,成员有"德国籍的政治经济学作家海因茨·希普,美国革命女作家艾格丽丝·史沫特莱,电气工程师亚历山大·坎普森,奥地利籍进步女青年鲁思·魏思,海因兹·希普的妻子特鲁德·罗森堡,左翼时代精神书店荷兰籍经理艾琳·魏德迈,还有基督教上海青年会的四

① [新西兰]艾黎著,路易·艾黎研究室编译:《艾黎自传》,兰州:甘肃人民出版社1987年版,第41页。

名女干事,即塔利撒·格洛克,陆幕德(莫德·拉塞尔),利尔·哈斯,邓裕志,以及麦伦中学的教师曹亮等"。① 在上海的所见所闻,结合自身的成长经历,乔治一读《共产党宣言》即被吸引了,继而和大家一起学习了关于剩余价值学说、土地所有制问题、社会发展史等马克思主义学说,并结合中国内外时事进行讨论。通过学习、交流及实地考察,乔治的马克思主义理论水平和政治思想有了提高,并了解了全世界无产者联合起来的必要。渐渐地,乔治开始厌倦上海的生活,他认为父母节衣缩食供其念书,不是希望他仅仅做个性病医生,诚如他后来对斯诺所说,"现在,性病已经能很容易预防……当时上海这个社会的存在,就是要成为培植与传播性病的温床。在警察力量的全面保护下,上海的外国租界与国民党管辖区里,治疗性病可以说是一种大生意,干这种行业的医生都可以赚大钱。事实上,我也混得相当不错。但我决不能花掉老父的血汗钱成为一个歹徒社会的黄绿性别医生"。②

在艾黎、史沫特莱的影响下,乔治对中国共产党有了初步了解。艾黎第一次接触解放区是在 1932 年,据他在自传中说:"1932年在湖北救济水灾的工作,使我第一次看到贺龙领导下的解放区,深受鼓舞。因此,30 年代初期在上海那些年,除了我的公务以外,我想方设法帮助地下展开的政治斗争"。③ 史沫特莱虽然没有涉足解放区,但她的寓所曾住过一位来自江西苏区的红军将领,根据他提供的素材,史沫特莱于 1933 年撰写了《中国红军在前进》一书。

① 苏平、苏菲著:《马海德》,沈阳:辽宁人民出版社 1990 年版,第 23—24 页。

② [美]埃德加·斯诺著,新民节译:《大河彼岸》,北京:新华出版社 1984 年版,第 204 页。

③ [新西兰]艾黎著,路易·艾黎研究室编译:《艾黎自传》,兰州:甘肃人民出版社 1987 年版,第 69 页。

在乔治认识他们之前,艾黎和史沫特莱及马克思主义学习小组的
其他一些成员已经在秘密地帮助中国共产党,艾黎的住所还曾设
置过地下电台,以便上海地下党与苏区总部取得联系。艾黎、史沫
特莱等人凭借他们外国人的身份,曾多次护送共产党人逃离国民
党的抓捕,还为共产党运送枪支弹药。虽然国民党不敢轻易找他
们的麻烦,但若被抓住还是有生命危险的。艾黎回忆史沫特莱说,
"她越来越能够巧妙地对付警察和暗探,他们想跟踪她,但跟不了
多远","她有时候也过于多疑,有的时候则警惕不足,但她似乎鸿
运高照,总有办法从险境中脱身"。① 乔治不久也加入了他们的行
列,帮助传递信件,在他的诊所秘密开会,用他的汽车运送革命者,
他对他的医生职业、他在上海生活的意义有了新的认识,而他更想
看看艾黎、史沫特莱所说的共产党人领导下的革命根据地。这时
的乔治,正如斯诺在《大河彼岸》一书中所描述的:"具有无比敏锐
的观察力,早已看穿社会似是而非的一面,对其丑恶的一面也洞若
观火。表面看来,他的性格像有点儿讽世,但他对一件事的态度非
常严肃:他要找出他当医生这项工作的意义。希特勒将他送到西
安来——就像'他'令我到来一样。在希特勒主义统治的地区,年
轻人发觉世界再也不是个美丽的地方。在东方,日本人正在沿着
希特勒的老路,并威胁蒋介石跟着他们走(蒋当时已雇用了德国及
意大利法西斯分子的顾问为其助手了)。那时候,共产主义看来是
唯一有兴趣与法西斯作战的力量。既然希特勒与日本这般仇视共
产主义,(乔治)认为它必定有好的地方。他对上海当时的社会也

---

① [新西兰]艾黎著,路易·艾黎研究室编译:《艾黎自传》,兰州:甘肃人民出版社 1987
年版,第 67 页。

产生了强烈的不满。"①斯诺对乔治的这一段描述是 1936 年 6 月他
们初见后的印象,当时他俩一同在西安等待北上"红色中国"。乔
治和斯诺能够成为第一批进入红色区域采访中共领导人的外国
人,源于宋庆龄的举荐。

　　九一八事变后,从欧洲回国的宋庆龄积极投身反抗日本帝国
主义侵略的行列。1932 年,宋庆龄与蔡元培、鲁迅、杨杏佛等人在
上海组织了"中国民权保障同盟",其后凭借自己的身份、地位,通
过广泛的社会活动和巧妙的斗争,营救了一大批爱国进步人士和
革命者包括共产党人,她那里还成了中共在上海的主要联络处。
1934 年 11 月,乔治经史沫特莱引荐认识了宋庆龄,乔治对中国
的热爱、对中国革命的热忱,促使其与宋庆龄很快建立起了友谊。
宋庆龄十分信任乔治,她会不时交给他各种任务,如借用他的诊
所作为秘密联络或开会的场所,请他帮忙购买药品与医疗器械,
委托他护送共产党人,乔治都会欣然接受、圆满完成,他以宋庆龄
为其革命导师。与宋庆龄的交往,与进步人士及共产党人的接
触,令乔治更加好奇和向往那个被国民党人封锁和污蔑的红色
区域。

　　1935 年 12 月,抵达陕北的中共中央在瓦窑堡召开政治局会
议,讨论当前政治形势与党的任务,确定了建立广泛的抗日民族统
一战线的政治路线。"广泛的统一战线,一方面是在集中最广大的
力量,去对付最重要的敌人;另一方面,是在使广大的群众根据他
们自己的政治经验,来了解党的主张的正确,争取他们到党的旗帜

---

① [美]埃德加·斯诺著,新民节译:《大河彼岸》,北京:新华出版社 1984 年版,第 203—
　204 页。

之下。"①与此同时，国民党的内外政策也有一些调整。在日本帝国主义加紧吞并中国的步伐，民族危机日益加深的情势下，蒋介石一面推行"攘外必先安内"的方针，一面开始考虑与共产党谈判，企图以政治手段解决共产党问题。1936 年 1 月，宋庆龄通过以牧师身份在上海从事秘密工作的中共地下党员董健吾传信，设法沟通国共两党关系，促成国共谈判。4 月，宋庆龄会见中共中央派到上海恢复地下工作的冯雪峰，提出她的一个建议，"党要找她非常容易，可是她有时要找党商量点事情却没法联系，是否可以考虑派一个共产党员与她建立联系"，②中共地下党派李云担任联络员，宋庆龄与中共中央之关系因此更加密切。1936 年春末的一天，宋庆龄将马海德约到家里，马海德回忆说："她在客厅里接见了我，非常高兴地说：'我告诉你一个好消息，你的夙愿实现了。中共中央想邀请一位公道的记者和一名医生，到陕北去实地考察边区的情况，了解中共的抗日主张，我看你和斯诺一块儿去吧！'。"③当时斯诺在北京，他们二人乘坐火车在郑州碰面后一同抵达西安，经中共地下党的安排，一起北上。

三、扎根中国的洋顾问

　　从西安进入苏区有相当的阻力，也要冒很大的风险，到处有国

---

① 《中央关于目前政治形势与党的任务决议》（中国共产党中央政治局 1935 年 12 月 25 日通过），中央档案馆编：《中共中央文件选集》第 10 册，北京：中共中央党校出版社 1991 年版，第 617。

② 尚明轩主编：《宋庆龄年谱长编》（上）（1893—1948），北京：社会科学文献出版社 2009 年版，第 310 页。

③ 尚明轩主编：《宋庆龄年谱长编》（上）（1893—1948），北京：社会科学文献出版社 2009 年版，第 311—312 页。

民党特务的监视,中共地下党为此作了周密的安排。乔治和斯诺抵达西安后,住进了西京招待所,急切地等候中共联络人。几天后,一位商人模样的人敲开了房门,他们以半张五英镑的票子为信物确认了彼此,这人就是董健吾,他让两位外国朋友耐心等待北上的安排。时在西安曾任中央工农民主政府政治保卫局局长的邓发亲自为斯诺与乔治的北上作安排,包括由谁护送他们去红区,一路怎么走等。几天后,乔治和斯诺被人护送离开西安,他们先乘坐张学良部队运送冬装的卡车出西安抵肤施(后改名延安),肤施县当时是张学良的防地,陕北唯一可以通车的道路到这里便是终点。第二天一早,他们带着去东北军前线的通行证和一头驮东西的毛驴,雇了一个骡夫,去往陕北苏区。据斯诺在《西行漫记》中说,驻前线的东北军"限于防守阵地,没有前进的意图",到了前线后,斯诺一行"岔入一条据说是商贩偷运货物出入苏区的山道"[1],"安然通过最后一个岗哨,进入无人地带","到了第二天早上七点钟的时候,已经把最后一架国民党的机关枪抛在后边,走过那个把'红''白'两区分开的狭长地带了"。[2] 经过四个多小时的无人山路后,他们到达第一个"红色"村落。乔治回忆说:"我一生中,内心最感战栗的一刹那就是进入红区后到达第一个中国农村的时候,没有人知道我们的身份,也没有人知道我们要到那里干啥。我们坐在一个窑洞里的炕上,旁边围着一群好奇的农民。他们只顾望着你

---

① [美]埃德加·斯诺著,董乐山译:《西行漫记》,北京:生活·读书·新知三联书店 1979 年版,第 28 页。

② [美]埃德加·斯诺著,董乐山译:《西行漫记》,北京:生活·读书·新知三联书店 1979 年版,第 29 页。

的照相机和手表出神。当时,我觉得他们真有点像'匪徒'。"①农会主席及村民在了解了他们的意图后,给予了热情的招待,并安排了一个向导和一个骡夫陪同前行。

在去往苏维埃政权所在地安塞的途中,不时有土匪即由地主和乡绅出钱组织的民团出没,民团的主要任务是"反对共产主义,帮助收租交谷,包讨债本息,帮助县长勒索苛捐杂税",当时"红军和国民党军队在这一条战线上虽已停战,民团对于红军游击队的袭击还是持续不断","他们常常利用红军主力不在的机会,侵入红区,烧村劫寨"。② 安塞方面曾派出一支队伍前往迎接乔治和斯诺,却不巧走岔路错开了,待回头快追上他们时,发现有一伙土匪尾随着两个洋人,等把土匪赶跑,又跟丢了人,而乔治与斯诺终于安全到了安塞,见到了周恩来,周恩来替他们起草了一个为时近三个月的旅程计划。第二天,周恩来安排他们随同一支运送物资的通讯部队前往中华苏维埃中央人民政府所在地志丹县(原名保安县),并给他们一人备了一匹马。

1936 年 7 月 13 日,乔治与斯诺抵达保安,下榻中华苏维埃人民共和国中央政府外交部。当天傍晚,毛泽东前去看望他们并对他们的到来表示欢迎。随后,斯诺开始了紧张而兴奋的采访。乔治与他同行了两个月,他参与了斯诺对中共及红军领导人的采访。他们由黄华陪同翻译,走过了陕西、甘肃和宁夏,访问了红军连队、地方政府、边区工厂、剧社等,出席了群众大会,旁听了连队讨论会,观看了文艺演出,一切令他们耳目一新而心潮澎湃。斯诺会讲

---

① [美]埃德加·斯诺著,新民节译:《大河彼岸》,北京:新华出版社 1984 年版,第207 页。

② [美]埃德加·斯诺著,董乐山译:《西行漫记》,北京:生活·读书·新知三联书店1979 年版,第 35—36 页。

一些中文,乔治则努力跟周围的人学讲中文,他很有语言的天赋,甚至学讲陕北方言。斯诺回忆说,开始的时候,没有他的从旁相助,乔治想要一碗水都不可能,"但在一个令人惊异的短时间内,他便开始会讲一些中文了"。① 1938年白求恩来到延安时,他已能为白求恩做翻译。同年来延安考察的美国海军陆战队军官尹文思·卡尔逊在《中国的双星》一书中对马海德有段有趣的描写:"马矮个子,皮色不白,是个永远快乐的人。他那欢快的热心的方式,以及他已经学会了讲不坏的中国话,使他在军队里非常有名气。在山西时就有人热情地向我打听:'你认识马海德吗?他的中国话说得跟我们一样好'。"②在随同采访的同时,乔治还应毛泽东之请,考察了前线后方大大小小的红军医院和诊所,写了一份苏区医疗卫生工作考察报告。在报告中,他"详细地叙述了各个医院和门诊部的状况,并且提出了在机构设置、人员配备、医疗条件、药品器械、人员素质、服务质量等方面存在的主要问题,提出了具体的改进、提高意见。乔治还特别针对苏区面临国民党严重封锁而缺医少药的实际,提出了应当大力加强预防工作的建议"。③

斯诺一开始对周恩来安排的近三个月的考察与采访表示疑虑,"几乎一半的日子要花在路上。那里究竟有什么可以看呢?难道红区有这么辽阔吗?"④最终,斯诺化了约四个月的时间,还舍不

---

① [美]埃德加·斯诺著,新民节译:《大河彼岸》,北京:新华出版社1984年版,第209页。

② [美]埃文斯·福代斯·卡尔逊著,祁国明、汪彬译:《中国的双星》,北京:新华出版社1987年版,第154页。

③ 苏平、苏菲著:《马海德》,沈阳:辽宁人民出版社1990年版,第61—62页。

④ [美]埃德加·斯诺著,董乐山译:《西行漫记》,北京:生活·读书·新知三联书店1979年版,第43页。

得离开。乔治则决定留下来,留在那个贫瘠、原始却令其兴奋的陕北,成了当地的第二个洋人,第一个即共产国际派来中国的德国顾问李德。乔治认为那是他所需要的生活,红色中国吸引了他,也更需要他,需要他的医疗帮助。斯诺说,他为了探索红色中国,行前在身上"注射了凡是能够弄到的一切预防针","在臂部和腿部注射了天花、伤寒、霍乱、斑疹伤寒和鼠疫的疫苗",因为"这五种病在当时的西北都是流行病"。① 而当时红军中唯一合格的医生,在乔治和斯诺看来只有一个曾服务于江西一所教会医院的傅连暲。乔治的到来无疑增强了红军的西医力量,他也很快投身于实际的医疗工作,并习惯了西北的生活,斯诺发现他在年轻的红军的"小鬼"群中极受欢迎。

留在西北的乔治为自己取了个中国名字"马海德",其来历据马海德夫人苏菲回忆说有着一段故事。1936 年 10 月下旬,乔治随红一方面军南下宁夏迎接红二、四方面军,路遇周恩来,一同来到解放不久的同心县,当地回民多,又是新区,身为阿拉伯人的乔治多少懂一些伊斯兰教的礼节,周恩来便派他前去跟清真寺里的阿訇交流,请求安排一餐饭。当阿訇问乔治姓名时,他想这里回民姓马的多,便灵机一动将自己的姓"海德姆"倒过来念,说:"我叫马海德",从此,红军医院有了一个"马大夫"。1937 年 1 月,马海德随部队回陕北,被委任为军事委员会总卫生部的顾问。不久,中共中央各机关迁到延安,斯诺在《西行漫记》中对延安的战略地形有这样一段描述:"延安是一个历史名城,在过去几个世纪里,从北方来的游牧部落曾经通过这里入侵中原,成吉思汗的蒙古铁骑大军也曾

① 〔美〕埃德加·斯诺著,董乐山译:《西行漫记》,北京:生活·读书·新知三联书店1979 年版,第 8—9 页。

经通过这里南征西安府。延安是个理想的要塞,它位于一个深谷中间,四周都是岩石嶙峋的高山,坚固的城墙一直延伸到山巅。"①马海德随中央机关到了延安,在那儿生活了九年多,直至 1946 年 1月赴北平。当时北平成立了中国共产党、中国国民党、美国三方代表参加的"军事调处执行部"(简称"军调部"),马海德作为中共代表团的医疗顾问参加军调部工作。

与红军、与中国共产党短短几个月的相处令马海德看到了一个全新的世界,他感叹于红军将领的传奇经历,更折服于中共领导人的坚毅、信心与胸怀。此前在上海读过的马列著作已令其初步学会用马克思主义的立场、观点和方法来观察世界、认识社会,他相信中国的希望在中国共产党人身上,只有在中国共产党的领导下,中国人民才能有光明的前途,他提出了加入中国共产党的申请。1937 年 2 月,马海德被中国共产党接纳为候补党员,一年后转正,从此,他以主人翁的身份置身于中国人民的解放事业。马海德在陕北的主要工作是组织和建立军队的基层医院和医疗训练系统。1937 年 7 月全面抗战爆发后,马海德随改编后的八路军总部前往山西五台山,为建立、健全战地医疗组织,开展战地医疗服务做了大量工作。当年底他被召回延安,负责筹建边区医院,并协助对外宣传,主持来自海外的医疗援助工作。马海德同卫生部和医护人员共同努力,先后筹建了卫生部直属医疗所、陕甘宁边区医院。随着八路军与日军作战的频繁,伤员迅速增多,马海德和卫生部领导同志研究提出,以直属医疗所为基础扩建成一个八路军医院并健全军队医疗网络,获军委批准。经雇请民工和医疗所全体

---

① [美]埃德加·斯诺著,董乐山译:《西行漫记》,北京:生活·读书·新知三联书店
　　1979 年版,第 27 页。

员工一齐动手,初建成的八路军医院含两排平房和部分窑洞,可以收纳三百多名伤病员,另有妇产科和小儿科,病房内是一片白色,墙壁和棚顶或用石灰水粉刷或糊上白纸,架在两条板凳或用土坯砌成的板床铺着用白布缝制的内装谷草的垫褥,垫褥上铺上白布床单,配上一个白布缝制的草枕头。在当时的条件下,这所医院成了全军医院的后盾和模范。1939 年初,军委成立了总后勤部,下设政治部、供给部和卫生部,"卫生部的直属单位有一个以原卫生学校为基础扩建的中国医科大学,一个制药厂,和甘谷驿医院、拐峁八路军医院等两所医院。后来,拐峁八路军医院迁到刘万家沟。国际主义战士白求恩大夫在我抗日前线不幸以身殉职后,这所医院被命名为白求恩国际和平医院"。① 在中央军委的支持和领导下,在包括马海德在内的卫生部领导的共同努力下,在众多的中国医生和来自世界各地的国际医护人员的辛勤工作甚至流血牺牲下,以延安的白求恩国际和平医院为总院,"发展成为八所中心医院,和二十四所分院,形成了约计一万一千八百张床位的完整医疗网"。② 八路军的不抛弃伤员成为外国观察家看到并发文传播的一个事实,《香港日报》的一名记者在报道中指出:"当人们考虑到,在几个月内,这个军队已比原来的规模扩大了好多倍,那么这一事实就令人惊讶不已了。这个军队能做到这点,应归之于它的医疗机构,这又同卫校卓有成效地培训医务人员有关。"③

---

① 兰州军区后勤部党史资料征集办公室:《延安白求恩国际和平医院》,北京:解放军出版社 1986 年版,第 3 页。

② 兰州军区后勤部党史资料征集办公室:《延安白求恩国际和平医院》,北京:解放军出版社 1986 年版,第 85 页。

③《关于八路军卫生学校的报告》,宋庆龄基金会会研究室编,吴景平译:《保卫中国同盟新闻通讯》,北京:中国和平出版社 1989 年版,第 82 页。

身为卫生部顾问的马海德在统筹边区医疗卫生事业的领导工作之余，还亲自到白求恩国际和平医院上班。因为病房有不少分散在各个村子里，马海德除在医院门诊外，还常常背着药箱四处看病，不仅给军人疗伤看病，也给军队所到之处的老百姓诊治疾病。马海德的幽默、开朗、热情、耐心，令其深受大家欢迎，男女老少都不把这个高鼻子的洋人当外人。《马海德》一书中讲了这么一则有趣的往事：一次卫生部部长饶正锡去医院检查工作，发现马海德大夫的门上没有挂科室牌子，便问医院院长，院长回答说："他什么科都看，没法挂牌。再说挂了也没用，人们不管什么病都照样要找他。"①马海德还被委派兼任中央领导同志的保健医生。毛泽东、周恩来、王稼祥等政治局常委是他的保健对象，延安五老即董必武、吴玉章、林伯渠、徐特立、谢觉哉的健康，他也常挂于心，彭德怀、刘伯承、聂荣臻、贺龙、徐向前、陈毅等回延安汇报工作或开会时，马海德总设法亲自给他们检查或治疗。

马海德，一位热情洋溢的医学博士不仅成了宝塔山下的全科医生，他还是一名没有头衔的外交家。1937年1月，新华通讯社成立，廖承志负责国际新闻的全部翻译和编辑工作，马海德应廖承志之请，每晚去清凉山工作两三个小时，协助英文翻译工作。1937年春，廖承志离开新华社，调到《解放》杂志社。马海德自五台山返回延安后，再度参与了新华社的外宣工作，"1937年11月，马海德帮助新华社创立了新闻台英文部，并成为新华社特聘的英文改稿员"。② 1938年开始，他以主人翁的身份迎接了先后来到延安的国际援华医护人员，给

---

① 苏平、苏菲：《马海德》，沈阳：辽宁人民出版社1990年版，第89页。

② 袁西玲：《延安时期的翻译活动及其影响研究》，上海外国语大学博士论文，2014年，第53页。

他们做向导、翻译，协助他们开展工作，加拿大医生白求恩、印度援华医疗队、德国医生汉斯·米勒，皆经由马海德的接待与安排，在较短时间内了解延安、适应生活并开展工作。他还参与接待到访的外国记者、军人、外交官等，当他们在这个偏远闭塞的地方看见一位能讲中国话甚至会陕北方言，与当地民众打成一片的外国医学博士，无不感到惊讶和亲切。马海德以其亲身经历及耳闻目睹的事实，回答他们提出的各种问题，解说中国共产党的抗日政策和主张，语言与文化的相通令马海德与他们的沟通更为顺畅与便捷，也更能取得他们的信任。1944 年，随着中外记者团的到来和美国军事观察组的常驻延安，外事接待工作的规格和要求更高更细，对翻译的需求也达到高潮。为此，中共中央决定成立军委外事组专门接待并配合美军观察组的工作，虽然这是一个有针对性的临时机构，却是中共第一次高规格的外事带半外交性质的活动机构。外事组分联络科、研究科、翻译科和行政科四个科室。据马海德夫人苏菲回忆，马海德担任了外事组顾问，参与接待、陪同和翻译工作，美军观察组的一些成员和马海德交上了朋友，马海德令他们爱上了延安。

在援华的外国医生中，在从医之余频频参与外事活动的唯有马海德，不仅仅因为他是最早到达延安的外国人之一，他有语言天赋，更在于他早已将自己融入中国人民的解放事业中。除了间或协助翻译、接待，在对外宣传方面，马海德所做的最为持久的一项工作是通过保卫中国同盟向外界报道陕北苏区的医疗情况，以获得更多的医疗援助。马海德成为保盟驻延安的代表，继而又成为保盟在国际和平医院的代表。马海德一直保持与保卫中国同盟的通讯联系，汇报延安国际和平医院的工作情况，报告边区缺医少药等困难，通过保卫中国同盟获得了许多急需的医疗器材和药品。马海德在《我在中国从医五十年》中回忆说："我在陕北包括在延安工作的十年中，常常接到宋庆龄同志捎来的热切问候，并收到她从世界各地募集来的医药品和其他物资。"保盟还有以小册子形式出版的定期报告，向国际友人和海外侨胞介绍抗战实况和具体困难，呼吁进行有针对性的援助。马海德曾写过一份长篇报告《西北边区的医疗工作》，保盟将其作为单列的宣传品予以刊发，《保卫中国同盟通讯》第 17 期对其作了如下介绍："这是保卫中国同盟在延安的代表马海德大夫，写给保盟的关于西北边区医院工作的报告。这份小册子有 20 页的文字和照片。它包括了 1935 年的恢复阶段，那时八路军（当时称为中国工农红军——译注）刚到达西北地区，它追溯了医疗机构的逐步发展，以适应地方和军队的伤病员的需要。马大夫详细介绍了后方与前线的工作，包括公共保健工作，士兵和老百姓的教育；叙述了医药厂的研究和生产工作，该厂利用草本植物和当地原料来满足人民的需要。这份小册子将成为一份历史性的文件，因为它第一次用英文详细介绍了西北地区医疗工作的状况。"①马海德通过保卫中国同盟，用具体的事实向世界宣传了中国的抗战，介绍了陕北苏区的医药卫生状况，使世界了解中国军民在艰难困苦的情况下仍在坚持作战并从事着生产建设。

　　作为抗战时期的外国友人，在诸多援华的外籍医生中，马海德的工作是最为多面而繁杂的，他既和其他外籍医生一样为抗日军民疗伤治病；作为卫生部的顾问，他又负责接待并安排来到苏区之外籍医生的生活与工作；作为保卫中国同盟驻延安的代表，他负责汇报边区医院的工作情况、边区的医药物资状况，以便为申请、分配外援物资提供资料依据。早已加入中国共产党的马海德，还不时以主人的身

---

① 宋庆龄基金会研究室编，吴景平译：《保卫中国同盟新闻通讯》，北京：中国和平出版社 1989 年版，第 168 页。

份接待来访之外国记者、军人、外交官，陪同参观与翻译。1949 年中华人民共和国成立后，他成为第一个加入中国籍的外国人。

第三节　白求恩

一、参加反法西斯战争

"一个外国人，毫不利己的动机，把中国人民的解放事业当作他自己的事业，这是什么精神？这是国际主义精神，这是共产主义精神，每一个中国共产党员都要学习这种精神。……一个人能力有大小，但只要有这点精神，就是一个高尚的人，一个纯粹的人，一个有道德的人，一个脱离了低级趣味的人，一个有益于人民的人。"这是发表于 1939 年 12 月 21 日《纪念白求恩》中的话，毛泽东的悼念文章使白求恩及其事迹在中国家喻户晓。白求恩的精神令中国人感动、敬佩。作为学习的榜样，他是高尚的化身、英雄的化身。他的高尚与英勇并不只在于在枪林弹雨下救死扶伤。对中国、对抗日根据地的军民而言，他不只是个外科大夫；于白求恩个人而言，他不仅是名医生，还是一位画家和作家，一位设计师和宣传家，他不仅是一位科学家，还是一位梦想家。

亨利·诺尔曼·白求恩（Henry Norman Bethune），1890 年 3 月 3 日诞生在加拿大安大略省的一个小城格雷文赫斯特的一个牧师家庭。他是家中的第二个孩子，上有姐姐下有弟弟。他的父亲麦尔肯·尼柯尔逊·白求恩是长老会牧师，母亲伊丽莎白·安·格德温是长老会传教士，他的祖父是多伦多一名杰出的外科医生。白求恩的父亲在 21 岁时放弃了家传的医生职业，改行经商，其后在檀香山认识了他未来的妻子、一个长老会的传教士格德温小姐，在她的感召下，婚后的麦尔肯申请进入神学院学习，准备做牧师。在格雷文赫斯特，麦尔肯开始了他的牧师生涯，随后因牧师职务的调动，他一家不时地从这个城市迁到那个城市。姐弟仨往往因为搬家而半途退学、转学，父母担起了教育子女的更多责任。

白求恩在童年时期就表现出敢于冒险的性格，不少传记中都有记述。在7岁那年，一天母亲带他上街买东西，途中他悄悄溜走，几小时后被警察送回家，家里人已急坏了，母亲问他去哪儿了，他淘气地笑着说："我想知道迷了路是什么味道……真好玩。"年龄稍长些，他就带着弟弟去郊外爬山，常常是抓着石头、树根、灌木，攀登悬崖峭壁，即便是摔断过腿，他也毫不畏惧。10岁时，父亲携家人在乔治湾度假。他曾看到父亲游泳时横渡港湾，于是偷偷地效法，幸亏父亲及时赶到救起了他。他的种种冒险没有受到父母的责罚，反而受到母亲的鼓励，鼓励他的敢作敢为。第二年，白求恩成功横渡了港湾。当白求恩将他的敢作敢为与做外科医生的志愿相结合时，更是得到了母亲的支持。他曾将祖父的那块外科医生的铜牌挂在自己的卧室门口，然后开始做解剖苍蝇和鸡骨头的工作。后来在中国为帮助医护人员了解人体的构造，他曾亲自蒸煮并解剖尸体。据唐县村民口述，白求恩曾告诉他在中国的翻译，他小时候为研究动物骨骼，偷偷把家里的狗弄死，放在锅里煮烂，使骨头与肉分开，然后把骨头一块一块地拼起来研究。当母亲循着臭气找到阁楼上，看到儿子专心致志地"研究"时，悄悄地离开了。

白求恩中学毕业后，父母将家搬回到多伦多，白求恩入读多伦多大学。为减轻父亲养家的压力，白求恩先在大学食堂打工挣钱，之后又利用寒暑假和课余时间，当伙夫、当记者，并因此迷上了写新闻报道。他还曾休学去教书、干伐木工人，不仅为自己挣够学费,还乐在其中。学医之余,白求恩喜欢上了绘画和雕刻。1914
年,白求恩大学毕业的前一年,第一次世界大战爆发。在加拿大宣
布参加协约国对同盟国宣战的那天,白求恩在多伦多报名参军,随
即前往法国,在加拿大第一师的战地救护队当担架员。亲历战场
使白求恩对战争有了新的认识,他在给一位朋友的信中写道:"这
儿的屠杀使我感觉到可怕极了。我已经开始怀疑是不是不值得来
这一趟。在医疗队里,我看不到战争的光荣,只看到战争的浪
费。"①不久,他在比利时易普尔受伤,先后在法国和英国的医院住
了六个月,然后作为伤员被送回国。几星期后,白求恩回到多伦多
大学继续学业。毕业时,他放弃了多伦多一个陆军医院的实习生
机会,加入了英国海军,在一艘兵舰上当副医官。虽然他看不到这
场战争的光荣,但他富于冒险和探索的精神使其对仍在进行的战
争充满探究之兴趣,而战争也让他看到了生命的无常。大战结束
前六个月,他请求调到了在法国的加拿大飞行队当医官。第一次
世界大战结束后,白求恩一度对自己的前途感到迷茫,他没有回
国,一直在欧洲待了六年。他一面在医院工作,一面学习,一面挥
洒着他的艺术天赋。他从事绘画、雕刻,并利用鉴赏古玩的本领搜
淘各种艺术品,卖给有钱人,也装饰自己的房间。三年实习期满
后,他受聘于伦敦的一家私人诊所,自此开启了他成为伟大的外科
医生之门。诊所的所长,一位有钱的英国实业家的妻子,不仅给予
白求恩业务上的指导,还给予他财力上的帮助。在她的指导与敦
促下,白求恩努力钻研业务,准备参加英国皇家外科医学会的会员
考试。1923 年秋,白求恩赴爱丁堡参加考试,邂逅了一位英国上流

① [美]泰德·阿兰、塞德奈·戈登合著,巫宁坤译:《诺尔曼·白求恩——外科解剖刀就
　是剑》,香港:南粤出版社 1975 年版,第 17 页。

社会的年轻女子，随即展开热烈追求，二三个月后他们在伦敦结婚。在妻子的支持下，夫妻二人携手游历法国、德国、奥地利等国家，既是一场蜜月之旅，也是白求恩的进修之途，他沿途向各国的著名医生讨教学习。

　　1924年冬，白求恩携妻子来到美国底特律——一座新兴的工业城市，在地处城中的闹市区却非富人区之地，租了一间简陋的公寓作为住宅兼诊所。凭着他的医者仁心和精湛的技术，名声渐起，前来求诊的患者渐渐增多，他也会应病患家属之请求上门出诊，但收入寥寥，因为前来求诊的多为底层民众，付不起医疗费。当发现不少患者因错过最佳治疗时机而彻底糟蹋了健康时，他气恼又痛心。在一家州立医院的兼职工作，令白求恩意外得到了一位名医的赏识与推荐，前来诊所求诊的富人多了起来，收入骤增。白求恩将家搬到了富人住宅区，诊所仍在原地，他心系那些看不起病的穷人，有一次上门接生婴儿，他不但分文不取，还给母子送去了食物和衣物。底特律是个新兴的工业城市，那儿有很多富人，白求恩却有了从医以来的一个新发现，那就是最需要医疗的人正是最出不起医疗费的人。

　　1926年，白求恩不幸罹患肺结核，在当时这是致命的疾病。白求恩先在底特律的一家医院医治了几个星期，而后回到家乡格雷文赫斯特的疗养院治疗，一个月后又转到纽约州萨勒纳克湖的杜鲁多疗养院。在白求恩所住的四人病房中，有三个是医生，他们十分清楚自己的病情，曾以纵情挥洒，尽情地娱乐、吃喝来面对死亡的威胁。白求恩还饶有兴致地将他的一生作了艺术创作，他将自己从在子宫孕育到走入坟墓的各个阶段用彩笔画在贴于病房墙壁上的包装纸上，题名为"一个肺结核病人的进展：一幕九场的痛苦的戏剧"，并以诗的形式作文字说明。以最后一幅画为例，"死亡的天使抱着白求恩，她仁慈地低头看着，前景是一片小坟地和一排墓碑。在这最后一幅下面题着这首诗:亲爱的死神啊,你这仁慈无比的天使,在你温柔的怀抱里,请让我与世长辞;天空出现明亮的繁星,烈日早已无光,我演完短短一幕,无聊的戏从此收场"。① 缓慢的疗养过程令白求恩不耐,他低落过,却未放弃对生的希望。在卧床休息的疗养过程中,他以阅读来打发时间,看小说、杂志,浏览医学书籍与刊物,关注肺结核的新疗法。一日,白求恩借了一本约翰·亚历山大的《肺结核外科疗法》,书中一句"20世纪外科手术最重要的进展无过于目前在肺结核手术处理方面所作的进展"引起了他的兴趣,他继续往下看,"仅仅数年以前,对于肺病使用任何外科疗法均被认为鲁莽多事,胸膜外脊椎旁的胸廓成形术以及类似办法,现在能使许多偏重一肺的肺结核患者不致死于肺病,可望永久恢复健康","肺部压缩无疑是本世纪在肺结核疗法方面最有价值的贡献,事实上也是19世纪70年代戴特伟乐提倡疗养法以来最有价值的贡献……外科疗法对于某一情况合适的肺结核病症的价值已是毋须争论的问题……凡属医师均有义务熟悉施行外科疗法的种种适应征和禁忌征,使千万诊断必死的肺病患者可能获救"。② 书中的话语不仅使尝过等死滋味的白求恩重燃生的希望,也使作为医生的白求恩有跃跃欲试的冲动。其后他一头扎进图书馆,查寻所有关于肺结核外科治疗的资料。经过一番阅读与研究,白求恩跟杜鲁多的医护人员提出,他愿意冒险做人工气胸,放弃卧床疗法。气胸疗法在白求恩身上显示了显著的疗效,他的咳嗽渐渐减轻,痰在一个月之内没有了。他一反往常地严格遵守医规,并自拟

---

① [美]泰德·阿兰、塞德奈·戈登合著,巫宁坤译:《诺尔曼·白求恩——外科解剖刀就是剑》,香港:南粤出版社1975年版,第43页。
② [美]泰德·阿兰、塞德奈·戈登合著,巫宁坤译:《诺尔曼·白求恩——外科解剖刀就是剑》,香港:南粤出版社1975年版,第47—48页。

康复方案。与此同时，他一边看书学习，一边记录下他对气胸疗法的反应，以钻研肺结核的外科疗法。两个月后，他康复出院。

罹患肺结核使白求恩一度濒于死亡的边缘，痊愈后的白求恩不仅对生活有了新的感悟，他的医学生涯更上了一个新台阶。病愈后的白求恩决定不干普通外科，而专注于肺结核的外科手术。1928年，他有幸成为北美肺部外科手术之父也是胸外科权威的爱德华·阿奇博尔德的第一助手，阿奇博尔德时任位于加拿大蒙特利尔的皇家维多利亚医院的首席外科医生。1928年至1932年间，白求恩与阿奇博尔德在皇家维多利亚医院一起工作，1932年底他就任圣心医院的胸外科兼支气管科主任，该医院位于蒙特利尔南部的卡第维尔。据《一位富有激情的政治活动家——国际主义战士白求恩作品集》描述："蒙特利尔的岁月，是白求恩一生中最富有成就的时期。在整整八年里，他达到了职业的顶峰——因工作而出名，在许多国家和国际外科专业人员大会上发言，1929年至1936年在北美大陆最著名的医学杂志上发表14篇论文。""1935年，他成为美国胸外科协会的正式成员，并被选入该协会的五人委员会。1936年，他又成为蒙特利尔内、外科协会的准会员。"[1]手术刀和论文，在21世纪的今天仍是评聘一名医生的标准，白求恩因精湛的手术和高质高产的论文达到其事业的顶峰，而他的兴趣与能力并不仅限于此，亲自动手改良手术器械、边示范边教学也是他的强项。

白求恩发明改良过不少手术器械。"大约从1930年开始，他勤奋地重新设计和制造自己的手术器械，几个月里，他的发明或设

---

① ［加］拉瑞·汉纳特编著，李巍等译：《一位富有激情的政治活动家——国际主义战士白求恩作品集》，济南：齐鲁书社2005年版，第37、81页。

计取代了他在手术室使用的许多器械……底部带有气泵的白求恩胸腔注气器械,人们给它起了个绰号叫'护士的朋友',白求恩肩胛骨推拉器得到'铁的实习医生'的绰号。此外还有白求恩肋骨剪和白求恩肋骨剥离器等。所有这些器械在手术室里引人注目,受人欢迎,其中一些使用了几十年。"①白求恩的不拘于常规,喜好创造喜好动手成了他行医的特色,也使他日后在西班牙、中国的医疗救助活动有了诸多开创性的贡献。

在皇家维多利亚医院任职的时候,白求恩曾被派到麦格尔大学医学院(皇家维多利亚医院在医务上隶属于麦格尔大学医学院)授课。泰德·阿兰与塞德奈·戈登在《诺尔曼·白求恩》一书中对白求恩的教学有一生动形象的描述:"他的讲授给学生的印象很深,一半由于他那出色的手术示教,一半也由于他不留情地批评陈腐的思想、书呆子式地接受认为已知事物的态度。他喜欢从躺在手术台上的人的观点来生动地说明外科问题。他尽力使学生看到手术刀怎样用法,或是血管该怎样扎法,同时也使学生看到人。他的课堂演示和手术室示教在大学里都非常受欢迎。"②显然,白求恩还是一位出色的医学教育者。其后在中国,他曾一边行医一边执教,还自己编写教材。

作为肺结核病的治疗专家,白求恩对肺结核的研究并不止于医学层面,以《呼吁肺结核患者尽早实施压缩治疗》一文为例,文中除了阐明尽早实施压缩治疗的重要性,还提出了经济学、社会学与疾病的密切关系:"治疗肺结核涉及两个问题……第一个问题主要

---

① [加]拉瑞·汉纳特编著,李巍等译:《一位富有激情的政治活动家——国际主义战士白求恩作品集》,济南:齐鲁书社 2005 年版,第 34—35 页。
② [美]泰德·阿兰、塞德奈·戈登合著,巫宁坤译:《诺尔曼·白求恩》,香港:南粤出版社 1975 年版,第 60 页。

是经济和社会问题,第二个问题则是生理学和免疫学问题。从根本上看,它们相互作用,不可分割。"他在文中引用了爱德华·利文斯通·特鲁多的话——"富人有富人的肺结核,穷人有穷人的肺结核,富人治好了,而穷人死亡了",进而指出:"这很简明地说明了经济学和病理学之间的密切关系。治疗这种疾病的任何方案,只要它们不把整个人类看作环境紧张和压力状态的产物,就注定要失败。""贫穷、低劣的食物、不卫生的环境,与传染病接触、过度疲劳和精神紧张,大都是我们所不能控制的。如何在这些方面进行根本的和彻底的调整,那是经济学家和社会学家的问题。""与缺少对抗肺结核的抵抗力相比,缺少时间和钱财导致更多的人死亡。穷人死亡是因为他们难以维持生存。在这方面,经济学家和社会学家与压缩治疗专家有了共同观点。"①由诊治肺结核延伸到解决深刻的社会问题和疾病预防问题。肺结核是那个时代爆发率较高又危险的疾病,他希望有更多的人能关注到肺结核的预防与治疗问题。除了发表论文、作学术讲演阐述他的观点,白求恩还创作了一部有关治疗肺结核的广播剧《病人的窘境——或治疗肺结核的现代方法》,通过广播电台向公众传播预防与治疗肺结核的知识。

对于肺结核病的关注及其延伸的社会、经济问题的探究,促使白求恩对苏俄产生兴趣。1935 年初,他与三位医生一同赴苏联参加国际生理大会。据他自己说,"我不像其他几位那样去俄国参加生理大会,我去俄国有着比这重要得多的原因。我主要是去看看俄国人,其次看看俄国人民采用什么方法来消灭一种最易消灭的传染病——肺结核"。为此,他只出席了开幕式,就忙着体察风土

① [加]拉瑞·汉纳特编著,李巍等译:《一位富有激情的政治活动家——国际主义战士白求恩作品集》,济南:齐鲁书社 2005 年版,第 49—52 页。

人情了,"在涅瓦河里游泳,悠闲地逛街,看橱窗,参观画廊,逛市场和商店",体察的结果是"对那些相信人类无限未来、相信人类的神圣使命的勇士来说,现在的俄国呈现出人类进化、新生和英雄气概的那种最振奋人心的景象,这种景象自宗教改革以来在世界上从未有过"。[①] 当年,白求恩加入了共产党。拉瑞·汉纳特这样评说白求恩的涉足政治:"白求恩是一个复杂的政治积极分子……在他49年的一生中只有最后的四年才为政治所占据。在涉足政治之前,白求恩的生活充满激情。他是一个热情洋溢的人,渴望生活,对世界有着强烈的好奇感,急于想帮助自己的病人,对引发疾病的不公正现象和贫富悬殊的社会带有极端的仇恨。这些情绪促使他走向政治,成为一名共产党员。他的一生就是从对政治漠不关心到极为关注政治的一种旅程。"

　　涉足政治后的白求恩两次远离故土,奔赴反法西斯战场。1936年11月,白求恩来到战火纷飞的马德里,1937年5月离开西班牙返回加拿大。短短半年时间,他成功开展了一项开创性的工作——在前线建立输血站,不仅为西班牙的反法西斯斗争作出了贡献,也为挽救更多伤员的生命积累了经验。其后在中国抗日根据地,他再次运用了此项技术。二战期间,西方盟军也研究并学习了在前线输血的经验。在西班牙,他不仅是一位热情的勇于探索的医务工作者,还是一个积极的反法西斯主义的宣传者,他构思并组织拍摄了一部电影——《西班牙的心脏》,赞誉了西班牙人民的英勇气概,"他从西班牙发回的无线电广播以及他的小册子《马拉加—阿尔梅里亚公路上的罪证》,都满怀激情地记载了这场伟大的

[①] [加]拉瑞·汉纳特编著,李巍等译:《一位富有激情的政治活动家——国际主义战士白求恩作品集》,济南:齐鲁书社2005年版,第106,108—109页。

反法西斯战争"。① 西班牙内战的恐怖点燃了白求恩对法西斯的愤怒之火,在 1937 年 6 月至 1938 年 1 月间,白求恩在北美作了巡回演讲,在一次演讲中,他预言将要全面爆发的"这场战争——这次世界大战,将意味着今日世界上的法西斯主义的末日"。通过对白求恩作品的阅读,拉瑞·汉纳特总结说:"在这场历史性的冲突中,白求恩完全把自己看作是一位前线的战士。所以,人们毫不惊奇地看到,在这六个月白求恩的注意力从欧洲战场跳到了亚洲战场,从西班牙跳到了中国。"②

二、致力改善抗日根据地的医疗卫生事业

"七七事变"发生后,日本在中国的侵略暴行成为海内外报纸的头条消息,满怀反法西斯斗志的白求恩把视点聚焦在了中国。在海内外爱好和平人士援华抗日的感染与鼓舞下,及其本人反法西斯斗志之驱使,半年后,白求恩踏上了又一个反法西斯战场——中国。来到中国后,白求恩即设法与中共取得联系并决意奔赴延安,据其本人说他是看了斯诺、史沫特莱等人的著作,对中国共产党及其领导的革命运动心生向往与同情。

还在"七七事变"之前,在中国国内日益高涨的抗日救亡运动的感召下,海外华人华侨已自发地组织起来,支持国内的抗日运动,加拿大人民和世界各地爱好和平的正义人士一样投入到援助中国的行列中。与此同时,中国的民间外交活动在世界各地逐渐兴起。1937 年 4 月 14 日,中国国民外交使节陶行知"在加拿大医

① [加]拉瑞·汉纳特编著,李巍等译:《一位富有激情的政治活动家——国际主义战士白求恩作品集》,济南:齐鲁书社 2005 年版,第 156 页。
② [加]拉瑞·汉纳特编著,李巍等译:《一位富有激情的政治活动家——国际主义战士白求恩作品集》,济南:齐鲁书社 2005 年版,第 218 页。

疗援华会主持的大会上演讲(温哥华讲演厅),感谢加拿大人民对中国抗战的支持,揭露日本帝国主义对中国侵略的歪曲宣传,并介绍中国人民在敌后进行游击战的情况"[1]。一年前即 1936 年的 7 月,陶行知在伦敦参加世界新教育会议,受"全国救国会"委托,他欣然出任国民外交使节,向国际社会宣传中国人民的抗日主张,力辟日本帝国主义的谣言。他为大会准备的提案是:"向国际报告中国现状,中国大众文化运动,救亡运动现阶段的实况以及中国大众当前英勇斗争的事实,我要借此次国际会议,粉碎日本帝国主义者国际间的武断宣传,让世界公正人士明了中国的一切。"[2]为此他准备在伦敦考察之后,再到法国、苏联、意大利、美国、加拿大等地去看看,宣传中国人民抗日救国的主张。9 月,他与吴玉章等代表中国救国联合会在比利时布鲁塞尔出席世界反侵略大会第一次会议,会后被选为中国执行委员。陶行知于 1936 年底抵美,得美国政府允准延长在美洲的游历时间至九个月,他因此到加拿大、墨西哥、古巴、檀香山等地广为演讲宣传,期间去过温哥华总抗日救国会,出席过加拿大国会及维多利亚剧院集会,去过白求恩的家乡蒙特利尔,并在那儿的中华会馆发表讲演。陶行知的巡回演讲与白求恩的巡回演讲有一个共同的目标即反法西斯,他们是否有面对面的交流,[3]因无第一手资料不得而知,但陶行知的讲演有助于增

---

[1] 朱泽莆编著:《陶行知年谱》,合肥:安徽教育出版社 1985 年版,第 333 页。

[2] 朱泽莆编著:《陶行知年谱》,合肥:安徽教育出版社 1985 年版,第 307 页。

[3] 有资料说,"第一位邀请诺尔曼·白求恩来华援助中国抗战的是爱国教育家陶行知"。"1937 年 7 月 30 日,陶行知先生应邀参加美国洛杉矶医疗局举行的欢迎西班牙人民之友宴会,当白求恩与陶行知会面时,主人为他们俩作了互相介绍。……陶行知向白求恩介绍了'七七事变'后中国的形势,白求恩对陶行知爱憎分明的谈话十分感动,立即毫不犹豫地表示,如果需要医疗队,我愿意到中国去。"见冀国钧、张业胜编:《诺尔曼·白求恩在中国》,北京:中国协和医科大学出版社 2007 年版。

强白求恩及加拿大人民对中国抗战及抗战中的中国共产党的了解是毋庸置疑的,以其讲演中日战争为例,内容包括:"(1)日本是什么样的一个国家?(2)日本人民被剥削的程度。(3)日本会停止对华的侵略吗?(4)人口问题的剖视。(5)反共借口的剖视。(6)把文化送到中国去的内容。(7)西安事变的意义。(8)中共在目前战争中所任的职务。(9)资本家在目前战争中所任的职务。(10)妇女的任务。(11)中国将抵抗多久?(12)和平的条款如何?满洲问题。(13)如何保证我们抵抗的胜利?(14)中国除去民主外尚有何途径?(15)战争是否仅被迫限在中国内进行?(16)英国援华的限度?注意!(17)加拿大怎样援华?(18)在加拿大境内的中国少数人民情况如何,你们怎样帮助他们?"[1]《陶行知年谱》中有这样一段叙述:1937年,"陶行知在美国、加拿大作国民外交宣传演讲等活动所得的钱,买了医药器材,通过宋庆龄转给白求恩,直接支援抗日根据地军民的抗日战争",[2]揭示了陶行知与白求恩之间的联系。

据白求恩自己说,他对中国共产党的了解源于斯诺的《西行漫记》与史沫特莱的《中国红军在前进》等,在出发前往中国之际,他曾兴奋地致信友人说:"我告诉你我为什么一定要去中国,请阅读斯诺的书——《西行漫记》,史沫特莱的书——《红军在前进》以及伯特兰的《中国第一步行动》。我现在特别高兴,特别快乐,比我离开西班牙之后任何时候都快乐!"[3]众所周知,《西行漫记》的出版在西方引起轰动,它使西方人认识了真实的中国共产党,也使白求恩

① 朱泽莆编著:《陶行知年谱》,合肥:安徽教育出版社1985年版,第344—345页。

② 朱泽莆编著:《陶行知年谱》,合肥:安徽教育出版社1985年版,第348页。

③ [加]拉瑞·汉纳特编著,李巍等译:《一位富有激情的政治活动家——国际主义战士白求恩作品集》,济南:齐鲁书社2005年版,第260页。

恢复了一度丧失的激情与信心。从西班牙返回加拿大的白求恩被人们称作英雄，但白求恩的西班牙之行，据拉瑞·汉纳特研究发现，无论是他的到达、离开，还是他在西班牙的工作，都存在着争论，因为一些复杂的政治原因，也因为白求恩个人的性格，对他的西班牙之行评价可谓毁誉参半。

1938 年 1 月，白求恩与美国医生查尔斯·帕森斯、加拿大护士琼·尤恩一行三人组成美加医疗队，乘"亚洲女皇号"轮船自温哥华取道香港赴中国内地。此前，他多方筹集资金，采购药品器材，配备了"一个装备齐全的小型医院"随行出发。医疗队的主要资助者是美国援华委员会，它由美国的一些宗教团体、人道主义机构组织而成，帮助的对象是中国的医院、孤儿院、教养院、托儿所等，1941 年 2 月正式成立美国援华联合会。① 1 月下旬，轮船抵达香港，一行三人乘飞机抵达汉口后，白求恩与医疗队队长发生了争执。白求恩是受美国和加拿大共产党的派遣，赴中国帮助中国共产党抗日，到达汉口即设法与八路军办事处取得了联系，并希望尽快赶赴抗日根据地，白求恩认为"由美国与加拿大的和平与民主联盟派出"②的由美加两国医生、护士组成的美加医疗队，应在中国的西北省份同八路军进行合作。查尔斯·帕森斯是奔着为中国政府服务而来华的，帕森斯与白求恩之间产生了严重分歧，帕森斯拒绝北行，随后返回了北美。白求恩和琼·尤恩在等待北上期间，在汉口先开始了工作。

目睹国统区的医疗救护状况，白求恩向美国、加拿大、英国的

---

① 参见冀国钧、张业胜编：《诺尔曼·白求恩在中国》，北京：中国协和医科大学出版社 2007 年版，第 7 页。

② ［加］拉瑞·汉纳特编著，李巍等译：《一位富有激情的政治活动家——国际主义战士白求恩作品集》，济南：齐鲁书社 2005 年版，第 269 页。

援华机构发出呼吁,请求帮助。首先,他转达了抗战全面爆发后在大后方组建中国红十字会救护队的林可胜的强烈呼吁,同时提出了他们共同的主张:"严禁任何单独行动的医生和护士到中国来。无论是出于他们的主动意愿还是在某个组织的授意之下来到中国,都应该把这些医生和护士组成医疗队,作为一个流动的手术小组进行战地救助或承担伤兵分流工作。他们每组应该配备4—6辆机动救护车,还要有便携式的X光机和可移动的发电装置,例如美国通用电气公司的F型发电机。另外当然还要有全套的手术器械和一些医疗供应品。这样的医疗队应有2—5名医生,3—5名护士,还需要一些担架员、护理员和司机。他们将配备中国医生、护理员和翻译等辅助人员。"白求恩觉得可以将这样的医疗队作为样板或是模范医疗队。为培养战地医护人员,林可胜还办了战时卫生人员训练所和训练示范病房。为此,白求恩提出的第二个要求是:"欢迎曾在加、美、英军中负责医疗工作的未授衔的各级士官到中国,因为我们需要这些人员来训练医护人员。"第三,白求恩提出了除医疗用品之外的其他需求,"除了捐款之外,这里还需要国外的组织其他的援助,例如捐助100—5 000双羊毛袜子,或是给孩子们提供10—100加仑的鱼肝油,提供100—1 000个英美军队中使用的那种急救敷料包,或是500—5 000磅的纱布、绷带和脱脂棉"。最后,"我们向全世界呼吁对中国实施援助,无论他们属于哪个国家,是什么身份,何种宗教或政治信仰。中国应当得到整个文明世界的援助,越快越好"。[①]

　　白求恩看见的是国统区的医疗救护状况,医护人员、医疗器

---

① [加]拉瑞·汉纳特编著,李巍等译:《一位富有激情的政治活动家——国际主义战士白求恩作品集》,济南:齐鲁书社2005年版,第263—270页。

械、药品样样匮乏,史沫特莱的来信使白求恩得知抗日根据地缺医少药的情况更为严重,更迫切地需要医疗援助。2月中旬,在一名八路军的陪同下,白求恩和琼·尤恩乘火车北上。因为日军对铁路线的轰炸,迫使他们后撤,放弃了乘坐火车,而改乘马车和船,有时步行。在战火纷飞的前线,经一个月的颠簸,他们于3月22日安全抵达西安,他们不知道此时外界纷传他们已经遇难了。亲历一路的惊险、目睹沿途的惨状,令白求恩对中日军队,对国民党、共产党,对中国士兵和中国人民有了直观、感性的认识。

对八路军的印象是,将士们生气勃勃,上下一心:"战士们都很年轻,看上去有18—22岁,脸膛都晒得红红的。他们的操练非常精彩,而且纪律严明。操练结束之后都去打篮球,军官和战士们一起打球。"①一次经历更使白求恩对八路军与民众的关系有了深刻的认识,在他跟着运送粮食的队伍行进时,有一天日军的飞机对这支队伍进行了轰炸,一名受伤的车夫听说他的三头骡子都死了后瞬间哭了,八路军立刻对死掉了的牲畜进行赔偿,每头赔给100元(中国的一元相当于30美分),白求恩感慨"难怪农民们都拥护八路军,因为这支队伍绝对不会欺压那些贫困无助的人"②。

对国民党部队的印象是,战士们很坚毅,但长官不关心士兵。"这些伤兵精疲力尽,浑身尘土,脸色苍白。长官丢下他们不管,任由他们忍受白天的燥热和长夜的寒冷(他们都没有毯子或铺盖),忍受未经包扎且已化脓的伤口的疼痛。他们还缺乏食物。他们有如此坚韧的毅力,对这一切都没有怨言。这些伤兵都不是八路军

<hr />

① [加]拉瑞·汉纳特编著,李巍等译:《一位富有激情的政治活动家——国际主义战士白求恩作品集》,济南:齐鲁书社2005年版,第272页。
② [加]拉瑞·汉纳特编著,李巍等译:《一位富有激情的政治活动家——国际主义战士白求恩作品集》,济南:齐鲁书社2005年版,第278页。

的。后来,我在西安从国联委员会的赫尔曼·穆瑟教授(国联流行病委员会的传染病防治小组的负责人)那里得知,他只在八路军的医院见到过重伤员,其他医院收治的都是自己能走到后方医院去的伤兵。"①途经山西河津县看到阎锡山的地方部队,是这样一幅面貌:"这里的部队看上去毫无组织,听说有的士兵根本不听军官的指挥。有些军官涉嫌侵吞军饷。打仗时每个士兵一个月应得六元报酬,外加食品和军服,但据说这些部队已经几个月没发过钱了。"②

　　行抵西安后,白求恩得知有一位加拿大传教士医生理查德·布朗要加入他们的医疗队,甚是欣喜和期待。布朗是圣公会派往河南商丘圣保罗医院的大夫,教会医院被日军接管后,布朗去汉口遇到了善于说服人的史沫特莱,他决定为八路军提供医疗救助。白求恩决定让布朗任医疗队队长,他想到的是由一个传教士负责加美中国医疗队并和八路军合作的宣传价值。然圣公会对布朗要与共产党合作甚是不悦,最终只给了布朗三个月的假期。

　　白求恩与琼·尤恩于3月下旬离开西安,3月底到达延安。毛泽东在自己的窑洞会见了白求恩,白求恩阐述了自己的计划,他决定去前线组织战地医疗队,他对毛泽东说,如果手术及时,重伤员的70%是可以救活并康复的。《毛泽东年谱》中就毛泽东与白求恩的会面有这样一段文字:3月底的一天晚上,"十一时开始会见来中国帮助八路军抗战的加拿大共产党员诺尔曼·白求恩,同他进行长时间的亲切谈话,谈到西班牙人民进行的反法西斯战争和中国抗战的有关问题。在讨论建立八路军战地医疗队问题时,白求恩

---

① [加]拉瑞·汉纳特编著,李巍等译:《一位富有激情的政治活动家——国际主义战士白求恩作品集》,济南:齐鲁书社2005年版,第283页。

② [加]拉瑞·汉纳特编著,李巍等译:《一位富有激情的政治活动家——国际主义战士白求恩作品集》,济南:齐鲁书社2005年版,第284页。

说如果有战地医疗队,前线的重伤员百分之七十可以救治,毛泽东对这一点十分关注,热烈支持建立战地医疗队的提议。谈话一直进行到次日凌晨二时"。① 考虑到白求恩的安全,前线的危险与艰苦,而且延安也需要白求恩这样医术精湛的医生,白求恩提出的上前线组织战地医疗队的请求迟迟未被批复。据时任中央军委总卫生部保健科科长兼手术组组长的江一真回忆,白求恩上前线是以一种特殊的方式解决的,"当白求恩听到对他需要特别照顾时,他忽地跳起来,抄起圈椅,朝窗户飞掷过去,椅子砸断了窗棱子,落到院子里。他怒气冲冲地叫道:'我不是为生活享受而来的! 什么咖啡、烤牛肉、冰淇淋、软绵绵的钢丝床,这些东西我都有了! 为了实现我的理想,都抛弃了! 需要照顾的是伤员,不是我自己!'在场的人为之惊愕失色。可是复杂的问题却这样轻而易举地解决了"。第二天,江一真陪同白求恩到医院巡诊时碰到马海德,他笑着对白求恩说:"诺尔曼,你昨天的举动太莽撞了。"白求恩笑着回答说:"我可以为此向大家道歉,但是你们也要向拄拐杖走路的残疾人道歉!"②白求恩的火爆脾气、他的固执在与其共事的业内人士中是公认的,同时,大家都知道他只是对工作如此,他不能容忍对伤员对病患不负责任的现象,对伤患他是充满爱心与耐心。白求恩上前线的愿望以这种白求恩的方式实现了。

三、战斗在晋察冀

理查德·布朗于 4 月下旬到达延安,5 月 2 日,他和白求恩

---

① 中共中央文献研究室编:《毛泽东年谱(1893—1949)》(中卷),北京:中央文献出版社1993 年版,第 62—63 页。

② 王盛泽,钟兆云:《江一真印象里的白求恩、柯棣华》,《党史博览》2008 年第 5 期。

一同出发去山西五台山的前线工作。此前因北美带来中国的医药物资迟迟未运到，尤恩被派去西安亲自取，而尤恩抵达西安后发现物资已被运去延安。白求恩和布朗携带设备先行奔赴晋察冀根据地，他在给友人的信中说"在中国千万不能和行李兵分两路，这是我们总结出的宝贵经验"，尤恩终究没有赶上他们。

据《白求恩国际和平医院六十年大事记 1937—1997》记载，白求恩与布朗于 1938 年 6 月 17 日到达晋察冀军区司令部所在地——山西省五台县金刚库村，聂荣臻司令员聘请白求恩大夫为军区卫生顾问。6 月 19 日，白求恩到五台县耿镇松岩口村军区后方医院第二休养所，开始了医疗工作。经白求恩倡议，7 月 15 日第二休养所开启了整顿医院的"五星期运动"和创建"模范医院"工作。白求恩主张以"模范医院"作为全区培训医务人员的基地和"全区各级医院的医生和护士的学校"，获得军区同意，并上报毛泽东得到批准，毛泽东指示军区每月付给白求恩 100 元津贴。白求恩不肯接受这笔津贴，在回绝不了的情况下，他建议建立一个"特别烟草基金"，用于购买伤员所需要的烟草和烟卷。经过两个月的忙碌，"模范医院"于 9 月 15 日在松岩口村的一个大庙里落成。"'模范医院'落成之时，正值世界国际和平会议闭幕，因此，'模范医院'又称'国际和平医院'。保卫中国同盟主席宋庆龄委派德国友好人士王安娜视察了医院的工作。"①

9 月开始，白求恩率领医疗队转战各地开展战地救护工作，他倡议军区成立若干医疗队分赴各地，与驻军卫生机构合作进行战

---

① 《白求恩国际和平医院六十年大事记 1937—1997》，石家庄：白求恩国际和平医院 1997 年，第 32 页。

地救护工作。八路军 359 旅是白求恩率领的流动医疗队实施战地救护的第一支部队。应白求恩等医生的要求,359 旅旅长王震答应碰到有计划的行动,流动医疗队可以紧跟在作战团后面。于医疗队而言,1938 年 11 月底参加 359 旅与日军进行的黑寺战斗的战地救护是他们经历的第一次考验。12 月 7 日,白求恩在 359 旅第一分区杨家庄后方医院致信聂荣臻,报告了此次行动的经过及工作成效:流动医疗队接到王震来信,说 11 月 29 日早晨下灵丘北部将有行动,流动医疗队旋即离开后方医院行抵指定地点黑寺,"发现旅长已经为我们的急救站做好了极其周到的准备。我们离进攻广灵至灵丘机动车道的八团仅 25 里,离七团仅 35 里,离九团 45 里,他们都在这条道上采取行动,我们已组织了很多担架员,下午 5 点 15 分我们接收了第一名伤员,这时他受伤已经 7 小时 15 分钟了,我们连续工作了 40 个小时没有休息,做了 71 个手术。30 日这天延安医疗队的卢大夫和 359 旅卫生机构的另一名大夫也加入了我们,他们接替了我们夜间的工作。12 月 1 日上午 10 点,我们结束了手术……此间,只有一人死亡……""12 月 3 日,我们来到该旅在曲回寺的医院,检查我们曾在前线为之做过手术的伤员……1/3 的伤员术后没有感染,我们认为这是一个巨大的进步。如果伤员受伤后不被耽搁而及时接受手术治疗,这个概率毫无疑义会更高。现在被耽搁的时间最少是 7 小时 15 分钟,最多为 40 个小时,所有病人平均被耽搁了 24 小时。我认为在现有条件下,这是最令人满意的,因为这个县在山区,交通极差。""另外一个不能忘记的事实是,这些病号从 11 月 30 日到 12 月 3 日在前往 359 旅医院的 110 里的路途中,没有受到任何的关照。在这 110 里的途中设有两个休息站,但是都没有准备敷料……如果受伤和手术之间的时间以及流动救护队与后方医院之间的敷料这两个因素能控制的话,我认为我们的感染率仅仅是 33％而不是 66％。"①黑寺战斗发生时，江一真从延安带来的一支医疗队正抵达晋察冀根据地，随即参加了战地急救。江一真回忆说，他原先以为白求恩所说的上前线，不过也是在医院，没想到手术室这么靠近战场，这是以前从来没有过的，而且听说本来白求恩还要求把手术室再靠近前线一些，王震没有同意。②

有了第一次成功的战地救护，白求恩更坚定地认为，"大夫等待病人的时代已经一去不返了，实际上，大夫必须去找病员，而且越快越好"，他主张"每个旅都应该有一个由它支配的、同我们一样的流动手术医疗队，它是团救助营地与后方医院之间的联系纽带"，并提出了相关的技术问题，"由于在前线做手术与在医院做手术完全不同，我建议各团大夫到后方医院进行两周强化训练"。③流动医疗队"初步疗伤"的急救方式其后逐步形成了一种制度，1939 年底，晋察冀军区明确规定了战场救护的止血、固定、消毒、裹伤、搬运五项技术原则。④

在日军的连续"扫荡"中，"模范医院"被日军摧毁，白求恩于 12 月在灵丘县杨家庄村军区后方医院第一休养所另行倡导成立了"特种外科医院"，希望以此作为新的示范，为此他编写了《基地特种外科医院章程》，详细规定了医院工作人员的权利、义务、责任。

---

① ［加］拉瑞·汉纳特编著，李巍等译：《一位富有激情的政治活动家——国际主义战士白求恩作品集》，济南：齐鲁书社 2005 年版，第 405—406 页。

② 王盛泽，钟兆云：《江一真印象里的白求恩、柯棣华》，《党史博览》2008 年第 5 期。

③ ［加］拉瑞·汉纳特编著，李巍等译：《一位富有激情的政治活动家——国际主义战士白求恩作品集》，济南：齐鲁书社 2005 年版，第 407—408 页。

④ 《新中国预防医学历史经验》编委会编：《新中国预防医学历史经验》第一卷，北京：人民卫生出版社 1990 年版，第 93 页。

1939年1月，为了训练医护人员的外科技术，提高医疗管理能力，白求恩在"特种外科医院"开展了"特种外科实习周"活动。据白求恩给援华委员会及友人信中所说，1939年新年开始，他除了率领医疗队参加战地救护外，还忙于医院与医护人员的组织和教育工作。晋察冀军区有六个军分区，每一个军分区都有一个以上的医院，"医院仅仅是些位于偏僻的村子里的脏兮兮的土石平房，村子位于山谷中"，"伤员散居在村子里，每个村有50到200人不等。他们同老百姓住在一起，所以相当拥挤。我们到一个这样的'医院'检查，鼓励伤病员，重新组织工作人员"。①

　　冀中，是八路军领导下的华北地区又一个重要的游击战区域。1939年初，白求恩率"东征医疗队"奔赴冀中抗日战场，进一步实施并推广战地救护这种新的救护方式。6月底从冀中返回晋察冀边区中心唐县后，白求恩总结了在冀中游击区四个月的工作，报告中说，"在4个月的时间里，我们医疗队经历了4次战斗，在这些作战中，医疗队离开火线不超过二又二分之一英里，有时候更近些"，"在战地共进行了315例手术，这不包括急救包扎的。在冀中总共行走了1504里（500英里），建立了13个手术室和敷扎站。新组织了2个流动手术队（一个为刘将军的部队，另一个为贺龙将军的部队）"。白求恩希望能建立起流动手术队（实际是师部战地医院，但只有临时病床）的榜样，并被广泛仿效。由于当时"冀中没有医院，所有原来地区以下的医院都已西迁，卫生工作由团、大队和游击分队的医疗部门来进行"，白求恩希望1939年内能"建立7个这样的手术队（每个师或每个地区游击大队各有1个）"。对于跟随作战

---

① ［加］拉瑞·汉纳特编著，李巍等译：《一位富有激情的政治活动家——国际主义战士白求恩作品集》，济南：齐鲁书社2005年版，第459、437页。

部队行动,白求恩说:"我相信,任何人都会对能在离前线一二英里的地方成功进行手术而表示满意的,问题不仅仅在于手术能在那里进行,重要的是必须在那里施行手术。"①在这篇发给保卫中国同盟的报告中,白求恩深情记述了八路军将士和医护人员的忘我拼搏,游击战的机动灵活亦尽显文字之中:"在齐会战斗中,我们医疗队位于离火线 7 里路的地方,在 69 个小时的连续工作中,做手术 115 例","在河间东北约 40 里的杨家庄,医疗队差点被俘。清晨 5 点发出敌情警报 10 分钟内,我们从村庄的另一头撤离,这时 400 名敌军也进村了。所有的人员和设备都得以保全,这归功于我们的得力管理员的机警灵活,以及所有人都骑上了马。病员们或藏在村里,或由民夫抬走了,没有病员被俘","在前线非常困难的条件下,进行了 2 次输血,我要请你们注意,董同志(我的翻译)在 4 个月里 2 次献血,救了别人的生命;张医生在献了 300cc 血之后,连续工作 12 个小时"。报告中还详细陈述了冀中地区的医疗条件与设施:"由于三氯甲烷已用完,我们有 15 例手术是在没有麻醉剂的情况下进行的。我们也缺乏防腐剂和纱布","冀中大部分地方,药品和医疗用品的供给极为可怜,从天津获得物品看来十分困难","我已用完了我从美国带来的胶布,我们已无粘膏和松紧带可供使用了"。最后,他总结了治疗中的两大困难,一是"医生们缺乏培训",二是"外科大夫即使能进行手术,也因没有手术械具而不能进行这项工作"。② 如前文所述,《保卫中国同盟新闻通讯》主要面向英语国家和地区,白求恩希望借此平台以自己的亲身经历告诉世界,八

① 宋庆龄基金会研究室编,吴景平译:《保卫中国同盟新闻通讯》,北京:中国和平出版社 1989 年版,第 107—109 页。

② 宋庆龄基金会研究室编,吴景平译:《保卫中国同盟新闻通讯》,北京:中国和平出版社 1989 年版,第 108—110 页。

路军和根据地民众在缺医少药的情况仍在进行着顽强的抗战,他大声质问"究竟为什么我们不能从中国和外国得到更多的援助呢"?

　　白求恩的战地急救改变了伤员因伤口得不到及时处理而导致恶化、致残甚至死亡的状况,他骄傲地告诉世界,"所有的指挥员都指出,有大量的伤员在接受早期清创术后避免了感染,一个月便能返回岗位"。① 继而,他对敷扎站的设立与管理进一步减少了伤员的感染率。1939 年 7 月,杰姆斯·贝特兰应保卫中国同盟之要求前往西北考察,从一位受过训练的在此区域工作的护士那儿获得了白求恩的消息及敷扎站的信息。据这位护士说,白求恩对整个晋察冀边区的医疗机构进行了巡查,他力图在冀中建立战地医院即流动手术队,目的是"进一步培训人员和适应轻伤员及周围地区病人的需要,重伤员则被送往后方医院",后方医院即是五台山的有 300 张床位的医院,把伤员从冀中运到五台山,虽然要越过日本重兵把守的两条铁路线——平汉线和正太线,但"白求恩大夫没有为这些运送中的困难而失去信心,他成功地建立了一些先进的敷扎站。据介绍,这些敷扎站是'极其清洁和有成效的'"。②

　　白求恩如此心系伤员、爱护战士的生命,激励了战士们的斗志,"拼吧! 白求恩就在我们后面!"成了 359 旅战士们冲锋陷阵的新口号。从此,不管白求恩去哪里,关于他工作的故事往往比他本人先到。"伤员的伤口是肉,不是树皮"、"他和八路军战士一个样"、"颅中取弹头"、"为人民服务,不要报酬"、"心眼好的外国医

---

① 宋庆龄基金会研究室编,吴景平译:《保卫中国同盟新闻通讯》,北京:中国和平出版社
　　1989 年版,第 110 页。
② 宋庆龄基金会研究室编,吴景平译:《保卫中国同盟新闻通讯》,北京:中国和平出版社
　　1989 年版,第 93 页。

生"……《白求恩在唐县》一书收录了曾与白求恩一起工作过的医护人员、被白求恩救治过的伤员及村民的深情回忆,暴躁脾气的白求恩对待伤病员的爱心、耐心与细心深深感动了中国军民。在抗日前线忙碌着的白求恩,同时也被中国的军民感动着。他在给加拿大友人的信中屡次谈到他的工作和生活,"我的确很累,但我很愉快,因为我做的是我想做的事情……我有一份重要的工作,它占据了我从早上5点半到晚上9点的每一分钟","我有一名厨师、一名勤务员和我自己的房子,还有一匹日本良种马和一副好马鞍……人们以所能想象到的亲切和礼貌,把我当国王般的同志来对待。能够成为同志们中的一员,同他们一起工作,对我而言是一笔宝贵的财富……你可以在这发现这样一些同志……他们温和、镇定、智慧、坚韧、具有不可动摇的乐观主义,对人民和蔼对敌人冷酷、对人民充满爱心对敌人充满仇恨,无私、坚决、爱憎分明"。① 在模范医院开幕典礼(1938年9月15日)的演讲中,他表达了对中国军民的敬意:"我从各位身上学到了许多宝贵的经验,从各位身上我看到了无私奉献、团结合作和一往无前的精神","我感谢那些志愿公民们,他们很多人已经年长,他们对于伤病员的爱、对于工作的忠诚与投入给我们上了很好的一课。尽管我们给村民们造成了极大不便,但是他们无论男女老少都心甘情愿将伤员安置到自己家里;……我必须对咱们八路军和游击队伤病员们的勇气与忍让精神表示敬意。"②拉瑞·汉纳特评价说,白求恩"在中国的共产主义者中间获得了满足,有了新的乐观精神"。

---

① [加]拉瑞·汉纳特编著,李巍等译:《一位富有激情的政治活动家——国际主义战士白求恩作品集》,济南:齐鲁书社2005年版,第366页。

② [加]拉瑞·汉纳特编著,李巍等译:《一位富有激情的政治活动家——国际主义战士白求恩作品集》,济南:齐鲁书社2005年版,第374、380页。

奔波于中国抗日前线的白求恩已不仅仅是一名胸外科专家，甚至不仅仅是一名外科医生，他还是一名出色的医学教育者。在有着 20 万军队的晋察冀根据地，"医院里常年有 2 500 名伤员"，却"只有 5 名大学毕业的中国医生，50 名未经训练的中国'医生'，和一个外国人"，①"护士都是些 14 到 18 岁的男孩，仅仅是些农民"，②于是白求恩不时地给医护人员授课，讲授基本的医学知识，没有课本就亲自编写教材，并用了许多图解来简化课文。令他欣慰的是，"他们非常渴望学习，渴望提高，经常为他们的工作作自我批评"，他在给友人的信中说："尽管我经常被他们的无能、无知、无序、无心搞得非常恼火，但是他们的朴实、好学和纯真的同志情谊和无私精神，常常使我的怒火最终消于无形。"③

白求恩不仅是医术精湛的临床医生，还是极其认真负责不讲情面的医务管理者。既被任命为晋察冀军区卫生顾问，他便一丝不苟地履行他的职责。以白求恩致信晋察冀军区卫生部部长叶青山谈药品订购、运输等问题为例，落款是卫生顾问诺尔曼·白求恩，信中罗列了 15 个要点谈问题与建议，为揭示根据地医疗界存在的问题，充分显示白求恩的工作态度与行事风格，有必要将这一长信摘录如下："在我写这封信的时候，面前摆着几张拿给别家的代理商的药品清单。我就说说这些清单。（1）这 8 份清单，是 8 个人开的，但具体是谁不清楚，因为上面都没有签名和日期。为什么

①［加］拉瑞·汉纳特编著，李巍等译：《一位富有激情的政治活动家——国际主义战士白求恩作品集》，济南：齐鲁书社 2005 年版，第 446 页。
②［加］拉瑞·汉纳特编著，李巍等译：《一位富有激情的政治活动家——国际主义战士白求恩作品集》，济南：齐鲁书社 2005 年版，第 437 页。
③［加］拉瑞·汉纳特编著，李巍等译：《一位富有激情的政治活动家——国际主义战士白求恩作品集》，济南：齐鲁书社 2005 年版，第 437 页。

你能容忍这种粗心大意？你没有坚持所有的药品调拨单都必须经你的中心办公室批准吗？显然没有,结果就出现了大量的重复。赫尔小姐告诉我,北京的代理商非常困惑。我强烈要求,以后所有的调拨单必须只经过你的办公室,所有清单必须由你亲自检查。(2)清单不仅是太多,而且无一例外书写方式都非常粗心和马虎(包括你自己的),但还能够辨认。一多半的药品名拼写错误,还没有编号。你必须跟你办公室的工作人员强调一下书写整齐和正确的重要性。你自己必须检查一遍。(3)必须停购特殊药品(特别是一次用量的针剂)。有些药品如维他鲸油既无用又昂贵。有健身作用的番土鳖碱和铁剂较好,价钱也只有它的十分之一。(4)清单中还有大批量的洋地黄、洋地黄苷、洋地黄薄层。你必须记住,也得让你的医药官记住,洋地黄只适用于心房的纤维性颤动疾病,并不是一般的心脏保健药。我在八路军工作的一年半中,只有一例病人我给开了洋地黄的处方。年轻战士一般的心跳过速不需要洋地黄来改善,它仅仅是因紧张而产生的一种征兆。止痛剂是必要的。你订购的洋地黄足够供应一支 1 000 万人的军队!在你给军医们每周一次的信中,我建议你提醒他们注意这个问题。(5)必须减少和阻止皮下注射剂的使用。这种做法是庸医的权宜之计。当然,大的商业药房鼓励这样做。使用皮下注射效果最好的只有 6 种药,如……铁剂不在其中,你订购的含铁的克德考雷特一次用量的针剂是不需要的,肺炎球菌血清也不需要。(6)我注意到你所有的清单上都没有液体石蜡。你怎么配制'毕普'(Bipp 是白求恩用硝酸铋、黄碘、液体石蜡做成的软膏,用来防止纱布与伤口黏在一起。英文名称由四个单词的第一个字母组成——译者注)?毕普是伤员急救敷裹的最佳材料,不管什么原因都是不能去掉的。对普通腹泻来说(非细菌性或内阿米巴病),白垩或高岭土既便宜又花费不多——比铋要少，但我看到你没有订购。没有黄蓍胶，没有像干草这样调味剂。订购的凡士林没有指明要白的还是黄的——前者最好做药膏，后者用于伤员敷裹。你单子上的安提比林和匹拉米洞，被北京的卫生顾问给删去了，我同意。你的医生中有一种广为流传的看法，就是采用各种方法降烧比找出确切病源、对症下药更为重要。用浸了水的冷海绵降烧是最有效和最便宜的。只要提高整个护理水平，你们使用的药物就会减少。（7）胰酶、胃蛋白酶和淀粉酶以20磅为单位订购了几份。这些没有必要。（8）去年夏天我给了你1磅鞣质酸，用于在4％的溶液中治疗烧伤。你订购了10磅，这太庞大了，我认为远远超过你的需要。（9）如果有可卡因的替代品，比如奴弗卡因，就没必要订购可卡因了。可卡因只用于做眼、鼻手术时麻醉粘膜。（10）你订购了6个腹部牵开器以及一大宗其他外科器械，尽管标明了编目号码，但你没有标明哪个编目。外科编目有上百种。（11）最严重的一点可能是，你没有订购任何用于骨折，特别是大腿骨折皮肤牵引用的皮肤黏合带（比如邦迪带）、辛克莱胶水、法兰绒布和弹力绷带。抬高骨折大腿的正确方法是使用托马斯夹板和拉塞尔牵引器，这在去年冬天我已经给你们做了数例示范。但是当我问王医生（他是我特意培养做这项工作的）自我走后他做了几例时，他告诉我一例也没有。在这件非常重要的事情上你们都在做什么！所有医院共有多少例大腿骨折？你们是如何诊治的？我建议你立即亲自展开调查。给骨折伤员以恰当治疗比你教医生们怎么做腹部手术更为重要……（12）关于药品的包装和运输问题。八路军必须停止用纸包装药品的惯例，这是糟蹋东西。所有药品至少需要订购500个带盒的马口铁盒子。一旦认识到这些药品要运多远，有多昂贵，要冒多大的生命危险才能运到这儿，就有必要向各级人员强调谨慎和防止损耗的

重要性了。你必须至少订购 25 个新箱子。由于包装粗劣和雨水
侵袭，大批药品和箱子已经被毁了。(13)药品调拨单的规范格式
必须是书写和油印。(14)你有没有按我的建议任命一个常务委员
会？他们开始工作了吗？我想让他们到这来，跟我一起起草一个
关于一些标准溶液、合剂和处方的细目表。(15)从北京协和医学
院来了两三个护士，他们当上卫生学校的教员了吗？"①

　　信中，白求恩对其认为不应发生之错误及有关人员的严厉批
评，及其对药品订购及运输的建议，体现了他对待工作的严谨、热
情，对待工作中错误的零容忍，对于不尽责之同僚乃至上级的"火
爆"脾气也跃然纸上。

　　在药品、器械严重缺乏的抗日根据地，喜好动手的白求恩不仅
研发了一些廉价有效的药品，还发明了多种器械。特别值得一提
的是设计了一种新的运载医疗器械的运输工具，命名为"卢沟桥"
的药驮子，白求恩在冀中四个月工作报告中谈到的那次杨家庄转
移，十分钟内全体安全撤离并带走所有设备，即得益于这种新的运
输工具，各种设备装袋系在马鞍上，"如果我们按以往方式携带装
备，就将不得不连同骡群一起放弃了"。游击区域的医院多属战场
流动类型，它随部队转移，规模根据伤兵的需要而变化，携带物品
的医护人员常常从一个村庄转移到另一个村庄，还得移动快速。
这种新的运输工具，可以"运载一个手术室、一个敷扎室和一个药
房所必需的物品，所有这些设备足够进行 100 例手术、包扎 500 名
伤员、开出 500 个处方，用两头骡子就能全部载运"②。白求恩将这

---

① [加]拉瑞·汉纳特编著，李巍等译：《一位富有激情的政治活动家——国际主义战士
　　白求恩作品集》，济南：齐鲁书社 2005 年版，第 447—450 页。
② 宋庆龄基金会研究室编，吴景平译：《保卫中国同盟新闻通讯》，北京：中国和平出版社
　　1989 年版，第 109 页。

种运输工具的说明写在了他编写的游击区医疗手册《游击战争中战地医院的组织与技术手册》之中。

　　在忙于手术、教学、编写教材等医疗工作之余，白求恩还不遗余力地从事抗日的宣传工作。他不停地写各种报告、信件、新闻稿、演讲稿和散文、短篇小说等，内容涉及抗日根据地的医药卫生管理、与手术治疗有关的医疗工作及抗战宣传等，一面作为美加医疗队队员向有关方面汇报他的工作，一面满怀热情地为抗日根据地作宣传，揭露日军的暴行，前文给保卫中国同盟的通讯稿即是一例。他甚至自行组织了一个宣传机构，据 1938 年 9 月 30 日白求恩致马海德信中所述，他的翻译董同志被选为部长，"专门负责文学和教育领域并作为宣传部中国分部和英国分部的联络官"，"司令部政治局的邓同志被任命负责政治和群众动员的宣传工作；县出版社前编辑、现任总司令部的摄影师夏同志被任命负责军事宣传和该部的摄影工作"，白求恩则"负责英语部，专门负责医院和公共卫生事务"，"每一位成员都发誓除了要多收集材料之外，每个月至少写一篇文章。我们想知道整个地区所发生的一切，也想把它'告诉整个世界'"。① 在给援华委员会的报告中，他定期报告医疗队的工作情况，以及晋察冀地区八路军的战斗、伤亡与医疗状况。在上述报告及致友人信中，白求恩还详细介绍了中国共产党领导的游击战争及抗日根据地的地方政府，对中国共产党及抗日根据地作了极好的宣传。在白求恩眼里，中国共产党是他所见过的最好的国家共产党。② 1939 年发表在美国和加拿大左翼刊物上的两篇散

---

① [加]拉瑞·汉纳特编著，李巍等译：《一位富有激情的政治活动家——国际主义战士白求恩作品集》，济南：齐鲁书社 2005 年版，第 382 页。
② [加]拉瑞·汉纳特编著，李巍等译：《一位富有激情的政治活动家——国际主义战士白求恩作品集》，济南：齐鲁书社 2005 年版，第 438 页。

文《哑弹》和《创伤》,以满腔的激情分别描述了抗日根据地民众的抗日和八路军战士在抗战中的惨烈伤亡,对日本帝国主义的侵略作了义正词严的揭露。文中,白求恩以形象感性的语言,将其亲眼所见、亲身经历的事情以白描的手法展现给世人,充分展示了抗日根据地军民的同仇敌忾、坚决抗日。白求恩对于中国抗战的宣传,不仅令更多爱好和平与正义之人同情、支持中国的抗战,也使白求恩的影响超越了医学界。

　　白求恩以满腔的热情、专业的技能做了他认为有利于反法西斯斗争、有利于中国抗日的诸项工作,他对美加医疗队价值的定位更是站在中国军民的立场而令人敬佩,他说:"一支充满活力的医疗队能在一年里做相当多的有益工作,比如红十字会,甚至我们自己的加拿大—美国医疗队去年就做了750多例手术。但是一旦这样的医疗队离开,原有状态依然保持。中国人自己必须学会在外国医疗队离开之后坚持下去。对我来说,这就是检验援华的真正价值。有多少中国技术人员经常受训?技术工作的整体水平有没有得到提高?中国人自己能够坚持下去吗?这些问题的答案就是外国医疗队的价值体现。"①为了帮助中国培养训练有素的医学人才,他再次萌生了依靠模范医院建立卫生学校的计划,为此他决定回北美亲自筹款。1939年8月中旬,白求恩预定在11月回一趟北美以筹集资金。行前他走访军区所有医院做例行检查,期间率领医疗队参加了涞源县雁宿崖战斗的战地救护,"不慎在手术中左手中指被划破;11月1日,白求恩大夫为一名颈部丹毒合并头部蜂窝织炎患者施行手术时,手指被感染,发生败血症;11月12日,经抢

① [加]拉瑞·汉纳特编著,李巍等译:《一位富有激情的政治活动家——国际主义战士白求恩作品集》,济南:齐鲁书社2005年版,第453—454页。

救无效,白求恩大夫于凌晨 5 时 20 分在唐县黄石口村不幸以身殉职"。① 白求恩逝世后,他的遗体被马不停蹄地于 16 日转移到了于家寨,由专人整理遗容,17 日上午,聂荣臻赶到于家寨向白求恩遗体告别,并亲自入殓,秘密安葬,躲过了其后日军的多次扫荡。1940 年 1 月 4 日,白求恩的灵柩被起出,抬往唐县军城重新安葬。1940 年 1 月 5 日,唐县军城隆重举行了白求恩遗体安葬仪式和追悼大会,上万人参加了白求恩大夫追悼大会,晋察冀军区司令员聂荣臻宣读祭文,白求恩"以天赋之英才,造医学之极峰,抱高尚远大之理想,献身革命",并宣布军区决定,"将晋察冀军区卫生学校命名为白求恩学校,将卫生学校附属医院命名为白求恩国际和平医院"。②

《保卫中国同盟新闻通讯》第 11 期(1939 年 12 月 15 日)发表题为"一个为中国而斗争的战士的牺牲"的悼念文章,颂扬白求恩"在贫乏的条件下完成了大量工作",白求恩及抗日根据地的医生和护士门面对物质条件的惊人匮乏,"习以为常地完成了那些医学上认为是'不可能'的工作,几乎是赤手空拳地为拯救濒危者而战,不仅使重伤员们病愈,还使他们得以重返战场","对于中国的外国朋友,他树立了一个榜样,把工作和生活慷慨地奉献给别国的为人民解放而战斗的人们,因为他坚信,这些人的事业是与整个人类进步的事业相联系的,他为这一事业献出了自己的一切——他极大

---

① 白求恩国际和平医院编:《白求恩国际和平医院六十年大事记 1937—1997》,石家庄:
　　白求恩国际和平医院,1997 年,第 32 页。
② 白求恩国际和平医院编:《白求恩国际和平医院六十年大事记 1937—1997》,石家庄:
　　白求恩国际和平医院,1997 年,第 33 页。

的精力、能力乃至他的生命"。① 1940 年 2 月 15 日,《保卫中国同盟新闻通讯》第 13 期发表题为"白求恩大夫的工作在继续"之报道:"以他的智慧和双手为象征的国际和平医院,正成为所有对华医疗援助的集结点,该机构现在包括四个后方医院、一个向它们提供物资的运输系统,以及各游击区的许多流动医疗队","白求恩大夫的祖国加拿大,首先对他的去世作出了反应。不列颠哥伦比亚省的维多利亚医疗援华会,对一个以他的名字作永恒纪念的项目,提供了大笔捐赠。保卫中国同盟中央委员会在一次特别会议上,决定用这笔款子为延安卫生学校建一个图书馆,并为国际和平医院的下属单位高峁模范医院购置一台 X 光机。图书馆的奠基工作已经开始并已购买了中文、英文和德文的课本与参考书籍,预订了一些最重要的外文医学刊物"。②

1972 年,中国与加拿大建交后,加拿大政府宣布白求恩是一位"具有历史意义的加拿大人"。据说加拿大人民崇敬白求恩主要有两方面原因,"一是钦佩他在征服死亡威胁过程中表现出的坚强毅力,二是敬佩他处处为他人服务、为他人着想、为医疗社会化而不懈奋争的崇高精神"。③ 2004 年,加拿大广播公司评选"最伟大的加拿大人",白求恩被评选为第 26 位伟人。作为一名医生,白求恩以他的仁爱济世、他的崇德敬业、他的献身精神,成为中国人民心中的英雄、加拿大人民怀念的"历史性人物"。

① 宋庆龄基金会研究室编,吴景平译:《保卫中国同盟新闻通讯》,北京:中国和平出版社 1989 年版,第 106 页。
② 宋庆龄基金会研究室编,吴景平译:《保卫中国同盟新闻通讯》,北京:中国和平出版社 1989 年版,第 127 页。
③ 倪建飞:《白求恩——一个高尚和纯粹的人》,《学习白求恩》,2011 年第 4 期。

第四节　柯棣华与印度援华医疗队

一、参加印度援华医疗队

　　印度和中国,两个受西方殖民侵略的东方大国,在反对帝国主义的共同事业中,彼此同情,相互支持。印度资产阶级政党——印度国民大会党(简称印度国大党)与中国人民在 20 世纪 20 年代即建立了友谊,为推动反帝斗争的广泛开展,建立反帝统一战线,两国革命者联合亚洲其他国家如朝鲜、越南的革命者于 1925 年夏在广州成立了"东方被压迫民族联合会"。1927 年 2 月,世界被压迫民族大会在比利时首都布鲁塞尔召开,国共合作的广州国民政府与印度国大党皆派出代表参加,双方探讨了合作事宜,确定了合作的具体措施,主要有:"中国在印度设立新闻局,向印度人民提供中国问题的充分消息,并可以就中国问题向印度政治领导人提供咨询;中国派代表常驻印度;中国代表访问印度,在印度作巡回演讲,把中国情况介绍给印度人民;中国国民党邀请印度国大党代表访问中国;中国工会大会邀请印度工会运动代表访问中国,并邀请国大党和工会代表出席计划于 1927 年 5 月在广州召开的国际劳工大会;开展文化交流和人员交流,以增加互相了解。"①显然,双方有增进了解与互相学习之意愿,而紧接着两国执政党发生的变化使中印之间的关系一度冷却。1927 年 4 月,国共合作破裂后,共产党及国民党左翼受到排斥甚至镇压,反帝爱国的工农运动陷入低潮。以尼赫鲁为代表的左派在印度国大党内的影响开始扩大后,印度

① 周卫平:《百年中印关系》,北京:世界知识出版社 2006 年版,第 102 页。

争取民族独立的斗争逐渐步入高潮,相应地,尼赫鲁反对世界上一切法西斯行为。1931 年九一八事变发生后,尼赫鲁多次公开谴责日本对中国的侵略,谴责国联的不作为,谴责蒋介石的不抵抗政策。

20 世纪 30 年代中期之后,随着日德两国法西斯主义的扩张,尼赫鲁为"西班牙共和国在极度英勇坚忍的斗争之后终归失败的悲剧"而感到悲痛,"日本对中国的侵略深深地激动了印度而使得对中国的悠久友谊又复苏了"。① 坚决的反法西斯反纳粹主义令尼赫鲁同情和支持所有的反法西斯斗争,"在当时,我并不以为印度会受到直接威胁,或有受任何实际侵略的可能性。然而我希望印度对战争作出自己的充分的贡献",国民大会党的态度"多年来是一贯的反法西斯主义者与反纳粹主义者,就像它曾是反帝国主义者一样"②。在中国国内,随着民族危机的加深,蒋介石的"攘外必先安内"政策有所调整,1936 年底西安事变和平解决后,内战宣告结束。印度国大党因此逐步恢复了与国民党和国民政府的联系,并与主张建立抗日民族统一战线、战斗在抗日最前线的中国共产党建立了直接联系。

1937 年 11 月 23 日,史沫特莱从八路军总司令部致信尼赫鲁,介绍了中国敌后抗日根据地缺医少药的情况,呼吁国大党动员印度人民给予援助。11 月 26 日,朱德致信尼赫鲁,代表中国人民特别是八路军感谢他在印度各城市的公众集会上发表演说支持中国的抗战,信中表明了中国人民的抗战决心,陈述了八路军在医疗上

---

① 〔印〕贾瓦哈拉尔·尼赫鲁著,齐文译:《印度的发现》,北京:世界知识出版社 1956 年版,第 5 页。

② 〔印〕贾瓦哈拉尔·尼赫鲁著,齐文译:《印度的发现》,北京:世界知识出版社 1956 年版,第 7—8 页。

的困难,吁请印度人民给予帮助:"我们的斗争才刚刚开始。我们的军队是一支遵守纪律、训练有素的军队,战士们是有政治觉悟的,他们充分认识自己在今天和明天的亚洲所负的责任。我们知道我们不仅是在为中国人民而战,也不仅是在为亚洲人民而战,而是在为一切被压迫民族和被压迫阶级而战。正是由于有这样的认识,所以,我们觉得有理由谋求作为印度人民最伟大领袖之一的你的帮助。"①中国方面的呼吁进一步推动了尼赫鲁为支援中国而发动的民众动员工作,国大党在全国组织了一系列声援中国抗日的活动,如在 1937—1938 年间举行了多次"中国日",声援中国军民的抗日斗争。1938 年 1 月 11 日,《新华日报》以醒目的标题"印度人民援助我国"报道了一则来自加尔各答的电讯:印度国民会议主席尼赫鲁及领袖多人于 9 日举行"中国日",在各地召开抗日会议,劝募赈款,印度名诗家泰戈尔亦发表宣言。② 1938 年 5 月,国大党作出向中国派遣医疗队的决议。经过四个月的筹募工作,9 月,一支五人医疗队携带医疗器械乘坐轮船前往中国。队长由尼赫鲁钦点,其余四名队员包括副队长经公开招募、筛选而出。队长、副队长为年长的有丰富经验和高超医术的医生,三名队员则是年轻的大学毕业不久的外科医生。队长马登·莫汉拉尔·爱德华,1886 年生于印度北方邦哈都县,英国爱丁堡大学毕业,英国皇家外科医学会会员,国大党党员,他刚从西班牙战场返回,应尼赫鲁之请欣然接受了援助中国的任务。副队长姆·尔·卓克尔(卓克华),1880 年生于那格浦尔,是当地一位有学识、有经验并有很高声望的

① [印]贾瓦哈拉尔·尼赫鲁:《旧书信集》,第 260 页,转引自[印]M. S. 柯棣尼斯著,任鸣皋、皮美艳译:《永恒的桥梁:柯棣华大夫传记》,石家庄:河北人民出版社 1985 年版,第 18 页。
②《新华日报》1938 年 1 月 11 日,第 3 版。

外科医生,甘地的热情追随者。三名队员分别是:德瓦卡内特·桑塔拉姆·柯棣尼斯(柯棣华),1910年出生,1936年毕业于孟买格兰特医学院,任该院外科医生;比乔埃·库马尔·巴苏(巴苏华),1912年出生,1936年毕业于加尔各答大学医学院,在该校的附属医院任外科医生,印共党员。据巴苏华日记记载,他本不是参加医疗队的最佳人选,因为英印政府不给拉南·森大夫颁发护照,他于1938年8月赶紧替补申请,获准;德贝尔·木克杰(木克华),1912年出生,毕业于加尔各答大学医学院,外科医生。

德瓦卡内特·桑塔拉姆·柯棣尼斯(Dwarkanth Shantaram Kotnis 柯棣华)出生于一个名叫绍拉普尔的村庄,那是一个重要的农业集市和纺织工业中心(后为一个工业城市),他是家里的第二个孩子,兄弟姐妹共八人。他们的父亲是孟买一家公司的办事员,被派到绍拉普尔克希米棉纺织做管理员,柯棣华出生后不久,他父亲被提升为毗湿奴棉纺厂的主任,1920年第一次参加当地市议会的竞选,获胜,直至1938年的20年中,他一直担任市政府议员的职务,后来就任市政府副主席。20世纪20年代初,甘地发起的不合作运动如火如荼,童年的柯棣华和其家人也深受感染,据其哥哥回忆说,他们兄弟二人都会使用手纺车和钩针纺线,柯棣华还特别喜欢穿土布衣。1928年柯棣华考入浦那的德干学院,一所贵族化的学院。1931年通过大学预科理科毕业考试后,进入孟买的 G. S. 医学院,1932年12月通过医学士初试转学进入孟买的格兰特医学院。1936年完成医科课程后开始了研究生的学习生活,1937年就任格兰特医学院住院外科医生。1938年初,他给家人的一封信中谈了接下来的打算:"我渴望在外科方面争取获得一个更高的资格。我已决心把1940年1月定为我试图取得我所希望得到的资格的最后时限。谈到外科方面更高的资格,我可以争取下面这几种资格中的任何一种：（1）英国皇家外科学会会员；（2）孟买外科硕士；（3）爱丁堡皇家外科学会会员……爱丁堡的考试要花一点钱，但一年之内可以考两次，这期间的费用大约是五千卢比……如果我自己借不到这笔钱的话，我就需要你们帮助我借。倘若我能够借到钱，我就可以在明年年初乘船出国，在一年之内，不论是否考得上爱丁堡皇家外科学会会员资格，我都要回来。如果借不到钱，我就在今年6月份参加孟买的外科硕士考试。"①据他哥哥回忆，在这封信之后的两个星期，柯棣华又给父亲写了封信，说考虑到现实情况，他决定将在外科方面获得更高资格的想法暂时放一放，先安心做个普通医生，同时补学手术外科学以便在合适的时候参加孟买的外科硕士考试。

　　就在柯棣华为在医学事业上有更高的发展还是先安身立命犹疑之时，尼赫鲁发起了援助中国的活动，为挑选医疗队人员并募集款项和物品，国大党成立了一个由知名人士组成的委员会，该委员会的主席即柯棣华曾就读过的孟买G. S. 医学院院长吉夫拉杰·梅塔博士。柯棣华决定暂缓原订计划，在孟买举行"中国日"的那天，他致信吉夫拉杰·梅塔博士，申请参加援华医疗队，他哥哥回忆说是"命运之神给他安排了一个比追求财富、个人幸福、知识和名誉要高尚得多的使命——献身于受困难的人类和国际友谊的事业"②。参加医疗队于柯棣华而言，无疑有"冒生命危险，妨碍深造，失去可能获得好工作岗位的机会"等不利的一面，但柯棣华并不认为这些是真正的不利，他将参加医疗队看作是其"毕生的良机"。

―――――――――――――

① ［印］M. S. 柯棣尼斯著，任鸣皋、皮美艳译：《永恒的桥梁：柯棣华大夫传记》，石家庄：河北人民出版社1985年版，第15—16页。
② ［印］M. S. 柯棣尼斯著，任鸣皋、皮美艳译：《永恒的桥梁：柯棣华大夫传记》，石家庄：河北人民出版社1985年版，第16页。

柯棣华的决定得到了家人、家乡人民及其朋友的支持和赞扬。父亲得知儿子的决定后，虽然不舍但表示"我总是赞成干一番事业的，也能理解你的决心"。柯棣华的哥哥回忆说："德瓦卡参加这一崇高事业的无私行动给绍拉普尔这个城市特别是当地医学界带来了莫大荣誉，首先由绍拉普尔医学协会向他表示感谢……赞扬了他的自我牺牲精神，并且向他赠送了一些药品以表示他们对这一事业的同情"，"朋友们和敬慕者们那样地祝贺和称赞德瓦卡，自然使他内心受到感动，但是他在绍拉普尔的家族成员安排的送行是最动人感情的"，"我们的妹妹希拉和马哈拉莎也都同她们各自的丈夫和女儿来到了绍拉普尔。我们利用这个机会照了一张全家合影。"①像柯棣华的家人、朋友一样，印度民众对援华医疗队给予了热情的支持。医疗队临行前，国大党孟买省委员会主持举行了一场盛大的公众集会，"各个社会团体和持有不同政见的人都踊跃参加集会"，"年轻人，尤其是大学生都赶来向医疗队表示敬意"，"当一长列唱着爱国歌曲、高呼口号的男女工人队伍来到会堂时，全场都沸腾起来了。这些工人是从帕勒尔地区远道步行而来，表示在中国人民反对日本帝国主义的斗争中与中国人民团结一致"。② 医疗队于 1938 年 9 月 1 日午夜乘坐邮船自亚历山大港出发，前往送行的有国大党代表，还有各位医生的家人朋友，"德瓦卡在大学里的朋友和其他学生们一大群人也等在那里"。③

① ［印］M. S. 柯棣尼斯著，任鸣皋、皮美艳译：《永恒的桥梁：柯棣华大夫传记》，石家庄：河北人民出版社 1985 年版，第 21—22 页。

② ［印］M. S. 柯棣尼斯著，任鸣皋、皮美艳译：《永恒的桥梁：柯棣华大夫传记》，石家庄：河北人民出版社 1985 年版，第 23 页。

③ ［印］M. S. 柯棣尼斯著，任鸣皋、皮美艳译：《永恒的桥梁：柯棣华大夫传记》，石家庄：河北人民出版社 1985 年版，第 24 页。

　　这一切表明,援华医疗队的组建和成行,不仅是印度国大党及其领袖尼赫鲁推动的结果,也不仅是医疗队成员个人的志向与国际主义精神的彰显,它还是印度人民同情和支援中国人民反抗日本帝国主义侵略的一个缩影。奔赴中国战场自然会有料想不到的艰难困苦甚至生命危险,医疗队成员的志愿加入及其家人的支持是本着一共同的信念——为了正义与和平,诚如医疗队副队长在答谢民众欢迎时所说:"到中国去不是为了冒险,而是为了正义事业——同帝国主义进行斗争,不管它是白种人的帝国主义,还是黄种人的帝国主义。"①

　　印度人民正义而友爱的行动,令海内外华人感动又感激,也令亚洲其他受殖民侵略的国家的民众感到振奋。医疗队临行前,中国驻孟买总领事和孟买的华侨在泰姬·玛哈尔旅馆设宴招待医疗队成员。医疗队出发的那天午夜,中国副领事亲赴码头送行,同他在一起的还有一队身穿制服高唱中国国歌的小学生。轮船在海上航行了半个多月,每停靠一地皆受到当地印度侨民、中国侨民及当地民众的热烈欢迎。斯里兰卡的科伦坡是他们到达的第一个港口,当时正有一个委员会在募集援华资金,委员会派代表到船上请医疗队成员上岸参观。队长爱德华应邀在电台发表了讲话,民众为医疗队举行了一个盛大规模的招待会。"一位海员拿着一本纪念册来请他们签名,纪念册上整整齐齐地贴着刊有他们照片的剪报。这可以证明,把一个印度医疗队派到中国去执行人道主义任务这一想法,甚至使其他亚洲国家的普通老百姓也感到很激动。"②

───────────

① [印]M. S. 柯棣尼斯著,任鸣皋、皮美艳译:《永恒的桥梁:柯棣华大夫传记》,石家庄:河北人民出版社1985年版,第28页。

② [印]M. S. 柯棣尼斯著,任鸣皋、皮美艳译:《永恒的桥梁:柯棣华大夫传记》,石家庄:河北人民出版社1985年版,第26页。

接着,他们收到了槟榔屿和新加坡热情欢迎的电报。在新加坡,
"上千的人们聚集在码头上,当他们的轮船靠近码头时,'向祖国致
敬'和'起来'的口号声震耳欲聋,上千只手同时挥舞着印度的三色
国旗和中国的国旗,象征着两个民族的团结……船靠岸时,医疗队
成员被花海淹没了,四周的照相机咔嚓咔嚓地响个不停。随后他
们乘坐一辆插有印度三色国旗和中国国旗的轿车进城,后面跟着
三四十辆轿车组成的车队。汽车在城里走了将近一小时才到达中
国商会,他们在那里受到了印度人和中国人热烈的欢呼","晚上,
印度协会在维多利亚纪念堂为他们举行了公众欢迎会,出席欢迎
会的大约有两千人"。① 轮船抵达香港后,中国政府官员及当地印
度侨民和其他人赴九龙码头迎接医疗队成员。

　　沿途民众及各团体对医疗队的欢迎与邀请,充分彰显了印度
与中国两个被压迫民族在反法西斯侵略战争中的团结与互助,反
映了被压迫民族反抗帝国主义侵略的共同心声,亦反映了中国人
民的反法西斯斗争已赢得世界人民广泛的同情与支持。

二、奔赴华北战场

　　1938 年 9 月 17 日,医疗队抵达广州,宋庆龄以保卫中国同盟
主席身份到广州码头迎接,发表简短致辞,对印度医疗队援华的热
情和侠义精神表示敬佩和感谢。前往码头迎接的还有中国红十字
会成员、国民党官员及印度侨民等。在广州期间,巴苏华曾就去华
北抗日根据地一事征询宋庆龄的意见,宋庆龄告诉说他们将在长
沙或汉口见到史沫特莱,由她安排面见时在汉口的周恩来,可向周

---

① [印]M. S. 柯棣尼斯著,任鸣皋、皮美艳译:《永恒的桥梁:柯棣华大夫传记》,石家庄:
　　河北人民出版社 1985 年版,第 28—29 页。

恩来提出请求。①

　　9月23日,印度医疗队一行五人随同由外国捐赠的满载药品和器械的七辆救护车前往长沙。25日抵达长沙,印度医生们被派到林可胜博士领导的中国红十字会救护总队,原本计划受训两周后派赴前线——汉口的医院,"救护总队与国民政府行政院卫生署在长沙合办'卫生署战时卫生人员训练总所'(林可胜兼任主任),组编医护卫生队(每队20—30人不等),派赴全国各战区担负救护伤病员及民众的工作"。② 据巴苏日记载,在长沙时,队长爱德华和他向林博士提出希望去华北前线的八路军处工作,林博士没表态。28日,临时通知印度医疗队成员随运送医疗物资的车队前往汉口。9月29日晚,载送他们的卡车在被炸得到处是弹坑的路上一路颠簸地到达武昌,然后坐渡船过江到汉口,史沫特莱和一位红十字会的医生在码头迎接了他们。翌日向红十字会总部报到后,他们被安排在当地的军事基地医院开始工作,印度医疗队后被编入救护总队第十五医疗队,配给"包括五名护士、六名外科助手、一名厨师、一名勤务人员、一名译员和一名业务管理人员,一共十五人"③的辅助工作人员,林可胜安排他们视战况先在汉口工作一段时间,然后随医院撤到宜昌。

　　自广州至汉口,他们沿路看到的是遭到轰炸的村庄、流离失所的民众,遍地残垣断壁,尸横遍野。印度医生甫抵汉口,史沫特莱

---

①［印］比·库·巴苏著,顾子欣、王其良等译:《巴苏日记》,北京:商务印书馆1988年版,第13—14页。

②《抗日战争中的中国红十字总会救护总队概述》,刘磊主编:《战地红十字——中国红十字救护总队抗战实录》,贵阳:贵州人民出版社2009年版。

③［印］M. S. 柯棣尼斯著,任鸣皋、皮美艳译:《永恒的桥梁:柯棣华大夫传记》,石家庄:河北人民出版社1985年版,第36页。

即介绍他们结识了中共代表王炳南和他的德国妻子王安娜,八路军办事处随即在四川饭店为他们接风洗尘,参加晚宴的有叶剑英、董必武、凯丰、王炳南夫妇、史沫特莱,以及中共机关报《新华日报》经理、俄国塔斯社的罗果夫。几天后,史沫特莱与王安娜带领印度医生参观了《新华日报》,报社社长潘梓年和印刷工人在报社俱乐部为他们举行了欢迎会,表达了对印度人民的感谢。在汉口期间,印度医生与中共代表进行了频繁的接触与交流,并与八路军将士作了互动,增进了对中国共产党及其领导的八路军与抗日根据地的了解与同情,连素来对"共产主义"一词敏感的副队长卓克华也被感染。据柯棣华的家信与巴苏华的日记看,两名热心中国民族解放事业的外国女性史沫特莱、王安娜对印度医生的影响非同小可。史沫特莱是向印度医生全面介绍中国共产党及其领导的新民主主义革命运动的第一人,还向他们介绍了她刚刚访问过的山西战区八路军的情况。巴苏华视她为"向导和师长"。王安娜常常去医疗队驻地与印度医生讨论问题,内容涉及中国的形势和政治问题等,王安娜向印度医生"介绍了国民党蒋介石及其党徒们的腐败情况:人民如何遭受苦难,士兵在战场上如何受长官欺压,成千上万的难民辗转逃到后方所受到的待遇,以及国民党政府普遍对战争前途所抱悲观情绪,等等"①。在王炳南、王安娜夫妇的陪同下,印度医生还与在中国活动的外国革命者如朝鲜革命者、日本共产党人等见了面,作了认真交流。王安娜并陪同他们见了共产党领导人周恩来,原本就想去华北前线的爱德华与巴苏华向周恩来表达了他们的强烈愿望,周恩来对他们愿意去华北前线为八路军服

---

① [印]比·库·巴苏著,顾子欣、王其良等译:《巴苏日记》,北京:商务印书馆1988年版,第25页。

务表示高兴和欢迎,然基于统一战线的考虑,在国民政府不愿放行的情况下,他建议他们暂时留在国统区工作。史沫特莱非常希望印度医疗队去帮助八路军,她以自己的经验给了一些适应八路军行动的建议,以为他们可能的西行做准备,特别强调要增强体能,她告诫说"应改变文弱的气质和城市的生活习惯","如果真的想和游击队一道工作,就应很快学会轻装,在漆黑的山路上一连行军九十里等的本领"。[①] 其后在宜昌和重庆,印度医生们果然照史沫特莱所说,在工作之余练习长途步行和爬山。

1938 年 10 月 17 日,在红十字会救护总队的安排下,印度医生们乘轮船去宜昌,同行的有配给他们小组工作的两位外科助手。经四天的行程,一行人抵达宜昌,被分配到第一军医院工作,巴苏华记载说,"这是一座满不错的医院,共有一百五十张病床,其中四十五张已经接收了伤病员。除主任外科医生倪大夫外,仅有三名医生。有人建议搭些简易帐篷,将病床增加到五百张"。[②] 虽战火尚未烧到宜昌,然武汉的被围、运输力的不济,加以日机沿途不断的轰炸,运至宜昌的伤病员有限,医生在医院没有多少工作可做。其后在武汉业已失守、宜昌也不断遭到空袭的情势下,林可胜自长沙拍去电报,令印度医生尽早转移到重庆。

11 月 16 日,爱德华大夫一行五人带上从汉口一起来的两名助手(只购买到剩下的两张二等舱票),携带从林可胜自长沙给他们运去的十一二箱药品中挑选出最有用的三箱(轮船公司只准许他们携带三箱药品),乘船去重庆。经五天的航行,21 日抵达重庆。

---

① [印]比·库·巴苏著,顾子欣、王其良等译:《巴苏日记》,北京:商务印书馆 1988 年版,第 25 页。

② [印]比·库·巴苏著,顾子欣、王其良等译:《巴苏日记》,北京:商务印书馆 1988 年版,第 34 页。

"印度国际大学和中印文化协会的谭云山①教授,佛教协会主席和世界佛教大学创办人太虚法师,重庆市市长的代表缪博士,一位代表蒋委员长的穿着讲究的年轻军官,以及一些代表宗教和其他组织的人士来到码头欢迎。"②四天后的 25 日,卫生部的一位医生去见印度医生,巴苏华说"我们无所不谈,就是没有谈到我们的医疗工作"③。在之后的日子里,他们应邀出席了多场欢迎会,有中印佛教协会、重庆一些公众社团举办的,也有国民党中央委员会为他们举行的欢迎宴会,巴苏华抱怨说,"每次看来都是例行公事","真正热情的欢迎是妇女的那次集会。她们在组织上是薄弱的,但是她们对印度人民火一般的诚挚感情远远弥补了这个缺陷"。④ 还有不少中外记者前去他们驻地采访。这一切非印度援华医疗队所希望的生活,他们焦急却无奈地等待着救护总队的工作安排,后在一家红十字会医院工作,上午在门诊出诊半天。整天的无所事事,令人沮丧的城市气氛使他们烦躁,巴苏华在日记中说:"这里的气氛一点也不鼓舞人心。这里有喧闹的市声,熙攘的人群,商店橱窗里摆满了琳琅美目的奢侈品,可是没有多少战争气氛。它离疯狂的战场是那么遥远。"一行人中对于是否北上延安有不同意见,唯对当前的状况皆十分不满,"克服了家庭责任和公共利益之间的矛盾,

---

① 谭云山为五位印度医生各取了一个中国名字,即在各人的中文名字后加个"华"字,于是有了爱德华、卓克华、柯棣华、巴苏华、木克华,他们临去延安前赴英国领事馆将护照上的名字改写成了中文名字。

② [印]比·库·巴苏著,顾子欣、王其良等译:《巴苏日记》,北京:商务印书馆 1988 年版,第 48 页。

③ [印]比·库·巴苏著,顾子欣、王其良等译:《巴苏日记》,北京:商务印书馆 1988 年版,第 50 页。

④ [印]比·库·巴苏著,顾子欣、王其良等译:《巴苏日记》,北京:商务印书馆 1988 年版,第 52 页。

参加了志愿队",难道只是来中国做观光者吗?[①] 经过激烈的争论后,他们向红十字会,向驻重庆的八路军办事处,也向接待他们的国民党代表提出他们的请求。时任国民政府卫生署署长的颜福庆[②]对他们的要求表示同情并给予了一定的帮助,据巴苏华12月6日日记载,"他说尽管他失去了跟林大夫的联系,但我们去延安和北方工作的安排正在加紧进行",7日日记载,"颜博士从办公室打来电话,我们去他那里商量前往延安的细节问题。他委派助手康先生帮助我们与八路军代表联系"。[③] 其后,董必武及其领导下的《新华日报》社为印度医疗队的北上延安作出安排,颜博士则帮他们办理了军方的通行证。国民政府对于印度医生的决定十分不悦,虽当面表示保证他们安全到达延安,却设置了种种障碍。以何种交通工具去延安是当务之急,《新华日报》社表示要弄到去延安的卡车有困难。正巧,印度捐赠的随同医疗队一起援华的救护车和卡车途经河内、南宁、贵阳,一路颠簸到了重庆,他们可以驾着自己的车辆前往延安了。而国民党官员在汽油问题上为难了印度医生,"爱德华大夫便宣布要向印度国大党要钱买汽油,这迫使国民党当局发了慈悲,因为他们不想在印度国大党面前丢脸"。[④] 1939年1月22日,印度援华医疗队随同一辆救护车、一辆卡车离开重庆前往西北。王炳南请正要去延安的路易·艾黎先生陪同印度援华

---

① [印]比·库·巴苏著,顾子欣、王其良等译:《巴苏日记》,北京:商务印书馆1988年版,第51、68页。

② 颜福庆(1882.7.28—1970.11.29),耶鲁大学医学博士,中国近代著名医学教育家、公共卫生学家,曾任九三学社中央委员兼上海分社副主任委员。

③ [印]比·库·巴苏著,顾子欣、王其良等译:《巴苏日记》,北京:商务印书馆1988年版,第56、57页。

④ [印]M. S.柯棣尼斯著,任鸣皋、皮美艳译:《永恒的桥梁:柯棣华大夫传记》,石家庄:河北人民出版社1985年版,第50页。

医疗队前行。当他们驾车抵达西安后，再次受到阻拦，陕西省省长蒋鼎文不允许他们的车队前往延安。经人斡旋和谈判，最终同意放行，但只允许带走 X 光机和少量的手术器械。

回顾印度医生在汉口、宜昌、重庆三个月来的工作与生活，可以说是他们一路的所见所闻、在后方医院的空闲促使他们达成赴延安的共识。虽然医疗队的五名医生参加志愿队的具体目标不尽相同，但以己之长服务于需要帮助的国家与人民无疑是共同的愿望，不料来华三个月，他们却成了"清闲的人"，"一日三餐、舒适的生活、来来回回地浪费时间、购买东西、参加宴会、聆听奉承吹捧的讲话"。① 在汉口期间，因为不时有空袭，也因为医院的容纳量有限，其后又因战事逼近武汉，多数人员业已撤退，医院里几乎无事可做，医疗队成员觉得未能实践他们不惜放弃稳定的生活与工作、忍痛辞别亲人远道而来的愿望，未能发挥他们的作用，甚为遗憾。王安娜曾安排柯棣华、巴苏华、木克华三个年轻人与一组记者去前线，因消息见报而被蒋介石得知，蒋命令不准，三个年轻人非常失望。不准上前线固然有安全的考虑，但对印度医生来说，不能上前线，在后方医院又无太多事可做，来华何为？ 虽然"至 1938 年 12月，救护总队已发展成为全国医疗实力最强的战地救护组织"②，但印度医生在宜昌的无所事事，在重庆民间医院的消磨时光，"那里甚至连一所军人医院也没有"，③令他们深感焦虑，各种礼节性的接

① [印]比·库·巴苏著，顾子欣、王其良等译：《巴苏日记》，北京：商务印书馆 1988 年版，第 61 页。

② 戴斌武：《中国红十字救护总队与抗战救护研究》，合肥：合肥工业大学出版社 2012 年版，第 46 页。

③ [印]M. S. 柯棣尼斯著，任鸣皋、皮美艳译：《永恒的桥梁：柯棣华大夫传记》，石家庄：河北人民出版社 1985 年版，第 48 页。

待丝毫不令他们兴奋却备感无聊与厌烦,促使他们下定决心去共产党领导的抗日根据地,一个迫切需要医疗援助且能让他们发挥所长的地方,即便孔祥熙跟他们说了延安的种种艰苦,"甚至答应向他们提供飞机去延安访问一下然后返回重庆",①也未能动摇他们的决心。一开始即主张去延安的巴苏华对医疗队里的每一个人都转而决心要和共产党、八路军一道工作而感到高兴,医疗队队长爱德华甚至表示,去不了延安,不如返回印度。② 对年近六旬的卓克华医生由最初的反对去共产党地区转为赞成态度,巴苏华在日记里有一段生动的记述:"开始卓克尔还有点勉强,但在汉口与八路军打过一次交道后,他的态度就变了,他开始认真地阅读《西行漫记》。他开始迷上了此书,有一次读着读着叫了起来'巴苏,我也成了共产党了'"!③ 红十字会救护总队的林可胜最终表示同意,国民政府卫生署署长亦给予他们同情与支持。

柯棣华在给家人的信中详细谈了三个月来的工作、生活及其感想,有遗憾有收获也有期盼:"首先,我到这里来的主要目的是为获得做手术的机会。就这一点而言,到现在为止,此行是失败的。只要情况允许,我就努力阅读一些外科方面的书籍。我希望在我们要去的下一个地方情况将有所不同。我们是到那里去的第一支医疗队,我们将在那里建立一所医院,并立即开始工作。其次,我受到了很多政治教育。我遇见了不同国籍的、持不同观点的人。

① [印]M. S. 柯棣尼斯著,任鸣皋、皮美艳译:《永恒的桥梁:柯棣华大夫传记》,石家庄:河北人民出版社 1985 年版,第 50 页。

② [印]比·库·巴苏,顾子欣、王其良等译:《巴苏日记》,北京:商务印书馆 1988 年版,第 61 页。

③ [印]比·库·巴苏,顾子欣、王其良等译:《巴苏日记》,北京:商务印书馆 1988 年版,第 36 页。

具体观察不同的人，从不同的角度去看待某一件事是很有意思的。我希望到北方去会使我更清楚了解共产主义，共产主义是当今世界政治中一种强大的力量。我认识到在一个争取自由的国家里，每一个受过教育的人都必须具有丰富的政治经验。但我也牢牢记住，我实际上是一个医务人员而不是政治家。第三，到外国去看看和同外国人会见是很有好处的，对我也必然产生了影响，尽管我自己也许没有意识到。总之，到现在为止为这次'丰盛的野餐'所花去的时间是值得的。我只希望在我们将要去的那个地方能得到我所渴望的东西。"①希望在业务上有长进始终是柯棣华在事业上的追求，他为此而遗憾的同时又说这几个月是值得的，因为他与不同国籍、不同观点的人作了交流，对共产主义有了一定的了解，并被其吸引而渴望作更深入的了解。

三、又一名中共党员

1939年2月12日，经过20天的跋涉，印度援华医疗队抵达延安，受到了隆重而热烈的欢迎。抵达当日，"一千多人集合在道路两旁，欢迎我们。墙上贴着用中英文写的印中友谊标语"，②群众欢迎大会因大雪而延期到第二天举行，第三天毛泽东亲自出席军政界举行的欢迎会。接着，安排他们到各处参观以熟悉情况。爱德华一行参观了延安周边的所有医疗机构及卫生学校，包括红十字会第三十五医疗队开办的边区医院、八路军后方医院、抗大医院等。经队长爱德华大夫与八路军卫生部讨论决定，爱德华、柯棣

---

① [印]M. S. 柯棣尼斯著，任鸣皋、皮美艳译：《永恒的桥梁：柯棣华大夫传记》，石家庄：河北人民出版社1985年版，第54—55页。

② [印]比·库·巴苏著，顾子欣、王其良等译：《巴苏日记》，北京：商务印书馆1988年版，第97页。

华、巴苏华三位医生去延安东边 25 公里的拐茆的一所医院工作，该所医院即后来的延安八路军总医院又称白求恩国际和平医院，卓克华、木克华去卫生学校工作。《永恒的桥梁——柯棣尼斯大夫传记》中对该所医院的扩建有一段详细描述，摘录如下以便了解延安的医疗状况与印度援华医疗队的初期工作："政府希望他们把这个医院建设成一所作为学习榜样的模范医院"，"为了取代原来的那所小医院，在松软的黄土山上开始开凿一座新的窑洞大医院……大约挖了 25 间窑洞，其中 16 间成为一排，每间窑洞准备容纳五名病人。此外还准备修筑一些窑洞，这里总共可以设置 200 张病床。在邻近的山上还要为传染病人修建一些窑洞。医护人员则准备由 130 公里以外的一所卫生学校加以训练（卓克尔和木克吉大夫在那里参加教学活动）。三位印度医生爱德尔、巴苏和柯棣尼斯主管外科病房，马海德大夫主管内科病房，魏大夫负责妇产科。印度医疗队带来的设备尚未到达。"[①]

3 月 18 日，五位医生在延安市区分别，赴各自的岗位报到。三位印度医生抵达拐茆时，医院的扩建工作还在进行中。4 月下旬，八路军卫生部给在拐茆的印度医生发去了正式任命书，院长召集全院大会，分派了三位印度医生的具体工作，柯棣华任外科医生，巴苏华任五官科外科医生，爱德华任内科医生并负责医院管理工作。5 月 3 日，"模范医院"举行开幕典礼，毛泽东因公务繁忙而未能到会，总政治部主任王稼祥和八路军其他高级将领前去参加了典礼。5 月 4 日，印度医生们开始了忙碌的医疗工作。

6 月下旬，从延安传来消息，卫生部将把医护人员分为两部分，

① [印]M. S. 柯棣尼斯著，任鸣皋、皮美艳译：《永恒的桥梁：柯棣华大夫传记》，石家庄：河北人民出版社 1985 年版，第 69 页。

一部分开赴陕东南前线,一部分留在后方。得到通知准备开赴前线的医护人员个个兴高采烈,年轻的柯棣华和巴苏华也热切期望上前线,他们认为"不到前线,算不上八路军军医"。卫生部原决定四名印度医生中的两名可上前线,其余两名留在后方总部,此时卓克华已因年事高适应不了西北地区的生活而返回印度。柯棣华和巴苏华兴奋地换上了八路军的夏装,听了各项行前讲话,包括行军和休息时的注意事项,夜间在敌占区行军时如何通过敌人交通线等。原定 7 月 4 日出发上前线,后因前线战事紧张,通过敌后封锁线很困难而推迟行动。日军侵占广州、武汉后,采取以确保占领地区并促其稳定的方针,将打击的重点指向八路军,加紧对华北八路军和抗日根据地的"扫荡"和围攻。八路军针锋相对,不断扰袭敌人后方,粉碎日军的包围并扩大根据地。巴苏华在 1937 年 7 月 19日的日记中记录了李德对他们讲解的晋东南的军事形势,"敌人的战略是要包围我们的根据地,而朱德将军的针锋相对的战略,则是穿过敌人纵队之间的缝隙,到外线把他们包围起来"。① 去前线的日期一再推迟甚至变得遥遥无期,两位年轻的印度医生非常失望。8 月木克华因肾病也先期返回印度,余下的三位印度医生决定按原计划工作至 1939 年底。

9 月欧战爆发后,队长爱德华曾致电国大党领袖,询问印度援华医疗队的去留问题,是继续留到年底还是马上回印度,尼赫鲁的意见是照原计划继续留在中国至年底。柯棣华的哥哥在《永恒的桥梁:柯棣华大夫传记》中说,柯棣华致信家人说,"如果他学不到更多的东西和取得更多的经验,那他就不愿意继续留在中国,爱德

---

① [印]比·库·巴苏著,顾子欣、王其良等译:《巴苏日记》,北京:商务印书馆 1988 年版,第 155 页。

尔和巴苏同意他的意见"。①巴苏华在日记中则说,柯棣华和他"都不愿意这么早就回印度去,因此不赞成爱德尔大夫急于结束医疗队在华工作的提议"②,他们计划离开中国后绕道苏联,柯棣华与巴苏华皆想在苏联待几年,柯棣华打算继续学医,巴苏华打算学习马列主义。在一边工作一边等待上前线的日子里,爱德华、柯棣华、巴苏华自行组织了一个学习小组,据巴苏华日记载,他们每天早上在医院工作开始之前,围坐在一起进行语言和医务学习,语言主要是俄语,业务内容主要是外科和骨科。柯棣华还忙里偷闲自学中文,11 月离开延安时他竟能用中文作临别发言。在延安期间,他们通过阅读中外报刊、聆听中共领导人的报告以及与毛泽东、周恩来、王明、李德等人的谈话,了解国际局势,了解中国的抗日斗争尤其是中国共产党领导的游击战,时刻关注祖国印度的政治形势,也通过自己的走访及与马海德的交流,全面了解延安。10 月底,印度医生再度得到通知,可以上前线了。临去前线前,毛泽东专程会见了他们,详细地讲述了前线的艰苦条件,感谢他们愿意为中国人民服务。应八路军总司令朱德的邀请,他们先去晋东南的八路军司令部。

　　1939 年 11 月 4 日,队长爱德华与柯棣华、巴苏华两位队员,连同新近来到延安的德国医生汉斯·米勒,中国牙科大夫李德奇,加上他们的翻译、警卫,以及被押送的日本俘虏等 36 人挤满一辆卡车,出发前往西安。一路经卡车、火车、骡子、马、徒步等多种交通方式,在八路军兵站一路周到的安排下,在当地八路军或游击队的

---

① [印]M. S. 柯棣尼斯著,任鸣皋、皮美艳译:《永恒的桥梁:柯棣华大夫传记》,石家庄:河北人民出版社 1985 年版,第 76 页。

② [印]比·库·巴苏著,顾子欣、王其良等译:《巴苏日记》,北京:商务印书馆 1988 年版,第 170 页。

协助下安然越过敌人的封锁线，于 12 月 21 日安全抵达武乡王家峪的八路军司令部。朱德亲自迎接了他们，感谢印度医生不畏艰辛来到中国、来到抗日前线，并应他们要求，详细介绍了游击战在民族解放战争中的作用与游击战的战术。柯棣华对于游击战尤感兴趣，对即将能够和一群勇猛的游击队员一起生活更觉兴奋，他和巴苏华皆想在此至少停留两个月，放弃了之前打算在本年底离开中国的计划。经朱德的建议，八路军司令部为印度医生拟订了八个月的初步计划，头两个月在八路军司令部进行理论学习，而后到晋察冀边区各地巡回从事医疗工作。一连四个星期，印度医生一边在附近的军医院工作，一边参观了八路军政治部各个部门，同干部们谈话，与战士们聊天，全面了解八路军的各种政治活动、游击战的战术和组织方法等，两位年轻医生的兴趣越来越高。早在延安，他们已听说了白求恩建立流动医疗站的事迹，到达总部的第三天参加了白求恩大夫追悼大会，听朱德作悼念讲话，感动不已。经过一个月的学习与适应，柯棣华与巴苏华请求带领一个流动医疗小组，同作战部队一道行动。由巴苏华的日记可知，直至到达晋东南，他们才每天和八路军官兵吃一样的食物即小米和蔬菜，既粗糙又缺乏营养。恶劣的环境加以缺乏营养的食物，年长的爱德华大夫的健康每况愈下，他打算返回延安，再从那里返回印度。考虑到自己是队长，对医疗队成员负有责任，他决定带上柯棣华与巴苏华一起返回，但两位年轻的医生都想在前线多待些时间，他们为此发生了激烈的争执，最后朱德出面调停，他首先肯定了爱德华的反帝精神，"你是一位伟大的反帝战士，正在为使印度摆脱英帝国主义的统治而奋斗"，接着请他这个模范队长同意队员行使他们的"民主权利""至于他们的安全，你可以转告印度国民大会的领导人，八路军会负全部责任，就像我们要完全负责把你护送出我们的战

区到国民党后方,然后返回印度一样".①

1940年2月初,爱德华大夫离开后,柯棣华和巴苏华开始跟随战斗部队一道行动,为伤员实施战地救护。战斗间隙,他们向干部们讨教游击战的经验,柯棣华将这些内容详细地记在笔记本上,他兴奋地致信家人说,"我虽然没有正式上过'抗大'(抗日军政大学),但我觉得好像已经在另外一所新颖的军事学院毕业了".②

4月,柯棣华、巴苏华出发前往晋察冀边区五台山抗日根据地。为了避开集中的日军,他们跟随作战部队跨越太行山从晋东南走到冀西,在一天晚上的伏击行动中,柯棣华和战士们一起破坏铁道、拔道钉、拆枕木、割电线,第一次亲自动手参加这样的战斗,柯棣华既紧张又兴奋。半个月后,他们跨过平汉路到达冀南根据地,接着抵达冀中根据地。在随军行动的过程中,柯棣华与巴苏华眼见共产党实施政治动员与民众教育的成效,目睹八路军严明的纪律,深深地感受到人民在民族解放战争中的重要作用。他们在家信和日记中记录了沿途村民们的热情。每经过一个村庄,男女老少都热忱相迎,送水、送花生、送鸡蛋、送水果。敌占区的村民们非常热情地帮助八路军从最安全的地带通过。巴苏华在日记中有一段对热情村民的生动记述:"当我们接近目的地时,看到很多灯火,农民自路旁高呼口号,欢迎我们,冀南政府设在他们村,大家都很高兴。在夜间,喧闹的声音和明亮的灯火会影响政府的安全。我

① [印]比·库·巴苏著,顾子欣、王其良等译:《巴苏日记》,北京:商务印书馆1988年版,第204—205页。
② [印]M. S.柯棣尼斯著,任鸣皋、皮美艳译:《永恒的桥梁:柯棣华大夫传记》,石家庄:河北人民出版社1985年版,第94—95页。

们的同志费了许多口舌才说服他们，让他们回家去。"①在一个村庄，老百姓听说队伍里有两个来自印度的医生，非常好奇，柯棣华用中文与老乡们作了热情而风趣的交谈。

6月19日，柯棣华、巴苏华到达唐县。6月21日，应晋察冀军区司令聂荣臻的邀请，柯棣华代表印度援华医疗队到军区参加白求恩大夫的陵墓落成典礼并献花圈，柯棣华站在白求恩墓前庄严宣誓："我要像你一样生活。"随后，柯棣华、巴苏华继续前进做巡回医疗工作。7月初，他们到达平西根据地，在各医院做巡回检查和治疗工作。其间，在一无条件输血、二无抗菌药物，手术条件又十分简陋的情况下，柯棣华坚持为一位伤势严重的伤员做了右腿髋关节离断手术。术前，他做了大量严格而仔细的工作，如查阅相关资料、与医务工作者反复讨论制定手术方案，设法给伤员增加营养，对麻醉效力进行试验，等等。手术完成后，为防止意外发生，柯棣华大夫又一夜守护在手术室直至伤员苏醒。这一次经历充分显示了柯棣华大夫不仅有极端认真负责的态度，更有高明的医术，显然，好学加以经常的实践锻炼，柯棣华的手术水平已大大提高，巴苏华在日记中有一句调侃，说柯棣华像个老专家似的指导手术。

8月17日，柯棣华、巴苏华来到唐县葛公村晋察冀军区卫生部，白求恩生活和战斗的地方，柯棣华在军区卫生学校和附属医院做外科教员兼外科大夫，巴苏华在附属医院任外科大夫。三天后，在晋察冀、晋冀鲁豫、晋绥边区五千里长的战线上打响了著名的"百团大战"。大战的第二个阶段，晋察冀的涞（源）灵（丘）地区展开了激烈的战斗。柯棣华、巴苏华强烈要求像白求恩那样组织医

① ［印］比·库·巴苏著，顾子欣、王其良等译：《巴苏日记》，北京：商务印书馆1988年版，第217页。

疗队上前线,此时柯棣华的绦虫病已发作出来,但他不顾身体虚弱,作为主治医师带领一个医疗队南下到第四军分区实施战场救护,巴苏华随另一支医疗队北上到第一军分区。临行前,柯棣华与巴苏华约定竞赛:不在火线上丢掉一个伤员,为伤员及时进行治疗,节约医药用品。在为时 13 天的战斗中,柯棣华带领两名助理医生、几名护士,接收了 800 余名伤员,为 558 人施行了手术。[①] 柯棣华已然身体力行发扬白求恩精神。10 月初,柯棣华、巴苏华分别从前线回到白求恩卫生学校和国际和平医院,收到了八路军卫生部姜部长从延安带来的毛泽东的信,"毛泽东同志和党中央希望我们回延安去,原因没有说"。[②] 刚刚有了战场救护经验的柯棣华不想就此结束这种工作状态,他想继续从事战地救护,也想更多地发挥他的专长奉献于抗日的中国军民,他告诉巴苏华如果一定要他回延安,就来电通知他。于是,巴苏华一人随同一群伤患回延安。巴苏华回延安见到毛主席后,得知是印度来电让他们两位医生回国,却没有讲原因,他将情况电告了柯棣华。两位医生皆不想马上回国,于是巴苏华留在延安,任国际和平医院外科主治大夫,那儿只有他一人是五官科专科医生,柯棣华则留在晋察冀边区。1941年 1 月,柯棣华大夫正式参加了八路军,成为一名八路军战士。

白求恩国际和平医院,是为纪念国际主义战士白求恩而改名的医院,在抗日根据地有多家以白求恩命名的国际和平医院。最早是在 1939 年 12 月 1 日,延安八路军军医处公布将延安八路军总医院改名为白求恩国际和平医院。1940 年 1 月 5 日,晋察冀军区

---

① 参见任鸣皋、李文业编著:《伟大的共产主义战士柯棣华》,北京:商务印书馆 1984 年版,第 47 页。

② [印]比·库·巴苏著,顾子欣、王其良等译:《巴苏日记》,北京:商务印书馆 1988 年版,第 241 页。

司令员聂荣臻在白求恩追悼大会上宣布,将晋察冀军区卫生学校改名为白求恩卫生学校,其附属医院改名为晋察冀军区白求恩国际和平医院。百团大战结束后,华北日军对抗日根据地进行了残酷的"扫荡"。1940年11月,晋察冀军区开展了冬季反"扫荡"斗争。为避开敌人进攻的锋芒,卫校与医院掩护伤员与敌人周旋,由唐县葛公村向河北阜平县、行唐县、平山县转移,反"扫荡"斗争结束后,返回唐县葛公村。① 1941年1月5日,晋察冀军区任命柯棣华大夫为白求恩国际和平医院院长。危难之际出任白求恩国际和平医院首任院长,既是中共中央、边区军政领导和医务工作者对柯棣华大夫的充分信任,也体现了柯棣华的不畏艰辛、勇于担当与奉献精神。当了院长后的柯棣华继续兼任卫校的外科教员,和白求恩一样,他认为援华医疗队除了在战场上救死扶伤,还要为受援国培养医护人员。3月,军区卫生部决定,医院设院部(含住院、门诊两个部,设内科、外科、妇产科、眼科、耳鼻喉科、药方和化验室)和一、二所,床位250张。② 在柯棣华的领导下,这所综合性医院成为晋察冀边区的医疗中心,1941年仅门诊就达到38 262人次,③对提高部队的战斗力发挥了重要作用。

1941—1942年,是敌后抗日根据地异常艰苦的斗争阶段,日军对华北敌后抗日根据地进行了连续深入的"扫荡"与"蚕食",国民党顽固派对八路军领导的抗日根据地实行了严密的封锁。医院必

---

① 白求恩国际和平医院编:《白求恩国际和平医院六十年大事记1937—1997》,白求恩国际和平医院1997年,第33页。

② 白求恩国际和平医院编:《白求恩国际和平医院六十年大事记1937—1997》,白求恩国际和平医院1997年,第33页。

③ 郭庆兰口述,徐宝钧整理:《我与柯棣华》,北京:解放军文艺出版社2005年版,第136页。

须有随时快速转移的机动性，"卫校和医院所在地葛公村根据地，离敌人据点只有 50 华里，医院经常处于战备状态"，[①]又须自力更生地解决伙食、医药问题。柯棣华的哥哥对弟弟这一时期的生活与工作状态有一句精炼的评语："就在这个长期动荡不安的地区，柯棣尼斯现在突然过着比在延安时更安定、更有规律的生活。"[②]那是怎样的一种更安定、更有规律的生活呢？柯棣华妻子郭庆兰在《我与柯棣华》一书中，对柯棣华担任院长期间的工作作了梳理总结：其一，"以身作则，不当挂名院长"，"处处事事起模范作用，就连医院上山砍柴、开荒种地、早晨出操等，他都带头参加"，他还亲自带领部分工作人员到几十里以外的地方去背粮；其二"加强战备，与敌周旋，挫败敌人的'扫荡'"；其三，"'武装上课'坚持教学，完成了预定的教学任务，为八路军培养了一批骨干医生"，在频繁转移的情况下，课堂就设在隐蔽的树林中或山沟里，即便耳边响起敌人的枪炮声，只要没有转移的命令，上课继续；其四，亲自做思想政治工作，"柯棣华深受八路军注重政治教育，加强思想工作，提高部队战斗力的启发"，"每次做大手术，他都要鼓励伤员增强信心"，听见有同志抱怨或打退堂鼓的想法，他都会进行思想动员，打消同志的顾虑，稳定大家的情绪。[③] 此外，在柯棣华院长的领导下，医院在药品匮乏的常态下，设法搜集民间验方，运用中医、中药治病。1942年 7 月 7 日，经柯棣华主动申请，由白求恩卫生学校校长江一真介

---

① 郭庆兰口述，徐宝钧整理：《我与柯棣华》，北京：解放军文艺出版社 2005 年版，第137 页。

② [印]M. S. 柯棣尼斯著，任鸣皋、皮美艳译：《永恒的桥梁：柯棣华大夫传记》，石家庄：河北人民出版社 1985 年版，第 110 页。

③ 郭庆兰口述，徐宝钧整理：《我与柯棣华》，北京：解放军文艺出版社 2005 年版，第136—141 页。

绍,军区党委批准,柯棣华光荣加入了中国共产党。

1941 年 6 月,出任院长仅半年,由于工作繁忙、生活艰苦,柯棣华因绦虫病继发的癫痫第一次发作,之后病情一直不稳,军区首长多次劝他易地治疗,他都婉言谢绝。在如此动荡、艰苦又身体有恙的情况下,他坚持做好教学、行政及外科、手术室的业务工作。柯棣华一贯重视临床手术,"担任院长两年,亲自施行大手术 900 余人次。聂荣臻司令员称赞他是'能解决实际问题的边区科学家'"。在教学中十分注重培养学生的实际工作能力,"1941 年仅外科每天平均要做两个手术,整整一年中,大约做了 450 次手术,包括 45 例截肢,20 例疝气,35 例腰椎及前骶骨副交感神经手术等。1942 年上半年即做各种手术 150 次"。① 上述手术,多在柯棣华的监督和指导下由高年级学生完成,难度较大的手术则由柯棣华亲自动手。在晋察冀军区卫生部部长兼卫校校长江一真的支持和帮助下,柯棣华大刀阔斧努力提高医院的外科手术水平,"成功地进行了断肠吻合、人工肛门、胃肠吻合等手术"。② 为满足教学的需要,他又在手术、教学之余编写教材,在短时间内完成了几十万字的《外科总论》,又试图亲自将其译成中文,无奈病魔夺去了他年轻的生命,只完成 175 页的文稿。1942 年 12 月 8 日晚,柯棣华癫痫病发作,经抢救无效,于 9 日凌晨 6 时 15 分不幸逝世。12 月 17 日,晋察冀军区在唐县葛公村举行追悼大会。12 月 30 日,延安各界举行追悼大会,朱德总司令宣读祭文并讲话,毛泽东题写挽词:"印度友人柯棣华大夫,远道来华援助抗日,在延安、华北工作五年之久。医治伤

---

① 郭庆兰口述,徐宝钧整理:《我与柯棣华》,北京:解放军文艺出版社 2005 年版,138 页。

② 白求恩国际和平医院编:《白求恩国际和平医院六十年大事记 1937—1997》,白求恩国际和平医院 1997 年,第 33 页。

员,积劳病逝,全军失一臂助,民族失一友人,柯棣华的国际主义精神,是我们永远不应该忘记的。"

在《永恒的桥梁》一书中,柯棣华的哥哥对弟弟的来到中国直至牺牲有这样一段分析与评论:"当柯棣尼斯从大学毕业后不久,怀着自我牺牲的精神,响应潘迪特·贾瓦哈拉尔·尼赫鲁的号召,志愿去中国时,他是受到爱国主义和对尼赫鲁崇拜的感情以及年轻人狂热的冒险精神所驱使的。当他接到自己父亲猝然身故的消息,不顾同事们诚恳的劝导,拒绝从重庆返回家园的时候,他必然是受到一种要恪尽职守的责任感所左右,就是说,他认为既然参加了医疗队,就不应在真正的工作刚要开始的关键时刻放弃职守。但是,既然他在中国服务的时间已经超过规定期限一倍以上,为中国的抗战事业作出了最有益、最卓越的贡献,那么他就没有义务必须留下来了,更何况医疗队过半数成员包括他们的队长都已返回印度,印度国大党领导们又亲自要留下的两名成员也回去。在这种情况下,他自愿决定在最困难的环境中继续为伤病员服务,这充分说明他具有高尚的人道主义思想境界、国际主义精神和对中国抗战事业的坚定信念。"①从爱国主义与年轻人的狂热冒险到恪尽职守,再到综合人道主义思想、国际主义精神和对中国抗战事业的坚定信念,曼凯希·桑塔拉姆·柯棣尼斯根据他对一同长大的弟弟的了解及柯棣华给家人的书信,着重从柯棣华思想、情感的变化对其志愿加入援华医疗队及一再推迟回国的行动作了充满深情的回顾与评析。

促使柯棣华思想、情感发生变化的又是什么呢? 据柯棣华致

① [印]M. S. 柯棣尼斯著,任鸣皋、皮美艳译:《永恒的桥梁:柯棣华大夫传记》,石家庄:河北人民出版社 1985 年版,第 101 页。

巴苏华信所说，1941年是他一生中最重要的一年，"正如你所了解的，在到达延安以前我在政治上是多么落后。我那时满脑子是资产阶级思想，虽然满怀民族主义的激情，但对于革命的方法却模糊不清。在这里过了一年多的八路军生活之后，由于在会上和个别谈心中经常听取同志们的批评，我的性格和思想都发生了很大的变化"。① 任何思想、情感的变化皆非转瞬间的事情，来到中国后，耳闻目睹国统区与抗日根据地军民截然不同的精神风貌与斗志，八路军的游击战及游击战的战略、战术，共产党的民众动员工作及成效，根据地的民主政治建设，强烈地吸引着印度医疗队的医生尤其是柯棣华、巴苏华两位青年医生。他们在行医之余，潜心研究共产党的抗战经验，他们将其视为来华的另一项意义，诚如柯棣华于1940年5月31日在唐县阎庄八路军120师教导团和当地民主政府联合召开的有数千军民参加的欢迎大会上所说："我们是代表印度国民大会、代表印度全体人民的愿望而来华援助中国抗战……我们虽然人少，不能在医药上给你们多大的帮助，但是我们首先带来了印度人民的同情和希望中国抗战早日胜利的挚爱的热情。同时也证明了中国抗战得到了全世界一切被压迫人民的帮助，不是孤立的。我们来华的另一个重大意义就是要学习中国人民英勇抗战的经验，以作为印度人民解放斗争的借鉴。"②1941年，柯棣华致信在延安的巴苏华，表示他不急于回印度，并打算早日赴延安，总结在八路军里学到的一切，他说："我觉得我们应该在中国多留一些时候。在这里我们可以对时局的变化作清晰的分析，在印度就

---

① [印]M. S. 柯棣尼斯著，任鸣皋、皮美艳译：《永恒的桥梁：柯棣华大夫传记》，石家庄：河北人民出版社1985年版，第120页。

② 郭庆兰口述，徐宝钧整理：《我与柯棣华》，北京：解放军文艺出版社2005年版，第118—119页。

做不到,尽管在印度也有反法西斯的阵线。我虽然不急于回印度,但深盼早日回到延安。我应该在延安花一些时间来总结我迄今为止在八路军里学习到的一切。估计明春我就可以和牙科大夫李德奇同返延安了。你在延安的学习和政治活动的情况我不很了解,但我希望你能在那里多待一些时候。我们不必过分担心这会使(印度)委员会感到不快,因为我们所做的工作毕竟是他们委托给我们的。"①留在延安的巴苏华曾直接参与了多项政治活动,他当选为陕甘宁边区的参议员,参加了由朱德任主席的"东方民族反法西斯同盟",投身于国际统一战线。

　　史沫特莱在《中国的战歌》一书中说:"由于我负责接待这个印度小组,并把战事的进展和中国的需要不断通报给国大党,所以我能看到使这些印度医生和其他外国医生截然不同的鲜明特点:他们既有科学素养,又有政治眼光,他们前来不仅是为中国伤兵服务,也是为了学习一种也许有一天不得不在印度使用的作战方法。"②就印度医生在中国的活动过程看,学习、研究中国人民的抗战经验,是柯棣华等印度大夫来到抗日根据地后才有的热切想法,它成为柯棣华一再推迟返回印度的原因之一。给予中国医疗援助,无疑是印度医疗队来华的首要使命。柯棣华热爱医生这个职业,并一以贯之地孜孜以求。他所以响应尼赫鲁为代表的国大党的号召,志愿加入援华医疗队,有借此锻炼外科手术技能的考虑。若在学术和技术方面皆一无所进,他会觉得很泄气,来到中国后尤其是在重庆的无所事事,促使其坚定北上中共领导的抗日根据地

①［印］M. S. 柯棣尼斯著,任鸣皋、皮美艳译:《永恒的桥梁:柯棣华大夫传记》,石家庄:河北人民出版社 1985 年版,第 125 页。

②［美］史沫特莱著,江枫译:《中国的战歌》,北京:作家出版社 1986 年版,第 241 页。

的决心。来到延安得知前线来人招募医生的消息后,他和巴苏华
积极申请,因安全和交通问题,前线之行一再推迟,眼见上前线遥
遥无期而无机会实践战地救护,柯棣华和医疗队其他成员一样打
算于1939年底按期离开中国,此中实有业务无所长进的考虑。突
然而至的前线之行打破了他的既定计划,抵达晋察冀边区后,在环
境的束缚下,虽然"未能在医学学术方面取得什么进步,但使他感
到高兴的是,他在外科技术方面却提高得很快"①,柯棣华的外科技
术有了长足进步也有了用武之地,他热爱他的工作,享受在此生活
和工作的过程,这也是他愿意留下来而不急于回国的主要原因。

　　朱德在追悼柯棣华大会上致《纪念柯棣华大夫》之讲话,高度
评价了柯棣华来到根据地后的思想与行动:柯棣华"非常高兴参加
战地的艰苦工作,并且打算深入研究华北的抗战经验,以便将来返
国后对印度民族的解放运动有所贡献。他忠心耿耿于印度人民的
解放事业,他深知印度民族的解放事业必须和中国人民及其他被
压迫民族人民的解放斗争联结起来,因此他能把中国的抗战看作
自己的事业一样,全力去为它服务。他深知群众的伟大,因此他非
常热爱抗战中的中国军民,非常虚心地向他们学习,和他们一道来
锻炼和改造自己。他有很好的艰苦耐劳精神,他不怕危险,不顾困
难,许多次亲身参加游击战争学习打仗,经常在战斗环境中进行工
作"。② 对比柯棣华的哥哥的评论与朱德的讲话,可以更深入地了
解柯棣华来到中国、来到根据地后的变化,及柯棣华对中国、对抗
日根据地的贡献。

---

① [印]M. S. 柯棣尼斯著,任鸣皋、皮美艳译:《永恒的桥梁:柯棣华大夫传记》,石家庄:
　　河北人民出版社1985年版,第119页。
② 《解放日报》(延安),1942年12月30日,第1版。

　　印度援华医疗队是继美加医疗队之后来到中国的第二支医疗队,它来自与中国一样正为民族解放事业而奋战的国家,当印度面临战争危机的情势下,中国共产党同样伸出援助之手。巴苏华是印度援华医疗队中最后一个回国的,据其日记记载,1942年除夕,朱德对他说,印度东部边境形势危急,日本已经打到印度的大门上来了。你应该尽快回到印度去,把你同日本帝国主义战斗的经验贡献给国内的斗争。为此,将解除你的医务工作,使你能以全部时间在领导同志的帮助下进行政治学习。① 1943年冬春,巴苏华进入中央党校,专心致志地投入了政治学习,学习打日本侵略者的经验,学习游击战的战略战术以及解放区民主政权建设的经验。他于1943年5月5日被护送离开延安至西安,历经两个月,终于7月3日从重庆飞加尔各答。在沿途等待的过程中,巴苏华非常积极热情地宣传延安经验、宣传八路军的抗日活动。在西安八路军办事处,巴苏华用中文向全体人员作了关于延安整风运动的报告。在重庆,应印度政府驻重庆专员、印度文官英国人休·理查森要求,巴苏华向盟军高级军官详细介绍了八路军的抗战和解放区的情况。与此同时,中国共产党帮助巴苏华及时了解祖国印度的情况。在重庆八路军办事处,周恩来请他阅读印度共产党机关报《人民战争》周刊,以便熟悉印度的政治形势,周恩来请其回印度后敦促印度共产党同中国共产党保持经常的联系,并作定期交流。印度医疗队的援华加深了中印两国人民的友谊,印度援华医疗队和柯棣华大夫更是中印两国人民友谊的象征。

---

① [印]比·库·巴苏著,顾子欣、王其良等译:《巴苏日记》,北京:商务印书馆1988年版,第260页。

第五节　犹太裔医生

一、背井离乡来到中国

1933 年 1 月,希特勒出任德意志第三帝国内阁总理,随即通过"合法"程序开始了纳粹党的独裁执政,欧洲逐渐弥漫在法西斯的阴影之下,一个大规模的反犹行动亦逐渐发展起来。当年即有一批德国犹太人感受到纳粹带来的紧张与不安,果断选择离开故国,去往中国上海。1938 年 3 月,德国吞并奥地利,迈出了侵略扩张的第一步,并掀起了迫害犹太人的狂涛骇浪。11 月 9 日,奥地利爆发了一起由纳粹党策划的反犹事件"水晶之夜",犹太人的商店和会堂被破坏,犹太人被殴打,绝大多数的职业禁止犹太人从事。奥地利的犹太人设法逃离欧洲,而美国、加拿大、澳大利亚、爱尔兰等数十个国拒绝接收犹太移民,中国驻维也纳领事馆的总领事何凤山则加紧发放"生命签证",上海成了接纳犹太难民之集中地。随着战争的不断扩大,纳粹党更加疯狂地迫害、屠杀犹太人,大批在德国、奥地利、俄罗斯、波兰、匈牙利等国的犹太人被驱逐或关押或侮辱直至杀害,散居在欧洲的犹太人仓皇逃亡来到中国。

早在 19 世纪中叶中国大门被大炮轰开之后,一批商人和实业家出身的犹太人陆续来到中国,在上海形成了犹太社团。20 世纪 30 年代初,上海犹太社团发展到 5 000 余人。① 从 1933 年到 1941

---

① 潘光主编:《犹太人在上海》,上海:上海画报出版社 1995 年版,第 1 页。

年,上海收留的犹太难民达 2.5 万人。[①] 至此,上海犹太人总数在三万以上,成为远东最大的犹太社团。到达上海的犹太难民人才济济,有实业家、音乐家、医生、教师、摄影师等各个行业之人才。他们中的一些人因深受法西斯迫害而对中国人民的反法西斯斗争充满同情,决心帮助中国,以医生来说,逃亡来到中国的医生有的辗转去了贵阳,参加中国红十字会救护总队工作,有的辗转去了中国共产党领导的抗日根据地,在八路军和新四军中从事医疗工作,也有的此前已参加"国际纵队"奔赴西班牙战场,之后加入英国医药援华委员会组织的国际援华医疗队来到中国,参加红十字会救护总队的工作。犹太裔医生来到中国的大背景大致是相同的,但各人因经历的不同,来华的目的略有差别,来华后的作为也各有千秋。因资料关系,也鉴于他们在外科手术、医学教学、药物研制、妇科等专科方面的不同作为,下面以汉斯·米勒、理查德·傅莱、雅各布·罗森菲尔德(罗生特)三位医生为代表,对犹太裔医生来到中国及其对中国抗战的贡献作一分析与研究。这三位犹太裔医生来到中国及其对抗日根据地的贡献,既有共性也各具特色,体现了他们共同的遭遇及其个人思想、情感的发展,大致能够展现犹太裔医生这一个群体的特征,也反映了中国的抗日斗争对外国友人的影响。

汉斯·米勒(Hans Muller),1915 年出生于德国莱茵河畔的杜塞尔多夫城,父亲是犹太人,母亲是德国人,他是家中的独子。一家三口靠父亲的薪金生活,早年生活还算安逸,第一次世界大战后德国经济衰退,米勒的家境渐趋窘迫。然父母十分重视儿子的教

---

① 《基督时报》基督教资讯平台:《犹太人与中国人的千年情谊》,http://www.christiantimes.cn,2015 年 8 月 10 日。

育,生活再不济也丝毫不耽误儿子的学业,汉斯·米勒先在杜塞尔多夫城一家私立小学读书,毕业后就读当地一所以兴登堡命名的著名中学。少年的汉斯·米勒深深了解父母的苦心与期待,他不仅出色地学完了学校规定的课程,还学习了拉丁文、希腊文、法文和英文,养成了酷爱读书、勤奋好学的习惯。1933年,汉斯·米勒以优异的成绩毕业于兴登堡中学,此时的德国处于经济萧条、社会动荡之际,正踌躇满志打算进入大学深造的汉斯·米勒既无法实现继续深造的夙愿,也无业可就。与此同时,以希特勒为首的纳粹德国政府开始了反犹行动,褫夺犹太裔公务员的职务,剔除军队、警察、司法机关中的犹太人。为免遭迫害,也为了前程,在父亲及其朋友时任瑞士巴塞尔大学医学系主任的帮助下,汉斯·米勒前往瑞士,入读巴塞尔大学医学系。医学系的学制为六年,米勒相继完成了内科、外科、妇产科及小儿科等多种科目的学业,主攻内科,1939年获医学博士学位。

巴塞尔位于瑞士与法国交界处,又与德国毗邻。巴塞尔大学有来自欧洲、亚洲等国家数百位留学生,其中的犹太人比较多。在希特勒登上了德国国家元首之位并得到了武装部队总司令权力后,他开始重整军备,积极备战,并扩大了对犹太人的迫害。学生中有许多人反对希特勒推行的法西斯主义,有从事秘密地下活动的,有公开发表演讲进行政治鼓动的。学生的行动因此受到监视,宿舍也经常受到秘密搜查。米勒虽然没有参加政治活动,将主要精力放在学习上,但他的好友中有来自德国的也有来自中国的进步学生,通过他们,他对法西斯的侵略行径及国际反法西斯斗争的认识有了提高,并开始关心正如火如荼进行着的西班牙人民的反法西斯斗争和中国人民的反法西斯斗争。通过中国同学的介绍,米勒对中国的政治、经济、文化有了初步的了解,对中国的社会习俗、风土人情产生了兴趣。其后,米勒的同学因参加政治活动而受到瑞士警察的注意,并被怀疑为瑞士共产党而遭拘捕,米勒因为他们声辩、抗议而遭警察局限期离境。米勒于是加紧完成博士论文,结束了大学生涯。毕业后的米勒既不能留在瑞士,也不想返回已被恐怖笼罩着的德国。西班牙的反法西斯斗争已然失败,希特勒在吞并捷克后,把战火引向全欧洲。英法继续采取绥靖政策,企图祸水东引。斯大林为了本国的安全及利益,与德国签订了《苏德互不侵犯条约》。欧洲的现状令米勒对此地的反法西斯斗争很是悲观,正不知去往何处,他的中国同学被当局释放了,他动员米勒去中国参加中国共产党领导的抗日斗争。

1939 年 4 月 10 日,24 岁的米勒从法国南部的马赛港登上驶往香港的"杜美"号海轮,5 月抵达香港,通过宋庆龄领导的保卫中国同盟见到了廖承志,与中共驻香港新华社办事处取得了联系。在香港等待北上期间,他在保卫中国同盟机关见到了去过延安的新西兰记者贝特兰,经与贝特兰的交谈,米勒对中国共产党有了进一步的了解,对抗日根据地军民的战斗与生活有了初步的认识,进而对延安充满了好奇与向往。

傅莱,原名理查德·施泰因(Richard Stein),1920 年 2 月 11 日出生于奥地利首都维也纳,父母皆是犹太人,父亲曾任地方财务官员,母亲是一名裁缝,他的童年是无忧无虑的。还在中学时代,理查德即接受了奥地利共产党对青少年的马克思主义熏陶,参加了奥共组织的青少年野营训练。1934 年,在奥地利内战中,年仅 14 岁的理查德和小伙伴一起为奥共领导的维也纳工人保卫团运送弹药,并在医生指导下,参加战场救护,从此他对医学产生了浓厚兴趣,立志将来做一名医生。在课余时间,理查德接受了"战伤急救学、内科学、传染病学、医学微生物检验学、X 光放射诊断学等医科专业知识培训"①,其后他到维也纳大学医学院求学,参加过医院临床实习。1937年,理查德加入了奥地利共产党。1938年3月德军入侵奥地利后,大批共产党人、犹太人及爱国民主主义分子被抓进集中营,积极从事反法西斯斗争的共产党人理查德亦被盖世太保列入了黑名单。奥共地下组织通知他紧急转移,并告诉他:"你可以去找中国共产党和八路军。中国共产党主张民族平等,坚决反对法西斯。在中国北方,毛泽东、朱德正领导抗击日本法西斯侵略的民族解放游击战争。孙中山夫人宋庆龄是同情革命,支持反法西斯的英雄战士,现住香港,你也可以去找她。"②

　　1938年12月18日,理查德告别父母、恋人,登上去意大利的火车,随后在热那亚港口搭上驶往中国的"胜利"号轮船,于1939年1月15日抵达上海码头,此前途经香港时曾上岸找宋庆龄,不巧宋庆龄去了重庆,未能得见。初抵上海的理查德一时找不到中共地下组织,之前告知的那位联络员已病逝,家里的汇款又被同名同姓的欧洲人冒领,身无分文的理查德于是来到欧洲犹太难民救助委员会资助的一家慈善机构,干点零活以换取生活费。不久,他凭自己的专业技能找到了一份工作,即在上海虹口难民传染病隔离医院从事医务工作。一边打工,一边继续寻找中国共产党。3月经人介绍,理查德北上天津在一家奥地利医生主持的德美医院担任X光放射诊断和医学检验技师。1940年转往天津最大、最著名的医院——马大夫纪念医院工作。马大夫纪念医院的前身是英国驻天津军队在天津法租界的随军门诊部,1868年12月转交给英国基督教伦敦会,命名为基督教伦敦会医院,1879年英国基督教伦敦会派

---

① 陶思维编著:《怀念傅莱》,重庆:西南师范大学出版社2010年版,第2页。
② 陶思维编著:《怀念傅莱》,重庆:西南师范大学出版社2010年版,第4页。

马根济任医院院长,1880年在时任直隶总督兼北洋通商大臣李鸿章的支持下,新建医院在原有基础上扩建落成,成为近代中国第一所规模完整的私立西医医院,1924年医院重建,为纪念已去世的马根济,更名为马大夫纪念医院。1937年卢沟桥事变后,马大夫纪念医院参加了战地救护工作并接收伤兵和难民。1940年,马大夫纪念医院被日军占领。

1939年4月,理查德的父母也离开维也纳前往中国,约于5月下旬到达上海。理查德回上海看望父母后,又返回天津工作。理查德在天津工作稳定,生活安逸,但他并不甘于这样的生活,他一直在多方打听、找寻中国共产党,为此曾到邢台、北平等地寻找中共地下组织,又只身前往北戴河、昌黎及附近铁路山区找冀东八路军。途中,理查德结识了美国基督教公理会传教士胡本德,胡本德来华已有20多年,在传教之余,从事平民教育、乡村建设、鸟类研究和集邮等工作,他同情善良贫穷的中国人民,同情中国革命,曾帮助八路军买卖药品。当理查德跟他说了希望参加抗日队伍的愿望后,胡本德向与他有联系的中共地下党联络人介绍了理查德的情况,地下组织很快将理查德渴望参加八路军、参加抗日的要求转报晋察冀军区司令员聂荣臻。对缺医少药的抗日根据地来说,对医生的需求是非常迫切的,中共地下党立即安排人员联络理查德,找到中共党组织的理查德欣喜万分。然而,在沦陷区安排一个外国人前往抗日根据地,并非易事,经过一番曲折而周密的安排,1941年秋,地下党通知理查德从天津到北平,在北海公园与联络人接头后,理查德开启了他的奔赴战场之行。地下党先安排燕京大学一位姓赵的学生给理查德带路,《怀念傅莱》一书对他此行有一段详细的描述:"在约好的时间、地点,理查德骑一辆自行车,带上一些医疗设备,与赵同行。到中途,与路边一个人对上接头暗号,就换上那个人带领(后来才知,此人是天津地下党交通员吴又居)继续前行。到了南口的一个村庄,停下等到半夜,由地方武装来人接应。走到妙峰山半山腰时,来了一个连的部队接应。……那天晚上,理查德紧跟在一个提着机枪的八路军后面,被夹在队伍中间,在山上跑着通过日寇封锁线。"[1]中共地下党和八路军做事的严密谨慎可见一斑。

理查德首先到达的是八路军平西根据地,司令员肖克接见了他,随后理查德随队伍继续行军,翻山越岭到达八路军第一军分区司令部,受到军分区首长欢迎,接着又继续前行到达阜平县——晋察冀边区党政军首脑机关所在地,受到聂荣臻司令员的热烈欢迎。聂荣臻给理查德取了个中国名字"傅莱",从此,理查德以"傅莱"之名在中国行医、生活,直至 2004 年 11 月在中国去世。

罗生特,原名雅各布·罗森菲尔德(Jacub Rosenfeld),1903 年出生于奥地利加利齐恩的莱姆贝格,犹太血统。他的父亲是奥匈帝国军队中的一名文职官员,母亲是庄园主的女儿。1910 年,他的父母在沃勒斯多夫买了一幢房子,全家迁到沃勒斯多夫居住。罗生特的母亲非常乐善好施,经常送东西、送钱给邻居的穷人。当租住他们房子的房客经济困难时,她不但不收房租,还在经济上帮助他们。罗生特父母乐善好施的事迹在当地广为流传,对儿女的影响也非常大。1922 年,罗生特考入维也纳大学医学系,1928 年获医学博士学位,先任外科住院医师,后专攻泌尿科和妇科。之后,他和妹妹在维也纳合开了一个诊所,他负责泌尿科和妇科,妹妹通看各科和牙科。据奥地利人格尔德·卡明斯基撰写的《罗生特传》说,罗生特是个喜欢过优越生活又随时准备与他人共享其所有一

---

[1] 陶思维编著:《怀念傅莱》,重庆:西南师范大学出版社 2010 年版,第 5 页。

切的人,因为罗生特高超的医疗技术,也因为他的幽默和魅力,他从来不为下一个先令从哪儿挣得而发愁。热爱文学与艺术且颇有音乐才华的罗生特在行医的同时,也给报刊撰写散文,他热爱一切美好、纯粹的东西。1938年,希特勒吞并奥地利打破了罗生特稳定、安逸又多彩的生活。罗生特的犹太血统,他的反对纳粹法西斯,使其未来得及逃离即被抓进了集中营。

　　法西斯集中营令人发指的兽行已众所周知。罗生特在其后发表的文章中多有谈到法西斯集中营的情况,"希特勒匪徒用尽了惨无人道的暴力和难于形容的兽行,来虐待集中营中各个反法西斯和爱国的囚犯们"。① "集中营犯人过着牛马一样的生活,他们一年到头,不管夏天或冬天,都只穿着一件囚犯制服。这件衣服夏天嫌热,冬天嫌冷,以致许多犯人把胳膊或大腿冻烂了。犯人生病没有人为他医治,如果病死了,那就活该,如果不死,那就不管病得轻重,也要和平常人一样做苦工,没有折扣可打。只有一件事可以请医生来照顾,那就是当你的胳膊冻烂了的时候,医生就来替你锯掉。"罗生特在集中营的劳动主要是搬砖,他在一篇文章中描述了1939年元旦在集中营做苦工的情景,这一天上午11时,气温是零下16度,囚犯们"在东西300米长的距离间,每人一次16块重大的石砖正不停地往这搬运着,砖堆逐渐地增高,但排列得并不是那么有规则。这些被奴役的劳动者是由社会各阶层人士所会合成的,有博士、教授、学生、农民和企业工人以及无辜的老幼们,那些纳粹党卫军的士兵带着一副狰狞的面孔在巡回地监视着"②。罗生特在

① 山东《大众日报》,1945年1月5日,转引自黄瑶、张惠新编著:《一个大写的人——罗生特在中国》,北京:解放军出版社1992年版,第12页。
② 黄瑶、张惠新编著:《一个大写的人——罗生特在中国》,北京:解放军出版社1992年版,第12页。

集中营不仅做苦工,也受过酷刑,甚至被打断肋骨、打伤肾脏。作为医生,他又常常冒着受罚的危险,救治伤患。炼狱般的集中营激起了囚犯们强烈的反抗意识,诚如罗生特所说:"法西斯集中营是一种民族的牢狱,它把任何反对法西斯的人都关在里面。它在里面为自己培养着成千上万的掘墓人。一方面是无比的残酷,在它压制下不可能有任何反抗;另一方面是不能发泄的仇恨,这仇恨积累下去,将爆发为不可抑制的报复行为。"[①]在集中营里,罗生特结识了几位德国共产党人,虽然他对德国共产党人的一些做法并不完全赞同,但他们的意志令其钦佩。近一年时间,罗生特已被折磨得皮包骨头。1939年夏被放出集中营后,他立即买了赴上海的船票,之所以选择上海,据《罗生特传》一书中说,一是因为时间仓促,"盖世太保规定他14天之内必须离开德国(包括已成为德国一个省的奥地利),而这时间只够在洛伊特·特利斯特那里买一张开往上海的船票",上海有公共租界,"移民无须担保和其他手续就能相当顺利地登岸";二是因为罗生特"在集中营里的一个难友威廉·戴克也把上海选为了目的地"。[②]《一个大写的人——罗生特在中国》一书则有不同的说法:罗生特参加新四军后与人谈及当年逃离欧洲时的想法,"考虑去苏联,这是当时唯一的社会主义国家,可是斯大林在30年代搞的大清洗令他不寒而栗,况且苏联恐怕也不会让他去。他也考虑过去美国、英国或犹太人的故国巴勒斯坦。但是,这些国家因为害怕希特勒报复,对犹太人入境实行限制,欧洲的犹太人被逼得走投无路,只得投奔国际性的大都会——上

---

① 黄瑶、张惠新编著:《一个大写的人——罗生特在中国》,北京:解放军出版社1992年版,第12页。

② 〔奥〕格尔德·卡明斯基著,杜文棠主编,李传松等译:《罗生特传》,北京:旅游教育出版社1995年版,第26页。

海⋯⋯由于在日俄战争期间,日本曾得到一个犹太财团的巨额资助,因此,它在第二次世界大战初期及以前对犹太人进入上海采取某种宽松的政策"。①

抵达上海后,罗生特在法租界开了一个泌尿科和妇产科的诊所,他的精湛医术令其很快有了名气。罗生特一如从前慷慨而有爱心,对有钱人收费很高,对穷人则不计较酬金。他还一如既往地分担家庭负担,照顾与其一同到达上海尚无收入的弟弟,每月寄钱给在英国的妹妹和在巴勒斯坦的弟弟。罗生特在上海的生活算是稳定而衣食无忧的,然而奢华与贫困画面的并存令他那颗充满同情的心无法平静,他如此描述上海:"在大街小巷上,到了令人窒息的炎热的夏季的晚上,许多人就把草席铺在大街上睡觉,以此逃脱拥挤的简易房里难耐的暑热。而在不远的地方,在气派豪华的俱乐部的屋顶花园里,穿着华美的夜礼服的女士们和先生们一边喷云吐雾,一边喝着冰镇的威士忌。在上海城里,有人生活在我们难以想象的水深火热之中,而还是在这座城市里,同样有着我们难以想象的奢华富贵。有饥饿,有贫困潦倒,也有世界上最美的佳肴。"②这样的上海令他不适,经历过德国纳粹的迫害,令其对中国人民的反法西斯斗争充满同情,并希望置身于斗争行列。

离开奥地利前,奥地利社会民主党向罗生特推荐了一位生活在上海的德国共产党员汉斯·希伯,他的公开身份是亚细亚杂志和太平洋事务杂志的记者。希伯在上海和中国共产党地下组织有密切联系,他和几个同情共产党的外国人组织了一个学习小组,学

---

① 黄瑶、张惠新编著:《一个大写的人——罗生特在中国》,北京:解放军出版社1992年版,第21页。
② [奥]格尔德·卡明斯基著,杜文棠主编,李传松等译:《罗生特传》,北京:旅游教育出版社1995年版,第36页。

习马列主义和毛泽东的一些文章以及中国共产党的有关文件。罗生特在希伯的影响下加入了学习小组,在此他不仅了解了世界反法西斯斗争形势,更多的是了解了中国共产党的抗日主张,了解了共产党所领导的八路军、新四军和抗日根据地的抗日斗争。他也学习了毛泽东的抗战理论和游击战思想,由此激发了奔赴中国共产党领导下的抗日根据地、投身中国抗战的热情,他向希伯提出希望去抗日前线参加战地救护工作。经过一年多的观察与交流,希伯认可了罗生特,1940年10月的一天,经希伯联络牵线,罗生特与时在上海的原新四军第三支队军医处处长吴之理会面,据吴之理回忆,他们交谈了几句,吴便知他是位良医,对其印象极好。同年12月,新四军军医处处长沈其震到上海准备动员一些医务人员参加新四军并筹集一批药物,经吴之理牵线,罗生特与沈其震在上海南京路光明电影院旁的光明咖啡店见了面。沈其震毕业于日本东京帝国大学医学院,精通德语,与罗生特相谈甚欢,他决定送罗生特去新四军。未及动身,发生了皖南事变,罗生特只能留在上海等待机会。1941年1月下旬,中共中央重建新四军,新的军部设在苏北盐城。3月,在上海地下党的安排下,沈其震和罗生特分乘两艘小火轮,由交通员护送前往盐城。罗生特化装成一名德国传教士,因为日德是同盟,罗生特此行还算顺利,他由新四军交通站一站一站接送,沿途受到新四军各部队的热烈欢迎,在泰县雅周庄与沈其震等会合。3月20日,一行人抵达东台县刘庄,军卫生部派汽艇前往迎接,当晚到达盐城——新四军军部、华中党政领导机关的所在地。新四军代军长陈毅、政委刘少奇接见了罗生特,对他的到来表示热烈欢迎,军直属机关、卫生部、抗大五分校、鲁迅艺术学院华中分院等单位联合召开了盛大的欢迎大会。舍弃安逸的生活、不远万里奔赴艰难困苦的抗日根据地,罗生特不是第一人,但他是投身新四军,在苏北抗日根据地从事医疗工作的第一位国际友人。

二、战斗在抗日前线

　　三位犹太裔医生经由不同的渠道抵达敌后抗日根据地后,皆以饱满的热情、专业的技能、严谨负责的态度服务于根据地军民,为中国的抗战作出了极大的贡献,也赢得了中国军民和伤病员的信赖与爱戴。

　　米勒,1939 年 6 月随同中国同志从香港经越南进入广西,再抵贵阳八路军办事处,由贵阳办事处负责安排他转辗到达西安八路军办事处。9 月,西安八路军办事处安排米勒随同外国援助中国的 600 箱医药物资和一辆救护车前往延安,期间米勒的德国护照令其成功排除了国民党的阻挠。抵达延安不久,米勒受到了毛泽东的接见,在马海德的陪同与翻译下,他们谈德国、谈国际形势、谈全世界的反法西斯斗争,也谈德国的文学,歌德、海涅的诗,贝多芬的音乐。毛泽东的渊博知识和他的诙谐幽默出乎米勒的意外,令他钦佩又喜欢,毛泽东建议米勒先到延安各处看看,熟悉当地的生活习惯,不必急于工作。经征求米勒的个人意见,随后他被安排在拐茆国际和平医院任外科医生,在此,米勒结识了爱德华、巴苏华、柯棣华几位印度医生。巴苏华在日记中记录了初见米勒时的印象:"米勒大夫被派到我们医院工作,让他做了一次小的外科手术,他拿手术刀的姿势像一个新手,他毕业后几乎没有实习过。"①的确,刚刚结束大学学业的年轻的米勒医生尚缺乏手术训练。抵达延安不久,在米勒的坚决要求下,他与三位印度医生一同踏上了奔赴抗日

①［印］比·库·巴苏著,顾子欣、王其良等译:《巴苏日记》,北京:商务印书馆 1988 年
　　版,第 177 页。

前线的征程。12 月下旬,一行人经长途迂回跋涉,穿越封锁线,终于安全抵达山西武乡县王家峪八路军总部。八路军总部安排他们先行熟悉当地情况,于是,他们参观了各机关、医院,了解八路军的组织和战斗情况,了解各抗日根据地的政权建设、群众工作,了解前线的战地医疗救护工作,期间做一些医疗工作,即为战士们检查身体,为伤病员做治疗。经过一段时间的学习与熟悉情况后,米勒与印度医生各自奔赴不同的岗位,米勒被派往距离王家峪不远的土河村八路军总部医院。

总部医院,顾名思义是当地最高医疗机构,然因条件的限制,院部仅有少数的重伤员,病人多分散住在附近的农民家里。医院药品匮乏,设备简陋,仅有一台日式显微镜,"外科手术器械除米勒从德国带来的一套蛇牌的外科手术箱外,几乎没有一套像样的手术器械,有的甚至是土制的"。① 米勒在大学学习期间虽然主攻的是内科,但也完成了外科、妇产科、小儿科等科目的学业,在八路军总部医院工作不久,即因两个意外的手术而名扬四方。一次是为一个不慎摔伤尿道的小伙子进行尿道的修补手术,成功排尿;一次是为难产的孕妇成功接生。

米勒不仅以自己的医学知识为伤病员服务、为根据地的百姓服务,在药物缺乏的情况下,他还向中国医护人员请教,开始学用中草药治病,学会使用一些治病的偏方、土方,甚至亲自上山采摘当归、黄芩、益母草、车前子等药材,并学会加工制作中草药。

百团大战打响后,米勒再三要求上前线,最终获准赴一二九师卫生部的附属医院,之后在他的强烈要求下,又和一些医务人员组

① 马模贞、杨大纬著:《汉斯·米勒》,沈阳:辽宁人民出版社 1990 年版,第 61 页。

成一个临时战地手术队随作战部队上了前线。

　　经受了战争洗礼的米勒在百团大战后被安排在一二九师第一休养所任所长,"这个休养所的主要任务是收容前线无法安置的重伤员,或需要作特殊治疗的各级干部和战士","休养所设在山旁的小村中,收容了近 200 名伤病员,其中不能独立行动、生活不能自理的重伤员有 40 余人。当这个新组成的医疗单位刚刚开始工作的时候,日军进行'扫荡'的消息接二连三地传到这个偏僻的山村"。① 米勒与休养所的指导员及其他干部为转移伤员、安置伤员、救治伤员而殚心竭虑,他们经受了敌人"扫荡"的考验,却终因条件所限而付出惨重代价。

　　经历了一年的"扫荡"与"反扫荡",一二九师首长决定解散这个相对庞大的医疗单位,因为"在严酷的战争环境中,这样上百人的医疗单位,既无自卫能力,又无机动力量;既无生产能力,又缺运输工具,在频繁的'扫荡'中,是很不适应的"②,休养所被调整缩小为一个个队伍精干、机动性强的医疗单位,活跃在太行山各个根据地。

　　实战锻炼快速提升了米勒的医疗技术,他的医术、他的热情虽赢得了领导和战士们的信赖,然毕竟是大学毕业不久缺乏历练的年轻医生,《汉斯·米勒》中有这样一段阐述,"米勒毕竟是大学毕业不久的年轻医生,他没有白求恩的功底,也没有爱德华的阅历,在他治疗疾病的过程中有成功,也有失败"。③ 较米勒是科班出身仅欠缺更多的实践经验,八路军医疗队伍中更多的是既非科班出

---

① 马模贞、杨大纬著:《汉斯·米勒》,沈阳:辽宁人民出版社 1990 年版,第 97 页。
② 马模贞、杨大纬著:《汉斯·米勒》,沈阳:辽宁人民出版社 1990 年版,第 124 页。
③ 马模贞、杨大纬著:《汉斯·米勒》,沈阳:辽宁人民出版社 1990 年版,第 123 页。

身又无实践经验的医护人员。为了使伤病员尽量避免因肢体的切除而造成终身残疾，经医院党委反复研究后，"时任白求恩模范医院院长詹少联决定，各下属医院的重大手术，必须得到医院领导的批准"。这个决定曾引起年轻好胜的米勒的不满，以为是针对他的，是对他的不信任。本着对战士高度负责的态度，当米勒冷静听取领导和同志们的意见，理解了这个决定的重要性后，他的情绪即刻平复。勤奋且虚心好学丰富了米勒的医学知识，经过若干年的战地医疗救护，米勒的手术水平和战场救护经验大为精进。休养所解散后，米勒奉命组建了一个医疗技术力量较强的手术队，巡回在太行山各根据地，挽救了一个又一个战士的生命。常年穿梭奔波于日军"扫荡"部队之间的历练，令米勒学会了如何打游击，如何穿越封锁线。

日军对根据地长期残酷的"扫荡"与"囚笼"政策，使根据地的物资极度匮乏，伤病员的数量因此日益增多。医疗任务繁重，斗争艰苦，食品缺乏营养，这一切使米勒的身体每况愈下，虽然八路军和根据地人民十分尊重、爱戴国际友人，想方设法为他们提供食物，却也只能是有啥吃啥，睡眠、卫生条件更是无比简陋。吃野菜、走哪睡哪、无法洗澡、满身虱子，这一切原本对生长在德国的米勒是难以想象的，他却毫无怨言地忍了下来，但病魔接连向他袭来，疟疾刚好又得伤寒。这时，传来了柯棣华大夫去世的消息，柯棣华大夫的不幸病逝令根据地军民、令八路军总部痛心，外籍医生的健康引起了八路军总部更加高度的重视，在得知米勒身体有恙的情况下，不断去电一二九师询问米勒的病情和治疗情况，下令尽一切力量救治。1942年底，八路军总部致电延安请求将米勒调离前线："国际友人米勒，因长期劳累，体力下降，近来在抢救伤员手术时，曾几次昏倒。现有疾病缠身，虽经抢救已脱离危险，但难以在前线工作,请示处理意见。"①延安很快回电,请八路军总部立即组织力量,护送米勒回延安。在领导与同志们的再三劝说下,米勒依依不舍地离开战斗了三年的太行山抗日根据地。

1943 年春,米勒在根据地军民的一路护送下安全抵达延安,继续在曾短暂工作过的国际和平医院任职。开展了大生产运动的延安不仅能保证医院充足的主食供应,还能提供较为丰富的副食如新鲜蔬菜、豆腐、猪肉等,在延安工作的国际友人按规定皆享受中灶及以上待遇,有基本的营养保证。年轻且身体底子好的米勒经过短期休养,辅以有营养的食物,迅速恢复健康,消瘦的身子也逐渐壮实起来,他又满怀激情地投入到救死扶伤的工作之中。抗战胜利结束后,米勒向八路军总部提出了回国申请。总司令朱德和卫生部部长苏井观分别给米勒开了两张证明。朱德签署的证明书写道:

"米勒大夫自民国二十八年(1939 年)10 月 1 日起,迄民国三十四年(1945 年)9 月 1 日止,在第十八集团军卫生部服务,为少校医官。

抗日战争结束后,应米勒大夫本人之请求,准其离职,并对其服务本军,表示感谢,特此证明,布予查照。"

十八集团军卫生部苏井观部长在服务证明书上中详明列述了米勒的工作轨迹:

"医学博士米勒少校,自 1939 年 9 月 1 日起,以军队外科医生之资格,参加第十八集团军工作,直至抗日战争胜利,在上述期间,其工作详情如下:

自 1939 年 9 月 1 日至 1939 年 10 月 30 日任陕甘宁边区国际

---

① 马模贞、杨大纬著:《汉斯·米勒》,沈阳:辽宁人民出版社 1990 年版,第 132 页。

和平医院外科医生(延安)。

自 1940 年 1 月 1 日至 1941 年 8 月 15 日任晋东南国际和平医院外科及内科指导医生(太行山)。

自 1941 年 9 月 1 日至 1942 年 12 月 30 日任第十八集团军卫生部流动外科手术队队长及晋东南一二九师医务顾问(晋冀豫)。

自 1943 年 8 月 1 日至中日战争结束任陕甘宁边区国际和平医院内科主任医生(延安)。

上述职务,米勒大夫均能彻底完成其任务,他对他的职务是无限忠诚的,因此我们对他表示诚挚的感谢,并祝米勒大夫将来的成功和愉快。"①

不料,因中国国内与国际形势的动荡,以及战后德国的状况,回国心切的米勒不得已滞留在中国。在中国朋友和同志的殷切挽留下,米勒决定暂时留在中国,立即得到新的任命:冀察热辽野战总医院院长。中华人民共和国建立后,他于 1951 年加入中国国籍,1957 年加入中国共产党,将他的一生奉献给了中国的医疗卫生事业,直至 1994 年在北京去世。

傅莱,1941 年底到达晋察冀边区后,聂荣臻安排他在白求恩卫生学校当教师,兼任白求恩国际和平医院内科医生。傅莱在战时中国的主要作为不在于直接医治伤病,他的工作当时少有医生涉及,却贡献极大,主要体现在三个方面:一是教学,二是完善临床化验,三是研制抗菌药。

白求恩卫生学校成立于 1939 年 9 月,是经白求恩建议,在军区司令员聂荣臻的支持下成立的,原称晋察冀军区卫生学校,白求恩去世后,为纪念和学习这位伟大的国际主义战士,改名为白求恩学

① 马模贞、杨大纬著:《汉斯·米勒》,沈阳:辽宁人民出版社 1990 年版,第 152—153 页。

校,将卫生学校附属医院命名为白求恩国际和平医院。1940 年,印度医生柯棣华来到晋察冀,任白求恩学校外科教员兼白求恩国际和平医院首任院长。傅莱是来到该校的第二位外国人,他擅长"内科学、传染病流行学,对野战外伤急救学、医学微生物学、临床检验学、X 光放射诊断学及保健学也有相当造诣"①,傅莱的入职不仅加强了教学力量,也填补了教学中的诸多空白。教材的缺乏一如以往,傅莱和白求恩、柯棣华一样,自编教材。为了取得更好的教学效果及与病患作更深入的沟通,傅莱利用一切时间、抓紧一切机会用心学习、练习中文。看到村民门框上的对联,他会一字一句抄录在本子上,请同志们教他念读、给他讲解。他用母语编写教材后,又在其他教员的帮助下,借助字典将讲稿译成中文,并在汉字旁用德文或英文标注读音,以便练习发音。为此,傅莱的备课费时更多,大约讲一小时的课,要花八九个小时准备。如此一年下来,他的中国话已能运用自如,甚至超过先期到来也努力学习中文的柯棣华。因为他每天在豆油灯下编写讲义、备课直至深夜,聂荣臻司令员特批给傅莱医生两个油捻灯油的特殊待遇,"当时边区供应紧张,学校教员照明是两人点一盏豆油灯"。②"到 1944 年调延安中国医科大学任教时,傅莱医生已经能够得心应手地用中文讲话、做笔记、读中文书报和听中文的讲演报告了。"③自 1941 年 12 月起,傅莱先后在晋察冀军区白求恩卫生学校、延安中国医科大学、白求恩医科大学、华北医科大学及重庆医科大学(中华人民共和国成立后)任教,是抗日战争和解放战争时期卓越的医学教师,为中国人

---

① 陶思维编著:《怀念傅莱》,重庆:西南师范大学出版社 2010 年版,第 98 页。

② 陶思维编著:《怀念傅莱》,重庆:西南师范大学出版社 2010 年版,第 99 页。

③ 陶思维编著:《怀念傅莱》,重庆:西南师范大学出版社 2010 年版,第 99 页。

民解放军培养了战争急需的大量医药卫生技术人才。1944 年 11 月,由聂荣臻介绍,傅莱加入中国共产党。1950 年,傅莱加入中国国籍,他对弟子遍布大江南北感到十分欣慰,曾骄傲又欣喜地说,"到处都有我的学生和朋友,到卫生部开会就像同学聚会一样高兴"。①

任教之余,傅莱在附属医院看病问诊,并带领学生下医院实习。据傅莱曾经的学生后曾任中国人民解放军北京军区空军卫生部部长的李亚荣回忆,因为学校附属医院病人少,而实习学员多,傅莱带领高班次学员到杨家台冀中医院去实习,那时内科病人多于外科病人,麻疹、疟疾、痢疾、回归热、伤寒等传染病是农村地区常常流行的疾病,傅莱不顾被传染的危险,热心为病患诊断治疗。他还率领人员深入部队和农村疫区调查疫情,指导军民开展卫生防疫工作。

完善临床化验室,是傅莱对根据地医疗事业的大贡献。傅莱接受过医学检验的专业训练,并在正规医院化验科工作过,来到晋察冀根据地被分配到白求恩卫生学校及其附属医院后,他首先检查和完善了检验科的各种制度、检验操作规程及试剂配制,接着开展了许多新的检验项目。据曾与傅莱做同事的刘根万回忆说,当时能做的临床化验检查有"血、尿、大便、痰、穿刺液及一些分泌物常规检查;还能做细菌、原虫、螺旋体及黑热病利杜原虫小体染色;血球分类、上皮细胞分类、血型检定等项检查","化验室承担着临床、教学和外出会诊工作,还被数次派往疫区,进行传染病防治,成为边区唯一的一家医学检验诊断室"。②

---

① 陶思维编著:《怀念傅莱》,重庆:西南师范大学出版社 2010 年版,第 98 页。
② 陶思维编著:《怀念傅莱》,重庆:西南师范大学出版社 2010 年版,第 103、104 页。

　　根据地药品匮乏是常态，傅莱和米勒一样虚心向当地中医求教，他在学会用针灸治疗疟疾等疾病的同时，还积极研制救命的抗菌药。重视药物的研制与开发，是傅莱对根据地的又一大贡献，在当时即得到了八路军总部的充分肯定而被委以重任。1942 年，傅莱被任命为晋察冀军区医药指导委员会委员，"该委员会是边区最高医药技术指导机关，是边区医药界的权威机构，它的任务是协助军区卫生部指导医学教育，提高医疗技术，推进卫生建设"。① 之后，傅莱又担任了陕甘宁边区中西药研究会顾问、八路军联防卫生部医药卫生委员会委员。1944 年，在得知可医治多种感染性疾病的高效低毒的特效抗菌药青霉素 1941 年在英国已用于临床，1943 年美制青霉素已大量用在盟军各地战场的消息后，傅莱即设法得到菌种自行开发研制。他是中国研制青霉素的先驱，多年以后，他的多位学生和同事满怀深情回顾了傅莱研制青霉素并送药上前线的事迹。陶思维在《深切怀念研制中国初制青霉素的先驱——一位来自奥地利的"白求恩式的大夫"傅莱医生》一文中，对傅莱研制青霉素的过程作了详细的介绍：1944 年夏，傅莱"以美国援华联合会晋察冀代表的身份，请美国援华会帮助，向英美有关部门索取青霉素菌种和相关资料。1945 年初，傅莱收到美国援华会寄来的青霉素菌种和早期学术研究资料，参阅相关文献，制定出初制青霉素开发研制计划，报陕甘宁边区政府批准立项后，就带领王学礼、宋同珍两位助手，在延安城东柳树店中国医大内，自己动手建起生化研究室（土法生产初制青霉素的小作坊）开始研制"。"没有现代的厂房，没有功能齐全的发酵机械设备，没有精密的测试仪表，也没有自动反馈监控装置，就在这设备极其简陋的土房子里，很短时间

① 陶思维编著：《怀念傅莱》，重庆：西南师范大学出版社 2010 年版，第 91—92 页。

内就研制出了在工业和科学技术高度发达的英美用了十三年才研制出的极为珍贵的抗菌特效药。""青霉素发酵工艺是制作青霉素的操作规程,缺了它就无章可循……当时美国援华会寄给傅莱医生的英国学者早期研究青霉素的学术资料,根本没有涉及青霉素的生产工艺。没有工艺文件,傅莱就带领助手进行科学实验,开动脑筋想办法,既当工程师又当生产工人,从菌种斜面到种子扩培,青霉素发酵合成,经历了摇瓶研究到小发酵罐试验,到较大发酵罐试验的逐级放大过程。""每天还要定时进行物理、化学及生物的多种参数测定,并根据测得的参数来了解药物产生菌的代谢变化,调控生产,从而掌握了一套行之有效的研制工艺。""没有搅拌器和摇床,他们就定时进入恒温培养间,抱着发酵瓶振摇;没有空气压缩机,就用打气筒人工打气;没有空气过滤器,就用打气筒把空气先通过一个装有无菌棉花和滤布的小管,除菌后再通入发酵罐底部,来保证培养液中有足够的溶解氧……"[1]"1945年5月20日,在延安边区参议会礼堂,陕甘宁边区中西医研究会举办的首次医药学术报告会上",傅莱介绍了试制青霉素成功的经过,报告了"制成的青霉素送到前方和边区各医院,治疗战伤感染、败血症、脓胸、肺炎、淋病等感染性疾病,取得很好疗效"。"1946年1月,美国援华联合会编辑出版的《中国新闻》报道:中国初制青霉素开发研制成功……延安中国医科大学医生理查德·傅莱负责领导了这项研制任务。"[2]根据地设备条件之简陋、青霉素研制之不易可见一斑。青霉素是当时医治许多不治之症的灵丹妙药,傅莱带领团队研制的虽只是初制青霉素,囿于技术设备条件的限制,无法提纯,产品不

---

[1] 陶思维编著:《怀念傅莱》,重庆:西南师范大学出版社2010年版,第92—93页。

[2] 陶思维编著:《怀念傅莱》,重庆:西南师范大学出版社2010年版,第90页。

能供针剂注射,但他们研制的医治战伤的外用盘尼西林,已然拯救了无数英勇战士和伤病员的生命。

罗生特,1941 年 3 月 20 日晚抵达新四军军部驻地盐城,受到新四军领导陈毅、刘少奇等的热烈欢迎,经过短暂的休息与熟悉情况后,4 月,陈毅安排罗生特在新四军总部医院工作,并聘其为新四军卫生部顾问。为有效指导基层卫生机构的工作,罗生特常常和有关领导下基层各部队巡视,检查指导各基层机构的医疗卫生工作。其后因日军的"扫荡"及工作的需要,罗生特先后在新四军第三师、第二师、第四师工作。5 月,工作了一个月的罗生特给《保卫中国同盟通讯》寄送了一篇详细介绍新四军医疗工作的报道:"一个典型的医疗中心看起来就像许多大大小小的农家棚屋,可以掩庇数百名伤病员。每幢农舍保留一间小屋用作房主生活所需,其余的地方就成为'病区'。……由军队医疗部门为伤病员进行治疗,其中有些是在中国大城市里受过训练的医生,有些是新四军培训的医务人员,整个医疗组织很出色。""医生们常到各个'医院'视察,尽管我们只有五名合格的医生,但却要管非常大的区域,在一周之内,我分别在三个不同的地方医疗中心做手术。""目前,我们总共要对五千名左右的伤员和一万名左右的病人(疥疮沙眼、结核病等)进行治疗。我们大家工作都很繁忙,我在上面讲到的那个医院分布在八英里长的地区里,这就是说,从一头到另一头查访所有的'病区',要花上整整一天,我们总共有二十来个这样的医院。"①罗生特投入工作用心用情之深、工作之细致,可见一斑。

罗生特不仅给来自前线的新四军伤员动手术,还给来自十里

---

① 宋庆龄基金会研究室编,吴景平译:《保卫中国同盟新闻通讯》,北京:中国和平出版社 1989 年版,第 385—386、388 页。

八乡慕名而来的老百姓治病,治愈了不少之前被视为患有不治之症的患者。在缺少训练有素的医护人员的根据地,像罗生特这样科班出身又有多年行医经验的医生被当成了"万金油大夫",他所擅长的妇科、泌尿科更为农村地区所不知。精湛的医术、热情细致的服务赢得了军民的好评与信赖,越来越多的患者前来求医,部队领导不忍心他如此辛苦,曾对诊治的范围、时间、地点等作出限制,他却阻止了对他的任何限制,有求必应。

　　罗生特的妇科专长使其对生育问题颇多关注。眼见战争环境下生养孩子的困境,罗生特曾大力主张避孕或绝育。对于随时面临战斗的新四军来说,婴幼儿随部队行动无疑会有料想不到的麻烦,而为了阻止孩子的啼哭或给孩子喂点烧酒或捂住孩子,则可能影响孩子的健康甚至生命。将婴儿留给当地老乡照看是常有的事,而在缺少保健措施,传染病、疾病常常肆虐的农村地区,日军又频频"扫荡"、骚扰,孩子的生存只能听天由命。而且,在战事动荡时期,怀孕、生子对于女性来说也多有不便。"当人们得知军部来了一位精明能干的妇科专家时,四面八方的妇女都涌来请雅克布做人工流产手术。"①鉴于此种情形,罗生特主张已婚且已有孩子的夫妇,最好实行绝育手术,"尤其提倡男同志做绝育手术",或者实行避孕,"罗生特是我军最早提倡计划生育的一位医师"。②

　　1943 年 9 月,罗生特被派到山东的八路军中工作,主要任务是治疗和护理肾病复发血尿不止的罗荣桓。1938 年,罗荣桓率领115 师开赴山东开展敌后游击战,1941 年罗荣桓任 115 师党委书

---

① [奥]格尔德·卡明斯基著,杜文棠主编,李传松等译:《罗生特传》,北京:旅游教育出版社 1995 年版,第 52 页。

② 中共临沂地委党史资料征集委员会、中国莒南县委员会编:《罗生特在中国》,济南:山东人民出版社 1992 年版,第 355 页。

记,1943年被任命为山东军区司令员和政治委员,兼任115师师长。1943年4月,罗生特曾为来到新四军驻地的罗荣桓做过检查和治疗,使其病情一度稳定下来,然而繁重的军政事务使罗荣桓的肾病复发,山东军区急电陈毅,邀请罗生特到山东为罗荣桓诊治,罗生特愉快地接受了这一任务,抵达山东后即刻投入工作,不仅使罗荣桓的病情明显好转,并保证他能够在领导岗位上坚持工作。当年,罗生特被任命为山东军区卫生部顾问,与此前一样,罗生特不仅在前线附近抢救伤员,还给十里八村的老百姓诊病。经他之手,治愈了多位被判定无法救治的患者,在乡村中赢得了"活菩萨"的美名。

　　与诸多帮助中国的外籍医生一样,罗生特不仅救治伤患,还为卫校学员授课。他在写给《保卫中国同盟通讯》的报道中描述了新四军卫校的教学情况:"我们的教科书很少,由医生和资深护士讲授医学课程。每个学员有一份平版印刷的、带插图的'课本',课文和专门术语是英文的,附有中文译文。虽然有地区分布上的种种困难,但仍然每天上课。这些乡村常常很分散,我们通常在位于各'病区'中心处找一间较大的屋子,充当'医疗培训学校'。墙上挂着解剖学、细菌学和卫生学的示意图。"①到山东后,罗生特发现那儿的医护人员更加匮乏,因此对培养人才更加重视,他主动提出要担任卫校的教学工作。"当时,卫生学校驻在莒南县陈家老窝,而罗生特则经常随卫生部而移动驻地",②但无论刮风下雨,无论严寒或酷暑,他都坚持定期去卫校上课。

---

① 宋庆龄基金会研究室编,吴景平译:《保卫中国同盟新闻通讯》,北京:中国和平出版社1989年版,第386页。

② 黄瑶、张惠新编著:《一个大写的人——罗生特在中国》,北京:解放军出版社1992年版,第71页。

罗生特不仅是位医术精湛的"万金油大夫",还是位爱好文学的反法西斯战士。在行医之余,他努力搜集素材,他想把他所看到的中国正在发生的对全世界有意义的事件记录下来告诉世界。他采访了诸多新四军将领,收集、记下了他们的生平事迹,到山东及战后到东北后,他又采访了中国共产党和人民军队许多领导人,他力图更多地了解和理解中国人,他打算写一部比斯诺所报道的红色中国信息量更大的书。残酷的战争、繁忙的医务工作使罗生特无暇将已有构思且素材丰富的内容书写下来,他打算等战争结束回国后着手撰写。虽无暇写大部头的书,罗生特还是抽时间撰写了多篇长文或短文发送出去,既回顾了当年在集中营的生活与斗争,歌颂各国人民所从事的伟大的反法西斯斗争,更大量报道了中国共产党领导的抗日斗争,描绘了他对中国的印象,颂扬根据地军民吃苦耐劳、英勇抗战的英雄气概。以《请英美莫再消耗金钱和时间给中国国民政府》为例,文中指出:"外国人想很清楚地了解中国内部复杂的关系是非常困难的事,因为大多数的外国人生活在中国的大城市中,如上海、北平……外国的人们只要把脚稍微离开中国的都市几里路,就可以看到真实中国的情形,中国有四万万以上的人口……他们过着难以形容的贫穷生活,一般的情形近似欧洲中世纪时代,也许更差。这是因为中国长期处在封建社会与近百年来半封建半殖民地社会剥削和掠夺之下,这个国家已经进行了七年以上的反对日本法西斯侵略的战争,在这七年的抗日过程中,这个国家的扬子江北部和南部呈现着完全不同的发展,扬子江以南的地区在国民党政府势力统治之下各种情形一年不如一年、一天不如一天地恶化下去,并未把英美的财政援助用于解除人民的困难上,丝毫不把英美供给的武器分给抗日有力的中国军队……完全呈现着不同情形的是在扬子江以北。在这个地区里绝大部分是八路军、新四军,此地区里经过七年多的抗日战争,一切都比战前改良了,在共产党领导下,在敌占区广泛地建立了新民主主义地方政府,实行了减租减息,所以农民们比战前更加丰衣足食了。在敌后各战线的日军都在被迫撤退。在此地区中除正规军以外,每天都有新游击队的成立,仅山东就有四十万民兵……新民主主义并不是空想,而是非常切合实际的东西,且在八路军、新四军的根据地里已经奠下了很巩固的基础……目前在江苏和山东有两千里长的沿海线在八路军——五师的手中,在这两支军队中的官员就是高级将领也一样,他们的生活和士兵相同,我已经在这两支军队和中国农民中生活了四年,因而,我才有资格大胆地写这篇文章。"[1]

罗生特不仅自撰文章报道、赞颂抗日根据地,还希望有更多的人来宣传抗日根据地。1944 年 6 月,罗生特写信给在延安参观访问的中外记者团的代表亦是他的朋友伊斯雷尔·爱泼斯坦,说:"数年来,我在新四军、八路军中当外科医生,这两支军队对于抵抗日寇侵袭的英勇战绩和为了民主主义而奋斗的功勋是人人称赞的。你们组织中外记者团到延安,我希望你把这个新中国重要的政治中心的一切印象,真实地报道到世界各地去。"[2]

对中国共产党及其军政领导人的敬佩,对其所从事的帮助中国人民抗击法西斯侵略事业的骄傲,令罗生特不仅愿意倾其所有奉献中国,还试图动员他的妹妹也来帮助中国。1945 年 7 月,他在委托一名美国"飞虎队"成员带给其叔叔婶婶的信中说:"我妹妹

① 黄瑶、张惠新编著:《一个大写的人——罗生特在中国》,北京:解放军出版社 1992 年版,第 118—120 页。
② 中共临沂地委党史资料征集委员会、中国莒南县委员会编:《罗生特在中国》,济南:山东人民出版社 1992 年版,第 361 页。

(施台菲·罗森菲尔德博士)在英国的某地……我希望她来中国找我,她是一个医道很高明的医生,可能会对我有很大帮助。我本人要在这儿待到抗日战争胜利,也许再长一点。你可以要求奥地利政府帮助寻找我妹妹。我在这儿从中国西北部的延安经莫斯科到维也纳给奥地利政府(总统卡尔·伦纳博士)发了一封贺电。这样我的政府就知道了我在八路军中当主任医生……如果你们找到她,让她立刻与我取得联系。她应该找卡尔·伦纳博士或维也纳的内政部部长,从维也纳经莫斯科向延安发一封电报。所需的一切费用(外科、妇科、牙科手术的器械、各种药品及旅途所需的钱)由这儿解决……请将我的工作情况和我希望在中国见到她的愿望告诉我妹妹。也许她可以组织一个愿意在我们军队中工作的医生、化学家、药理学专家和技师的小组。她可以就这个方案和维也纳的内务部长谈一下并在中国西北延安与我取得联系。她本人应尽快到延安来,那样我会非常高兴,至少可以见到我的兄弟姐妹中的一个,她对我们军队也是很有用的。"①由该信可以了解,远离故乡的罗生特思念家人,也热爱中国,他认为他已经找到了一个能施展才华并受人尊重的新故乡,"所有的地方官员和军队指挥员,都在全力支持医疗工作。不管怎样,这儿是以一种非常好的同志朋友式的精神,来干一切事情的。对我来说,这儿的生活一点也不困难,恰恰相反,我感到很有意义,并从中得到了欢乐"。② 他将中国人民的解放事业当成了自己的事业,早在 1942 年春,来到新四军仅一年,罗生特就向华中局提出了加入中国共产党的申请,经上级

---

① [奥]格尔德·卡明斯基著,杜文棠主编,李传松等译:《罗生特传》,北京:旅游教育出版社 1995 年版,第 103—105 页。

② [奥]罗生特:《新四军的医疗工作》,载宋庆龄基金会研究室编,吴景平译:《保卫中国同盟新闻通讯》,北京:中国和平出版社 1989 年版,第 388 页。

批准，由陈毅、钱俊瑞（华中局文化工作委员会主任）做介绍人，罗生特作为特别党员被接纳入党。罗生特对中国、对新四军的感情与了解，诚如陈毅给他的一封回信中所说，"你以反法西斯盟友的资格，远渡重洋，来中国参加抗战，同时更深入敌后参加新四军工作。新四军的艰苦斗争为你所亲见，所深受。新四军的一切，你永远是一个证明人"。①

罗生特在中国工作了八年，与诸多中国同行及军队领导人成为挚友。1949年中华人民共和国成立前夕，罗生特思念亲人至切，多次提出要回国，行前被检查出患有高血压、冠心病和主动脉硬化性心脏病等疾病。出于对其身体健康的考虑，也因为深厚的感情，罗荣桓、陈毅等对其多加挽留，罗生特说"他将带着未来的妻子再到中国来，说不定他还会成为奥地利驻中国的首任大使"②。1952年，罗生特的妹妹写信给中国驻东德大使馆，表示罗生特想回中国。遗憾的是，在陈毅得知消息答复欢迎时，罗生特已不幸因心肌梗塞而逝世。

---

① 黄瑶、张惠新编著：《一个大写的人——罗生特在中国》，北京：解放军出版社1992年版，第39页。

② 黄瑶、张惠新编著：《一个大写的人——罗生特在中国》，北京：解放军出版社1992年版，第108页。

第四章　人道救助与经济技术支持

第一节　外国侨民与沦陷后的南京

一、留在南京的外国侨民

1937 年八一三事变后,日军一面大举进攻上海,一面对南京开始了长达四个月的空袭。上海沦陷后,日军兵分多路,攻向南京,一些较为富裕的市民开始逃离南京。11 月 16 日,国民政府迁移工作的公开化加剧了市民和外侨的恐慌。在日军即将进逼南京的态势下,各国驻华使领馆纷纷要求并安排侨民撤离南京。12 月 8 日,日本总领事馆通告各国驻南京大使馆,要旨为:"日军强烈希望目前留在南京的所有外国人立刻从南京避难出去,离开战斗区域。"①有一部分外国侨民决定留在南京,《芝加哥每日新闻报》驻远东记者 A. T. 斯提尔在七七事变发生后,逆人流而行到了南京,12 月 7

① 张生等编:《英美文书·安全区文书·自治委员会文书》,张宪文主编:《南京大屠杀史料集》第 12 册,南京:江苏人民出版社、凤凰出版社 2006 年版,第 54 页。

日,他在南京报道说:"尽管战争就在眼前,但还是有美国人打算留在南京直至最后……住在首都的 29 名美国人之中,仅有 8 人听从了撤离的警告。"他评价了美国人的留守行为:"至少有 14 名美国人打算在南京被包围期间也一直留在城内,除非发生万不得已的情况。这些留守者大多数是传教士。在决定留下时,他们没有表露出丝毫的英雄气概,他们只是认为这是义务,他们说,必须留下来守护教会的财产,给予中国同僚们信心,帮助现在仍在计划中的安全区——这关系到成千上万中国人的生命。"① 留在南京的外国侨民主要是分布在南京教会、大学、医院以及企业等机构或组织的教会人士,有近 30 名,其中三分之二为美国人。张生在《美国文本记录的南京大屠杀》一文中将美国人士留驻或进入南京的原因和动机分为四类:职业要求;保护教会财产,传播教义;受美国政府指派,保护美国利益;救助南京居民,弘扬人道关怀。② 由这些西方人士的书信、日记看,通过救死扶伤等工作来传播基督教教义,大约是所有教会人士选择留在南京的主要原因,保护教会、企业财产,职业道德、责任心及维护本国权益也是他们作出勇敢决定的考虑因素。

南京沦陷时留在南京的西方人士名单③:

姓　名	国籍	所属机构
1. 约翰·H. D. 拉贝　先生	德国	西门子中国公司
2. 克里斯蒂芬·克勒格尔　先生	德国	卡洛维兹公司(礼和洋行)

---

① 张生编:《外国媒体报道与德国使馆报告》,张宪文主编:《南京大屠杀史料集》第 6 册,南京:江苏人民出版社、凤凰出版社 2005 年版,第 33 页。

② 张生:《美国文本记录的南京大屠杀》,《历史研究》2012 年第 5 期,第 130 页。

③ 张生编:《耶鲁文献》(上),张宪文主编《南京大屠杀史料集》第 69 册,南京:江苏人民出版社、凤凰出版社 2010 年版,第 339—340 页。

续表

姓　名	国籍	所属机构
3. 爱德华·施佩林　先生	德国	上海保险公司
4. R. 黑姆佩尔　先生	德国	北方饭店
5. A. 曹迪西　先生	德国	基士林克和巴达公司
6. R. R. 哈茨　先生	奥地利	安全区机械师
7. 科拉·波德希沃洛夫　先生	白俄	桑哥伦电器商行
8. 齐阿尔　先生	白俄	安全区机械师
9. 林查理　先生	美国	金陵大学
10. M. S. 贝德士　博士	美国	金陵大学
11. 刘易斯·S. C. 史迈士　博士	美国	金陵大学
12. C. S. 特里默　博士	美国	金陵大学医院
13. 罗伯特·O. 威尔逊　博士	美国	金陵大学医院
14. 格蕾斯·鲍尔　小姐	美国	金陵大学医院
15. 伊娃·海因兹　小姐	美国	金陵大学医院
16. 麦克伦　神父	美国	金陵大学医院
17. 明妮·魏特琳　小姐	美国	金陵女子文理学院
18. W. P. 米尔士　神父	美国	长老会
19. 宋煦伯　神父	美国	金陵神学院
20. 费吴生　先生	美国	基督教青年会
21. 厄恩斯特·H. 福斯特　神父	美国	圣公会
22. 约翰·马吉　神父	美国	圣公会
23. 杜丁　先生	美国	纽约时报
24. 阿奇博尔德·斯提尔　先生	美国	芝加哥每日新闻报
25. 叶兹·麦克丹尼尔　先生	美国	美联社
26. 孟肯　先生	美国	派拉蒙公司
27. 史密斯　先生	英国	路透社

前 22 名人员在南京大屠杀期间一直留在南京,其中克勒格尔先生于 1938 年 1 月 23 日离开南京,费吴生先生于 2 月 20 日离开南京,拉贝先生于 2 月 23 日离开南京,哈茨先生和曹迪希先生于 2 月 28 日离开南京。第 23—27 名的五名新闻记者先后在 1937 年 12 月 15 和 12 月 16 日离开南京。这些外籍人士有很多去过日本,他们起初以为日军会"相安无事"地接管整个南京城的运行,但南京沦陷后,他们即刻亲眼看见了日军的残暴。担任南京安全区国际委员会委员兼总稽查的美国圣公会南京德胜教堂牧师约翰·马吉在 1937 年 12 月 19 日的日记中记载:"过去一个星期的恐怖是我从未经历过的,我做梦也没有想到日本兵是如此的野蛮。这是屠杀、强奸的一周。我想人类历史上已有很长时间没有发生过如此残暴的事了,只有当年土耳其人对亚美尼亚人的大屠杀堪与比拟。"①金陵大学医院的迈克(即麦卡伦)神父在 1938 年 1 月 7 日致朋友们的信中说:"12 月 12 日,当日本人进城时,南京城墙以内的区域实际上并未遭到损坏。一些地方失火,同时中国人中的抢劫案也时有发生,但都不是大规模的。从那时起,所有的一切都遭遇到相当彻底的掠夺。"②1937 年 12 月 13 日至 1938 年 1 月,侵华日军在南京进行了约六周的大屠杀和奸淫、抢劫、放火等血腥暴行,制造了震惊中外的南京大屠杀惨案,1 月末才有所缓解。1938 年 4 月 2 日,马吉致函麦金牧师说:"我注意到您曾致函《纽约时报》说,有关日军南京屠杀的故事是虚构的。可能这时你已经知道它们只

---

① 《致主教函》(1938 年 2 月 10 日),章开沅编译:《美国传教士的日记与书信》,张宪文主编:《南京大屠杀史料集》第 4 册,南京:江苏人民出版社、凤凰出版社 2005 年版,第 149 页。

② 《迈克致朋友们》(1938 年 1 月 7 日),张生编:《耶鲁文献》(上),张宪文主编:《南京大屠杀史料集》第 69 册,南京:江苏人民出版社、凤凰出版社 2005 年版,第 450 页。

能是太千真万确了。如果我不是亲眼看到这些事情,我也不敢相信这样的事会发生在现代社会,这使人想起古代的亚述暴行。我们未曾料到如此恐怖,当这些事情开始时,我们感到这是可怕的震撼。"①

张宪文主编的《南京大屠杀全史》中将日军的罪行归纳为三个方面:"一、违反国际法和人类的基本道义准则,对其占领区的中国和平居民及放下武器的中国战俘,进行了大规模的、长达一个半月时间的屠杀,其手段极为残忍,屠杀范围遍及城区和市郊。二、日军在南京实施大规模的性暴行,对中国妇女,不管老幼病孕,强行奸污、轮奸,其强暴手段,令人发指。日军还强征中国妇女为性奴,供其蹂躏,并在南京建立了40多个所谓的慰安所,供其摧残侮辱中国妇女。三、日军为了逼迫中国政府迅速投降,对首都南京采取了毁灭性的破坏手段。他们到处抢劫民众的财物、粮食、牲畜等,到处焚烧房屋和商店,使许多原本繁华热闹的街道陷入一片火海,无数市民损失惨重。"②2014年,中国将12月13日定为南京大屠杀死难者国家公祭日,每年12月13日国家举行公祭活动,悼念南京大屠杀死难者和所有在日本帝国主义侵华战争期间惨遭日本侵略者杀戮的死难者。习近平总书记在国家公祭仪式讲话中指出:"在南京大屠杀那些腥风血雨的日子里,我们的同胞守望相助、相互支持,众多国际友人也冒着风险,以各种方式保护南京民众,并记录下日本侵略者的残暴行径。对他们的人道精神和无畏义举,中国人民永远不会忘记。"这是中国政府首次在国家层面肯定外国侨民

---

① 《致麦金函》(1938年4月2日),章开沅编译:《美国传教士的日记与书信》,张宪文主编:《南京大屠杀史料集》第4册,南京:江苏人民出版社、凤凰出版社2005年版,第177—178页。

② 张宪文主编:《南京大屠杀全史》,南京:南京大学出版社2012年版,序第2—3页。

在南京大屠杀期间所作出的贡献。

近年来,随着南京大屠杀期间在宁外国侨民手稿、日记、信函及照片的披露及其中文译本的出版,相关的研究成果增多,对于外国侨民留守南京的原因、在南京的活动及其贡献等进行了探讨。就留守南京的外国侨民的文字记录看,他们主要在揭露日军暴行和救助中国难民两方面展开了大量活动,留在南京的个别医护人员则超负荷地工作,抢救伤员、救治难民。根据张宪文主编的《南京大屠杀史料集》,下文将以拉贝、魏特琳、田伯烈、贝德士、马吉为中心,从揭露日军暴行、救助难民两大方面,阐析外国友人在南京大屠杀期间的主要活动及其贡献。

二、救助难民

留在南京的 20 多位西方侨民几乎皆投入了救助难民的活动中,他们所依托的主要机构是南京沦陷前成立的南京安全区国际委员会。

成立安全区的初衷是给平民提供中立保护区,全面抗战爆发后,在中国成立第一个安全区——上海南市难民区的是法国神父饶家驹,他于 1878 年出生于法国桑特市,16 岁加入耶稣会,1913年来到上海传教。八一三淞沪会战爆发后,随着战火的蔓延,他筹划在租界外寻找一块区域保护和收容难民。饶家驹以"国际委员会"的名义拟订了一个关于难民区的协议:

根据国际委员会的建议,关心非战斗人员的生命和安全,特别是妇女和儿童的生命和安全,中国当局被要求在南市区内划分一个区域,不受任何形式的军事活动的威胁。因此,按照国际惯例,中国平民的避难所将不受日本军队的攻击。

此处难民区,北部、西部和东部以民国路为界,南部以方浜路为界。此区域保留给中国平民,不受日本军队攻击。

南部应该只保留三个入口以供交通,因此方浜路应当用铁丝网设置路障,由中国警察守卫。警察不得携带步枪,只能携带左轮手枪,行使一般警察职责。没有携带任何形式武器的市民,应当被允许进入上述的区域。如果出现任何违反这一安排的行为,应当立即上报。这样的安排是临时的,但是直到目前上海的中日战争停止之前都是有效的。难民区将纯粹用于人道主义目的,不能以任何方式被解释为干涉中国政府主权。①

经与中日双方的疏通与商洽,1937 年 11 月 9 日,上海南市难民区正式成立,至 1940 年 6 月 30 日难民区宣告结束,大约有 30 万中国难民在难民区得到收容和救济。

在上海失陷,日军兵分多路向南京进逼的形势下,置本国政府撤离召唤于不顾而毅然选择留在南京的一些西方人士筹划设立南京安全区,11 月 17 日,米尔斯、贝德士、史迈士等聚会商议设立安全区,就安全区的名称、地点、中国当局与军方的态度、如何向日本当局通报等事项进行了交流。设立安全区一事很快得到了中国政府的认同,11 月 21 日,贝德士致信南京市市长,表示"南京难民区国际委员会对中国政府接受为逃难的平民设立安全区的建议深表感激。同时对市长所保证的将负责为安全区提供食物、饮用水、卫生服务、避难所及警卫等各项切实的管理工作再次表示感谢"②。国际委员会预估"当安全区(正式)启用时,约有 20 万人不得不接

① 王海鸥:《饶家驹:用爱为难民撑起保护伞》,《联合时报》2017 年 12 月 15 日第 6 版。
② 《关于创建国际安全区的备忘录》(1937 年 11 月 30 日),张生编:《耶鲁文献》(上),张宪文主编:《南京大屠杀史料集》第 69 册,南京:江苏人民出版社、凤凰出版社 2005 年版,第 319 页。

受救助"①。在中国政府承诺实现安全区的非军事化,并同意向国际委员会提供资金、食物、警卫等之后,国际委员会向上海的日本当局发出请求,却迟迟未得日方的答复。考虑到日本军方和饶神父有来往,南京安全区国际委员会请饶神父从中疏通,与日本就安全区的划定及应获得的尊重进行磋商。11 月 29 日,在日军攻陷江阴要塞,日本当局尚在考虑是否要接受中立区之建议时,国际委员会成员在英国文化协会举行例会,南京市市长当众宣布成立国际委员会。接着,委员会罗列出一系列必须解决的问题:"一、经费;二、警察:安全区入区检查,安全区边界守卫,警察人员的数目及其安置;三、士兵与涉及军队的事项:撤出命令及其检查,军队开始逃跑时的措施、伤员的照料;四、伙食:食品的数量,食品的储存和分配;五、运输与运输工具;六、难民的住宿:监督,住房的使用和管理:1. 公共建筑物(政府的);2. 学校等教会建筑物;3. 空闲的住房,芦席棚;七、公共设施:提供水、电和电话;八、卫生设施与医疗保健:专用厕所,垃圾和粪便的清理与运输,医院和医疗设施。"②委员会下设总稽查、粮食委员会、住房委员会、卫生委员会、运输委员会等若干委员会,委员们因此着手分工负责相关事宜。

12 月 2 日,委员会致电饶神父,告知在得到中国政府的认同与支持后,本委员会已"在此开始进行安全区的组织及管理工作",并已接受难民在安全区,希望神父"再次同日本当局商议",请他建议日本当局直接向南京安全区国际委员会提出保证,如此可多少缓

---

① 张生编:《耶鲁文献》(上),张宪文主编:《南京大屠杀史料集》第 69 册,南京:江苏人民出版社、凤凰出版社 2005 年版,第 322 页。
② [德]约翰·拉贝著,刘海宁、郑寿康、杨建明等译:《拉贝日记》,张宪文主编:《南京大屠杀史料集》第 13 册,南京:江苏人民出版社、凤凰出版社 2006 年版,第 91 页。

解日夜悲伤的市民的不安。① 虽然此间委员会意外看到一封发自东京的官方电报,文中明确表示"出于军事考虑,不予承认特意在设防地区界域之内建立的南京安全区",②但仍努力争取日本当局对安全区的认同。12 月 7 日,安全区国际委员会致电日本大使,告知他们正在进行的工作及对日本当局的希望:"一、中国军队当局正在撤去安全区内的军事设施和工作人员等。于是,委员会在安全区的边界处插上了白底红色的十字旗(红十字是用一个圆围起来的,圆表示安全区),正在进行边界标示的工作,决定在安全区边界的一角的地面或建筑物的房顶上水平地展开印有同样符号的大布。二、国际委员会出于坚持敦促尚滞留在安全区里的中国方面的军事工作人员转移的立场,鉴于涌入安全区多数难民、市民的不安和殷切的愿望,从心里坚信日本当局即使在积极准备安全区的现阶段,以及即使在完全搞好安全区的格局之后,也同样会暂不进行攻击或轰炸。国际委员会正在催促以便尽快执行中国方面答应的条件。三、国际委员会兴奋地注意到日本当局所作的含有五项回答的保证,即只要那里不被中国军队用于军事目的,另外只要中国军队不建设防卫措施、不配置中国军队,当然可以认为日军不会有攻击这类场所的意图。四、国际委员会事先通知日本当局大约有 15 到 20 人左右的外国人为了协助安全区的工作而留在那里。这些外国人之所以继续留在南京,是因为他们信赖中国及日本当

---

① 《南京安全区国际委员会给饶神父的口信》(1937 年 12 月 3 日),张生等编:《英美文书·安全区文书·自治委员会文书》,张宪文主编:《南京大屠杀史料集》第 12 册,南京:江苏人民出版社、凤凰出版社 2005 年版,第 87 页。

② 《南京安全区致唐纳德》(1937 年 12 月 4 日),张生编:《耶鲁文献》(上),张宪文主编:《南京大屠杀史料集》第 69 册,南京:江苏人民出版社、凤凰出版社 2005 年版,第 327—328 页。

局对安全区的万分诚意,同时还因为想亲眼看到安全区的功能得以充分发挥的国际委员会的决心很坚定。"①

国际委员会划定的南京安全区以美国驻华大使馆所在地和金陵大学、金陵女子文理学院、金陵神学院、金陵中学、鼓楼医院等教会机构为中心,占地约 3.86 平方公里,四面以马路为界,东面以中山路为界,从新街口至山西路交叉路口;北面从山西路交叉路口向西划线至西康路;西面从上面提到的北界线向南至汉口路中段(呈拱形)再往东南划直线,直至上海路与汉中路交叉路口;南面从汉中路与上海路交叉路口起,至新街口起点止。界内分设交通部大厦、华侨招待所、金陵女子文理学院、最高法院、金陵大学等 25 处难民收容所。委员会公推德国西门子洋行的拉贝为主席,金陵大学教授史迈士为秘书,南京沦陷后留在南京的国际委员会成员如下:②

序号	姓　名	国籍
1	约翰・拉贝主席	德国
2	刘易斯・S. C. 史迈士博士(秘书)	美国
3	芒罗-福勒先生	英国
4	约翰・G. 马吉教士	美国
5	P. R. 希尔兹先生	英国
6	J. M. 汉森先生	丹麦

①《南京安全区国际委员会给日本当局的口信》(1937 年 12 月 7 日),张生等编:《英美文书・安全区文书・自治委员会文书》,张宪文主编:《南京大屠杀史料集》第 12 册,南京:江苏人民出版社、凤凰出版社 2005 年版,第 88 页。
②张生等编:《英美文书・安全区文书・自治委员会文书》,张宪文主编:《南京大屠杀史料集》第 12 册,南京:江苏人民出版社、凤凰出版社 2005 年版,第 271—272 页。

序号	姓　名	国籍
7	G. 潘廷先生	德国
8	I. 麦凯先生	英国
9	J. V. 皮克林先生	美国
10	E. 施佩林先生	德国
11	M. S. 贝德士博士	美国
12	W. P. 米尔斯教士	美国
13	J. 利恩先生	英国
14	C. S. 特里默博士	美国
15	C. 里格斯先生	美国

　　国际委员会总部设在宁海路 5 号，原为中国外交部部长张群私宅，张群将其交给德国大使馆，大使馆又将其转交给拉贝作为委员会办事处。与国际委员会合作开展工作的还有国际红十字会南京分会，该会接管了设在外交部、铁道部和军政部内的几所原部队医院，其成员如下：约翰·G. 马吉牧师，主席；李春南（音）先生，副主席（南京中国红十字会）；W. 洛先生，副主席；欧内斯特·H. 福斯特，秘书；克里斯蒂安·克勒格尔先生；戴籁三夫人；明妮·魏特琳女士；罗伯特·O. 威尔逊医生；P. H. 芒罗-福勒先生；C. S. 特里默医生；詹姆斯·麦卡伦牧师；M. S. 贝德士博士；约翰·H. D. 拉贝先生；刘易斯·S. D. 史迈士博士；W. P. 米尔斯牧师；科拉·波德希洛夫先生；沈玉书牧师。①

　　日本当局以"上述区域及其周边肯定会被中国军队所利用"、"在战争期间中国方面几乎不可能履行充分的担保"为借口拒绝承

① 张生等编：《英美文书·安全区文书·自治委员会文书》，张宪文主编：《南京大屠杀史料集》第 12 册，南京：江苏人民出版社、凤凰出版社 2005 年版，第 272 页。

认安全区,唯表示"日本军队无意对未被中国军队使用的地点或不存在军事设施或没有部署中国军队的区域发动进攻"①。南京沦陷后,国际委员会承担起"在安全区安置中国居民、储备米面、暂时接济难民和接管安全区内警察工作的责任",12 月 14 日,委员会致信南京日本军队指挥官,提出下列请求:"一、在安全区各入口设置岗哨。二、允许安全区内的治安由安全区自己的平民警察维持,这些警察只携带手枪。三、准许委员会在安全区内出售米面并设立粥厂。委员会在其他地区有大米储备,我们希望我们的卡车能够自由通行,运输大米。四、在难民全部返回前,请允许继续目前(安全区内)的住房安排(即便到那时,仍有数以千计的无家可归的难民需要照顾)。五、委员会希望与日军合作,尽快恢复水电供应和电话通信。"②然而,日军占领南京后,没有遵守与南京安全区国际委员会的约定,频繁地强行闯入安全区,劫掠财物、奸淫妇女、屠杀已解除武装的士兵和平民,安全区档案记录了"1937 年 12 月 15 日到 1938 年 2 月 7 日发生在安全区和附近地区的 444 个日军暴行案例"③。侵入南京城的日军还直接劫用了此前中国政府拨给委员会的粮食,虽然日本当局"没有质疑过委员会对这批物资的所有权,并且同中国当局一样确认这批物资没有全数运进委员会",其中"大米 10 933 袋,面粉 10 000 袋,按当时的市价,大约 144 000 美元",但不愿归还,反而"要委员会提出放弃对这批拿来救济用的大

① [德]约翰·拉贝著,刘海宁、郑寿康、杨建明等译:《拉贝日记》,张宪文主编:《南京大屠杀史料集》第 13 册,南京:江苏人民出版社、凤凰出版社 2006 年版,第 102 页。
② 《致驻南京日本军队指挥官的信》(1937 年 12 月 14 日),张生等编:《英美文书·安全区文书·自治委员会文书》,张宪文主编:《南京大屠杀史料集》第 12 册,南京:江苏人民出版社、凤凰出版社 2005 年版,第 270 页。
③ 张生:《美国文本记录的南京大屠杀》,《历史研究》2012 年第 5 期,第 131 页。

米和面粉的所有权"①。

国际委员会虽然愤怒日军的暴行,但"对制止日军有组织的搜捕和屠杀无能为力,更需要日方最低限度的合作以便拯救难民"②,他们所能做的是一边不断向日方抗议、申述,或设法传播真相,通过舆论或本国政府施压以制止暴行,一边日夜不停地保护、救济难民,因为日本士兵不分时间、场地的肆意施暴,令中国平民恐惧而不敢出去干活,结果委员会的外国人既要亲自开车去运粮食以养活难民,又要白天黑夜地为中国难民提供保护,只要他们不在,中国人就得不到保护。在那个特殊时期,委员会不仅作为一个救济组织开展工作,更担当了原南京市政府赋予他们的半行政职能。下面以拉贝、魏特琳两位西方人士为例,具体看看这些外国侨民在救济南京难民方面作出了怎样的努力与贡献。

约翰・拉贝,1882 年 11 月 23 日出生于德国汉堡,早年丧父,初中毕业后即外出打工,学会了一口纯正的英语,并能书写法语。1908 年拉贝来到中国北京,1911 年开始在西门子公司工作,1931年起他担任西门子驻南京办事处经理。卢沟桥事变发生后,他没有料到中日间的战争会全面爆发,为避暑,也为了已于 6 月去北戴河的妻子相会,他坐船北上秦皇岛。得知淞沪会战爆发,日军又空袭南京的消息后,拉贝于 8 月 28 日告别妻子南下返回南京。据他自己说,从比较安全的北戴河回到南京,"不是出于冒险的兴趣,而首先是为了我的财产,为了代表西门子洋行的利益",当然洋行不会期待他为洋行而献身,他本人也绝对不想为了任何东西而轻率

---

① 《(南京)国际救济委员会关于前南京市长所配给之米面的立场》(1938 年 5 月 13 日),张生编:《耶鲁文献》(上),张宪文主编:《南京大屠杀史料集》第 69 册,南京:江苏人民出版社、凤凰出版社 2005 年版,第 336—337 页。

② 张生:《美国文本记录的南京大屠杀》,《历史研究》2012 年第 5 期,第 131 页。

地拿生命去冒险,所以他回到南京这个危险地,更重要的是他"想
永远做一个负责的人,不忍心在这样的时刻对洋行的职工、佣人及
其家属弃之不顾,而是想要全力帮助他们"①,他认为这是理所当然
的,而且他所尊敬的中国客户还在向他订货、签订合同。11 月 19
日,拉贝在日记中记载:"成立了一个国际委员会(主要由鼓楼医院
的美国医生和在金陵大学任教授的传教士组成)。委员会试图建
立一个难民区,即位于城内或城外的一个中立区。有人问我是否
愿意参加这个委员会,我表示愿意。"②拉贝因此而结识了很多委员
会中的美国人。也就是说,拉贝是应美国人邀请而加入国际委员
会,进而被公推为委员会主席,他在日记中说:"我推辞不掉,为了
做件好事,我让步了,但愿我能够胜任这个也许会变得十分重要的
职务。"③在 1938 年 2 月奉命离开南京前夕的临别致辞中,拉贝说:
"建立安全区委员会的主意是米尔斯先生提出来的,由于我们的美
国朋友们米尔斯先生、贝德士博士先生、史迈士博士先生、菲奇先
生、索恩先生、马吉先生、福斯特先生和里格斯先生的才干使委员
会得以成立;也由于他们不知疲倦地工作,委员会得以在我们大家
都十分危险的情况下能够顺利完成它的任务。"④

拉贝自答应了担任国际委员会主席这一职务,便极其认真负
责。在南京眼看守不住的情况下,西门子洋行上海总部于 11 月 25

---

① [德]约翰·拉贝著,刘海宁、郑寿康、杨建明等译:《拉贝日记》,张宪文主编:《南京大
屠杀史料集》第 13 册,南京:江苏人民出版社、凤凰出版社 2006 年版,第 34 页。
② [德]约翰·拉贝著,刘海宁、郑寿康、杨建明等译:《拉贝日记》,张宪文主编:《南京大
屠杀史料集》第 13 册,南京:江苏人民出版社、凤凰出版社 2006 年版,第 69 页。
③ [德]约翰·拉贝著,刘海宁、郑寿康、杨建明等译:《拉贝日记》,张宪文主编:《南京大
屠杀史料集》第 13 册,南京:江苏人民出版社、凤凰出版社 2006 年版,第 73 页。
④ [德]约翰·拉贝著,刘海宁、郑寿康、杨建明等译:《拉贝日记》,张宪文主编:《南京大
屠杀史料集》第 13 册,南京:江苏人民出版社、凤凰出版社 2006 年版,第 568 页。

日电告拉贝,为避免人身危险,建议他迁到汉口,拉贝回复说:"来电敬悉,谨表谢忱,我已决定留在南京主持国际委员会工作,以建立中立区保护20多万平民。"①自筹备成立安全区后,拉贝首先进行的一项工作是以国际委员会或以个人名义致函有关各方包括中国当局、日本当局、英国大使、美国大使及德国元首希特勒等,以求得到各方的认同与支持。在日本当局对于建立平民中立区迟迟不作答复的情况下,拉贝于1937年11月25日致电德国驻上海总领事克里伯尔及元首希特勒,致希特勒函中说:"国社党南京地区小组组长、本市国际委员会主席请求元首阁下劝说日本政府同意为平民建立一个中立区,否则即将爆发的南京争夺战会危及20多万人的生命。"②致函克里伯尔,是想恳请他帮助劝说希特勒支持建立平民中立区。怕上海国社党中国分部负责人拉曼心疼高额的电报费,拉贝提出如有必要可以由其个人支付这笔费用,请拉曼让人从西门子洋行(中国上海)预支这笔费用,记在他的账上。

其次,在得到中、美、英等国政府的支持,日本政府拒绝承认安全区但答应尽可能保护安全区的情况下,拉贝开始为安全区未来的食品、住宿、医疗卫生与安全而忙碌。南京不比上海,可以从毗邻的外国租界得到食品和其他必需品,拉贝认为"必须在日本人到来之前在安全区内备好米面、盐、燃料、药品、炊具"等东西,因为一旦和外界断了联系,便什么也筹集不到了。他还考虑到安全区内人员的安置,医生、护理人员的配备,粪便的清运及警察、安葬等问题。为此,他每天冒着日本空军的空袭威胁而出去办事,他自我调

---

① [德]约翰·拉贝著,刘海宁、郑寿康、杨建明等译:《拉贝日记》,张宪文主编:《南京大屠杀史料集》第13册,南京:江苏人民出版社、凤凰出版社2006年版,第83页。

② [德]约翰·拉贝著,刘海宁、郑寿康、杨建明等译:《拉贝日记》,张宪文主编:《南京大屠杀史料集》第13册,南京:江苏人民出版社、凤凰出版社2006年版,第80页。

侃说:"我现在有了通行证,即使警报响了第二遍,我仍然可以开车出去。再说要做的事情太多了,已经顾不上炸弹了,这听上去很有些英雄气概。但是非常幸运——太棒了,太棒了——炸弹总是落到其他地方。"①12 月 7 日,拉贝看见贫穷的百姓带着生活用品和铺盖从四面八方进入安全区,他知道这些人还不是最穷的。他开始筹划开放中小学和大学,以集体住宿的方式来安排此后将要进入安全区的真正一无所有的人,并安排粥厂向他们提供膳食。在南京市市长及各政府部门官员皆离开南京后,安全区国际委员会开始在难民区内处理本应由市政府处理的市政管理工作和问题,拉贝形容自己"有点像一名'执行市长'了"②。

　　第三,在劝说中国军人放下武器却眼见他们被日军成批枪杀后,拉贝惊呆了,他想挽救已放下武器的中国士兵的生命,12 月 15日,拉贝致函日本大使馆参赞福田:"南京安全区国际委员会对已放下武器的中国士兵的命运深感震惊。委员会从一开始就力争做到安全区没有中国军人,到星期一,也就是12 月 13 日的下午之前,这方面的工作成效良好。但是在这一天的下午,有数百名中国军人接近并进入了安全区,他们(出于绝望)请求我们帮助。委员会明确地告诉他们,无法提供保护。但是我们向他们解释说,如果放下武器,放弃对日本人的一切抵抗,我们认为,他们可以期待得到日方的宽待。那天晚上,由于匆忙和混乱,再加上有些士兵已经脱下了军装,委员会未能将已经解除武装的士兵同中国平民区分开来。委员会当然认为,这些中国士兵,一旦验明身份,根据法律就

① [德]约翰·拉贝著,刘海宁、郑寿康、杨建明等译:《拉贝日记》,张宪文主编:《南京大屠杀史料集》第 13 册,南京:江苏人民出版社、凤凰出版社 2006 年版,第 103 页。
② [德]约翰·拉贝著,刘海宁、郑寿康、杨建明等译:《拉贝日记》,张宪文主编:《南京大屠杀史料集》第 13 册,南京:江苏人民出版社、凤凰出版社 2006 年版,第 116 页。

应当被看作是战俘,但是同时又希望,不要因此而殃及中国平民。此外,委员会还希望,日军能够根据有关战俘的战争法律规定,并本着人道主义的原则,给予这些过去的士兵以宽大处理。战俘适合充当劳工,他们自己也会因为能够重新过上平民的生活而感到高兴。"①与此同时,拉贝试图以其德国人的身份阻止日本士兵带走已放下武器逃到安全区的原中国士兵,但他一离开现场,日军就返回将他们带走,拉贝在日记中记载说:"我刚回到委员会总部还没进办公室,杂工就告诉了我们一个不好的消息,日本人又回来将所有1300名难民捆绑起来。我、史迈士和米尔斯三人试图再次将这批人解救下来,但是白费口舌。大约100名荷枪实弹的日本士兵将这批人围起来,捆绑着拖走,准备拉出去枪毙。我和史迈士又一次开车去找福田,替这批人求情。福田答应尽自己最大的努力去办,但是希望渺茫……我的心情悲痛极了,把人像动物一样强行拖走,这是很残酷的。"②

第四,在亲眼看见或听说并经核实了日军在南京城内的屠杀、谋杀、劫掠和强奸等行为后,拉贝代表国际委员会致信日本大使馆报告日本士兵在南京安全区的暴行,提出了若干建议,希望日军指挥官采取措施预防暴行的发生。虽然日本当局不承认国际委员会的合法性,身为委员会主席的拉贝则力争委员会的管理权,"我们力争让日本大使馆和贵军明白这样一个事实:人们为了南京平民百姓的利益,将城市的管理职能赋予了我们","1937年12月1日,

① [德]约翰·拉贝著,刘海宁、郑寿康、杨建明等译:《拉贝日记》,张宪文主编:《南京大屠杀史料集》第13册,南京:江苏人民出版社、凤凰出版社2006年版,第141—142页。
② [德]约翰·拉贝著,刘海宁、郑寿康、杨建明等译:《拉贝日记》,张宪文主编:《南京大屠杀史料集》第13册,南京:江苏人民出版社、凤凰出版社2006年版,第143页。

南京市政府马市长将城市在特别时期的几乎所有管理职能赋予了我们,这其中包括管理警务、看管公共机构、消防、管理和支配房屋住宅的权力、食品供应、城市卫生,等等。1937 年 12 月 13 日,星期一的上午,贵军获胜进城的时候,城市的管理权在我们的手上,我们是唯一尚在运行的机构。当然,我们所获得的全权不能超出安全区的界限,而且我们在安全区也无权享有主权”,“12 月 13 日,当贵军进城的时候,我们在安全区几乎集中了城市的全部平民百姓……我们为贵方和平地接过了整个安全区,在城市的其他区域恢复秩序之前,为使正常的生活能不受干扰地进行下去,作出了一切的准备工作”,同时声明“一旦日本当局成立新的城市管理机构,或者其他的组织机构,我们将移交我们的城市管理的职能”,而在此之前,“非常不幸的是,对于我们为了平民百姓的利益,为了维护安全区的秩序所进行的工作,贵军士兵横加阻挠,这样做的后果是破坏了我们为维持秩序而建立的体系”。为恢复安全区的秩序,拉贝代表委员会向日方提出若干建议:“一、日本皇军成立宪兵队,昼夜在安全区巡逻,对于偷窃、抢劫、强奸或强抢妇女的士兵,宪兵有权逮捕。二、日本当局接收原中国南京市政当局移交给我们的450 名警察,维持中国平民百姓的秩序(百姓秩序一直良好)。三、鉴于城里各处火势昨天已经(幸好没有在安全区)形成火灾,我们建议,在贵军的领导下重新成立消防队并提供四辆消防车。四、我们还冒昧地向贵方建议,在成立新政府之前,尽快派遣一名城市管理专家来南京,将平民百姓的生活引入正规。”①

---

① [德]约翰·拉贝著,刘海宁、郑寿康、杨建明等译:《拉贝日记》,张宪文主编:《南京大屠杀史料集》第 13 册,南京:江苏人民出版社、凤凰出版社 2006 年版,第 151—154 页。

国际委员会的抗议与申述虽然得到了一些日本官员和军官的同情,但他们的愿望并没有实现,安全区的情况一如之前甚至还要糟糕,以拉贝为代表的委员会只有不断地向日本使馆抗议、申述,以期情况得到改善。与此同时,他凭借德国人的身份,到处奔波以阻拦日本士兵施暴,"大多数情况下,我只需要喊一声'德意志'和'希特勒',他们就会变得有礼貌,而美国人要想让日本人承认则相当困难",①绝望的美国人于12月20人联名致电美国驻上海总领事馆:"问题严重,急需在南京派驻美国外交代表。局势日益严峻,请通知大使和国务院。"②在被封锁的情况下,这封电报是通过日本大使馆转请海军无线电站转发,结果被日本大使馆拒绝。12月21日,包括德国人、美国人和其他国家的人在内的全体外国侨民带着由拉贝领衔,共有22名外国侨民联名签署的信,集体前往日本大使馆,恳请日本当局为了南京20万平民最基本的生存条件,立即采取他们所建议的诸项措施。但至12月24日,拉贝失望地看到"委员会的所有的抗议都是徒劳的",恶劣的情况没有得到纠正。

虽然外国侨民无力阻止暴行的继续,但"在拉贝的委员会的保护下,这个安全区基本上未遭到毁灭性的破坏"③,他们的在场多少能给中国平民以安全感,他们几乎都能奋不顾身地阻止正在进行的暴行。拉贝在12月17日的日记有这样一段描写:"我的院子里

① [德]约翰·拉贝著,刘海宁、郑寿康、杨建明等译:《拉贝日记》,张宪文主编:《南京大屠杀史料集》第13册,南京:江苏人民出版社、凤凰出版社2006年版,第157—158页。
② [德]约翰·拉贝著,刘海宁、郑寿康、杨建明等译:《拉贝日记》,张宪文主编:《南京大屠杀史料集》第13册,南京:江苏人民出版社、凤凰出版社2006年版,第188页。
③《德国驻南京大使馆秘书罗森的报告》(1938年1月15日),[德]约翰·拉贝著,刘海宁、郑寿康、杨建明等译:《拉贝日记》,张宪文主编:《南京大屠杀史料集》第13册,南京:江苏人民出版社、凤凰出版社2006年版,第354页。

一共有 200 名难民,他们像供奉神祇一样尊敬我们这些欧洲人。
只要我们从他们身边走过,他们就跪下来,我们难受得不知如何是
好"。① 1938 年 2 月,拉贝奉令离开南京,离开前夕各方人士以集
体或个人名义为其举行了临别招待会,感谢拉贝为组织和管理安
全区所做的工作以及与此有关的救援和救济工作,感谢他为南京
市民的利益所做的努力。人们给予拉贝衷心的感谢与赞美,以得
到在南京的外国侨民一致赞同的国际委员会的陈词最具代表性:
"在艰苦的工作中,拉贝先生的领导是勇敢的和善意的,将会长久
地留在全体南京居民的记忆里,绝大部分群众在这个时期经受了
流血牺牲。委员会主席的优秀品质表现在:在重大行动中,一方面
具有一往无前的工作作风;一方面对我们每一个处于困境中的难
民表现出个人的同情和关心。他无私的工作受到了中国人的无比
感激和赞赏,他以其对居民大众利益、对履行商人职责和对本国利
益的献身精神,给外国侨民做出了一个光辉的榜样。"②

　　拉贝则谦虚地表示人们对他作了"过分的赞扬",他感谢所有
坚守在各自岗位的外国朋友和中国朋友,特别是中国朋友:"如果
说我们外国人现在取得了一定成绩的话,那我们有很大部分要归
功于——这点我们永远不会忘记——忠实友好地帮助我们的中国
朋友们。我们委员会各部门的实际工作都是中国人做的,我们必
须坦率地承认,他们是在比我们冒更大危险的情况下进行工作的。
毫无疑问,我们外国人也不时地受到日本兵的虐待,但尽管如此,
相对说来,我们还有一定的安全感,还不至于遇到最糟糕的情况,

① [德]约翰·拉贝著,刘海宁、郑寿康、杨建明等译:《拉贝日记》,张宪文主编:《南京大
　屠杀史料集》第 13 册,南京:江苏人民出版社、凤凰出版社 2006 年版,第 156 页。
② [德]约翰·拉贝著,刘海宁、郑寿康、杨建明等译:《拉贝日记》,张宪文主编:《南京大
　屠杀史料集》第 13 册,南京:江苏人民出版社、凤凰出版社 2006 年版,第 576 页。

而你们——我的中国朋友们，为我们委员会工作经常要冒着生命危险。"①对于难民们尤其是姑娘和妇女得知拉贝要离开而跪在地上挽留他甚至又哭又叫的举动，拉贝说："一切听上去十分伤心和夸张，但谁要是也见到过这里的悲惨情景，他就会理解我们给予这些穷人的保护意味着什么。其实这一切都是理所当然的事，从我们方面而言，它与某种英雄品质并无任何关系。"②

　　姑娘和妇女对拉贝的不舍则反映了女性在战争中所遭受的更大灾难。在南京大屠杀期间，日本士兵的性暴力达到令人发指的地步，外国侨民在日记、书信中皆气愤而不齿地谈到这一点，拉贝在 12 月 17 日的日记中说："此时听到的消息全是强奸。如果兄弟或丈夫们出来干预，就被日本人杀死"，"有一个美国人这样说道：'安全区变成了日本人的妓院。'这话几乎可以说是符合事实的。"美国传教士马吉在 12 月 19 日的日记中说："现在最可怕的是强奸妇女。日本人以最无耻的方式干这些勾当，街上到处是找女人的日本兵。"③魏特琳主持下的金陵女子文理学院成为致力保护妇女和儿童的难民收容所，也成了日军实行性暴力的重要目标。作为该难民所的负责人，拉贝形容她就"像抱窝的老母鸡带小鸡那样保护着她们"。

　　明妮·魏特琳，中国名华群，美国传教士。1886 年出生于美国

---

① ［德］约翰·拉贝著，刘海宁、郑寿康、杨建明等译：《拉贝日记》，张宪文主编：《南京大屠杀史料集》第 13 册，南京：江苏人民出版社、凤凰出版社 2006 年版，第 569—570 页。

② ［德］约翰·拉贝著，刘海宁、郑寿康、杨建明等译：《拉贝日记》，张宪文主编：《南京大屠杀史料集》第 13 册，南京：江苏人民出版社、凤凰出版社 2006 年版，第 553 页。

③ 《致朋友函》(1938 年 1 月 10 日)，章开沅编译：《美国传教士的日记与书信》，张宪文主编：《南京大屠杀史料集》第 4 册，南京：江苏人民出版社、凤凰出版社 2005 年版，第 151 页。

伊利诺斯州司考尔镇的一个农家,靠打工读完了大学和研究生,在大学期间加入了"联合基督教传教士公会"。1912年,应其本人要求,由联合基督教传教士公会派遣来到中国安徽合肥教区工作。她努力学习中文,熟悉当地的风俗民情,立志发展中国的女子教育事业。她在合肥创办了三青女中,任校长六年。1919年,魏特琳来到南京。自1919年9月至1940年5月,任金陵女子文理学院教授、教育系主任兼教务主任,并曾两度代理校长。金陵女子文理学院原名金陵女子大学,创办于1915年,1930年更名为金陵女子文理学院。在从事中国师范教育、用心培养中学师资的同时,魏特琳也十分关注中国儿童的成长,在得知金女大附近有100多名贫苦儿童无法上学时,她发起募捐,"用募捐的钱在学校附近买了一块地,办起了一所有两间教室、一间阅览室和一个小食堂的小学校——培幼小学。1924年秋,这所小学正式开学,专门招收附近贫困人家的孩子。学生的学费也由金女大基督教女子青年会负责支付"。① 热爱中国、关心中国妇女儿童事业的魏特琳,在恐怖与灾难笼罩南京城之际,放弃了原本可以回美国享受为期一年的假期,拒绝了美国大使馆呼吁侨民撤离南京的要求,也没随已决定迁校成都的金陵女子文理学院的师生们内迁,她决定留下来护校,在危险的时候为邻里们服务。在南京大屠杀期间,她是留在南京的20多位外国侨民中的三位女性之一,另两位是金陵大学医院的护士,魏特琳是几十家难民收容所的唯一女性负责人。1937年11月20日,魏特琳与留校人员程瑞芳(女舍监)、陈斐然等人组成了"金女大驻校维持委员会",魏特琳任委员会的主任,他们就未来可能发

---

① 孟昭康:《在日军南京大屠杀中拯救生命的"华小姐"》,《文史春秋》2017年第11期,第19页。

生的四种情况或四个阶段进行了讨论,魏特琳认为应该就每个阶段可能发生的紧急情况做好充分准备,四个阶段分别是:战斗阶段;中国军队撤退;城里没有军队,很可能也没有警察,不法分子可能要利用这一机会;日本军队进城。魏特琳并派人以家访的形式了解金陵女子文理学院附近有多少妇女儿童将留下,预估学校将接纳多少避难者。当时的她完全没有想到南京大屠杀期间,不大的校园竟容纳了一万名的妇孺难民,她以满腔热情与整个身心进行了卓有成效且历时最长的援救。魏特琳主持下的金陵女子文理学院作为难民收容所①中的一家,既有着与其他难民所一样的遭遇,又有着与其他难民所不同的显著特点,以其为例,既可了解与魏特琳一样富有爱心与正义感的外国侨民在安全区保护难民的殚心竭虑,又可了解魏特琳为何被广大中国难民称为"保护神""观音菩萨":

其一,金陵女子文理学院重在接收妇女和儿童,是历时最长的难民所之一。在安全区国际委员会宣布成立,安全区的工作逐步开展后,魏特琳即带领职员开始接收难民的准备工作。先是清理大楼与宿舍,以供即将到来的难民使用。12月4日,已有数百平民来到校门口询问金陵女子文理学院是否真的是一个难民所。翌日,魏特琳着手制定房屋分配方案,经过三天的计算,她预估学校可以接纳2 750名难民,以每人16平方英尺算,而最后实际接纳了1万多人。其间,在难民人数突破4 000名,吃、住、管理一时跟不上的情况下,经与金陵大学联系,对方答应开放一个宿舍并派一名外国人守卫后,魏特琳亲自带领100多名女难民去往金陵大学安置。

---

① 在《拉贝日记》《魏特琳日记》及安全区文献中,此类难民收容所为25个或26个。

12月8日上午,他们实地练习接收难民的工作,当晚他们接收了第一批难民,接着,来自邻近城市及南京城内外的难民陆续涌入校园。南京沦陷后,鉴于日军的性暴力及对中国士兵的大肆搜查,为切实保护妇孺的安全,魏特琳决定不接收男性难民,经不住难民们的恳求,她作了妥协,接收了许多老年男子,将男人和姑娘妇女分别安置在不同的楼层,老年男子被安置在中央楼的教工食堂。12月16日,有100多名日军来到金陵女子文理学院,目的是彻底搜查中国士兵,魏特琳事后得知当时校园里架着六挺机关枪,还有更多的日本兵在校园外站岗。离开前,级别最高的军官写了一个证明,说他们那里只有妇女和儿童,这帮助魏特琳在当天将其他小股日军挡在了校门外,也坚定了她只接收妇孺的决心。令人发指的屠杀、性暴力令大批惊恐的姑娘、妇女和儿童涌入校园,即便只能露宿在草地上。为了校园内难民的安全,魏特琳整日在校园内奔走,没有一顿饭吃得完整,她在日记中说:"一天中的大多数时间,我都像卫兵一样守卫在前门或是被叫去处理其他问题——跑到学校的其他地方,去对付进入校园的一批又一批日本兵。"[1]她守在校门口,除了阻止日军的进入,以保证校园的安全,还为了维护校园的秩序,"管理交通,阻止难民的父亲、兄弟和其他携带了食物和日用品的人进入校园"。[2] 为不给日本士兵闯入校园以借口,魏特琳说她们一直非常谨慎,"不让所有男子——无论是上层还是下

① 张连江、杨夏鸣、王卫星等编译:《魏特琳日记》,张宪文主编:《南京大屠杀史料集》第14册,南京:江苏人民出版社、凤凰出版社2006年版,第151页。

② 张连江、杨夏鸣、王卫星等编译:《魏特琳日记》,张宪文主编:《南京大屠杀史料集》第14册,南京:江苏人民出版社、凤凰出版社2006年版,第152页。

层带食品到校园里来,或进来看望难民"。①

　　白天,魏特琳像一个恪尽职守的忠诚卫士,往来奔走于校园各处,拦阻呵斥强行入校或企图施暴的日军,虽然以美国侨民的身份尚能对肆无忌惮的日军起一点震慑作用,暂时阻止或减轻日军对中国难民的暴行,但是分身乏术,夜晚更是防不胜防无法安睡。12月17日晚上的可怕经历,令魏特琳直接赴日本大使馆申述抗议。当晚,日军以搜捕中国士兵为名,在校园内搜寻、性侵中国妇女,魏特琳试图与日本士兵理论却遭到日本士兵的一记耳光,其职员也皆遭受殴打,国际委员会的费吴生、史迈士和米尔斯坐车赶来,也被搜身。日军要求所有的外国人离开校园,魏特琳坚持这是自己的家而不能离开,随后日军让男性外国人坐车离开,米尔斯坚持留下陪伴魏特琳一行待了一夜。经历了这可怕的一晚后,为了校园内妇女儿童的安全,翌日魏特琳带着秘书前往日本大使馆,提了两个要求,一是索要一封日本使馆的信,希望凭借它赶走进入校园的日本士兵,二是在校门口贴上禁止日本士兵进入的告示。魏特琳欣慰这两项要求都被答应了,日本使馆的田中副领事还提出将派日本宪兵在夜里给校园站岗,之后白天也派若干士兵前来站岗。不过,站岗的日本士兵并不都能严守纪律,对此,魏特琳一面向日本使馆或军官要求日本士兵只守在校门外,一面也设法与站岗的日本士兵疏通好关系,诚如她在日记中所说:"结识这些卫兵虽然费时间,但却值得。到目前为止,一批又一批的卫兵还没有给我们带来什么麻烦。如果他们挑选四个较好的卫兵长期为我们站岗,

---

① 张连江、杨夏鸣、王卫星等编译:《魏特琳日记》,张宪文主编:《南京大屠杀史料集》第
　14册,南京:江苏人民出版社、凤凰出版社2006年版,第169页。

而不是每天换人的话,那我们就更放心了。"①

在日军刚进入南京城疯狂屠城的紧张日子里,面对源源涌入的难民,魏特琳曾感叹:"今夜我们要照看四千多名妇女和儿童。不知道在这种压力下我们还能坚持多久,这是一种无以名状的恐怖。"②她勇敢地坚持下来了,金陵女子文理学院最多接纳了一万多名难民。1938 年 1 月底,日军扶植下的南京伪政权下令关闭南京所有的难民收容所,规定安全区内的所有难民须在 2 月 4 日前回家。2 月 4 日期限日当天,魏特琳没有解散难民所,甚至不得已担着风险收留继续投奔过来的姑娘,她在日记中如是说:"对于可怜的妇女和姑娘们来说,今天是恐怖的日子,她们必须回家。这一天会发生什么事? 我们不得而知。我们不希望强迫人们回家……今天,有五个姑娘从圣经师资培训学校来,说那个难民所昨天解散了。她们回到家后,日本兵晚上就来了……我不敢收留她们,生怕会引来大批的人,给我们这儿已有的四千多难民增加危险,但后来我们还是决定让她们来。如果以后几天,从其他难民所回家的姑娘觉得她们无法待在家里,我们将不得不收留她们,并将承担其后果。10 时和 12 时 30 分,有两个宪兵来拜访,并检查了一些大楼……我们解释说,许多人已经回家了,我们这里原来有一万多人,而现在只有四千人了。我们还说明有些难民是从上海、无锡和其他地方来的,路途不通,她们无法回家;另外一些人家中维持生计的丈夫或儿子被抓走,生活失去了来源;还有一些人家中房屋被

---

① 张连江、杨夏鸣、王卫星等编译:《魏特琳日记》,张宪文主编:《南京大屠杀史料集》第 14 册,南京:江苏人民出版社、凤凰出版社 2006 年版,第 187 页。

② 张连江、杨夏鸣、王卫星等编译:《魏特琳日记》,张宪文主编:《南京大屠杀史料集》第 14 册,南京:江苏人民出版社、凤凰出版社 2006 年版,第 151 页。

焚毁,无家可归。"①

2月18日,随着国际委员会行政管理权的结束,南京安全区国际委员会改名为南京国际救济委员会,成为一个纯民间的救济组织,安全区因此而停止存在。魏特琳主持的金陵女子文理学院难民所和其他一些难民所还在不得已接收新的难民。在日军的压力下,5月31日被定为关闭所有难民所的最后日子,同时关闭为难民提供食物的粥厂。魏特琳在日记中记载了救济委员会和各难民所负责人为安置难民而进行的一系列讨论与举措:5月19日,国际救济委员会和负责各个难民所的人聚集讨论如何挑选出真正需要帮助的人,以及如何给他们一些帮助。5月20日救济委员会在总部召开了一次特别委员会会议,研究如何安置难民所关闭后要留下来的最需要帮助的人。5月24日,由难民所负责人组成的特别委员会召开会议,确定必须得到帮助才能重新开始生活的人的最低数目。据魏特琳统计,金陵女子文理学院尚有:"无家可归且又失去父母的年轻女子32名,无家可归而又没有亲戚的年轻女子672名,无家可归且十分穷困的年轻女子237名,无家可归的还住在危险地区的年轻女子127名,无家可归的寡妇16名,跛子、盲人和无依无靠的人7名。"②她要从中选出200名最困难的人。至6月,其他收容所皆关闭后,金陵女子文理学院仍然收留着数百名无依无靠的妇女,并为她们开办职业培训班。

其二,难民的管理包括食、住及卫生等问题。在校门口站岗、到校园各处驱赶日本兵、赴日本大使馆申述抗议,有时还要和校工

---

① 张连江、杨夏鸣、王卫星等编译:《魏特琳日记》,张宪文主编:《南京大屠杀史料集》第14册,南京:江苏人民出版社、凤凰出版社2006年版,第208页。

② 张连江、杨夏鸣、王卫星等编译:《魏特琳日记》,张宪文主编:《南京大屠杀史料集》第14册,南京:江苏人民出版社、凤凰出版社2006年版,第295—296页。

一起出去弄煤等物资,因为他们不敢独自外出,怕被抓或车子被抢,日复一日的劳累、紧张与悲伤耗尽了魏特琳的精力,而校园内一万名的难民给管理带来了很大的困扰,虽然金陵女子文理学院比那些男女混住难民所的问题要少得多,但基本的生活问题是一样存在的。首先是粮食的供应,除了一再劝说大家排队有序领取食物外,为使真正一无所有的人得到食物,她们在这些人身上缝了个红标记,以便她们首先得到食物。其次在住宿方面,魏特琳已不再按预定方案分配房间,因为已无房可分,起初她还尽可能地请求年龄稍长的妇女待在家中,以便给年轻妇女腾出地方,但当她耳闻目睹了种种惨剧,面对许多父母和兄弟们的请求,请她接收他们的女儿、姐妹,听着难民们的恳求——只要草坪上有一个坐的位置就行,她无言地接纳了一批又一批的难民,感叹幸好那些日子不下雨,难民还能在露天草地上宿营。第三在卫生方面,魏特琳说起先只有 400 名难民时,她们还设想着每天打扫房间与大厅,而容纳了一万名或更多的难民后,"除了劝说难民们不要把校园当做厕所外",她们已很难有所作为,魏特琳这样描述当时的校园:"树木和灌木丛也严重毁坏,有些灌木被踩得无影无踪。一到晴天,树上、灌木上、篱笆上、围栏上,到处都挂着各种颜色的尿布、裤子等东西,当外国人来时,他们都笑了起来,并说从未见过金陵女子文理学院如此绚丽多彩。"①至此,魏特琳所能做的只有尽量不让粪便蔓延,以防止细菌传染,她带领职员挖了几个粪坑,并想方设法弄到石灰来消毒。当大规模的暴行趋于平息,秩序稍有恢复后,魏特琳又督促难民接种疫苗,首先从儿童开始,以防止疾病的传染。

---

① 张连江、杨夏鸣、王卫星等编译:《魏特琳日记》,张宪文主编:《南京大屠杀史料集》第14册,南京:江苏人民出版社、凤凰出版社 2006 年版,第 164 页。

其三,妇女、儿童的教育问题,是魏特琳来到中国后所关注的焦点,也是她在战前一直从事的工作。当日军下令关闭难民所,要求所有难民回家后,各难民所负责人召集了多次会议,力图帮助那些无家可归且一无所有的难民。魏特琳一方面和其他负责人一样从中挑选出真正需要帮助的人,另一方面则开始考虑如何帮助那些丈夫被日军杀害而无依无靠的妇女们能够自立且养育孩子的问题,她计划在金陵女子文理学院内为失去丈夫的妇女们开设一所技能培训学校。1月29日,魏特琳和程夫人等学校的几位留守职员花了四个小时填写完国际委员会要求的表格,以帮助最贫困的难民获得来自上海或国际的救济款。其中,对那些有孩子的妇女,她们这样写道:"如果其丈夫回来便不会有问题,但如果回不来,就让她们进家庭工业学校或家庭手工学校,我们希望3月1日到6月30日,在金陵女子文理学院开办这些学校。"①她们还设法帮助许多妇女获得小额贷款,直至她们联系上在大后方的丈夫。因为魏特琳在帮助女性难民方面的积极作为,5月30日,国际救济委员会总部召开了一次特别会议,决定将那些30岁以下的贫困女子、住在城里危险地区的女子和无法安排的女子安置在金陵女子文理学院,并为她们开展一个教学项目。至6月4日,金陵女子文理学院有女性难民500名,包括最近几天从金陵大学和圣经师资培训学校接收的一些人,魏特琳打算等难民所重新安顿好以后开始办班工作。为救助那些从关闭了的难民所出来的失去了家庭的年轻女性,也为了满足一些女性难民的求学渴望,魏特琳在6月初又开始制定一个计划,准备在三个月内收容大约500—600名30岁以下的

---

① 张连江、杨夏鸣、王卫星等编译:《魏特琳日记》,张宪文主编:《南京大屠杀史料集》第14册,南京:江苏人民出版社、凤凰出版社2006年版,第202页。

妇女和姑娘,聘请教师对她们进行暑期职业培训,以教育机构来代替难民所。9 月,她又为失学女青年办起了女子中学,接着又建立了一所小学托儿所。

在设法帮助失去家庭、失去丈夫的女性难民自立的同时,魏特琳还应妇女们的请求,帮助她们寻找丈夫。她曾专程赴日本大使馆与福田参赞面谈,向其提供几百人的书面资料,又于 1 月、4 月先后两次发起请愿书征集签名,发动校工协助收集资料、填写调查表等,以使请愿书更加齐整。

鉴于魏特琳热心、周到、卓有成效的救助中国难民的工作,1938 年,国民政府将奖励外侨的最高荣誉——蓝、白、红三色襟绶采玉勋章授予魏特琳。魏特琳在 1937 年 12 月 18 日的日记中记录了美国大使馆一位中国职员的话:"使中国人免遭彻底毁灭的唯一原因,就是南京有为数不多的十几位外国人。"①这是当时在南京的中国人的普遍心声。在中国政府已然撤出南京,以拉贝为代表的安全区国际委员会实际行使市政管理职能的情势下,面对日军的暴行,他们凭借外国人的身份挺身而出,拯救了数万人的生命,记录并向外界揭露了日军的可耻罪行,他们对南京的深厚情感、同情平民的爱心及高尚的职业道德闪烁着人性的光辉,将永远为南京市民及所有中国人民铭记在心。

三、揭露日军暴行

日军侵入南京后的暴行令原本对日军寄予希望的外国侨民震惊、愤怒,为封锁真相、欺骗舆论,日本当局对于电讯实施严密检

---

① 张连江、杨夏鸣、王卫星等编译:《魏特琳日记》,张宪文主编:《南京大屠杀史料集》第 14 册,南京:江苏人民出版社、凤凰出版社 2006 年版,第 155 页。

查,与此同时,在其主办的报纸上美化日军、栽赃中国军队,进行虚伪荒谬的欺骗宣传。以日本主办的《新申报》1938年1月8日的一篇报道为例:"为了逃命,从死人堆里成群地四处逃散的难民们,受到了日本军队温和的抚慰……在日本军队入城前,他们受到了中国抗日军队的压迫……幸运的是,帝国军队进入了这座城池,他们将刺刀入鞘,为了诊治那些真正的良民,他们伸出仁慈的手并将善意和恩惠传播给他们……在难民区里,士兵们向难民们,无论是男女老幼,分发军用面包、蛋糕和香烟,所有的难民们都感到非常高兴并诉说着他们的感激之情。"①

　　日本当局的封锁、欺骗,终究掩盖不了事实的真相。留在南京的西方人士在日军暴行进行过程中即设法向世界揭露了真相,他们首先通过西方报纸发表通讯与报道,致函亲友叙述在沦陷后的南京所见所闻。身为记者的斯提尔是南京沦陷后第一批离开南京的外国人群体中的一个,12月15日,斯提尔乘坐"瓦胡"号离开南京,《芝加哥每日新闻报》头版刊登斯提尔由"瓦胡"号发出的题为《日军屠杀成千上万:目击者叙述沦陷城市四天地狱般的日子,街道上尸体积有五英尺高》的特讯,成为第一个向西方报道南京大屠杀真相的记者。随后,美国各报相继发表特讯,引述斯提尔及与其一同离开南京的各位记者的报道。12月17日,《华盛顿邮报》发表题为《大量中国男子被处死,蒋介石呼吁继续抗战》的报道,文中指出:"从美国战舰'瓦胡'号上传来了最新的关于占领南京的目击者报道。派拉蒙新闻电影摄影师阿瑟·孟肯用无线电报道了以下内容:昔日繁华的都市遭受着日本陆、空军的攻击,市民、士兵的尸体

---

① 《新生报译文一则》(1938年1月8日),张生编:《耶鲁文献》(上),张宪文主编:《南京大屠杀史料集》第69册,南京:江苏人民出版社、凤凰出版社2005年版,第452页。

到处可见,已经变成了一座流血之城。孟肯说,只要看上去有点像是在军队任职的男子都被聚集在一起处死。"①同日,《芝加哥每日论坛报》以《目击者描述中国军队溃退时南京的恐怖景象》为题,全文发表孟肯从"瓦胡"号军舰发往美联社的无线电讯稿。12 月 18 日,《纽约时报》在第 1 和第 10 版发表了该报记者 F. 提尔曼·杜丁提供的题为《攻占南京肆意屠杀》的长篇特讯,全文分六个部分,分别是"俘虏均遭戕杀""很多平民遭杀劫""美国大使的府邸被劫""南京陷落的惨剧""三分之一的部队被困""老百姓伤亡惨重"。同日,《芝加哥每日论坛报》第 8 版以《战地记者的日记描绘恐怖的南京》为题,刊登最后一个离开南京城的西方记者即美联社战地记者 C. 叶兹·麦克丹尼尔在南京的日记,麦克丹尼尔最后说:"我对南京的最后的记忆是:死难的中国人,死难的中国人,还是死难的中国人。"②12 月 19 日,《纽约时报》发表其驻上海记者哈立德·埃邦德的电讯稿《日军控制在南京的过火行为》,文中明确指出日本当局想要掩盖暴行已不可能:"那些至今一直留在市内、值得信赖的美国人、德国人的日记和备忘录对不断发生的暴行作了记录","日本陆军最初就不希望任何外国人在南京长期逗留,可以想象今后也不会允许。然而,市内的外国人应该已经找到某种与外部的联系手段。"③

揭露侵华日军暴行,最有影响力的当属田伯烈编撰的史书。

---

① 张生编:《外国媒体报道与德国使馆报告》,张宪文主编:《南京大屠杀史料集》第 6 册,南京:江苏人民出版社、凤凰出版社 2005 年版,第 99 页。

② 张生编:《外国媒体报道与德国使馆报告》,张宪文主编:《南京大屠杀史料集》第 6 册,南京:江苏人民出版社、凤凰出版社 2005 年版,第 117 页。

③ 张生编:《外国媒体报道与德国使馆报告》,张宪文主编:《南京大屠杀史料集》第 6 册,南京:江苏人民出版社、凤凰出版社 2005 年版,第 120—121 页。

1938 年 3 月,英国《曼彻斯特卫报》驻华记者田伯烈在上海将留守南京的美国人贝德士及南京安全区国际委员会一些成员提供的证言、书信和日记等材料编撰成书,共 12 万字,题名《战争意味着什么:日军在中国的暴行》,于 7 月在伦敦、纽约同时出版英文版 30 万册。① 这是世界上第一本南京大屠杀史料性专著图书,日本在上海严密的新闻检查是促成田伯烈出版该书的直接导因。与此同时,汉口民国出版社出版发行中译本,取名《外人目睹中之日军暴行》。经侵华日军南京大屠杀遇难同胞纪念馆馆长朱成山考证,由田伯烈编著的揭露南京大屠杀真相的史书,"是世界范围内以南京大屠杀为题最早出版的专著,并且是中英文基本上同时出版的唯一专著,也是战争期间西方(美英)唯一公开出版的南京大屠杀的史料专著"。② 哈罗德·约翰·田伯烈,1898 年出生于澳大利亚,是英国早期移民的后代,1926 年被英国《曼彻斯特卫报》聘为驻华记者。抗战全面爆发后,经同乡兼好友端纳的说服,田伯烈开始介入国民党对外宣传工作,"端纳在战争爆发时在南京找到他,请他加入总司令部做宣传工作。最初,田伯烈的态度尚不明朗,但不久,他就实际介入国际新闻写作,并且领取国民党的经费","他的双重身份而后招致了很多麻烦,以致他的《日军侵华暴行》被认为是授意而为,可信度受到挑战"。③ 然而,田伯烈的卷入政治并不影响他作为记者的中立态度,更不影响《外人目睹中之日军暴行》一书的客观

---

① 张生等编:《英美文书·安全区文书·自治委员会文书》,张宪文主编:《南京大屠杀史料集》第 12 册,南京:江苏人民出版社、凤凰出版社 2005 年版,第 600 页。

② 朱成山:《世界上第一本南京大屠杀史书之考证》,《南京社会科学》2010 年第 6 期,第 114—115 页。

③ 张威:《从新发现的史料看抗战时期田伯烈的身份转变与心态》,《国际新闻界》2009 年 11 月,第 123、125 页。

性、真实性，因为该书是根据留守南京的西方人士的证词编撰而成，诚如田伯烈致函金陵大学教授贝德士以征求意见时所说："我正在酝酿一个计划，将目击了日军对平民施暴的那些人的叙述编成一本书。这本书到底能不能公开发行并不重要，目的只是为了从这个视角探明那些不容置疑的事实真相，揭示这场战争的进程。书中的每一条陈述都将会依据真实公正的原则加以甄选。我打算从传教士的原始资料和文件中获得这些陈述的大多数内容，比如你们同南京日本当局的往来信件。书的前言部分将会说明，部署收录的内容并不是出于对日本人的仇恨，而是为了向世人表明现代战争带来的可怕后果，或者说是这起事件在某种程度上的不幸。最后一章将会发出道义倡议，那就是所有人都有责任阻止这类事情的发生。"①

贝德士为此书的写作四处张罗，他帮助得到的文件和允诺如下：史迈士信件、栖霞山报告（一名丹麦人和一名德国人在南京和龙潭之间的水泥工事里一次性保护了 24 000 名难民，这些在他看来已是数量巨大了）、魏特琳日记以及马吉、福斯特和威尔逊尚未打印出来的新闻报道稿。贝德士并邀请史迈士等一起对该书的材料进行检查，以避免一些错误，因为"这些错误对那些没有到过这里的人来说是不可避免的，但是却会给日本反驳提供口实，这无论如何都将弱化整体效果"②。

这本揭露日军暴行的史书其实是一部集思广益、结合了被田伯烈称之为"智慧人物"意见的论著，田伯烈自认仅靠他一人的努

①《田伯烈致贝德士函》（1938 年 1 月 29 日），张生编：《耶鲁文献》（上），张宪文主编：《南京大屠杀史料集》第 69 册，南京：江苏人民出版社、凤凰出版社 2005 年版，第 238 页。
②《贝德士致田伯烈函》（1938 年 3 月 14 日），张生编：《耶鲁文献》（上），张宪文主编：《南京大屠杀史料集》第 69 册，南京：江苏人民出版社、凤凰出版社 2005 年版，第 246 页。

力是远远不够的,唯"把一本书归在一个人的名下是比较方便的,而且那些出版商也不愿意出版专题论文集,这已是出版界的潜规则了"①。1938 年 4 月 12 日,贝德士在上海写了一封"致朋友的传阅函",函中对即将出版的《外人目睹中之日军暴行》一书的情况、出版这本书的目的及可能引起的麻烦作了说明:"这本书未受地域限制,包括中国其他城市与地区的可靠统计资料,不过南京一项在其中占特别重要位置,因为在我们这个城市中残忍性得到了集中体现。因此,日本当局将有可能特别憎恨南京这个小小的外国传教士群体,尤其是我。费吴生先生由于其日记被引用,马吉先生由于他的几张照片被刊载,都将严重受牵累","此书利用了我在(1937 年)12 月 15 日起草的一份报告,那是为当时留在南京的许多新闻记者准备的。附件包括许多(1937 年)12 月间我给日本使馆的信件,其中也有我在 1 月 10 日陈述过去数周南京陷于普遍恐怖状况的信。给日本使馆的信我虽未署名,但南京和上海(即或不包括东京)的日本官员心里都很清楚,这些文件是出自我的手笔。史迈士博士由于曾在国际委员会秘书处发出的各种报告和案例上签名,多少也受到牵累","我们早先赞同根据这些原则出版这本书,期望我们提供的材料可以说明事实真相,但不希望透露材料来源。然而田伯烈先生和他在上海的顾问愈来愈倾向于采用全部资料或从中选择一大部分。他们需要第一手材料的直接性和权威性","我们感到以积极的方式揭露暴行真相乃是一种道德义务"。②由此可见该书的史料性、真实性,也反映了提供材料之外国侨民不

① 《田伯烈致贝德士函》(1938 年 3 月 25 日),张生编:《耶鲁文献》(上),张宪文主编:《南京大屠杀史料集》第 69 册,南京:江苏人民出版社、凤凰出版社 2005 年版,第 261 页。
② 章开沅编译:《美国传教士的日记与书信》,张宪文主编:《南京大屠杀史料集》第 4 册,南京:江苏人民出版社、凤凰出版社 2005 年版,第 34—35 页。

畏强暴的正义与勇敢。

　　由贝德士与田伯烈及其他亲友的信函往来可知,贝德士不仅是《外人目睹中之日军暴行》一书的资料提供者、书籍编辑的主要筹划者,他还是最早揭露侵华日军暴行方面的作者之一。贝德士,1897年出生于美国俄亥俄州纽瓦克,曾获罗兹奖学金赴牛津大学深造,获文学学士和硕士学位,1920年被基督会任命为传教士,前往南京金陵大学教书,1934—1935年在哈佛大学进修,以中国历史研究获博士学位。目睹日军在南京的暴行,他写下提供给报刊记者的《南京一瞥》新闻稿,记录了日军进入南京两天来实施大屠杀的骇人听闻的暴行,最后总结说:"恐怖难以言状,而文雅的官员在演说中却宣称:'唯一的宗旨是为中国人民的利益而向暴虐的中国政府宣战',这简直令人作呕",并对日本当局提出希望说:"必须要有负责任的日本政治家(军方和政界),为了他们自己的国家利益,迅速而有效地挽回这些天来日本的形象在中国人心目中所受到的损害。"①12月15日,撤离南京的美国记者斯提尔、杜丁、史密斯等将该报告带往上海,迅速为许多报社、通讯社的通讯报道所引用,斯提尔又将该报告的复印件亲手交给美国驻上海总领事馆工作人员,美国驻上海总领事高斯在1938年1月5日向华盛顿国务卿报告中国战局时附上了贝德士的这份记录,并作说明:"贝德士博士所记述的情况全都是事实,这些可对照一下日军占领时期在南京的斯提尔先生和其他新闻记者所报道的,是准确无误的。"②由贝德

---

① 章开沅编译:《美国传教士的日记与书信》,张宪文主编:《南京大屠杀史料集》第4册,南京:江苏人民出版社、凤凰出版社2005年版,第3页。

② 《芜湖的状况和国旗事件以及日本占领后的南京》(1938年1月5日),张生等编:《英美文书·安全区文书·自治委员会文书》,张宪文主编:《南京大屠杀史料集》第12册,南京:江苏人民出版社、凤凰出版社2005年版,第66页。

士所写的新闻稿可见,他不仅勇敢地揭露日军的暴行,更希望能尽快制止暴行,自 12 月 16 日至 27 日,贝德士以金陵大学紧急委员会主席名义连续致函日本使馆,陈述日军抢劫、奸淫给平民造成的巨大灾难,抗议日军的暴行,期望日军恢复纪律。

1938 年 1 月 10 日,贝德士写下著名的致朋友们的公开抗议信,开篇指出:"这是在强奸、刺刀刺勠和肆无忌惮的枪杀之间仓促写下的简短笔记",他准备通过为"帕奈"号从事打捞工作的美国海军拖船将材料送出去,在最后的附言中,贝德士说:"写这封信不是为了激发对日本人民的仇恨,这一点几乎不用说明。如果事实说明了一个现代军队——一个用欺骗的宣传掩盖其罪行的军队——的种种野蛮行径,那就让事实说话吧。在我看来,重要之处在于这一征服战争带来的无限苦难。这种苦难由于放纵和愚蠢而倍增,使未来长久陷于黑暗。"[①]这封信除收入《外人目睹中之日军暴行》一书外,其复印件流传到尚未被日军占领的许多地区。刚刚卸任国民政府教育部部长的王世杰在日记中写道:"金陵大学美国教授贝德士,曾在首都目击去年12 月 13 日日军入城后抢劫私家物品,大批枪杀解除武装之我方军士及难民,并搜挟少年妇女于一处而强奸。该教授曾将目击情形,以书面分送各中外人士,但未署名。"不署名,诚如贝德士致田伯烈信中所说,是为了保护他们正在进行的救济难民的工作,拉贝在日记中也记述了贝德士既要向外界报告南京的真实情况,又不愿因此危及救济事业的心情。1938 年 2 月 23 日拉贝奉令离开南京前夕,贝德士交给他一份给上海报界的关于南京形势的新闻稿,开篇说:"你们不可能

---

① 《致朋友函》(1938 年 1 月 10 日),章开沅编译:《美国传教士的日记与书信》,张宪文主编:《南京大屠杀史料集》第 4 册,南京:江苏人民出版社、凤凰出版社 2005 年版,第 16、20 页。

听到我讲关于暴行的故事,因为我在南京的一个日本朋友对我说过,如果我这样做,就等于与整个日本军队为敌。他这话不仅是讲给我个人听的,非常遗憾的是,也是讲给还在南京继续做救济工作的我的伙伴们听的。"①时任南京安全区国际委员会委员兼总稽查的美国圣公会南京德胜教堂牧师约翰·马吉在 1938 年 1 月 11 日致罗伯茨主教函中也说及这样的考虑,他在信中陈述了南京城内的日军暴行,末尾说:"请非常小心地对待这封信,因为它一旦发表出去,我们可能都会被赶出南京。果真这样的话,那对南京的中国百姓将是一场灾难。"②1 月 13 日,金陵大学董事会为加强贝德士对付日本人的力量,任命他为金大副校长。

秘密拍摄日军施暴的影片、照片,是留守南京的外国侨民揭露日军暴行的又一方式,是对文字记录的有力佐证。其中,最值得称道的是约翰·马吉拍摄的影片,取名《南京暴行纪实》,马吉为它写了引言和解说词。约翰·马吉,1884 年出生于美国宾州匹兹堡,1906 年毕业于耶鲁大学,1911 年又在麻省剑桥圣公会神学院获得神学硕士学位,1912 年以牧师身份被圣公会派到中国。在沦陷的南京,他担任国际红十字会南京分会主席和南京安全区国际委员会委员。马吉和其他留在南京的西方人士一样,每天主要忙着保护、救济难民,他利用极为有限的时间,用一台 16 毫米的电影摄影机,在南京"安全区"内的鼓楼医院与其他地方,非常小心谨慎地拍摄了揭露日军暴行的影片,"因为如果让日本人看见,就有被他们

---

① [德]约翰·拉贝著,刘海宁、郑寿康、杨建明等译:《拉贝日记》,张宪文主编:《南京大屠杀史料集》第 13 册,南京:江苏人民出版社、凤凰出版社 2006 年版,第 580 页。

② 《马吉致罗伯茨主教函》(1938 年 1 月 11 日),张生编:《耶鲁文献》(上),张宪文主编:《南京大屠杀史料集》第 69 册,南京:江苏人民出版社、凤凰出版社 2005 年版,第 875 页。

砸坏或没收摄影机的危险。因此，他不能直接拍摄处决的镜头，或是拍摄该市几个城区中堆放着大量尸体的场景"，①即便是拍摄"安全区"内的教会医院即鼓楼医院，他也不能逗留较长时间。不过，"尽管电影只有一个远镜头显示日本士兵所从事的'光荣'的勾当，但有许多镜头描述了可怜平民沦为无纪律、残忍、性欲强烈的征服者的牺牲品"。② 偷偷将电影胶片带出南京的费吴生说："这些是如此恐怖，如果不是亲眼所见，谁也不会相信。"③斯提尔指出"这部电影的真实性不容置疑，它只是确认了目击者对日本征服中国最黑暗一页的描述"④，而这最黑暗的一页还只是展现了日军暴行的一星半点，诚如马吉在引言中所说："在成千上万受伤的人中，只有极少数可以被送进医院或是为我们所知。在乡下，在小城镇，也有成千上万的人被杀，我们外国人却无法看到这些暴行，也无法了解到这方面的详细情况。"面对惨无人道的暴行，马吉予以强烈谴责："看来日本的军官和士兵们都认为，他们有权利对中国人采取任何一种暴力行为，因为中国人是他们的敌人。上级军官把强奸看成是轻微的过失，表面上之所以认为强奸也要被惩罚，只是因为它给外国的公众舆论产生了恶劣的印象，或是出于最高政府部门的一

①《关于影片〈南京暴行纪实〉的引言和解说词》，章开沅编译：《美国传教士的日记与书信》，张宪文主编：《南京大屠杀史料集》第 4 册，南京：江苏人民出版社、凤凰出版社 2005 年版，第 179 页。

②［美］A. T. 斯提尔：《电影描述对中国受害者的残忍》，张生编：《外国媒体报道与德国使馆报告》，张宪文主编：《南京大屠杀史料集》第 6 册，南京：江苏人民出版社、凤凰出版社 2005 年版，第 202—203 页。

③ 章开沅编译：《美国传教士的日记与书信》，张宪文主编：《南京大屠杀史料集》第 4 册，南京：江苏人民出版社、凤凰出版社 2005 年版，第 84 页。

④［美］A. T. 斯提尔：《电影描述对中国受害者的残忍》，张生编：《外国媒体报道与德国使馆报告》，张宪文主编：《南京大屠杀史料集》第 6 册，南京：江苏人民出版社、凤凰出版社 2005 年版，第 202—203 页。

种压力。"他希望尽快终止暴行,结束侵略战争,他在引言中所说的拍摄此片的目的正反映了他的这种愿望:"把这些场景拍摄下来,并不是为了煽起对日本的复仇情绪,而仅仅是希望所有的人,包括日本人在内,牢记这场战争的可怕后果,并使他们明白,应该使用一切合法手段结束这场由日本军队挑起的争端。"①

约翰·马吉拍摄的影片《南京暴行纪实》经整理后分为八卷,1938年1月下旬,南京青年会负责人、时任南京安全区国际委员会总干事的费吴生第二次获准离开南京时,怀着紧张的心情,将电影胶片缝在驼毛大衣的衬里偷偷带到上海,进上海时他的包按例受到仔细检查,但庆幸没有被发现。一到上海,他立即将胶片拿去柯达公司冲洗,柯达公司为其赶制了四套胶片,费吴生"将其中的一套转交给德国驻南京使馆政务秘书罗森;一套交给英国调查委员会的莫瑞尔·莱斯特,让其带到日本东京秘密放映;一套派人送到武汉,交中国政府,向中国民众放映;还有一套由他带回美国放映"②。费吴生于3月回美后,带着这部片子作巡回演讲,"影片引起了很大的轰动,听众中出现了几位情绪不佳的人",考虑到影片中的画面太残忍,为避免听众的恶心,费吴生较少使用影片来配合演讲,但他给国会下院的外交委员会、战时情报局、新闻记者等其他人看了这部影片。③ 拉贝返回德国后,于1938年5月分别在柏

---

① 《关于影片〈南京暴行纪实的引言和解说词〉》,章开沅编译:《美国传教士的日记与书信》,张宪文主编:《南京大屠杀史料集》第4册,南京:江苏人民出版社、凤凰出版社2005年版,第179页。

② 经盛鸿:《论南京大屠杀期间西方侨民的宣传贡献》,《江海学刊》2009年第1期,第183页。

③ 《关于菲奇就南京事件进行的巡回演讲》,张生等编:《英美文书·安全区文书·自治委员会文书》,张宪文主编:《南京大屠杀史料集》第12册,南京:江苏人民出版社、凤凰出版社2005年版,第186页。

林的西门子舒克尔特厂办公大楼电影院大厅、外交政策局、远东协会、西门子城、蒂尔皮茨河畔的国防部作了关于南京的中国平民所遭受苦难的报告,国防部的人对马吉拍摄的影片感兴趣,①在拉贝将报告寄给希特勒后,他被禁止作报告,他的日记和影片也被取走。10月,他收回了日记,影片却被警方扣留了。

影片未令西方政府有所行动,在民间却有较大的反响。国际宣传处海外工作人李复(英国人)于1938年3月7日自伦敦致国宣处处长董显光报告,告知英国这边对这部影片的盼望:"英国这边大量需要中国影片,其目的有二:一为保持人们对中国的深厚兴趣,二为那些援助中国的组织募集资金","这里正热切地盼望着田伯烈2月14日来信中所提及的那部南京影片。如果片子确实有价值,那肯定能被预定四个月,还能断断续续多放映几个月。"报告中特别介绍了一位电影分销商兼导演伯顿(英国援华委员会成员,对中国和西班牙非常关心)对如何借此影片作抗日宣传的想法:影片的发行不带有商业目的的话,"他准备把影片交给一家名为 Kino 的非盈利公司发行,并在群众集会、私人场合和(伦敦以外的)英国其他地方放映。特别好的拷贝准备提供给新闻影片公司,如果被采用,所赚取利润将交给相关的中国组织","这部影片首先要做广告,要与那些提出要求的团体约定好(放映)时间。可以设想一下,比如一家贸易协会预订在3月30日,到那天就会举行一场集会,电影一放,演讲一作,与会者对中国抗战事业的热情一下子就煽动起来了,紧接着就开始募捐,得来的钱款将用于中国的抗战事业。在伦敦城区范围内的群众集会上放映过后,该部影片可提供给伦敦

① [德]约翰·拉贝著,刘海宁、郑寿康、杨建明等译:《拉贝日记》,张宪文主编:《南京大屠杀史料集》第13册,南京:江苏人民出版社、凤凰出版社2005年版,第587页。

外城的一些组织。活动组织者接洽过邻近的一家剧院,对方准许在没有正片上映时可免费使用剧院一个小时。这时可召集一次名为'醒来吧,中国'的集会,肯定会有许多人出席。这部影片能吸引人们来听讲、参加募捐"。① 揭露日军在南京暴行的文字与影像资料的传播引起了日本当局的恐慌,毕竟这是违反国际法、践踏人类基本道义的罪行,为此日本加强了对西方人士的往来检查,据汉口《大公报》3月5日登"中央社香港四日电"称:"沪息,敌在京杭各地有禁止携带照片文件出境说,对美法教会牧师往来,尤为注意。"

《南京暴行纪实》这部影片虽然只是在有限的范围内放映,毕竟令美英政府直观地了解了日军在南京的暴行,却未因此而谴责、制裁日本,德国政府则直接封杀了这部影片,却将其保留至今,"这部影片发现于纳粹德国的波兹坦档案馆,并于两个德国统一后解禁,受到传媒关注并引起全世界众多人士的兴趣"。② 时至1938年3月,在南京大规模的暴行已趋平息,抗战在继续,中国需要外界的援助,外界需要了解中国,所以,诚如伯顿所说:"未来影片的资料形式是很重要的……现在需要的是反映中国普通大众生活,反映中国学校、工厂、乡村、农场等的工作情况的影片。除了充满恐怖和战争内容的资料外,他们还需要一些相关的背景资料。因为对这里大多数人来说,中国仍然是一个男人留着辫子,到处都是宝塔的国度。这种印象必须根除,而一部好的电影比单纯的宣传能更

①《李复赴英美放映大屠杀影片的报告》(1938年3月7日),张生等编:《英美文书·安全区文书·自治委员会文书》,张宪文主编:《南京大屠杀史料集》第12册,南京:江苏人民出版社、凤凰出版社2005年版,第622—623页。
②章开沅编译:《美国传教士的日记与书信》,张宪文主编:《南京大屠杀史料集》第4册,南京:江苏人民出版社、凤凰出版社2005年版,第144页。

好地做到这一点"。① 在中国生活、工作多年且关注中日战争局势的一些西方人士，透过日军在南京的暴行，预测了日本军国主义走向毁灭的结局，因为他们相信"中国人有一种不可征服的忍受痛苦的素质和耐力，还有许多其他的优良品德，最终必将赢得胜利"②，伯顿所说的影片正是要将中国人的这种品德和精神展现给世界。

指证日军的罪行，揭破谎言与诡辩，是目睹了南京大屠杀的西方侨民揭露日本军国主义者罪行、维护正义的第三个有力的举动。抑或是日军在南京制造的惨剧太过丑陋、恐怖，日本民众觉得不可思议而不愿相信，费吴生在美国作巡回演讲时，遇到一位日本绅士，他是旧金山联邦俱乐部集会上唯一的日本人，听完费吴生演说后，他上前对费吴生说，"有关南京大屠杀的事不是真的"，他要求费吴生撤回他所讲的"某一部分的内容"，并威胁说，"如果不这样做，就把我的演讲上报给东京"。费吴生对他说，"我有很多日本朋友，大部分的日本人意识到我所讲的日军的行为是不可能的"，但"不幸的是我所讲的一切全都是事实，因此我根本不可能撤回"③。

虽然这些西方侨民的报道、演讲揭示了南京大屠杀的真相，驳斥了日本媒体的栽赃与谎言，却仍有一些西方人士或许是对旧中国的印象太为糟糕而宁愿相信日本的欺骗宣传，甚至还帮助传播谎言。1938 年 4 月 2 日，马吉致函麦金牧师，信中陈述了他所亲眼

---

① 《李复赴英美放映大屠杀影片的报告》（1938 年 3 月 7 日），张生等编：《英美文书・安全区文书・自治委员会文书》，张宪文主编：《南京大屠杀史料集》第 12 册，南京：江苏人民出版社、凤凰出版社 2005 年版，第 624 页。

② 章开沅编译：《美国传教士的日记与书信》，张宪文主编：《南京大屠杀史料集》第 4 册，南京：江苏人民出版社、凤凰出版社 2005 年版，第 85 页。

③ 《关于菲奇就南京事件进行的巡回演讲》，张生等编：《英美文书・安全区文书・自治委员会文书》，张宪文主编：《南京大屠杀史料集》第 12 册，南京：江苏人民出版社、凤凰出版社 2005 年版，第 186—187 页。

看见及听难民所述的屠杀惨剧,希望纠正麦金的错误认识,说:"我还可以花费更多篇幅告诉您此类事情,但我认为我所写的已足以使您知道暴行故事绝非夸张。(目前)情况虽已好转,但残杀与奸淫仍在南京继续,仅仅是规模稍小而已","据我所知,您给《纽约时报》的信,说暴行不是日军干的,而是中国军队在日军进城以前所为。就南京而言,这实在是极大的错误……把此间发生如此可怕的事情公开诿过于中国人,这确实有失公正。我认为我写的已足够让您知悉到底发生过何种暴行。如果您想作进一步了解,可以请约翰·伍德让您看一封日记体的信件副本,那是我写给妻子的"。他希望麦金"站在正义与真理的立场",更正"曾无知地提供给报纸的任何错误信息",其目的是"让所有的日本朋友了解事实真相","让他们知道在中国到底发生了什么事情"。马吉表示,他深信"如果日本多数民众知道在这广阔的国土上发生的事情真相,他们一定会为之震惊,正如我们亲眼看见暴行开始发生时一样。这些暴行事实可以用来对付日本军方,他们才是冲突的真正根源"[1]。马吉想要纠正麦金牧师的错误认知,让日本民众知道事情的真相,目的非仅还给中国一个公正,他有着更远大的目标,诚如他在影片引言中所说"使用一切手段结束这场由日本军队挑起的争端"。

　　然而众所周知,战败的日本并未反省错误,更是否定南京大屠杀。1946 年 7 月,在远东国际军事法庭上,贝德士与金陵大学医院的外科医生罗伯特·威尔逊作为亲历者指证日军罪行。

---

[1]《致麦金函》(1938 年 4 月 2 日),章开沅编译:《美国传教士的日记与书信》,张宪文主编:《南京大屠杀史料集》第 4 册,南京:江苏人民出版社、凤凰出版社 2005 年版,第 177—178 页。

第二节　艾黎与"工合"

一、"工合"运动的灵魂人物

"中国工业合作社"运动,简称"工合"①运动,是抗日战争时期由在华国际友好人士倡导,在各种抗日进步力量的共同努力下开展的一场运动,得到了国共两党高层的支持,在大后方和共产党领导的抗日根据地广泛组织生产合作社,以进行生产自救并支援抗战。路易·艾黎(Rewi Alley)是三个发起的国际友人之一,另两位是埃德加·斯诺和他当时的妻子尼姆·威尔斯,他们二人在回忆录中皆指出该项运动最先由尼姆·威尔斯动议,三人一拍即合,路易·艾黎对于"工合"运动的成功开展居功阙伟。斯诺说"在尼姆习惯地聪明的思索下,有一天,我们的思想,突然奇葩怒放,想出了工业合作"②,尼姆说"路易是一个天生的移山者——我则是一个天生的推动像路易这样的人的主要谋划者,有些事情必须一拍即合"③。

路易·艾黎,1897 年出生于新西兰南岛坎特伯雷地区的斯普林菲尔德小镇,1916 年末在其中学的最后一年,出于对英雄的崇拜,他虚报年龄参加了新西兰远征军,赴英参战,1918 年 11 月第一

---

① 据路易·艾黎与斯诺夫妇的回忆录及侯德础著《中国工合运动研究》中的表述,"工合"乃"中国工业合作社"运动的简称。

② [美]埃德加·斯诺著,宋久等译:《斯诺文集(3)·为亚洲而战》,北京:新华出版社1984 年版,第 64 页。

③ [美]海伦·斯诺著,华谊译:《旅华岁月——海伦·斯诺回忆录》,北京:世界知识出版社 1985 年版,第 288 页。

次世界大战结束,伤愈后的艾黎回到新西兰。据其回忆,"战后的新西兰出现了多年未有的最严重的失业和 20 年代日益恶化的经济",①艾黎拿出他本人和其战死的哥哥的战时积蓄,与其老同学、一位复员军人合伙拓荒办牧场,"养起了上千只羊和上百头牛"。他自嘲说他们像"奴隶般地劳动,有时一天要干 16 个小时",他们"做饭,种菜,挤奶,做黄油,赶牲畜,砍灌木,烧肥田草,还要往陡峭的山脊上扛架围栏用的木桩",还要帮着工务局养护公路,诸如"往路上填料,修补公路","大忙时还要清理羊臀部污毛,浸洗羊只和截短羊尾"等等,艾黎回忆说"这作为一种经历确实很有意思,但年复一年干下去便使人希望渺茫了"②。如此这般为"每年挣足够的钱来支付买回来贮存的东西"而奋斗了六年,艾黎离开了牧场,决定赴中国。对这段自主创业、自力更生的经历,艾黎的总结是:它"给了我笑对一切艰难险阻的能力。它驱散了许多战争中的梦想,使我脚踏实地,并重新使我懂得艰苦朴素的价值。我开始学到许多斗争的知识和其他基本的东西"。③ 在斯诺眼中"有些异乎寻常"的艾黎,或许正是这种生活经历所造就。

　　1927 年 7 月,艾黎来到中国上海,先任职于工部局消防处,例行工作是检查租界里工厂的防火措施。因为身份与工作的关系,艾黎见识到了上海悬殊的贫富差距,租界里豪华的俱乐部、时髦的汽车、外国人养尊处优的生活,与中国底层民众拥挤不堪、简陋脏

---

① [新西兰]艾黎著,路易·艾黎研究室编译:《艾黎自传》,兰州:甘肃人民出版社 1987 年版,第 31 页。

② [新西兰]艾黎著,路易·艾黎研究室编译:《艾黎自传》,兰州:甘肃人民出版社 1987 年版,24 页。

③ [新西兰]艾黎著,路易·艾黎研究室编译:《艾黎自传》,兰州:甘肃人民出版社 1987 年版,第 31 页。

乱的生活、恶劣的工作环境,这种反差刺激了不屑与那些高高在上之洋人为伍的艾黎,他对中国对中国人民产生了深深的同情。1932年上海公共租界工部局成立工业科,艾黎出任工厂督察长,负责筹建了督察小组。通过对各个工厂的检查,他为中国工厂的严重缺乏安全措施而不安,更为中国工人尤其是童工可怜的生存条件而痛心,对罪恶的包身工制产生了痛恶之心。为了更多地了解与认识中国,艾黎利用假期到中国内地各个城市与广大农村进行参观、走访与调查,看到也感受到了中国农村生活,对中国的工业状况也有了更全面、深入的了解。斯诺这样评价艾黎说:"他对这个国家的劳工和劳动条件的了解大概不比在世的任何外国人少。更重要的是,尽管他明知中国国家落后,他还是爱她。"①利用休假,艾黎还多次赴内地参加赈灾活动,震惊于灾民的惨状与地方政府的无动于衷,目睹了灾民的自救与中央政府对救济过程中贪污、投机、盗窃、颟顸无能行为的视而不见,也目睹了贺龙领导下的洪湖地区与国民党控制地区截然不同的救灾情形,他下定决心要帮助中国人民,他说"正是这种思想使我在战争爆发后走出上海,到内地去为'工合'事业努力工作"②。

　　工作中与中国劳动人民的相处,在中国各地的走访,对朝鲜、日本的游历观察,以及赈灾过程中的所见所闻,令艾黎对中国的革命运动、对中国共产党产生了深深的同情与好感。在上海期间,他结识了一批著名的爱国人士如宋庆龄、鲁迅、茅盾、田汉、夏衍等,也结识了一些热爱中国、支持中国革命的外国友人如史沫特莱、马

① [美]埃德加·斯诺著,宋久等译:《斯诺文集(1)·复始之旅》,北京:新华出版社1984年版,第243页。
② [新西兰]艾黎著,路易·艾黎研究室编译:《艾黎自传》,兰州:甘肃人民出版社1987年版,第46页。

海德、汉斯·希伯等,志同道合的他们定期聚会学习、讨论,艾黎参加了在上海的国际性马列主义学习小组。经友人的推荐,艾黎阅读了大量马克思、列宁的书籍,理论与多年工作实践的结合令艾黎逐步认清了资本主义和帝国主义的罪恶。与中国共产党人的接触、耳闻目睹共产党人的活动与事迹,使艾黎对中国共产党领导的反帝反封建的革命运动有了更深入的了解,也由此看到了中国的希望。通过宋庆龄,这些外国友人与中共地下组织建立了联系,秘密地从事传递信息和转移、营救中共党员与进步人士的工作。红军长征到达陕北后,艾黎又在上海协助购买和运送药品去西北共产党地区,并曾应邀北上西安以其外国职员的身份成功完成了换钱的任务。可以说,正是有了这些经历及其思想的变化,促使艾黎顶住压力,力推西北、东南共产党地区"工合"运动的开展。艾黎对于"工合"运动的热情还来自于他对中国工人的欣赏,在1937年初利用休假考察世界各地的工厂之后,艾黎发现"世界上再也找不到哪个地方比中国工人更有创造性,比他们更能掌握技术、使用技术",他认为"关于这一点,在中国生活和工作过的人,谁都知道得很清楚"[1]。

全面抗战爆发后,艾黎从欧洲返回中国,斯诺夫妇从西北来到新闻中心的上海,他们相聚在上海。艾黎与斯诺第一次相遇是1929年在西北灾区,正义感与同情心使他们很快走到一起。在沦陷的上海,他们多次一同去巡视遭受破坏的市区,他们讨论时局,交流对于战情的看法,探讨抗战的前途,在艾黎与斯诺夫妇例行的星期日午餐时,一项计划诞生了,即工业合作社计划。斯诺夫妇与

_____

[1] [新西兰]艾黎著,路易·艾黎研究室编译:《艾黎自传》,兰州:甘肃人民出版社1987年版,第87页。

艾黎在回忆中皆追述了"工合"运动的缘起及举办"工合"的目的,归纳起来大致有如下几点:第一,生产自救、挽救危机,既能自力更生养活自己,又可解决难民问题,维护社会的稳定。艾黎回忆当时的情形说:"随着战火蔓延上海及上海以外的地区,失业工人日常发生骚乱和从战场上撤下来的残废士兵的问题使人担心。我开始想到如何以我在工厂督察工作中取得的实际经验来为抗战力量服务。难民们不断涌入内地,估计有 60 万工人失业,在街头坐以待毙。"①斯诺也看到"战争爆发后,数以千计的熟练工人流离失所,成了到处流浪的难民,他们找不到工作,也没有人把他们组织起来,给他们安排工作"②。怎样把包括失业工人、残废士兵在内的难民组织起来建立抗战的工业,成为艾黎与斯诺夫妇讨论的中心问题。第二,增加生产,支援抗战。卢沟桥事变后,日军快速占领了中国东南沿海及华北、华中各地,在日军的武力进犯与劫掠下,占全国70％的沿海沿江地区的工业大多遭遇毁灭性的浩劫,列其大端:全国 96 个华商纱厂损失了 60 个,面粉厂损失 50％以上,国防工业的酸碱工业全部在沿海,盐酸和制碱分别损失了 80％和 82％;河北、山东、山西的煤矿,龙烟、石景山、太原、阳泉、马鞍山、大冶的铁矿铁厂也被日本掳去。③ 作为工厂督察员的艾黎眼见日军对中国工业基地的恣意破坏而沮丧,"各工厂的机器全部进了废铁堆,等待

① [新西兰]艾黎著,路易·艾黎研究室编译:《艾黎自传》,兰州:甘肃人民出版社 1987年版,第 92 页。
② [美]埃德加·斯诺著,宋久等译:《斯诺文集(1)·复始之旅》,北京:新华出版社 1984年版,第 239 页。
③ 时事问题研究会编:《抗战中的中国经济》,北京:中国现代史资料编辑委员会翻印,1957 年,第 121—123 页。

送往日本,或就地制造军火,中国的工业真正陷于瘫痪了"。① 斯诺
说:"如果到 1938 年时,所谓的'自由中国'不是几乎完全变成了一
个农牧业的国家,我们也根本不会想到要创办'工合'。"②在 1982
年纪念埃德加·斯诺逝世 10 周年的纪念活动中,艾黎回忆说:"对
我们来说,在 1937 年,为了抗战,重大的问题似乎是如何在中国内
地发展足够的经济力量……埃德加当时的夫人佩格说,必须有一
个人民的生产运动,达到这个目标的唯一办法是把人民组织起来,
自己管理自己,把他们的生产单位联系在一起。答案就是搞工业
合作社!"③举办"工合"的目的诚如艾黎所说:"为抗战提供一个巩
固的经济基地,生产各种消费品、军需品、毛毯等必需品。"④第三,
基于缺乏办大工业的资源与基础,以及不易被敌人破坏的考虑,借
鉴红军在根据地实施的经济政策,他们主张利用未被占领地区的
原料,发展具有流动性的分小组组织起来的小型工业合作社。斯
诺认为虽然机器不多,但是按照这样的方式创业还是够用的。他
们认为发展小型合作社工业生产的"工合"运动,还可抵制日货充
斥中国尚未被洋货充斥的内地市场,基于中国的国情,他们认为这
是能够做到的。斯诺将"工合"运动所具备的基本条件总结如下:
"首先,日本军事线自动地封锁了广大的区域,外货不能深入到这
些区域里面。这些地方,中国工业可以暂时绝对独占其国内的市

---

① [新西兰]艾黎著,路易·艾黎研究室编译:《艾黎自传》,兰州:甘肃人民出版社 1987
　年版,第 92 页。

② [美]埃德加·斯诺著,宋久等译:《斯诺文集(1)·复始之旅》,北京:新华出版社 1984
　年版,第 239 页。

③ [美]海伦·斯诺著,华谊译:《旅华岁月——海伦·斯诺回忆录》,北京:世界知识出版
　社 1985 年版,第 290 页。

④ [新西兰]艾黎著,路易·艾黎研究室编译:《艾黎自传》,兰州:甘肃人民出版社 1987
　年版,第 156 页。

场。其次,中国劳动力,因有着几百万难民在日本侵华以前移入内地,实际上变为无限的源泉。最后,中国大部分的天然富源及原料,几年之内,不致被人征服。即使在沦陷的省份,也有广大的空间为中国游击队所控制。在铁路区与日军驻防区之间,自足的中国工业可以维持下去",其前景就是"几千万这样半流动性的工业单位,建立于日本摩托化部队所不能达到的区域,小心地掩护起来,没有显眼的大烟囱,也没有大厂房,可以为中国全面长期的抗战,获得一个工业的基础"①。

艾黎和斯诺将草拟的"工合"运动方案请上海《密勒氏评论报》的约翰·鲍威尔印成小册子散发后,得到了上海各界爱国人士的热烈响应,此前上海各界爱国人士和外国友好人士就促进后方工业生产以支援抗战的问题一直在讨论与交流意见,艾黎在文稿中说明了对中国生产问题的调查,提出了建立工业合作社以解决一些问题的总战略。1938 年 4 月 3 日,工业合作社促进委员会在上海锦江饭店宣布成立,与会 11 人包括 4 名外国人,即艾黎、斯诺夫妇、英国大使馆秘书约翰·亚历山大和 8 名中国人,即饭店主人梁士纯、银行家徐新六、革命学者胡愈之、妇救会活动家黄鼎秀、合作专家卢广绵及另两位银行家。

"工合"运动的开展无疑需要政府的支持,斯诺带着他们草拟的"工合"计划书面见英国新任驻华大使阿奇博尔德,他具有独立政见,反对轴心国,希望由其出面向蒋介石"兜售""工合"计划。在此之前他们已做好了两项开展"工合"运动的基础工作,一是得到宋庆龄的全力支持,并在其影响下得到宋子文的支持,他答应给予

---

① [美]埃德加·斯诺著,宋久等译:《斯诺文集(3)·为亚洲而战》,北京:新华出版社1984 年版,第 66 页。

资金援助；二是物色好了主持"工合"运动的领导人即艾黎。鉴于
艾黎的身份及其工作经验，"工合"的发起者一致认为"艾黎是唯一
在中国可以产生必要的组织，以求其实现的人"①。斯诺向阿奇博
尔德说明了艾黎的个人条件，一是他的外国人身份和参战经历，
"他是爱尔兰—英格兰血统的新西兰人，第一次世界大战时的英
雄"；二是他了解中国的劳工和劳动条件，他爱中国信赖中国，"中
国对他来说，是一种宗教信仰"；三是他体格健壮，性格开朗豁达，
"既能吃苦耐劳，又有才智"。② 而且，艾黎已经为运动的开展组织
了一个中国职员的核心班子，包括留学回国时在上海电力公司任
职的两位优秀工程师林福裕、吴去非和合作社专家卢广绵，"上海
有关合作社的唯一专家是卢广绵，他开办了第一个合作社——铁
匠合作社"。③ 斯诺的"游说"打动了英国大使阿奇博尔德，他到武
汉后将计划送给了国民政府中赞成抗日的领导人，并向宋美龄介
绍了这一计划，引起了宋美龄的极大兴趣。

　　阿奇博尔德返回上海后，出面帮艾黎向公共租界行政当局请
辞，艾黎因此顺利获准退职并提前拿到了一部分退休金。辞职后
的艾黎在宋庆龄的安排下，先坐船去香港，再由香港飞抵武汉，分
别见了行政院副院长兼财政部部长孔祥熙和经济部部长翁文灏。
据艾黎回忆，在宋美龄的直接干预下，他被授予全权开展建立工业
合作社的各项筹备工作。时在武汉的周恩来和八路军办事处人员

① ［美］埃德加·斯诺著，宋久等译：《斯诺文集（3）·为亚洲而战》，北京：新华出版社
　 1984 年版，第 65 页。
② ［美］埃德加·斯诺著，宋久等译：《斯诺文集（1）·复始之旅》，北京：新华出版社 1984
　 年版，第 244 页。
③ ［美］海伦·斯诺著，华谊译：《旅华岁月——海伦·斯诺回忆录》，北京：世界知识出版
　 社 1985 年版，第 291 页。

对于"工合"运动的开展表示了极大的热心,派人参加筹备会,帮助制定"工合"政策,希望艾黎将武汉的工业尽量撤到西北地区。

1938年8月5日,中国工业合作协会在武汉正式成立,11月迁往重庆,国民政府任命艾黎为行政院技术顾问,兼任代理总干事,准许他随意到非敌占区的任何地方开展"工合"运动。协会成立的当月,宝鸡设立西北区办事处,这是"工合"的第一个地区办事处。在合作社组织者的有力领导下,只两个星期的时间,便由第一个铁匠组成的合作社发展到十多个合作社,"三个月内就有了制鞋和生产食品、毛毯、毛巾、药棉及纱布的合作社",又在积累了组织合作社经验的基础上制定了组建合作社的条件规定:"(1)建立合作社至少须有七名社员,社员必须愿意认真工作、学习并偿还贷款;(2)每个社员必须至少拥有一股,任何人不得拥有超过全部资本20%的股份。在任何情况下一名社员都不得超过一票;(3)工时及工资数由合作社社员决定;(4)从社员中选出一名主任充当领班;(5)任何社员的过失行为均由全体社员评断;(6)定期举行会议讨论问题和计划;(7)年终利润分成如下:20%作储备金,10%作公共福利金,10%为联合社主任和职工的工资,10%作当地工业合作社发展资金(联合社入股用),50%交合作社各工人。在最后的50%中,五分之二由社员付给合作社作为股份;(8)因违反合作社章程而开除社员,由全体会议表决多数通过;(9)由社员选出一主任委员会处理财务工作;(10)社员可以退社,但只退还其所持股份的票面值股金;(11)今后,表示互相间关系的口号是'我为人人,人人为我'",①以此指导合作社的组织与生产。"工合"运动在西北地区初

①[新西兰]艾黎著,路易·艾黎研究室编译:《艾黎自传》,兰州:甘肃人民出版社1987年版,第98页。

见成效后，艾黎即着手开展东南地区的工作，设法帮助供应和武装新四军。1939年初，艾黎带着从香港宋子文那儿弄到的一笔20万元法币的中国银行贷款，及其采购的材料、招募的几个具有组织和会计技能的人员，亲赴东南办事处所在地赣州开展"工合"的实地工作。

时至1940年6月，中国工业合作协会的工作区域已遍布16省，分布各地者，"计在西北地区，陕、甘、晋、豫、鄂五省内成立事务所十四，指导站三，组织合作社三百六十一，社员四千五百二十八人。西南区，湘、桂、黔三省，成立事务所十三，指导站二，合作社一百八十七，社员二千二百零一人。东南区，赣、粤、闽、浙、皖五省，成立事务所二十，指导站三，合作社二百九十九，社员三千六百九十八人。川、康区两省，成立事务所十五，指导站五，合作社四百六十七，社员六千三百七十八人。云南省成立事务所三，合作社四十，社员七百四十五人"。① 身为"工合"运动领导者的艾黎，不仅倡导"工合"，还亲临各地指导，时人评价他是"不辞劳苦，不避艰险，虽穷乡僻壤亦必亲往指导，详为擘画，两千多个合作社，大部分出于他的擘画经营，十六个省区内都有他视察的足迹。他这样终年东奔西走，席不易暖，他的不辞辛苦，不避危难，为'工合'服务，确可说完全受着仁心热血的驱使，即在中国同胞中，也所罕见"。② 艾黎原计划建立三万个合作社，以承担中国大约30%的战时生产，③为此，他不仅亲自擘画建立合作社，亲临各地指导，还为合作社的经营与发展殚心竭虑，人才与资金是生产单位不可或缺的要素，艾

---

① 《二年来工合成绩》，《中央日报》1940年7月12日，第3版。

② 张法祖编著：《工合与抗战》，香港：星群书店1941年版，第362页。

③ [新西兰]艾黎著，路易·艾黎研究室编译：《艾黎自传》，兰州：甘肃人民出版社1987年版，第158页。

黎在合作社干部的选派、资金的筹募上尤为用心与着力。

　　合作社于中国并非全新的事务,却是失败的记录,其原因是多方面的,其中领导的腐败无能,当地地主、商人和军阀的破坏是主要原因。艾黎相信中国农村中有很多有才能的人,若有足够的资金和科学指导,他们能很好地履行合作社的义务。工业合作社协会隶属于国民政府行政院,宋美龄任名誉理事长,孔祥熙任理事长,理事有董必武、林伯渠、王世杰、沈钧儒等。"工合"总部的这种行政隶属与人事关系使"工合"运动既便于得到国民政府的支持又受制于它,在人员派任上,孔祥熙无疑有决定权,而艾黎认为孔的人大多贪污腐化,于是他用心斟酌负责人选,选用既能为孔接受,又有一定才能且正义的人。"工合"总干事兼业务组组长刘广沛即是一例,他早年在约瑟夫·培黎办的学校中接受培训,而后被送往美国学习,接受的是半工半读的学习方式,再后来他考入了辛辛那提大学,成为既懂技术理论又有实践经验的工程技术人员,艾黎知道他是孔祥熙的人,推荐得到孔祥熙的同意。其后。"工合"总会下设的各个组的组长皆由艾黎举荐提名,再用孔祥熙的名义聘请,他们是:总务组组长傅清淮;业务组组长刘广沛兼任;财务组组长杨子厚;推进组组长沙千里;组织组组长卢广绵;技术组组长林福裕。[1] 随着各地"工合"运动的开展,一些贪心的地方官员企图插手合作社以获取利益,艾黎等人未雨绸缪地在地方官的选派上亦做了准备,以维护和推动"工合"的正常运营,以宝鸡为例,艾黎回忆说,幸亏他提前通过宋美龄做工作,委任了一名他们欣赏的人做宝鸡县县长,"他原是一位能干的铁路工程师,到任后为我们做的第一件事是把堆放在宝鸡铁道边的武汉工业设备安装在黄土山坡上

---

[1] 侯德础:《中国工合运动研究》,成都:四川大学出版社1996年版,第48页。

开挖的长窑洞里,使工厂重新开工".①

　　"工合"运动既是一个人民的生产运动,专业的技术指导必不可少,艾黎一开始即组织了一个技术组,最初的成员包括两个毕业于密歇根大学的优秀工程师林福裕与吴去非,林福裕出任技术组组长。因为艾黎在人员选派上的积极介入,使"工合"的组织机构少了传统的官僚气息和贪污舞弊的弊端,吸引了不少有才干人员的加入,斯诺对此有这样一段评述:艾黎"和他所有的独一无二的后盾是对于中国人员的必要的保证,就是说这个组织有一个不受传统的官僚政治引用私人和贪污舞弊的烦累、循着真正的合作的路线而发展的机会。有了这样保证之后,中国最有才干的工程师和技术家中就有一部分放弃了优厚的待遇,以惊倒爱讥嘲的旁观者,自愿投入这支新的工业军队".②

　　动员人民组织合作社进行工业生产,资金的筹募是关键,虽然按"工合"章程规定,每个社员必须至少拥有一股,但"工合"社员多系难民、失业工人、残废军人和出征军人家属,自筹股金微乎其微。至1940年7月"工合"运动开展两年来,获得资金 36 631 388 元,其中社员自筹股金 381 388 元,③只占全部资金的 1%。"工合"资金主要来自四个渠道:一是国民政府拨付的"工合"基金,初期成为向合作社贷放的重要财源,然战时中国资金匮乏的现实,"工合"又并不为政府所看重,更因"反共"而不将资金贷放给抗日根据地。二是自筹社股,因为少且不稳定,非"工合"资金的主要来源。三是金

---

① [新西兰]艾黎著,路易·艾黎研究室编译:《艾黎自传》,兰州:甘肃人民出版社 1987年版,第 99 页。

② [美]埃德加·斯诺:《中国的"合成线"》,卢广绵等编:《回忆中国工合运动》,北京:中国文史出版社 1997 年版,第 35—36 页。

③ 侯德础:《中国工合运动研究》,成都:四川大学出版社 1996 年版,第 210 页。

融机关和私人投资,在宋庆龄的影响与牵线下,时任中国银行董事会主席兼总经理的宋子文在"工合"运动开展之初,通过香港中国银行向"工合"率先提供了一笔 20 万元不要担保的贷款,对推动银行向"工合"融资起了良好的带头作用,到 1940 年 7 月,中国银行及其在四川等省的分行向"工合"贷款总计超过 2 000 万元。① "工合"国际委员会也曾谋求国外贷款,虽曾有拟议中的贷款,却因战事的发展而未果。私人投资虽数量有限,但海内外皆有以个人名义向合作社的贷款。四是国际团体和海外华侨的捐款,其中多由"工合"国际委员会、各国"工合"促进会和各种援华组织募集,成为抗日根据地"工合"经费的主要来源。隶属于行政院的"工合"重庆总部意欲控制全部海外捐款,艾黎、斯诺夫妇等国际友人及以宋庆龄为代表的国内爱国民主人士既不想看到捐款被贪污腐败的人攫取,又想资助八路军、新四军,于是决定成立一个国际委员会,1939年 1 月,"工合"国际促进委员会在香港成立,"工合"组建者之一的卢广绵对该机构的成立及其作用有这样一段追忆:"1938 年武汉沦陷以后,艾黎先生就委托美国朋友普律德小姐去香港,在宋庆龄先生的帮助下,进行国际委员会的筹备工作。1938 年底,艾黎又叫我从重庆去香港,向宋庆龄汇报西北'工合'的初步组织情况。宋庆龄非常欣赏'工合'的做法,对'工合'的初步成就感到兴奋,她马上就倡议组织'工合'国际委员会。于是'工合'国际委员会就于 1939年 1 月在香港正式组成,香港英国主教何明华担任主席,宋庆龄为名誉主席,陈瀚笙为秘书,陈乙明为司库,委员有斯诺、艾黎、普律德小姐,港澳地区一些爱国人士钟秉铎、郑铁如、何东,以及宋子文等共二十多人。香港'工合'国际委员会成立不久,又分别在马尼

---

① 侯德础:《中国工合运动研究》,成都:四川大学出版社 1996 年版,第 208 页。

拉、纽约、伦敦成立'工合'推进委员会","'工合'国际推进委员会成立以后,在香港和国外各地特别是英国和美国,宣传中国抗战的重大意义,宣传'工合'对支持长期抗战的重要作用,同时在海外华侨和同情中国抗战的各国社团和朋友中募集捐款,支持中国工业合作社运动","'工合'国际委员会的捐款,不通过中国工业合作协会,直接汇交'工合'各区的受援单位,这就使捐款能及时用到最需要帮助的地方的具体工作上去。这一点,对各地'工合'事业的发展起到很大的作用。例如:西北区'工合'从1939年到1941年间办了十九期合作指导和生产技术短期班,收容几百名沦陷区流亡在后方的失业青年,经过训练后都参加了工业合作社的工作……'工合'国际委员会一个最突出的贡献就是对解放区'工合'的支援","1941年12月太平洋战争爆发后,'工合'国际委员会迁到成都,名誉主席是宋庆龄先生,主席还是香港主教何明华,另推金陵大学校长陈裕光、燕京大学教授戴乐仁为副主席,由金陵大学教授、'工合'成都研究所主任史迈士担任秘书,燕京大学教授夏仁德担任会计。委员二十多人,除原来斯诺、艾黎、普律德、陈瀚笙、陈乙明等人外,又增聘李约瑟、吴贻芳等为委员"。[1]"工合"国际委员会存在期间,艾黎一直担任它的执行秘书,他评价说"整个国际委员会既不亲共,也不反共。但是它的确对统一战线的协议给予尊重,并且放手向解放区的'工合'合作社提供资助和贷款"。[2] 这正是艾黎对待"工合"运动的态度,也是他一直秉持的"工合"的独立自主性。

　　海伦·斯诺在回忆录中以朴实的语言记录了路易·艾黎对于

----

① 《抗日战争时期的中国工业合作运动》,卢广绵等编:《回忆中国工合运动》,北京:中国文史出版社1997年版,第99—101页。

② [新西兰]艾黎著,路易·艾黎研究室编译:《艾黎自传》,兰州:甘肃人民出版社1987年版,第129页。

"工合"的贡献:"路易是那种不可缺少的人。他走出城市,进入乡村。尽管受到反对派的不断干扰和破坏,他仍然凭着他的努力和品格,使这一工作开展起来。这些合作工业的产生是任何工业不发达国家的最惊人的成就之一。"①艾黎希望"工合"运动能帮助中国建立一条真正的经济防线,尽一切努力不使"工合"运动成为一种政治玩物,变成达官贵人们的生财之路。然而很不幸,在艾黎看来工业合作协会办事处的历史就是一部不断遭受反动派镇压的历史,②而其本人也长期处于国民党特务的监视之中。艾黎的中国工业合作社技术专家的任期为三年,1942 年 9 月,艾黎接到了行政院终止其职务的电令,他获悉在行政院被控告的主要罪状是"与共产党秘密交往"。解职后的艾黎与国民政府行政院脱离了关系,并未影响他继续从事"工合"工作,他依然承担着"工合"国际委员会执行秘书的工作。

二、从办合作社到办学

综观"工合"运动的历史,可以发现它是"集赈济难民、支前生产和教育培训为一体的抗日民众运动"。③ 1942 年,被解职后的艾黎将工作重心放在了培训工作上,他在回忆中骄傲地说他们家兄弟姐妹七人几乎全都从事与教育有关的事业,这种联系还延续到下一代,"因此,我们一家都是在指教别人怎么做",艾黎认为"世界

① [美]海伦·斯诺著,华谊译:《旅华岁月——海伦·斯诺回忆录》,北京:世界知识出版社 1985 年版,第 291 页。

② [新西兰]艾黎著,路易·艾黎研究室编译:《艾黎自传》,兰州:甘肃人民出版社 1987 年版,第 141 页。

③ 侯德础:《中国工合运动研究》,成都:四川大学出版社 1996 年版,第 218 页。

似乎就是分为指教别人的老师和需要听从他们指教的人这两部分"①。《中国工合运动研究》将"工合"教育归纳为三个方面,一是思想教育和政治动员,以"工合"成员及社会其他大众为对象;二是组社方法与工业技术的培训,以合作社社员与"工合"基层干部包括指导员、会计、技术人才为对象;三是为"工合"社员及其子女以及战争孤儿、贫苦的农村儿童开办小学、识字班和托儿所。艾黎所从事的教育工作重在合作社社员与"工合"组织、财会与技术人员的培训。

艾黎在筹办"工合"之初已想到人才的培训问题,"工合"运动开展起来后,他更看到要发展散布于非敌占区的小型生产合作社,必须提高合作社社员的知识与技能,培训能与农民一起生活并领导他们在工业合作社基础上改进生产的管理与技术人才,他把"工合"运动前途的最大希望放在人才的培养和教育上。在"工合"内部,人们也逐渐认识到培养和训练青年使他们将运动进行下去的重要性,为此,他们试办了各种培训班、讲习班、高级班、训练学校和徒工学校。艾黎将这种为合作社培养技术和组织人才的培训班叫作"工合"培黎工艺学校,所以取名"培黎",有两个意义:一是为了纪念他的一位美国朋友约瑟夫·培黎,一位美国科学工作者,19世纪末来到中国,创办了金陵农学院,并办过工人夜校,采用半工半读的方法培养中国贫家子弟,继而派送他们去美国学习、实践,为中国培养了一批理论与实践相结合的工程技术人员;二是指"为黎明而培训"。1940年,中国工业合作协会制定了培黎工艺学校计划书,确定了办学应遵循的原则,培训的时间、内容,学生的入学资

① 〔新西兰〕艾黎著,路易·艾黎研究室编译:《艾黎自传》,兰州:甘肃人民出版社1987年版,第16页。

格、招生人数,学校应开设的课程,学生待遇及学校的经费问题等。据艾黎回忆,从 1940 年起他们开始在全国各地,如东南地区、西北地区和西南的四川,试办半工半读的培训学校,培训的对象主要是"普通的合作社徒工或逃难的工农子弟",培训的内容"主要围绕着生产部门进行,课堂作业是次要的。每天有半天时间用于生产实习,教学生如何利用和开发当地可以得到的原料;另外半天则上课讲理论","整个学制是一个理论与实际紧密结合的集体,至少生产自己需要的部分物品",如此既培训了懂技术会动手的技术工人,又解决了贫困学生的学费问题。① 与此同时,艾黎设法从"工合"队伍里培养自己的管理人才与技术专家,"除云南外的各区办事处都办起了自己的合作社指导员和会计人员训练班"。② 遗憾的是,由于日机的轰炸,国民党地方官员的不支持甚至因为"反共"而抓捕校领导,以及办学中存在的资金、技术、办学方式等问题,这些学校开办不久都先后关闭,唯有创办于陕西秦岭山区的双石镇后迁移到甘肃山丹的培黎学校坚持了下来。开办时间稍晚且发展较好的另一所是兰州培黎学校,创办于 1942 年 9 月,位于兰州郊外的穆柯寨,学生由最初的 30 多名发展到 60 多名,"基本上是甘肃农村的贫苦子弟和'工合'社员子弟,也有一部分来自双石铺培校"。③ 1944年以后随着来自国外捐款的增多,设备得到扩充,"陆续建立了纺织、裁绒、机械、化工等实习工厂","学生上午听课,下午实习劳动,坚持了培黎学校半工半读的传统"。相较于双石铺的学校,作为甘肃首府的兰州聘教员容易,兰州培校的文化课程因此更扎实一些,

---

① [新西兰]艾黎著,路易·艾黎研究室编译:《艾黎自传》,兰州:甘肃人民出版社 1987
    年版,第 163 页。

② 侯德础:《中国工合运动研究》,成都:四川大学出版社 1996 年版,第 225 页。

③ 侯德础:《中国工合运动研究》,成都:四川大学出版社 1996 年版,第 232 页。

又因兰州居西北交通要冲，常有欧美人士前来参观"工合"事业，比较著名的人物有英国剑桥大学著名生物学家李约瑟博士、美国副总统华莱士及其高级随员、著名学者欧文·拉铁摩尔等，由此大大张扬了中国"工合"的名声。

举办上述培训学校以提高合作社社员知识与技能的同时，艾黎亦曾利用当时成都、兰州的优势条件培训"工合"工作的骨干力量。1940年春，鉴于战时成都的地位及其集内迁学校与中外专家的优势，"工合"总会决定将成都作为"工合"的主要教育培训中心，最后因缺少资金和其他种种原因，拟议中的工业合作学院成为1940—1941年间"工合"与内迁到成都的金陵大学合办的"工合"高级人员训练班，对一批愿做"工合"行政、审计、会计与技术指导工作的大专学生进行培训。抗战后期，"工合"在西部地区办过两所较有成效的旨在培养高级人才的培黎学校。一所是1942年艾黎从双石铺培黎学校选派了20名青年到成都开办的分校，意在与抗战中内迁到成都的金陵大学的农村工业研究工作挂钩，利用该校的设备从事纺织与制革，并培养技术精进的专业人才，以便从合作社自己的队伍中产生专家，分派到各地进行技术领导，结果并未达到艾黎预想的目标，两年后，金陵大学将有关设备拨给了"工合"，艾黎将之前派出的学生连同设备一起迁回了西北。

艾黎推动了合作社社员与"工合"组织、财会与技术人员的培训，更亲自创办并主持了一所培黎学校——双石铺培黎学校，主持了从双石铺到山丹的迁校，该校为培黎学校中存在时间最长、最具代表性的学校。双石铺培黎学校创办于1941年，双石铺是陕西省秦岭山区的一个小镇，"工合"在这里建了一个合作社中心，希望它可以成为人民游击部队的工业基地。艾黎从延安回来后，根据八路军的建议，决定在此建立一所培训学校，开始时，"学校仅有山坡上的三间房,当中一间是纺织车间,另外两间是教室兼宿舍"①,十几名学生由一名教师也可谓校长全权负责,包括学生的吃饭、学习与劳动。不到一年,八名教师相继弃职而去,直至一位年轻的毕业于牛津大学的英国人乔治·何克接任校长,学校才逐步走上正轨。何克是"一个具有强烈的为贫苦人民服务的理想,性格坚定乐观,不怕吃苦的多才多艺的青年"②。他来到双石铺后,一面设法筹钱,以改造校园、增添设备,并提供学生的口粮,一面设法找各门课程的老师,使学校能正常开课。据艾黎回忆,何克在学校和宿舍周围修起围墙,院内布置了花园和篮球场,使学校的面貌显得欢快而明亮,他还建起了纺织车间和机械车间,双石铺、宝鸡,还有更远地方的合作社开始把徒工送来学习,学生增加到 60 人,其中大部分是河南逃难来的农民。艾黎说,这个学校所取得的进展使他相信,"唯一的办法是自己培训人才来推动合作社工业,这些基础工作具有根本的意义"。③

　　时至 1943 年,在日军增强对西北的轰炸、一再制造大举西进之声势下,有人提出双石铺培校的校舍可能会被国民党军队占用,鉴于学校本身的困境,及对国民党的不抱希望,"我们一致认为,在国民党和支持它的封建势力当权的情况下,培训任何人去从事合作社工业是没有什么用处的",④艾黎和何克决定将双石铺培校西

---

① [新西兰]艾黎著,路易·艾黎研究室编译:《艾黎自传》,兰州:甘肃人民出版社 1987 年版,第 164 页。
② 侯德础:《中国工合运动研究》,成都:四川大学出版社 1996 年版,第 231 页。
③ [新西兰]艾黎著,路易·艾黎研究室编译:《艾黎自传》,兰州:甘肃人民出版社 1987 年版,第 169—170 页。
④ [新西兰]艾黎著,路易·艾黎研究室编译:《艾黎自传》,兰州:甘肃人民出版社 1987 年版,第 171 页。

迁,迁到一个能够保证原料自给,容纳 60 个学生并尽可能有大的发展的地方,他们认为"将来,人民的军队能发现这里有技术力量和一个工业基地——哪怕是像我们在农村搞的这样一个小工业基础,总也是件好事"①。1943 年,艾黎与李约瑟一同前往甘肃玉门、敦煌考察时,对河西走廊狭窄平原上的绿洲山丹留下深刻的印象。山丹在张掖以东 60 公里,位于祁连山和北山之间,曾是丝绸之路上的一处贸易中心,虽迭经战乱而衰败,但蕴藏丰富的煤、铁、陶土、石英等资源,又有山有水,还有大片荒地,适合发展小型农村工业。那儿的房租、粮食因地处偏远又贫穷而非常便宜,不便的交通使国民党的统治力量相对薄弱,"在这穷乡僻壤的一小批农民孩子们,尚未开发的辽阔草原,临近油井可以得到优质石油,还有煤矿和陶瓷作坊、造纸原料、皮革、羊毛和驼毛等",②艾黎认为这一切正是培黎学校半工半读所需要的条件。红军西征的故事令艾黎和何克感动,他们赋予山丹培校另一重意义——纪念红军。征得甘肃省建设厅厅长张心一同意后,艾黎和何克决定将双石铺培黎学校迁往山丹。至 1945 年 3 月,全体学生分批全部抵达山丹,开始了山丹培黎学校的学习与生活。

"工合"发起人之一卢广绵编著的《回忆中国工合运动》中收录了王自刚、赵松尧撰写的《路易·艾黎与山丹培黎学校》,文中指出:"山丹培黎工艺学校的办学目的是为工合培养技术人才,并通过实践探索,理论联系实际,培训青年一代的经验,特别是为将来

---

① [新西兰]艾黎著,路易·艾黎研究室编译:《艾黎自传》,兰州:甘肃人民出版社 1987 年版,第 172 页。

② [新西兰]艾黎著,路易·艾黎研究室编译:《艾黎自传》,兰州:甘肃人民出版社 1987 年版,第 175 页。

在中国农村发展工业探索解决技术人才问题的途径。"①鉴于以往的办学经验,秉持为贫苦家庭培养有用人才的理念,艾黎主持下的山丹培黎学校在如下几个方面展现了特色,实现了创造性职业教育的体系化建设:

第一,坚持半工半读的办学模式。艾黎说:"这样做的目的,是要他们不要把人最可贵的两件宝贝——心和手之中的任何一个因为不用而退化。"艾黎在山丹接来第一批来自双石铺的学生后即让学生开始了半天上课半天劳动的学习生活,他的想法是让学生有事情做并感到有意思,首先是修建租用的作为校舍的寺庙,并为成立机械车间和纺织车间作准备。学校迁移完毕整体安顿下来后,开始根据学生年龄大小、进校时间长短而分成若干班级,一部分上午上课下午到校办工厂实习,另一部分则是上午在工厂实习下午上课。据山丹培黎学校的毕业生回忆,山丹培黎学校的课程主要有"机械制图、簿记、算学、工业常识、理化基础、经济地理、历史、国文、英语"②,技术训练在校办工厂即自建教学实习基地内进行。经过几年努力,学校建起了 20 多个教学实习基地,当时按组编制,分别是动力组、运输组、纺织组、玻璃组、陶瓷组、造纸组、印刷组、化工组、皮革组、测绘组、铸铁组、冶炼组、机械组(包括铸工、锻工、模型、钳工、车工、机械工具等小组)、制糖组、碾米组等。这种"半工半读""工学结合"的办学模式不仅培养了基础知识与实践技能相结合的技术人才,也服务了地方,提高了地方性生产的能力。校办工厂生产出来的产品如布匹、毯子、毛巾、纸张、皮革、肥皂、墨水、

---

① 王自刚、赵颂尧:《路易·艾黎与山丹培黎学校》,卢广绵等编:《回忆中国工合运动》,北京:中国文史出版社 1997 年版,第 252 页。

② 王自刚、赵颂尧:《路易·艾黎与山丹培黎学校》,卢广绵等编:《回忆中国工合运动》,北京:中国文史出版社 1997 年版,第 252 页。

食糖、粮食等,除基本保证学校自给外,还销售于市场。测绘组的学生"跑遍山丹全县和张掖地区各县,对这里的矿藏、水利、土壤等资源作了全面细致的勘探,并采集了不少标本"①。艾黎还带领学生开辟了三处农场,开垦荒地3 000多亩,又兴建水利灌溉工程,可浇灌土地六万亩。运输队从两辆车皮发展到20多辆汽车,成为河西走廊规模最大的生产运输企业,并培训了一批汽车驾驶员和汽车修理工。学校还设立了山丹第一所医院,除满足师生就诊外,还面向社会为贫困百姓免费治病。山丹培黎学校不仅充分发挥了职业教育的经济、社会效益,还通过自身的努力,利用山丹的自然资源,进行了开发式的生产建设,逐步形成了该贫困地区和贫困户的自我积累和发展能力。

　　第二,学生主要来自社会最底层。基于在各地游历、观察的经历及办学过程出现的问题,艾黎对于学生的家庭出身尤为在意,他认为"中国的一般中学生和大学生头脑里都装满了升官发财的思想,不肯为'工合'事业的理想牺牲自己,更不肯长期待在合作社里和一般劳动人民的社员同甘共苦",他强烈主张"选拔工农家庭出身、具有小学文化程度、思想还没有感染坏的少年儿童,施以合作教育和技术教育,把他们培养成能用手用脑而又肯到农村从事工业合作事业的人才,作为'工合'运动的骨干力量"②。山丹培黎学校的学生或为失去父母的孤儿,或为灾童,或为贫困家庭的穷孩子,也有的是逃避国民党抓丁的青年或革命烈士的子女。为了防止各类国民党官员和地主介绍来的学生充斥学校,艾黎特别安排

---

① 王自刚、赵颂尧:《路易·艾黎与山丹培黎学校》,卢广绵等编:《回忆中国工合运动》,北京:中国文史出版社1997年版,253页。

② 侯德础:《中国工合运动研究》,成都:四川大学出版社1996年版,第227—228页。

预备生去农场劳动六个月,以考察"每一个男女学生是否真正能劳动,真正能合作",因为他认为那些地主、官员厌恶劳动,不会愿意让他们的子女参加劳动。虽然艾黎的这种看法有些绝对,但注重培养学生的劳动能力及艰苦创业与合作精神,对于将教育与生产劳动相结合、教育与当地经济相结合的职业教育来说是非常必要的。

第三,在"工合"国际委员会的支持下,学校的经费、师资有了一定的保障。学校迁移山丹之初,何克全权主持校务,艾黎则经常跑东跑西,努力为学校募集经费,他向美国"工合"促进会、联合国善后救济总署及新西兰、英国、加拿大、澳大利亚等国广为筹集捐款与物资。1945年9月何克不幸病逝后,艾黎亲自主持了学校的工作。学校发展的卓有成效辅以艾黎的有力宣传与呼吁,渐渐地,来自国内外的物资与捐款源源而来。在国内,宋庆龄在上海通过中国儿童福利基金会向山丹培校提供了经济援助。各国"工合"组织和其他组织从物资与资金方面给予学校以支持,"美国总工会送来了电气器材;新西兰的海外救济会在一年中负担了大部分的物资补给,包括衣服和训练器材如手摇纺毛机等;印度外交部部长赠送学校种羊五只;印度工会组织给学校送来了纺织机;国际战灾儿童义养会对从双石铺迁来山丹的几十名孤儿给予了物质上的资助;许多国际组织给山丹培校提供了从汽车到鱼肝油等无私的捐款"。[①] "1946年春,美国'工合'促进会在琉球美军基地购买了10万美金的剩余物资,其中一大批较完整的设备如卡车、中型吉普车、发电机、车床和工具都给了山丹和兰州的两个培黎学校。

---

① 王自刚、赵颂尧:《路易·艾黎与山丹培黎学校》,卢广绵等编:《回忆中国工合运动》,北京:中国文史出版社1997年版,第258页。

1946—1947 年度美国促进会通过香港国际委员会汇给山丹培校的经费,包括实习厂、开矿、农田、水利等项费用共约 15 000 万元法币".① 艾黎不仅广为呼吁社会捐助,还自掏腰包,他把新西兰政府给他去世母亲的亲属抚恤金中他所得的 9 000 美金,全部投入了办学经费中。在他的影响下,他的亲属、好友也加入了捐助队伍,艾黎在新西兰的亲属"空运来优良种羊 25 只和优良草种,供畜牧场改良试验之用","美国纽约的艾达·普律德女士为学校解决了包括毛纺机、梳毛机、滚毛机、捻毛机等全套毛纺设备"。山丹培黎工艺学校的 30 多位各个专业的工程师、技师、畜牧师、会计师、医师等,主要是艾黎通过各种关系从外国请来的专家,他们是"美国的机械工程师易斯莱,加拿大电气工程师严立地,新西兰著名医生斯潘塞、农业专家魏美司以及艾启赫,日本陶瓷专家野口胜,奥地利纺织专家哈德等"。② 山丹培黎学校成了中国穷乡僻壤中的一个国际合作大舞台,虽交通不便、远离喧嚣尘世,却不妨碍学生学习最先进的技术,不影响学校培养人才、服务地方目标的实现。

第四,凭借"工合"的名义和庇护,确保学校的生存与发展。在双石铺时,何克就常常苦于应付国民党党棍,那些人"走东串西,殴打店员,抢劫农庄,砸烂客店",还以"反共"的名义抓走教员,甚至抓过何克,还想把一些较大的学生硬拉进三民主义青年团,艾黎和何克都曾被指控为亲共的危险分子。艾黎吸取教训,在山丹培训学校开办之初即设法为学校寻求保护,艾黎通过他的人脉为学校找了国际、国内两方面的"保护伞",从而有效抵制了国民党与地方

---

① 侯德础:《中国工合运动研究》,成都:四川大学出版社 1996 年版,第 234 页。
② 王自刚、赵颂尧:《路易·艾黎与山丹培黎学校》,卢广绵等编:《回忆中国工合运动》,北京:中国文史出版社 1997 年版,第 258 页。

军阀的破坏。《路易·艾黎与山丹培黎学校》一文就敌人对学校的各种寻衅、破坏有一些具体的描述:"山丹有少数坏人公开污蔑学校为逃兵隐藏之所,在国民党县长的支持下,利用一切机会制造事端敲诈勒索。他们使用学校的砖不付任何费用;学校开办煤矿,他们阻挠学校招收当地煤窑的工人,并从学校煤矿偷运煤炭;他们买通个别学生里应外合盗窃学校物资;他们千方百计阻挠学校购买粮食和修建用的木料和其他材料;他们甚至指使县警以抓赌为名把工人抓去坐班房"。① 对此,艾黎进行有理、有利、有节的反击,针对当地县长、地方官员与地主的破坏,艾黎通过"工合"的领导机关出面请求兰州的省政府另派县长,经过时任甘肃省建设厅厅长、支持艾黎办学的农学家张心一的帮忙周旋,原县长被调走。②《路易·艾黎与山丹培黎学校》一文对艾黎寻求的各种保护有一段描述:"艾黎请来美国《生活》杂志记者甘沛霖到校任职。甘沛霖除了担任一定的教学任务外,更多的工作是代表学校同地方当局和军阀办交涉。正是由于甘沛霖的特殊身份,常常使培黎工艺学校从困境中解脱出来。此外,由于艾黎以英国工党的名义在这里办校,并通过国际'工合'组织和各国'工合'组织聘请不少外国人来校任教,使学校具有了国际色彩,加上由甘肃著名人士组成学校董事会,使学校有了合法的地位"。③ 艾黎采取的这些措施虽然不能完全阻止敌人的寻衅、捣乱,但敌人的破坏行径终究不得不有所

---

① 王自刚、赵颂尧:《路易·艾黎与山丹培黎学校》,卢广绵等编:《回忆中国工合运动》,北京:中国文史出版社 1997 年版,第 256 页。

② [新西兰]艾黎著,路易·艾黎研究室编译:《艾黎自传》,兰州:甘肃人民出版社 1987 年版,第 179 页。

③ 王自刚、赵颂尧:《路易·艾黎与山丹培黎学校》,卢广绵等编:《回忆中国工合运动》,北京:中国文史出版社 1997 年版,第 256 页。

收敛。

在艾黎的努力下,山丹培黎学校有了一个相对少受外界干扰破坏的环境,辅之以学校对当地人力、自然资源的充分利用,几年下来山丹培校基本达到了艾黎的办学目的。1949 年山丹解放后,"它的首批毕业生便随着人民解放军散布到全国各个工业基地,成为新中国工业建设的一部分骨干"。① 山丹培黎学校更为解放后的山丹地方建设作出了积极贡献,当时"县上各机关照明设备差,干部群众就医难,出外开会办事无交通工具。艾黎校长便派出培校的技术人员和学生,连工带料无偿地给县委、县政府、县公安局和其他机关拉电线安装了电灯,还帮助县委搞了有线广播。遇到县上领导去地区开会或紧急任务需要汽车时,总是随叫随到。干部和群众得了急病,需要就医或住院,培黎工艺学校医院的大夫们总是认真地精心治疗"。②

从双石铺到山丹,艾黎凭借多年来对中国、对中国人民的了解,面对战时中国经济的困难,努力探索一条能帮助中国人民实行生产自救、坚持抗战的道路。半工半读是培黎学校最大的特色,目的是通过培训确保他们能适应从事的工作,学校所取得的进展使艾黎确信,"工合"自己培训人才来推动合作社工业具有根本的意义。遗憾的是,只有若干所培黎学校能够坚持下来,没有官方的支持甚至地方官员还因种种原因予以破坏,办学所需的资金、师资、设备非常匮乏,在恶劣的环境下,只有具有奉献精神、不怕吃苦的人才能坚持下来,双石铺培黎学校前后换了九任校长就是一个典

① 王自刚、赵颂尧:《路易·艾黎与山丹培黎学校》,卢广绵等编:《回忆中国工合运动》,北京:中国文史出版社 1997 年版,第 261 页。
② 王自刚、赵颂尧:《路易·艾黎与山丹培黎学校》,卢广绵等编:《回忆中国工合运动》,北京:中国文史出版社 1997 年版,第 262 页。

型的例子。显然,在抗战的艰难环境下,"工合"自办学校很难行得通。但不能否认,艾黎的办学理念非常适用于一个勤劳勇敢但民众智识水平普遍低下且生产严重不足的国家。他主张并在山丹实践了利用贫困地区的自然资源,通过"工学结合、知行合一"的办学模式,推动教育与生产事业的同步发展,实具有开发式救助的特点,唯复杂的国内外政情阻碍了此项事业的广泛开展。虽然在校址的选择、学生生源等问题上,囿于战情及艾黎所接触的人员,他的考虑有些片面,但他的办学理念、教学模式及对学生品德、能力的要求不愧为职业教育的一个典范,不仅帮助了当地民众的生产自救、支持了抗战,也为中国培养了一大批实用型技术人才,为当代中国的职业技术教育提供了有益的经验与启示。

创办培黎学校与组织生产合作社是"工合"运动中相辅相成的两项工作,也可谓中国"工合"运动的特色,艾黎坚持"工合"自己培训人才来推动合作社工业,它给许许多多的中国人尤其是贫苦人民提供了工作和教育的机会,这样的成效是在中国官员们和大多数观察家们普遍认为难办甚至不可能的情况下取得的,"并且证明它的确是后来成为世界上最大的生产合作运动的先驱"。[①] 虽然"工合"运动未能实现发起者赋予它的所有任务,但不能否认,"工合"是抗战中所产生的具有希望与建设性的成果,斯诺这样评价艾黎与"工合"对中国的贡献:"以往劳伦斯带给阿拉伯人的是一种破坏性的游击战技术,而艾黎带给中国人的,却是有建设性的游击工业技术。"[②]

---

① [美]埃德加·斯诺著,宋久等译:《斯诺文集(1)·复始之旅》,北京:新华出版社 1984 年版,第 239 页。

② [美]埃德加·斯诺著,宋久等译:《斯诺文集(3)·为亚洲而战》,北京:新华出版社 1984 年版,第 69 页。

第三节　燕京大学的外籍教师

1936 年,在日军的步步进逼下,华北处于名存实亡之境,在北平的一些大学纷纷作出了逐步撤离的准备。时任燕京大学校务长的司徒雷登于 1935 年底回美国时与纽约托事部同仁会商,初步做出燕大不南迁的决定。燕京大学为前通州协和大学、北京汇文大学及华北协和女子大学三校组合而成,是近代中国著名的教会大学之一,司徒雷登为首任校长。通州协和大学与华北协和女子大学由基督教公理会、长老会、伦敦会合办,汇文大学由基督教美以美会创设。1929 年春,燕京大学遵照国民政府教育部公布的《私立学校规程》分设文、理、法三学院,选任吴雷川为校长,司徒雷登改任校务长。1936 年春,纽约燕大托事部(美国"在华教会联合委员会"设在美国的下属机构)通过不南迁之决定,并致电燕大师生,说:"托事部对燕京此后所采取之行动,将给予完满之合作与扶助。对司徒校务长在美时与托事部诸君所得之燕京决不南迁之决定,已经全体赞同。"[①]1937 年,七七事变,日军进占北平。国立院校多已相继南迁,燕京大学坚持在原地开课,司徒雷登在校内、校门口皆悬挂起美国国旗,以校务长身份综理内外事务。他多次接受《燕京新闻》记者对他的专访,通过报纸向社会传递学校正常办学的信息。1937 年 11 月 8 日,《燕京新闻》刊登燕京大学《校长办公处布告》:"自本校开学以来,学校内平静无事,本校决以全力予以维持。"与此同时,为使大量失学学生不致中断学业,司徒雷登扩大招

---

① 《燕大周刊》,1936 年 5 月 5 日,转引自罗义贤:《司徒雷登与燕京大学》,贵阳:贵州人民出版社 2005 年版,第 174 页。

收新生名额,补录部分学生,并接收其他已南迁学校的学生到燕大借读。根据学校注册课的统计数字,在 1937 年北平沦陷当年学生人数有所下降后,此后逐年上升:1937 年 9 月在校学生人数为 499 人,1938 年底升至 945 人,1939 年秋达 978 人,1940 年 9 月达1 085 人,1941 年秋达 1 157 人。① 1941 年 12 月 8 日珍珠港事变后,日本军警公然入占校园,勒令学校解散。司徒雷登被日军逮捕,关押三年多时间,直至日本投降。

燕京大学的师生将北平沦陷时期的办学戏称为"孤岛时期","孤岛时期"的燕京大学不仅给沦陷区的学生免受奴化教育提供了一片绿洲,并同情与支持学生的抗日爱国运动,学校的不少外籍教师如斯诺、林迈可、班威廉、夏仁德等,利用外国人享有的治外法权的特殊身份,为中国特别是中共领导下的抗日作出了独特的贡献。

一、司徒雷登与"孤岛时期"的燕京大学

司徒雷登,1876 年出生于中国杭州,父母是早期奉南长老会派遣到中国传教的美国牧师,母亲是他的启蒙老师。1877 年,司徒雷登随回美休假的父母回到家乡弗吉尼亚,而后他留在当地读书,大学毕业后一度在其曾经就读的中学潘托普斯学校执教,教拉丁文和希腊语。1899 年入神学院,加入了"学生海外志愿传教运动"组织。从神学院毕业被立为牧师后,他在美国做了两年布道工作,1904 年携妻子来到杭州。经过一年左右的汉语学习之后,他开始在杭州北面的广大农村从事传教活动。1908 年,司徒雷登到南京金陵神学院执教。1919 年,应董事会之邀,担任燕京大学校长。卢沟桥事变后,他留在北平继续主持燕京大学的校务工作。太平洋

① 罗义贤:《司徒雷登与燕京大学》,贵阳:贵州人民出版社 2005 年版,第 177 页。

战争爆发后,他被日军关进集中营,直至日本投降后获释。1946 年
7 月,美国政府任命他为美国驻华大使,1949 年 8 月 2 日,随着美国
对华政策的失败,司徒雷登返回美国,8 月 8 日,新华社播发毛泽东
的《别了,司徒雷登》。1962 年,司徒雷登在华盛顿病逝。2008 年,
司徒雷登的骨灰安放于杭州半山安贤园。出生于中国又在中国生
活了大半生的司徒雷登,在中国的最后几年因驻华大使的身份而
成了"美国侵略政策彻底失败的象征",然他对燕京大学的贡献、燕
京大学在战时中国的表现是有目共睹。

"孤岛时期"的燕京大学能保持相对的独立性,继续发挥培养
人才的作用,与司徒雷登接手燕京大学后对它的改造密不可分。
燕京大学与其他教会学校一样完全受控于美国教会,它的兴办是
为了宣传宗教、培养传教士,并给教会人员的子女提供受教育的机
会。随着五四反帝爱国运动的影响,1922 年掀起了针对西方列强
文化思想侵略的"非基督教运动",1924 年教育界适时将该运动发
展成为"收回教育权"运动,1925 年发展到高潮,11 月教育部公布
《外人捐资设立学校请求认可办法》,规定外国教会在华设立学校
须经中国教育行政官厅认可。1927 年 1 月起,先后有不少教会学
校向中国教育行政机构注册登记。司徒雷登接手燕大之初,便以
自己对理想大学的标准确定了四项任务:"传播基督教;提高科学
水平,开设专业课程;增进同中国的关系,增进各国之间的了解和
友谊;开辟经费来源和筹办物资设备。"①随着非基督教运动的兴起
及由此引发的收回教育权运动的开展,司徒雷登顺应了现代中国
时代进步的要求,围绕上述四个方面的任务,采取了有力的措施:

---

① [美]司徒雷登著,程宗家译:《在华五十年——司徒雷登回忆录》,北京:北京出版社
1982 年版,第 61 页。

第一，在如何传播基督教方面，司徒雷登作了大幅度的改革，即：不强制要求学生去教堂做礼拜，或强求他们参加宗教仪式，既不在学业上优待那些立誓信教的学生，也不给那些拒绝信教的人制造障碍。他希望燕大"是一所真正经得起考验的大学，允许自由地讲授真理，至于信仰或表达信仰的方式则纯属个人的事"，作为一所教会大学，他希望"燕大继续保持浓厚的基督教气氛和影响，而同时又使它不致成为(哪怕看起来是)宣传运动的一部分"。①

第二，在非基督教运动的影响下，教会学校的世俗化发展已是必然。面对中国的教育与社会现状，教会大学的决策者们大致从两个方面推进学校的世俗教育：一是发展新学科、新专业，并使其成为全国性的典型与学科中心，以便与中国的国立大学竞争；二是发展农业科研与农村教育。司徒雷登领导下的燕京大学主要致力于适应中国社会发展需要的一流学科的建设及科技实用性课程的开设，既努力提高燕大的学术水平和知名度，也帮助学生在社会寻求谋生的机会。至1936年，燕京大学一共建成了一个研究院、三个研究所、四个学院、十九个科系，②由原来学科单一、专业狭窄的学校而发展成为国内一流的综合性大学。在职业课程方面，学校曾先后开设了畜牧科、制革科、劳动调查统计科等，打破了体力劳动有损于学者尊严的传统观念。在开创了诸多第一如"亚洲第一所完全的新闻系"、"完成了我国最早有关农民家庭的情况调查报告——《北京郊外之农村家庭》"中，特别值得一提的是，司徒雷登领导的燕京大学成为"中国现代教育史上女子高等教育和医护教

---

① [美]司徒雷登著，程宗家译：《在华五十年——司徒雷登回忆录》，北京：北京出版社1982年版，第61页。

② 罗义贤：《司徒雷登与燕京大学》，贵阳：贵州人民出版社2005年版，第102页。

育的先驱"①。燕京大学为以国际化高标准、高质量著称的北京协和医学院开办了医学、护士预科，突破了"一个上大学的女孩子去当高级的老妈子那是丢人"的中国传统的旧观念，为中国女性拓展了一个崭新的就业门路。

第三，教会学校的中国化是收回教育权运动的目标，也是司徒雷登对燕大的定位。接手燕大时，司徒雷登便抱着这样的想法："这所新的大学应牢牢地以中国生活为根基，与西方国家同中国签订的条约或任何别的外部因素都没有关系，仅享有中国人自己享有的，或他们愿意同我们共同分享的权利。"②显然，燕大的中国化是司徒雷登起初即有的理念。随着收回教育权运动的开展，司徒雷登逐步将燕大的管理体制世俗化和中国化，实行了形式上由美国托事部、北京董事会和校长办公室三位一体的管理体制，实际是校长负责制。南京国民政府成立后，燕京大学即向教育部注册登记，表示接受教育部颁布的一切有关规定，为符合"私立学校不得以外国人为校长；如有特殊情形者，得另聘外国人为顾问"的注册立案条件，司徒雷登举荐翰林出身的中国基督徒吴雷川任校长，他是燕大多年的名誉教师，曾任教育部副部长，实权则由任校务长的司徒雷登掌握，司徒雷登说吴雷川的"中文头衔是'校长'，我的头衔是'校务长'，但两者的英文名称是相同的"。③"到 20 年代后期，燕大几乎所有院、系领导基本上由中国人担任；中国籍教师所占比例从建校之初的 1/3 到 1927 年达到 2/3；到 1934 年 111 名正副教

① 罗义贤：《司徒雷登与燕京大学》，贵阳：贵州人民出版社 2005 年版，第 107、110 页。

② ［美］司徒雷登著，程宗家译：《在华五十年——司徒雷登回忆录》，北京：北京出版社 1982 年版，第 66 页。

③ ［美］司徒雷登著，程宗家译：《在华五十年——司徒雷登回忆录》，北京：北京出版社 1982 年版，第 67 页。

授中,外籍教授为44人,中国教授达到67人",①至此,学校从管理到教师实现了中国化,在某种程度上达到了司徒雷登的既定目标:"让中国人在教学、行政、宗教、财务和其他部门中发挥日益增多的作用,把学校最终办成一所中国大学,让人们仅仅在谈到其历史的时候,才想起它的西方渊源来。"②

　　在实行中国化的同时,司徒雷登在学校的国际化方面也采取了有力举措,一方面以国际化标准订定学校的课程,另一方面设法与外国著名大学建立合作关系。成立于1928年的"哈佛燕京学社"不仅使名不见经传的燕京大学因与哈佛大学挂钩而声名大噪,也为燕京大学赢得了约150万美金的资助,用于中国文学、艺术、历史、语言、哲学和宗教史等有关中国文化的研究,为燕京大学文科专业的发展提供了保障。燕大的法学院则同美国普林斯顿公共国际事务学院建立合作关系,不仅得到该校校友会的资助,成立了普林斯顿燕京基金会,在教学方面也达成了密切的合作与交流,普林斯顿的教授或刚毕业的学生常到燕京讲学一年或数年,法学院(包括政治系、经济系和社会学系)的高才生也常去普林斯顿攻读博士学位,然后再返回燕大工作。③ 司徒雷登还尝试了对优等生采用导师制的做法,即牛津大学那种由指导老师作个别指导的方法,为此聘请了牛津大学副校长林赛教授的长子、有导师制经验的英国人林迈可来燕京任教。推动学校的国际化,不仅可扩大学校的影响力,提高学校的水平,在司徒雷登看来"大学应当成为推动实

---

① 罗义贤:《司徒雷登与燕京大学》,贵阳:贵州人民出版社2005年版,第99页。

② [美]司徒雷登著,程宗家译:《在华五十年——司徒雷登回忆录》,北京:北京出版社1982年版,第67页。

③ [美]司徒雷登著,程宗家译:《在华五十年——司徒雷登回忆录》,北京:北京出版社1982年版,第64页。

现世界主义的中心",广泛的国际性可以增进国际了解,对保障和平有相当的作用。在司徒雷登执掌燕大期间,除了与美国、英国的联系外,瑞士、法国、德国、意大利等国在学科建设与研究生培养方面与燕大也有着不同程度的合作关系,司徒雷登特别希望与日本和俄国建立类似的关系,但因战争及其他原因未能达成。司徒雷登认为,在中国高校进行国际化试验尤其合适,因为"哪一个国家的伦理道德观念也不如中国的包罗万象","他们的那种道德观念与当前强烈的民族主义倾向并不矛盾","燕京大学可以在各个国家的友好交往中发挥巨大的推动和示范作用"。①

教会教育世俗化、教会学校的中国化是 20 世纪二三十年代中国反帝爱国运动在教育界的要求反映,中国政府因此出台了相关的条例规定,司徒雷登顺应历史潮流,积极、主动地改造了燕京大学,燕大第一任中国校长吴雷川给予司徒雷登高度的评价:"本校自成立以来,赖有司徒校长见识远大,一切不受基督教遗传的约束,在全国基督教会所设立的各大学中,久已被推为开明先进的大学。所以当政府还没有颁布任何相关学校的法令之先,本校早已将宗教必修课及学生必须奉行宗教仪式等类自动取消。及至政府规定外人捐资设立学校请求认可办法,本校就首先立案。所有学校一切规制,无不遵守政府法令。"②不仅如此,司徒雷登还在燕大的国际化方面作出了骄人的成绩。推动燕京大学的中国化、世俗化、国际化,既是司徒雷登作为一个大学校长顺应中国时代进步而采取的行动,也体现了司徒雷登对中国、对和平的热爱。

---

① [美]司徒雷登著,程宗家译:《在华五十年——司徒雷登回忆录》,北京:北京出版社1982 年版,第 69 页。

② 《燕京新闻》,1937 年 12 月 27 日,转引自罗义贤:《司徒雷登与燕京大学》,贵阳:贵州人民出版社 2005 年版,第 112 页。

　　第四,积极地四处筹钱。司徒雷登回忆说,他接手的是"一所不仅分文不名,而且似乎是没有人关心的学校"①,于是,原说不管经费之事的司徒雷登为募集办学经费四处奔走,卢沟桥事变前,他先后十次回到美国筹措资金。为争取得到美国铝业大王霍尔捐赠的遗产,②经人介绍,司徒雷登见到了霍尔遗嘱执行人阿瑟·戴维斯和约翰逊先生并与他们保持密切联系,最终"除了给燕京大学争取到 100 万美元捐款,还给组建哈佛燕京学社争取到了一笔巨额款项,总金额高达 640 万美元"③。经人牵线,他又认识了亨利·福特和埃德塞尔·福特,他用心揣摩富豪的秉性,与他们谨慎交往,成了他们的座上客,之后又成了洛克菲勒基金会的常客。在司徒雷登坚持不懈的努力下,他和美国的公众及一些财团建立起广泛的联系,为燕大争取了多元的经济资助。与此同时,司徒雷登也在中国努力筹措资金,既向达官贵人募集资金,在困难时期也向教职员工与校友募捐。为使中国人将燕大看作是自己的学校,由此缓解甚至化解中西矛盾,并能获取中国官方或民间的经费支持,司徒雷登有意结识了中国政府显要及教育、财政和经济部门的诸多知名人士,与许多人建立了长期友谊。在中国政府方面,由于教会大学的世俗教育符合中国社会需要,教育部及民间给予财政资助的比例逐年上升。在胡适等社会名流的呼吁下,南京国民政府教育

---

① ［美］司徒雷登著,程宗家译:《在华五十年——司徒雷登回忆录》,北京:北京出版社 1982 年版,第 49—50 页。

② 霍尔在遗嘱中规定,他的遗产除了赠给许多个人之外,将余下的三分之一赠予奥柏林学院,三分之一赠予南部各州的中学。三分之一赠予美国人在亚洲或巴尔干地区主办的高等院校,见《在华五十年——司徒雷登回忆录》,北京:北京出版社 1982 年版,第 57 页。

③ 罗义贤:《司徒雷登与燕京大学》,贵阳:贵州人民出版社 2005 年版,第 57 页。

部从 1933 年起每年给燕京大学补助经费六万元,使燕大成为全国 20 所受到教育部资助的大学之一。①

　　经过数年的努力,司徒雷登与学校的其他负责人先后在美国和中国为学校的校舍和设备,为日益增大的维修经费和教学经费筹措了大笔资金,"到 1937 年,给燕京大学的捐款额已经达到 250 万美元"。② 司徒雷登曾自嘲说,"我每次见到乞丐就感到我属于他们这一类"。③ 燕大校友连士升在司徒雷登 70 大寿时写了一篇感念文章,说:"创办燕大最大的困难,就是筹款,燕大的价值 250 万美元的建筑费,及同一数目的基金不是从天上掷下来的,是司徒雷登先生 30 年辛辛苦苦艰难地聚积起来的。提到捐款,司徒雷登先生头部发胀,因为一个不慕虚荣的人,为着教育事业,不得不向有钱人低头,这是很痛苦的事情。但是为求燕大的发展只好吞了这口气,叫花子没有选择的余地。"④

　　来自政府或民间、渠道多元的捐款为燕园建设和学校发展奠定了坚实的经济基础,使之在抗战时期在沦陷的北平能够继续生存,为失学的学生提供一片绿洲。而经费筹募的不易,既体现了司徒雷登做事之执着、能力之非凡,也使他对这所投入诸多心血的大学充满感情,不容日本侵略者对燕大的渗入与破坏。

　　全面抗战爆发后,处在沦陷区的燕京大学一方面与日方斡旋,

---

① 罗义贤:《司徒雷登与燕京大学》,贵阳:贵州人民出版社 2005 年版,第 68 页。

② [美]司徒雷登著,程宗家译:《在华五十年——司徒雷登回忆录》,北京:北京出版社 1982 年版,第 60—61 页。

③ [美]司徒雷登著,程宗家译:《在华五十年——司徒雷登回忆录》,北京:北京出版社 1982 年版,第 53 页。

④ 连士升:《司徒雷登中国的友人》,《燕大双周刊》1946 年第 17 期,转引自罗义贤:《司徒雷登与燕京大学》,贵阳:贵州人民出版社 2005 年版,第 69 页。

抵制日方的各种干扰、破坏行动,坚决维护正常的教学秩序,为中国培养各方面人才;另一方面,师生们采用报道、声援、参与等不同方式,呼吁国际社会关注、支持中国抗战。秉持反抗日本侵略态度的司徒雷登作为校务长,主要从两个方面来保护师生、维护学校的正常秩序:一是保护、关爱在校及流亡的进步学生。司徒雷登执掌燕京大学期间,正是中国爱国学生运动掀起空前浪潮的时候,司徒雷登同情中国民众、反对侵略,九一八事变后,他对学生的抗日言论与行动给予了保护和支持。《燕京新闻》《燕大周刊》是由燕大学生主编的两份报刊,从1931年9月至年底,在司徒雷登的支持下,涉及抗日爱国活动的消息与报道几乎占据了《燕京新闻》的前身——《平西报》的头版头条,这在当时中国新闻界是独一无二的。[①] 司徒雷登还先后多次接受《燕京新闻》学生记者的采访,公开表明反对日本对中国的侵略。九一八事变后成为当时北平学生运动主要喉舌的《燕大周刊》同样得到司徒雷登从精神到物质的支持,师生们利用这块爱国宣传阵地猛烈抨击日本的侵略,到1935年底已形成了一支由黄华、王孝风、李源等学生党员和进步学生组成的撰稿人队伍,不仅抨击日本侵略,宣传爱国主义和独立自由的民族主义,热情讴歌爱国学生运动,还宣扬社会主义思想,客观报道共产党及其领导下的陕北根据地。司徒雷登并未因学生的信仰与自己思想不合而阻止文章的发表,更不影响他对这些学生才学的赏识,1935年4月,在学生学业奖荣誉会上,他亲自为黄华、肖乾等人颁发"觉顿奖学金"。[②]

北平沦陷后,司徒雷登以校长名义致函日军当局,宣告燕京大

---

① 罗义贤:《司徒雷登与燕京大学》,贵阳:贵州人民出版社2005年版,第228页。
② 罗义贤:《司徒雷登与燕京大学》,贵阳:贵州人民出版社2005年版,第229页。

学是美国的财产,坚决反对日军进入校园搜捕爱国进步的学生。为保护学生,他要求学生会停止反日活动,又以校长办公处的名义发布《学生生活条例》,保障学生在校期间的生活与学习,不给日伪钻学校空子的机会。《学生生活条例》如下:

"一、学生宿舍食堂之管理,概由庶务课斋务股与女部办公室分别负责,但学生对于膳宿事宜,如有建议,可推举代表向学生生活辅导委员会申述,于可能范围内,尽量采纳。

二、学生在校,无事不得离校外出,如因事必须出校时,男生必须在斋务股登记,女生必须在女部办公室登记。登记时应填具体出校事由,以及出校目的地,以及出校返校时间等。

三、学生食堂,由学校尽量改善,学生尤宜竭力合作,不得有殴打厨役,或摔砸碗盘等不法举动。

四、学生团体组织,以无政治目的活动者为限,所有社团,均须经学生生活辅导委员会登记核准,登记时应填具职员会员名单,以及活动范围等。

五、学生种种集会,均须经学生生活辅导委员会核准。

六、学生各种刊物,均须于付印前,将原稿送交学生生活辅导委员会核准。

七、学生布告,须用竖长十一寸,横宽八寸纸为合式,该布告均须经学生生活辅导委员会核准盖章,始得就布告板张贴。

八、学生不得购置犯禁之书报。

学生课外活动,以唱歌音乐及其他有益娱乐为限。此类活动,除由学校提倡外,得由学生或学生与教员联合组织团体促进之,但须依照本规则第四项办理登记,至于一切有碍学校秩序之行动,均属严禁。"①

---

① 罗义贤:《司徒雷登与燕京大学》,贵阳:贵州人民出版社 2005 年版,第 175—176 页。

在明面上司徒雷登对学生的行动作了种种限制,暗中则对师生的抗日活动予以保护与支持,当有外出活动的学生被日伪抓捕后,司徒雷登总是设法将学生及时救回学校。负责监管学生种种活动的学生生活辅导委员会是由深受学生爱戴的反对日本侵略的美国人夏仁德教授为主席,研究生兼助教的侯仁之为副主席,该机构"除了帮助生活困难的学生,还想方设法帮助那些要参加抗日活动的学生秘密转移到抗日根据地和大后方"①。对于不愿在沦陷区工作、生活而离开燕京大学的师生,司徒雷登不仅协助安排逃离路线,"一条是南下的陆路——京汉铁路,另一条通过上海,还有一条专门为女孩子们安排的、更安全但也是更漫长的线路,要绕道香港、缅甸仰光",②还委托沿途各地的朋友帮助提供资金和其他照顾,司徒雷登又亲自帮助离开燕大的那些学生转学到已迁往内地的高校以继续他们的学业。作为当事人的侯仁之回忆说:"司徒雷登的原则是,只要是参加抗日都一体支持。"③

二是采用合理的方法与日伪巧妙周旋,阻止日本特务的渗透,拒绝与日伪的合作。在日军占领南京后,伪新民会要求燕大举行庆祝活动,被司徒雷登拒绝,于是退而求其次,要求燕大派一二名代表象征性地参加庆祝活动,司徒雷登为此致函日本大使:"燕京大学乃属非政治性的机构,校方无权强制学生参加此类政治游行。燕京大学是一美国机构,与临时政府没有任何官方关系可言,除非有朝一日该政权获得美国之承认。"④燕京和辅仁是留在沦陷区的

① 罗义贤:《司徒雷登与燕京大学》,贵阳:贵州人民出版社2005年版,第178页。
② 〔美〕司徒雷登著,程宗家译:《在华五十年——司徒雷登回忆录》,北京:北京出版社1982年版,第121页。
③ 转引自罗义贤:《司徒雷登与燕京大学》,贵阳:贵州人民出版社2005年版,第178页。
④ 转引自罗义贤:《司徒雷登与燕京大学》,贵阳:贵州人民出版社2005年版,第175页。

两所教会大学,日本最高司令部不时安排一些本国的代表团到华北访问,以图加强文化上的控制,并炫耀他们的战绩,燕大总是列在访问行程之中。为保护学校,保护师生,司徒雷登一方面与日方虚与委蛇,"在态度上热情友好",甚至"款待日本军政官员",另一方面巧妙地拒绝日方的渗透。司徒雷登回忆说,"只有经过特殊的安排,日本人才能进学校大门",而且总是由他的秘书或别的人陪着。经过接触,司徒雷登发现"同日本人打交道的秘诀在于把坚定和友好结合起来","尽管日本人耀武扬威,可是他们内心空虚,对捉摸不透的美国人的态度也有些敬畏"。① 日本人为了监视和控制燕大,曾要求让日本学生进入燕大学习,还要求在教师中增加日本教员,并说日本教员的人选和经费开支均由日本政府负责。对此,司徒雷登巧妙应对,以合理的程序给挡了回去。关于学生入校一事,据当年燕大的学生李效黎回忆,司徒雷登表示同意日本学生报考,一视同仁,结果是一个也没有录取。日本人提出疑问,校方就拿出试卷给他们看,所谓的日本学生其实是特别派来的,学历知识不够,英语、智力测试等各门考卷的得分都很低,自然落选了。② 时在燕京大学任教的英国教员林迈可在书中也谈到此事,司徒雷登告诉提出抗议的日本人,"有五十多名没有被录取的中国学生的成绩,比最好的日本投考人的成绩要好","辅仁大学这所天主教的大学应允了这样做,结果招进的日本学生都是日本军队的特务,惹了

---

① [美]司徒雷登著,程宗家译:《在华五十年——司徒雷登回忆录》,北京:北京出版社1982年版,第119—120页。
② 李效黎:《司徒雷登、夏仁德二三事》,《燕园钟声》,转引自罗义贤:《司徒雷登与燕京大学》,贵阳:贵州人民出版社2005年版,第175页。

不少麻烦"。①　在聘请日本教员一事上，司徒雷登态度比较坚决，即"宁可关门停办也不牺牲独立性"。为避免日本人制造麻烦，司徒雷登和同事们商量后决定由燕大主动聘请一位其声望可以排除任何政治嫌疑的日本学者，经过筛选，他们挑中了一位在社会学方面声望卓著且其著作在中国也备受推崇的学者鸟居龙藏博士，时年已七十高龄，在日本过着闲静的生活，鸟居龙藏博士接受了燕大的邀请，只提出了一项条件，保护他不受日本军事当局的压力。珍珠港事变发生后，他拒绝日本方面的帮助，他说"既然成了燕京的人，就永远属于燕京"，直至日本投降，他又回到了燕大。②

　　司徒雷登与日军机智的斗争维护了燕京大学的独立，保护了师生，直至太平洋战争爆发，日军关闭了燕京大学。珍珠港事变发生当天，司徒雷登在天津被日军抓捕、关押，直至日本投降。虽然因为反对日本侵略、维护燕大而遭受了三年多的羁押，而燕大终于因为有司徒雷登等外籍教员的保护、师生的抗争而保持了相对的独立性，司徒雷登对此深表欣慰，他说："四年多来，我们保住了我们这块小小的自由绿洲，没有受到日本人的压迫，从而增强了我们历来主张的反对以任何形式对人类精神进行控制的信念。那四年给人的经历纵然是严酷的，却又是令人兴奋的。"③不仅如此，司徒雷登本人虽未直接参加抗战，他保护下的燕大的师生则有逃离北平直奔抗日根据地的，也有利用外籍教员的身份、利用燕大的美国背景

①　[英]林迈可著，杨重光、郝平译：《八路军抗日根据地见闻录——一个英国人不平凡经历的记述》，北京：国际文化出版公司1987年版，第16页。

②　[美]司徒雷登著，程宗家译：《在华五十年——司徒雷登回忆录》，北京：北京出版社1982年版，第125页。

③　[美]司徒雷登著，程宗家译：《在华五十年——司徒雷登回忆录》，北京：北京出版社1982年版，第128页。

而在北平从事抗日活动,并以各种方式帮助抗日根据地的军民。

二、晋察冀抗日根据地的洋教授

晋察冀抗日根据地,是全面抗战爆发后中国共产党在敌后创建的第一块抗日根据地,处于华北抗战最前沿的重要位置,曾被中共中央誉为"敌后模范的抗日根据地及统一战线的模范区"。抗战时期,不少外国友人到此参观、考察乃至工作,他们中有记者、医生、大学教授、军人等。记者、军人到此实地了解、考察游击战的战略战术、根据地的民众动员、边区的政治、经济建设等,及时向外界报道、宣传了中国共产党及其领导的全民族抗战;外国医生不畏牺牲、不畏艰苦到此最前沿的战场,在第一时间救治伤员,大大减少了八路军的伤亡数。1942 年初,晋察冀军区司令部迎来了两位洋教授,应聂荣臻总司令的邀请留驻在河北阜平,帮助培养八路军的无线电人才,他们是英国人林迈可和班威廉,燕京大学教师,太平洋战争爆发后逃离日军占领下的北平,在游击队的护送下,来到了距离沦陷区最近的抗日根据地。

林迈可,原名迈克尔·林赛,1909 年出身于英国伦敦的一个书香门第。他在牛津大学先学自然科学,后转学经济学、哲学及政治学。大学毕业后从事成人教育,担任南威尔士州工业调查所的所长助理。1937 年,应燕京大学之聘请来中国任教,主要从事导师制的试验工作,"一位大学讲师可以教一门美国式大学的课程,但一位导师得具备回答学生们提出的一般性的任何一个项目问题的知识和能力"。① 当年 12 月,林迈可途径美国、加拿大,自温哥华乘坐

---

① [英]林迈可著,杨重光、郝平译:《八路军抗日根据地见闻录——一个英国人不平凡经历的记述》,北京:国际文化出版公司 1987 年版,第 14—15 页。

轮船前往中国,在船上结识了准备赴中国参加抗战的白求恩。对中国不甚了解却充满好奇的林迈可通过与白求恩的攀谈,对中国及中国的抗战有了新的认识。在处于敌占区的燕京大学任教期间,林迈可数次利用假期之便,到晋察冀边区考察、拍摄根据地军民的生活和斗争,由好奇到同情、敬佩直至投身根据地的抗日斗争。

1938年4月,在看了美联社记者霍尔多·汉森写的有关冀中游击区的报道后,林迈可带着一架新买的德国照相机,与燕大的另两位年轻的外国教师,乘复活节假期去汉森写的冀中游击区考察。据林迈可回忆,当时,"外国人穿过日本人占领的区域到中国人管辖的地区去是没有什么问题的",他们先乘火车并带上自行车去保定,再由保定骑车去农村。① 共产党领导下的游击区军民对于外国访问者十分友好,带领他们周游各地。最先接待他们的是吕正操部队,林迈可受邀参加一次袭击平汉铁路的行动,虽然行动并不是很得力,林迈可终究实地体验了一次游击行动。1938年暑假,林迈可与一位在燕京任教多年的外籍教师戴德华进行了更长时间、更长距离的旅行。他们从冀中出发,被护送越过平汉铁路,进到设在山西五台山的晋察冀军区司令部和边区政府所在地,会晤了晋察冀军区司令聂荣臻,在此他惊喜地遇见了白求恩医生,与其相处一周,对白求恩的为人、行医有了较深的了解,白求恩的敬业与国际主义精神,他对病人的关爱、对工作的高度负责给林迈可留下了深刻的印象,游击区匮乏的医药物资、简陋的医疗环境令林迈可深为感慨,返回北平后,他便卷入了抗日的地下工作。日军的血腥侵

---

① 〔英〕林迈可著,杨重光、郝平译:《八路军抗日根据地见闻录——一个英国人不平凡经历的记述》,北京:国际文化出版公司1987年版,第16—17页。

略、中国军民在艰苦条件下坚持抗战的顽强精神，激发了林迈可反对侵略的正义心，用他自己的话说，"任何有血性有思想的人，都有义务去反对日本军队"。① 林迈可利用外国人享有的特权，为抗日根据地做了许多中国人不易做到的事，比如购买医药物品、无线电零件等，他还主动为根据地购买了一本有关制造炸药的教科书，又借用燕大校务长司徒雷登的汽车亲自运送为八路军购买的电池、汽油、发报机等物品，以应付日军关卡的检查。交通破袭战是游击区军民开展的最为常见最主要的军事行动，日军不断吸取教训以减小乃至避免交通破袭战给其造成的损失。返回燕大后，林迈可邀集燕大总务长蔡一谔、美籍教授夏仁德等人成立了秘密组织"破交队"，专门研究破坏日军的交通运输线，②用一句中国俗语即"道高一尺魔高一丈"。

　　1939 年夏，林迈可再次前往晋察冀根据地，与其同行的有一位美籍教授、两位中国人，其中数学教授拉尔夫·拉普伍德准备经抗日根据地前往大后方从事"工合"运动，赵明毕业于燕京大学，时为中共地下党员，肖再田是一位技术工人，后返回北平从事抗日地下工作。经一个星期的跋山涉水，林迈可再次到达聂荣臻将军的司令部，再次见到了白求恩医生。他原计划前往延安访问，而当时的战局态势使这一计划几乎不可能实现，于是他在等待了大约两周时间后，跟随一支部队前往晋东南根据地，见到了八路军总司令朱德将军。之后经由国民党中央军控制的地区，坐火车去西安，自西安飞重庆，再飞香港，坐轮船抵达天津，然后回到燕大。此次旅程

---

① ［英］林迈可著，杨重光、郝平译：《八路军抗日根据地见闻录——一个英国人不平凡经历的记述》，北京：国际文化出版公司 1987 年版，第 36 页。

② 贾钦涵：《林迈可与中国抗战》，《百年潮》2017 年第 5 期，第 52 页。

远远超出林迈可预计的时间,甚至耽误了一个多月的教学工作,燕大的不少同事以为林迈可已被日本人杀害了。这一趟曲折而艰辛的旅行使林迈可增长了更多见闻,对抗日根据地、对八路军军政人员有了更多的了解与好感,据其在《八路军抗日根据地见闻录》中说,此行约有三件事令其印象深刻:一是白求恩的工作态度,虽然他十分想念西餐食物,希望有一位讲英语的伙伴,也需要一个假期以调整身体,但繁忙的工作令其无暇顾及自己,白求恩对病人的关爱、对工作的高度负责在林迈可第一次见白求恩时已深深地感受到了;二是朱德将军平易近人的魅力,同行的肖再田告诉林迈可,"在其他司令部和那些受过高等教育的人会见,他总感到多少有些不自然,和朱将军在一起,他感到十分自在",他告诉朱总司令说晋东南的机器有些是因管理不善而受到损坏,建议由专人护理机器,朱总司令坦然接受了他一个工人的意见;三是亲眼看见了国民党对统一战线的破坏,致使有些地区发生国民党和共产党之间的冲突,因共产党对抗日民族统一战线的坚持与维护,统一战线未至破裂。这些见闻增强了林迈可对抗日根据地的了解,加深了他对中国共产党的认识,坚定了他帮助中国抗战的决心。

1940年,因燕大导师制经费的问题,林迈可接受英国大使的提议,离开燕大赴重庆任英国使馆的新闻参赞若干月。9月,经司徒雷登的努力争取,林迈可重返燕大继续导师制的试验工作。1941年5月,他与燕大毕业生、曾帮助他做地下工作的中国人李效黎结婚。这一年,他在北平的地下工作更加频繁也更具危险性,他们夫妇一同义无反顾地帮助八路军。每次由家出发运送物资前,他们都做好与接送物资的游击队员一起逃入山中的准备,他们"买了两只帆布背包和可以吹气的橡皮床垫,一些冬装及药品",还有一些食品等,"每次送物资时都带着这些东西,平安回来后再贮藏起来"。林迈可还清晰记得如何帮助晋察冀边区的敌占区情报部门负责人王友（后改用现名钟子云）进入北平城的经历,他告诉秘密联络人说,日本人从未拦过他的摩托车,如果那个人打扮成大学生的模样坐在摩托车后,他可以带他通过哨卡,当然,"在没有通过城门以前,我们两人都在冒险。实际上,当我们通过城门时,日本兵用相当怀疑的目光盯着我们,可是我的摩托车很好用,一下子就加速跑起来,我料想,即使卫兵真想开枪,我也已经跑得很远了"。①

　　自美国政府下令停止美日贸易、冻结日本资产后,美日关系渐趋紧张。在 1941 年的最后几个月,司徒雷登开始筹划迁校成都,林迈可受司徒雷登之委托,召集所有外籍教师,了解各人的去向打算,是经晋察冀边区赴重庆,还是去共产党领导的抗日根据地? 在听了林迈可的介绍后,唯有物理系的班威廉及其妻子克莱尔、新闻系的一位入了中国籍的犹太教授鲁道夫·罗文达愿意去艰苦的乡村。班威廉,1906 年出生于英国利物浦,1923 年进入利物浦大学物理系就读,1927 年获科学硕士学位,1929 年应邀前往燕京大学任教,1932 年起任物理系主任,直至 1941 年 12 月太平洋战争爆发。据统计,班威廉在燕大讲授过 24 门不同的课程,他既讲理论,也带实验;既教较浅显的大学物理,也讲授深奥的相对论和量子力学。林迈可在帮抗日根据地秘密组装无线电发报机时曾请班威廉帮过忙,据燕大机器房老技工肖再田回忆:"林迈可教授从国外弄到一批电讯零件,可以装十来台收发报机,他联络物理系英籍教授班威廉和我一起组装……我们的分工是:林迈可设计线路,我焊接组装,底板由班威廉负责在物理系机务车间焊接。工作进展十分

---

① [英]林迈可著,杨重光、郝平译:《八路军抗日根据地见闻录——一个英国人不平凡经历的记述》,北京:国际文化出版公司 1987 年版,第 48 页。

顺利,不到一个月,组装工作就见了眉目。"①

12月8日早晨,林迈可夫妇从德国电台的广播得知美日已经交战,他们立即驾着司徒雷登的车,带上班威廉夫妇和两只装有无线电零件的箱子离开燕大。事后听说,日本宪兵队在他们离开后十分钟闯到了他们家,还在校园内花了几天的工夫找他们。林迈可一行驾车抵达黑龙潭,而后弃车步行,雇了两三个农民挑夫,进入西山地区。一路经共产党地下工作者或支持抗战人员的带路、帮助,于1942年1月抵达平西根据地,在此逗留了两个多月,林迈可开始在根据地通讯部工作。1942年春天,在共产党游击队的护送下,再抵聂荣臻司令部驻地。聂荣臻请林迈可、班威廉留下来帮助改进八路军的通讯工作,首先是提高机务人员的业务能力。经过一个月的准备,晋察冀根据地筹建了一个无线电训练班,特地传令到北平购买了无线电收音机和十多册物理、数学教材,以轮训根据地几乎全部电台机务人员,林迈可、班威廉应邀分别给他们开设了相关课程。据班威廉回忆,学员中有十几个大学毕业的,其余大部分是因战事发生而未能升学的中学毕业生,"还有大约六十多个青年,并没有正式学校学籍,但是已经在无线电台工作过相当时期,曾经各大学生教授过一点基本知识"。② 林迈可讲授无线电工程,班威廉担任基础理论的教学,高等数学、高等物理、电工原理、无线电工程学是学员的必修课,选修课有高等电磁学、光学、无线电理论等课程,班威廉被派定教授全部高等物理学和微积分,对于文化程度较高的学员加授高等微积分、理论电磁学等课程。在极

---

① 韩小昆:《抗日战争中国际友人援助的作用——以燕京大学外籍教师为例》,《日本侵华史研究》2016年第2卷,第107页。

② [英]班威廉等著,斐然等译:《新西行漫记》,北京:新华出版社1988年版,第97页。

为艰苦、简陋的环境下，学员们认真、刻苦的学习令洋教员感动。班威廉对当年的教学条件有这样一段生动的描述："房子是被敌军焚烧过，经过他们自己动手修筑起来的。教室的屋顶用木板搭成，涂上一层泥土；遇到下雨，至少有二十处在漏水。没有课桌，学员们就坐在木板或树根上，面前做几个土桩，搭上一块木板，就好写字。墙上有几个洞，算是窗子。他们用的纸是从日本人那里缴获来的新闻纸。所有粉笔、铅笔、墨水、钢笔等都是战争中的战利品。"[①]学员们的学习成绩更令洋教授赞叹，班威廉毫不吝啬地夸赞他的学生说："他们虽然对于数学这些功课已经有三四年不接触了，但是不到三四个星期已经温熟了过去的课程，开始学习新课。进步的速度，可以比较任何第一流大学成绩毫无愧色。"在一年之中完成许多高深的功课，班威廉自己都觉得不可思议："虽然除了无线电台之外，更无其他仪器，我们照样读完了全部高等物理学，这种读书方法，或者在一般正统的教授们要认为怪事的。他们确实学会了大学微积分。我们也经常举行考试，周考，月考，期中小考等，所有成绩，完全达到最高级大学的水准。"面对这样的学生，洋教授深感教学之愉快，也深深感到他们责任之重大，"我们的实在责任，只在使他们有丰富的知识，在革命事业中发挥决定的作用"。[②]

教学之余，班威廉夫妇还走访根据地的各个部门，他们将自北平到根据地沿途的所见所闻记录下来，于1947年在英国出版了以《龙牙》为题名的回忆录，1948年，美国耶鲁大学出版社将其再版并

---

① ［英］班威廉等著，斐然等译：《新西行漫记》，北京：新华出版社1988年版，第98页。
② ［英］班威廉等著，斐然等译：《新西行漫记》，北京：新华出版社1988年版，第109、110页。

更名为《新西行漫记》。书中对华北的抗日运动及抗日根据地的政治、经济与文化作了生动、客观的描述，用他们自己的话说是"用我们所经历的全部冒险故事作线索，我们尽量把中国本身和它这次为自由抗战而获得胜利的整个面目描画出来"。

1943年8月，培训班的基础理论课程基本完成，班威廉夫妇离开晋察冀根据地，随一部分奉命调往黄河方面的军队前往延安，9月抵达延安，受到热情接待，与朱德、贺龙等作了深入交流，参观了延安自然科学研究院、鲁迅艺术学院等机构，毛泽东也亲自拜访并交谈。1944年1月，班威廉夫妇离开延安，经重庆返回英国。

林迈可在无线电训练班授课的同时，兼任通讯部技术顾问，三年间几乎走遍每一个军分区，改装了各分区的无线电台，使这些设备变得灵敏、轻便、高效，"经过重新装修的收发报机虽然几乎没有两台是完全一样的，但却具有比原机器强得多的频率稳定性，并能装在体积只有$10 \times 8 \times 6$英寸的盒子中"。[1] 在改造完晋察冀军区所有电台，培训班学员业已结业后，林迈可决定去延安，他想帮助八路军加强与国际方面的沟通能力，他认为这对八路军、对盟军皆是有利的。他在回忆中如是说："我强烈地感到，共产党地区处于一种同外界完全隔绝的状态，这不利于发挥同盟国在中国战场上起的作用。我一直在思考怎样打破国民党的这种情报封锁。如果我想在同英美驻重庆的机构建立联系上有新的进展，在延安将比在晋察冀有更多的机会实现我的想法。"[2]

1944年4月，林迈可夫妇随一支去陕甘宁边区的队伍出发前

---

[1] ［英］林迈可著，杨重光、郝平译：《八路军抗日根据地见闻录——一个英国人不平凡经历的记述》，北京：国际文化出版公司1987年版，第64页。

[2] ［英］林迈可著，杨重光、郝平译：《八路军抗日根据地见闻录——一个英国人不平凡经历的记述》，北京：国际文化出版公司1987年版，第85页。

往延安。5 月抵达延安,朱德任命林迈可为第十八集团军通讯部的无线电通讯顾问。在检查了通讯部三局的设备后,林迈可决定利用现有的材料建立一台功率大约六百瓦的发报机,配合他设计的一根灵敏度高的定向天线,将电波发送到美国。架设天线的工作在 7 月中旬完成,中共中央决定用这套设备对外播发新华社的新闻。8 月,成立新华社英文广播部,林迈可即被分配到新华社英语部做顾问,主要负责处理英文译稿及编辑工作。8 月 8 日,新华社英文部开始试播,9 月 1 日正式开播,"定向美国旧金山,呼号为 CSRDE XNCR。这是中国共产党领导的新闻机构第一次使用无线电通信技术向国外播发英文新闻。英文广播创建初期,每天广播两次,每次一个半小时至两个小时"。① 当时在延安的美军观察组反映,通过定向天线发出的新闻,在美国西部可以收到,美国国家档案馆至今保存有当年美方抄收新华社电讯的军事档案。林迈可在编辑英文稿件时,提出过不少建设性的意见,如提到国共争论时放弃"对敌方滥用辱骂语言的不良习惯",采用与国民党辩论的方法,陈述观点,指出事实根据。② 在英播部及有关工作人员的不懈努力下,新华社英文广播的业务不断改进,逐步成长为中国共产党领导的对外宣传中的一支主力军。林迈可的意见不仅得到新华社领导的赞同,也受到中共领导人毛泽东、朱德等人的重视。中外记者团来延安前,有关方面曾专门请教林迈可怎样给记者团的记者提供新闻材料,他建议向记者团提供有关军事局势的完整消息,而不是零星片段的消息,最好配以地图,使人一看就能对战争局势的

---

① 张涵:《让全世界都听到我们的声音——解码一份来自美国国家档案馆的军事档案》,《中国档案》2012 年第 11 期,第 74 页。

② [英]林迈可著,杨重光、郝平译:《八路军抗日根据地见闻录——一个英国人不平凡经历的记述》,北京:国际文化出版公司 1987 年版,第 100 页。

发展一目了然。记者团来到延安后，林迈可陪同他们到各处参观、访谈。

1945 年 11 月，眼看内战危险加剧，为不卷入中国内战，更想让世界尤其是英国人民了解中国共产党，林迈可决定返回英国。他们乘美军观察组的飞机到重庆，再乘飞机经加尔各答返回英国。林迈可先后撰写了《抗战中的红色根据地》《1937—1945 华北鲜为人知的战争》《华北游击战》等著作，向世界介绍中国共产党及其领导的抗日根据地，诚如他在《抗战中的红色根据地》序言中所说："要让中国以外的广大的世界知道在华北有敌后根据地，有一支共产党领导的军队及边区政府的存在，要让他们知道共产党已经控制了华北的大片地区，并在尽最大努力同广大人民一道建设战后的新中国。"

由林迈可、班威廉前往根据地并在晋察冀工作的经历可知，他们与先后主动赴晋察冀根据地的记者、医生、军人不同，他们的到达晋察冀有被迫的因素，是因日本与美英开战而不得不逃离北平，尤其是林迈可，他曾多次帮助游击队购买并秘密运送紧缺的药品和通讯器材，早就上了日军的黑名单。外国友人的共同点是同情中国抗战、反对日本帝国主义的侵略，而短期考察、采访与长期工作自然是不同的，简陋的住宿、卫生条件，东西方截然不同的饮食习惯，农村地区疾病的流行，医疗设施的落后，时时困扰着他们。他们能够留在晋察冀根据地贡献他们的才智，交通的不便、旅途不安全固然是一个因素，更重要的是八路军对知识与技术的渴求，根据地令其耳目一新的政治、经济与文化建设，根据地军民对外国友人的热情深深地吸引着、感动着他们。1941 年 4 月 23 日，中央军委下达关于军队中吸收和对待专家的政策指示："一个军队没有大量的专门家（军事家、工程师、技师、医生，等等）参加，是不可能成

为一个有力量的组织的"，"对于上述各种人才一律以他们的专门
学识为标准，给以充分的负责工作，如工厂厂长、医院院长等等"，
"对于上述各项人才，一律依照中央指示，物质上给以特别优
待……要尽可能购置他们所需要的科学设备，在战时要尽力保证
他们的安全。"①虽然主要是为吸收国内专家参加八路军而下达的
指示，对各根据地如何利用、发挥专家之才智亦是指明了方向，并
给出了具体的政策建议。聂荣臻司令员和晋察冀根据地军民充分
实践了中央指示，林迈可、班威廉在著作中皆记述了他们所受到的
重视与优待，当地民众对他们的热情甚至令他们承受不了，比如知
道外国人喜欢吃甜食，便在很多菜中加糖，而糖在当时当地实为稀
缺物资，又如在寒冷的冬天将炕烧得非常暖和甚至烤糊了炕席和
被褥。根据地的各项建设虽存在着这样那样的问题，但在战时那
样艰苦的环境中，能有如此的成绩着实令他们惊讶，他们在其后出
版的书中皆真实地记录了对于根据地的观感。林迈可对八路军后
勤部门的工作效率赞誉有加："他们的簿记都是用的正规的复式记
账法，由此可以很容易地同时结算出钱款和粮食……真正精彩的
是后勤部门在日军进攻期间仍能发挥其功用的能力。1943 年 9 月
中旬至 12 月下旬，在日军对主要根据地的一次长时间的进攻中，
尽管到处都是日本部队，后勤部门却给每个人发了冬装。我们在
气候刚刚转寒时就得到了棉制服，在其他各个不同地区的人们也
同样如此。"②军队后勤部门的高效率，离不开民众的支持。班威廉

---

① 《中央军委关于军队中吸收和对待专门家的政策指示》(1941 年 4 月 23 日)，中央档案
　　馆编：《中共中央文件选集》第 13 册，北京：中共中央党校出版社 1991 年版，第 84—
　　86 页。

② ［英］林迈可著，杨重光、郝平译：《八路军抗日根据地见闻录——一个英国人不平凡经
　　历的记述》，北京：国际文化出版公司 1987 年版，第 59 页。

对于中国共产党成功领导农民抗战感触尤深,也深为赞叹:"军民合作能获得这样的成绩,实令人惊异","抗日的情绪在没有受过教育的农民群众中也早已在生长着,所缺乏的仅是领导而已","以全国而论,当然并不缺少领导,可是那种领导仅限于城市区域,受过教育的商人阶级,以及阅读报纸的人们……可是那种领导并不是能深入中国内层激起真实力量的领导。中国农民尚未受现代化之洗礼,还不知道民族主义为何物,也没有受到工业化的影响,虽然如此,他们却是素来爱独立自由的","中国军队的这种新措施以军略要地的平型关告大捷开始,那时军队的联络员就充分利用了那次大捷的宣传价值。军队保护了农民,使他们免得受日军的侵害,为酬谢这种保护,农人们自动地供给军队以制服与鞋子……过了兴奋的初期之后,事情便变得较有组织,办事效率也加强了。与军队同来的有党的政工人员,他们下了极大的决心,势必在村民之中建立起当地的自治机构来。有了那样的民主机构之后,他们便可把当地的抗日工作交托给他们。如今华北整个的军队已经获得了边区各地方政府的拥护,军队与人民已在抵抗外敌,重建新中国的旗帜之下打成了一片。"①

书中并未对抗日根据地的军民合作作深入的理论分析,班威廉只是以他的观感写出了一名在华多年又亲历抗战前线的外国人对中国抗战的信心:"凡此种种的军事行动是值得我们重视的。这一切证明:中国人虽然素信中庸之道,对于一切抱着无所谓的态度,可是当强敌破境之际,纵令强弱悬殊,他们也会热情奔放,勇猛

---

① [英]班威廉等著,斐然等译:《新西行漫记》,北京:新华出版社 1988 年版,第 145—147 页。

地作长期抗战；他们的那种热情与勇敢不是他国所能比拟的。"①林迈可对于共产党的民众动员工作及效果也深为感慨与钦佩，与班威廉一样而与斯诺、贝特兰等记者所作的报道不同，他并未作理论的分析与阐述，他只是描述了他的所见所闻，以其对平西根据地民众政治意识的报道为例："村中开了个欢迎我们的群众大会……大家都对打败日本侵略者极有信心。在中国穷乡僻壤的老百姓，居然能大谈抗日国事，人民的政治意识的进步，使刚从北平日本占领区出来的效黎感到惊奇不已。"②

无论医生、教师还是军人，外国友人在以己之长支持、帮助中国人民抗战的同时，不约而同地做了本是记者干的工作——报道中国人民的抗战、宣传中国共产党。

---

① 〔英〕班威廉等著，斐然等译：《新西行漫记》，北京：新华出版社1988年版，第147页。
② 〔英〕林迈可著，杨重光、郝平译：《八路军抗日根据地见闻录——一个英国人不平凡经历的记述》，北京：国际文化出版公司1987年版，第53页。

第五章　反战的日俘

对二战时期中美两国收押的日本俘虏，费正清在回忆录中有这样一段描写："关于陆军情报局正在研究的如何敦促日本投降的问题，麦克·费希尔在延安出乎意料地发现有一大群将近 200 名日本逃兵，这是经日本共产党主席野坂参三策动而投诚到中共一边来的。我们知道美军方面所关押的日军战俘都是在战场上俘虏的，没有一名是自愿向美军投诚的。"①的确，抗战时期有不少被俘日军士兵因感化受教而站到正义一边，更有日军士兵主动投诚到中国共产党一边，与中国军民并肩作战，这在反法西斯的同盟国中是少见的。究其原因，中国共产党的"优待俘虏"是关键，日本士兵对战争的认识是其接受教育的前提，据一位投身反战事业的日本战俘说，"被俘士兵们一旦脱下军装，都是日本的劳动人民"②。这些穿上军装的"日本的劳动人民"是如何看待这场战争的呢？

---

① [美]费正清著，陆惠勒等译：《费正清对华回忆录》，上海：知识出版社 1991 年版，第 351 页。
② [日]香川孝之、前田光繁著，蔡静译：《八路军中的日本兵》，北京：时事出版社 1985 年版，第 66 页。

第一节　日记、书信中的战争

在第二次世界大战期间，日本军国主义者为达其野心和私欲对其本国人民进行了欺骗性的宣传鼓动，被蒙蔽的日本士兵虽然为所谓的"圣战"而踏上他国的领土拼死作战，但他们在日记及家信中吐露的心声却有着对战争的迷茫与苦恼，对家人、家乡深深思恋，回家的愿望非常强烈。早在 1938 年初，日军进攻势头正猛，"三个月灭亡中国"之叫嚣尚未破产之时，白求恩经陇海线赴延安途中遇到两个日本俘虏，他们自称是因为不愿意打仗而当了逃兵，并说很多士兵也有同样的想法。① 下文所引的一些日记、书信虽不能代表全体士兵的想法，多少也能反映日军士兵的一种心理。

一位名叫高田正明的士兵于 1939 年 3、4 月记下了日军向南昌发动进攻时的心理及其所属部队的给养情况。3 月 1 日，"头脑一静时，便频频想起国内的事情，下次战斗，会暴毙异国，也未可知。想起自身的命运，悲痛欲绝，日来思乡心切"。4 日，在得知即将攻击南昌之消息后，"大家均对行将来临的战斗，作种种的幻想。现在及将来之我，确如风前之烛，夫复何想？ 生死之数，只有付之天命矣"。7 日，"大家仍然担心下次的战斗。'尽自身的能力，而待天命'——这句话，是从绝望中发出来的，以绝望二字形容此时的心情，我以为是最好的形容词"。11 日，"没有香烟，真是残酷的待遇，这是战斗前的待遇吗？ 这种待遇，不止现在吧！ 其他的东西，什么都领不到，这样的生活，继续到何时呢?"15 日，"现在尚不能得到充

---

① ［加］拉瑞·汉纳特编著，李巍等译：《一位富有激情的政治活动家——国际主义战士白求恩作品集》，济南：齐鲁书社 2005 年版，第 275 页。

分的给养,只发米麦各半的食品,副食物完全没有,就是有也只有酱油而已,若长此以往,如何是好呢"。17 日,"晨餐后,二人同去取燃料,我俩讲到攻击南昌的预想,及国内情况,不禁怨从中来。在此生死不明之际,梦事频来,简直在梦中生活,在梦中怀抱希望,以为梦所安慰,所谓吃梦过活,便是说我们的现在,谁也不能言喻,谁也以为自己不会死,所以还这样快活地闹。谁也不顾旁人说他:'你要死',但是'你要死'的私语,却心心相印地传遍了。……现在的快活,是建立在恐怖之中的,恐怕不能从恐怖中逃生吧!这种生之恐怖,恐不复有所感慨矣"![1] 身处前线的士兵对作战前景的迷茫乃至绝望、对死亡的恐怖可见一斑。

日记中还记录了日军的抢掠、破坏行为,也可见日军士兵中对此类行径的不同看法。3 月 13 日,"此地田园多化为阵地,挖坟取棺盖为桥,到处皆是军队,这种样子,我也讨厌"。4 月 7 日,"粮秣没有来,每日皆反复征发中国米,不好吃,若无调味,真不堪设想。故连日各队皆出发征发蒜与其他野菜"。所谓征发,就是去抢老百姓的东西。9 日,"午前九时出发,十时后到靖安城,此城群山环绕,纯是山谷里的城市,景致相当秀丽。此处竹笋极丰富……还有花生豌豆等等,日军稍停之处,田园荒芜,鸡豚绝迹"。4 月 15 日,"晨餐后,出去征发。……环山搜寻米与其他目的物,及砂糖,小豆,香烟,鸡……等等。……这真是平和的山村风景,他们的世界,没有斗争,也少有意欲的行动,姿态极其自然。我们放火烧房子,三十分钟后,火焰突突而起,我们却快乐地看着"。[2]

名叫子安喜重的士兵记录了南昌战役时的心情。3 月 20 日,

① 韩泽编:《敌军战场日记》,上海:群众图书公司 1946 年版,第 1—2 页。
② 韩泽编:《敌军战场日记》,上海:群众图书公司 1946 年版,第 3—4 页。

"（在修河北岸等候渡河）将近十时到附近的战壕内去，……'虽然下雨也不能停止战斗'，当这样说着话的时候，邻近战壕内的兵，发出伤感的歌声，大泽君又和其他两个人这样说：'很想回家里去慢慢地睡觉，很想围着由浴池里刚起来的围巾，如果回到家里老婆真是顶要紧吧……'"。① 作战中的士兵说着想念家乡想念家人的话，唱着伤感的歌曲，其斗志之消极可见一斑。

也有士兵抱怨被迫干送命的活儿，"又给抓来干船舱的工作，一旦被看中了，便是送命的尽头，没有法子了"，"不出所料，是肮脏的地方，是在工厂地上铺席而睡的。这是皇军的宿泊么？这是拼着一条生命来的我们的寝室吗？"②

松木勇一逐日记述了战斗的过程，抱怨作战生活的艰苦。"落伍者很多。有生以来第一次这样吃苦，呼吸困难，昏头昏脑地走着。""昨天睡在山里……山上的不方便真是异常，住在祖国的人是想象不到的。口里吃的只有纸烟，洋火也很缺乏……眼前一望尽是山头接着山头，山岳战的痛苦是从心里面感觉到。夜间是像冬天一样的冷。"③

日军士兵给家人及与友人的通信中，也很抱怨作战生活的艰苦。"每天要勤务又要演习，有时为着讨伐残败的中国兵，还得走二三日的山地，实在太艰苦了。这里没有一栋完全的房子，全烧毁了，我们就睡在禾叶上面，盖着冬天的大衣，忍耐着酷热，等候天明，讨伐终了，疲乏地回来……""我们是睡在那死鬼的岩石山顶上，过着守备的生活……约莫从 4 月 16 日起，十二天的中间始终登

---

① 韩泽编：《敌军战场日记》，上海：群众图书公司 1946 年版，第 6 页。

② 韩泽编：《敌军战场日记》，上海：群众图书公司 1946 年版，第 28 页。

③ 韩泽编：《敌军战场日记》，上海：群众图书公司 1946 年版，第 44、49 页。

在这上面,与我部队的某队交替守备在简直像狭小的猫额那样的面积上面,由对面山下的某村落的中国兵,向着这里一夜里就轰落来百七八十个迫击炮弹,……在炮击的中间,寻着长的石头来做石的屋顶,炮弹落下来的时候,就钻进里面去,出着不少的冷汗!……疾风在山顶吹卷,夜间冷得要死,白天又热得不得了,真是苦极了。"①

对于不知为何目的而出征的士兵及其家人来说,企盼战争快点结束、企盼家人团聚是他们共同的心声。一位士兵在日记中如是说:"穿着夏天衣服来中国,穿着冬天衣服打仗,大概能够穿着夏天衣服回去吧,一般人都这样地预料着。……据师团参谋中佐说,出征以来已经十个月了。大概快要轮到百〇一凯旋了吧。真是项颈都望长了呢。"②一些士兵虽然也盲目地相信政府所说的所谓为了东亚和平而战,却只希望战争尽快结束。"但愿四海无波,早日完成东亚和平,全国民都从心里欢迎我们川上部队凯旋的日子快点到来。心里想,如果敌人早日屈服,向日本军投降,那是多么好呢。可是照现在陆军和政府的计划,如果中国全土不入我手,战争预料是决不会中止的。战争究竟要继续到哪一天才会停止呵。"③家中的亲人更是盼望着战争早日终结,希望出征的亲人早日安全回到身边。"战争啊,快些终结吧!……只看见召集起来送走了,召集起来送走了,到底什么时候才能凯旋呢?""快点和平方好,也是把它作为唯一的快乐而期待着,但是,到底什么时候和平才会到来呢? 每天同母亲说着这件事情呵!""天天都只是等待着:和平的

---

① ［英］J. 布鲁士:《民怨沸腾的日本——从日本信件中找出来的材料》,《译报周刊》第 1卷第 18 期(1939 年 2 月 9 日出版),第 475 页。

② 韩泽编:《敌军战场日记》,上海:群众图书公司 1946 年版,第 64 页。

③ 韩泽编:《敌军战场日记》,上海:群众图书公司 1946 年版,第 66 页。

日子早一天到来！愿你自己珍重，束装回国！"[①]日本人民不了解恰恰是他们的政府发动了这场战争，为了私欲牺牲无辜民众的生命与幸福，虽然他们给前线家人的信中说了后方生活的局促，"我们在后方的人，日常生活现在发生了非常的变化，不自由与缺乏之感与日俱增"[②]，物价上涨、供应匮乏、生产下滑之势日趋严重，但他们并不能认识到"侵略战争，不仅是被侵略国家的人民受害，侵略国家的人民也要付出牺牲"这个道理，他们只单纯、迫切地希望战争早日结束，请菩萨保佑亲人平安归来，不少人在信中封入神符，寄到前方，请她的爱人或朋友佩带，以求神明保佑他们的安全。

这些日记与信件的主人对征发到中国的上百万日军士兵而言，虽然只是一个零头，但终究是日军士兵心理的一种反映，它使我们了解到日军士兵中有对于战争的迷茫，对于因为作战而遭受的艰苦生活的苦闷与抱怨，也有对于日军暴行的不满，这正是被俘士兵能够在短时间内感化受教、前线士兵能够被策反的心理基础。

第二节　延安日本工农学校

"三大纪律、八项注意"是中国共产党领导的人民军队的优良传统和行动准则，是人民军队区别于一切旧式军队的显著标志，"不虐待俘虏"即是其中的一项规定。抗战全面爆发后，中国共产党于 1937 年 9 月 25 日发表《告日本陆海空军士兵宣言》，明确告示："日本士兵们！切莫听信你们的官长的欺骗，中国军队决不虐

[①] ［英］J. 布鲁士：《民怨沸腾的日本——从日本信件中找出来的材料》，《译报周刊》第 1 卷第 17 期（1939 年 2 月 2 日出版），第 447 页。

[②] ［英］J. 布鲁士：《民怨沸腾的日本——从日本信件中找出来的材料》，《译报周刊》第 1 卷第 18 期（1939 年 2 月 9 日出版），第 474 页。

杀一个日本士兵,只要日本士兵解除武装,马上就给这种日本士兵
以优待,如果他愿意回去,就送他回去,如果他愿意在中国军队内
做事,就给他事情做。"①1937年10月25日,中国国民革命军第八
路军总指挥部就"对日军俘虏政策问题"下达四条命令:"一、对于
被我俘虏之日军,不许杀掉,并须优待之。二、对于自动过来者,务
须确保其生命之安全。三、在火线上负伤者,应依阶级友爱医治
之。四、愿归故乡者,应给路费。"②不仅不虐待,还提出优待俘虏。
从此,优待日俘成为对敌工作的一项内容,也成为决定抗战胜利和
刺激日本人民反战的重要条件之一。为有效进行对敌工作,1937
年8月1日,中央组织部指示八路军政治部下设敌军工作部,"专负
破坏日伪军、处置俘虏等工作之责"。不仅八路军、新四军将士被
教育要优待俘虏,根据地的百姓也被劝导不杀俘虏。然而日军疯
狂烧毁民房、肆意杀戮村民的野蛮行为,令愤怒的群众抓到日本兵
即当场杀掉的事时有发生。日军的残暴甚至令他们在国内的家人
都感到不忍、作呕,在看到随信附寄的人头照片后,有一封寄自日
本国内的信如是说:"还有那稀奇的相片,也确实收到了,全部像那
样的东西到处滚着,是煞风景的吧! 当兵的人都是紧张着不大感
到残忍吧,但是在内地的我们,则只是看见相片都毛骨悚然呢。"③
共产党没有以暴制暴,将日本军阀和日本的劳动人民严格区分,把

---

① 中央档案馆编:《中共中央文件选集》第11册,北京:中共中央党校出版社1991年版,
　第343页。
②《中国国民革命军第八路军总指挥部命令——对日军俘虏政策问题》(1937年10月
　25日),中央档案馆编:《中共中央文件选集》第11册,北京:中共中央党校出版社
　1991年版,第379页。
③ [英]J.布鲁士:《民怨沸腾的日本——从日本信件中找出来的材料》,《译报周刊》第1
　卷第17期(1939年2月2日出版),第447页。

已经放下武器的人看作是同样受苦的兄弟,共产党向群众解释日本人民怎样不愿打中国,优待俘虏有助于争取日本士兵与中国军民联合起来反对共同的敌人日本军阀。

　　1939 年 3 月,发行于上海租界的抗日报刊《译报周刊》发表了一则来自晋北的通讯——三个日本朋友,记录了八路军战士解送三个日本俘虏的故事,借此向根据地外的人们宣传共产党的优待俘虏政策。一路上,八路军战士将两毛五分钱一包的"哈德门"香烟给俘虏抽,自己则抽两毛钱一包的香烟。让他们骑马过河,有条件即让他们去澡堂洗澡。三个日本人发现,在一些村庄会同时贴着两幅标语——"打倒日本帝国主义""欢迎日本兄弟们"。他们会讲一些中国话,有时也会和村民聊天甚至开玩笑。三个日军俘虏在被解送的过程中深受感化,说"日本人不知道中国人优待俘虏,要知道,谁也不替军阀卖命了",并表示愿教中国人日语,在战场上喊日本兵跑过来。① 抵达目的地的第二天,恰逢该县举行九一八纪念大会,其中的一位日军俘虏上台发言说:"我在家是开汽车的,谁愿意和中国打仗? ……军阀为了升官,财阀为了发财,而断送了全体无辜的日本民众幸福,……中国军队这样优待我们,实在使我们感激,……这不像敌人,简直是亲兄弟……我愿跟随中国兄弟们之后,去打倒日本军阀,使我好早早地回国过太平日子,……打倒日本军阀,维持真正东亚和平,是中国和日本民众共同的使命!"②

　　1939 年 2 月 18 日,基于战局的演变、日军战斗力的变化,毛泽东、王稼祥、谭政下达关于优待日军俘虏的指示:"一、敌军战斗力

---

① 戴富:《三个日本朋友(晋北通讯)》,《译报周刊》第 1 卷第 23 期(1939 年 3 月 23 日出版),第 619 页。

② 戴富:《三个日本朋友(晋北通讯)》,《译报周刊》第 1 卷第 23 期(1939 年 3 月 23 日出版),第 619 页。

较前大为减弱,政治情绪更坏,以后在战斗中俘获之日军俘虏应尽量释放,多则不超过两星期,情况许可时当场释放,多加宣传优待,严禁枪杀及其他侮辱行为,在各后方训练之俘虏可酌情处理,如不妨碍军事秘密亦可释放,借此降低日军之作战决心而动摇其军心,以利于粉碎敌之进攻。二、据说日军多数部队中国人占三分之二,日本人仅占三分之一,运输队则全属韩人,是否属实请就地调查电告。"①

1940 年 4 月 6 日,中共中央颁布关于瓦解敌军工作的指示,其中对日俘政策作了新的指示:"对日军俘虏工作除执行总政过去的指示,凡俘虏愿意回去者即给以鼓动招待令其回队外,应注意选择少数进步分子给以较长期的训练。现决定晋东南选三名(包含杉本②)、晋冀察军区送三名、一二〇师送三名最进步的日本俘虏来延安受训,以培养出日本的革命者。"③根据中共中央的指示,经过一年的筹备,日本工农学校于 1941 年 5 月在延安正式开学。前线俘虏源源不断被送来此地学习、改造,再返回前线参加反战工作。曾在此学习后留校任教的香川孝志说"工农学校是世界战争史上罕见的友谊金字塔"。④

1940 年 7 月 7 日,中国国民革命军第八路军总司令部下达对日俘政策的命令:"中国军队系与日本军阀财阀及地主作战,而日

---

① 《毛泽东、王稼祥、谭政关于优待日军俘虏的指示》(1939 年 2 月 18 日),中央档案馆编:《中共中央文件选集》第 12 册,北京:中共中央党校出版社 1991 年版,第 26 页。

② 真名叫前田光繁,华北第一个日本人反战团体——"觉醒联盟"的创始人之一。

③ 《中央关于瓦解敌军工作的指示》(1940 年 4 月 6 日),中央档案馆编:《中共中央文件选集》第 12 册,北京:中共中央党校出版社 1991 年版,第 358—359 页。

④ [日]香川孝志、前田光繁著,蔡静译:《八路军中的日本兵》,北京:时事出版社 1985 年版,第 78 页。

本士兵并非我军之真正敌人。日本士兵大部分与我等相同,系日本统治阶级压榨下劳苦人民之子弟。彼等多在日本军阀欺骗与强迫下而与我军接触,因此:一、日本士兵被俘或自动来者,绝对不准伤害或侮辱。其所携物品,除军事上必要者外,一律不得没收或毁坏,并须以弟兄待遇彼等。我军如有指战员违反此项命令者处罚之。二、对负伤或患病之日本士兵,须特别注意给以治疗。三、愿回国或归队之日本士兵,尽可能予以方便使其安全到达目的地。四、愿在中国或中国军队工作之日本士兵,应予以适当工作,愿学习者更应使其进适当学校。五、愿与家族或友人通信之日本士兵,应尽可能的予以方便。六、对战死或病死之日本士兵,应在适当地点埋葬,建立墓标,记其姓名、年龄、原籍、所属部队、等级、死亡状况,埋葬年月日及碑文等等。"①

　　香川孝志、前田光繁二人在《八路军中的日本兵》一书中,以他们的亲身经历翔实、生动地阐释了中国共产党的优待俘虏政策。前田光繁,即前文中提到的杉本(被俘后改名杉本一夫),是满铁的一名职工,如他自己所说,被俘前从来没有怀疑过军国主义侵略政策,受日本政府宣传的影响,相信"日本军队是为了帮助中国而来的",认为"满洲是日本的生命线"是理所当然的。他被俘后的经历颇能体现出八路军战士是如何努力压制对日本侵略者的愤恨,坚定执行上级下达的"优待俘虏"命令。杉本回忆说,在他刚被制服时,一个队长模样的汉子命令他张开嘴,"他突然把毛瑟枪的枪筒插入我的口中,我感到了铁管的冰凉,同时眼前发黑,就这样过了

---

① 《中国国民革命军第八路军总司令部命令——对日俘的政策》(1940 年 7 月 7 日),中
　央档案馆编:《中共中央文件选集》第 12 册,北京:中共中央党校出版社 1991 年版,第
　647—648 页。

几秒钟。然而他并没有扣动扳机。不久他把枪筒抽出去,顺手打了我一个耳光就离开了。后来我才知道,这支部队是由八路军正规军组成的游击队之一"。[1] 在其后被解送的过程中,他发现八路军每顿都给他吃米饭、还有炒鸡蛋、猪肉和青菜,而他们自己的伙食几乎都是小米饭和青菜。虽然八路军一再声明不杀俘虏,他还是经疑神疑鬼地想:"给我一个人吃好的,大概是让我安心养胖,再找些活让我干,然后把我杀掉。"后来回想,他自己都觉得"真是荒唐,我又不是一只猪"[2]。其后,经过与八路军一二九师政治部敌工科负责人、曾留学日本的张香山十几天的接触交谈,又阅读了两位日本学者写的书《第二篇贫穷的故事》《唯物辩证法》,促使他思想发生了转变。阅读过程中,他与八路军敌工部干部讨论了"社会发展及其动力,资本主义社会的结构与阶级矛盾、民族矛盾"等问题,对八路军之前对他说的"日本对中国发动的战争,是侵略战争,我们进行的战争是自卫战争"这句话的意思完全理解了,也认识了"侵略战争,不仅是被侵略国家的人民受害,侵略国家的人民也要付出牺牲"这个道理。在亲眼看见了日军残杀无辜百姓、烧毁民房的暴行后,杉本坚定了支持中国抗战的决心。在被俘后五个多月,他申请加入八路军。经野战政治部主任及前线司令部的批准,他与另两个日军俘虏在1939年庆祝元旦的集会上发表了参军声明。他在回忆录中如是说:"促使我下决心参军八路军,除了通过学习提高了觉悟和亲眼见到日军的野蛮行为以外,另一个重要原因是自从我被俘以来,八路军一直以人道主义精神给了我亲切的关怀,深深地打动了我的心,使我不能

---

[1]　[日]香川孝志、前田光繁著,蔡静译:《八路军中的日本兵》,北京:时事出版社1985年版,第91—92页。

[2]　[日]香川孝志、前田光繁著,蔡静译:《八路军中的日本兵》,北京:时事出版社1985年版,第93页。

不感到八路军的本质确实和别的军队不同。"①

　　由杉本的经历可见,要瓦解敌军、培养日本的革命者,对日俘不仅仅是优待,更须给予适当教育,才能颠覆军国主义者灌输给他们的错误意识,才能使他们对社会结构、阶级矛盾、民族矛盾等有正确的认识。杉本等人的转变亦使中共进一步确定了教育俘虏、改造俘虏在瓦解敌军工作中的重要性。下文香川孝志的回忆亦是一个生动的例证,他对延安日本工农学校的记述清楚地展示了中国共产党改造俘虏的方式方法及效果。

　　香川孝志是在 1940 年 8 月百团大战中受伤被俘的,时年 25 岁,是个陆军下士。虽然被俘前在日本军队里听说过"八路军不杀敌军的俘虏",被俘后也受到了优待,但起初仍抱有强烈的敌对情绪,一直想着如何逃跑。"对战前的日军士兵来讲,在交战中当敌军的俘虏是最大的耻辱。'与其当俘虏受侮辱,毋宁自杀殉国'的教育,不仅限于军队,而且扩大到整个社会。这种观念已渗入人心,日本人的思想和行动都受到这种严厉法规的束缚。太平洋战争末期所发生的许多集体自杀的悲剧,充分证明了这一点。"②被俘后的香川孝志在与八路军战士、沿途村民及日本反战人士接触的一百多天中,他的思想和感情发生了变化,他总结原因说:"首要因素是我们所接触的八路军战士非常诚恳和亲切的态度。如果他们用大道理压人,也许我们会反抗的。但他们却一直是在用实际行动感化人,例如:对俘虏偷盐事件的处理;行军中爱惜老百姓的庄稼;尽量设法让我们吃好的,自己却吃粗粮。他们的行动使我们受

① [日]香川孝志、前田光繁著,蔡静译:《八路军中的日本兵》,北京:时事出版社 1985 年版,第 107 页。

② [日]香川孝志、前田光繁著,蔡静译:《八路军中的日本兵》,北京:时事出版社 1985 年版,第 2 页。

到了很大教育。"显然,中共中央及军委下达的"优待俘虏"的命令
得到了战士们的充分理解与执行。香川孝志又对比日军的侵略行
径而感慨地说:"仔细想来,日本军队是到别国领土上进行掠夺、为
非作歹,中国人民起来反抗这种侵略行径是理所当然的。我终于
能够跳出俘虏的立场去理解中国人民的感情了。"①其后,在杉本的
推荐下,他阅读了毛泽东的《论持久战》。香川孝志在思想与感情
上的变化以及愿意学习的态度,使其成为赴延安受训的一员。

　　香川孝志一行约十四五人于 1941 年 6 月抵达延安,立即进入日
本工农学校学习。据香川孝志回忆,日本工农学校的第一任校长是
八路军政治部的王学文,早年留学日本,曾就读京都帝国大学经济
系,他是中国最早的马克思主义政治经济学家之一,在校主讲马克思
主义经济学。而实际上的校长是改名林哲的日本共产党野坂参三。
"学校拟定了九条简要的'日本工农学校总则'。办校的目的主要是
对日本士兵进行政治教育。教授的课程有政治学、经济学、社会学、
日本问题、中国话、时事,以及其他根据需要增加的课程。学生学习
年限为一年。学校隶属于八路军政治部,由政治部派五名干部组成
理事会,任命了校长、副校长、教务长和管理学生工作的主任。'总
则'第九条规定:校方对学生提供学习上的方便和生活上的保障,学
生在学习的同时也要参加一定的生产劳动;学生可以组织学生会,向
学校当局提出改善学习、纪律、卫生、娱乐、生产等方面的建议。"②学

①［日］香川孝志、前田光繁著,蔡静译:《八路军中的日本兵》,北京:时事出版社 1985 年
　　版,第 20 页。
②［日］香川孝志、前田光繁著,蔡静译:《八路军中的日本兵》,北京:时事出版社 1985 年
　　版,第 26 页。

校的作息时间是：①

起床	6:00
早操	6:00—6:30
自习	6:30—8:00
早饭	8:00—8:40
学习	8:40—12:00（听课）
午饭	12:00—13:00
学习	13:00—16:00（复习或为讨论作准备）
晚饭	16:10—17:00
自由活动	17:00—18:00
点名	18:30
学习	19:30—21:00（讨论）
熄灯	21:30

香川孝志结束学业后，曾留校任教，讲授政治常识，他在书中列了讲义的主要目录：②

序言

第一部分　资本主义以前的社会

　　第一章　原始公社制社会

　　第二章　奴隶制社会

　　第三章　封建制社会

---

① ［日］香川孝志、前田光繁著，蔡静译：《八路军中的日本兵》，北京：时事出版社 1985 年版，31—32 页。

② ［日］香川孝志、前田光繁著，蔡静译：《八路军中的日本兵》，北京：时事出版社 1985 年版，第 28—29 页。

第二部分 资本主义社会

  第一章 资本主义的特征

  第二章 经济的意义

  第三章 商品和货币

  第四章 资本和剩余价值

  第五章 经济恐慌

第三部分 帝国主义和社会主义

  第一章 帝国主义的五大特征

  第二章 帝国主义必然灭亡

  第三章 社会主义社会

讲义的第一部分是以中国学者何思敬先生的讲义为基础,第二、三部分是香川孝志将一年里听王学文先生讲课的笔记详细加以整理而成。由目录我们可以大致了解中国共产党是如何教育日本俘虏,帮助没有理论基础、文化水平较低的日本青年树立正确的世界观。工农学校的学生除了学习,也有文体活动。学校有俱乐部和图书馆,学生们多在休息时间和自由活动时间到俱乐部下围棋、打扑克,有时也去延河河滩打棒球。敌工部附设有敌军工作干部学校,敌工学校的学生和工农学校的学生分别结成"一帮一"的朋友关系。他们"不仅互相教日本话和中国话,还互相学习和了解对方国家的风俗人情、生活方式、人们的思想感情以及对事物的看法等问题"[1]。八路军总司令朱德对日本工农学校非常重视与关怀,经常去学校作关于战争的现状、发展趋势以及国际形势等报告。工农学校深入浅出的教学,井然有序的学习、生活秩序,使教

[1] [日]香川孝志、前田光繁著,蔡静译:《八路军中的日本兵》,北京:时事出版社1985年版,第34页。

学取得了良好的效果。工农学校与敌工部干部学校的平等互动，朱总司令的亲自看望与报告，令工农学校的日本学生感动。

香川孝志经过一年的学习以及与八路军的交往，更自觉坚定地站到反对日本侵略战争的一边，成为一名积极的反战人士。据香川孝志统计，从 1937 年 7 月至 1944 年 5 月，"被八路军俘虏的日本士兵有二千四百零七名，其中主动投降者为一百一十五人。在这些俘虏中进延安工农学校学习的有三百多人"。① 随着人数的增多，工农学校将学生分成 ABC 三个年级。"A 组的学生，大多数是被八路军俘虏不久的人"，由香川孝志担任教员，讲社会主义基础理论，即前文提到的政治常识课；"B 组的讲义比 A 组稍微深些，内容是分析帝国主义时代的政治和经济。学生是来八路军一年以上的人，教师是王学文先生"；"C 组程度更高，是由冈野进先生（野坂参三）讲授苏联共产党史"。② 1944 年 7 月，由驻华美军司令部派遣的美国军事观察组飞抵延安访问，美军司令部给观察组的主要任务是："收集华北日军和中共方面的情报，分析共产党对战争所能作出的贡献及其能力的潜在贡献，提供援助共产党军队以增强其战斗力价值的最有效办法和为海空军作战提供气象资料。"③采访日军俘虏、考察八路军对日军俘虏的教育方法，是其中一项具体的任务，访问延安工农学校遂成为考察的一项内容。据观察组成员约翰·埃默逊说，当时"美军正为如何管理太平洋战争中的日本

---

① ［日］香川孝志、前田光繁著，蔡静译：《八路军中的日本兵》，北京：时事出版社 1985 年版，第 39 页。

② ［日］香川孝志、前田光繁著，蔡静译：《八路军中的日本兵》，北京：时事出版社 1985 年版，第 66—67 页。

③ 中共陕西省委党史研究室编：《中外记者团和美军观察组在延安》，西安：陕西人民出版社 1995 年版，第 5—6 页。

俘虏而感到头痛,因而想了解日本工农学校的经验"①。香川孝志引用埃默逊自己的话,记录了他对延安工农学校的访问情况。"在工农学校门口,我们受到一些俘虏学生的欢迎。他们热情地向我们介绍了学校的组织情况、学习计划和'日本人民解放联盟'所进行的反战活动。全校学生有一百三十五人,俘虏们的学历不高,中学以上学校毕业者只占百分之五,百分之八十五的人是士兵,军官中只有两名是中尉级的。""第一次参观时,旁听了一个班的课,后来做了下面这样的笔记:'老师授课时常以日本军国主义者和资本家依靠剥削获得超额利润为例,来说明穷人一年到头劳动还是贫困的原因。'""工农学校的学生们说,促使他们思想转变的原因是:第一,八路军对俘虏不杀、不虐待;第二,见到已成为八路军的日本人时的心理冲击;第三,八路军给我们优厚待遇;第四,从外部得到消息说,日本有可能要失败并将出现以前不同的新政府。最后,起决定作用的是工农学校的教育⋯⋯"。②

　　美国人对日本俘虏意识的改变很是讶异,他们以为应该没有什么事情要比改变日本兵士的意识更困难的了。野坂参三在接受美国人的访问时表示,"虽然常常要花上几个月,在有些棘手的情形中甚至要花去一年或者更多的时间。我自认我自己亦感到惊奇,因为使感化工作获得成功比我本来所预计的要容易得多",他对工农学校改造俘虏的成功如是解释:"他们生活和工作在这个他们以前从来不知道的一种自由的气氛里。八路军并不把他们当作俘虏。他们仅是军事学生而且和中国的军事学生有着同样的自

---

① ［日］香川孝志、前田光繁著,蔡静译:《八路军中的日本兵》,北京:时事出版社1985年版,第64页。

② ［日］香川孝志、前田光繁著,蔡静译:《八路军中的日本兵》,北京:时事出版社1985年版,第62—63页。

由,穿着同样的制服。""他们在学校里和转变过来的人们在一起,那些人曾和八路军在前线共同作战过,现在为了要提高他们自己的资格而在这里念书。那些先进学生的真正反法西斯主义的热忱对于新来者是一种最有力的影响。""对于大多数学生,这是他们从未有过的真正教育:百分之三十四是工厂工人,百分之三十二是农民,百分之二十一是小商人和职员,这些人在刚加入军队的时候很少知道什么东西。在他们年轻时候给谆谆教诲了的迷信,在获得我们的实际智识之后不能再存在了。"①前文香川孝志对工农学校的回忆,不正是对野坂参三对美国人所作回答的详细注解吗?

访问延安的美军观察组成员除了与时在工农学校任教的日本共产党员交流外,也多次直接与工农学校的几十个学生作了访谈,"他们对于我的问题的回答使我有了个印象,他们并不是机械地把他们的日本帝国主义改成了循着毛泽东新民主主义路线的马克思的唯物论,而是以他们的新意识,学会了自然地合乎逻辑地去思考"。② 延安工农学校的成就,中国共产党教育改造俘虏的成功亦令美国人感到折服。

第三节　与中国同志并肩作战

结束了延安工农学校学业的日本人纷纷开赴前线和八路军并肩作战,当然,他们的工作不是手持武器与日军拼杀,而是在思想方面做日本士兵的工作,主要方式有散发传单、送慰问袋、近距离喊话、打电话等,并帮助做新俘虏的工作,诚如杉本所说"由我们这

---

① [美]根室・史坦因著,谷桃译:《延安的日本俘虏》,上海:晨社1946年版,第8—9页。
② [美]根室・史坦因著,谷桃译:《延安的日本俘虏》,上海:晨社1946年版,第9页。

些日本人来教育日军俘虏的效果最好。这是因为教育者本身有过当俘虏的经历，了解他们的思想苦闷，同情他们的处境"①。日本人加入反战宣传队伍后，在传单内容上有了更强的针对性，如提到了日军内部的矛盾，在传单上广印"士兵的请愿书"，其内容有："不许打士兵耳光"、"不能检查信件"、"不要打无意义的战争，赶快把我们遣返回国"、"给士兵吃饱饭，不许欺负新兵"等，直击日军士兵的心理，加剧他们的不满与厌战情绪。香川孝志回忆说："日本士兵最欢迎的是我们送去的慰问袋。慰问袋里如果装食品他们就会怀疑可能放了毒，不敢吃，所以我们就装一些肥皂、毛巾、日记本、衬衣等日用品。后来我们还通过慰问袋与日本士兵通信。有的日本士兵来信说：'某某碉堡已收到了慰问袋，但我们的碉堡没有，请送给我们吧！'有的接到我们的慰问袋还还礼，给我们送来日本黄酱和海带。随着双方关系的密切，反战同盟也给他们送过酒和鸡等食品。"香川孝志还具体描述了通过电话做工作的情形："通过电话做工作，是把我们的电话线接到日军拉的电话线上进行的。用这种方法可以同时对五六个碉堡讲话，讲话的时间也长些，因而很有效。我们先是偷听碉堡里人们的谈话，掌握碉堡内部情况，然后再有针对性地对他们进行宣传。当然开始时他们并不信任我们，但在不断对话过程中，特别是我们用流利的日本话叫'斋藤''大岛'等日本士兵的名字，他们就相信我们讲的都是事实，甚至提议和我们交换慰问袋。"②

近距离喊话，会出现多种情况，或会发生争吵，或正巧有老乡

---

① 〔日〕香川孝志、前田光繁著，蔡静译：《八路军中的日本兵》，北京：时事出版社1985年版，第110页。

② 〔日〕香川孝志、前田光繁著，蔡静译：《八路军中的日本兵》，北京：时事出版社1985年版，第47页。

而边哭边谈话;被喊话方抑或对喊话置之不理,抑或以机枪回答,喊话者不幸中弹牺牲亦偶有发生。对于为中国人民的解放事业而牺牲的日本同志,根据地为他们举行隆重的追悼会。杉本一夫有过一次危险的喊话经历,他是在1940年10月关家垴战役中自告奋勇冒着枪林弹雨亲上火线对日军喊话的。当时日军第三十六师团百武部队和冈崎大队约1 200人被八路军诱入山西省东南部武乡县城东南的一个荒芜的村子里,八路军对日军形成了犹如铜墙铁壁般的包围。日军的战斗机每天在战场上空对八路军阵地进行轮番轰炸和扫射。杉本主动请缨去火线呼吁日本士兵投降,他被带到距离敌方二三百公尺的正在猛烈射击的前沿阵地,敌我双方都能清楚看到对方。待到晚上战斗暂时停歇时,杉本向对方进行喊话,当时没有扩音器,喊话的工具就是手工做的喇叭。他说幸亏当时是顺风,不然对方就听不到了。他回忆喊话的内容大致是:"各位日本士兵们,现在八路军停止了射击,希望你们也别打,听我讲话。我是真正的日本人,原来是各位的战友,现在虽然是在八路军中,但我确实是日本人。在八路军里有原日本士兵组成的'觉醒联盟',我就是该联盟的成员之一。我们成立这个联盟的目的,是为了早日停止战争,多挽救一些日本士兵的生命。现在各位已被八路军包围,无法突围。你们的部队已有许多伤亡,各位已尽最大的力量坚持战斗,尽到了军人的职责。如果再战斗下去,只有死路一条,应该避免这个最大的不幸!无谓的牺牲最愚蠢,再打下去是徒劳的,马上停止战斗吧!如果各位投靠八路军,八路军将保护你们的荣誉和生命安全。各位的对手八路军绝对不是匪徒,是一支非常优秀的正规军,从来不杀害俘虏,我就是很好的见证人。你们不要受上级军官的欺骗,放心到我们这边来吧!不要开枪,把枪高高地举着走过来,八路军绝不会向走过来的人开枪。集体来也行,个人来也行,过来吧!各位,给我回话,我在等待着你们的回话!"①此次喊话没有得到对方士兵的回应,期间也有机枪对着喊声方向进行扫射。杉本推测这可能是日本士兵在火线上第一次听到日本人的直接喊话。战斗结束后,据其中的一个俘虏说,喊话过程中,日本士兵是竖起耳朵在听,并猜测喊话者是否为日本人,指挥官看到这种情况则直嚷嚷:"这是阴谋,别上当,开枪!开枪!"杉本回忆说,关家垴战役后不久,主动来投降的日本士兵开始增多。

对日军的宣传教育工作,因为有日本人的加入而打开了新局面。随着日本俘虏及其觉悟人数的增多,以他们为主的日本人反战团体在各地建立起来。"以山西省麻田镇为中心的晋东南根据地,是杉本一夫先生等所组织的'觉醒联盟'。该组织建立于1939年11月,是华北最早建立的日本人反战团体。同年(1939年)12月,鹿地亘先生也在重庆建立了'在华日本人反战同盟'。这个组织是以被国民党部队俘虏的日本士兵为主建立起来的,1940年还在延安建立了支部。进入1941年后,华北的'觉醒联盟'在山西省太行山地区、冀鲁豫地区、冀南地区建立了支部。冀南支部是在秋山良照先生领导下进行活动的。'反战同盟'在华北各地也建立了支部。这样,1942年华北就有八个反战团体分散在各地活动。"②中国共产党的优待俘虏、教育俘虏的政策已然取得明显效果。

基于改造日本俘虏的既有经验,为更好地瓦解日军,中央宣传部于1941年3月20日下达关于反敌伪宣传工作的指示,一面强调须估计敌军士兵的觉悟程度,"不要提出过高的口号,不要把最高

---

① [日]香川孝志、前田光繁著,蔡静译:《八路军中的日本兵》,北京:时事出版社1985年版,第118—119页。

② [日]香川孝志、前田光繁著,蔡静译:《八路军中的日本兵》,北京:时事出版社1985年版,第39页。

的政治任务与具体的宣传任务混为一谈",一面具体提出了今后须注意的一些事项:"一、应抓紧并激动当前日本士兵的情绪,如思家思乡情绪,厌战的情绪,不满意长官打骂的情绪,以增长其悲观、懈怠的意志,削弱其战斗的力量。二、宣传品的文字必须是真正的日本文,形式要短小精致,印刷精美,以适合其脾胃。三、禁止枪杀俘虏,并给俘虏以很好的招待与慰问,愿回者给以简短宣传后即释放之。不愿回者则给以由浅入深、逐渐启发其阶级觉悟的政治教育与训练,并分配他们些工作,注意训练出一些进步的俘虏,使其帮助我们进行对敌军的宣传工作。"[1]对于日本人建立的反战组织及其工作,中共中央也给予了充分的肯定,并希望更好地发挥他们的作用。1941年11月15日,中央、军委下达关于向日本军民进行反战宣传的指示,要求"在前线,在敌占区,用一切文字和口头的方法,用在华日本爱国者或反战同盟或其他各种名义,向日本国内人民,在华日人和日本士兵展开一个大规模的反战宣传,着重说明日本军阀和政府现在所采取的冒险政策完全是危害日本的"[2]。

　　太平洋战争爆发后,盟军一度在东南亚地区遭受重创,而战线的拉长、战争的久拖不决也加剧了日本的困难。中共中央提请抗日根据地党员和八路军新四军将士注意:"敌人的'扫荡'会更加频繁,敌人的堡垒与封锁会更加多,敌人的烧光杀光抢光的'三光'政策会更加残酷,我们的经济可能更困难,我们的牺牲与损失也可能更大。"在这种严峻的形势下,对敌伪军的宣传和争取愈显重要与艰辛,"因为争取敌伪官兵同情我们,是决定胜利的重要条件"。中

---

①《中央宣传部关于反敌伪宣传工作的指示》(1941年3月20日),中央档案馆编:《中共中央文件选集》第13册,北京:中共中央党校出版社1991年版,第63—64页。

②《中央、军委关于向日本军民进行反战宣传的指示》(1941年11月15日),中央档案馆编:《中共中央文件选集》第13册,北京:中共中央党校出版社1991年版,第234页。

共中央也揭示了日军中存在的于我有利的一种状态："目前敌军中的不稳状态与敌兵情绪的下降,并没有因为敌寇的暂时胜利而引起任何的改变,相反,在新的战争危险的威胁前面,敌兵的苦恼及对我同情谅解的心理是日见增长着",这既是抗战数年来中共反战宣传、优待俘虏的结果,也给我们争取日军士兵提供了更多的机会,中央希望八路军新四军"以最大的决心来坚持这个工作,不可因为以往的成绩而怡然自满,也不可急躁,企图一举成功"①。与此同时,以野坂参三为代表的日本共产党人对于教育俘虏、瓦解敌军工作给予了积极的配合与推动。1942 年 8 月,野坂参三在延安领导召开了"日本士兵代表大会"和"全华北反战大会",大会决定把分散在各地的"觉醒联盟"和"反战同盟"的组织合并成为"反战同盟华北联合会"。会上对于接下来的反战工作进行了热烈的讨论,并形成了报告,其中对日军宣传的内容和方法、对盟员的教育与训练,对新俘虏的对策以及对八路军活动的援助等问题,都写得非常具体。至 1944 年 4 月,反战同盟已发展到 13 个支部,223 位盟员(不包括已战死或病死的约 30 名同志)。② 据杉本回忆,"我们付出生命代价开展的反战活动,已经打动了日本士兵,主动投降的也逐渐增多。日本宪兵队和日军高级将领开始重视我们的存在和活动,经常指示各部队加强警惕"。③

　　1944 年 6 月 1 日,八路军总政治部向各级政治部敌工部科下

---

① 《敌后形势与我军政治工作》(1942 年 9 月 9 日),中央档案馆编:《中共中央文件选集》第 13 册,北京:中共中央党校出版社 1991 年版,第 531、534 页。

② [日]香川孝志、前田光繁著,蔡静译:《八路军中的日本兵》,北京:时事出版社 1985 年版,第 114 页。

③ [日]香川孝志、前田光繁著,蔡静译:《八路军中的日本兵》,北京:时事出版社 1985 年版,第 114 页。

达关于敌军工作的指示,①肯定了抗战数年来敌工部在瓦解敌军争取俘虏工作上的成绩,主要表现为:"在争取敌军俘虏中培养了一批日人干部,并在许多地区建立起日人自己的反战组织,此种组织,已在敌军中发生着相当的影响,在工作中集聚了初步的经验,这就为我们今后的敌军工作造成了新的有利条件。"围绕着日本人自己建立的反战组织及其工作成效,文件中对于接下来如何开展对敌工作作了四个方面的具体、详细的指示。首先,"决定凡有了日人干部,而这些日人干部政治上又较成熟的地区,今后的敌军工作,应该要通过日本人民解放联盟(原名反战同盟)及日人干部去进行(目前尚无日人干部及解放联盟组织的个别地区仍按原状进行敌军工作)。各级政治部的敌工部门,则集中力量进行伪军工作,对敌军工作,只居于方针的领导与协助解决实际困难的地位。"为协调敌工部与解放联盟的关系,指示中明确了解放联盟与敌工部的分工。敌工部分担的工作:"定期听取联盟关于敌军工作的报告,并与日本同志共同讨论和决定敌军工作的新方针与带政策性质的诸问题;审查与批准联盟所起草的各种工作(宣传教育、新来俘虏的处理、人事等等)计划,并切实援助其工作之完成;联盟对上级送出之工作报告,应经过自己的负责审查,并在报告上副署;日人干部政治教育的指导及援助;汇集及研究各种材料及情报,并译成中文;工作经费的审查与批准,及帮助联盟总务工作的建立与其他困难的解决;负责保护日本同志的安全,特别在敌人'扫荡'时与工作行动中要有更多的关心。"解放联盟分担的工作:"向敌工部门作定期的工作报告,并接受其领导与指示;有关联盟内部问题的解

① 以下所引皆出自《总政关于敌军工作的指示》,中央档案馆编:《中共中央文件选集》第14册,北京:中共中央党校出版社1991年版,第237—242页。

决；对敌军工作计划方案的提出及其执行；对于新来者及一般盟员之教育与审查；供给敌工部门关于敌国敌军方面的各种材料；处理批准之经费及联盟本身之总务工作（须通过中国干部来做）。"

其次，明确敌军工作的方针，继续着重于强化对敌军的宣传。在宣传内容及方式方法上作了一些具体的指示："在宣传内容上，除应利用敌军内部的矛盾与日益恶化的生活问题，以掀起士兵的不满与斗争外，更应善于抓住政治形势中不利于敌人的方面，扩大宣传，以增强士兵的厌战与失败情绪。……依据日本士兵的觉悟程度，目前仍不宜提出过高的政治宣传的口号，但利用日人共产主义团体的名义，与通俗化的表现形式，适当地宣传共产主义与启发阶级觉悟的思想，亦是可以而且应该逐渐开始进行的。"关于宣传的方式方法，在过去经验的基础上又提出了以下几点注意事项："在宣传同盟国胜利或日本失败时，要善于利用日本消息的本身来暴露其前后矛盾，以揭破敌方消息之欺骗性，和证实我方宣传之真实性，若只照抄我方电讯，不仅会减少宣传效用，甚至会引起日本士兵的反感；各地联盟支部，最好均能发行小型报纸，这类报纸的形式与署名，可以不一定用反战同盟或解放联盟的名义，而以各种敌方已有的地方小型报纸的伪装形式出现；对于慰问袋和物品的赠送，信件的往还以及喊话、打电话等等联欢工作，经验证明是最有效果的宣传方法，今后必须普遍地更好地采用；应当善于抓住反'扫荡'的时机，遍写标语与广发传单，使敌兵进入我根据地内即到处接触我方宣传。"关于宣传品的制作，提出了一个新的意见，即"除主要依靠各地自行写制外，延安今后每星期二、五两次，每次上午九点钟用日语罗马字向各地播送，此间写制之宣传品的教材，望各地按期收听并确实利用。"

第三，"为更多培养日本革命力量，确定今后原则上不释放日本俘虏。但有下列情形者例外：对我军俘虏政策影响尚少之日军部队,而有以释放俘虏作宣传之必要者;战况紧急或其他原因无法带走者;无教育希望者。"据野坂参三对访问延安的美军观察组成员说,"自战争开始以来,八路军和新四军所捕获的俘虏,大部分被遣回日军,合计占总数2 400多人中之2 000人左右,因为他们要回去"。时至1944年中期,不仅中国共产党决定原则上不释放俘虏,日军俘虏自己也多不愿回去,"他们知道最近日本的命令:立即杀死回来的俘虏,因为他们常常要将日本人民解放同盟和中国共产党员开始在军队中影响士气的事情告诉他们的同志。所有的俘虏现在都被留了下来并且被送到了学校里去"。① 如何安排骤然增多的俘虏,指示中也给出了明确的意见:"为便于新来俘虏的处理,各地可酌量设置日人弟兄招待所,以便新来俘虏的收容隔离与进行考察,同时对于决定释放之俘虏,亦可在此种招待所内经过一定教育后,再行释放。""估计敌后环境的困难,决定今后各地的所有俘虏,在可能情况下,一律送来延安,以便进行有系统的教育。至各地所需之工作干部,当由延安将培养较为成熟之干部陆续派出。此间并在晋西北开设有日本工农学校分校,各地送延之日人,须先送该校,经过初步教育后,再转延安。"

第四,因为敌工部工作任务的某些改变,提请敌工部同志注意,"切不可以为今后的敌军工作经过解放联盟及日本干部去进行,而自己却可以减轻责任"。批评了某些地区的干部对待日本同志态度的不当与工作的懈怠,强调对待日本同志,"必须更多的信任他们与更多的关心他们"。指示中并指出了此举更远大的目标:"认真同日本同志共同工作,并用一切努力帮助日本同志的进步,

---

① 〔美〕根室·史坦因著,谷桃译:《延安的日本俘虏》,北京:时事出版社1985年版,第7—8页。

不仅为我军今日抗战所必需,而且是为我们国际共产党人替将来日本革命准备干部不可推诿的责任。"

1945 年 8 月日本投降后,反战人士相继返回日本,途径东北时部分人员参加了解决日本侨民和难民的工作。与上百万的侵华日军相比,几百名反战士兵自然是个小数目,但他们在抗战中的作用和影响不容小觑。中国共产党对日军俘虏的成功改造令外界讶异,其实无他,关键在于中国共产党能够冷静理性地把侵略战争的发动者与劳动人民区分开来,在八路军开赴战场与日军血刃相见之初,中国共产党即发表《告日本陆海空军士兵宣言》指出:"日本资本家地主军阀举行对中国的侵略战争,把日本的工人农民,大批地强迫送到中国的战场上来,当炮灰而牺牲了。每天在中国的战场上,成千成万的日本士兵被牺牲了。""在前线上与你们打仗的中国士兵,也是工农出身的。为着保护中国的土地,为着保护自己的家乡,为着反对日本军阀的侵略,中国的军队不得不进行神圣的正义的民族解放战争。但是中国军队决不是反对日本的工农,他只反对日本的军阀。因此日本士兵应与中国的士兵联合起来反对共同的敌人日本军阀。"①八路军不仅向交战的日军讲明事理,也这样劝导自己的战士和百姓。本着这样的认知,优待俘虏的政策才能得到贯彻,被俘的日军士兵才能接受教育和改造,诚如香川孝志等经过改造的日本人所体悟的"从阶级立场上去教育俘虏,美军是做不到的"②。

---

① 中央档案馆编:《中共中央文件选集》第 11 册,北京:中共中央党校出版社 1991 年版,第 341—342 页。

② [日]香川孝志、前田光繁著,蔡静译:《八路军中的日本兵》,北京:时事出版社 1985 年版,第 64 页。

结　语

　　在艰苦卓绝的全面抗战中,中国军民誓死抗击侵略者的精神与行动得到了国际社会的广泛同情与支持,来自五大洲的国际友人以不同的方式声援并帮助抗战中的中国与中国军民,更有不少国际友人将援助中国视为自身参与世界反法西斯战争的职责与使命。

　　外国友人不仅从军事、医疗、经济、人道保护等方面给予中国反法西斯斗争以实际援助,还以亲身见闻向世界介绍、报道了"孤身"抗击日本法西斯的中国与中国军民,揭露日军的暴行,令世界了解遭受法西斯侵略的中国人民的苦难,了解中国军民誓死抗击法西斯侵略的决心、行动与战绩。从国际友人的身份看,有经政府或民间组织派遣的团队,也有个人自行奔赴中国战场的;有全面抗战爆发后专程前来援助中国的,也有此前已经在华而不顾危险在日军铁蹄下保护中国民众、参加反法西斯斗争的。他们中有闻名遐迩的备受歌颂和赞扬的人物,更有许多默默无闻不为世人所知的无名英雄。他们是一群信仰、情感、立场并不相同的外国人,其中有些同情中国的苦难,愤怒侵略者的暴行;有些坚决反对法西斯主义,赞赏国共合作,肯定中国共产党对抗日民族统一战线的倡导与维护,欣赏中国共产党的全面抗战路线;有些出于本国的利益及其本国与中国反法西斯的共同立场。

　　本书以外国友人着力较多,对中国的抗战作用较为显著的宣传、军事、医疗、救助难民等方面选择若干外国友人作为研究对象,日本战俘的反战行动虽重在反法西斯宣传,但与新闻记者的宣传报道不同,且日本战俘的反战体现了中国共产党优待战俘的政策及其效果,遂单列一章。不求面面俱到,力求通过有代表性的人物或事件,以尽可能真实、客观的叙述与分析,向世人展示在中国艰难困苦的全民族抗战中,外国友人对中国抗战的支持与援助。同时,通过分析各位外国友人的成长经历、他们在中国的活动轨迹或他们的文字作品,考察他们的思想,分析他们援助中国的动机、动力,并结合二战时期中国国内外的军情、政情,考察国共两党的战略战术、所言所行及战时民间外交对外国友人思想与行为的影响。

　　战时国共两党都高度重视国内、国际宣传,与日本侵略者在舆论宣传上展开了一场人心争夺战。当时在华的西方记者秉承职业准则,带着对新闻的好奇和敏感,踊跃奔赴前线,充当世界的眼睛。国共两党皆认识到外国记者是中国对外宣传的有效途径,或组织、安排记者前往前线采访,或接受采访,或定期召开新闻发布会,或协助记者搜集报道素材,努力拓展传播途径,以达宣传中国、争取国际舆论支持并打开西方国家漠视中国之门。借西方记者与外国侨民之口,揭露南京大屠杀真相,粉碎日本右翼势力对大屠杀真相的掩盖,是战时国民政府宣传工作的一个成功案例。而在抗战相持阶段尤其是太平洋战争爆发后,国民党在前线与后方的表现令他们渐感失望。西方记者习惯"遵从以个体观察为主导的自下而上的信息传递模式"[1],国共两党在

––––––––––––––

[1] 魏舒歌著,魏舒歌、李松蕾、龙伟译:《战场之外:租界英文报刊与中国的国际宣传(1928—1941)》,北京:社会科学文献出版社 2020 年版,第 390 页。

对待西方记者的采访要求与新闻报道上呈现出的不同态度与政策,促使西方记者将目光转向令人鼓舞的共产党领导的敌后战场。

　　抗战时期外国记者对延安和解放区的采访出现过两个高潮,第一个高潮是从全面抗战爆发、抗日民族统一战线建立到1939年秋国民党重新加强对延安的封锁。1944年,"中外记者西北参观团"掀起外国人访问抗日根据地的第二个高潮。董显光和曾虚白将热心报道中国战场的西方记者区分为"体制内的正式记者和体制外的流浪记者","前者受聘于正式的新闻机构,有固定薪给,全职为某一新闻机构服务;后者类似于自由撰稿人,同时服务于几家新闻机构,并非某一机构的长期正式记者",他们认为"中共争取到的左派记者多来自体制外的流浪记者群体","报道多倾向于新奇、煽情,强调冲突和暴力的内容来博取眼球"[1]。所谓"强调冲突和暴力的内容"是指对国民党破坏国共合作的批评。批评国民党破坏国共合作是西方记者在报道中国战场时较多涉及的一个问题。国共能够合作或许令西方国家惊讶,在华之西方记者则多欣见国共合作,了解国共合作之重大意义,然国民党一贯视共产党为"心腹之患",在合作抗日的同时,又试图封锁、打压共产党,"到1939年国民党对统一战线的担心达到最高点","对抗升级的基本原因是1937年后半期共产党支持的政府在敌后急剧成长"。[2] 国民党指责共产党抢占地盘,事实是"国民党军队全面撤退时,共产党军队则在华北开展游击抵抗运动",共产党在华北扩展了地盘,同时"日本军事力量在华北也迅速增长","日本正面攻击目标也从国民党

---

[1] 魏舒歌著,魏舒歌、李松蕾、龙伟译:《战场之外:租界英文报刊与中国的国际宣传(1928—1941)》,北京:社会科学文献出版社2020年版,第391页。

[2] [美]马克·赛尔登著,魏晓明、冯崇义译:《革命中的中国:延安道路》,北京:社会科学文献出版社2002年版,第168页。

和军阀军队转向华北战线后方的共产党军队。然而,共产党骚扰日本和管理大片游击区的能力已超乎想象……1939 年 8 月日本情报估计,共产党控制的县有 130 个,次年共产党正规部队约 40 万,华北敌后根据地里有 5 000 万人民"。①

有学者指出,近年来,"海外学者对于中国抗战问题的关注","从以美国为中心的'史迪威-白修德②模式',逐步转向对中国政府抗战角色的重新审视","反思'史迪威—白修德模式'对国民政府的片面评价"。③ 当年外国记者、作家、学者、盟国军人等对国民政府的评价是否客观、恰当,在此不作展开,"史迪威—白修德模式"的形成恰反映了当年批评国民党、肯定共产党声音之大、作品之多,倾向于支持国民党的有影响力的外国记者及其作品聊聊。反映中国战场的作品除了肯定抗战初期正面战场的抗战、肯定蒋介石的抗战决心外,更多描写共产党领导的敌后战场,还因为战时重庆政府对外国记者战地采访的限制,无论是出于对外国记者人身安全的考量,还是"重庆政府对其军事能力缺乏信心","为了防止悲观情绪蔓延"而"特别审慎"地处理前线消息,其结果是"招致外国记者的强烈批评"④。甚至因为消息封锁而谣言四起,"有传言说国民政府之所以颁布这些限令,是因为他们不打算与日本作战,而

———————————

① [美]马克·赛尔登著,魏晓明、冯崇义译:《革命中的中国:延安道路》,北京:社会科学文献出版社 2002 年版,第 168—169 页。

② 西奥多·哈罗德·怀特,曾任美国《时代》周刊驻重庆记者,在战时所有驻华美国记者中,被认为是最倾向于中国共产党的人之一。

③ 郭子健:《近代在华英文报刊与"抗战外宣"研究——评魏舒歌〈战场之外:租界英文报刊与中国的国际宣传(1928—1941)〉》,《抗日战争研究》2020 年第 2 期。

④ 魏舒歌著,魏舒歌、李松蕾、龙伟译:《战场之外:租界英文报刊与中国的国际宣传(1928—1941)》,北京:社会科学文献出版社 2020 年版,第 390 页。

是同汪精卫集团一样准备继续与日本谈判"。① 相反,延安对外国记者战地采访的要求持欢迎与配合态度。与抗战中后期国民党加强新闻审查、国民党内保守势力抵触外国记者形成鲜明对比的是,共产党热烈欢迎外国记者、学者访问延安,中共领导人欣然接受记者采访。

抗战时期,来自多个国家的数十位记者、作家及驻华使馆人员,通过他们的文字及拍摄的图片向世界报道了中日战争的真实情况,传递了中国声音,塑造了中国形象,帮助中国争取了国际社会的广泛同情和支持。本书所选择的人物在报道中国抗战、宣传中国共产党的过程中发挥了不可忽视的重要作用,他们来自不同国家,有着不同的成长与学术背景,不同的信仰与政治立场,对中国、中国共产党有着不同的情感与态度,还是性格各异的一群人物。

外国友人对中国的军事援助类型多样,大致可归纳为四类:

一是与援助国军政当局有关,他们的使华与援助国对中国的军贷相随,苏联的援华航空志愿队,美国的史迪威、陈纳德,属于这一类。

二是中国的邻国如朝鲜、越南有一些抗日义士志愿与中国人民并肩作战,共同抗击日本法西斯,他们多为早年来华的革命者,如越南的胡志明、洪水,朝鲜的武亭、尹世胄、尹奉吉等,卢沟桥事变后,活跃在中国的诸多朝鲜反日独立团体逐渐统一为几个大团体,组建成建制的队伍,分别在正面战场、敌后战场及东北地区参加中国的抗战。

———————————

① 转引自魏舒歌著,魏舒歌、李松蕾、龙伟译:《战场之外:租界英文报刊与中国的国际宣传(1928—1941)》,北京:社会科学文献出版社 2020 年版,第 390 页。

　　三是外国在华谍报人员,有受邀服务于国民政府的,有受苏联
情报部门派遣来华、与中国左翼人士及中共有密切关系的情报人
员及其组建的情报网,还有服务于中共情报网的外籍同志。第一
种情况的代表人物为 1938 年接受中国政府之邀请来到重庆的被
称为美国密码之父的赫伯特·亚德利,他组建了专门破译日军密
码的中国"黑室",帮助国民政府打击了潜伏在重庆的日本间谍网,
1940 年美国政府将其召回美国。第二种情况乃二战时期著名的情
报员佐尔格及其情报小组"拉姆扎小组",佐尔格于 1929 年来到中
国上海,组建了"拉姆扎小组",搜集有关中国局势的情报,这是一
个国际小组,陆续加入的有各国在华共产党员、共产主义者或同情
共产党的左翼人士,其中有美国人史沫特莱、德国人鲁特·维尔
纳,最多的是日本人,核心人物包括著名记者与作家尾崎秀实、《朝
日新闻》驻沪记者大崎保积等。佐尔格还与时任中共中央常委兼
特科领导人周恩来建立了亲密关系,应佐尔格请求,周恩来派中共
党员张文秋担任佐尔格秘密工作的助手,"史料披露,周恩来离开
上海前,还曾安排中共特科骨干章文先、特科著名女谍员吴仙清等
人加入'拉姆扎小组'","其后,中共特科为了帮助佐尔格开展反法
西斯与援助中国革命的工作,又经周恩来批准,连续派出蔡叔厚、
张永兴、于毅夫、张树棣、刘思慕等精兵强将,继续充实'拉姆扎小
组'各地情报站"。[①] 1931 年九一八事变后,日本的侵华意图、政
策,关东军的状况,蒋介石的对日态度,英美等西方国家的对蒋、对
日态度等,成为"拉扎姆小组"重点调查的情报内容。为了解东北
局势的发展趋势、了解日本的下一步动作,佐尔格亲自前往东北观
察、调查,继而派日本人川合贞吉以《上海新闻周报》记者身份,深

[①] 高建国:《代号"拉姆扎",佐尔格在行动》(上),《档案春秋》2015 年第 7 期,第 47 页。

入东北日本军政机关等处调查。"一·二八"淞沪抗战爆发后，佐尔格亲赴战区各处，搜集日军战术、装备、通讯、后勤等情报，"尾崎秀实不仅自己随同日本海军陆战队深入战地，刺探日本军方高层部署，了解日军内部各种分歧，还让'拉姆扎小组'成员，拿着他那种可以通行无阻的日本记者名片，去日战区调查日军后方的物资匮乏状况与战争对居民造成的严重伤害"。① 返回东京后的尾崎秀实在成为近卫首相顾问后，又不断为活跃在沦陷区的中共情报机构中西功小组提供情报。第三种情况与第二种有相当的关联性，中共谍报机构中的日籍中共党员，如中西功、西里龙夫等，他们与"拉扎姆小组"多有配合。1941年佐尔格案发生后，与尾崎秀实有牵连的中西功、西里龙夫被逮捕，同期遭到逮捕的还有尾崎庄太郎、白井行幸等日籍同志，他们多身居日侵华机构要职，皆为中西功小组成员，"上海的中西功：'满铁'上海调查处负责人、日中支那派遣军司令部顾问、日中支那方面军特务部顾问。南京的西里龙夫：日驻华派遣军司令部报道部顾问、汪伪主要联合通讯社指导官。北平的尾崎庄太郎：'满铁'北方经济调查所经济组组长。山西的白井行幸：日北支那方面军司令部情报科科长"，据1982年日本公开的《中共谍报团李德生讯问记录》记载："这个组织搜集情报的范围不止于'对日'，但确以搜集日本情报为主要目标。而搜集日本情报，最好的机会便是在日驻华机构中寻找'代理人'（上海情报科的日本人都是信仰坚笃的中共党员）。上海情报科所搜集的情报，确以'日本同志'近水楼台得来的质量最高。'日本同志'不仅仅只是消极地坐收情报，还利用特殊身份为获取情报创造条件。"日本特高课认为，中共谍报团案对日本侵略战争的破坏作用，

---

① 高建国：《代号"拉姆扎"，佐尔格在行动》（上），《档案春秋》2015年第7期，第48页。

远远超过佐尔格案。①

　　四是日本反战者同盟群体,代表人物有野坂参三、鹿地亘、池田幸子、绿川英子等,还有被俘受教后加入抗战行列的日本士兵,他们或在前线或在后方,从事反战宣传。

　　综合抗战时期各国给予中国的军事合作与援助,在对日作战中产生较大影响力并发挥了相当积极作用的团队与个人,主要有苏联派出的志愿航空队,应蒋介石之要求而派到中国任蒋介石参谋长的史迪威,战时帮助中国重建空军并成立美国航空志愿队的陈纳德。他们的先后赴华参战贯穿了全面抗战之始终,通过他们还可进一步了解中国抗战之艰辛与顽强,也可从一个侧面了解战时中国与苏联、美国等盟国之间的复杂关系。

　　在反法西斯战争中,援助中国抗战的外籍医生有跟随医疗队来到中国的,也有以个人身份来到中国加入红十字会救护总队的。他们多不愿意留在后方,而希望上前线参加战地救护,在医护水平低、医疗设施与卫生设施阙如的条件下,外籍医生们与中国军民同甘共苦,凭借他们的业务能力力所能及地改善医疗与卫生条件。在以自己的专业和技术各司其职的同时,外籍医生们还在如下方面做了诸多探索:设法自制医疗器械;学着用中医中药以弥补西药之不足;重视防疫问题,因陋就简地创造卫生条件;治疗癣疥,防止回归热、斑疹伤寒等疾病,在缺医少药、生活艰苦、卫生条件简陋甚至没有的情况下,外籍医生强调从个人卫生做起,设法控制疾病的传染,甚至阻断病源;奔赴疫区,打败日本的“细菌战”。无论因何原因、因何身份来到中国投身反法西斯斗争,这些外籍医生本着人

---

① 徐世强、李旭翠:《中共谍报团案中的“日籍同志”》,《团结报》2017 年 6 月 1 日,第5 版。

道主义精神,本着"救死扶伤"的天职,以他们精湛的医术救护了无数的中国军民,并从卫生、医学等角度为预防疾病、减少病员作了探索与实践,为中国的抗战作出了不朽的贡献。来华从事医疗援助工作的多经由中国红十字会、保卫中国同盟联络,来到中国后基本向中国红十字会报到,经由红十字会分派任务。由于国民党的干涉与阻挠,这些医疗团队或个人多服务于国民党正面战场,能够排除重重障碍来到敌后抗日根据地的医务人员不多。他们对于中国抗战的贡献,既源于个人的思想认识及其学识、能力,也与中国共产党的抗战政策、对外政策有着密切的关系。

囿于资料,本书选择若干服务于八路军、新四军的外籍医生或医疗队,对抗战时期的国际医疗援助进行分析与研究。来到敌后抗日根据地的外籍医生虽然不多,却不乏代表性。他们有来自发达国家且远离战场的加拿大、美国,有来自欧洲发达国家受到法西斯迫害的犹太裔,还有来自与中国同样遭受殖民侵略的亚洲国家印度、朝鲜等;有受党派或民间机构、团队派遣的,也有个人自行来华的;外籍医生来华的时间有先有后,在华时间也长短不一,有坚持到抗战胜利,也有中途因身体等原因回国的,更有为中国的抗战献出生命的;来到中国的外籍医生既从事战场救护,也为医治、预防伤寒、疟疾、回归热等传染病而殚心竭虑,并为培养中国医护人才而从事医学教学工作,在缺乏药品的情况下,他们中的一些人还请教、研习中医中药,并设法创造条件研制抗菌药物;战时中国的医疗设施、生活与卫生条件非常落后,抗日根据地更甚,服务于八路军、新四军的外籍医生须忍受更为艰苦的工作与生活条件。此外,外籍医生来到中国并长时间服务于中国战场,从其自身初衷来说原因不尽相同,而中国对他们的影响非常深刻,抗日根据地较大后方的条件更为艰苦,服务于抗日根据地的医护人员较国民党正面战场或大后方的医护人员面临的困难更多。所以，虽然囿于资料仅选择若干战斗在抗日根据地的外籍医生做分析研究，但基本能反映战时援华之外籍医生的概貌，既能反映他们对中国的贡献，揭示他们之间的异同，也能体现中国对他们的影响。

除了新闻报道、军事援助、医疗救助三大群体，另有一些在华的国际友人秉持正义之心，凭其职业、技术给予中国人民以帮助，其中，保护沦陷区难民，给抗日根据地提供技术、物资援助，尤其值得一书。

外国友人的赴华援助及其对中国抗战的贡献，主要在于三方面的因素：有关盟国与中国错综复杂的关系；中国对国际援助的强烈需求；国际友人基于个人立场、道德、情感在面对法西斯侵略的反应。他们或好奇、或因同情底层民众而对中国共产党领导的革命运动心生好感与探究，或出于人道主义精神，或出于母国的利益考量，或基于个人事业的追求与强烈的职业道德，不约而同地支持和参与了中国的抗日战争。在国际反法西斯战争的大背景下，于中国而言，抗战时期外国友人的范围较为宽泛，虽囿于史料，书中的人物以倾向中共、帮助中共领导下的抗日根据地居多，然不同国籍、不同立场、不同职业者的同情中国、帮助中国，已然体现中国的抗日战争对世界政治军事格局的影响，反映中国人民的英勇抗战已引起全世界人民的瞩目，得到了主张正义、热爱和平之国家与人民的广泛支持与帮助。

主要参考文献

(一) 档案史料汇编

中央档案馆编:《中共中央文件选集》,北京:中共中央党校出版社,1989 年。

中央统战部、中央档案馆编:《中共中央抗日民族统一战线文件选编》,北京:档案出版社,1984 年。

中国第二历史档案馆:《中华民国档案资料汇编》第五辑,南京:江苏古籍出版社,1994—2000 年。

秦孝仪主编:《中华民国重要史料初编——对日抗战时期》,台北:中国国民党中央委员会党史委员会,1981 年。

秦孝仪:《先总统蒋公思想言论总集》,台北:中国国民党中央委员会党史委员会,1984 年。

《事略稿本》,台北:"国史馆"

中共中央文献研究室:《毛泽东文集》,北京:人民出版社,1993 年。

张宪文主编:《南京大屠杀史料集》,南京:江苏人民出版社、凤凰出版社,2005 年。

[美]埃德加·斯诺著,宋久等译:《斯诺文集》,北京:新华出版社,1984 年。

[美]史沫特莱著,陈文炳等译:《史沫特莱文集》,北京:新华出版社,1985年。

吴景平译:《保卫中国同盟新闻通讯》,北京:中国和平出版社,1989年。

[美]约瑟夫·W·埃谢里克编著,罗清、赵仲强译:《在中国失去的机会——美国前驻华外交官约翰·S.谢伟思第二次世界大战时期的报告》,北京:国际文化出版公司,1989年。

《宋庆龄选集》,北京:人民出版社,1992年。

强重华编:《抗日战争时期重要资料统计集》,北京:北京出版社,1997年。

中共中央文献研究室、中国人民解放军军事科学院编:《毛泽东军事文集》第一卷,北京:军事科学出版社、中央文献出版社,1993年。

荣孟源主编:《中国国民党历次代表大会及中央全会资料》,北京:光明日报出版社,1985年。

(二) 年谱、日记、回忆录

[美]海伦·斯诺:《旅华岁月——海伦·斯诺回忆录》,北京:世界知识出版社,1985年。

[美]史迪威著,黄加林等译:《史迪威日记》,北京:世界知识出版社,1992年。

伊斯雷尔·爱泼斯坦著,沈苏儒等译:《见证中国:爱泼斯坦回忆录》,北京:新星出版社,2015年。

[新西兰]詹姆斯·贝特兰著,何大基、宋庶民、龙治芳译:《在中国的岁月——贝特兰回忆录》,北京:中国对外翻译出版公司,1993年。

董显光著:《董显光自传——一个中国农夫的自述》,台北:台湾新生报出版部,1973年。

[日]矶野富士子整理,吴心伯译:《蒋介石的美国顾问——欧文·拉铁摩尔回忆录》,上海:复旦大学出版社,1996年。

尚明轩主编:《宋庆龄年谱长编》,台北:社会科学文献出版社,2009年。

[美]司徒雷登著,程宗家译:《在华五十年——司徒雷登回忆录》,北京:北

京出版社,1982年。

　　[英]林迈可著,杨重光、郝平译:《八路军抗日根据地见闻录——一个英国人不平凡经历的记述》,北京:国际文化出版公司,1987年。

　　[新西兰]詹姆斯·贝特兰:《不可征服的人们——一个外国人眼中的中国抗战》,北京:求实出版社,1988年。

　　[英]詹姆斯·贝特兰著,林淡秋译:《中国的新生》,北京:新华出版社,1986年。

　　伊斯雷尔·爱泼斯坦著,贾宗谊译:《人民之战》,北京:新华出版社1991年。

　　伊斯雷尔·爱泼斯坦著,陈瑶华等译:《中国未完成的革命》,北京:新华出版社,1987年。

　　[美]谢伟斯著,王益、王昭明译,马德麟、杨云若校:《美国对华政策(1944—1945):〈美亚文件〉和美中关系史上的若干问题》,北京:中国社会科学出版社,1989年。

　　[新西兰]詹姆斯·贝特兰著,周苓仲译:《在战争的阴影下——贝特兰在抗日战争中的经历》,北京:中国和平出版社,2001年。

　　[英]班威廉、克兰尔著,斐然译:《新西行漫记》,北京:新华出版社,1988年。

(三) 报刊资料

《新华日报》《解放日报》《东方杂志》《申报》《中央日报》《大公报》

(四) 中文著作(含译著)

　　王晓华、孙宅巍主编:《抗战中的国际友人》,郑州:河南文艺出版社,2015年。

　　马祥林:《蓝眼睛,黑眼睛:国际友人援华抗日纪实》,北京:解放军文艺出版社,1995年。

　　张注洪主编:《国际友人与抗日战争》,北京:北京燕山出版社,1997年。

刘振家主编:《国际友人事略》,北京:中国商业出版社,1991年。

李宗远,张丽丹:《国际友人与抗日战争》,北京:中国民主法制出版社,1999年。

黎军,王辛编:《抗日战争中的国际友人》,北京:中央文献出版社,2005年。

张文琳:《国际友人西北行记(1935—1949)》,西安:陕西人民出版社1993年。

丁晓平:《感动中国:与毛泽东接触的国际抗日友人》,北京:中央文献出版社,2005年。

蒋建农,王本前:《斯诺与中国》,哈尔滨:黑龙江人民出版社,1993年。

武际良:《斯诺传奇》,北京:华艺出版社,1995年。

[美]洛易斯·惠勒·斯诺编,王恩光译:《斯诺眼中的中国》,北京:中国学术出版社,1982年。

[美]包瑞德著,万高潮等译:《美军观察组在延安》,济南:济南出版社,2006年。

[日]石垣绫子著,陈志江等译:《一代女杰:史沫特莱传》,北京:光明日报出版社,1992年。

[美]乔伊斯·米尔顿著,陈文炳,苗素群译:《中国人民之友 著名女记者史沫特莱》,北京:新华出版社,1984年。

鱼佩舟编:《美国飞虎队援华抗战纪实》,重庆:西南师范大学出版社,1993年。

唐枢编写:《白求恩》,北京:商务印书馆,1964年。

[加]泰德·阿兰、塞德奈·戈登合著:《诺尔曼·白求恩》,香港:南粤出版社,1975年。

周而复著:《诺尔曼·白求恩》,沈阳:东北书店,1948年。

[印]柯棣尼斯著,任鸣皋等译:《永恒的桥梁:柯棣华大夫传记》,石家庄:河北人民出版社,1985年。

苏平、苏菲著:《马海德》,沈阳:辽宁人民出版社,1990年。

[美]沙博理著,郑德芳译:《马海德传》,北京:中国青年出版社,1997 年。

[新西兰]艾黎:《艾黎自传》,兰州:甘肃人民出版社,1987 年。

[美]舍伍德著,福建师范大学外语系编译室译,《罗斯福与霍普金斯——二次大战时期白宫实录》,北京:商务印书馆,1980 年。

苑鲁、王敏著:《史迪威与蒋介石》,重庆:重庆出版社,1990 年。

梁敬锌:《史迪威事件》,北京:商务印书馆,1973 年。

冯嘉琳:《史迪威将军》,北京:中国和平出版社,2000 年。

姚凡立等译:《蒋介石的外国高级参谋长——史迪威》,哈尔滨:黑龙江人民出版社,1988 年。

[美]塔奇曼著,陆增平译:《史迪威与美国在华经验(1911—1945)》,北京:商务印书馆,1985 年。

[美]陈纳德著,王湄、黄宜思等译:《飞虎将军陈纳德回忆录》,杭州:浙江文艺出版社,1998 年。

[美]陈纳德著,陈香梅译:《陈纳德将军与中国》,台北:传记文学出版社,1978 年。

金光耀、石源华:《陈纳德与陈香梅》,北京:中国青年出版社,1994 年。

石源华:《中华民国外交史》,上海:上海人民出版社,1994 年。

杨奎松:《毛泽东与莫斯科的恩恩怨怨》,南昌:江西人民出版社,1999 年。

陶文钊、杨奎松、王建郎:《抗日战争时期中国对外关系》,北京:中共中央党史出版社,1995 年。

牛军:《从延安走向世界——中国共产党对外关系的起源》,北京:中共党史出版社,2008 年。

吴相湘:《第二次中日战争史》,台北:中正书局,1956 年。

邹谠著,王宁、周先进译:《美国在中国的失败》,上海:上海人民出版社,1997 年。

[美]迈克尔·沙勒著,郭济祖译:《美国十字军在中国(1938—1945)》,北京:商务印书馆,1982 年。

罗志刚:《中苏外交关系研究(1931—1945)》,武汉:武汉大学出版社,

1999 年。

唐学锋:《中国空军抗战史》,四川大学出版社,2000 年。

沈志华主编:《中苏关系史纲》,北京:新华出版社,2007 年。

张宪文等著:《中华民国史》,南京:南京大学出版社,2005 年。

李占才、张劲:《超载——抗战与交通》,桂林:广西师范大学出版社,
1996 年。

龙学遂:《中国战时交通史》,北京:商务印书馆,1947 年。

美国国务院编,文海出版社译:《美国与中国之关系——特别着重 1944 至
1949 年之一时期》,台北:文海出版社,1982 年。

罗义贤:《司徒雷登与燕京大学》,贵阳:贵州人民出版社,2005 年。

齐锡生:《剑拔弩张的盟友:太平洋战争期间的中美军事合作关系(1941—
1945)》(修订版),台北:"中央"研究院联经出版事业股份有限公司,2012 年。

齐锡生:《从舞台边缘走向中央:美国在中国抗战初期外交视野中的转变
(1937—1941)》,北京:社会科学文献出版社,2018 年。

魏舒歌著,魏舒歌、李松蕾、龙伟译:《战场之外:租界英文报刊与中国的国
际宣传(1928—1941)》,北京:社会科学文献出版社,2020 年。

[美]马克·赛尔登著,魏晓明、冯崇义译:《革命中的中国:延安道路》,北
京:社会科学文献出版社,2002 年。

日本防卫厅防卫研究所战史室著,田琪之译,宋绍柏、郭林校:《中国事变
陆军作战史》,北京:中华书局,1979 年。

(五) 学术论文(包括学位论文)

肖晓飞:《四十年来"工合"运动研究的回顾与展望》,《日本侵华南京大屠
杀研究》,2019 年第 1 期。

曹培鑫、薛毅帆:《书写"红色圣地":世界新闻史上的"中国时刻"》,《现代
传播》,2018 年第 11 期。

陈勇、胡步芬:《贝特兰笔下的日本形象——以〈华北前线〉叙事手法为
例》,《东华理工大学学报》(社会科学版),2018 年第 3 期。

张建华:《再造苏联形象:抗战初期苏联空军援华及其影响》,《史学月刊》,2017 年第 1 期。

贾钦涵:《林迈可与中国抗战》,《百年潮》,2017 年第 5 期。

孟昭康:《在日军南京大屠杀中拯救生命的"华小姐"》,《文史春秋》,2017 年第 11 期。

邹灿:《抗战初期日本媒体的战争宣传——以〈东京日日新闻〉为个案》,《民国档案》,2016 年第 3 期。

赵红、张忠义:《21 世纪以来艾格尼斯·史沫特莱研究述评》,《延安大学学报》(社会科学版),2016 年第 4 期。

韩小昆:《抗日战争中国际友人援助的作用——以燕京大学外籍教师为例》,《日本侵华史研究》,2016 年第 2 卷。

王群岭:《近代日本侵华战争中的舆论宣传》,《文史天地》,2015 年第 4 期。

池子华、崔龙健:《抗战时期红十字会战事救护研究述评》,《民国档案》,2014 年第 1 期。

张生:《美国文本记录的南京大屠杀》,《历史研究》,2012 年第 5 期。

朱蓉蓉:《国际宣传处与战时民间外交》,《社会科学战线》,2012 年第 1 期。

张涵:《让全世界都听到我们的声音——解码一份来自美国国家档案馆的军事档案》,《中国档案》,2012 年第 11 期。

熊坤静:《司徒雷登与燕京大学》,《党史文苑》,2012 年第 1 期。

朱成山:《世界上第一本南京大屠杀史书之考证》,《南京社会科学》,2010 年第 6 期。

张威:《从新发现的史料看抗战时期田伯烈的身份转变与心态》,《国际新闻界》,2009 年 11 月。

经盛鸿:《论南京大屠杀期间西方侨民的宣传贡献》,《江海学刊》,2009 年第 1 期。

孙华:《埃德加·斯诺研究综述》,《北京大学学报》(哲学社会科学版),

2009 年第 3 期。

张威:《抗战时期的国民党对外宣传及美国记者群》,《杭州师范大学学报》(社会科学版),2008 年第 5 期。

王盛泽,钟兆云:《江一真印象里的白求恩、柯棣华》,《党史博览》,2008 年第 5 期。

章百家:《中国为抗日寻求外国军事援助与合作的经历》,《中共党史研究》,2007 年第 5 期。

金光耀:《宋子文与陈纳德及战时美国驻华空军》,《百年潮》,2007 年第 4 期。

刘江永:《抗战时期的中美日苏四国关系》,《哈尔滨工业大学学报》(社会科学版),2005 年第 5 期。

黄道炫:《缅甸战役蒋介石、史迪威的失败责任》,《抗日战争研究》,2001 年第 2 期。

王晓华:《试析史迪威与陈纳德的个性及对中国战区的影响》,《民国档案》,1994 年第 4 期。

武燕军:《抗战时期的国际宣传处》,《民国档案》,1990 年第 2 期。

王奇:《抗战时期埃德加·斯诺对中国的认识》,东北师范大学博士学位论文,2018 年。

黄润浩:《东北地区朝鲜共产主义者的"双重使命"》,延边大学博士学位论文,2012 年。

袁西玲:《延安时期的翻译活动及其影响研究》,上海外国语大学博士论文,2014 年。

吴志娟:《明访·暗战:中外记者西北参观团与国共舆论宣传战》,华中师范大学博士论文,2014 年。

姜培培:《史沫特莱对中国抗战的贡献研究》,天津商业大学硕士学位论文,2018 年。

叶成广:《谢伟思对中国共产党的认识评述(1943—1945)》,浙江师范大学硕士学位论文,2017 年。

王胜军:《抗战时期陕甘宁边区的外籍医生研究》,延安大学硕士学位论文,2016年。

李玥玥:《抗战时期"工合"在西北区的开展与社会变迁》,陕西师范大学硕士学位论文,2016年。

惠子:《埃德加·斯诺新闻实践与新闻思想研究》,南京大学硕士学位论文,2012年。

李晓华:《抗战期间西方记者在华活动研究》,江西师范大学硕士学位论文,2010年。

金骄杨:《抗日战争前期苏联对华军事援助(1937—1941)》,辽宁师范大学硕士学位论文,2010年。

赵玉岗:《抗战时期外国记者在华新闻活动研究》,山西大学硕士学位论文,2007年。

索 引

A

艾黎　64，129，339—342，398，
　489—515

艾文思　16

爱德华　359，361，388，392，394—
　398，400—406，428，430，447

爱泼斯坦　2，4，8—11，13，18—20，
　25，130，132—152，154，156—
　159，311，442

B

巴苏华　389，393，395—400，402—
　408，413—416，428

白崇禧　60，61

白求恩　4，79，84，307—309，327，
　347，350—352，354—379，381—

　385，402，405，407—411，430，
　431，433—436，531—533，544

白修德　2，28，573

班威廉　2，517，530，534—537，
　539—542

包瑞德　161，165

贝德士　17，18，447，450，451，455，
　458，477—482，488

贝特兰　2，23，41，68，79，99—116，
　118—132，142，149，376，420，542

毕恩来　22，23

布朗　369—371

C

蔡元培　71，343

陈瀚笙　501，502

陈纳德　4，186，213，214，217，235，

254，255，267—299，301—305，574，577

陈毅　351,427,438,440,444

程潜　148

D

邓颖超　59,137

董必武　157,351,395,398,499

董健吾　344,345

董显光　9,14—16,18,19,22,24,27,28,151,485,572

F

方志敏　74

费吴生　17,447,448,469,479,483,484,487

费正清　2,10,22,28,41—43,70—73,89,90,136,543

冯雪峰　85,344

福尔曼　2,25,28,153,157

傅莱　418,420—423,433—437

傅斯年　40

G

甘地　34,35,389

甘沛霖　513

高斯　276,480

格鲁　10

顾维钧　205,206,208,209

郭庆兰　409—411,413

H

海伦·斯诺　24,29—32,36,38,41—47,49,489,494,496,502,503

汉森　144,146,454,531

汉斯·米勒　352,404,418,419,429,430,433

何明华　501,502

贺龙　85，119，341，351，374，491,537

赫尔利　174,178,179,184—186

侯仁之　527

胡适　71,212,523

胡愈之　54,495

J

贾菲　22

江一真　370,373,410,411

蒋介石　7,20,22—25,30,32,39,40,43,46,47,50,55,60,62,75,80,101,102,109,111,113,128,135,141,143,147—149,156,160,162,163,165—167,171,174,177—179,183,184,186—189,193,200,201,203—205,208,211—214,217,219,220,

233—240，242—253，255，256，
258，260，262，263，265，276，277，
279，280，282—286，289，298，
301，302，342，344，387，395，399，
475，495，573，575，577

蒋廷黻　218，219

杰克·贝尔登　45，47，76，98，99，
112，136，162

K

卡尔逊　2，9，63，93，129，139，
144—146，149，347

柯棣华　84，309，310，370，373，
386，388—395，397—416，428，
431，434

肯德　323，324，330，332—334

孔祥熙　206，208，400，496，499

L

拉贝　18，446，448，450，452，454—
465，467，474，481，482，484，485

李约瑟　502，506，508

梁寒超　153

廖承志　152，311，351，420

廖梦醒　311

林彪　94，96

林伯渠　351，499

林可胜　84，307，314—317，319，

321，327，329，367，394，396，400

林迈可　517，521，528—535，537—
540，542

刘广沛　499

刘少奇　427，438

卢广绵　495，496，499—502，
508—514

鲁迅　37，69，71—74，81，85，343，
427，491，537

鹿地亘　563，577

罗荣桓　439，440，444

罗生特　327，418，423—427，
438—444

罗斯福　63，66，165，178，184—
186，211—214，233，234，239—
244，250，253，255，256，258，
261—263，284，288，294，295，
299，302—305

M

马海德　80，88，335—338，341，
344，347—353，370，382，402，
404，428，491

马歇尔　186，236—238，241，250，
253，304

麦区　284—286，289

毛邦初　274，276，283，287，289

毛泽东　23，29，44，46，49—51，56，

57，66，74，90，101，111—119，122，125，136，152，173，199，339，346，347，351，354，369—371，401，402，404，408，411，421，427，428，518，537，538，550，551，555，560

茅盾　71—73，491

米尔斯　451，455，458，461，469

苗剑秋　101

木克华　389，397，399，402，403

N

尼赫鲁　34，386—388，390，392，403，412，414

鸟居龙藏　529

聂荣臻　351，371，372，384，407，409，411，422，423，433—435，530—532，535，540

诺克斯　284，286，287，305

O

欧文·拉铁摩尔　22—24，83，106，135，161，187，506

P

庞炳勋　148

彭德怀　52，77，84，95，119，199，217，351

普律德　501，502，512

Q

前田光繁（杉本一夫）　543，551—559，561—563，565，569

乔治·何克　507

琼·尤恩　366，368，369

丘吉尔　178，184，240，241，243，244，258，304

邱茉莉　153

R

饶家驹　450，451

S

舍伍德　184—186，212，233，241，261，262，305

沈钧儒　310，499

史迪威　4，161，163，164，173，176—178，186，213，214，217，232，234—240，242—258，260—263，266，267，296—298，301—305，573，574，577

史迈士　17，447，451，454，455，458，461，469，478，479，502

史沫特莱　4，14，21—24，28，37，39，41，66—99，102—105，111，112，118，125，126，136—138，

149，319，326，327，339—343，363，365，368，369，387，393—396，414，491，575

史汀生 236—238，250，253，263，305

司徒雷登 516—529，532—535

斯大林 184，185，203，204，220，232，248，252，262，298，304，420，425

斯诺 4，21—25，28—66，79—81，83，89—91，100—102，106，109，111，112，119，129，135—138，143，149，152，158，339，341—348，363，365，441，489—496，500—502，515，517，542

斯坦因 2，25，28，154，155，157

斯特朗 28

宋美龄 37，274，276，279，496，499

宋庆龄 37，41，43，71，126—131，137，139，140，150，159，306，307，310—313，316—320，322，325—327，329，339，343，344，350，353，365，371，375，376，381，385，393，420，421，438，440，443，491，492，495，496，501，502，511

宋子文 212，234—237，241—244，283，284，286，287，289，311，495，498，501

苏哈西妮 35

苏井观 432

孙铭九 101，102

T

陶行知 310，363—365

田伯烈 16—18，450，476—481，485

W

王安娜 103，371，395，399

王炳南 103，395，398

王稼祥 351，402，550，551

王震 372，373

卫立煌 257，260

魏特琳 447，450，455，457，465—474，478

吴国桢 154，155

吴贻芳 502

武亭 215—217，574

X

希特勒 68，100，128，134，337，342，417，419，420，424，425，459，463，485

夏晋麟 16

夏仁德 502，517，527，528，532

香川孝志 551—561，563，565，569

肖克　423

谢伟思　159—184,186,187

徐海东　52

薛岳　19

Y

阎锡山　94,369

颜福庆　398

杨虎城　105,113

杨杰　202—205,209,219,220

杨靖宇　215

杨杏佛　71,343

野坂参三　543, 555, 558—560,
　565,568,577

叶剑英　80,395

叶青山　378

叶挺　97

应德田　102

俞鸿钧　16,150

约翰·鲍威尔　495

约翰·马吉　17,447,448,482,484

Z

曾虚白　9,15,16,19,22,28,572

张心一　508,513

张学良　43,68,85,101,102,104,
　105,193,345

张自忠　142,148

周恩来　22, 43, 45, 55, 80, 113,
　126, 153, 173, 324, 346—348,
　351,393,395,404,416,496,575

周建屏　74

朱德　74, 77, 80, 81, 84, 88, 89,
　91—93, 97, 99, 119, 123, 124,
　136, 387, 403—405, 411, 414—
　416, 421, 432, 532, 533, 537,
　538,557

卓克华　388, 395, 397, 400,
　402,403